本书获广西壮族自治区文化和旅游厅（文物局）资助出版

明代靖江王资料汇编

历史文献资料卷

桂林市文物保护与考古研究中心
桂林市靖江王陵文物管理处 编

文物出版社

图书在版编目（CIP）数据

明代靖江王资料汇编. 历史文献资料卷 ／ 桂林市文
物保护与考古研究中心，桂林市靖江王陵文物管理处编
. −−北京：文物出版社，2021. 8
ISBN 978 − 7 − 5010 − 7197 − 5

Ⅰ. ①明…　Ⅱ. ①桂…②桂…　Ⅲ. ①亲王 − 生平事
迹 − 中国 − 明代 ②桂林 − 地方史 − 史料 − 明代　Ⅳ.
①K827 = 48 ②K296. 73

中国版本图书馆 CIP 数据核字（2021）第 174819 号

明代靖江王资料汇编·历史文献资料卷

编　　　者：桂林市文物保护与考古研究中心　　桂林市靖江王陵文物管理处

责任编辑：王　媛
封面设计：王文娴
责任印制：苏　林
责任校对：李　薇

出版发行：文物出版社
社　　址：北京市东城区东直门内北小街 2 号楼
邮　　编：100007
网　　址：http：//www. wenwu. com
经　　销：新华书店
印　　刷：宝蕾元仁浩（天津）印刷有限公司
开　　本：889mm×1194mm　1/16
印　　张：25. 75
版　　次：2021 年 8 月第 1 版
印　　次：2021 年 8 月第 1 次印刷
书　　号：ISBN 978 − 7 − 5010 − 7197 − 5
定　　价：260. 00 元

《明代靖江王资料汇编·历史文献资料卷》
编委会

主　　任：王子西

副 主 任：周有光　周　海

主　　编：周有光　曾祥忠

副 主 编：贺战武　刘　琦　林京海

编　　纂：林京海　徐卫红　严　铭

前　言

　　明洪武三年（1370年），明太祖朱元璋封其侄孙朱守谦为靖江王，藩国桂林；两年后，在独秀峰下元顺帝潜邸万寿殿修筑了王府；自永乐年后，又在尧山西南麓逐年修建了历代王陵及宗室墓葬。靖江王府城垣以及承运门、承运殿、王宫基址，是目前国内规制最特殊、保存最完好的明藩王府遗存；靖江王陵占地100多平方千米，是国内现存最完整的明藩王陵墓群；桂林则是全国唯一完整保存有明藩王府与藩王陵的地方。靖江王既是明代延续时间最久的藩王，又是介于亲王与郡王之间规制最特殊的藩王，其保存完整的王府与王陵遗址，对于研究中国藩王政治史以及广西地方史，均具有非常重要的价值。

　　中华人民共和国成立以来，桂林市文物部门在积极开展靖江王府与王陵文物保护及研究工作的同时，也在不断收集和整理相关的历史文献资料。1984年，桂林市文物管理委员会在第二次全国文物普查及靖江王陵专项普查的基础上，编印了《靖江王墓群资料汇编》，内容包括当时普查发现的历代靖江王墓分布示意图、墓葬一览表、部分靖江王墓的发掘简报、墓碑墓志与诗文石刻、靖江王世系表等。这是首次将靖江王田野考古调查资料进行汇编，然于历史文献资料则未能予以收集。1992年，由张子模主编的《明代藩封及靖江王史料粹编》出版，在墓碑墓志与诗文石刻的基础上，新收集增加了《明实录》《大明会典》《明会要》《续文献通考》《明史》《广西通志》《临桂县志》等40余种文献中有关明代藩封及靖江王的历史资料，按照名封婚禄、礼制、官属护卫、宫殿宗社、丧葬陵寝、活动事迹等项进行分类编排，是此前较为全面的有关靖江王的史料汇编。

　　随着靖江王府与王陵文物保护和研究工作的不断推进，大量新的考古调查资料被发现，历史文献资料亦不断被发掘。为使靖江王研究的深度和广度得以进一步拓展，迫切要求有一本更为全面、完整的历史文献资料集来作为学术支撑。为此，我们于近年来在国内各地图书馆进行查阅，并通过网络等多种方式进行检索，陆续收集到大量记载靖江王及其宗室有关活动的文献资料。今根据广西壮族自治区文化和旅游厅（文物局）与桂林市文化广电和旅游局领导的指示，在《明代藩封及靖江王史料粹编》一书的基础上，省去有关明代藩封的内容，将与靖江王直接有关的资料重新核查，并增加了大量新收集的文献资料，按照靖江王世系、靖江王事迹、宗室宗亲官属等项进行分类整理，汇编为《明代靖江王资料汇编·历史文献资料卷》。

　　中国古代文献按"经、史、子、集"分为四部，除经部外，在史部、子部、集部中均保存有数量可观的关于靖江王历史的记载，其中多有今之研究者所未曾寓目者。本书所辑录的各类文献，以见于史部者最多，约100多种，包括正史类、别史类、编年类、纪事本末类、杂史类、传记类、政书类、史评类、地理类、方志类等；见于子部者20余种，包括目录类、笔记类、类书类等；见于集部者60余种，包括总集类、别集类、诗文评类等，其中别集类最多，计50余种，皆为时人所记载之难得的原始资料。

所辑录史部文献，类别齐全，内容丰富。反映了靖江王及其宗室在分封袭位、宗人管理、经济生活、婚嫁喜丧、赏罚黜陟、诉讼刑狱等各方面的社会活动情况。其中或出于官方撰著，具有较高的可靠性、权威性和可信性，史料价值高，如《明实录》《明史》《明会典》等；或出于时人依据所见所闻的记述，可与正史、实录、会典等参互考证，如《洪武圣政记》《姜氏秘史》等。值得一提的是新发现的朱元璋《御制纪非录》（今收藏于中国国家图书馆）。朱元璋有感"周、齐、潭、鲁，擅敢如此非为。此数子将后必至身亡国除"，于洪武二十年（1387年）亲撰此书，希望"为此册前去，朝暮熟读，以革前非，早回天意，庶几可免，汝其敬乎"。书中历数始封靖江王朱守谦之"非"，对于研究靖江王藩封始末、始封靖江王朱守谦事迹、朱元璋与朱守谦之祖父并父亲的关系，有极重要的价值。

所辑录之子部文献，绝大部分为新收集，包括明郎瑛《七修类稿》、余继登《典故纪闻》、郑晓《今言》、沈德符《万历野获编》、焦竑《玉堂丛语》、王世贞《弇山堂别集》、皇甫录《皇明纪略》，以及清昭梿《啸亭杂录》等笔记小说，其内容反映了靖江王藩封、俸禄、谥法、婚娶、宗室教育等方面的情况。

所辑录集部文献，在清汪森《粤西文载》《粤西诗载》等总集所收录之基础上，新增大量明人别集（个人诗文集）。其中靖江王宗室朱约佶的《观化集》，是目前所见靖江王及其宗室流传后世的唯一诗文集，内容主要是论述道家修炼"内丹之旨"和"内养之法"的法则和心得，也有对世事不平的感慨，在嘉靖、万历年间曾产生颇为广泛的影响；又如靖江恭惠王朱邦苧重刻《集千家注批点杜工部诗集》并亲作序言，对研究靖江王及其宗室的思想、生活与文化、艺术具有重要的价值。在这些别集中，可见时人对靖江王及其宗室社会活动情况的记载，内容极其丰富，反映了靖江王及其宗室丰繁多采的政治、经济和文化活动情况。如记靖江王及其宗室生平者，有蒋冕《湘皋集》之《大明靖江安肃王神道碑铭》等文，郭应聘《郭襄靖公遗集》之《祭靖江王文》；记靖江王及其宗室园居者，有潘恩《潘笠江先生集》之《懋德堂记》，桑悦《思玄集》之《桂山草堂记》；记靖江王及其宗室诗文书画者，有顾璘《浮湘稿》之《赠靖江王孙》，魏文焕《石室私抄》之《靖宗西川诗集叙》，方弘静《素园存稿》之《为靖藩王孙题画》，方以智《浮山文集前编》之《为璩王孙数笔》；记靖江王与其宗室关系者，则有葛昕《集玉山房稿》之《请复靖江王恩恤原例疏》，王宗沐《敬所王先生文集》之《谕靖江王府各宗橄》等文，王心一《兰雪堂集》之《答靖江王书》等文，李腾芳《李湘洲集》之《复靖江王府玉哥疏》，黄道周《黄漳浦文选》之《谕靖江王诏》，瞿式耜《瞿忠宣公集》之《请优贤王之封疏》。别集资料的辑录，对于靖江王历史研究必将发挥巨大的作用。

中国是四大文明古国之一，文化灿若繁星，史籍浩如烟海，文献史料之收集整理是一项艰巨的工程，也是一项造福于后人的工程。本书收集整理历史文献230余种，其中明代140余种，清代70余种，另有民国与现代研究文集20余种，乃是目前辑录数量最多、类别最全、内容最丰富的明代靖江王历史文献资料汇编。但囿于编纂者学识与见闻所限，且编纂时间仓促，疏漏与错误在所难免，祈望读者不吝指正。

　　本书体例按照历代靖江王及宗室、宗亲、官属为单元，依据文献记载原貌，将相关资料先分门归类，复按时间先后进行编纂，尽量使所记载历史完整、事件清晰，并可以考见不同记载之异同。是虽曰"述而不作"，仍冀读者应能借此汇编，对靖江王的发展历史有较为系统和清晰的认知。因此，文字内容除按照现代汉语点校外，皆按原文客观辑录。如对不同文献中出现的同一人名的不同记载，朱经扶有"扶"与"枎"之异文，朱邦苎有"苎"与"宁"之写法，均各依原文，不做修改（包括避讳字等）。除无法辨识的内容和原文使用虚缺号的，对原文中明确留空省字的亦以"□"占位。

　　真诚希望此书之编纂，能为有志于靖江王历史研究者解除查找史料之难，提供检索史料之便，从而促进靖江王历史的研究与靖江王文物的保护。

目　录

第四部分　宗室、宗亲、官属

第一部分　靖江王世系

朱氏世系

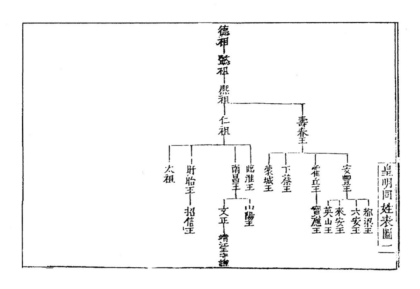

（明）郑晓《吾学编·皇明大政记》卷一

孝陵仁孝，通于天地，不肯冒附名族，直以所知德祖为始祖。德祖生懿祖，懿祖生熙祖，熙祖生仁祖。仁祖生四子，南昌王、盱眙王、临淮王，太祖其第四子也。南昌二子，长文正，文正生靖江王守谦；次山阳王。盱眙生招信王。仁祖有一弟寿春王，寿春四子，霍丘王、下蔡王、安丰王、蒙城王。霍丘一子，宝应王。安丰四子，六安王、来安王、都梁王、英山王。诸王俱无后，惟靖江王分国桂林府，礼数如亲王。

（明）郑晓《今言》卷一

高皇帝起兵濠州。帝之先，江东句容朱家巷人。皇祖熙祖始渡淮家泗州，皇考仁祖淳皇帝与太后陈氏徙濠之西乡，后迁太平乡。生四子，长南昌王，次盱眙王，次临淮王，上季子也。……至正四年甲申，上年十七，时值旱疫，父母三兄相继病殁。

（明）陈建《皇明从信录》卷一

高皇帝，先世江东句容人。大父熙祖，渡淮家泗州。父仁祖偕陈太后始迁濠之西乡，复迁太平乡。生四子，长南昌王，今靖江王其后也；次盱眙王，次临淮王，俱无后；高皇帝，季子也。……至正甲申，疫疠大作，仁祖、陈太后俱不禄，邻人刘继祖与地葬之。南昌王、临淮王亦先后殁。岁旱蝗，盱眙王徙他境，未几亦殁。

（明）高岱《鸿猷录》卷一《龙飞淮甸》

仁祖四子，上最幼。长南昌王，次盱眙王，次临淮王。

（明）王世贞《弇山堂别集》卷一《皇明盛事述·藩国之盛》

仁祖四子，南昌王、盱眙王、临淮王，太祖其第四子也。南昌王二子，长文正，生靖江王守谦；次山阳王。盱眙生招信王。仁祖有一弟，寿春王。寿春四子，霍丘王、下蔡王、安丰王、蒙城王。霍丘一子，宝应王。安丰四子，六安王、来安王、都梁王、英山王。俱无后，惟靖江王分国桂林府，礼数如亲王。

（明）徐学聚《国朝典汇》卷十三《宗藩上》

开圣

德祖玄皇帝伯六，玄皇后胡氏。

懿祖恒皇帝四九，恒皇后侯氏。

熙祖裕皇帝初一，裕皇后王氏。

仁祖淳皇帝世珍，淳皇后陈氏。

　　南昌王兴隆，妃王氏。生山阳王圣保，绝；大都督文正，今靖江王。

　　盱眙王兴盛，妃唐氏。生招信王旺儿。

　　临淮王兴祖，妃刘氏。

　　（南昌、盱眙、临淮三王，祔凤阳皇陵）

太祖高皇帝。

皇伯考

寿春王五一，妃刘氏。生

　　霍丘王重一，妃翟氏，生高沙王赛哥、宝应王铁哥。

　　下蔡王重二。

　　安丰王重三，妃赵氏，生六安王转儿、来安王记儿、都梁王臊儿、英山王润儿。

　　蒙城王重四，妃田氏。

　　（诸王俱葬凤阳白塔，设祠祭署陵户）

（明）谈迁《国榷》卷首之一

大明太祖圣神文武钦明启运骏德成功统天大孝高皇帝，御讳元璋，字国瑞，濠州钟离东乡人。朱姓出颛顼氏，周封曹挟于邾，楚灭之，子孙去邑为朱。世居沛国相县，其后散居江南，家句容之通德乡，称著姓，云朱家巷。谱系无考，而世艰难农业。有重八府君，娶陈氏，生子三。长伯六，娶胡氏，后追尊德祖玄皇帝。次子四九，娶侯氏，后追尊懿祖恒皇帝。长子初一，娶王氏，生宋末元初，籍淘金户。金非地产，常他市供赋，困焉。遂弃田庐，携二子徙泗州（五一、世珍），长年十二，次八岁，仍力田营家泗上，足给。……竟卒葬，后追尊熙祖裕皇帝。卒，渐家落，五一兄弟徙盱眙五河，无定居。五一兄弟皆敦谨务德，尝言："凡人守分得财，如置田产稼穑收获，岁有常利，用之无穷；若悖理得财，如污吏贪官，获利虽博，有丧身亡命之忧。"故一乡皆称次公长者。世珍娶陈氏，徙盱眙，生兴隆；徙五河，生兴盛、兴祖；徙钟离东乡，盖濠古涂山氏国，大禹会诸侯处，周世宗凿其地，至是王气始复，太祖生。又徙西乡，晚徙太平乡之孤庄村。有一翁指次公曰："美哉八十公，终归仁德焉。"后追尊仁祖淳皇帝。与岁合。

（明）谈迁《国榷》卷一

　　《统宗绳蛰录》云：九二一公，姓朱氏，讳伯通，汉时山东兖州府仙源县兴贤乡人（汉未有此府县名）。传十五辈，至南齐时，有讳永昌者，拜官著作郎。又传二十五代，至宋初，因兵徙居建康句容县，榨油为生，家凡二百九十六口。重八公，太祖之五世祖，世居句容之朱巷通德乡。子三，长六二公，次千十公，次伯六公，是为德祖。子二，长四五公，次四九公，是为懿祖。子四，长初一公，是为熙祖；次初二公；次初五公；次初十公。熙祖子三，长五一公，是为寿春王，子四，孙六，兵兴相继而没；次五二公；次五四公，讳世珍，是为仁祖。子四，长重四公，讳兴隆，是为豫章王，即南昌王；次重六公，讳兴盛，是为盱眙王；重七公，讳兴祖，是为临淮王。太祖讳兴宗，后讳□□。是书纂自藩府，必非无所征信而敢为摭入者。其大略与《世德碑》相发明，独所称九二一公，世次荒远，非圣祖阙疑慎微之意也。重八公，即仲八；千十公，即七二，传写异耳。然碑称祖考妣子二，长五一公，次即先考，无所谓五二公者。

（清）潘柽章《国史考异》卷一《高皇帝上》

　　南昌王系仁祖长子重四公，名兴隆，或云名镇，太祖嫡兄也。生二子，长大都督文正，不得封，封其子守谦为靖江王；次封山阳王。而盱眙王系仁祖次子重六公，名兴盛，或云名镗。而临淮王系仁祖三子重七公，名兴祖，或云名钏，皆太祖嫡皇兄。盱眙一子，封招信王。临淮与山阳、招信并失传，惟靖江得世。

　　元季诸雄雁行辈最健挚，而太祖骨肉零落，悉委地下，合计寿春以下皇从属九人，皇嫡兄以下从子三人，止大都督文正存。而于是义子从征伐者颇众，即姊子犹曰朱文正，为六王之一。嗟夫，运去而义子存，天哉。

（清）查继佐《罪惟录·列传》卷四《同姓诸王列传》

　　熙祖二子，长寿春王，次即仁祖。寿春四子，曰霍丘王、安丰王、下蔡王、蒙城王。霍丘生宝应王，安丰生六安、都梁、来安、英山四王。仁祖亦四子，长南昌王，次临淮王，次盱眙王，而太祖最幼。南昌之长子曰山阳王，其次子文正也。盱眙生招信王。盖自熙祖而下，太祖之伯父一人、兄三人、从兄四人、兄子三人、从兄之子五人，及太祖之起，十五人者皆前死，独文正在。

（清）万斯同《明史》卷一五二《诸王上》

本宗朱氏，出自句容，地名朱巷，在通德乡。上世以来，勤农桑。五世祖仲八公，三传至先祖初一公，生子二：长五一公，次先考，讳世珍。元初，籍淘金户，金非土产，市于他方。先祖困于役，遂弃田庐，携二子迁泗州盱眙县。先考娶陈氏，泗州人，生子四：长重四公，生于盱眙；次重六公、重七公，生于五河；某其季也，生于钟离。曩者，父兄困某幼疾，舍入皇觉寺中。甲申，父母、长兄俱丧，次兄守业，又次兄出赘刘氏，某托迹缁流。（太祖自叙世德碑，见《春明梦余录》《七修类稿》）

（清）龙文彬《明会要》卷一《帝系一·帝号杂录》

附一 御制皇陵碑

皇陵碑

自古帝王之兴，皆位逼势敌，有以成其私志。汉祖虽微，亦为泗上亭长，岂特有如我太祖不阶尺土者耶？夫起自庶人，贵为天子，富有四海，莫不夸张先世，照耀将来，至有妄认其始祖者也，岂特有如我太祖特述其卑微者乎？此可见天生豪杰上圣之资，不可与常人等也。瑛伏读御制集中皇陵碑文，未尝不三叹三颂而已，惜世人止知其事而又未知太祖先已命臣下为文，述亦详矣，仍以未称而自撰，此尤见圣睿之益圣也。今故拜录二文于左，以示将来。

奉天承运，大建武功，以有天下，实由祖宗积德所致，兹欲撰文，词臣考摭弗周，则纪载弗称，敢以上请。于是上手录大概，若曰：

朕幼时，皇考为朕言，先世居句容朱家巷，尔祖先于宋季元初，我时尚幼，从父挈家渡淮，开垦兵后荒田，因家泗州，朕记不忘。皇考有四子：长兄讳某，生于津律镇；仲兄讳某，生于灵璧；三兄讳某，生于虹县；皇考五十，居钟离之东乡，而朕生焉。十年后，复迁钟离之西乡，长兄侍亲，仲兄、三兄皆出赘，既而复迁太平乡之孤村庄。岁甲申，皇考及皇妣陈氏俱亡弃，长兄与其子亦继殁。时家甚贫，谋葬无所。同里刘大秀悯其孤苦，与地一方，以葬皇考、皇妣，今之先陵是也。葬既毕，朕茕然无托，念二亲为吾年幼有疾，尝许释氏，遂请于仲兄，师事沙门高彬于里之皇觉寺，邻人汪氏助为之礼，九月乙巳也。是年蝗旱，十一月丁酉，寺之主僧岁歉不足以供众食，俾各还其家；朕居寺时甫两月，未谙释典，罹此饥馑，彷徨三思，归则无家，出则无学，乃勉而游食四方，南历金斗，西抵无锡，北至颍州，崎岖二载。泗州盗起，剽掠杀人，时承平既久，列郡骚动，仍还皇觉寺。又四年，颍、濠、蕲、黄有警，濠城亦破，朕杂处兵间，与元兵相拒。期年，元兵败去，得其义兵三千人于定远，遂立帅之夜袭元将知枢密院事老张。既逼，得其民兵男女七万人，攻逐元将参政野先，乃移师淮州，转战和阳，渡江击采石，抚太平，定业建康。将相协心，贤能匡赞，西平陈友谅，东翦张士诚，南廓八闽，百粤奉款，中原顺服，兵进幽燕，元君弃宗社而去，朕以十五年间，遂成大业。

仰惟先陵奇秀所钟，虽治葬之时，厄于贫窭，衣衾馆椁，不能具备，赖天地之佑，祖宗之福也。今富有天下，顾无以惬人子之情，兹欲启坟改葬，虑泄山川灵气，使体魄不安，益增悲悼，姑积土厚封，势若冈阜，树以名木，列以石人石兽，以备山陵之制而已，谨献陵曰皇陵。汝其据事，直言无讳。臣善长以上手所录，付词撰文。

臣善长等钦承明训，黾勉论次：惟古先帝王，若虞舜、汉高祖，皆起自侧微，以成德业之盛。盖天将降大任于圣明，必先有以起之。今皇上述二亲之劬劳，与夙昔之出处；刻石以昭先烈，俾后世子孙，知积累之厚、创业之难，思以继承无疆之基。《诗》云："永言孝思，孝思惟则。"呜呼盛哉！谨拜手稽首而为之铭曰：

皇矣上帝，厥命煌煌；监观四方，有道者昌。惟今天子，奋迹田里；叱风驱霆，仗剑而起。汝颖始兵，蔓于濠梁；渊潜时晦，覸其施张。元君既否，紊乱政理，命将出师，反斁人纪。贪残污秽，肆彼剽攘；战功败衄，赏罚无章。猛士阴兵，险平萃止；总戎惊奔，归者如水。滁和来斗，形势莫当；江流浩浩，瞬息可航。采石破倾，当涂风靡；宣歙畏威，耄倪忻喜。经营建业，实帝故乡；号令之行，肃如秋霜。乃伐僭王，歼之彭蠡；削平两浙，殪彼蛇豕。闽广既服，百粤来王；青齐献款，底平豫章。师震幽燕，君臣北徙；空城尽开，图籍弗毁。乃作礼乐，乃垂衣裳；重译表献，大开明堂。永怀上世，原其本始：句容族居，川回山峙。载渡淮海，辟除榛荒；或濠或泗，奠处弗常。钟离之乡，卜葬如此；化家为国，灵秀钟美。积善弥久，天赐祯祥；修之于己，惟德乃长。浚河之原，以达其委；基岱之高，以观其止。奉天理物，君德是扬；丕扬大业，传叙无疆。尝敕相臣，申命国史；昭昭后昆，受天之祉。

（明）郎瑛《七修类稿》卷七《国事类》

明皇陵碑

岁在戊申正月己亥日，高帝即位于建业，国号大明，建元洪武，告祭昊天上帝皇地，祗追高祖为玄皇帝，庙号德祖；曾祖为恒皇帝，庙号懿祖；祖为裕皇帝，庙号熙祖。皇帝御谨身殿，左丞相宣国公李善长奉旨刻石于临濠之先陵。善长伏念皇帝奋迹淮甸，收揽群雄，奉天运，承大业，建武功，以有天下，实由祖宗积德所致。兹欲撰文成词，臣考摭弗周，则纪载弗称，敢以上手录，大概若曰：

朕幼时，皇考与朕之先世居句容县通德乡之朱家巷，我祖生于宋季元初，我时尚幼，从挈家渡淮，开垦兵后荒田，因家泗州，弗忘。皇考有四子：长讳□，生于津镇；仲兄讳□，生于灵璧；三兄讳□，生于虹县；皇考年五十，居钟离东乡，而朕生焉。甫十岁，复迁钟离之西乡，长兄侍亲，仲兄、三兄皆出赘，既而复迁太平之孤庄。岁在甲申，皇考洎皇妣陈氏俱卒世，长兄与其子亦既没。家贫甚，谋葬无地。同里人刘大秀悯其孤苦，与地以葬皇考、皇妣，今之先陵是也。葬既毕，朕茕然无托，念二亲为吾年幼时有疾，尝许释氏，遂与仲兄师事沙门高彬于里之皇觉寺，邻人汪氏助为之礼，九月乙巳也。是年蝗旱，十一月丁酉，时主僧以岁歉不足以给食，俾各还其家。朕居寺甫两月，未谙释典，罹此饥馑，彷徨三思，归则无家，出则无学，乃勉而游食。南历金斗，西抵光息，北至颍州，崎岖二载。泗州盗起，剽悍杀人，时承平既久，群黎骚动，乃还皇觉寺。又四载，颍、亳、蕲、黄有警，濠城亦破。朕杂处兵间，与元军相拒。期年，败去，得其义兵三千于定远县，帅之夜袭元将知枢密院事老张。既遁，又得其男女七万。又攻逐元将参政野仙，乃驻师滁州，转战和阳，渡江击采石，抚太平，定建业。将相协力，贤能匡赞，西平陈友谅，东翦张士诚，南廓八闽，百粤成款，中原顺服，兵进幽燕，元君弃宗社而去。朕以十五年遂成大业。仰惟先灵奇秀所钟，治葬之时，厄于贫窭，衣衾棺椁不能备，具赖天地之祐，祖宗之福。今有天下，顾无以惬人子之情，欲起圹而改葬，虑泄山川秀气，使体魄不安，益增悲感。姑积土厚封，势若冈阜，树以名木，列以石人石兽，用备山陵之制而已。其据事直书毋讳，善长以手录付词臣，素等钦承明训，黾勉论次：窃惟古先帝王，若虞舜汉高，皆起自侧微，以成德业之盛。盖天降大任于圣明，必先有以启之。今皇上述二亲之劬劳，与凤昔之出处；刻石以昭先烈，俾世世子孙，知积累之厚、创业之难，思以继无疆之基。《诗》曰："永言孝思，孝思维则。"於乎盛哉！谨拜手稽首以为之铭曰：

於昭上帝，厥命煌煌；监观四方，有道者昌。惟今天子，奋迹仁里；吒风驱霆，仗剑而起。汝颍始兵，蔓于濠梁；渊潜时晦，觇其弛张。元运既否，紊乃政理；命将出师，反蠹人纪。贪残污秽，肆彼剽攘；战则败衄，赏罚无章。猛士三千，阴平萃止；总戎惊走，归永者水。滁和格斗，形势莫当；江流浩浩，瞬息可航。径抵采石，頹途风靡；宣歙畏威，耄倪欣喜。经营建业，实帝故乡；号令之行，肃如秋霜。乃伐僭王，歼之彭蠡；铲平狷洄，殄彼蛇豕。闽广既服，百粤来王；青齐献款，底于豫方。师震幽燕，君臣北徙；空城尽开，国籍未毁。乃作礼乐，乃垂衣裳；重译来贡，大开明堂。永怀上世，原其本始；句容族居，川回山崎。载渡淮海，开除榛荒；或泗或濠，奠处不常。钟离之乡，卜葬于斯；化家为国，灵秀钟美。积善弥久，天赐祯祥；循之于己，惟德乃常。渡河之源，以达其委；基岱之高，亦观其址。奉天理物，君职是扬；丕显大业，传绪无疆。帝敕相臣，申命国史；贻训后昆，受天之祉。

（清）乾隆《句容县志》卷十《艺文志》

附二　御制朱氏世德碑

太祖尝自叙《朱氏世德之碑》，其文曰：本宗朱氏，出自金陵之句容，地名朱巷，在通德乡，上世以来，服勤农业。五世祖仲八公，娶陈氏，生男三人，长六二公，次十二公，其季百六公，是为高祖考。娶胡氏，生二子，长四五公，次即曾祖考四九公。娶侯氏，生子曰初一公、初二公、初五公、初十公，凡四人。初一公配王氏，是为祖考妣，有子二人，长五一公，次即先考，讳世珍。元初籍淘金户，金非土产，市于他方。以先祖初一公困于役，遂弃田庐，携二子迁泗州盱眙县，先伯考五一公十有二岁，先考才八岁。先祖营家泗上，置田治产，及卒，家日消，由是五一公迁濠州钟离县，其后因至钟离居。先伯考性淳良，务本积德，与人无疾言忤意，乡里称为善人。先伯娶刘氏，生子四人，重一公、重二公、重三公，生盱眙；重五公，生钟离。先考君娶徐氏，泗州人，长重四公，生盱眙；次重六公、重七公，生五河；某其季也，生迁钟离后戊辰年。先伯考有孙六人，兵兴以来，相继寝没。先兄重四公有子曰文正，今为大都督。重六、重七俱绝嗣。曩者父母因某自幼多疾，舍入皇觉寺中。甲申岁，父母、长兄俱丧，次兄守业，又次兄出赘刘氏，某托迹缁流。至正二十四年，天下大乱，诸兄皆亡。淮兵大起，掠入行伍，乃招集义旅，兵力渐众，因取滁和。龙凤三年，帅师渡江，驻兵太平。为念先考君尝言，世为朱巷人，宗族俱存，平日每有乡土之念，即访求故乡宗族之所，遂调兵取句容。明年克金陵，而朱巷距城四十里，举族父兄昆弟四十余人至，始得与之叙长幼之礼，行亲睦之道。但朱氏世次自仲八公之上，不复可考。今自仲八公高、曾而下，皆起家江左，历世墓在朱巷，惟先祖葬泗州，先考葬钟离，此我朱氏之源流也。爰自金陵太平驻节，开府为根本之地，实乡郡焉。屡岁征伐，拓境开疆，吴楚瓯越，方数千里。由是累膺显爵，乃龙凤九年三月十四日内，降制书：曾祖考为资德大夫、江南等处行中书省右丞，上护军司空吴国公；曾祖妣吴氏，吴国夫人；先祖考称大夫、江南等处行中书省平章政事，上柱国司徒吴国公；祖妣王氏，吴国夫人；先考府君开府仪同三司录军国重事平西、右丞相吴国公；先妣陈氏，吴国夫人；谨以闰月十三日祗谒先垄。焚香告祭，遵旧典也。重念报本，礼行宜厚，今勉建事功，匪由己能，实荷先世灵长之泽，垂衍后昆，宜得报恩三代，并为上公，以遂为子孙者之至愿。《书》曰："作善降之百祥。"《易》曰："积善之家，必有余庆。"先祖父积功累善，天之报施，茂于厥后，凡我子孙皆当体祖宗之心，蹈德存仁，以永其绪于无穷，是吾之所望也。于是备书于后，以传信将来有所考焉。

（明）徐桢卿《翦胜野闻》

朱氏世德碑

瑛旧于先辈大臣家，获朱氏世德碑一通，乃我太祖之手笔也，御制集中所缺。近又见《剪胜旧闻》，所载与此本有异，因借校观，讹者辨之，疑者存之，各于其下释焉；尚或字讹句漏，谨依原文拜录于左。碑云：

本家（旧闻本作"宗"）朱氏，出自金陵之句容，地名朱家（旧闻本无"家"字）巷，在通德乡。上世以来，服勤农业，五世仲八公，娶陈氏，生男三人，长六二公，次十一公，其季百六公，是为高祖考，娶（旧闻本作"要"，讹）胡氏，生二子，长四五公；次即曾祖考四九公，配侯氏，生子曰初一公，初二公，初五公，初十公，凡四人。初一公娶王氏，是为祖父母，有二子，长五一公；次先考五四公，讳世珍，元籍淘金户，非土产，市于他方，以供岁赋（旧闻本无此句，恐非）。先祖初一公，困于役，遂弃田庐，携二子迁泗州盱眙县，先伯考十有二岁，先考才八岁，先祖营家泗州，置田产，及卒，家道日替，由是五一公迁濠州钟离县，其后先考君（旧闻本无此三字）因至钟离同居。先伯父泊先考君性皆淳良，务本积德，与人无疾言忤色，乡里称为世长。先伯娶刘氏，（旧闻本有一"生"字）子四人，重一公，重二公，重三公，皆生于盱眙；次重五公，生钟离。先考君娶陈氏，泗州人，长重四公生盱眙，次重六公、重七公皆生于五河。某其季也，先迁钟离，后戊辰所生（旧闻本"所生"作"年"字）。先伯考有孙六人，兵兴未已（旧闻本"未已"作"已来"，是），相继而（旧闻本作"寝"字）殁。先兄重四公有子曰文正，今为都督；重六、重七皆绝嗣。曩者父母因某自幼多病，舍入皇觉寺，岁（旧闻本无"岁"字）甲申，父母长兄俱丧，次兄守家（旧闻本作"业"字），三兄出赘刘氏，某托迹缁流。（旧闻本作"至正二十四年"，此甚讹。二十四年，太祖已建国号吴元年矣）二十四岁，天下大乱，诸兄皆亡，淮兵大起，掠入行伍，为（旧闻本作"乃"字）集义旅，兵力渐众，因取滁（旧闻本作"条"，讹）和。龙凤三年，率师渡江，驻兵太平。为念先君尝言，世为朱巷人，宗族俱存，平日每曰乡土之思，即访求故乡宗族之所居（旧闻本无"居"字），遂调兵取句容。明年，克金陵，而朱巷距城四十里，举族父母（旧闻本作"兄"字，讹）昆弟四十余人至，始得与之叙长幼（旧闻本有"之礼"二字），行亲睦之道，但朱氏世次，自仲八公之上，不可复考；今自仲八公高、曾而下，皆起（旧闻本有"家"字）江左，历世墓在朱巷，惟高（旧闻本作"先"字）祖葬泗州，先考葬钟离，此朱氏之原季（旧闻本作"原流"）也。爰自金陵太平驻师（旧闻本作"节"字），开府为建台之所也（旧闻本无"也"

字），实乡郡焉。连岁征伐，拓境吴楚瓯越，方数千里；由是累膺显爵，乃龙凤九年三月十四日丙辰，降制赠（旧闻本作"书"，讹）曾祖为资德大夫、淮（旧闻本作"江"字）南等处（旧闻本有"行"字）中书省左（旧闻本作"右"字）丞相（旧闻本欠"相"字），上护军司空吴国公；曾祖妣侯（旧闻本作"吴"字，非）氏，吴国夫人；先祖考为光禄（旧闻本欠"光禄"二字）大夫、江西等处（旧闻本有"行"字）中书省右丞相、太尉（旧闻本作"平章政事上柱国司徒"）、吴国（旧闻本作"曰"，非）公；先祖妣王氏，吴国夫人；先府君开府仪同三司录军国重事平章（旧闻本作"西"，非）、右丞相吴国公；先妣陈氏，吴国夫人；以闰三月十一日（旧闻本作"闰月十三日"）祇诣（旧闻本作"谒"）先垅。焚香（旧闻本作"黄"，非）告祭，遵旧典也。重念报本者礼所（旧闻本作"行"，非）宜厚，今勉建事功，匪由己能，实先世灵长之泽，重衍后昆，宜得推（旧闻本作"报"，非）恩三代，并为上公，以遂为子孙者之至。《书》曰："作善降之百祥。"《易》曰："积善之家，必有馀庆。"先祖父积功累善，天地（旧闻本无"地"字）之报（旧闻本有"施"字），茂于厥后，凡（旧闻本有"我"字）子孙当体祖父之心，循（旧闻本作"蹈"）德存仁（旧闻本作"亡"，非），以承其绪于无穷，是吾之所望也，于是备书于石（旧闻本作"后"，恐非），以传言将来，有所考焉。

（明）郎瑛《七修类稿》卷七《国事类》

朱氏世德之碑

本宗朱氏，出自金陵之句容，地名朱家村通德乡，服勤儒业。五世祖仲八公，娶陈氏，生男三人，长六二公，次十一公，其季伯六四公，是为高祖考。娶胡氏，生男二人，长四五公，次即祖考四九公。配侯氏，生子曰初一公、初二公、初五公、初十公，凡四人焉。初一公居长，配王氏，是为祖父母，有子二人，长五一公，次则先考五四公，讳世珍。元初籍淘金户，金非土产，市于他方，以供岁赋。先祖初一公困于是役，遂弃田庐，携二子迁泗州盱眙县，先伯父五一公十有二岁，先考君才八岁。先祖营泗上，置田置产，及卒，家道日替，由是五一公迁濠州钟离乡，其后先考君因至钟离居。先伯父暨先考君性皆淳良，务本积德，接人无疾言遽色，乡里人称善人。先伯考娶刘氏，子四人，重一公、重二公、重三公，皆生于盱眙；重五公，则钟离生也。其先考君娶陈氏，泗州人，子亦四，重四公，生盱眙；次重六公、重七公，皆生于五河；朕居其季，迁钟离后戊辰年所生。先伯父有孙六人，兵兴以来，相继而殁；先兄重四公有子曰文正，是为大都督；重六公、重七公皆无嗣。曩者父母因朕年幼多疾，舍入僧家。岁甲申，年十七，父母长兄俱丧，次兄守家，三兄出赘刘氏，朕遂托迹缁流。至二十四岁，天下大乱，诸兄皆亡；淮兵大起，掠入行伍，乃集义旅，兵力渐众，因取滁和。龙凤二年，率兵渡江，驻札太平，为念先考君尝言，世为句容县朱家巷，宗族俱存，平日有乡土之念，即访求故乡族人之所在，遂调兵取句容，克金陵，而朱家巷距城八十里，举族父兄昆弟子孙数十人。至日，得与之叙长幼之礼，行亲族之道。但朱氏自仲八公五世之上不可考，自仲一公及高祖而下皆起家江左，历世墓在朱家巷村，惟先祖葬泗州，先考君葬钟离，此朱家巷源裔也。爰自金陵平，驻师开府，为基本之地，实乡郡焉。连年征伐，拓境吴楚瓯越，方数千里，则是累膺显爵，乃龙凤九年三月十四日，因降制书：赠祖考为资德大夫、江南等处行中书省右丞相，上护国司空吴国公；曾祖妣侯氏，吴国夫人；先祖考光禄大夫、江南等处行中书省平章政事，上柱国司徒吴国公；祖妣王氏，吴国夫人；先考君开府仪同三司录军国重事；先妣陈氏，吴国夫人；以三月十一日祗谒先陇，焚黄祭告，遵旧典也。重念根本者，礼所宜厚，今勉建事功，匪己所能，实荷先世灵长之泽，垂衍后昆，宜得推恩三代，并为上公，以遂为子孙者至愿。《书》曰："作善降之百祥。"《易》曰："积善之家，必有余庆。"昔祖父为善，天之报施，茂于厥后，凡我子孙，当体祖父之心，蹈德存仁，以永其绪于无疆，是吾之所望也。于是，备书于石，惟以传信，使将来有所考欤。

（清）乾隆《句容县志》卷十《艺文志》

朱氏世德碑

亡友歙县汪君寂照，曾于吾浙旧书肆中获明人手钞杂文一册，中有明太祖所撰《朱氏世德碑》。以前人所记者考之，惟徐桢卿《剪胜野闻》曾引其一节。赵吉士《寄园寄所寄》卷六从而转采之，而首尾不完，漏遗尚多。此外诸人，殆皆未见此碑。吴江潘氏《国史考异》根据实录，最为精审，为治明史者首当尊崇。今《全录》以证，似亦未见此碑。郎瑛《七修类稿》载有一碑，云得于先辈大臣家，为太祖御制集中所缺，持以相校，文句亦有异同。此碑之可贵，在据事实书，无稍隐匿，方诸清代天女、朱果种种诡说，直霄壤矣。碑云：

吾朱氏本宗出自金陵句容，地名朱家巷，坐落通德乡。上世以来，咸勤服家桑，世次漫不可考，今谨缺之。自五世仲八公娶于陈氏，生男三人，长六二公，次十一公，其季百六公，是为高祖考。娶胡氏，生子二，长四五公，次四九公，即曾祖考。娶侯氏，生曰初一公、初二公、初五公、初十公，凡四人。初一公即祖考，娶王氏，有子二，长五一公，次五四公，即先考也。先考讳世珍，在元籍淘金户，金非句容所产，恒市他方以作岁赋。以此困于役，遂弃田庐，携二子，迁泗州盱眙县。时先伯考十有二岁，先考才八岁也。先祖营家泗州，旋置田产。及卒，家道日替，由是五一公迁居濠州钟离县，其后先考因至钟离同居。先伯考洎先考，性皆淳良，务本积德，与人无争，终身无遽言忤色，乡里咸称为世长。先伯考娶刘氏，生子四，重一公、重二公、重三公，皆生于盱眙；次重五公，生于钟离。先考娶泗州陈氏，是为先妣，有子四，长重四公，生于盱眙；次重六公，重七公，皆生于五河；□□（按：即明太祖名，应为"重八"二字）其季也，迁钟离后，戊辰年生。先伯考有孙六人，兵兴以来，相继浸没。先兄重四公有子曰文正，今为都督。重六、重七皆无后。曩者父母因□□幼多病，恐不育，舍入皇觉寺。岁甲申，父母、长兄不幸罹疫没，次兄守家，三兄出赘于刘，以求口食。□□则托迹缁流，稍得存活。予年二十四岁时，天下大乱，诸兄又皆亡丧。此时淮兵大起，掠人入行伍，乃为集义旅，以法部勒，兵力渐强盛，因取滁和托足。龙凤二年（按：乐城韩林儿诈称宋徽宗之后，建国称宋，自称小明王，建元曰龙凤），率师渡江，驻兵太平。因念先君尝言世为朱家巷人，宗族俱存，平日每有乡土之思，乃即访求故乡宗族之所居，调兵取句容。明年，克金陵，而朱家巷距城仅四十里，举族父母兄弟四十余人至，始得与之叙长幼之礼，行亲睦之道。吾宗由仲八公以上，即不可考，今自仲八公高、曾而下，皆家江左，历世丘墓皆在朱家巷，惟高祖葬泗州，先考葬钟离，此朱氏之原委也。□□既率师渡江，爰自太平进规金陵，开府建台之所，实乃乡郡之地，连岁征伐，拓境吴楚瓯越，方数千里，由是累膺显爵。龙凤九年三月十四日丙辰降制，赠曾祖为资德大夫、淮南等处中书省左丞相、上护军、司空、吴国公，曾祖妣侯氏吴国夫人；先祖考光禄大夫、江西等处中书省右丞相、太尉、吴国公，先祖妣王氏吴国夫人；先府君开府仪同三司、录军国重事平章右丞相、吴国公，先妣陈氏吴国夫人。以闰月十三日祗诣先垄，焚香告祭，遵旧典也。重念报本者礼所厚，宜今勉建事功，匪由己能，实先世灵长之泽，垂衍后昆。宜得推恩三代，并为上公，以遂为子孙者之志。《书》曰："作善降之百祥。"《易》曰："积善之家，必有余庆。"先祖父积德累善，天地之报，茂于厥后，凡子孙当体祖父之心，循德行仁，以承其绪于无穷，是吾之所望也。于是备书于石，以传信将来，俾有所考焉。

按：此碑所赠之官，尚为太祖称臣于韩林儿时受封吴公，而追尊其三代者。

柴萼《梵天庐丛录》卷一

靖江王世系

明太祖众建宗亲，以藩王室。洪武三年，封靖江王国于桂林。

一世，追封南昌王，讳兴隆，太祖高皇帝皇兄先薨，附葬凤阳，生子文正。

二世，大都督、节度中外诸军事，讳文正，南昌王子也。国初，从渡江，克太平，破陈也先营，取建康，历有战功，擢为枢密院同佥。辛丑三月，改枢密院为大都督府，命文正为大都督，节度中外诸军事。八月，上克江州，伪汉陈友谅平章祝宗以南昌降。壬寅正月，上命宗从徐达征武昌，宗中途叛回，据南昌。四月，始定其乱。上曰："得南昌，是去陈氏之一臂，其地襟江带湖，控荆引越，乃楚之重镇，为吴西南藩屏，人复好讼难制，且山寨来降日多，非骨肉老成，莫能治之。"五月，命文正统元帅赵德胜等往镇，授节钺。文正既至，增复城池，严为守备；招谕山寨未降，首目悉乐归顺；健讼者诛之，号令明肃，远近震惧。癸卯四月，陈友谅自武昌亲举舟师，号六十万，围南昌，用云梯等攻具，百道攻击，文正行城上，发炮石，所当辄糜破。敌乃昼夜环攻，友谅亲督将士，意在必擒文正。文正主画军中，分布诸将，随方应敌，翦获甚众。友谅复以其所获吉安首将刘齐、朱华，临江同知赵天祐徇城下，文正略不为动。至六月，被围日久，音问既隔，援兵不至，文正遣千户张子明告急于建康。会攻城益急，文正遣舍命王诣友谅营，诈约日出降。友谅信之，缓其攻，及期，城上旗帜一新，至暮不出，友谅缚舍命王于城下杀之，文正坚守以待援至。初，子明取东湖小鱼舟，夜从水关潜出，越石头口，夜行昼止，半月始达建康，见上，具言其故。上问："友谅兵势何如？"子明对曰："友谅兵虽盛，而战斗死者亦不少，今江水涸，贼之巨舰将不利用，又师久乏粮，若援兵至，必可破也。"上谓子明曰："汝归语文正，但坚守一月，吾当自取之。"子明还至湖口，为友谅所执，友谅使呼文正出降，子明阳许之，至城下，呼曰："大军且至，固守以待。"友谅杀子明，文正守益坚，敌莫能破。七月丙戌，围且三月，上亲帅诸名将，统舟师二十万讨之，友谅解围，与王师大战鄱阳，竟败死禁江口。是时，文正遣部将何文辉等讨平江西未附州县。吴元年春，江西按察使李饮冰言文正骄僭不逊，有怨言，上诘责，大惧，谋叛降张士诚，上大惊曰："嘻！此子不才至此，非吾自行不可。"即日登舟，至南昌，泊城下，召文正。文正仓卒出谒，上泣曰："汝何为辄起此意。"遂载与俱归。群臣劾，请伏法。上曰："吾兄惟此儿。"免文正官，安置桐城。召其子铁柱，语之曰："儿无恐，尔父违训教，忘艰难，恣凶狡，贻我忧。我育汝，汝长，且封汝，我终不以汝父故废汝。"未几，文正卒。洪武三年，封铁柱靖江王，改名炜，又改名守谦。

三世，封靖江王，讳守谦，大都督文正子，洪武三年封靖江王。是年夏四月辛酉，以封建诸王告庙，礼毕，赐宴廷臣，上曰："昔元失其驭，群雄并起，四方鼎沸，民遭涂炭。朕躬率师以靖大难，皇天眷佑，海宇宁谧。然治天下之道，必建藩屏，上卫国家，下安生灵。今诸子既长，宜各有封爵，分镇诸国。朕非私其亲，乃遵古先哲王之制，为久安长治之道。"群臣稽首，对曰："封建诸王，以卫宗社，天下万世之公议也。"遂诏天下曰："朕荷天地百神之灵，祖宗之德，起自布衣，艰难创业。惟时将帅协力，遂至十有六年，混一四海，功成治定，以膺正统。考之古昔帝王，既有天下，子居嫡长者，必正位储贰，其众子则皆分茅胙土，封以王爵，盖明长幼之分，固内外之势。朕今有子十人，前岁已立长子标为皇太子，爰以今岁四月七日，封第二子樉为秦王、第三子棡为晋王、第四子棣为燕王、第五子橚为周王、第六子桢为楚王、第七子榑为齐王、第八子梓为潭王、第九子杞为蜀王、第十子檀为鲁王、侄孙守谦为靖江王，皆授以册宝，设置相傅官属，凡诸典礼，已有定制。於戏！众建藩府，所以广磐石之安；大封土疆，所以眷亲支之厚。古今通义，朕何敢私。尚赖中外臣邻相与维持，弼成政化。"洪武九年，之国广西桂林，独秀山前有元顺帝潜邸，改为王宫。未几，以淫虐废为庶人，使田凤阳。阅七年，复其王，使居云南，赐玺书戒谕。比至云南，益贪暴。召还，安置凤阳，又横恣不法。召至京，挞而锢之。二十五年卒。子赞仪尚幼，上怜宗室诸王皆无后，命为世子，留京师。赞仪恭慎好学，能书。洪武三十年春，遣省晋、燕、周、齐、蜀、湘、代、肃、辽、庆、谷、秦诸王，先自楚湘入蜀，历陕西，出河南，上山西，抵大同、宣府、北平，东至大宁，辽东转于山东，择文武忠厚之士以从，以赞仪年幼，欲其知亲亲之义，且令涉山川险易也。永乐中，遣之国。守谦第二子赞俨，第三子赞侃，第四子赞俊，第五子赞偕，第六子赞伦，第七子赞杰，第八子赞储，第九子赞亿，俱授辅国将军。

四世，悼僖王，讳赞仪，封靖江王守谦长子，洪武二十三年袭封。永乐元年同弟辅国将军赞俨等九人之国，享国九年，世称贤王。

五世，庄简王，讳佐敬，悼僖王长子，永乐九年袭封。天性孝友，书史无所不读，善楷书，颇得钟、王体，国中诸寺观扁额多出佐书（出长史康奎碑文），享国五十八年。

六世，靖江王长子，讳相承，庄简王嫡长子，未袭封，薨，后追封靖江王，谥怀慎。

七世，昭和王，讳规裕，怀慎王嫡长子，成化七年袭封，享国二十七年。

八世，端懿王，讳约麒，昭和王嫡长子，弘治三年袭封。幼而秀颖，长而仁孝宽裕，读书通义，好贤礼士。御下不求小疵，维持纲纪，上遵朝廷大典，内守昭和遗则，不敢辄以己意有所更张。母妃早世，事祖母谷氏，承颜顺志，得其欢心，凡内政罔巨细，未始有不禀命者。凤婴痼疾，展转莫疗，其后乃请于上，命长子摄行国事（兵部尚书张瀚撰神道碑），享国二十七年。

九世，安肃王，讳经扶，端懿王嫡长子，正德十三年袭封，嘉靖四年薨，享国七年。

十世，恭惠王，讳邦宁，安肃王子，嘉靖六年袭封，隆庆六年薨，享国四十六年。

十一世，靖江王，名任昌，恭惠王子，万历三年袭封。（以后备查）

（明）黄佐《广西藩封志》，见于（清）汪森《粤西文载》卷十六

广右藩封，古未尝有。……惟我高皇帝众建宗亲，以藩王室。洪武三年，封靖江王国于桂林。更历列圣，亲亲之恩，有隆无替，迄今国祚，将与天地同其绵远矣。乃叙世系而志之。

一世，追封南昌王，讳兴隆，太祖高帝皇兄，先薨，附葬凤阳，生子文正。

二世，大都督、节度中外诸军事，讳文正，南昌王子也。国初，从渡江，克太平，破陈也先

营，取建康，历有战功，擢为枢密院同金。辛丑三月，改枢密院为大都督府，命文正为大都督，节度中外诸军事。八月，上克江州，伪汉陈友谅平章祝宗以南昌降。壬寅正月，上命宗从徐达征武昌，宗中途叛回，据南昌。四月，始定其乱。上曰："得南昌，是去陈氏之一臂，其地襟江带湖，控荆引越，乃楚之重镇，为吴西南藩屏，人复好讼难制，且山寨来降日多，非骨肉老成，莫能治之。"五月，命文正统元帅赵德胜等往镇，授节钺。文正既至，增复城池，严为守备；招谕山寨未降，首目悉乐归顺；健讼者诛之，号令明肃，远近震惧。癸卯四月，陈友谅自武昌亲率舟师，号六十万，围南昌，用云梯等攻具，百道攻击。文正行城上，发炮石，所当辄糜破。敌乃昼夜环攻，友谅亲督将士，意在必擒。文正主画军中，分布诸将，随方应敌，翦获甚众。友谅复以其所获吉安首将刘齐、朱华、临江同知赵天祐徇城下，文正略不为动。六月，被围日久，音问既隔，援兵不至。文正遣千户张子明告急于建康。会攻城益急，文正遣舍命王诣友谅营，诈约日出降。友谅信之，缓其攻。及期，城上旗帜一新，至暮不出，友谅缚舍命王于城下杀之，文正坚守以待援至。初子明取东湖小鱼舟，夜从水关潜出，越石头口，夜行昼止，半月始达建康，见上，具言其故。上问："友谅兵执何如？"子明对曰："友谅兵虽盛，而战斗死者亦不少。今江水日涸，贼之巨舰将不利用。又师久乏粮，若援兵至，必可破也。"上谓子明曰："汝归，语文正，但坚守一月，吾当自取之。"子明还至湖口，为友谅所执。友谅使呼文正出降，子明至城下呼曰："大军且至，固守以待。"文正闻之，守益坚，敌莫能破。七月丙戌，围且三月，上亲帅诸名将，统舟师二十万讨之，友谅始解围，与王师大战鄱阳，竟败死禁江口。是时，当友谅空国而来，强兵压境，使南昌不守，其为敌之资，岂细也哉。文正用其智勇，卒保无虞，亦可以为难矣。故论守南昌，文正功居多。后数年卒，子守谦立。（出《开国功臣录》）

三世，封靖江王，讳守谦，大都督文正子，洪武三年封靖江王。是年夏四月辛酉，以封建诸王告庙，礼毕，赐宴廷臣，上曰："昔元失其驭，群雄并起，四方鼎沸，民遭涂炭。朕躬率师以靖大难，皇天眷佑，海宇宁谧。然治天下之道，必建藩屏，上卫国家，下安生灵。今诸子既长，宜各有封爵，分镇诸国。朕非私其亲，乃遵古先哲王之制，为久安长治之道。"群臣稽首对曰："封建诸王，以卫宗祀，天下万世之公议也。"遂诏天下曰："朕荷天地百神之灵，祖宗之德，起自布衣，艰难创业。惟时将帅协力，遂至十有六年，混一四海，功成治定，以膺正统。考诸古昔帝王，既有天下，子居嫡长者，必正位储贰，其众子则皆分茅胙土，封以王爵，盖明长幼之分，固内外之势。朕今有子十人，前岁已立长子标为皇太子，爰以今岁四月七日，封第二子樉为秦王、第三子㭎为晋王、第四子棣为燕王、第五子橚为周王、第六子桢为楚王、第七子榑为齐王、第八子梓为潭王、第九子杞为蜀王、第十子檀为鲁王、侄孙守谦为靖江王，皆授以册宝，设置相傅官属，凡诸典礼，已有定制。於戏！众建藩府，所以广磐石之安；大封土疆，所以眷亲支之厚。古今通义，朕何敢私。尚赖中外臣邻相与维持，弼成政化。"（出《圣政记》）洪武九年，之国广西。十三年，宣回京师，薨于凤阳泗州。长子赞仪袭封，第二子赞俨、第三子赞侃、第四子赞俊、第五子赞偕、第六子赞伦、第七子赞杰、第八子赞储、第九子赞亿，俱授辅国将军。

四世，悼僖王，讳赞仪，封靖江王守谦长子，洪武二十三年袭封。永乐元年同弟辅国将军赞俨等九人之国，享国九年，世称贤王。

五世，庄简王，讳佐敬，悼僖王长子，永乐九年袭封。天性孝友，书史无所不读，善楷书，颇得钟、王体，国中及诸寺观扁额，多出楷书（出长子史康奎碑文）。享国五十八年。

六世，靖江王长子，讳相承，庄简王嫡长子，未袭封。薨后追封靖江王，谥怀慎。

七世，昭和王，讳规裕，怀慎王嫡长子，成化七年袭封，享国二十七年。

八世，端懿王，讳约麒，昭和王嫡长子，弘治三年袭封。幼而秀颖，长而仁孝宽裕，读书通义，好贤礼士，御下不求小疵。弘治庚戌，始袭封王爵，维持国之纲纪庶务，上遵朝廷大典，内守昭和遗则，不敢辄以己意，而有所更张。母妃早世，事祖母谷氏，承颜顺志，得其欢心，凡内政罔巨细未始有不禀命者焉。不幸夙婴痼疾，展转莫疗。其后乃请于上，命长子摄行国事，而省其大都（兵部尚书张溪撰神道碑），享国二十七年。

九世，安肃王，讳经扶，端懿王嫡长子，正德十三年袭封，嘉靖四年薨，享国七年。

十世，靖江王，名邦宁，嘉靖六年袭封。

（明）嘉靖《广西通志》卷十一《藩封志》

靖江王守谦，太祖长兄南昌王之孙也，南昌王从祀庙庭。子文正，少孤，其母王氏守节，抚文正，依太祖，太祖爱之。比长，涉传记，有才略。从渡江，克太平，破陈也先，取建康，擢枢密院同佥。辛丑，改院为大都督府，文正为大都督，节制中外诸军事。寻统元帅赵德胜等镇守南昌，号令明肃。癸卯四月，陈友谅围南昌，用云梯攻具百道进击，文正主画军中，随方应敌，剪获甚众。友谅获吉安守将刘齐、朱叔华，临江同知赵天祐，徇城下，文正不为动。至六月，援兵不至，文正遣千户张子明告急建康。敌攻城益急，文正遣舍命王诣友谅营诈约降，友谅缓攻。及期，城上旗帜一新，至暮不出，友谅缚舍命王城下杀之。子明从水关潜出，夜行昼止，半月始达建康。上问："友谅兵若何？"对曰："彼兵虽盛，战斗死者亦不少。今江水日涸，贼巨舰将不利。又师久乏粮，若援兵至，必可破。"上谓子明："汝归语文正，坚守一月，吾当自取之。"子明还至湖口，被执。友谅使呼文正出降，子明阳许之，至城下呼曰："大军且夕至，诸君宜固守以待。"友谅杀子明，文正守益坚。七月，上统舟师二十万来援，友谅始解围，逆战鄱阳湖，竟败死禁江口。甲辰，文正遣部将何文辉等讨平江西未附州县。吴元年春，江西按察使李饮冰言："文正骄僭不逊，有怨言。"上诘责，大惧，谋叛降张士诚。上大惊曰："嘻！此子不才至此，非吾自行不可。"即日登舟，至南昌，泊城下，召文正。文正仓卒出谒，上泣曰："汝何为辄起此意。"遂载与俱归。群臣劾请伏法，上曰："吾兄惟此儿。"免文正官，安置桐城。召其子铁柱语之曰："儿无恐，尔父违训教，忘艰难，恣凶狡，贻我忧。我育汝，汝长且封汝，我终不以汝父故废汝。"未几，文正卒。洪武三年，封铁柱靖江王，改名炜，又改名守谦，国于桂林。桂林独秀山前有元顺帝潜邸，改为王宫。未几，以淫虐废为庶人，使田凤阳。阅七年，复其王，使居云南，赐玺书戒谕。比至云南，益贪暴。召还，安置凤阳，又横恣不法。召至京，挞而锢之。二十五年卒。子赞仪尚幼，上怜宗室诸王无后，命为世子，留京师。赞仪恭慎，好学能书。洪武三十年春，遣省晋、燕、周、楚、齐、蜀、湘、代、肃、辽、庆、谷、秦诸王，先自楚、湘入蜀，历陕西，出河南，上山西，抵大同、宣府、北平，东至大宁、辽东，转于山东，择文武忠厚之士以从。以赞仪年幼，欲其知亲亲之义，且令涉山川险易也。永乐中，遣之国，卒谥悼僖。子佐敬嗣，卒谥庄简。子相承嗣，卒谥悼顺。子规□嗣，卒谥昭和。子约麒嗣，卒谥□□。子经扶嗣，卒谥安肃。子邦苧，嘉靖六年嗣。

（明）郑晓《吾学编》第十六《皇明同姓诸王传》卷三

　　豫章王（后定为南昌）兴隆曰重四公，仁祖第一子，太祖伯兄也。夫人王氏，有子二：长曰山阳王圣保，无后。次文正，娶枢密院判官谢再兴女。文正从渡江，为枢密院同金，寻擢大都督府大都督，统兵守南昌有功，后得罪废徙，暴卒。子炜，初名铁柱，后改名守谦。洪武三年，封靖江王，赐冠服禄如郡王，官属如亲王。九年之国桂林府，有罪召还京师，徙国云南，再得罪，安置凤阳，复不悛，挞而锢之，二十五年卒。子悼僖王赞仪复爵，薨，寿二十七。子庄简王佐敬嗣，薨，寿六十六。子相承，以长子先卒，寿三十一。子昭和王规裕嗣，进长子为怀顺王。昭和薨，寿三十七。子端懿王约麒嗣，薨，寿五十一。子安肃王经扶嗣，薨，寿三十。子恭惠王邦苧嗣，薨，寿六十一。子□□王任昌嗣，薨，寿五十一。子□□□□□嗣。

（明）王世贞《弇山堂别集》卷三三《郡王·太祖以上郡王宗系》

　　洪武十八年间例，王庙制，立五庙，以始封王为始祖。靖江王国，以南昌王为始祖。

（明）万历《广西通志》卷六《藩封志》

　　我高皇帝推恩从孙，与诸子同日封，大开邸第，俾王于桂。嗣王十世，与国同休，本支绵绵，逾二千余人。嘻！圣祖之泽弘矣。

　　靖江王守谦，高皇帝长兄南昌王之孙也。南昌王从祀庙庭，子文正，少孤，其母王氏守节，抚文正，依高皇帝，高皇帝爱之。比长，涉传记，有才略。从渡江，克太平，破陈也先，取建康，擢密院同金。辛丑三月，改院为大都督府，文正为大都督，节制中外诸军事。寻统元帅赵德胜等镇守南昌，号令明肃。癸卯四月，陈友谅围南昌，用云梯攻具，百道进击，文正主画军中，随方应敌，剪获甚众。友谅获吉安守将刘齐、朱叔华、临江同知赵天祐，徇城下，文正不为动。六月，援兵不至，文正遣千户张子明告急建康。帝谓子明："归语文正，坚守一月，当自取之。"子明还至湖口被执，友谅使呼文正出降。子明阳许之，至城下呼曰："大军至矣，诸君宜固守以待。"友谅杀子明，文正益坚。七月，帝统舟师二十万来援，友谅解围，逆战鄱阳湖，竟败死禁江口。甲辰，文正遣部将何文辉等讨平江西未附州县。吴元年春，江西按察使李饮冰言文正骄僭不逊，有怨言，帝诘责，大惧，谋叛降仕诚。帝大惊曰："嘻！此子不才至此耶？"即日登舟至南昌，泊城下，文正仓卒出谒，帝泣曰："汝何为此。"遂载与归。群臣请伏法，帝曰："吾兄惟此儿。"免文正官，安置桐城。召其子铁柱，语之曰："儿无恐，长且封汝，终不以汝父故废汝。"未几，文正卒。

　　洪武三年，大封诸王，铁柱封靖江王，改名炜，又改名守谦，国于桂林。长子赞仪袭封，余八子赞俨等俱授辅国将军。未几，守谦以淫虐废为庶人，召还京师戒谕之。守谦无悛意，作诗讥刺，有"不恋车马，甘死桑林"之语。帝犹冀其悔，使田凤阳，使儒臣编辑历代藩王事迹，为《昭鉴录》，教戒之。阅七年，复其王，使居云南，赐玺书戒谕。比至云南，益贪暴。召还，安置凤阳，又恣横。召至京，挞而锢之。二十五年卒。

　　子赞仪尚幼，帝怜宗室诸王皆无后，命为世子，留京师。赞仪恭慎好学，能书。洪武三十年春，遣省晋、燕、周、楚、齐、蜀、湘、代、肃、辽、庆、谷、秦诸王。先自楚湘入蜀，历陕西，出河南，上山西，抵大同、宣府、北平，东至大宁、辽东，转于山东，择文武忠厚之士以从。以赞仪年幼，欲其知亲亲之义，且令涉山川险易也。永乐中遣之国，弟赞俨等皆从，今称八辅云。卒谥悼僖。

子佐敬嗣。时文皇帝初靖内难，顾爱同姓，王亦能拊循，其下人亦附之。宣德七年，布政司奏王府及诸将军岁禄多不受米，而索有司钱，往往三倍取直，得钱辄市私盐牟利，民苦之。上赐敕曰："制，禄以米，盖因民所有也，钱则民间所无。今不受所有，而索其所无，又加扰焉。民岁岁当输，而虐取不已，何以自存。贩鬻者小人事，而贩私盐，违法甚矣，岂所望于宗室哉！既往姑不问，王宜自惩。"更谕诸将军，各戢下无二过。时诸宗尚不戢，正统三年，复申戒之。王复与其弟佐敏不相能，屡渎奏。帝反复晓譬，王亦寻自悔。王在位五十八年，卒谥庄简。

子相承，未袭封卒，追封，谥怀顺。

子规裕嗣，谥昭和。

子约麒嗣。弘治十二年，王屡著道士巾，夜出至市中。广西守臣以闻，王亦自陈，因患心疾。至此，上敕谕王并本府内外官，令以礼匡王，俾慎厥后。卒谥端懿。

子经扶嗣，卒谥安肃。

子邦苎嗣，待宗室颇峻，各宗遂生嫌隙，上下交构，延及地方，民间汹汹怀忧。王题奏得旨，各宗听王处治，而院司亦节行启谕，祸稍息。初，悼僖之国，成祖给以银印，杀于秦、晋诸王。宣德二年，改给镀金银印。嘉靖六年，户部题准，本府王禄视郡王，本□□支。又靖江食盐，岁例给银，于广东至桂林支盐。至是，王请复金宝与禄，不许；乞支本色盐，不许；乞桂林□□，亦不许。卒，久乃得谥恭惠。

子任昌嗣，游□□□而喜登陟。尝于独秀山上凿石开山，建亭阁，备诸整丽。卒谥康僖。

子履焘嗣，卒谥温裕。

（履焘）无嗣，时万历十八年也。诸宗亡赖者，乘王薨绝，纠众横行。巡抚都御史蔡汝贤、巡按御史饶位奏请以康僖王庶弟辅国将军任晟摄府事。九月，诸宗经扣、经訑等拥众殴辱按察使顾问，抚按再上状。于是，经扣革为庶人，并经訑发高墙，余发禁闲宅，诸宗始戢。二十年，册封任晟为王。

（明）万历《广西通志》卷六《藩封志》

靖江王守谦，太祖侄孙也，文正之子，兄南昌王之嫡孙。初，南昌王早逝，文正偕母王氏出避乱，与太祖失。至正甲午，闻太祖起濠，子母来归。太祖抚文正，甚爱之。比长，为择师，文正遂涉传记，长材略。随渡江，定建康，擢枢密院同知。辛丑，改枢密为大都督府，命为大都督，节制中外诸军事。壬寅夏四月，徐达再定南昌，太祖曰："南昌非骨肉重臣莫能治之。"五月，受命统元帅赵德胜、薛显，同参政邓愈往镇南昌，时选儒士郭子章、刘仲服为参谋。文正居守，号令严饬，远迩震服，诸寨头目皆招致之，止诛其好讼者数人。已而有降复叛者，尽系赴京，太祖曰："此等心持两端，不杀何待？"尽缚而沉诸江，境内肃然。癸卯夏，陈友谅大举围南昌，甚危，文正率诸将备御尤整。友谅兵数临城，几破，文正不为动，守益力。八月，友谅死，文正仍守南昌，乃专任掾吏卫达可等为心腹。达可险邪人也，诱引非道，文正日即荒淫。每探夺人美女子入内，既盈其欲，辄投之井，不欲更为他人所狎，往往杀人甚众。朝使至，厚遗之，以故不闻。时江西新按察使李饮冰、佥事凌说廉其实，劾奏之。文正惧，谋叛降张士诚。太祖大惊，曰："嘻！此子不才，非吾自行不可。"即日登舟抵南昌，迫城下。文正仓卒谒，上泣曰："汝为何辄起此意。"遂载与俱归。群臣请伏法，太祖曰："吾兄惟此儿。"乃按其状，得郭子章、刘仲服、卫达可等不法，诛之。高皇后进曰："文正自过江以来，克太平，破也先，取建康，累立战功；今守江西，克陈氏，亦有智勇。况骨肉亲侄，请宥之。"太祖曰："后言是也。"释之，免其官，安置桐城。寻命往荆州筑城。竣事还畿，欲用之，文正又出不逊语。太祖欲废之，高皇后又进曰："文正止是性刚，恐无此心。文正母见存，当念其母子之情，曲赦之。"太祖从之，命往濠州墓祭，夜与从者啧啧，有异志。从者以告，太祖遂废之。乃召其子铁柱，语之曰："儿无恐，尔父违训教，忘艰难，恣凶狡，贻我忧。我育汝，长且封汝，我终不以汝父废汝。"未几，文正卒。至是，封为靖江王，国桂林，更名炜，寻改今名。无何，亦以淫虐，废为庶人，使田凤阳。七年，复其王，益贪暴不法。召入京，遂锢之。洪武二十五年卒。子赞仪尚幼，太祖封为世子，留京。比长，恭慎好学，能书。三十年春，受命省晋、燕、周、楚、齐、蜀、代、肃、辽、庆、谷、秦诸王，先自湘入蜀，历陕西，出河南，上山西，抵大同、宣府、北平，东至大宁、辽东，转于山东，择文武忠厚之士以从。上念赞仪年幼，欲其知亲亲之义，且令涉山川险易也。永乐中，之国，卒谥悼僖。子佐敬嗣，卒谥庄简。子相承嗣，卒谥悼顺。子规嗣，卒谥昭和。子约麒嗣，卒谥端懿。子经扶嗣，卒谥安肃。子邦宁，嘉靖六年嗣。

（明）王圻《续文献通考》卷一九四《封建考·皇明同姓》

靖江王赞仪，永乐中谥悼僖。初，父守谦以高皇帝从侄孙始封，后罪废。

悼僖王子佐敬，成化中谥庄简。

庄简王子相承，成化中谥怀顺。

怀顺王子规裕，弘治初谥昭和。

昭和王子约麟，正德中谥端懿。

端懿王子经扶，嘉靖末谥安肃。

安肃王子邦宁，万历中谥恭惠。

（明）王圻《谥法通考》卷十五《皇明亲王谥》

（靖江）王立庙，王始祖南昌王。

（明）何乔远《名山藏》卷四十《分藩记五》

靖江王

靖江王守谦，少名铁柱，又名炜，高皇帝昆孙也，是为南昌王文正之子。文正早孤，貌类高帝，高帝爱之。从渡江，克太平，破陈也先，取建康，擢枢密院。其为人涉猎传记，而深狡强厉。一日，高帝问文正："汝欲何官？"文正跪对："爵赏急私亲，无以服众。叔父成大业，儿忧不富贵邪?"高帝益爱之。辛丑年，以为大都督，节制中外军事。其秋，上征汉。明年，徐达定南昌，上谓："新得南昌，重藩也，非骨肉重臣，莫与治。"使为统元帅与邓愈、赵德胜镇之，选儒士郭子章、刘仲服为参谋。癸卯年，汉急围南昌，援兵久不至，文正与德胜设方应敌，婴城待高帝兵，高帝竟灭汉鄱阳湖。然其守南昌，数慢高帝，令断无罪讼者舌，市张思诚浙西盐，逼犯民间处女，不用者投井中。按察李饮冰以奏，高帝怒，诘责之，文正惧，谋降于士诚。高帝大惊，亲往南昌视之，马后使人谓曰："帝怒都督甚，至可束手自诣。"帝至，文正仓卒出迎，帝泣曰："儿何唉。"诛子章、仲服等，断其部下头目五十余人脚肋，遂载与俱归。群臣请诛之，马后力救，帝曰："后言是也，吾有兄三人，仅此子。"安置之桐城。

召王语之曰："而父违我训教，我当治，而无恐，长封而。"文正卒，帝以洪武三年封王靖江，禄视郡王之制，官属视亲王之等。九年，之国，上表谢。帝览之，为之泪下沾襟，敕其文武从臣曰："从孙幼而远镇西南，善导之。"为之著《昭鉴录》。王之国，未久，坐淫虐废为庶人，使田凤阳苦之。王曰："不愿为王，得努力田丘，老死桑林足矣。"高帝叹曰："无福，无福。"阅七年，复居之云南，贪暴如故。召还，安置凤阳，复不悛。帝召之京师，挞而锢之。二十五年卒。

命其子赞仪为世子，留京师。赞仪恭慎好学，能书。三十年春，使省视晋、燕、周、楚、齐、蜀、湘、代、肃、辽、庆、谷、秦诸王叔父，浮湘入蜀，出毂函抵汴，上太原，涉于大同、宣府、北平，东北入大宁、辽东，折于山东，择文武忠孝之士从，亦以观天下之形。永乐初之国，成祖使萧用道为其府长史。用道佐王以善，而王亦敬礼之。他日，问用道曰："古今人何多好名也？"用道曰："名之与实，犹形影也，岂在好哉。王当好实，东平、河间非有其实，能令名乎？"（用道，泰和人，萧胅之父）王薨，谥悼僖。

子佐敬嗣。正统初，佐敬与其奉国将军佐敏相讦奏，以黄金六条馈杨荣。被诘责，谪其使人戍边。薨，谥崇简。

长子相承，先王卒，子规裕嗣，进封长子，为悼顺王。规裕王，薨，谥昭和。

子约麒嗣王，以孝谨闻。病痫，屡著道士衣冠，夜出市。薨，谥端懿。

子经扶嗣。王平居学问，尝为敬义之箴，薨，谥安肃。

子邦苧嗣，薨，谥恭惠。

子任昌嗣，薨，谥康僖。

子履煮嗣，薨，谥温裕。

亡子，康僖王弟任晟以辅国将军进封为今王。

（明）何乔远《名山藏》卷四十《分藩记五》

南昌王兴隆，妃王氏，生山阳王圣保，绝；大都督文正，今靖江王。

（明）谈迁《国榷》卷首之一

靖江王守谦（父文正）

靖江王守谦，初名炜，高皇帝长兄南昌王孙，大都督文正子也。文正不得封，封其子。文正少孤，母王氏守节艰难，依太祖。时太祖未有子，抚如己子。文正颇涉传记，有才略，为人勇敢，亦深挚，从渡江，定建康。太祖私语："儿！且官汝。"文正曰："爵赏未疆场，急儿，无以服众。"太祖善其言。以从征功，擢枢密院同金。改院为大都督府，文正为大都督，节制中外诸军事。时南昌甫定，而康泰等叛，南昌行省参政邓愈走归。旋命徐将军往定之，念非骨肉重臣莫可守，文正统元帅赵德胜协愈，都督洪都，选儒士郭子章、刘仲服为参谋。已而汉友谅亲率舟师六十万困南昌，文正计诸将分门守，而自提精锐二千往来巡督。敌冒竹盾当矢石，突击坏城三十余丈。文正急炮走之，随竖栅内藏。敌来争栅，且击且筑，达旦城完。寇所以为攻具无不至，而文正所以为捍拒之计亦无不至，昼夜无宁刻。历八十五日，力竭，诸名将赵德胜而下率被残，属邑烽信绝。时太祖方定安丰，还攻庐州。千户张子明请潜出，乞援金陵，而围密不得间。有舍命王者，失其名，愿以身殉汉，缓其攻。遂出诳友谅："大都督且奉表臣汉也。"围稍解，子明于是乘间从水关出。还至湖城，为友谅所执，勒降城中。子明佯许诺，至城下，正言以励守者，友谅杀子明。越月，太祖帅师二十万相持彭蠡湖，友谅食尽，掠粮都昌。文正授方略，尽燔其舟，汉师败，友谅死。上以文正守南昌功居多，死事赵德胜自有传，而先后武桓死者十有四人，皆以文正之义。是时上命邓愈往定南赣，文正分城守之军助愈。寻文正不善居功，以亲贵骄，或夺民妇女，不用者投井中，断无罪讼者舌，所用床榻僭饰龙凤。上手书责之，文正惭惧。按察司李饮冰遂以文正欲叛降吴密闻。上惊曰："嘻！儿乃为贼。"促诣南昌，呼文正城下。文正不意上至，仓卒出谒，载归建康。群臣请伏法，上曰："吾兄惟此儿，吾不忍。"诛子章、仲服，并断其所部足胫五十余人，免文正官，安置桐城。寻命往荆州筑城，还，或又言文正出语不逊，上意颇不测。马皇后曰："此儿止是性刚，亡他肠。今其母尚存，亦念初乘乱相扶持意。"上曲赦之，命往濠州省墓。夜复与从者啧啧有繁言，从者归，言上。上遂废之，召其子语之曰："铁柱无恐，我终不以汝父故废汝。"铁柱，守谦小名也。未几，文正卒。洪武三年，封守谦为靖江王，国桂林。桂林城独秀山前，有元顺帝潜邸，改为王宫，郡王官属视亲王次等。九年之国，上表谢。上览表为泣下，敕从臣善导之。尝出知东平州，守谦复不法，怨望，作诗讥刺，废为庶人，使田凤阳。守谦曰："不愿为王，力田足矣。"帝曰："铁柱无福。"阅七年，复其爵，镇云南，遣其妃之弟徐溥诫以玺书。乃益贪暴，召还京，安置凤阳，不省，召至京，挞而锢之。子赞仪嗣王，永乐中遣之国。赞仪恭慎好学，能书。（洪武）三十年，使省视十三王诸叔父，择文武忠孝之士从。赞仪尝问长史萧用道："古好名云何？"用道曰："名之与实，犹形影也，王当好实。"薨，谥悼僖。子佐敬嗣，正统初，与奉国将军佐敏相讦奏，以黄金六条馈杨荣，被诘责，戍其使人于边。再传约麒，以孝闻，病痫，屡着道士衣冠，夜出市。子经扶嗣。经扶好学，尝为敬义之箴。薨。历邦宁、仕昌、履焘、任晟四王。晟立庙于国，祖南昌。初给银印，宣德中改印黄金玺。明末王子亨歅应袭，失宠，他子以爱篡立，诬讼亨歅于官，收狱中。会唐藩即位福州，篡王不奉诏，辄弄兵，以原总兵杨国威为先锋。时广西巡抚都御史瞿式耜节钺梧州，篡王投书，奉尚书印强之，式耜不从。执式耜归，幽之别室，夺其原印。两广总制兵部侍郎丁魁楚奉命督总兵陈邦傅往讨之，篡王闻之惧，遽释式耜幽，还其印。式耜密令国威故部焦琏为内应，及邦傅兵至城下，琏猝起缚国威，以篡王入闽。王半道暴卒，国威伏法，而亨歅出狱中，得立为靖江王。论功封魁楚平粤伯，邦傅挂征蛮将军印。庚寅，北师定南王孔有德以兵破桂林，式耜及侍郎张同敞死之。亨歅及二子若春、若升皆死国。永历中，追赠亨歅一字王，若春靖江王，若升将军。

（清）查继佐《罪惟录·列传》卷四

靖江王

守谦，高皇帝嫡兄南昌王兴隆子文正嫡一子，洪武三年封，九年之国桂林府，寻废为庶人，七年复爵，使居云南，迁凤阳，复召锢京师。

悼僖王赞仪，守谦嫡一子，建文二年袭封，永乐元年之国，六年薨。

庄简王佐敬，悼僖庶一子，永乐九年袭封，成化五年薨。

相承，庄简嫡一子，正统元年封长子，天顺二年卒，以子规裕袭封，追封王，谥怀顺。

昭和王规裕，怀顺嫡一子，成化七年袭封，弘治二年薨。

端懿王约麒，昭和嫡一子，弘治三年袭封，正德十一年薨。

安肃王经扶，端懿嫡一子，正德十三年袭封，嘉靖四年薨。

恭惠王邦苧，安肃庶一子，嘉靖六年袭封，隆庆六年薨。

康僖王任昌，恭惠□一子，万历□年袭封，□年薨。

□□王履泰，康僖□一子，万历□年袭封，十八年薨，无嗣，叔任晟立。

□□王任晟，恭惠庶二子，万历十八年以辅国将军进封，三十八年薨，其子履祥先卒。

□□王履祐，□嫡二子，万历二十八年以奉国将军改封长子，四十年袭封，□年薨。

□□王亨嘉，□庶一子，万历四十三年封长子，崇祯□年袭封。大清顺治二年，叛称监国，为福王总督丁魁楚、巡抚瞿式耜所杀。

（清）万斯同《明史》卷一三九《诸王世表二》

太祖侄孙：靖江王，国桂林，守谦，有罪锢。子

  悼僖王，赞仪；子

    庄简王，佐敬；子

      相承，先薨；子

        昭和王，规裕；子

          端懿王，约麒；子

            安肃王，经扶；子

              恭惠王，邦宁；子

                □□王，任昌；子

                  履正嗣。

（清）傅维麟《明书》卷二五《同姓诸王表三》

靖江王守谦，太祖从孙。父文正，南昌王子也。太祖起兵时，文正母王携文正从军中，帝与高后抚如己子。比长，涉传记，晓勇略，随渡江，取集庆路。已有功，授枢密院同金。太祖与语："若欲何官？"文正对曰："叔父成大业，何患富贵。爵赏先及私亲，无以服众。"太祖善其言，益爱之。太祖为吴王，命为大都督，节制中外诸军事。及再定江西，谓洪都重镇，屏翰西南，非骨肉重臣莫能守。乃命文正统元帅赵得胜等镇其地，以儒士郭之章、刘仲服为参谋。文正增城浚池，招集山寨未附者，号令明肃，远近震摄。居无何，友谅率舟师六十万围洪都，文正数摧其锋，坚守八

十有五日，城坏复完者数十丈。友谅旁掠吉安、临江，俘其守将徇城下，不为动。太祖亲率兵来援，友谅乃解去，与太祖相拒于彭蠡。友谅掠粮都昌，文正遣方亮焚其舟，粮道绝，卒歼友谅。复遣何文辉等讨平未附州县，江西之平，文正功居多。太祖还京，告庙饮至，赐常遇春、廖永忠及诸将士金帛甚厚，念文正前言知大体，锡功尚有待也。文正遂不能无少望，性素卞急，至是益暴怒无常度，任掾吏卫可达夺部中子女。按察使李饮冰奏其骄侈触望，太祖遣使诘责。文正渐惧，饮冰益言其有异志，太祖即日登舟至城下，遣人召之。文正仓卒出迎，太祖持之泣曰："汝何为者。"遂载与俱归。廷臣请竟其事，高后力解之曰："儿特性刚耳，无他也。"免官安置桐城。寻命督筑荆州城，事竣，将复之，未几卒。饮冰亦以他事伏诛。

文正之谪也，守谦甫四岁，太祖抚其顶曰："儿无恐，尔父倍训教，贻我忧。我终不以父故废尔。"育之宫中。守谦幼名铁柱，吴元年以诸子命名告庙，更名炜。洪武三年，更名守谦，封靖江王，禄视郡王，官属亲王之半，命耆儒赵壎为长史傅之。既长，之藩桂林。桂林有元顺帝潜邸，改为王宫。上表谢，太祖览之，泣下沾襟，敕其从臣曰："从孙幼而远镇西南，其善导之。"为著《昭鉴录》。守谦知书，而性特戾，比群小，恣淫虐，粤人怨咨。召还戒谕之，守谦作诗怨望，帝怒，废为庶人，居凤阳。七年，复其爵，徙镇云南，使其妃弟徐溥同往，赐书戒饬之，语极挚切，守谦暴横如故。召还，安置凤阳。复以强取牧马，召至京锢之。二十五年卒。

子赞仪幼，命为世子。三十年春，遣省秦、晋、燕、周、楚、齐、蜀、湘、代、肃、辽、庆、谷十三王，自湘楚入蜀，历陕东西，抵河南、山西、北平，东至大宁、辽阳，还自山东，使知亲亲之义，熟山川险易，习劳苦。赞仪恭慎好学，永乐初之藩，使萧用道为长史。用道善辅王，王亦敬礼之。薨谥悼僖。初给银印，宣德中改用金涂。子佐敬嗣，正统初，与其弟奉国将军佐敏相讦奏，语连大学士杨荣，帝怒，戍其使人。薨谥崇简。子相承先卒，追谥悼顺。子规裕嗣，薨谥昭和。子约麒嗣，以孝谨闻，已病痫，着道士衣冠夜出，守臣以闻。薨谥端懿。子经扶嗣，好学有俭德，尝为《敬义箴》。薨谥安肃。子邦苎嗣，与巡按御史徐南金讦奏，遣官覆实，夺苎禄米六月，罪官校赵相等，薨谥恭惠。子任昌嗣，薨谥隶僖。子履焘嗣，薨谥温裕。无子，康僖王弟辅国将军任晟嗣，薨。子履祐嗣，薨。子亨嘉嗣，其后北京陷，招集诸蛮起兵，自称监国，为丁魁楚、瞿式耜所杀。

（清）王鸿绪《明史稿·列传四·诸王二》

靖江王守谦，少名铁柱，又名炜，高皇帝长兄南昌王之孙，大都督文正子也。文正守南昌，数慢高帝令，以罪谪死。洪武三年，封铁柱为靖江王，更名守谦，命耆儒赵壎为长史，傅之。既长，之国桂林。守谦表谢，帝览之，泪下沾襟，敕其文武从臣曰："从孙幼而远镇西南，善导之。"为著《昭鉴录》。守谦知书，而性特戾，狎比小人，肆为淫虐。帝不忍置之法，召还京师诚谕。守谦不知悔，复作诗怨望，乃废为庶人。七年，复其爵，使镇云南，贪暴如故。召还，安置凤阳，复不悛。帝乃召至京师，挞而锢之。二十五年卒。命其子赞仪为世子，留京师。

赞仪恭慎好学，能书。三十年春，使省视晋、燕、周、楚、齐、蜀、湘、代、肃、辽、庆、谷、秦诸王叔父，周览天下山川风土，以广其意。永乐初，之国。成祖使萧用道为其府长史。用道佐王以善，王亦敬礼之。他日，问用道曰："古今人何多好名也?"用道曰："名之与实，犹形影也，岂在好哉。王第好其实，东平、河间，非有其实，能有令名乎?"王薨，谥悼僖。

子佐敬嗣，薨，谥崇简。

长子相承，先王卒，子规裕嗣，进封长子，为悼顺王。

规裕薨，谥昭和。

子约麒嗣，以孝谨闻。然病痫，薨，谥端懿。

子经扶嗣，好学问，尝为《敦义箴》。薨，谥安肃。

子邦苎嗣，薨，谥恭惠。

子任昌嗣，薨，谥康僖。

子履焘嗣，薨，谥温裕。亡子，康僖王弟任晟，以辅国将军进封。

（清）雍正《广西通志》卷六二《封建》

靖江

守谦，太祖嫡兄南昌王兴隆子文正嫡一子，洪武三年封。九年就藩桂林府，寻废为庶人。七年复爵，使居云南，还凤阳，后召锢京师。二十五年卒。

悼僖王赞仪，守谦嫡一子，建文二年袭封。永乐元年就藩。六年薨。

庄简王佐敬，悼僖庶一子，永乐九年袭封。

相承，庄简嫡一子，正统元年封长子。天顺二年卒。以子规裕袭封。追封王，谥怀顺。

昭和王规裕，怀顺嫡一子，成化七年袭封。弘治二年薨。

端懿王约麒，昭和嫡一子，弘治三年袭封。正德十一年薨。

安肃王经扶，端懿嫡一子，正德十三年袭封。嘉靖四年薨。

恭惠王邦苎，安肃嫡一子，嘉靖六年袭封。隆庆六年薨。

康僖王任昌，恭惠嫡一子，万历五年袭封。十年薨。

温裕王履焘，康僖嫡一子，万历十三年袭封。二十年薨。无子，叔任晟立。

宪定王任晟，恭惠庶二子，万历二十年以辅国将军进封。三十八年薨。长子履祥先卒。

荣穆王履祐，宪定嫡二子，万历二十八年以奉国将军改封长子，四十年袭封，薨。

王亨嘉，荣穆庶一子，万历四十三年封长子。崇祯中袭封。大清顺治二年叛，称监国，为福王总督丁魁楚、巡抚瞿式耜所杀。

（清）张廷玉《明史》卷一〇二《诸王世表三》

靖江王守谦，太祖从孙。父文正，南昌王子也。当太祖起兵时，南昌王前死，妻王氏携文正依太祖。太祖、高后抚如己子。比长，涉猎传记，饶勇略，随渡江取集庆路。已，有功，授枢密院同金。太祖从容问："若欲何官?"文正对曰："叔父成大业，何患不富贵。爵赏先私亲，何以服众。"太祖喜其言，益爱之。

太祖为吴王，命为大都督，节制中外诸军事。及再定江西，以洪都重镇，屏翰西南，非骨肉重臣莫能守。乃命文正统元帅赵得胜等镇其地，儒士郭之章、刘仲服为参谋。文正增城浚池，招集山寨未附者，号令明肃，远近震慑。居无何，友谅帅舟师六十万围洪都。文正数摧其锋，坚守八十有五日，城坏复完者数十丈。友谅旁掠吉安、临江，俘其守城徇城下，不为动。太祖亲帅兵来援，友谅乃解去，与太祖相拒于彭蠡。友谅掠粮都昌，文正遣方亮焚其舟。粮道绝，友谅遂败。复遣何文辉等讨平未附州县。江西之平，文正功居多。

太祖还京，告庙饮至，赐常遇春、廖永忠及诸将士金帛甚厚。念文正前言知大体，锡功尚有待也，而文正不能无少望。性素卞急，至是暴怒，遂失常度，任搿吏卫可达夺部中子女。按察使李饮冰奏其骄侈触望，太祖遣使诘责。文正惧，饮冰益言其有异志。太祖即日登舟至城下，遣人召之。文正仓卒出迎，太祖数曰："汝何为者？"遂载与俱归，欲竟其事。高后力解之曰："儿特性刚耳，无他也。"免官安置桐城，未几卒。饮冰亦以他事伏诛。

文正之被谪也，守谦甫四岁，太祖抚其顶曰："儿无恐，尔父倍训教，贻我忧，我终不以尔父故废尔。"育之宫中。守谦幼名铁柱，吴元年以诸子命名告庙，更名炜。洪武三年更名守谦，封靖江王。禄视郡王，官属亲王之半，命耆儒赵埙为长史傅之。既长，之藩桂林。桂林有元顺帝潜邸，改为王宫，上表谢。太祖敕其从臣曰："从孙幼而远镇西南，其善导之。"守谦知书，而好比群小，粤人怨咨。召还，戒谕之。守谦作诗怨望。帝怒，废为庶人。居凤阳七年，复其爵。徙镇云南，使其妃弟徐溥同往，赐书戒饬，语极挚切。守谦暴横如故。召还，使再居凤阳。复以强取牧马，锢之京师。二十五年卒。子赞仪幼，命为世子。

三十年春，遣省晋、燕、周、楚、齐、蜀、湘、代、肃、辽、庆、谷、秦十三王，自湘入蜀，历陕西，抵河南、山西、北平，东至大宁、辽阳，还自山东，使知亲亲之义，熟山川险易，习劳苦。赞仪恭慎好学。永乐元年复之国桂林，使萧用道为长史。用道善辅导，赞仪亦敬礼之。六年薨，谥曰悼僖。

子庄简王佐敬嗣。初给银印，宣德中，改用金涂。正统初，与其弟奉国将军佐敏相讦奏，语连大学士杨荣。帝怒，戍其使人。成化五年薨。子相承先卒，孙昭和王规裕嗣，弘治二年薨。子端懿王约麒嗣，以孝谨闻。正德十一年薨。子安肃王经扶嗣，好学有俭德，尝为《敬义箴》。嘉靖四年薨。子恭惠王邦苎嗣，与巡按御史徐南金相讦奏。夺禄米，罪其官校。隆庆六年薨。子康僖王任昌嗣，万历十年薨。子温裕王履焘嗣，二十年薨。无子，从父宪定王任晟嗣，三十八年薨。子荣穆王履祜嗣，薨。子亨嘉嗣。李自成陷京师后，自称监国于广西，为巡抚瞿式耜所诛。时唐王聿键在福建，奏捷焉。

（清）张廷玉《明史》卷一一八《诸王列传三》

靖江王传授世次

靖江王守谦，太祖嫡兄南昌王兴隆子文正之嫡一子，于太祖为侄孙。洪武三年四月封，九年就藩桂林府，寻废为庶人。七年，复爵，使居云南。还凤阳，后召锢京师，二十五年卒。

史料后集曰：高祖念皇侄文正，终不忍忘，故其子守谦虽封郡王，冠止七旒，禄止二千石，而特设内外承奉、长史等官，宫城、庄田、宗社之类皆与亲王等。

传赞仪，建文二年袭，永乐六年薨。

佐敬，永乐九年袭，成化五年薨。

相承，封长子，未袭卒，以子规裕袭爵，追封。

规裕，成化七年袭，弘治二年薨。

约麒，弘治三年袭，正德十一年薨。

经扶，正德十三年袭，嘉靖四年薨。

邦苎，嘉靖六年袭，隆庆六年薨。

任昌，万历五年袭，十年薨。

履焘，万历十三年袭，二十年薨，无子，叔任晟立。

任晟，万历二十年以辅国将军进袭，三十八年薨。

履祐，万历四十年袭，薨年阙。

亨嘉，崇祯中袭。

（清）嵇璜等《钦定续文献通考》卷二〇八《封建考·同姓封建》

明靖江王朱守谦。守谦，太祖兄南昌王兴隆子文正嫡一子。洪武三年封靖江王，九年就藩，寻废为庶人。七年复爵，使居云南，还凤阳，后召锢京师。

二世，赞仪，建文二年袭，永乐元年就藩。

三世，佐敬，永乐九年袭。

四世，相承，正统元年封长子，未袭卒，追封王。

五世，规裕，成化七年袭。

六世，约麒，宏治三年袭。

七世，经扶，正德十三年袭。

八世，邦苎，嘉靖六年袭；

九世，任昌，万历五年袭；

十世，履焘，万历十三年袭。无子，以叔任晟袭；

九世，任晟，邦苎庶子，万历二十年袭；

十世，履祐，万历二十八年袭；

十一世，亨嘉，崇祯中袭。国朝顺治二年，叛称监国，为唐王总督丁魁楚、巡抚瞿式耜所杀。

（清）嘉庆《广西通志》卷七九《封建表》

明南昌王朱兴隆。《明史》：太祖长兄，洪武初追封。子文正，以罪谪死。孙守谦，洪武三年改封靖江王，徙桂林。

（清）光绪《江西通志》卷四二《封爵表九》

第二部分　靖江王事迹（上）

南昌王朱兴隆

一　生卒

1. 生于盱眙县津律镇

据《皇陵碑》载，高皇帝曰："朕幼时，皇考为朕言，先世居句容县之朱家巷，尔祖生于宋季元初，我时尚幼，挈家渡淮，开垦兵后荒田，因家泗州。朕记忽忘。皇考有子，朕长兄讳□，生于津律镇；仲兄讳□，生于灵璧县；三兄讳□，生于虹县。及皇考年五十，居钟离东乡，而生朕。甫十岁，复迁钟之西乡。长兄侍亲，仲兄三兄皆出赘，而复迁太平之孤庄村。"

（明）夏原吉《一统肇基录》

皇陵碑

皇考有四子：长兄讳某，生于津津镇；仲兄讳某，生于灵璧；三兄讳某，生于虹县；皇考五十，居钟离之东乡，而朕生焉。

朱氏世德碑

先考君娶陈氏，泗州人，长重四公生盱眙，次重六公、重七公皆生于五河。某其季也，先迁钟离，后戊辰所生（旧闻本"所生"作"年"字）。

（明）郎瑛《七修类稿》卷七《国事类》

朱氏世德之碑

其先考君娶陈氏，泗州人，子亦四，重四公，生盱眙；次重六公、重七公，皆生于五河；朕居其季，迁钟离后戊辰年所生。

（清）乾隆《句容县志》卷十《艺文志》

朱氏世德碑

先考娶泗州陈氏，是为先妣，有子四，长重四公，生于盱眙；次重六公，重七公，皆生于五河；□□（按：即明太祖名，应为"重八"二字）其季也，迁钟离后，戊辰年生。

柴萼《梵天庐丛录》卷一

仁祖淳皇帝，四五公也，是为太祖父，讳世珍。五一公迁钟离，仁祖从之。兄弟皆淳良务德，尝言："凡人守分得财，如置田地，稼穑收获，岁有常利，用之亡穷。若悖理得财，如污吏贪官，获利虽博，有丧身亡命之忧。"一乡皆称仁祖善人。五一公有四子，兵后相继没。而仁祖生四子，长曰重四公兴隆，生盱眙；次曰重六公兴盛，又次曰重七公兴祖，生五河；最后乃生太祖钟离乡。至正四年崩，寿六十六。淳皇后、重四公弃世，亦与同月。

（明）何乔远《名山藏》卷三三《开圣记一》

世珍娶陈氏，徙盱眙，生兴隆；徙五河，生兴盛、兴祖。徙钟离东乡，盖濠古涂山氏国，大禹会诸侯处，周世宗凿其地，至是王气始复，太祖生。

（明）谈迁《国榷》卷一

2. 卒于元至正四年甲申

大明太祖圣神文武钦明启运俊德成功统天大孝高皇帝，姓朱氏，讳元璋，字国瑞，濠之钟离东乡人也。……父仁祖，讳世珍，元世又徙居钟离之东乡，勤俭忠厚，人称长者；母太后陈氏，生四子，上其季也。……岁甲申，上年十七，值四方旱蝗民饥，疾疬大起。四月六日乙丑，仁祖崩；九日戊辰，皇长兄薨；二十二日辛巳，太后崩，上连遭三丧。

（明）《明太祖实录》卷一

皇陵碑

岁甲申，皇考及皇妣陈氏俱亡弃，长兄与其子亦继殁。时家甚贫，谋葬无所。同里刘大秀悯其孤苦，与地一方，以葬皇考、皇妣，今之先陵是也。

（明）郎瑛《七修类稿》卷七《国事类》

明皇陵碑

岁在甲申，皇考洎皇妣陈氏俱卒世，长兄与其子亦既没，家贫甚，谋葬无地。同里人刘大秀悯其孤苦，与地以葬皇考皇妣，今之先陵是也。

（清）乾隆《句容县志》卷十《艺文志》

太祖尝自叙《朱氏世德之碑》，其文曰：……甲申岁，父母、长兄俱丧，次兄守业，又次兄出赘刘氏，某托迹缁流。

（明）徐桢卿《翦胜野闻》

朱氏世德碑

岁（旧闻本无"岁"字）甲申，父母长兄俱丧，次兄守家（旧闻本作"业"字），三兄出赘刘氏，某托迹缁流。

（明）郎瑛《七修类稿》卷七《国事类》

朱氏世德之碑

岁甲申年，十七，父母、长兄俱丧；次兄守家，三兄出赘刘氏，朕遂托迹缁流。

（清）乾隆《句容县志》卷十《艺文志》

朱氏世德碑

岁甲申，父母、长兄不幸罹疫没，次兄守家，三兄出赘于刘，以求口食。□□则托迹缁流，稍得存活。

柴萼《梵天庐丛录》卷一

至正甲申，疫疠大作，仁祖、陈太后俱不禄，邻人刘继祖与地葬之。南昌王、临淮王亦先后殁。岁旱蝗，盱眙王徙他境，未几亦殁。帝时年十七，无所依，乃从汪媪议，遵先志，托身皇觉寺。

（明）高岱《鸿猷录》卷一《龙飞淮甸》

甲申，至正四年，上年十七。时大饥疫。四月庚申朔乙丑，翁卒；戊辰，伯兄兴隆卒；辛巳，陈妪又卒。

（明）谈迁《国榷》卷一

（太祖兄）南昌，死于甲申之岁，朱氏贫不能生活。

（清）万斯同《明史》卷一五二《诸王上》

皇陵碑

叙明祖侧微时，当以御制皇陵碑为据。……《玉牒》又谓：明祖兄南阳王及子山阳王先死，贫无葬地，同里刘继祖以地与之，时仁祖先梦于彼处筑室，今葬长子后，果夫妻亦同葬此地，即凤阳陵云。是长子先葬数年，后父母随葬也。然皇陵碑云："皇考终于六十有四，皇妣五十有九而亡，孟兄先死，合家守丧，田主德不我顾，呼叱昂昂。忽伊兄之慷慨，惠此黄壤。"则是父母兄相继死于旬日之内，故刘继祖悯其鞠凶，而舍地与之。

（清）赵翼《廿二史札记》卷三六

二　生前与朱元璋不和

古人有云："诛君之子不立。"此说去古既远，验所无凭，具在史册，然朕未为以必。然朕不幸，有骨肉乖离之患。且从孙守谦之祖，幼因皇考惜之甚，及壮，无状甚焉。其非奉父母之道，有不可胜言。呜呼！尝云："孝顺还生孝顺子，忤逆还生忤逆儿。"守谦之祖无道，致守谦父，幼随母而孤，虽在未出幼之先，同守谦之祖母备历诸艰，以难枚举。

（明）朱元璋《御制纪非录》

（永乐）元年十一月初九日，臣棣燕王移檄天下："燕王令旨，为报父仇事，谕天下藩屏诸王、大小各衙门官吏、军民人等，曰：……窃惟我父皇亲亲之心，天下之人所知者。且如靖江王守谦，其祖为恶，至于守谦，景恶不悛，降为庶人。我父皇思念祖宗，尚不忍破其家、灭其国，复立其长子为靖江王，诸子皆为镇国将军，享有爵禄，与朝廷同其久远也。"

（明）姜清《姜氏秘史》卷二

靖难兵兴令旨

燕王令旨，为报父雠事，谕普天下藩屏诸王、大小各衙门官吏、军民人等，曰：……窃惟我父皇亲亲之心，天下之人之所共知者。且如靖江王守谦，其祖为恶，父为恶，至于守谦，累恶不悛，降为庶人。我父皇思念子孙，尚不忍破其家、灭其国，复立其长子为靖江王，诸子皆为镇国将军，享用爵禄，与朝廷同其久远也。

（明）《皇明诏令》卷四《成祖文皇帝上》

燕王既还北平，复上书白心，传檄天下。檄曰："惟父皇太祖高皇帝，一统华夷，为生民主。天下底定，立长子为皇太子，余子无嫡庶，皆裂土封王，为子孙不拔之计。……昔靖江王守谦，其父文正身多愆违，王复不改，父皇笃念懿亲，尚行爵出禄，与同享之。"

（明）何乔远《名山藏》卷五《典谟记》附《革除记》

成祖起兵，移檄天下，云："……窃惟我父皇亲亲之心，天下之人所知者。且如靖江王守谦，其祖为恶，至于守谦，累恶不悛，降为庶人，我父皇思念祖宗，尚不忍破其家，灭其国，复立其长子为靖江王，诸子皆为镇国将军，享有爵禄，与朝廷同其久远也。"

（明）吕毖《明朝小史》卷四《永乐纪·移檄》

仁祖亦四子，长南昌王，次临淮王，次盱眙王，而太祖最幼。……初，南昌爱于仁祖，而太祖与之有隙。

（清）万斯同《明史》卷一五二《诸王上》

三 追封南昌王

（洪武元年正月丙子）诏追封皇族。以皇伯考为寿春王，皇兄为南昌王、为盱眙王、为临淮王，皇从兄为霍丘王、为下蔡王、为安丰王、为蒙城王，皇侄为山阳王、为招信王，皇从侄为宝应王、为六安王、为来安王、为都梁王、为英山王。皇伯妣刘氏为寿春王夫人，皇嫂刘氏为临淮王夫人，皇从嫂翟氏为霍丘王夫人、赵氏为安丰王夫人。

（明）《明太祖实录》卷二九

睦族

洪武元年正月，诏追封皇族，以皇伯考为寿春王，皇兄为南昌王、为盱眙王、为临淮王，皇从兄为霍丘王、为下蔡王、为安丰王、为蒙城王；皇侄为山阳王、为招信王，皇从侄为宝应王、为六安王、为来安王、为都梁王、为英山王，皇伯妣刘氏为寿春王夫人，皇嫂刘氏为临淮王夫人，皇从嫂翟氏为霍丘王夫人、赵氏为安丰王夫人。告曰："天相我家，肇兴帝业。仰承先德，以克臻此。已于正月四日祭告天地，即皇帝位于南郊，既追尊四代考妣为帝后。重念亲亲之道，无间存没。凡我伯考、兄、侄，悉追封为王；伯妣、先嫂皆为王夫人。列祀家庙，著为常典。伏惟英灵，歆此荣祉。"

（明）朱睦㰟《圣典》卷四

（洪武元年正月丙子）追封皇伯考为寿春王，皇兄南昌王、盱眙王、临淮王，从兄而下十一王，配皆夫人。

（明）朱国桢《皇明史概·皇明大政记》卷二

（朱元璋）既即位，追尊淳皇帝庙号仁祖，复追封五一公曰皇伯考寿春王，而重四公、重六公、重七公与重四公之四子，皆追封为王。

（明）何乔远《名山藏》卷三三《开圣记一》

（洪武元年正月丙子）诏追封皇伯考五一为寿春王；兄兴隆南昌王，兴盛盱眙王，兴祖临淮王；从兄重一霍丘王，重二下蔡王，重三安丰王，重四蒙城王；侄圣保山阳王，旺儿招信王；从侄赛哥高沙王，铁哥宝应王，转儿六安王，记儿来安王，臊儿都梁王，润儿英山王；皇伯妣刘氏、嫂刘氏、从嫂翟氏、赵氏俱封夫人。

（明）谈迁《国榷》卷三

按《续文献通考》，太祖定天下，首追封同祖之亲凡十五王。寿春王，熙祖之子。安丰王、霍丘王、下蔡王、蒙城王，俱寿春王之子。都梁王、六安王、来安王、英山王，俱安丰王之子。宝应王，霍丘王之子。临淮王、南昌王、盱眙王，皆太祖之兄。山阳王，改靖江王，南昌王之子。招信王，盱眙王之子。

（清）陈梦雷《古今图书集成·明伦汇编·官常典》卷十七《宗藩部》

洪武元年，追封叔父为寿春王，兄为南昌王、盱眙王、临淮王，从兄弟为霍丘王、下蔡王、安丰王、蒙城王，兄子为山阳王、昭信王，从子为宝应王、六安王、来安王，都梁王、英山王，所谓宗室一五王也。（《通纪》）

（清）龙文彬《明会要》卷四《帝系四·诸王》

附　册封朱兴隆夫人王氏南昌王妃

（洪武三年九月）壬辰，册封皇嫂南昌王夫人王氏为南昌王妃。

（明）《明太祖实录》卷五六

四 南昌王坟

国初追封诸王坟

寿春王、妃刘氏，霍丘王、妃翟氏，下蔡王，安丰王、妃赵氏，蒙城王、妃田氏，宝应王，六安王，来安王，都梁王，英山王，以上坟在凤阳府西北二十五里，地名白塔，设祠祭署陵户。

南昌王、妃王氏，盱眙王、妃唐氏，临淮王、妃刘氏，山阳王，招信王，以上坟附葬凤阳皇陵，有司岁时祭祀，皆与享。

（明）申时行等《大明会典》卷九十《礼部四八·陵坟等祀》

五 从祀太庙

太庙，国初配享亲王十五位，王有妃者六位，共二十一位。下蔡等八王妃，国初盖失记；南昌王妃王氏附葬凤阳皇陵，而配享亦无王氏位，不知何也？靖江父文正，文正，南昌王子也。

（明）何孟春《余冬序》卷三

庙祔十五王，初从祀四祖，庙东庑寿春、下蔡、南昌、盱眙、宝应、来山、英山、昭信凡八王，西霍丘、安丰、蒙城、临淮、六安、都梁、山阳凡七王。熙祖皇后生仁祖及寿春王，仁祖陈后生南昌、盱眙、临淮三王，三王皆高帝同母兄也。十五王惟寿春、盱眙、霍丘、安丰、蒙城、临淮六妃配食。南昌王者，文正父也，妃王氏祔葬皇陵，不入配。

（明）郑晓《吾学编》第十四《皇明同姓诸王传》卷一

时享

洪武二十六年初定仪：

亲王配享四坛，共二十一位。

第一坛：寿春王、妃刘氏，犊一、羊一、豕一、登二、铏二、笾豆各十、簠簋各二、爵六、帛二（展亲制帛）；

第二坛：霍丘王、妃翟氏，下蔡王，安丰王、妃赵氏，南昌王，犊一、羊一、豕一、登六、铏六、笾豆各十、簠簋各二、爵十八、帛六（展亲制帛）；

第三坛：蒙城王、妃田氏，盱眙王、妃唐氏，临淮王、妃刘氏，陈设与二坛同；

第四坛：宝应王，六安王，来安王，都梁王，英山王，山阳王，招信王，犊一、羊一、豕一、登七、铏七、笾豆各十、簠簋各二、爵二十一、帛七（展亲制帛）。

共设酒尊三、筐四，于展东南，北向。

（明）申时行《大明会典》卷八六

太祖洪武元年戊申春正月四日，太祖诣太庙，恭上四代考妣尊号。高祖考尊谥曰玄皇帝，庙号德祖（即伯六公，五世祖重八公季子），妣胡氏曰玄皇后；曾祖考尊谥曰恒皇帝，庙号懿祖（即四九公，高祖次子），妣侯氏曰恒皇后；祖考尊谥曰裕皇帝，庙号熙祖（即初一公，懿祖长子），妣王氏曰裕皇后；祖考尊谥曰淳皇帝，庙号仁祖（讳世珍，熙祖次子），妣陈氏曰淳皇后。

四亲庙在阙左，德祖居中，懿祖居东第一庙，熙祖居西第一庙，仁祖居东第二庙。按，四亲庙从祀，则寿春王、妃刘氏为一坛，霍丘王、妃翟氏、下蔡王、安丰王、妃赵氏、南昌王为一坛，蒙城王、妃田氏、盱眙王、妃唐氏、临淮王、妃刘氏为一坛，宝应王、六安王、来安王、都梁王、英山王、山阳王、招信王为一坛。南昌王者，文正父也；妃王氏祔葬皇陵，不入配。

至洪武二年，又尊寿春王为皇伯考，南昌、霍丘、下蔡、安丰、蒙城、盱眙、临淮七王为皇兄，宝应、六安、来安、都梁、应山、山阳、昭信七王为皇侄。

至正德中，御史徐文华言：“族无后者，祭终兄弟子孙之身。今太庙享配诸王，未审于高皇何亲，大抵非兄弟，即伯叔。至于今，五世六世矣，祀宜祧。”下礼官议，不从。嘉靖，建九庙东西庑，配如故。九庙灾，复同堂异室之制，祔十五王于两序云。

（明）王圻《续文献通考》卷一一二《宗庙考》

洪武元年正月四日，上诣太庙，恭上四代考妣尊号，四亲庙在阙左，德祖居中，懿祖居东第一庙，熙祖居西第一庙，仁祖居东第二庙云。

按，四亲庙从祀，则寿春王、妃刘氏为一坛，霍丘王、妃翟氏、下蔡王、安丰王、妃赵氏、南昌王为一坛，蒙城王、妃田氏、盱眙王、妃唐氏、临淮王、妃刘氏为一坛，宝应王、陆安王、来安王、都梁王、英山王、山阳王、招信王为一坛。南昌王者，文正父也，妃王氏祔葬皇陵，不入配。

洪武二年，又尊寿春王为皇伯考，南昌、霍丘、下蔡、安丰、蒙城、盱眙、临淮七王为皇兄，宝应、陆安、来安、都梁、应山、山阳、昭信七王为皇侄。

至正德中，御史徐文华言：“族无后者，祭终兄弟之孙之身。今太庙享配诸王，未审于高皇何亲，大抵非兄弟即伯叔，至于今五世六世矣，祀宜祧。”下礼官议，不从。嘉靖建九庙，东西庑配如故。九庙灾，复同堂异室之制，附十五王于两序云。

（明）徐学聚《国朝典汇》卷一一五《庙祀》

玉牒事宜图说　（明）严嵩

嘉靖二十四年九月初一日，内阁题玉牒事宜。臣等为照玉牒，记载宗支，以垂万世，系朝廷重事，其制不敢不倍加详慎。其旧牒内，有事当厘改者，理合开具上请。臣等看得第一册内，例有总图，备载天潢世系为首，所以表帝王之统，合同气之亲也。切因世代未远，人数未多，有纸一面，列书代氏，而以朱线各系所出之子孙于下。但近年以来，宗派蕃衍，已倍于前，其数不下累万。兹仍用前制，不惟纸狭，不足备载，而字迹微眇，朱线纷乱，难以寻检，不无遗漏混淆之弊。况将来天支万代，愈难增续。臣等窃意，略仿古史世表之法，以横格分代数，而列书其名氏于上，其各派所出子孙则从而递书于各派之下，庶世次不紊，一览可见。仍余下方，以俟后来增入。臣等又思得，玉牒之修，当以帝系为宗统，其中有虽系长出，但不有天命，藩封如懿文太子、秦晋二王，不敢以加于成祖之前。又有虽系长出，但既殇而追受封号，如悼愍太子、岳怀王、哀冲太子，惟当以册内载之，不敢列于图之前。俱所以尊帝统也。其无可好，如颖伤等王，则仍书之。又寿春王，熙祖之长子，仁祖之兄也；南昌诸王，仁祖之长子，太祖之兄也，俱在太祖有天下之后，追封为王。今靖江王，则南昌王之后也。以太祖之圣子神孙视之，则有堂从之分。旧图以列于帝系之前，今移置本支之后，亦所以尊帝统也。以上诸事，皆因旧图而少加厘改，谨著为帝王世系总表一册上进。

奉御批：卑不可先尊，亡不可先存。着照今拟用。

（明）王锡爵《增定国朝馆课经世宏辞》卷十

明之玉牒，至嘉靖重修。其总图仿古史世表之法，以横格分代数，列书其名氏，而各派所出之子孙则递书于各派之下，仍余下方以俟续书。其图以帝系为统，有虽系长出而在藩封及国初加封为王者，俱不以加书于帝系之前；有长出而殇，追授封号者，惟册内载之，不以列于图。盖从礼部之议也。礼部疏云："嘉靖二十四年九月初一日，内阁题玉牒事宜，臣等为照玉牒，记载宗支，以垂万世，系朝廷重事，其制不敢不倍加详慎。其旧牒内有事当厘改者，理合开具上请。臣等看得第一册内，例有总图，备载天潢世系于首，所以表帝王之统，合同气之亲也。切因世代未远，人数未多，有纸一面，列书代氏，而以朱线各系所出之子孙于下。但近年以来，宗派蕃衍，已倍于前，其数不下累万。兹仍用前制，不惟纸狭，不足备载，而字迹微眇，朱线纷乱，难以寻检，不无遗漏混淆之弊。况将来天支万代，愈难增续。臣等窃意，略仿古史世表之法，以横格分代数，而列书其名氏于上，其各派所出子孙则从而递书于各派之下，庶世次不紊，一览可见。仍余下方，以俟后来增入。臣等又思得，玉牒之修，当以帝系为宗统，其中有虽系长出，但不有天命，位在藩封，如懿文太子、秦晋二王，不敢以加于成祖之前；又有虽系长出，但既殇而追受封号，如悼恭太子、岳怀王、哀冲太子，惟当以册内载之，不敢列于图之前。俱所以尊帝统也。其无可仿，如颖阳等王，则仍书之。又寿春王，熙祖之长子，仁祖之兄也；南昌诸王，仁祖之长子，太祖之兄也，俱在太祖有天下之后，追封为王。今靖江王则南昌王之后也，以太祖之圣子神孙视之，则有堂从之分。旧图以列于帝系之前，今移置本支之后，亦所以尊帝统也。"

（清）孙承泽《春明梦余录》卷二九《宗人府》

太祖即帝位，追王寿春以下十五人，从祀太庙，而文正独僇死，不得受爵祔食。其后文正之子守谦虽封，亦不良死。而十五王之后祀庙庑，寿春、临淮、盱眙、霍丘、安丰、蒙城六王有妃者皆配食，而文正母王氏顾独摈，不得与云。

（清）万斯同《明史》卷一五二《诸王上》

亲王从飨

洪武三年，定以皇伯考寿春王、王夫人刘氏为一坛，皇兄南昌王、霍丘王、下蔡王、安丰王、霍丘王夫人翟氏、安丰王夫人赵氏为一坛，皇兄蒙城王、盱眙王、临淮王、临淮王夫人刘氏为一坛，后定夫人皆改称妃，皇侄宝应王、六安王、来安王、都梁王、英山王、山阳王、昭信王为一坛，凡一十九世。春夏于仁祖庙东庑，秋冬及岁除于德祖庙东庑，皇帝行初献礼，时献官诣神位分献。四年，进亲王于殿内东壁。九年，新太庙成，增祀蒙城王妃田氏、盱眙王妃唐氏。正德中，御史徐文华言："族有成人而无后者，祭终兄弟之孙之身。诸王至今五、六世矣，宜祧。"礼官议，不可。嘉靖间，仍序列东庑。二十四年，新建太庙成，复进列东壁，罢分献。万历十四年，太常卿裴应章言："诸王本从祖祔食。今四祖之庙已祧，而诸王无所于祔，宜罢享，而祔之祧庙。"礼部言："祧以藏毁庙之主，为祖非为孙。礼有祧，不闻有配祧者。请仍遵初制，序列东庑为近礼。"报可。

（清）张廷玉《明史》卷五二《礼志六》

　　熙祖，二子。长仁祖，次寿春王，俱王太后生。寿春王四子，长霍丘王，次下蔡王，次安丰王，次蒙城王。霍丘王一子，宝应王。安丰王四子，六安王、来安王、都梁王、英山王。下蔡、蒙城及宝应、六安诸王先卒，皆无后。洪武元年追封，二年定从祀礼，祔享祖庙东西庑。寿春、霍丘、安丰、蒙城四王，……皆以王妃配食。

　　仁祖，四子。长南昌王，次盱眙王，次临淮王，次太祖，俱陈太后生。南昌王二子，长山阳王，无后；次文正。盱眙王一子，昭信王，无后。临淮王，无子。太祖起兵时，诸王皆前卒，独文正在。洪武初，诸王皆追封从祀。文正以罪谪死，子守谦，封靖江王，自有传。……盱眙、临淮王二妃配食。南昌王妃王氏，后薨，祔葬皇陵，不配食。

（清）张廷玉《明史》卷一一六《诸王列传一》

大都督朱文正

一 元至正十四年来归滁州

守谦之祖无道，致守谦父幼随母而孤，虽在未出幼之先，同守谦之祖母备历诸艰，以难枚举。云何？昔承平，朕家因遭疫疠，眷属亡其半，家道萧索。余存者，人各东西。由是守谦祖母携守谦之父栖于父母家，所以备历诸艰。当是时，朕方出幼一载余，方临一十有七岁。之初，自婴之孩时，多疾，皇考舍予于僧寺。及长，太后将许之，皇考不许，因循未入释氏。疫疠既临，人亡家破，朕因而托身佛门。居六载，而天下乱，亲戚星散，南北隔越，无所音问。

元至正甲午，朕帅师滁阳，守谦之祖母携守谦之父至。时朕只身，举目略无厚薄之亲，虽统人众，于暇中，凡有眷属之思，莫不唏嘘而涕泣焉。俄而侄男至沉。守谦之祖母七月适守谦之祖，九月朕生，是嫂见朕生长也。分离数年，扰攘中一见，眷属复完，其不胜之喜，复何言哉。于是抚守谦之父，自滁阳至和阳，渡江，至姑孰，入建业。

（明）朱元璋《御制纪非录》

（朱元璋）驻师滁州，仲姊驸马引儿来从，仲嫂亦至，孟嫂携幼，眷属复完。

（明）佚名《天潢玉牒》

太祖义子

闻太祖初取天下，有养子十余人，或为其至亲，或因其年稚，或见其幼勇，俱使从其姓名，得其要地，遂使同将官守之。今见于史者，如朱文逊守太平而死，朱文刚守处州而死，朱文进则未见其下落，名特载于《龙飞记略》；朱文忠后复姓为李文忠，乃甥也；朱文辉、朱文英后皆复姓何文辉、沐英，因其幼而抚成者也；朱马儿后亦复姓为徐司马。惟朱文政，《实录》《功臣录》俱未明白，据朱氏《世德碑》，乃侄也，世亦以为义子，非也。

（明）郎瑛《七修类稿》卷十《国事类》

（甲午，元至正十四年，七月）兄子朱文正、姊子李文忠来归。文正，南昌王子，先同母避乱，与上相失。文忠，曹国公主之子，公主卒，父陇西王桢，携文忠走乱军中，几不能存，至是年已十二，闻上驻师滁阳，皆来归，眷属复聚，上喜甚。

（明）陈建《皇明通纪》卷一

上率众往取滁州。……抵滁州，众大至，遂进克其城，驻师焉。上伯兄南昌王有子文正，先是从其母避乱徙他境，与上相失；姊曹国长公主卒，有子李文忠，从其父陇西王祯走乱军中，至是闻上驻师滁阳，皆来归。上喜甚，属孝慈皇后俱子畜之。

（明）高岱《鸿猷录》卷一《集师滁和》

兄子朱文正、姊子李文忠，先是各避乱徙他境，与上相失，及闻上驻师滁州，皆来归。先是，定远人沐英八岁，遭兵乱失父母，无所依，上怜其孤，与高皇后抚之，至是并文忠等，皆育为子。

（明）高岱《鸿猷录》卷二《延揽群英》

（南昌王）子文正，少孤，其母王氏守节，抚文正，依太祖，太祖爱之。

（明）郑晓《吾学编》第十六《皇明同姓诸王传》卷三

（南昌王）子文正，少孤，其母王氏守节，抚文正，依高皇帝，高皇帝爱之。

（明）万历《广西通志》卷六《藩封志》

初，南昌王早逝，文正偕母王氏出避乱，与太祖失。至正甲午，闻太祖起濠，子母来归。太祖抚文正，甚爱之。

（明）王圻《续文献通考》卷一九四《封建考·皇明同姓》

辛丑（元至正二十一年）春，（朱文正）泗州来归。

（明）邓元锡《皇明书》卷一

甲午，元至正十四年。

元兵寇六合、滁州，上帅耿再成御却之。……时吴复、丁德兴、胡大海、赵德胜皆来归，兄子朱文正、姊子李文忠亦至。文正，南昌王子；文忠，曹国长公主子。

（明）涂山《新刻明政统宗》卷一

（元至正十四年十月）祷于天，期三月归附多寡为验。未几，众大集。岁尽，孟嫂携子及仲嫂来归（子名文正，靖江王之祖，孟嫂寻卒），姊子保保从其父李贞来见（赐名文忠），又得李氏子（赐名文英），皇后皆子之。

（明）朱国桢《皇明史概·皇明大政记》卷一

文正，少孤，母王氏守节，依太祖，抚文正。

（明）尹守衡《皇明史窃》卷二四

明太祖之起兵濠梁也，鼓其朝锐，所向披靡。六年之间，北取滁和，南收姑孰，金陵一下，天物克基。虽曰神运，盖亦有人事焉。……嗟乎！濠城之起，始于揭竿，乃能规模弘敞，有兹不世出之略，是则五德既备，百神自呵。而术数之家，沾沾以休征福应、为王者受命之符，则但知其得天，而不考其顺人，良足哂也。虽然，尤有异者。风云之聚，杖策来归，心膂爪牙，笃生江介。徐达、汤和，起于同里；朱文正、李文忠，兴自戚属；李善长、冯国用，近出定远；邓愈、胡大海，即在虹县；常遇春，怀远之雄；廖永安，巢湖之杰。一时功臣，人如棋布，地皆错壤。岂高祖从龙，多由丰沛；萧王佐命，半属南阳。天生真人，固若类聚而扶掖之者耶。

（清）蒋棻《明史纪事·太祖起兵》

（甲午，元至正十四年）冬十月，孟嫂携其子（名文正）及仲嫂间关至。

（清）查继佐《罪惟录·帝纪》卷一

文正少孤，母王氏守节艰难，依太祖。时太祖未有子，抚如己子。

（清）查继佐《罪惟录·列传》卷四

（明太祖兄）南昌，死于甲申之岁，朱氏贫不能生活。文正之母王氏，提文正归母家，身历诸艰，誓死不嫁，以待其壮。如是者九年，而太祖起兵，王氏母子皆往从之。太祖虽故与南昌有隙，然时尚未有子，又无他宗族，故命马后养文正为子。

（清）万斯同《明史》卷一五二《诸王上》

太祖起兵时，文正母王携文正从军中，帝与高后抚如己子。

（清）王鸿绪《明史稿·列传四·诸王二》

当太祖起兵时，南昌王前死，妻王氏携文正依太祖。太祖、高后抚如己子。

（清）张廷玉《明史》卷一一八《诸王列传三》

（元至正十四年七月）是月，朱文正、李文忠先后来归。文正者，太祖兄子；文忠，姊子也。文正奉母避乱，在途与太祖相失。文忠母死，其父携之，走乱军中，频死者数矣，至是俱至，谒太祖于滁阳，太祖喜甚。

考异：诸书记文正、文忠来归，皆在太祖取滁州之后，或系之七月，或系之八月，然皆在至正十四年也。

（清）夏燮《明通鉴》前编卷一《前纪一》

二 授枢密院同佥

（丙申，元至正十六年，十月）上升侄朱文正为同佥。

（明）俞本《明兴野记》卷上

朱文正，南昌王子也。国初，从渡江，克太平，破陈也先营，取建康，历有战功，擢为枢密院同佥。

（明）黄金《皇明开国功臣录》卷十五

国初，（朱文正）从渡江，克太平，破陈也先营，取建康，历有战功，擢为枢密院同佥。

（明）黄佐《广西藩封志》，见于（清）汪森《粤西文载》卷十六

国初，（朱文正）从渡江，克太平，破陈也先营，取建康，历有战功，擢为枢密院同佥。

（明）嘉靖《广西通志》卷十一《藩封志》

（朱文正）比长，涉传记，有才略。从渡江，克太平，破陈也先，取建康，擢枢密院同佥。

（明）郑晓《吾学编》第十六《皇明同姓诸王传》卷三

文正从渡江，为枢密院同佥。

（明）王世贞《弇山堂别集》卷三三《郡王》

金枢密同佥附

朱文正，见前，己亥年任。

（明）王世贞《弇山堂别集》卷五三《大都督府》

（朱文正）比长，涉传记，有才略。从渡江，克太平，破陈也先，取建康，擢枢密院同佥。

（明）万历《广西通志》卷六《藩封志》

文正长，太祖择师教之，颇涉传记，有才略。为人勇敢，然深狡强戾。从渡江，定建康，太祖与语曰："汝欲何官？"文正曰："爵赏不先众人，而急私亲，无以服众。叔父成大业，侄忧不富贵耶？"太祖善其言，深爱之，不知其诡辞也。从征有功，擢枢密院同佥。

（明）尹守衡《皇明史窃》卷二四

文正早孤，貌类高帝，高帝爱之。从渡江，克太平，破陈也先，取建康，擢枢密院。

（明）何乔远《名山藏》卷四十《分藩记五》

文正颇涉传记，有才略，为人勇敢，亦深挚。从渡江，定建康。太祖私语："儿！且官汝。"文正曰："爵赏未疆场，急儿，无以服众。"太祖善其言。以从征功，擢枢密院同佥。

（清）查继佐《罪惟录·列传》卷四

文正有才略，从渡江，攻太平，破陈也先，克建康，皆有战功，拜枢密院同佥。

（清）万斯同《明史》卷一五二《诸王上》

（朱文正）比长，涉传记，饶勇略，随渡江，取集庆路。已有功，授枢密院同金。

（清）王鸿绪《明史稿·列传四·诸王二》

（朱文正）比长，涉猎传记，饶勇略，随渡江取集庆路。已有功，授枢密院同金。

（清）张廷玉《明史》卷一一八《诸王列传三》

附一 授枢密院同知

比长，为择师，文正遂涉传记，长材略。随渡江，定建康，擢枢密院同知。

（明）王圻《续文献通考》卷一九四《封建考·皇明同姓》

附二 从征事略

（1）迎秦从龙

（元至正十六年，宋龙凤二年，三月）丁酉，克镇江，改为江淮府，立淮兴翼元帅府，以徐达、汤和为统军元帅；置秦淮翼元帅府，俞通海统之。遣兄子文正迎耆儒秦从龙，亲迓龙江。

（明）朱国桢《皇明史概·皇明大政记》卷一

秦从龙，字元之，洛阳人。仕元，官江南行台侍御史。兵乱，避居镇江。徐达之攻镇江也，太祖谓之曰："闻有秦元之者，才器老成，汝当询访，致吾欲见意。"达下镇江，访得之。太祖命从子文正、甥李文忠奉金绮造其庐聘焉。从龙与妻陈偕来，太祖自迎之于龙江。

（清）张廷玉《明史》卷一三五《列传二三》

（2）攻常州

（丙申，元至正十六年，三月）上以建康府改为应天府。……十七日，克镇江府，……上升徐达、汤和为（枢密院）同金。……四月，克丹阳、金坛，升邵肆、邵荣、廖永安为同金。……（十月）上升侄朱文正为同金，与达、和共总大军，攻常州。

（明）俞本《明兴野记》卷上

（3）攻安庆

（己亥，元至正十九年）六月初二日，朱文正赞徐达有叛意。……七月，上以侄朱文正仍同徐达领马步军，廖文忠、俞通海领水寨，水陆并进，攻安庆，不克。

（明）俞本《明兴野记》卷上

（4）镇守淮安

今再差，克期赍批前去，教左相国与同委官朱文正会议，须要留下精细能干边上头目镇遏淮安。编排队伍，务要防奸，此城系新降军马，理宜乘大军兵威在彼，事断其初。若不如是，正军起去多，留镇淮安少，恐编排队伍，有不得头目做的，怨怨一生，不可不防。就编伍之时，有明白倔强不伏及深藏机密暗地抱怨，似这等人，休与军管，休留在淮安，就称兵威在彼，徐徐起发前来，务要力行。其安丰攻取竹寇，不可迟缓，急宜速去，到彼必擒此徒。如经过濠州，虚实动静，降与不降，略看便过，仍留韩平章攻取。

龙凤十二年四月初四日。

（明）王世贞《弇山堂别集》卷八六《诏令杂考》

三　授大都督府大都督

（辛丑三月）丁丑，改枢密院为大都督府，命枢密院同佥朱文正为大都督，节制中外诸军事，中书省参议李善长兼司马事，宋思颜兼参军事，前检校谭起宗为经历掾史，汪河为都事。文正，上兄南昌王子也。

（明）《明太祖实录》卷九

太祖改枢密院为都督府，以文正为左都督，后改五军都督府。

（明）刘辰《国初事迹》

（辛丑，元至正二十一年，十一月）上设江西省，以邓愈、薛猱儿为参政，改洪都府为南昌府，以侄朱文正为大都督，节制中外诸军事。

（明）俞本《明兴野记》卷上

辛丑三月，改枢密院为大都督府，命文正为大都督，节制中外诸军事。

（明）黄金《皇明开国功臣录》卷十五

辛丑三月，改枢密院为大都督府，命文正为大都督，节度中外诸军事。

（明）黄佐《广西藩封志》，见于（清）汪森《粤西文载》卷十六

辛丑三月，改枢密院为大都督府，命文正为大都督，节度中外诸军事。

（明）嘉靖《广西通志》卷十一《藩封志》

辛丑，改（枢密）院为大都督府，文正为大都督，节制中外诸军事。

（明）郑晓《吾学编》第十六《皇明同姓诸王传》卷三

国初立大都督府，皇侄文正为大都督，节制中外诸军事。以其权太重，寻设左右都督、都督同知、都督佥事。

（明）郑晓《今言》卷一

国初，立大都督府，皇侄文正为大都督，节制中外诸军事。以其权太重，寻设左右都督、都督同知、都督佥事。

（明）黄光升《昭代典则》卷十四

睦族

辛丑三月，上以兄子文正为大都督府大都督，节制中外诸军事。文正少孤，上甚爱之。比长，从战，屡以有功擢枢密院同佥，至是改院为府，遂授今官。寻守南昌，号令明肃。陈友谅寇南昌，云梯攻具，百道进击，文正随方应敌，卒完城以待援。及上亲征，友谅遂败死。上论功，文正为最。居数年，卒。

（明）朱睦㮮《圣典》卷四

亲王授官

国初，皇侄文正初为同佥书枢密院事，特拜大都督府大都督，……俱正一品。

（明）王世贞《弇山堂别集》卷六《皇明异典述》

大都督府，因枢密院而改建之者也。枢密院之职，实古太尉、大司马、诸将军，而其名则循唐宦官之旧。五季托肺腑，其权据宰相上。宋颛兵政，稍与宰相次而号两府，然皆搢绅大夫为之。至元而用其国人与汉人之以武功显者，第往往参互一二搢绅，以赞其摹画。至明兴，而截然武弁数矣。高帝之下集庆，置中书省，即置行枢密院而自领之，功臣宿将得序迁为同知、佥院、同佥、判官，其品秩皆仍元旧。至四年辛丑之三月，始改置大都督府，拜皇侄为大都督，节制中外诸军。

大都督

朱文正，上兄，南昌王之长子。乙巳年任，镇守陕西，吴元年罢，后赐死，子孙世为靖江王。

（明）王世贞《弇山堂别集》卷五三《大都督府》

辛丑三月，改院为大都督府，文正为大都督，节制中外诸军事。

（明）万历《广西通志》卷六《藩封志》

皇明国初，置大都督府，因枢密院而改建之也。……初，高皇帝之下集庆，置中书省，即置行枢密院，而自领之，功臣宿将得序迁为同知、佥院、同佥、判官，其品秩皆仍元旧。至四年辛丑之三月，改置大都督府，拜皇侄为大都督，节制中外诸军，寻增置左右都督、同知副使、佥事官，以中书参议李善长兼司马，宋思颜为参军，经历都事皆极一时之选。而同知、佥院之在军行者，尚仍其故，不改。吴元年甲辰正月，即位，定大都督从一品，左右都督正二品，同知从二品，副使正三品，金事从三品。寻大都督李文正坐罪废，罢不设，以左右都督为长官。

（明）王圻《续文献通考》卷九四《职官考·行枢密院》

辛丑，立大都督府，正一品，以朱文正为大都督，节制中外诸军事；又设左右都督、都督同知、都督金事及断事官。

（明）王圻《续文献通考》卷九六《职官考·都督府》

辛丑，改枢密为大都督府，命为大都督，节制中外诸军事。

（明）三圻《续文献通考》卷一九四《封建考·皇明同姓》

改枢密院为大都督府，以兄子文正为大都督，节制中外诸军事。

（明）邓元锡《皇明书》卷一

改（枢密）院为大都督府，文正为大都督，节制中外诸军事。

（明）尹守衡《皇明史窃》卷二四

（宋龙凤）七年辛丑春二月，改分枢密院为中书分省。三月，改枢密院曰大都督府，命兄子文正为大都督，节制中外诸军事。

（明）何乔远《名山藏》卷一《典谟记》

（元至正二十一年三月）丁丑，改枢密院曰大都督府，兄子朱文正为大都督，节制中外诸军事，中书省参议李善长兼司马，宋思颜兼参军，前检校谭起宗为经历，掾史汪河为都事。文正，公长兄子也。

（明）谈迁《国榷》卷一

《实录》：辛丑三月丁丑，改枢密院为大都督府，命枢密院同金朱文正为大都督，节制中外诸军事（《国初事迹》云：太祖改枢密院为都督府，以朱文正为左都督。又云：命亲侄文正为大都督府左都督，节制中外诸军事，往镇江西。按：此时未置左右都督，文正镇江西在壬寅五月）。时枢密院虽改为大都督府，而先任官在外者，尚仍其旧。十月戊寅朔，增置大都督左右都督、同知、副使、金事各一人。甲辰三月戊辰，定大都督府官制。大都督从一品，左右都督正二品，同知都督从二品，副都督正三品，金都督从三品。吴元年十一月乙酉，定大都督府官制，左右都督正一品，同知督从一品，副都督正二品，金都督从二品。按，太祖以辛丑春为吴国公，诸子尚弱，独兄子文正壮勇，故特设大都督以重其事权。维时官制草创，府僚未备，而枢密之官，尚袭旧名，亦间以授人。……官制之定，盖自甲辰三月姑也。是岁，太祖已为吴王矣，正月置中书省官，三月置大都督府官，文武并建，规模已具。然大都督之职，自文正而后，未有继者，犹宗人府之不备官耳。

（清）潘柽章《国史考异》卷一

（辛丑，元至正二十一年，宋称龙凤七年）二月，改枢密院为大都督府，以兄子文正为大都督，节制中外诸军事。

（清）查继佐《罪惟录·帝纪》卷一

太祖为吴国公，以文正为大都督，节制中外诸军事，寻出镇洪都。

（清）万斯同《明史》卷一五二《诸王上》

辛丑，改（枢密）院为大都督府，文正为大都督，节制中外诸军事。

（清）傅维麟《明书》卷八八《皇子诸王宗室记》

太祖为吴王，命为大都督，节制中外诸军事。

（清）王鸿绪《明史稿·列传四·诸王二》

太祖为吴王，命为大都督，节制中外诸军事。

（清）张廷玉《明史》卷一一八《诸王列传三》

（元至正二十一年）三月丁丑，改枢密院为大都督府，以朱文正为大都督，节制中外诸军事，参议宋思颜参军事。

（清）夏燮《明通鉴》前编卷二《前纪二》

太祖丙申，下集庆路，置枢密院。辛丑二月丁丑，改为大都督府，以朱文正为大都督，节制中外诸军事，参议宋思颜参军事。四月辛巳朔，以李善长兼领大都督府司马。（《弇山集》）

（清）龙文彬《明会要》卷四二《职官十四·五军都督府》

四　镇守洪都府

（壬寅三月）癸亥，祝宗、康泰叛，攻陷洪都府。……甲午，右丞徐达等复取洪都。

（五月）丙午，命大都督朱文正统元帅赵德胜等，同参政邓愈镇洪都，又以阮弘道为郎中，李胜为员外郎，汪广洋为都事，往佐之，程国儒知洪都府事。文正既至，增浚城池，严为守备。

（八月）癸巳，陈友谅将熊天瑞寇吉安，守将孙本立战败，走永新。天瑞复攻破永新，执本立，至赣州杀之。友谅使其知院饶鼎臣守吉安。……初，天瑞寇吉安，本立遣元帅曾万中、粹中间道走建康求救。时大都督朱文正镇洪都，上遂命文正往救之，师未发而吉安陷。

（十二月）丁亥，大都督朱文正遣裨将率兵取吉安，饶鼎臣出走，遂以参政刘齐、陈海同、李明道、曾万中、粹中共守之，以朱叔华知府事，兵还洪都。

（明）《明太祖实录》卷十一

（癸卯夏四月）壬戌，陈友谅复大举兵围洪都。初，友谅忿其疆场日蹙，乃作大舰来攻。舰高数丈，外饰以丹漆，上下三级，级置走马棚，下设板房为蔽，置橹数十，其中上下人语不相闻，橹箱皆裹以铁，自为必胜之计，载其家属百官空国而来。洪都城始瞰大江，友谅前攻城，以大舰乘水涨附城而登，故为所破。上既定洪都，命移城去江三十步，至是友谅巨舰至，不复得近。乃以兵围城，其气甚盛。都督朱文正与诸将谋分城拒守，参政邓愈守抚州门，元帅赵德胜等守宫步、士步、桥步三门，指挥薛显等守章江、新城二门，元帅牛海龙等守琉璃、澹台二门，文正居中节制诸军，自将精锐二千，往来应援以御之。……丙寅，陈友谅兵攻洪都之抚州门，其兵各戴竹盾如箕状，以御矢石，极力来攻。城坏三十余丈，邓愈以火铳击退其兵，随竖木栅，敌争栅，都督朱文正督诸将死战，且战且筑，通夕城完。于是，总管李继先、元帅牛海龙、赵国旺、许珪、朱潜、万户程国胜等皆战死。

（五月）丙子，陈友谅复攻洪都之新城门，指挥薛显将锐卒开门突战，斩其平章刘进昭，擒其副枢赵祥，敌兵乃退。百户徐明被执，死之。

（六月）辛亥，陈友谅围洪都久不克，增修攻具，攻水关，欲破栅以入。都督朱文正使壮士以长槊从栅内刺之，敌夺槊更进。文正乃命煅铁戟、铁钩，穿栅更刺，敌复来夺，手皆灼烂，不得进。友谅尽攻击之术，而城中备御随方应之。友谅计穷，又以兵攻宫步、士步二门，元帅赵德胜力御之，暮坐宫步门楼指麾士卒，中流矢死。……壬戌，……洪都被围既久，内外阻绝，音问不通，文正乃遣千户张子明告急于建康。子明取东湖小渔舟，夜从水关潜出，越石头口，夜行昼止，至是凡半月，始得达。见上，具言其故。上问："友谅兵势何如？"子明对曰："友谅兵虽盛，而战斗死者亦不少。今江水日涸，贼之巨舰将不利用。又师久粮乏，若援兵至，必可破也。"上谓子明曰："汝归语文正，但坚守一月，吾自当取之，不足虑也。"子明还至湖口，为友谅兵所获。友谅谓曰："若能诱城降，非但不死，且得富贵。"子明伪许之。至城下，大呼曰："大军且至，但固守以待。"友谅怒，遂杀之。……甲子，召徐达、常遇春于庐州，令还师援洪都。

（秋七月）癸酉，上自将救洪都。时徐达、常遇春等亦自庐州还，上于是召诸将谕之曰："陈友谅构兵不已，复围洪都。彼累败不悟，是天夺其魄，而促之亡也。吾当亲往，尔诸将其各整舟楫、率士马以从。"是日会师，祃纛于龙江，舟师凡二十万俱发。……丙戌，陈友谅围洪都，至是凡八十有五日，闻上至，即解围。东出鄱阳湖以迎我师。

（明）《明太祖实录》卷十二

（乙巳正月甲戌）大都督朱文正遣参政何文辉、指挥薛显等，讨新淦邓仲谦，斩之。

（明）《明太祖实录》卷十六

　　张士诚围安丰，刘福通请兵援，太祖亲援。初发时，太史刘基谏曰："不宜轻出，假使救出来，当发付何处？"太祖不听，经庐州，平章左君弼出迎，安丰解兵，回攻庐州，三月不克。时伪汉主陈友谅亲率高稍于战船，兵号六十万，围江西南昌，用云梯等攻具，百道进击。攻虽急，而都督朱文正城上发炮石、檑木、火箭，无不破之。仅及三月，守具将尽，援兵不至。事急，文正遣舍命王诣友谅，诈言约日出降。友谅缓其攻，至期，城上旗帜一新，至暮不出。友谅缚舍命王城下，游营杀之，攻城，以待援至。声息到庐州，太祖才知之，谓徐达等曰："为一庐州，而失江西大郡，岂兵家之法？"遂解围，亲率战船，蔽上到鄱阳湖。友谅闻援至，解南昌围，退出康山，与太祖大战。太祖颇惧，问刘基："气色如何？"基曰："我兵必胜之气，当力战。"友谅果中流矢死，兵船尽降。太祖谓刘基曰："我不当有安丰之行，使陈友谅乘我之出，京城空虚，顺流而下，捣我建康，我进无所成，退无所归。友谅不攻建康，而围南昌，此计之下者，不亡何待。乃知天命有所归也。"遂班师。

　　都督朱文正守江西，以各府山寨头目或降或叛，解发到京，太祖以此等心持两端之人，尽投于水。

（明）刘辰《国初事迹》

　　癸卯，至正二十三年，上即吴王位于金陵。……三月，徐达领大军攻庐州，老左坚守不克。围至七月，陈友谅亲率大船进鄱阳湖来侵。徐达弃围援之，上亲领舟师往征。……江西守将朱文正、邓、薛二参政率军力战，友谅将士不能近城，闻上援兵至，弃围以赴水。

（明）俞本《明兴野记》卷上

　　（辛丑）八月，上克江州，伪汉陈友谅平章祝宗以南昌降。壬寅正月，上命宗随徐达征武昌，宗中途叛回，据南昌。四月，始定其乱。上曰："得南昌，是去陈氏之一臂。况其地襟江带湖，控荆引越，乃楚之重镇，为吴西南之藩屏。人好讼难制，山寨未降者多，非骨肉老成，莫能治之。"五月，命文正统元帅赵德胜等往镇其地，授节钺。文正既至，增复城池，严为守备；招谕山寨未降，首目悉乐归顺；健讼者诛之，号令明肃，远近震惧。癸卯四月，陈友谅自武昌亲率舟师号六十万围南昌，用云梯等攻具百道击攻。文正城上发炮石、檑木、火箭，无不破之。敌怒，自是昼夜环攻，友谅亲督促之，意必拔。文正主画军中，分布诸将，随方应敌，翦获甚众。友谅复以其所获吉安守将刘齐、朱华、临江同知赵天佑徇城下，文正略不为动。至六月，被围日久，音问不通，援兵不至，文正遣千户张子明告急于建康。敌攻城益急，文正遣舍命王诣友谅营，诈约日出降。友谅信之，缓其攻。及期，城上旗帜一新，至暮不出。友谅缚舍命王于城下杀之，文正坚守以待援至。初子明取东湖小鱼舟，夜从水关潜出，越石头口，夜行昼止，半月始达建康。见上，具言其故。上问："友谅兵势何如？"子明对曰："友谅兵虽盛，而战斗死者亦不少。今江水日涸，贼之巨舰将不利用。又师久乏粮，若援兵至，必可破也。"上谓子明曰："汝归语文正，但坚守一月，吾当自取之。"子明还湖口，为友谅兵所执。友谅使呼文正出降，子明至城下，呼曰："大军且至，固守以待。"文正闻之，守益坚，敌莫能破。七月丙戌，围且三月，上亲帅诸名将，统舟师二十万讨之。友谅始解围，与王师大战鄱阳，竟败死禁江口。当是时，友谅空国而来，强兵压境，使南昌不守，其为敌之资，岂细也哉。文正用其智勇，卒保无虞，亦可以为难矣。故论守南昌，文正功居多。甲辰二月，武昌既平，湖南、江右郡邑多款附，惟熊天瑞窃据赣州，尚尔负固。上命江西参政邓愈率诸军往征，仍命文正以本省头目官军，除择拨在城亲驭守御洪都，其余官军悉付邓愈统领，以助声讨。乙巳、丙午等年，遣部将何文辉等讨平江西未附州县。后数年，卒。子守谦封靖江王。

（明）黄金《皇明开国功臣录》卷十五

壬寅春正月，太祖命（祝）宗从徐达征武昌，宗中道叛回，据南昌。四月，始定其乱。太祖曰："得南昌，是去陈氏一臂。"因命大都督朱文正统元帅赵德胜等往镇其地。……会友谅忿其疆场日蹙，乃作大舰来攻洪都，自为必胜之计，载其家属百官，空国而来。以兵围城，其气甚盛，号六十万。兵戴竹盾御矢石，用云梯等攻具，百道攻城。文正城上发炮石、擂木、火箭，无不破之。敌昼夜环攻，友谅亲督促之，意必拔。文正主画军中，分布诸将，随方应敌，剪获甚众。友谅复以所获吉安守将刘齐、朱华、临江同知赵天佑徇城下，文正略不为动。已而德胜中流矢死，被围日久，音问不通，文正遣千户张子明告急于建康。敌攻城益急，文正遣舍命王诣友谅营，诈约日出降。友谅信之，缓其攻。及期，城上旗帜一新，至暮不出。友谅乃缚舍命王于城下杀之，文正坚守以待援至。初，子明取东湖小渔舟，夜从水关潜出，越石头口，夜行昼止，半月始达建康。见太祖，具言其故。上问："友谅兵势何如？"子明对曰："友谅兵虽盛，战斗死者亦不少。今江水日涸，贼之巨舰将不利用。又师久乏粮，若援兵至，必可破也。"太祖曰："归语文正，但坚守一月，吾当自取之。"子明还至湖口，为友谅所执。友谅使呼文正出降，子明至城下，呼曰："大军且至，固守以待。"文正闻之，守益坚，敌不能破。七月丙戌，太祖亲帅诸将，发舟师二十万进次湖口。自友谅围洪都，至是凡八十有五日，闻援兵至，即解围东出鄱阳湖，以逆我师。

（明）童承叙《平汉录》

（辛丑）八月，上克江州，伪汉陈友谅平章祝宗以南昌降。壬寅正月，上命宗从徐达征武昌，宗中途叛回，据南昌。四月，始定其乱。上曰："得南昌，是去陈氏之一臂，其地襟江带湖，控荆引越，乃楚之重镇，为吴西南藩屏，人复好讼难制，且山寨来降日多，非骨肉老成，莫能治之。"五月，命文正统元帅赵德胜等往镇，授节钺。文正既至，增复城池，严为守备；招谕山寨未降，首目悉乐归顺；健讼者诛之，号令明肃，远近震惧。癸卯四月，陈友谅自武昌亲举舟师，号六十万，围南昌，用云梯等攻具，百道攻击。文正行城上，发炮石，所当辄糜破。敌乃昼夜环攻，友谅亲督将士，意在必擒文正。文正主画军中，分布诸将，随方应敌，剪获甚众。友谅复以其所获吉安首将刘齐、朱华，临江同知赵天祐徇城下，文正略不为动。至六月，被围日久，音问既隔，援兵不至，文正遣千户张子明告急于建康。会攻城益急，文正遣舍命王诣友谅营，诈约日出降。友谅信之，缓其攻。及期，城上旗帜一新，至暮不出。友谅缚舍命王于城下杀之，文正坚守以待援至。初，子明取东湖小鱼舟，夜从水关潜出，越石头口，夜行昼止，半月始达建康。见上，具言其故。上问："友谅兵势何如？"子明对曰："友谅兵虽盛，而战斗死者亦不少。今江水涸，贼之巨舰将不利用。又师久乏粮，若援兵至，必可破也。"上谓子明曰："汝归语文正，但坚守一月，吾当自取之。"子明还至湖口，为友谅所执。友谅使呼文正出降，子明阳许之，至城下，呼曰："大军且至，固守以待。"友谅杀子明，文正守益坚，敌莫能破。七月丙戌，围且三月，上亲帅诸名将，统舟师二十万讨之。友谅解围，与王师大战鄱阳，竟败死禁江口。是时，文正遣部将何文辉等讨平江西未附州县。

（明）黄佐《广西藩封志》，见于（清）汪森《粤西文载》卷十六

（辛丑）八月，上克江州，伪汉陈友谅平章祝宗以南昌降。壬寅正月，上命宗从徐达征武昌，宗中途叛回，据南昌。四月，始定其乱。上曰："得南昌，是去陈氏之一臂，其地襟江带湖，控荆引越，乃楚之重镇，为吴西南藩屏。人复好讼难制，且山寨来降日多，非骨肉老成，莫能治之。"五月，命文正统元帅赵德胜等往镇，授节钺。文正既至，增复城池，严为守备；招谕山寨未降，首目悉乐归顺；健讼者诛之，号令明肃，远近震惧。癸卯四月，陈友谅自武昌亲率舟师号六十万围南昌，用云梯等攻具百道攻击。文正行城上，发炮石，所当辄糜破。敌乃环攻，友谅亲督将士，意在必擒。文正主画军中，分布诸将，随方应敌，翦获甚众。友谅复以其所获吉安首将刘齐、朱华、临江同知赵天祐徇城下，文正略不为动。六月，被围日久，音问既隔，援兵不至，文正遣千户张子明告急于建康。会攻城益急，文正遣舍命王诣友谅营，诈约日出降。友谅信之，缓其攻。及期，城上旗帜一新，至暮不出。友谅缚舍命王于城下杀之，文正坚守以待援至。初，子明取东湖小鱼舟夜从水关潜出，越石头口，夜行昼止，半月始达建康。见上，具言其故。上问："友谅兵势何如？"子明对曰："友谅兵虽盛，而战斗死者亦不少。今江水日涸，贼之巨舰将不利用。又师久乏粮，若援兵至必可破也。"上谓子明曰："汝归语文正，但坚守一月，吾当自取之。"子明还至湖口，为友谅所执。友谅使呼文正出降，子明至城下呼曰："大军且至，固守以待。"文正闻之，守益坚，敌莫能破。七月丙戌，围且三月，上亲帅诸名将，统舟师二十万讨之。友谅始解围，与王师大战鄱阳，竟败死禁江口。是时，当友谅空国而来，强兵压境，使南昌不守，其为敌之资，岂细也哉。文正用其智勇，卒保无虞，亦可以为难矣。故论守南昌，文正功居多。

（明）嘉靖《广西通志》卷十一《藩封志》

陈友谅既陷吉安，令知院饶鼎臣守之，鼎臣慓悍，有胆略，所至毒害，人呼为"饶大胆"。时上在南昌，闻吉安告急，即令大都督朱文正率兵攻取吉安。文正至，鼎臣出走，遂复吉安。以朱叔华知府事，兵还洪都。

南昌复定，上曰："南昌，襟江带湖，控荆引越，乃楚之重镇，吴西南之藩屏，得其地，是去陈氏之一臂矣。况人好讼难制，山寨未降者多，非骨肉重臣，莫能治之。"命大都督朱文正统元帅赵德胜、薛显等，同参政邓愈镇之。

（癸卯，元至正二十三年，宋龙凤九年）四月壬戌，陈友谅忿其疆场日蹙，乃作大舰来攻洪都。舰高数丈，饰以丹漆，上下三级，级置走马棚，下设板房为蔽，置舻数十其中，上下人语不相闻，舻箱皆裹以铁，自为必胜之计，载其家属、百官，空国而来。洪都城始瞰大江，友谅前攻城，以大舰乘水涨附城而登，故为所破。高皇帝既定洪都，命移城去江三十步，以是友谅巨舰不复得进，乃以兵围城，其气甚盛。都督朱文正与诸将谋分城拒守，参政邓愈守抚州门，元帅赵德胜守官步、士步、桥步三门，指挥薛显等守章江、新城二门，元帅牛海龙等守琉璃、澹台二门，文正居中节制诸军，自将精锐二千，往来以御之。丙寅，友谅攻抚州门，其兵各戴竹盾如箕状，以御矢石，极力来攻。城坏三十余丈，邓愈以火铳击退其兵，随竖木栅。敌争栅，都督朱文正督诸将死战，且战且筑，通夕城完。于是，总管李继先、元帅牛海龙、赵国旺、许珪、朱潜、万户程国胜等皆战死。

五月丙子，陈友谅复攻新城门，指挥薛显将锐卒开门突战，斩其平章刘震昭，敌兵乃退，百户徐明被执，死之。

六月辛亥，陈友谅增修攻具，攻水关，欲破栅以入。都督朱文正使壮士以长槊从栅内刺之，敌夺槊更进。文正乃命煅铁戟、铁钩，穿栅更刺，敌复来夺，手皆灼烂，不得进。友谅尽攻击之术，而城中备御随方应之。友谅计穷，又以兵攻宫步、士步二门，元帅赵德胜力御之。暮坐宫步门楼，指挥士卒，敌突发蹶张弩，中其腰膂，深入六寸，拔出拊髀，叹曰：“吾自壮岁从军，伤矢石者屡屡矣，其毒无逾此者，岂非命耶？大丈夫死即死耳，所恨不能从主上扫清中原，勋业垂于竹帛耳。”遂卒。

洪都被围既久，内外阻绝，音问不通，文正乃遣千户张子明告急于建康。子明取东湖小渔舟，夜从水关潜出，越石头口，夜行昼止，至是凡半月，始得达。见高皇帝，具言其故。帝问：“友谅兵势何如？”子明对曰：“友谅兵虽盛，而战斗死者亦不少。今江水日涸，贼之巨舰将不利。用师久，又粮乏，若援兵至，必可破也。”帝谓子明曰：“汝归语文正，但坚守一月，吾自当取之，不足虑也。”子明还至湖口，为友谅所获。友谅谓曰：“若能诱城降，非但不死，且得富贵。”子明伪许之，至城下，大呼曰：“大军且至，但固守以待。”友谅怒，遂杀之。

秋七月癸酉，帝自将救洪都，达、遇春亦自庐州还。帝召诸将谕之曰：“陈友谅构兵不已，复围洪都，彼累败不悟，是天夺其魄，而促之亡也。吾当亲往，尔诸将，其各整舟楫，率士马以从。”是日会师，祃纛于龙江，舟师凡二十万俱发。癸未，师次湖口。

七月，陈友谅围洪都，至是凡八十有五日，闻大军至，即解围，东出鄱阳湖，以迎我师。

友谅住中既久，食尽，遣舟五百艘掠粮于都昌。都督朱文正复使舍人陈方亮潜往燔其舟，友谅粮绝，势益困。

（明）陈建《皇明通纪》卷二

壬寅三月，祝宗、康泰叛，回据南昌，知府叶琛迎战于市，死之。时邓愈驻师南昌，仓猝出走。徐达于湖广，闻变，旋师讨之，赵德胜攻城，为炮火伤。祝宗、康泰败走，追斩之，南昌复定。上闻之，喜曰："南昌重镇，西南之藩屏，吾得南昌，去陈氏一臂矣。非骨肉重臣，不可守。"五月，命大都督朱文正统赵德胜、薛显，同邓愈守之。友谅将有号八阵指挥者，聚众结寨南昌之西山，十二月，赵德胜、孙兴祖攻破之，俘斩三千余人。时江西诸郡虽附，多观望未定。癸卯正月，临江、吉安、抚州三郡叛，赵德胜引兵往讨，会守臣曾万等走建康乞援兵至，皆复之。时陈友谅据湖广，张士诚据姑苏，上与诸将议所向，或谓苏湖地饶沃，宜先取之，刘基曰："不然，张士诚自守虏耳，陈友谅居上流，且名号不正，宜先伐之，陈氏灭，取张氏如囊中物耳。"上曰："友谅剽而轻，其志骄；士诚狡而懦，其器小。若先攻士诚，友谅空国来救，是吾疲于二寇也。"遂决计先伐陈氏。四月，陈友谅忿其疆土日蹙，大作舟舰，自帅兵号六十万围南昌，乘涨直抵城下，用云梯等攻具，百道攻城，昼夜不息。友谅亲督众攻抚州门，城坏三十余丈。朱文正、邓愈等督诸将死守，且战且筑，城坏复完。友谅尽攻击之术，城中随方御之，杀伤者甚众。城中李继先、牛海龙、赵国旺等亦战死。赵德胜率步卒千人开门出战，贼将金指挥操戈直前，德胜射之，一发而毙。五月，友谅攻新城门，薛显将锐卒出战，斩其平章刘进招，擒其副将赵祥。友谅乃遣其将蒋必胜等，分兵攻陷临江、吉安二郡，吉安守臣曾万中死之，友谅以所俘徇城下，文正等不为动。六月，赵德胜巡城至东门，贼伏蹶张弩射之，中腰膂，德胜卒。朱文正乃遣千户张子明赴建康告急，又诈遣卒号舍命王者，诣友谅，约日出降。友谅信之，缓其攻。至日，城上旗帜一新，友谅俟至暮，见无降意，缚约降卒于城下杀之，文正等坚守以待。张子明取渔舟从水关出，昼潜夜行，半月，达建康。时上方亲破张士诚将吕珍于安丰，解安丰围，命徐达等移师围庐州，而自还建康。子明至，上问："友谅兵势何如？"子明对曰："友谅兵虽盛，战死亦不少。今江水日涸，巨舰将不利。又师久粮乏，援兵至，可必破也。"上曰："归语文正等，但坚守一月，吾当自取之，不足忧也。"乃遣子明先还，至湖口，为友谅兵所执。友谅曰："若能诱城中降，非但不死，且富贵。"子明伴许之，至城下呼曰："我已见主上，令诸公坚守，大军且至矣。"友谅怒，杀之。文正等闻之，守益坚。时达等围左君弼于庐州，上遣使命解围，曰："为一庐州，而失南昌，非计也。"七月，上亲督诸将，率舟师二十余万援南昌，进次湖口。是月丙戌，友谅闻我师至，解南昌围，东出鄱阳逆战。……（八月）二十七日，敌计穷，冒死突出，绕江下流，欲由禁江遁回。上麾诸军追击，以火舟火筏冲之，敌舟散走，追奔数十余里，自辰至酉，战不解。友谅中流矢，贯睛及颅而死，擒其太子善儿，平章陈荣等悉舟师来降，张定边乘夜以小舟载友谅尸及其子理奔还武昌。……初，陈友谅将寇南昌时，上以张士诚遣吕珍围安丰，亲率诸将往救，刘基力谏不听。既解安丰围，复命诸将移师围庐州，后张子明告南昌围急，始移师庐州亲率西上。至是，上谓基曰："我不当有安丰之行，使友谅知我出，乘京城空虚，顺流下，直捣建康，我进无所成，退无所归，大事去矣。友谅不攻建康而围南昌，计之下者，不亡何待。"

（明）高岱《鸿猷录》卷三《克陈友谅》

（朱文正）寻统元帅赵德胜等镇守南昌，号令明肃。癸卯四月，陈友谅围南昌，用云梯攻具百道进击，文正主画军中，随方应敌，剪获甚众。友谅获吉安守将刘齐、朱叔华，临江同知赵天祐，徇城下，文正不为动。至六月，援兵不至，文正遣千户张子明告急建康。敌攻城益急，文正遣舍命王诣友谅营诈约降，友谅缓攻。及期，城上旗帜一新，至暮不出，友谅缚舍命王城下杀之。子明从水关潜出，夜行昼止，半月始达建康。上问："友谅兵若何？"对曰："彼兵虽盛，战斗死者亦不少。今江水日涸，贼巨舰将不利。又师久乏粮，若援兵至，必可破。"上谓子明："汝归语文正，坚守一月，吾当自取之。"子明还至湖口，被执。友谅使呼文正出降，子明阳许之，至城下呼曰："大军旦夕至，诸君宜固守以待。"友谅杀子明，文正守益坚。七月，上统舟师二十万来援，友谅始解围，逆战鄱阳湖，竟败死禁江口。甲辰，文正遣部将何文辉等讨平江西未附州县。

（明）郑晓《吾学编》第十六《皇明同姓诸王传》卷三

（太祖高皇帝壬寅夏四月）叛贼祝宗等陷我洪都，右丞徐达等复取之。

癸亥，祝宗、康泰叛，攻陷洪都府。……高皇帝命徐达等还讨之，达等师抵城下，祝宗、康泰分兵拒守，达攻破之，复取洪都。……丙午，命大都督朱文正统元帅赵德胜等，同参政邓愈镇洪都。

八月，陈友谅遣将熊天瑞寇我吉安，陷之，杀守将孙本立，大都督朱文正复取吉安。

陈友谅遣将熊天瑞寇吉安，守将孙本立战败，走永新；天瑞复攻破永新，执本立，至赣州斩之。友谅使其知院饶鼎臣守吉安，鼎臣慓悍，有胆略，所至害毒，人呼为"饶大胆"。初，天瑞寇吉安，本立遣元帅曾万中、粹中间道走建康求救。时大都督朱文正镇洪都，高皇帝遂命文正往救之，师未发而吉安陷。文正遣裨将率兵取吉安，饶鼎臣出走，遂以参政刘齐、陈海同、李明道、曾万中、粹中共守之，以朱叔华知府事，兵还洪都。

（癸卯）五月朔，陈友谅知院饶鼎臣等复陷我吉安，执参政刘齐、知府朱叔华，遂破临江，执同知赵天麟，皆不屈，友谅以三人徇于洪都下。……秋七月，陈友谅寇洪都，我高皇帝率诸将讨之，大战于鄱阳湖，友谅伏诛。

初，四月壬戌，陈友谅忿其疆场日蹙，乃作大舰，来攻洪都。舰高数丈，饰以丹漆，上下三级，级置走马棚，下设板房为蔽，置橹数十其中，上下人语不相闻，橹箱皆裹以铁，自为必胜之计，载其家属百官，空国而来。洪都城始瞰大江，友谅前攻城，以大舰乘水涨附城而登，故为所破。高皇帝既定洪都，命移城去江三十步，以是友谅巨舰不复得近，乃以兵围城，其气甚盛。都督朱文正与诸将谋分城拒守，参政邓愈守抚州门，元帅赵德胜守宫步、土步、桥步三门，指挥薛显等守章江、新城二门，元帅牛海龙等守琉璃、澹台二门，文正居中，节制诸军，自将精锐二千，往来以御之。丙寅，友谅攻抚州门，其兵各戴竹盾如箕状，以御矢石，极力来攻。城坏三十余丈，邓愈以火铳击退其兵，随竖木栅。敌争栅，都督朱文正督诸将死战，且战且筑，通夕城完。于是，总管李继先、元帅牛海龙、赵国旺、许珪、朱潜、万户程国胜等皆战死。五月丙子，陈友谅复攻新城门，指挥薛显将锐卒开门突战，斩其平章刘震昭，敌兵乃退。百户徐明被执，死之。六月辛亥，陈友谅增修攻具，攻水关，欲破栅以入。都督朱文正使壮士以长槊从栅内刺之，敌夺槊更进。文正乃命煅铁戟铁钩，穿栅更刺，敌复来夺，手皆灼烂，不得进。友谅尽攻击之术，而城中备御，随方应之。友谅计穷，又以兵攻宫步、土步二门，元帅赵德胜忠御之，暮坐宫步门楼，指挥士卒，中流矢死。洪都被围既久，内外阻绝，音问不通，文正乃遣千户张子明告急于建康。子明取东湖小渔舟，夜从水关潜出，越石头口，夜行昼止，至是凡半月，始得达。见高皇帝，具言其故。帝问："友谅兵势何如？"子明对曰："友谅兵虽盛，而战斗死者亦不少。今江水日涸，贼之巨舰将不利用。又师久粮乏，若援兵至，必可破也。"帝谓子明曰："汝归语文正，但坚守一月，吾自当取之，不足虑也。"子明还至湖口，为友谅所获。友谅谓曰："若能诱城降，非但不死，且得富贵。"子明伪许之，至城下大呼曰："大军且至，但固守以待。"友谅怒，遂杀之。先是，徐达、常遇春攻围庐州城，三面阻水，攻之凡三月不下。帝乃召徐达、常遇春于庐州，令还师援洪都。秋七月癸酉，帝自将救洪都，达、遇春亦自庐州还，帝召诸将谕之曰："陈友谅构兵不已，复围洪都，彼累败不悟，是天夺其魄而促之亡也。吾当亲往，尔诸将其各整舟楫，率士马以从。"是日，会师祃纛于龙江，舟师凡二十万俱发。癸未，师次湖口，先遣指挥戴德以一军屯于泾江口，复以一军屯南湖觜，以遏友谅归师；又遣人调信州兵守武阳，防其奔逸。丙戌，陈友谅围洪都，至是凡八十有五日，闻大军至，即解围东出鄱阳湖以迎我师。……友谅住湖中既久，食尽，遣舟五百艘掠粮于都昌，都督朱文正复使舍人陈方亮潜往燔其舟。友谅粮绝，势益困。八月壬戌，陈友谅穷蹙，进退失据，欲奔还武昌，乃率楼船百余艘趋南湖觜，为我军所遏，遂欲突出湖口，帝麾诸将邀击之。我舟与敌舟联比随流而下，自辰至酉，力战不已，至泾江口，泾江之兵复击之。……未几，有降卒来奔，言友谅在别舸中流矢贯睛及颅而死，诸军闻之，大呼喜跃，杀敌益奋，敌众大溃。

（明）黄光升《昭代典则》卷三

（壬寅）四月，江西降将祝宗、康泰叛，回据南昌，知府叶琛迎战于市，死之，邓愈出走。徐达兵至湖广沌口，闻变，旋师讨之，宗、泰等败走，南昌复定。上命大都督朱文正统元帅赵德胜、薛显等，同参政邓愈镇之。……至正二十三年四月，伪汉陈友谅自将围南昌。时友谅大作战舰，悉其所有，兵号六十万，空国而来。是月壬戌，乘江涨直抵城下，其气锐甚，用云梯百道进攻，昼夜不息，友谅亲督促之。攻城坏三十余丈，城中且战且筑，城复完。友谅尽攻击之术，而城中备御随方应之，杀伤甚众。于是，院判李继先、元帅牛海龙、赵国旺等皆战死。友谅复分兵攻陷临江、吉安，以其所获吉安守将刘齐、朱华、临江同知赵天麟等徇于城下，文正等不为动。六月辛亥，赵德胜巡城至东门，敌发蹶张弩，中其腰膂，箭深入六寸，重伤而死。朱文正乃遣千户张子明赴建康告急，子明取东湖小渔舟，夜从水关潜出，越石头口，夜行昼止，半月始达建康。七月，上命诸将解庐州之围，亲督舟师三十万，往援南昌，进次湖口。是月丙戌，友谅始解围，东出鄱阳，以迎我师。

（明）万历《南昌府志》卷二四《纪事》

亲王将兵

国初，皇侄文正以总兵镇洪都，诸将悉听节制。

（明）王世贞《弇山堂别集》卷六《皇明异典述》

寻统元帅赵德胜等镇守南昌，号令明肃。癸卯四月，陈友谅围南昌，用云梯攻具百道进击，文正主画军中，随方应敌，剪获甚众。友谅获吉安守将刘齐、朱叔华、临江同知赵天祐，徇城下，文正不为动。六月，援兵不至，文正遣千户张子明告急建康。帝谓子明："归语文正，坚守一月，当自取之。"子明还至湖口被执，友谅使呼文正出降。子明阳许之，至城下呼曰："大军至矣，诸君宜固守以待。"友谅杀子明，文正益坚。七月，帝统舟师二十万来援，友谅解围，逆战鄱阳湖，竟败死禁江口。甲辰，文正遣部将何文辉等讨平江西未附州县。

（明）万历《广西通志》卷六《藩封志》

壬寅夏四月，徐达再定南昌，太祖曰："南昌非骨肉重臣莫能治之。"五月，（朱文正）受命统元帅赵德胜、薛显，同参政邓愈往镇南昌。时选儒士郭子章、刘仲服为参谋。文正居守，号令严饬，远迩震服，诸寨头目皆招致之，止诛其好讼者数人。已而有降复叛者，尽系赴京，太祖曰："此等心持两端，不杀何待？"尽缚而沉诸江，境内肃然。癸卯夏，陈友谅大举围南昌，甚危，文正率诸将备御尤整。友谅兵数临城，几破，文正不为动，守益力。

（明）王圻《续文献通考》卷一九四《封建考·皇明同姓》

（元至正二十二年，宋龙凤八年）五月二日丙午，命大都督朱文正统军元帅赵德胜，同邓愈镇洪都，程国儒知府事。

十二月丁亥，朱文正复吉安（朱叔华知府事）。

（明）朱国桢《皇明史概·皇明大政记》卷一

康泰叛南昌，邓愈出走。太祖曰："吾得南昌，是去陈氏之一臂。"命徐将军往定之。太祖曰："南昌，襟江带湖，控荆引越，为吴西南之藩篱，非骨肉重臣莫可守。"命文正以大都督统元帅赵德胜，协愈还镇。陈友谅亲率舟师，号六十万，围南昌。文正画令，诸将分布七门城守，自将精锐卒二千人，往来巡御。寇戴竹盾以当矢石，坏城三十余丈，文正令火大铳击走之，随竖栅内蔽。寇来争栅，且击且筑，自夕达曙，城完。寇复增作云梯战具，昼夜环攻，期必拔。文正命集长槊，煅飞载，所以为捍拒之计无不备。被围八十五日，德胜中流矢死，左副元帅赵国昭以焚贼舟没水死，左翼元帅牛海龙以突围中矢死，百户徐明出战，陷贼阱中死，院判李继先以阵上被陨死。外援音问不通，文正乃得舍命王，令诈降，缓其攻。千户张子明乃得乘间出，旬有五日，始达建康告急。上令文正复坚守一月，帅师二十万至，友谅遂解围，出湖中以迎我师。寇既出湖，食尽，以五百艘掠粮都昌，文正复授方略一舍人，往燔其舟，汉师就歼，文正以守南昌功居多。南赣二州未平，上命邓愈往定之，令文正分以城守之军助愈，文正仍留坐镇南昌。

（明）尹守衡《皇明史窃》卷二四

（宋龙凤）八年壬寅正月，汉丞相胡廷瑞与其平章祝宗、同金康泰以龙兴降。上入龙兴，拜廷瑞母，已谒孔子庙，过铁柱观，宴滕王阁，诸儒咸赋，存恤无告，召父老子弟曰："尔辈苦陈氏久矣，人自为生，军需供亿，吾不相劳。"皆大悦。改龙兴曰洪都府，以叶琛知府事，守吉安土军元帅孙本立、曾万中与其弟粹中来降，袁州、龙泉诸郡县次第降。二月，以邓愈为江西行省参政，留守洪都，公还。三月，士诚围诸全，守将谢再兴与胡德济破之，祝宗、康泰复以洪都叛，叶琛死焉。四月，徐达从汉阳还，追斩宗泰，复其城。命大都督朱文正、统军元帅赵德胜等，同邓愈镇之。……（七月）汉将熊天瑞寇吉安，守将孙本直战死于永新。十一月，朱文正还取之。

（九年）四月，诸全守将谢再兴叛，汉友谅大举围洪都，复分遣其将攻陷吉安。……徐达、常遇春攻庐，三月不下，公命罢兵，从征汉以解洪都围。七月，公率舟师二十万征汉，有大鱼二，夹公舟，自新河口过小孤。丙戌，友谅□□鄱阳湖迎战。丁亥，遇于康郎山，大战五昼夜。八月，友谅大败死。公入洪都，幸学，见诸生，与诸将登滕王阁，饮酒赋诗，宵张灯纵旆倪聚观，改洪都府曰南昌。

（明）何乔远《名山藏》卷一《典谟记》

明年（壬寅），徐达定南昌，上谓："新得南昌，重藩也，非骨肉重臣，莫与治。"使（朱文正）为统元帅与邓愈、赵德胜镇之，选儒士郭子章、刘仲服为参谋。癸卯年，汉急围南昌，援兵久不至，文正与德胜设方应敌，婴城待高帝兵。高帝竟灭汉鄱阳湖。

（明）何乔远《名山藏》卷四十《分藩记五》

其明年（壬寅），胡廷瑞与其平章祝宗、康泰以龙兴降。公得龙兴，改曰洪都，以叶琛为知府，使邓愈与兄子大都督文正守之。于是乎汉失龙兴，其将欧普胜以袁降，曾万中以吉安降，彭时中以龙泉降，而安庆汉不能有矣。友谅既失龙兴，蹙蹙不得意，思得一相当，则大作舟舰，载其眷属百官，以六十万师，空国自武昌来。其舟皆丹漆，上下三级，走马为棚，板房为蔽，舻头裹铁，一舟数十。癸卯四月，傅云梯，蒙竹盾，于洪都城下昼夜攻。抚州门堕者三十余丈，邓愈与文正殊死斗，且战且城，李继先、牛海龙、赵国旺、许圭、朱潜皆死，赵德胜开门射杀其金指挥。汉分遣其将陷临江、吉安，杀吉守将万中，执指挥粹中、参政齐、知府叔华徇城下，而疾力攻新城门。薛显突出锐卒，斩其刘平章，擒其赵副枢，谢成坚拒友谅寺步门，获其骁将三，汉复溃。六月，赵德胜巡城东门，中汉伏弩死，洪都旦暮下。文正遣舍命王诣汉，约日降，日以远，而使张子明夜行见公。及日至，汉使来受降，望见城上志皆新，遂缚舍命王杀城下。会子明归，汉军获之湖口，友谅唉之曰："若为汉呼降，贵若。"子明诺。至城下，汉婴子明背曰："呼！"子明大呼曰："贼使我呼诸公降，我佯许之，几得见诸公。公今许我大军至矣。"友谅怒，以戟剟子明，子明死。七月，汉围洪都八旬余矣，公亲督舟师二十余万应之。乙酉，次湖口。丙戌，友谅解围，出鄱阳湖逆战。……汉食尽，掠饷都昌，公兄子文正焚其舟，大窘。八月壬戌，友谅欲突出湖口，绕下流遁归武昌，常遇春与诸将还以火舟火筏追击之，联比随流，自辰及酉，力战不休。至泾江口，我师复出击之，友谅迫启窗视，郭子兴之矢集目贯颅，友谅死。友谅自称帝迫死，四年耳。

（明）何乔远《名山藏》卷四四《天殴记上》

高皇帝削平伪汉

（辛卯）十一月，上自江州还建康，命徐达率降将祝宗、康泰等攻友谅于武昌。壬寅三月，祝宗、康泰叛回，据南昌。知府叶琛迎战于市，死之。时邓愈驻师南昌，仓猝出走。徐达于湖广闻变，旋师讨之，赵德胜攻城，为炮火伤，祝宗、康泰败走，追斩之，南昌复定。上闻之，喜曰：

"南昌重镇，西南之藩屏。吾得南昌，去陈氏一臂矣。非骨肉重臣，不可守。"五月，命大都督朱文正统赵德胜、薛显，同邓愈守之。……（壬寅）四月，陈友谅忿其疆土日蹙，大作舟舰，自帅兵号六十万围南昌。乘涨直抵城下，用云梯等攻具，百道攻城，昼夜不息。友谅亲督众攻抚州门，城坏三十余丈。朱文正、邓愈等督诸将死守，且战且筑，城坏复完。友谅尽攻击之术，城中随方御之，杀伤者甚众。城中李继先、牛海龙、赵国旺等亦战死。赵德胜率步卒千人，开门出战，贼将金指挥操戈直前，德胜射之，一发而毙。五月，友谅攻新城门，薛显将锐卒出战，斩其平章刘进招，擒其副枢赵祥。友谅乃遣其将蒋必胜等，分兵攻陷临江、吉安二郡，吉安守臣曾万中死之。友谅以所俘徇城下，文正等不为动。六月，赵德胜巡城至东门，贼伏蹶张弩射之，中腰膂，德胜卒。朱文正乃遣千户张子明赴建康告急，又诈遣卒号舍命王者诣友谅，约日出降。友谅信之，缓其攻。至日，城上旗帜一新，友谅俟至暮，见无降意，缚约降卒于城下杀之，文正等坚守以待。张子明取渔舟从水关出，昼潜夜行，半月达建康。时上方亲破张士诚将吕珍于安丰，解安丰围，命徐达等移师围庐州，而自还建康。子明至，上问："友谅兵势何如？"子明对曰："友谅兵虽胜，战死亦不少。今江水日涸，巨舰将不利。又师久粮乏，援兵至，可必破也。"上曰："归语文正等，但坚守一月，吾当自取之，不足忧也。"乃遣子明先还。至湖口，为友谅兵所执。友谅曰："若能诱城中降，非但不死，且富贵。"子明佯许之。至城下，呼曰："我已见主上，令诸公坚守，大军且至矣。"友谅怒，杀之。文正等闻之，守益坚。……七月，上亲督诸将率舟师二十余万援南昌，进次湖口。是月丙戌，友谅闻我师至，解南昌围，东出鄱阳逆战。

（明）范景文《昭代武功编》卷一

（元至正二十二年）五月乙巳朔。大都督朱文正统军元帅赵德胜等同邓愈镇洪都，益缮城饬备。

（元至正二十三年）四月庚子朔。壬戌，陈友谅忿前败，悉甲六十万，自武昌围洪都，楼船高数丈，皆丹漆，上下三级。走马□□舻头□□，围数百重。大都督朱文正乘城拒守，邓愈、赵德胜、薛显等分门御之，昼夜不解甲。

乙丑，诸全守将枢密院判官谢再兴叛，杀知州栾凤，凤妻王氏身蔽凤，并杀之；执参军李梦庚；元帅陈元刚等奔绍兴，降于张氏；总管胡汝明走免。事闻，命同金胡德济为江浙行省参知政事，德济使万户王克瑚侦敌，死之。初，再兴专通贩杭州，泄事，诛其使者，召入都，改梦庚总制，而再兴长女适兄子文正，幼女适徐达，方被眷，因还镇，意怨望，遂叛。

丙寅，汉人攻洪都甚力，傅云梯，蒙竹盾，堕抚州门三十余丈，邓愈等殊死斗，且战且城，我守益坚。总管李继先、元帅牛海龙、赵国旺、许圭、朱潜、万户程国胜等皆战死。

五月己巳朔。汉知院蒋必胜、饶鼎臣等复陷吉安，杀曾万中、粹中。又破临江，执参政刘齐、吉安知府朱叔华、临江同知赵天麟，徇洪都城下。

丙子，汉人攻洪都之新城门，指挥薛显突出锐卒，斩平章刘进昭，擒副枢赵祥，乃退。百户徐明被执，死之。

（六月）辛亥，汉人攻洪都水关，欲破栅以入。朱文正使长槊刺之，敌夺槊更进，我遂锻铁钩铁戟刺之，灼手不可夺。元帅临濠赵德胜巡城东门，中伏弩死。

洪都围急，中外音问绝，朱文正遣千户张子明间道夜行达应天，公语子明："但大都督坚守一月，吾自当取之，毋虑也。"子明归，汉人获之湖口，陈友谅啖之曰："若为汉呼降，且贵若。"子明诺，至城下，大呼曰："贼使我呼诸公降，我佯许之，几得见诸公。公今许我大军至矣。"友谅怒，以戟剟子明死。

甲子，令徐达、常遇春释庐州，还援洪都。

七月戊辰朔。癸酉，吴国公自将御汉，舟师二十万，祃纛龙江，右丞徐达、参知政事常遇春、帐前亲军指挥使冯国胜、同知枢密院事廖永忠、俞通海等皆从。

丙戌，陈友谅围洪都八十五日，至是解围，东出鄱阳湖逆我师。

（明）谈迁《国榷》卷一

太祖诸子自文皇外，如秦、晋、楚、辽、宁五王，并知兵，数率师捕虏；周王、庆王儒雅；蜀王最贤，称蜀秀才；而宁王晚自号癯仙，所制琴研皆传世，有过人者。即南昌王文正为兄子，亦与开创功。信一时气运钟。

（明）黄景昉《国史唯疑》卷一

洪武平汉

友谅与太祖争锋，凡两大战。一则亲犯建业，有龙江之败；一则攻围南昌，有鄱阳之败，而身以歼，国以亡。其他池州之败与慈湖、采石之败，不与焉。鄱阳之败，友谅虽歼，然太祖舟泊浅沙，得韩成缓师；又难星过度，得他舟相易，滨死者屡矣。呼吸生死之间，天意所属于彼乎？于此乎？危乎危乎！以古事推之，龙江之败，与孟德之赤壁、符坚之淝水无异；鄱阳之败，则楚汉垓下之师也，一战而天下定矣。然龙江之役，诈降者康茂才，主战者刘基，坚守南昌两月不下者朱文正也，三人之功尤著。

（清）彭而述《明史断略》卷一

时南昌甫定，而康泰等叛，南昌行省参政邓愈走归。旋命徐将军往定之，念非骨肉重臣莫可守，文正统元帅赵德胜协愈，都督洪都，选儒士郭子章、刘仲服为参谋。已而汉友谅亲率舟师六十万困南昌，文正计诸将分门守，而自提精锐二千往来巡督。敌冒竹盾当矢石，突击坏城三十余丈。文正急炮走之，随竖栅内藏。敌来争栅，且击且筑，达旦城完。寇所以为攻具无不至，而文正所以为捍拒之计亦无不至，昼夜无宁刻。历八十五日，力竭，诸名将赵德胜而下率被残，属邑烽信绝。时太祖方定安丰，还攻庐州。千户张子明请潜出，乞援金陵，而围密不得间。有舍命者，失其名，愿以身殉汉，缓其攻。遂出诳友谅："大都督且奉表臣汉也。"围稍解。子明于是乘间从水关出，还至湖城，为友谅所执，勒降城中。子明佯许诺，至城下，正言以励守者，友谅杀子明。越月，太祖帅师二十万相持彭蠡湖，友谅食尽，掠粮都昌。文正授方略，尽燔其舟，汉师败，友谅死。上以文正守南昌功居多，死事赵德胜自有传，而先后武桓死者十有四人，皆以文正之义。

（清）查继佐《罪惟录·列传》卷四

太祖介居张、陈二寇间，而陈氏据上流，东尽江西之界，屯重兵洪都，日事进取，军锋甚锐。太祖尤以为患，欲先取之，进兵略定江西，而众心未固，洪都既降复叛，守将邓愈脱身独亡，乱四月乃定。太祖曰："守洪都则江西固，而陈氏断臂。"故授文正节钺，督愈等镇之，时至正二十二年五月也。

明年四月，友谅率舟师六十万，以争洪都。既至，亲督诸将昼夜百道攻城，战舰高数丈，俯瞰城中，自友谅以下，皆携其孥，空国而来，意在必取。文正命诸将分城拒守，而己居中节制之。友谅攻抚州门，邓愈所守也，城坏三十余丈，文正督愈等死战，且战且筑，一夕城完。友谅分兵取江西旁府，以孤洪都之势，以所获吉安守将刘齐、朱华，临江同知赵天祐徇城下，文正不为动。自四月至六月，友谅尽攻击之术，文正随方拒之，而援兵不至，友谅督诸将围益急。文正乃遣千户张子明告急于建康，而诈使军士号舍命王者诣友谅营，约日出降，以缓其攻。友谅信之，文正得增修守具，至期，友谅乃知其诈，杀舍命王城下，复急攻之。文正守具既益修，友谅不能克。而太祖既闻子明言洪都之急，七月，率师溯流西上援之，友谅乃解围东出，逆战鄱阳湖。当是时，友谅顿兵洪都城下者八十有五日，师老粮乏，战士死者甚众，江水又落，巨舰不利于用，故战而屡为太祖所败。然独驻湖中不肯退，遣舟五百艘掠粮于都昌，文正使舍人陈方亮往尽燔之，于是友谅食尽，穷蹙求归，复战败死。太祖乃改洪都为南昌府，文正如前镇之，而命诸将破灭陈氏余孽。

（清）万斯同《明史》卷一五二《诸王上》

（朱文正）寻统元帅赵德胜等，镇守江西，号令明肃。癸卯四月，陈友谅围南昌，用云梯攻具，百道进击。文正主画军中，随方应敌，剪获甚众。友谅获吉安守将刘齐、朱叔华，临江同知赵天祐，徇城下，文正不为动。至六月，援兵不至，文正遣千户张子明告急建康。敌攻城益急，文正遣舍命王诣友谅营，诈约降。友谅缓攻，及期，城上旗帜一新，至暮不出，友谅缚舍命王城下杀之。子明从水关潜出，夜行昼伏，半月始达建康。上问："友谅兵若何？"对曰："彼兵虽盛，战斗死者亦不少。今江水日涸，贼巨舰将不利。又师久乏粮，若援兵至，必可破。"上谓子明："汝归语文正，坚守一月，吾当自取之。"子明还，至湖口，被执。友谅使呼文正出降，子明阳许之，至城下，呼曰："大军旦夕至，诸君宜固守以待。"友谅杀子明，文正守益坚。七月，上统舟师二十万来援，友谅始解围，逆战鄱阳湖，竟败死禁江口。甲辰，文正遣部将何文辉等讨平江西未附州县。

（清）傅维麟《明书》卷八八《皇子诸王宗室记》

及再定江西，谓洪都重镇，屏翰西南，非骨肉重臣莫能守。乃命文正统元帅赵得胜等镇其地，以儒士郭之章、刘仲服为参谋。文正增城浚池，招集山寨未附者，号令明肃，远近震摄。居无何，友谅率舟师六十万围洪都，文正数摧其锋，坚守八十有五日，城坏复完者数十丈。友谅旁掠吉安、临江，俘其守将徇城下，不为动。太祖亲率兵来援，友谅乃解去，与太祖相拒于彭蠡。友谅掠粮都昌，文正遣方亮焚其舟，粮道绝，卒殄友谅。复遣何文辉等讨平未附州县，江西之平，文正功居多。

（清）王鸿绪《明史稿·列传四·诸王二》

及再定江西，以洪都重镇，屏翰西南，非骨肉重臣莫能守。乃命文正统元帅赵得胜等镇其地，儒士郭之章、刘仲服为参谋。文正增城浚池，招集山寨未附者，号令明肃，远近震慑。居无何，友谅帅舟师六十万围洪都。文正数摧其锋，坚守八十有五日，城坏复完者数十丈。友谅旁掠吉安、临江，俘其守城徇城下，不为动。太祖亲帅兵来援，友谅乃解去，与太祖相拒于彭蠡。友谅掠粮都昌，文正遣方亮焚其舟。粮道绝，友谅遂败。复遣何文辉等讨平未附州县。江西之平，文正功居多。

（清）张廷玉《明史》卷一一八《诸王列传三》

（元至正二十二年）五月丙午，太祖念洪都重地，非骨肉重臣不可守，乃以大都督朱文正统副元帅赵德胜、亲军指挥薛显同参政邓愈镇之。

十二月丁亥，大都督朱文正遣兵复吉安，饶鼎臣出走，遂以参政刘齐、陈海同、李明道、曾万中、粹中共守之，以朱叔华知府事。

（元至正二十三年）夏四月，陈友谅闻太祖援安丰，果大举兵入寇洪都。

先是友谅自忿其疆土日蹙，乃治巨舰，高数丈，外饰以丹漆。上下三级，级置走马棚，下设板房为蔽，置舻数十，其中、上、下人语不相闻。舻箱皆裹以铁。载其家属百官，空国而至，兵号六十万。壬戌，薄城下，友谅欲以大舰乘水涨傅城而登。至是城移去江三十步，舰不得近，乃大为攻具，势甚张。

都督朱文正与诸将谋分门拒守，于是参政邓愈守抚州门，金院赵德胜等守宫步、士步、桥步三门，指挥薛显守章江、新城二门，元帅牛海龙、赵国旺、许珪、朱潜、程国胜等守琉璃、澹台二门。文正居中节制，自将精锐二千往来策应。

（四月）丙寅，陈友谅攻抚州门。其兵各载竹盾如箕状以御矢石，并力攻城，坏二十余丈。邓愈以火铳击退其军，随树木栅，贼争栅，朱文正督诸将死战，且战且筑，通夕复完。于是，总管李继先及海龙、国旺、珪、潜等皆先后战没。

（五月）丙子，友谅复攻新城门。指挥薛显，将锐卒开门突战，斩其平章、副枢各一人，敌兵乃退。

六月辛亥，友谅增修攻具，欲拔栅自水关入，朱文正遣壮士以长槊迎刺之，敌夺槊更进。乃命煅铁戟铁钩，穿栅复刺，敌复来夺，手皆灼烂，不得进。友谅见城中备御万方，坚不可拔，乃欲以计胁之，命执吉安、临江被获之刘齐、朱叔华、赵天麟以徇于城下。文正等不为动，三人者亦不屈死之。

乃复遣兵攻宫步、士步二门。金院赵德胜，暮坐城门楼指麾士卒，弩中腰膂，镞深入六寸，拔之出，叹曰："吾自壮岁从军，伤矢石数矣，无重此者。丈夫死无所恨，恨不能扫清中原耳。"言毕而绝，年三十九。后追封梁国公，复赐谥。

洪都被围久，内外隔绝。文正遣千户张子明走应天告急。子明取渔舟夜从水关出，潜至石头口，宵行昼止，凡半月始至。太祖问："友谅兵势何如？"对曰："友谅兵虽盛，战死亦不少。今江水日涸，巨舰将不利，又师久粮乏，援兵至，必可破也。"太祖曰："汝归语文正，但坚守一月，吾当自取之。"子明还，至湖口，为友谅兵所执。友谅曰："若能诱之降，非但不死，且富贵。"子明阳许之，至城下，大呼曰："主上令诸公坚守，大军行至矣。"友谅怒，杀之。

时徐达、常遇春方围左君弼于庐州，……凡三月不克。至是太祖遣人谕之曰："为庐州而失南昌，非计也。"于是达、遇春皆解围还。

秋七月癸酉，太祖自将救洪都，祃牙于龙江。凡舟师二十万，刻期并发，达、遇春及枢院冯国胜、俞通海、右丞廖永忠等及儒臣刘基、陶安、夏煜等皆从。

癸未，师次湖口，……陈友谅围洪都凡八十五日，闻太祖至，即解围，东出鄱阳湖逆战。

（八月）友谅食尽，遣舟掠粮于都昌，朱文正使人燔其舟，友谅益失据，进退狼狈，谋奔还武昌，乃率楼船百余艘趋南湖嘴，我军辄列栅江南、北岸，阻遏不得前。

是月壬戌，友谅计穷，乃冒死突出，欲由湖口绕江下流而遁，太祖麾诸军邀击，以火舟火筏冲之，追奔数十里。自辰至酉，战不解，至泾江口，泾江之兵复击之。

未几，有降卒来奔，言"友谅在别舸中，流矢贯睛及颅而死"。诸军闻之，大呼喜跃，益争奋，禽其太子善儿、平章姚天祥等。明日，平章陈荣等悉舟师来降，得士卒五万余人。惟张定边乘夜以小舟载友谅尸及其次子理奔还武昌。

（清）夏燮《明通鉴》前编卷二《前纪二》

（元至正二十二年壬寅）正月，太祖幸南昌，胡廷瑞率祝宗、康泰等迎谒，以邓愈为江西行省参知政事，镇南昌。时宗、泰降非本意，即欲谋叛，廷瑞密以言，乃令帅所部从徐达攻武昌。二月，太祖率胡廷瑞等还建康，祝宗、康泰行至女儿港，遂叛。……徐达闻变，旋师赴之。宗至新淦，为邓志明所杀；泰走广信，以廷瑞甥，特宥之，南昌复定。太祖闻之，喜曰："南昌控引荆越，西南之藩屏。得南昌，去陈氏一臂矣。非骨肉重臣，不可守。"五月，命大都督朱文正统元帅赵德胜、薛显，同参政邓愈镇之。

（元至正二十三年癸卯）四月，陈友谅忿其疆埸日蹙，大作舟舰，高数丈，饰以丹漆，上下三级，级置走马棚，下设板房为蔽，置橹数十其中，上下人语不相闻，橹箱皆裹以铁。自谓必胜，载其家属、百官，空国而来，兵号六十万，攻南昌。壬戌，薄城下。诸将分门拒守，邓愈守抚州门，赵德胜守宫步、士步、桥步三门，薛显守章江、新城二门，牛海龙等守琉璃、澹台二门，文正居中节制，自将精锐二千，往来策应。丙寅，友谅亲督兵攻抚州门，各兵戴竹盾如箕状，以御矢石。城坏二十余丈，邓愈以火铳击退其兵，随竖木栅，贼争栅，文正督诸将死战，且战且筑，通夕复完。李继先、牛海龙、赵国旺、许珪、朱潜等皆战死。五月丙子，友谅复攻新城门，薛显将锐卒开门突战，斩其平章刘震昭，敌兵退，百户徐明被执，死之。六月辛亥，友谅增修攻具，欲破栅自水关入，文正使斗士以长槊从栅内刺之，敌夺槊更进。文正乃命煅铁戟铁钩，穿栅复刺，敌来夺，手皆灼烂，不得进。友谅尽攻击之术，城中备御万方，杀伤甚众。友谅分遣饶鼎臣等陷吉安，李明道叛，守将曾万中死之，刘齐、朱叔华被执；陷临江，复执赵天麟，以三人徇城下，文正等不为动。贼复攻宫步、士步二门，赵德胜巡城至宫步门，贼伏蹶张弩射之，中腰膂，箭深入六寸，拔出，遂卒。南昌被围既久，内外阻绝，文正遣千户张子明赴建康告急，又诈遣卒号舍命王者，诣友谅约日出降。友谅信之，缓其攻。至日，城上旗帜一新，友谅候至暮，见无降意，缚降卒至城下杀之。张子明取渔舟，从水关出，越石头城，昼行夜止，半月达建康。太祖问："友谅兵势何如？"对曰："友谅兵虽盛，战死亦不少。今江水日涸，巨舰将不利。又师久粮乏，援兵至，可必破也。"太祖曰："归语文正，但坚守一月，吾当自取之。"乃遣子明先还。至湖口，为友谅兵所执。友谅曰："若能诱降，非但不死，且富贵。"子明阳许之。至城下，呼曰："主上令诸公坚守，大军且至矣。"友谅怒，杀之。文正等闻之，守益坚。七月癸酉，太祖自将救洪都，徐达、常遇春亦自庐州还。太祖亲督诸将，会师祃纛于龙江，舟师凡二十万。癸未，进次湖口，先遣指挥戴德以一军屯于泾江口，复以一军屯南湖嘴，以遏友谅归师；又遣人调信州兵守武阳渡，防其奔逸。丙戌，友谅围南昌凡八十有五日，闻太祖至，解围，东出鄱阳，逆战。

（清）光绪《江西通志》卷九六《前事略》

（元顺帝）二十二年壬寅，……南昌复定。太祖闻之，喜曰："南昌控引荆越，西南之屏藩，得南昌，去陈氏一臂矣。非骨肉重臣，不可守。"夏五月，命大都督朱文正统元帅赵德胜、薛显，同参政邓愈镇之。……二十三年癸卯，陈友谅作巨舰高数丈，饰以丹漆，上下三级，级置走马棚，下设板房为蔽，置橹数十其中，上下人语不相闻，橹箱皆裹以铁，载其家属百官，兵号六十万，攻南昌，薄城下。诸将分门拒守，邓愈守抚州门，赵德胜守宫步、寺步、翘步三门，薛显守章江、新城二门，牛海龙等守琉璃、澹台门，文正居中节制，自将精锐三千，往来策应。友谅亲督兵攻抚州门，兵各戴竹盾如箕状，以御矢石。城坏二十余丈，邓愈以火铳击退其兵，随竖木栅。贼争栅，文正督诸将死战，且战且筑，通夕复完。李继先、牛海龙、赵国旺、许珪、朱潜皆战死。夏五月丙子，友谅复攻新城门，薛显将锐卒开门突战，斩其平章刘震昭，敌兵退。百户徐明被执，死之。六月辛亥，友谅增修攻具，欲破栅自水关入。文正使壮士以长槊从栅内刺之，敌夺栅更进，文正乃命煅铁戟铁钩，穿栅复刺，敌来夺，手皆灼烂，不得进。友谅尽攻击之术，城中备御万方，杀伤甚众。友谅分陷吉安，刘齐、朱叔华被执；陷临江，复执赵天麟，以三人徇城下，文正不为动。复攻宫步、寺步二门，赵德胜巡城至宫步门，贼伏蹶张弩射之，中腰膂，箭深入六寸，拔之，遂卒。南昌被围既久，内外阻绝，文正遣千户张子明赴建康告急，又诈遣卒号舍命王者诣友谅，约日出降，友谅信之，缓其攻。至日，城上旗帜一新，友谅候至暮，见无降意，缚降卒至城下，杀之。张子明取渔舟从水关出，越石头，昼行夜止，半月达建康。太祖问："友谅兵势何如？"对曰："友谅兵虽盛，战死亦不少，今江水日涸，巨舰将不利。又师久粮乏，援兵至，可必破也。"太祖曰："归语文正，但坚守一月，吾当自取之。"乃遣子明先还。至湖口，为友谅兵所执，友谅曰："若能诱降，非但不死，且当贵。"子明阳许之。至城下，呼曰："主上令诸公坚守，大军且至矣。"友谅怒，杀之。文正等闻之，守益坚。秋七月癸酉，太祖自将救洪都，徐达、常遇春亦自庐州还，舟师凡二十万。

癸未，进次湖口，先遣指挥戴德以一军屯泾江口，复以一军屯南湖嘴，以遏友谅归路。又调信州兵守武阳渡，防其奔逸。友谅围南昌凡八十五日，闻太祖至，解围，东出鄱阳湖逆战。太祖率诸将由松门入鄱阳湖，遇于康郎山。数战，友谅不利，移泊潴矶。食尽，掠粮于南昌，文正遣人燔其舟，势益困，冒死突出，至泾江口，中流矢贯睛，及颅而死。舟师悉降，张定边乘夜以小舟载友谅尸及其子理奔还武昌。明年，太祖命建忠臣祠于康郎山，祀死事韩成、丁普郎等三十六人，建忠臣祠于南昌，祀赵德胜、李继先等十四人。

（清）光绪《南昌县志》卷五四《兵革》

附　修筑洪都府城

国朝壬寅，大都督朱文正以城西南滨江，故筑于内，比旧减五之一，周二千七十丈有奇，高二丈九尺，浚濠三千四百丈有奇，阔十一丈，共存七门，曰广润，曰惠民，曰进贤，曰顺化，曰永和，曰德胜，曰章江。

（明）万历《南昌府志》卷四《城池》

豫章城

城邑考：……元因宋旧，其城西面瞰江，不利守御。元至正十八年，伪汉陈友谅以大舰乘水涨附城而登，城遂陷。二十二年，明太祖定洪都，乃命都督朱文正改筑，移城去江三十步。后友谅至，遂不能近。建七门：东曰永和，又名曰澹台，以门内有澹台墓也，旧曰坛头，有黄紫庭仙坛云。东南曰顺化，旧名琉璃，以门内延庆寺有琉璃古像而名。南曰进贤，旧曰抚州，俱以道路相通而名，亦曰望仙，以汉梅福曾为县尉也。又南曰惠民，挽输惠民，仓路由此，旧名寺步，以近隆兴寺云。西南曰广润，旧名柴步，亦曰桥步。西曰章江，以近江滨，旧曰昌门，孙策遣虞番与郡守华歆交语于此。北曰德胜，旧名望云，李纲移筑于此，又名新城。其旧城西之滨江者有宫步门，亦曰遵道井步门，亦曰德遂仓步门，亦曰惠济官步门，亦曰利步，与洪乔等五门，俱废城之址，展东南二里许，视旧城杀五之一，周不及十二里。

（清）顾祖禹《读史方舆纪要》卷八四《江西二》

南昌府城。……明太祖壬寅岁定洪都，大都督朱文正以城西滨江，不利守御，改筑，移入，去江三十步。展东南二里许，视旧城杀五之一。周二千七十丈有奇，高二丈九尺，厚二丈一尺；东、南、北三隅浚濠，长三千四丈有奇，阔十一丈，深一丈五尺。废宫步、井步、仓步、观步、洪乔五门，建七门，东曰永和（旧名坛头，以门内有澹台墓，又名澹台），东南曰顺化（旧名琉璃），南曰进贤（旧名抚州，又名望仙），又南曰惠民（旧名寺步），西南曰广润（旧名柴步，又名桥步），西曰章江（又名昌门），北曰德胜（旧名望云，又名新城）。门楼七，角楼四，铺七十座，陴堞二千六百八丈。置水关闸在城南广、惠二门之间，城内东西湖水于此出城，濠外别有闸，以蔽江水。

（清）光绪《江西通志》卷六十五《建置略》

明太祖壬寅定洪都，以城西南滨江，舟舰易附，不利守御，命大都督朱文正改筑于内，去江三十步，视旧城杀五一，周二千七十丈有奇，高二丈九尺，厚二丈一尺；东、南、北三隅浚濠，长三千四丈有奇，阔十一丈，深一丈五尺。置门楼七，角楼四，铺七十，陴堞二千六百八丈。终明世迄今，皆仍故城。

明建七门，东曰永和门，一曰澹台，以门内有澹台墓，旧名坛头，有仙人黄紫庭之坛在焉。东南曰顺化门，旧名琉璃，以门内延庆寺有琉璃佛像。南曰进贤门，旧名抚州，以道路所通，又曰望仙，汉梅尉宅故址在门外。又南曰惠民，以运米惠民，门仓所经，旧名寺步，以近龙兴寺。西南曰广润门，旧名柴步，又名桥步。西曰章江门，以濒章江，故名（本名豫章江，唐广德初避代宗讳，遂止称章江），汉曰昌门，孙策遣虞翻与郡守华歆交语于此。北曰德胜门，旧望云门，宋李纲移建，亦名新城。

（清）光绪《南昌县志》卷八《建置志上·城池》

五　以罪废卒

（乙巳正月）甲申，大都督朱文正有罪，免官，安置桐庐县。文正，上兄南昌王子也。少孤，母王氏守节，依上居止。上事之甚谨，抚文正，爱逾己子。文正既长，涉猎传记，勇敢，有才略。然深狡强戾，人莫敢触。上尝语曰："汝欲何官？"文正即曰："爵赏不先众人，而急私亲，无以服众。且叔父既成大业，侄何忧不富贵。"上善其言，益爱之。使守江西，遂骄淫暴横，夺民妇女；所用床榻，僭以龙凤为饰。又怨上不先封己，前所对上者，皆诡辞。上遣人责之，文正惭惧，谋叛降张士诚，江西按察使李饮冰奏之。上曰："此子不才如此，非吾自行，无以定之。"即日往南昌，舣舟城下，遣人召之。文正不意上遽至，仓卒出迎。上泣谓曰："汝何为若是。"遂载与俱归。至建康，群臣交章劾之，请置于法。上曰："文正固有罪，然吾兄止有是子，若置之法，则伤恩矣。"乃免文正官，安置桐城。

（明）《明太祖实录》卷十六

老舅家书付保儿，教你知道驴马做的人，当自从守住江西，好生的行事不依法度。近来我的令旨，为开按察司衙门，他三日不接我言，教在江上打著船，便似教化的一般。他又差人往浙西城子里官卖物事。及至开我令旨，不许军民头目来听。密行号令，但有按察司里告状的，割了舌头，全家处死。在那里奸人家妻女，多端不仁。我禁人休去张家那下买盐，他从江西自立批文，直至张家盐场买盐，江上把截的不敢当，尽他往来。南台城里仓与库四处俱各有物。其余多等不仁不孝的勾当，我心里闷，说的许多。保儿且知道这几件，你父亲到时，自有话与他说也。保儿守城子，休学驴马，你想你母亲，你便休恼。我凡事依首领官行。那家好男子他好公主的父亲以致这弟（中缺四字）做的事好驴马所言。驴马者，朱文正也。的令史都弄（此下年久损落，不可考）。

（明）王世贞《弇山堂别集》卷八六《诏令杂考二》

太祖克江州，伪汉陈友谅伪丞相胡廷瑞、平章祝宗闻之，遣人赍书以南昌来降。太祖既到南昌，命宗与同金康泰跟随徐达攻武昌，宗等中途叛回南昌，据城，参政邓愈遁走，宗执知府叶琛等杀之。闻大军来复城，弃城走。江西平复后，太祖曰："得江西是去陈氏之一臂，况其地乃楚之重镇，为吴西南之藩屏，人好讼难制，山寨来降者多，非骨肉老成莫能治之。"是命亲侄文政为大都督府左都督，节制中外诸军事，往镇江西。太祖特选儒士郭子章、刘仲服为辅佐参谋。文政到镇，招谕山寨来降，头目尽皆归顺。好讼者诛之，号令严肃，远近震惧。岂期荒淫，惟用橡史卫达可等小人为心腹，专求民间闺女，用则数十日，不用即投之于井，为数甚多。凡遇太祖差人到彼公干，多以银段钳之，受者蔽而不言甚恶。按察佥事凌说新到任，察其实，劾奏之，太祖即取回文政问罪，其郭子章、刘仲服、卫达可、王三元帅不谏阻，皆诛之，及部下随从头目五十余人，尽皆断其脚筋。太祖既问文政明白，欲治之，皇后谏曰："文政虽骄纵，自渡江以来，克太平，破陈也先营，取建康，多有战功。及坚守江西，陈氏强兵不能克，皆其智勇也。况乃骨肉亲侄，纵有罪，亦当宥之。"太祖曰："后言是也，且释之。"未久，太祖命文政整点荆州城，回京未用，复出不逊之言。太祖意其怀不轨，欲废之。皇后极谏："文政止是性刚，恐无此心。文政母见存，当念其母子之情，用曲赦之，且见亲亲之义。"太祖从后言，宥之。后复遣文政往濠州祭祀，暮夜与从人议，有异志。后太祖废之。及分封时，封其子守谦为静江王，以奉其祖。

（明）刘辰《国初事迹》

（丙午，元至正二十六年）七月，上命相国达、平章遇春俱加征南大将军，授以印剑征浙西，以侄朱文正乃授大都督，节制中外诸军事为监军，由宜兴出大浦口，直至大钱港。攻湖州，遇春躬率将士于大钱港，与张氏之将秃张左丞交锋，遇春中矢，疮甚，踞床督战，将士莫知，遂大败张氏之兵，进围湖州。朱文正昔镇江西时，大肆不敬，强夺军民妇女，淫而杀之，填于井中，及僭用乘舆服用，按察使凌廉使核之，贬为庶人，安置六合县。潜命道士朱书上年甲，钉地压之。侍人阆奏于上，取回，禁于内苑，逾月释其罪，以为监军。征浙西，至太湖中，文正欲叛归张氏，事泄，取回饿死。后至洪武元年，上登极，追封南昌王，立祠江西，岁时祀焉。

（明）俞本《明兴野记》卷上

吴元年春，江西按察使李饮冰言文正骄僭不逊，有怨言，上诘责，大惧，谋叛降张士诚。上大惊曰："嘻！此子不才至此，非吾自行不可。"即日登舟，至南昌，泊城下，召文正。文正仓卒出谒，上泣曰："汝何为辄起此意。"遂载与俱归。群臣劾，请伏法。上曰："吾兄惟此儿。"免文正官，安置桐城。……未几，文正卒。

（明）黄佐《广西藩封志》，见于（清）汪森《粤西文载》卷十六

（乙巳，元至正二十五年，宋龙凤十一年，正月）大都督朱文正有罪，免官，安置桐城。文正，高皇帝兄南昌王子也，少孤，帝抚之，爱如己子。既长，涉猎传记，勇敢，有才略。然深狡强戾，人莫敢触。帝尝与语曰："汝欲何官？"文正即曰："爵赏不先众人，而急私亲，无以服众。且叔父既成大业，侄何忧不富贵。"帝善其言，益爱之。使守江西，遂骄淫暴横，夺民妇女；所用床榻，僭以龙凤为饰；又恐帝不先封己，前所对者皆诡辞。帝遣人责之，文正惭惧，谋叛降张士诚，江西

按察使李饮冰奏之。帝曰："此子不才如此，非吾自行，无以定之。"即日往南昌，舣舟城下，遣人诏之。文正不意帝遽至，仓卒出迎。帝泣谓曰："汝何为若是。"遂载与同归。至建康，群臣交章劾之，请置于法。帝曰："文正固有罪，然吾兄止有是子，若置之法，则伤恩矣。"乃免文正官，安置桐城。召其子铁柱，语之曰："尔父不率吾教，恣肆凶恶，以贻吾忧。尔他日长成，吾封尔爵，不以尔父废也。尔宜修德励行，盖前人之愆，则不负吾望矣。"文正卒，帝封铁柱为靖江王，改名守谦。

（明）陈建《皇明通纪》卷三

吴元年春，江西按察使李饮冰言："文正骄僭不逊，有怨言。"上诘责，大惧，谋叛降张士诚。上大惊曰："嘻！此子不才至此，非吾自行不可。"即日登舟，至南昌，泊城下，召文正。文正仓卒出谒，上泣曰："汝何为辄起此意。"遂载与俱归。群臣劾请伏法，上曰："吾兄惟此儿。"免文正官，安置桐城。……未几，文正卒。

（明）郑晓《吾学编》第十六《皇明同姓诸王传》卷三

（太祖高皇帝乙巳正月）甲申，大都督朱文正有罪，免官安置桐城。

文正，高皇帝兄南昌王子也。少孤，帝抚之，爱如己子。既长，涉猎传记，勇敢，有才略。然深狡强戾，人莫敢触。帝尝与语，曰："汝欲何官？"文正即曰："爵赏不先众人而急私亲，无以服众。且叔父既成大业，侄何忧不富贵。"帝善其言，益爱之，使守江西。遂骄淫暴横，夺民妇女。所用床榻，僭以龙凤为饰。又恐帝不先封己，前所对者皆诡辞。帝遣人责之，文正惭惧，谋叛降张士诚，江西按察使李饮冰奏之。帝曰："此子不才如此，非吾自行，无以定之。"即日往南昌，舣舟城下，遣人诏之。文正不意帝遽至，仓卒出迎。帝泣谓曰："汝何为若是。"遂载与同归。至建康，群臣交章劾之，请置于法。帝曰："文正固有罪，然吾兄止有是子，若置之法，则伤恩矣。"乃免文正官，安置桐城。

（明）黄光升《昭代典则》卷三

（《资治通纪》）又言朱文正贬广东死。非也。文正先拘，守凤阳先墓，以逃故赐死，死时上未及取广东。

（明）王世贞《弇山堂别集》卷二十《史乘考误》

吴元年春，江西按察使李饮冰言文正骄僭不逊，有怨言，帝诘责，大惧，谋叛降仕诚。帝大惊曰："嘻！此子不才至此耶。"即日登舟，至南昌，泊城下。文正仓卒出谒，帝泣曰："汝何为此。"遂载与归。群臣请伏法，帝曰："吾兄惟此儿。"免文正官，安置桐城。……未几，文正卒。

（明）万历《广西通志》卷六《藩封志》

文正仍守南昌，乃专任掾吏卫达可等为心腹。达可险邪人也，诱引非道，文正日即荒淫。每探夺人美女子入内，既盈其欲，辄投之井，不欲更为他人所狎，往往杀人甚众。朝使至，厚遗之，以故不闻。时江西新按察使李饮冰、金事凌说廉其实，劾奏之。文正惧，谋叛降张士诚。太祖大惊，曰：“嘻！此子不才，非吾自行不可。”即日登舟抵南昌，迫城下。文正仓卒谒，上泣曰：“汝为何辄起此意。”遂载与俱归。君臣请伏法，太祖曰：“吾兄惟此儿。”乃按其状，得郭子章、刘仲服、卫达可等不法，诛之。高皇后进曰：“文正自过江以来，克太平，破也先，取建康，累立战功。令守江西，克陈氏，亦有智勇。况骨肉亲侄，请宥之。”太祖曰：“后言是也。”释之，免其官，安置桐城。寻命往荆州筑城。竣事还畿，欲用之，文正又出不逊语。太祖欲废之，高皇后又进曰：“文正止是性刚，恐无此心。文正母见存，当念其母子之情，曲赦之。”太祖从之，命往濠州墓祭，夜与从者啧啧，有异志。从者以告，太祖遂废之。……未几，文正卒。

（明）王圻《续文献通考》卷一九四《封建考·皇明同姓》

（朱守谦）父文正，少孤，依上居，抚爱之。从渡江，有功，以大都督督军守南昌，陈友谅悉力攻，坚守不拔。已骄僭，有怨言，被嚯让，而遂谋叛归张士诚。事觉，上惊曰：“何此子不忖至于此，非吾自行，不可也。”趣驾幸南昌，文正仓卒失措，出走谒。上泣曰：“汝何遽忍为此。”载与归。群臣劾请伏法，上曰：“吾兄惟此一儿，吾不忍也。”放桐城而死。

（明）涂山《新刻明政统宗》卷五

（朱守谦）父文正，少孤，依上居，抚爱之。从渡江，有功，以大都督督军守南昌。陈友谅悉力攻之，坚守不拔。已骄僭，有怨言，被嚯让，而惧谋叛归张士诚。事觉，上大惊曰：“嘻！此子不才至于此，非吾自行不可矣。”趣驾幸南昌，文正仓卒失措，出走谒。上泣曰：“汝何遽忍为此。”载与归。群臣劾请伏法，上曰：“吾兄惟此一儿，吾不忍也。”放桐城而死。

（明）谭希思《明大政纂要》卷九

文正少孤，上抚之，爱如己子。既长，涉猎传记，勇敢有才略。然深狡强戾，人莫敢触。上尝与语曰：“汝欲何官？”文正即曰：“爵赏不先众人而急私亲，何以服众。且叔父既成大业，侄何忧不富贵。”上善其言，益爱之。使守江西，遂矣淫横暴，夺民妇女；所用床榻，僭以龙凤为饰；又恐上不先封己，前所对者皆诡辞。上遣人责之，文正惭惧，谋叛降张士诚，江西按察使李饮冰奏之。上曰：“此子不才如此，非吾自行，无以定之。”即日往南昌，舣舟城下，遣人诏之。文正不意上遽至，仓卒出迎。上泣谓曰：“汝何为若是。”遂载与同归。至建康，群臣交章劾之，请置于法。上曰：“文正固有罪，然吾兄止有是子，若置之法，则伤恩矣。”乃免文正官，安置桐城。

（明）徐学聚《国朝典汇》卷十三《宗藩上》

（元至正二十五年，宋龙凤十一年，正月）大都督朱文正有罪（骄暴，被上责，按察使李饮冰来奏），上自往征还，免官，安置桐城。

（明）朱国桢《皇明史概·皇明大政记》卷一

顾文正不善居功，特亲贵，骄淫豪横，夺民妇女，所用床榻，僭饰龙凤。上闻，手书责之。文正惭惧，谋以南昌叛降张士诚，按察使李饮冰以闻。上大惊，曰：“嘻！此子不才至此，非吾自行不可。"即日登舟至南昌，舣舟城下，召文正。文正不意上至，仓卒出谒。上泣谓曰："汝何起此不肖意。"载与俱归建康。群臣于是请伏法，上曰："吾兄惟此儿。"诛其所任腹心椽史一人，免文正官，安置桐城。寻命往荆州筑城，还，几欲用之，文正又出不逊语。上欲废之，马皇后请曰："文正止是性刚，亡它肠。文正母见存，当念其母子之情，曲赦之。"上从之，命往濠州墓祭，夜与从者啧啧有异志。从者归，言上，上遂废之。……未几，文正卒。

（明）尹守衡《皇明史窃》卷二四

然其（朱文正）守南昌，数慢高帝，令断无罪讼者舌，市张思诚浙西盐，逼犯民间处女，不用者投井中。按察李饮冰以奏，高帝怒，诘责之，文正惧，谋降于士诚。高帝大惊，亲往南昌视之，马后使人谓曰："帝怒都督甚，至可束手自诣。"帝至，文正仓卒出迎，帝泣曰："儿何唉。"诛子章、仲服等，断其部下头目五十余人脚肋，遂载与俱归。群臣请诛之，马后力救，帝曰："后言是也，吾有兄三人，仅此子。"安置之桐城。

（明）何乔远《名山藏》卷四十《分藩记五》

（元至正二十五年正月）甲申，大都督朱文正有罪免，安置桐城。盖在镇，淫暴不法，夺人妇女，榻饰龙凤，尝被诘，谋降张氏，按察使李饮冰奏之。吴王即日往南昌，泣谓曰："汝何为若是。"载入舟。既放废，仍抚其子铁柱。

（明）谈迁《国榷》卷二

（洪武十七年三月戊戌朔）曹国公李文忠卒。文忠，字思本，临淮人，上之甥。从起兵，东定浙，北定元上都，沈厚诚恪，怿近儒生，逡巡书史。劝上少杀戮，又谏宦官太盛，上怒其馆客教之，尽杀其客，遂病悸不治。又族诛诸医及侍婢六十余人，年四十六，追封岐阳王，谥武靖，赐葬钟山之阴。

王世贞曰：……高帝起民间，屡更饥馑。兄之子独大都督文正，姊之子独岐阳王。大都督不善居勋，父子以废徙，而高帝念之不绝，盖二百余年而南面犹故也。临淮之绍侯，其亦高帝遗意哉。

（明）谈迁《国榷》卷八

乙巳，元至正二十五年，宋称龙凤十一年，春正月，……按察使李饮冰条大都督朱文正骄暴，帝亲往征还，免官，安置桐城。

（清）查继佐《罪惟录·帝纪》卷一

是时上命邓愈往定南赣，文正分城守之军助愈。寻文正不善居功，以亲贵骄，或夺民妇女，不用者投井中，断无罪讼者舌，所用床榻僭饰龙凤。上手书责之，文正惭惧，按察司李饮冰遂以文正欲叛降吴密闻。上惊曰："嘻！儿乃为贼。"促诣南昌，呼文正城下。文正不意上至，仓卒出谒，载归建康。群臣请伏法，上曰："吾兄惟此儿，吾不忍。"诛子章、仲服，并断其所部足胫五十余人，免文正官，安置桐城。寻命往荆州筑城，还，或又言文正出语不逊，上意颇不测。马皇后曰："此儿止是性刚，亡他肠。今其母尚存，亦念初乘乱相扶持意。"上曲赦之，命往濠州省墓。夜复与从者啧啧有繁言，从者归，言上。上遂废之，……未几，文正卒。

论曰：马皇后知文正，曰："此儿止是性刚，无他肠。"帝非不知文正，而为后世计，固本切，宁弱支。曰以安文正，而意实顾秦、晋、燕、周以下。即以李饮冰之谮，南昌不边吴，其疑易解。且所犯以亲贵骄，或亦援宥，所云乘乱相扶持，造明者诚烈矣。盍王之小国，不事事，以不忘南昌八十五日之勤乎？文正卒洪武三年以前，即非有他故，性刚不堪屈抑，辄自促耳。铁柱怨望，或以是故，终锢之。帝初曰"不以父故废汝"，卒以父故废汝也。明末，靖江孽有篡王亨歆者，是则有他肠，非文正之所宜为后也欤？靖江家庙祖铁柱，不祖南昌之节制中外者。夫铁柱者，南昌之所以纪功，其顾名而思之。

（清）查继佐《罪惟录·列传》卷四

文正在镇凡三年，陈氏既亡，江西大定，于是张氏之势益孤。而是时，太祖诸子渐长，文正已复后其本亲，太祖又追衔南昌王不置，故文正遂以嫌猜得罪，至于僇死。文正性刚，既竖方面大勋，颇骄恣不法，数见诘责，甚惭惧。江西按察使李饮冰言其怨望，贰于张氏。太祖遽亲至南昌，执文正以归，欲杀之。马后力救，乃得免死，安置桐城。其后复疑其有异志，竟鞭杀之。

太祖故与铁柱祖南昌王有隙，又疑父文正怀贰。铁柱方四岁，而文正得罪。

（清）万斯同《明史》卷一五二《诸王上》

（朱文正）在江西虽功高，多不法，骄淫暴横，强夺民间女子，所用床榻器物，僭以龙凤为饰。吴元年，上遣人责之，文正惭惧，谋叛张士诚，江西按察使李饮冰为密奏。上大惊曰："嘻！此子不才至此，非吾自行不可。"即日登舟，至南昌，泊城下，召文正。文正不意上遽至，仓卒出谒。上泣曰："汝何为辄起此意。"遂载与俱归。群臣劾请伏法，上曰："文正固有罪，然吾兄止有是子，若置法则伤恩。"乃免文正官，安置桐城。召其子铁柱语之曰："儿无恐，尔父违训教，忘艰难，恣凶狡，贻我忧。我育汝，汝长成，且封汝爵。我终不以汝父故废汝，汝宜修德励行，盖前人之愆，则不负吾望矣。"未几，文正卒。

（清）傅维麟《明书》卷八八《皇子诸王宗室记》

太祖还京，告庙饮至，赐常遇春、廖永忠及诸将士金帛甚甚，念文正前言知大体，锡功尚有待也。文正遂不能无少望，性素卞急，至是益暴怒无常度，任掾吏卫可达夺部中子女。按察使李饮冰奏其骄侈，觖望太祖，遣使诘责。文正渐惧，饮冰益言其有异志，太祖即日登舟至城下，遣人召之。文正仓卒出迎，太祖持之泣曰："汝何为者？"遂载与俱归。廷臣请竟其事，高后力解之曰："儿特性刚耳，无他也。"免官安置桐城。寻命督筑荆州城，事竣，将复之，未几卒。饮冰亦以他事伏诛。

（清）王鸿绪《明史稿·列传四·诸王二》

（元至正二十五年正月）甲申，如南昌，执大都督朱文正以归，数其罪，安置桐城。

（清）张廷玉《明史》卷一《本纪第一》

太祖还京，告庙饮至，赐常遇春、廖永忠及诸将士金帛甚厚。念文正前言知大体，锡功尚有待也，而文正不能无少望。性素卞急，至是暴怒，遂失常度，任掾吏卫可达夺部中子女。按察使李饮冰奏其骄侈触望，太祖遣使诘责。文正惧，饮冰益言其有异志。太祖即日登舟至城下，遣人召之。文正仓卒出迎，太祖数曰：“汝何为者。”遂载与俱归，欲竟其事。高后力解之曰：“儿特性刚耳，无他也。”免官安置桐城，未几卒。饮冰亦以他事伏诛。

（清）张廷玉《明史》卷一一八《诸王列传三》

（元至正二十五年正月）甲申，大都督朱文正以罪被执归。初，文正从渡江，有功，太祖问以：“若欲何官？”文正对曰：“叔父成大业，何患不富贵。爵赏先及私亲，何以服众。”太祖善其言，益爱之。及江西平，文正功居多。太祖赏诸将，念文正前言知大体，锡功尚有待也，文正遂不能无少望。性素卞急，至是益暴怒无常，任掾吏卫可达夺部中子女。按察使李饮冰，奏其骄侈缺望，太祖遣使诘责，文正惧，饮冰益言其有异志。太祖即日登舟，疾驰至南昌城下，遣人召之。文正仓卒出迎，太祖泣谓之曰：“汝何为者。”遂载与俱归。至应天，马后力解之，曰：“儿特性刚耳，无他也。”群臣请置于法，太祖曰：“文正固有罪，然吾兄止此一子，若置之法则绝矣。”宋濂进曰：“主上体亲亲之谊，置之远地，则善矣。”乃免文正官，安置桐城。未几卒。

（清）夏燮《明通鉴》前编卷三《前纪三》

附一　宋濂请置诸远地

上俟文正，以荒淫擅杀得罪。宋濂曰：“文正罪固当死，陛下体亲亲之义，生之而置诸远地，则善矣。”

（明）刘基《国初礼贤录》

皇从子文正得罪，濂曰：“文正固当死，陛下体亲亲之谊，置诸远地则善矣善矣。”

（清）张廷玉《明史》卷一二八《列传十六》

（元至正二十五年乙巳正月）太祖如南昌，执大都督朱文正以归（本纪）。先生曰：“文正固当死，陛下体亲亲之谊，置之远地则善矣。”（本传）

（清）孙锵《宋文宪公年谱》

附二　敕废汪广洋

废丞相汪广洋

敕谕怠政坐视废兴丞相汪朝宗，虽相从之久，初务事军中，凡有问则颇言是非，不问则是非默然不举。既入台省，叠至两番，公政不谋，民瘼不问。坐居省台终岁，未闻出视，兴造役民处所，工之巨微，茫然无知，有问无答。奉祀诸神，所在略不究心。自居大宰之位，并无点督之勤，公事浩繁，惟从他官剖决，不问是非，随而举行。数十年来，进退人才，并无一名可纪，终岁安享大禄。昔命助文正于江西，虽不能匡正其恶，自当明其不善，何其幽深隐匿，以至祸生。前与杨宪同署于中书，宪奸恶万状，尔匿而不言。观尔之为也，君之利乃视之，君之祸亦视之，其兴利除害，莫知所为。以此观之，无忠于朕，无利于民。如此肆侮，法所难容，差人追斩其首，以示柔奸。尔本实非愚士，特赐不知以刑之，尔自舒心而量己，以归冥冥。故兹敕谕。

（明）朱元璋《明太祖文集》卷七

（洪武）十二年，御史中丞涂节言："刘基死毒，广洋宜知状。"上问广洋，对无是事。上怒广洋朋党，又谪海南。舟至太平，上再遣敕责广洋："事朕十余年，不闻一善言，不荐一贤士。在江西，曲庇文正。在中书，不发杨宪奸恶。惟务沉湎，不事事。"广洋得书，益惭，大惧，自缢死。

（明）郑晓《吾学编》第十八《皇明异姓诸侯传》卷上

（太祖高皇帝己未十二月）是月，贬右丞相汪广洋于海南，道卒。

汪广洋有疾，常在告，赐敕劳问，然颇耽酒色，荒于政事，以故多稽违。又与胡惟庸同在相位，惟庸所为不法，广洋知而不言，但浮沉守位而已。上察其然，因敕以洗心补过，广洋内不自安。久之，占城贡物使者既至，而礼部之臣不以时引见，上以其蔽遏远人，下敕书切责执政者，广洋惶惧益甚。至是，御史中丞涂节言，前诚意伯刘基遇毒死，广洋宜知状。上问广洋，广洋对以无是事。上颇闻基方病时，丞相胡惟庸挟医往候，因饮以毒药，乃责广洋欺罔，不能效忠为国，坐视废兴，遂贬居海南。舟次太平，复遣使敕之曰："丞相广洋，从朕日久。前在军中，屡问乃言，否则终日无所论。朕与相从之久，未忍督过。乃居台省，又未尝献一谋画以匡国家。民之疾病，皆不能知。间命尔出使，有所相视，还而嗫不一语。事神治民，屡有厌怠。数十年间，在朕左右，未尝进一贤才。昔命尔佐文正治江西，文正为恶，既不匡正；及朕咨询，又曲为之讳。前与杨宪同在中书，宪谋不轨，尔知之不言。今者益务沉湎，多不事事。尔通经能文，非愚昧者。观尔之情，浮沉观望。朕欲不言，恐不知者谓朕薄恩。特赐尔敕书，尔其省之。"广洋得所赐书，益惭惧，遂自缢卒。

（明）黄光升《昭代典则》卷八

（洪武十二年十二月）安置右丞相汪广洋于海南，暴卒。

案高庙御制文集敕谕有曰："昔命助文正于江西，虽不能匡其恶，自当明其不善，何以幽深隐匿，以致祸生。"

（明）谭希思《明大政纂要》卷五

（洪武十二年十二月）贬右丞相汪广洋于海南，道赐敕曰："谕怠政丞相汪朝宗，虽相从之久，初事军中，有问则颇言是非，不即默不举。两入台省，公政不谋，民瘼不究。坐居终岁，兴造未尝出视，工役微钜，有问莫答。所在祀神，略不涉心。自居太宰之位，并无点督之勤，公事唯从他官剖决，进退人才，并无一名可记。昔命助文正于江西，虽不能匡恶，自当明其不善，何自幽隐，以致祸生。与杨宪同署中书，又匿不言奸状。观尔为也，君之利害，乃坐视之；民之兴除，莫知所计。安享大禄，无忠无功。追斩其首，用示柔奸肆侮之臣。尔自舒心量己，以归冥冥。"

（明）何乔远《名山藏》卷三《典谟记》

（洪武十二年）十二月右丞相汪广洋谪广南，寻赐死。初，广洋与胡惟庸并相，上渐觉惟庸奸状，而广洋依违其间，无所救正，上亦薄之。是年九月，占城入贡，惟庸等不以闻，中官出，见之，入奏，上怒，敕责省臣。惟庸及广洋顿首谢罪，而微委其咎于礼部，礼部又委之中书。上益怒，诏下诸臣狱，穷诘主者。会中丞涂节言："刘基为惟庸毒死，广洋宜知状。"上大怒，切责广洋朋欺，遂被谪。舟次太平，又追怒其在江西曲庇朱文正，在中书不发杨宪奸，值惟庸事发，遂敕赐广洋死。

（清）夏燮《明通鉴》卷六《纪六》

始封靖江王朱守谦

一　出生、赐名

1. 出生

（辛丑九月）丁卯，皇从孙守谦生，皇侄文正之长子也。

《明太祖实录》卷九

（元至正二十一年九月）丁卯，公从孙守谦生，文正子。

（明）谈迁《国榷》卷一

2. 赐名

（吴元年十二月）丙寅，命世子及诸子名，祝告太庙曰："维子之生，父命以名，典礼所重，古今皆然。仰承先德，自举兵渡江以来，生子七人，今长子命名曰标，次曰樉、曰㭎、曰棣、曰橚、曰桢、曰槫。从孙一人，曰炜。敢告知之。"炜后更名守谦。

（明）《明太祖实录》卷二八下

天子赐名

高帝时，靖江王铁柱赐名炜，再赐名守谦。

（明）王世贞《弇山堂别集》卷十四《皇明异典述》

（元至正二十七年十二月）丙寅，祝太庙，名其诸子，曰标，曰樉、㭎、棣、桢、槫，从孙曰炜，后改守谦。

（明）谈迁《国榷》卷二

二　册封靖江王

（文正免官，安置桐城）召其子铁柱，语之曰："尔父不率教，忘昔日之艰难，恣肆凶恶，以贻吾忧。尔他日长大，吾封爵尔，不以尔父废也。尔宜修德励行，盖前人之愆，则不负吾望矣。"后文正卒，上推亲亲之恩，大封同姓，封铁柱为靖江王，改名守谦。

（明）《明太祖实录》卷十六

（洪武三年四月）乙丑，册封诸皇子为王，诏天下曰："朕荷天地百神之佑，祖宗之灵，当群雄鼎沸之秋，奋起淮右，赖将帅宣力，创业江左。曩者命大将军徐达统率诸将以定中原，不二年间，海宇清肃，虏遁沙漠，大统既正，黎庶靖安。欲先论武功，以行爵赏，缘吐蕃之境未入版图，今年春，复命达等帅师再征，是以报功之典未及举行。朕惟帝王之子，居嫡长者必正储位，其诸子当封以王爵，分茅胙土，以藩屏国家。朕今有子十人，即位之初，已立长子标为皇太子，诸子之封本待报赏功臣之后，然尊卑之分，所宜早定。乃以四月七日，封第二子樉为秦王，第三子㭼为晋王，第四子棣为燕王，第五子橚为吴王，第六子桢为楚王，第七子榑为齐王，第八子梓为潭王，第九子杞为赵王，第十子檀为鲁王，从孙守谦为靖江王。皆受以册宝，设置相傅官属及诸礼仪，已有定制。於戏！奉天平乱，实为生民，法古建邦，用臻至治。故兹诏示，咸使闻知。"

册靖江王文曰："稽古帝王，抚有方夏，必茂建亲支，所以惇族固本，其来尚矣。朕以布衣，遭时弗靖，躬历行伍，秉运开基，艰难有年，遂成丕业。是皆天地眷佑，祖宗积德之由。今朕既为天子，追念吾兄，以尔守谦，兄之孙也，俾王靖江，以镇广海之域。於戏！尔其思予创业之难，谨尔受封之制，毋忘训言，益修厥身，永为国家藩辅。尚慎戒哉！"

（明）《明太祖实录》卷五一

（洪武）三年夏四月辛酉，以封建诸王告庙，礼毕，赐宴廷臣。上曰："昔元失其驭，群雄并起，四方鼎沸，民遭涂炭。朕躬率师以靖大难，皇天眷佑，海宇宁谧。然治天下之道，必建藩屏，上卫国家，下安生民。今诸子既长，宜各有封爵，分镇诸国。朕非私其亲，乃遵古先哲之王制，为久安长治之道。"群臣稽首对曰："封建诸王，以卫宗社，天下万世之公议也。"遂诏天下曰："朕荷天地百神之灵，祖宗之德，起自布衣，艰难创业。惟时将帅用命，遂致十有六年，混一四海，功成治定，以膺正统。考诸古昔帝王，既有天下，子居嫡长者，必正位储贰，其众子则皆分茅胙土，封以王爵，盖明长幼之分，固内外之势。朕今有子十人，前岁已立长子标为皇长子，爰以今岁四月七日，封第二子樉为秦王，第三子㭼为晋王，第四子棣为燕王，第五子橚为吴王，第六子桢为楚王，第七子榑为齐王，第八子梓为潭王，第九子杞为蜀王，第十子檀为鲁王，侄孙守谦为靖江王，皆授以册宝，设置相傅官属，凡诸典礼已有定制。呜呼！众建藩府，所以广磐石之安；大封土疆，所以眷亲支之厚，古今通义，朕何敢私。尚赖中外臣邻相与维持，弼成政化。"

（明）宋濂《洪武圣政记》卷上《昭大分第三》

（戊申，吴元二年）正月初四日，上即皇帝位于金陵，……建国号大明，以吴元二年为洪武元年，诏示天下。……是日，追尊四代，以考妣为太上皇、太皇后，册立宝妃马氏为皇后，以长子标为皇太子，侄子谦为靖江王。群臣奏贺毕，宴大臣于殿上、文武百官于文武楼下。

（明）俞本《明兴野记》卷下

封诸王诏（洪武三年四月初一日）

皇帝诏曰：朕荷天地百神之祐，祖宗之灵，当群雄鼎沸之秋，奋兴淮右，赖将帅宣力，创业江右。曩者命大将军徐达总率诸将，以定中原，不二年间，海宇肃清，虏遁沙漠，大统既正，黎庶靖安，欲先论武功以行爵赏，缘土番之境未入版图，今年春，复命徐达等再征，是以报功之事，未及举行。朕闻昔帝王之子，居谪长者必正储位，其众子当封以王爵，分茅胙土，锡以其国。朕今有子十人，即位之初，已立长子标为皇太子，诸子之封，本待报赏功臣之后，然尊卑之分，所宜早定。乃以四月初七日，封第二子樉为秦王，第三子㭎为晋王，第四子棣为燕王，第五子橚为周王，第六子桢为楚王，第七子㩣为齐王，第八子樟为潭王，第九子杞为鲁王，第十子檀为蜀王，侄孙守谦为靖江王。皆授以册宝，设置相傅官属，及诸礼仪已有定制。於戏！奉天法古，实为生民，明此彝伦。非文武贤能，三军用命，江右人民之助，何以致此。尚赖各尽心力，以成治功。故兹诏示，咸使闻知。

（明）《皇明诏令》卷一《太祖高皇帝上》

（洪武三年）四月，册封诸皇子为王。诏曰："朕闻古昔帝王之子，居谪长者必正储位。其众子当封以王爵，分茅胙土，以名其国。朕今有子十人，即位之初，已立长子标为皇太子，诸子之封，本待报赏功臣之后，然尊卑之分，所宜早定。乃以四月七日，封第二子樉为秦王，第三子㭎为晋王，第四子棣为燕王，第五子橚为周王，第六子植为成王，第七子㩣为齐王，第八子梓为潭王，第九子杞为鲁王，第十子檀为蜀王，侄孙守谦为靖江王。皆授以册宝，设置相傅官属。"

（明）陈建《皇明通纪》卷五

（洪武）三年庚戌四月，诏封诸子为王，分镇诸省。乃封第二子樉秦王，国西安；第三子㭎晋王，国太原；第四子讳燕王，国北平，即我成祖文皇帝；第五子橚周王，国汴梁；第六子桢楚王，国武昌；第七子㩣齐王，国青州；第八子梓潭王，国长沙（齐、潭，未几国除）；第九子杞鲁王，国兖州；第十子檀蜀王，国成都；第十一子□湘王，国荆州，今绝后。又封子代王，大同；次肃王，甘肃，今移兰州；次辽王，广宁，今移荆州；次庆王，宁夏；次宁王，大宁，后移南昌，国除；次岷王，云南，今称武冈；次谷王，宣府，今绝；次韩王，平凉；次沈王，潞安；次安王，今绝；次唐王，南阳；次郢王，安陆，今绝；次伊王，洛阳。太子、秦、晋、成祖俱高皇后出，诸王诸妃出，皇子共二十四。又封侄孙为靖江王，国广西，文正子也。

（明）高岱《鸿猷录》卷六《正位封藩》

吴元年冬，上念七子渐长，宜习劳，令内侍制麻屦行滕，凡出城稍远，马行十七，步十三。洪武二年，设王相府。是年，令博士孔克仁授诸子经。三年，封诸子王。诏曰："朕荷天地百神之祐，祖宗之灵，当群雄鼎沸之秋，奋兴淮右，赖将帅宣力，创业江左。曩者命大将军徐达总率诸将，以定中原，不二年间，海宇肃清，虏遁沙漠，大统既正，黎庶靖安。欲先论武功以行爵赏，缘土番之境未入版图，今年春复命徐达等西征，是以报功之事未及举行。朕闻昔帝王，嫡子正储位，众子封王爵。朕今有子十人，即位之初，已立长子标为皇太子，诸子之封，本待报赏功臣之后，然尊卑之分，所宜早定。乃以四月七日，封第二子樉为秦王，次㭎晋王，次□燕王，次橚吴王，次桢楚王，次槫齐王，次樟潭王，次杞赵王，次檀鲁王，侄孙守谦靖江王。皆授以册宝，设置相傅官属，及诸礼仪，已有定制。於戏！奉天法古，实为生民，明此彝伦。非文武贤能，三军用命，江左人民之助，何以致此。尚赖各尽心力，以成治功。"

（明）郑晓《吾学编》第十四《皇明同姓诸王传》卷一

（免文正官，安置桐城）召其子铁柱，语之曰："尔父不率吾教，恣肆凶恶，以贻吾忧。尔他日长成，吾封尔爵，不以尔父废也。尔宜修德励行，盖前人之愆，则不负吾望矣。"文正卒，帝封铁柱为靖江王，改名守谦。

（明）黄光升《昭代典则》卷三

（太祖高皇帝庚戌三年）夏四月乙丑，册封诸皇子为王。

诏曰："朕荷天地百神之祐，祖宗之灵，当群雄鼎沸之秋，奋起淮右，赖将帅宣力，创业江左。曩者命大将军徐达统率诸将，以定中原，一二年间，海宇清肃，虏遁沙漠，大统既正，黎庶靖安。欲先论武功，以行爵赏，缘吐番之境，未入版图，今年春，复命达等帅师再征，是以报功之典，未及举行。朕惟帝王之子，居嫡长者必正储位，其诸子，当封以王爵，分茅胙土，以藩屏国家。朕今有子十人，即位之初，已立长子标为皇太子，诸子之封，本待报赏功臣之后，然尊卑之分，所宜早定。爰以四月七日，封第二子樉为秦王，第三子㭎为晋王，第四子棣为燕王，第五子橚为吴王，第六子桢为楚王，第七子槫为齐王，第八子梓为潭王，第九子杞为蜀王，第十子檀为鲁王，从孙守谦为靖江王。皆授以册宝，设置相傅官属，及诸礼仪，已有定制。於戏！奉天平乱，实为生民；法古建邦，用臻至治。故兹诏示，咸使闻知。"

（明）黄光升《昭代典则》卷六

封建

洪武三年四月辛酉，以封建诸王告太庙。礼成，宴群臣于奉天门及文华殿。上谕廷臣曰："昔者元失其驭，群雄并起，四方鼎沸，民遭涂炭。朕躬率师徒，以靖大难，皇天眷佑，海宇宁谧。然天下之大，必建藩屏，上卫国家，下安生民。今诸子既长，宜各有爵封，分镇诸国。朕非私其亲，乃遵古先哲王之制，为久安长治之计。"群臣稽首，对曰："陛下封建诸王，以卫宗社，天下万世之公议。"上曰："先王封建，所以庇民。周行之而久远，秦废之而速亡，汉晋以来莫不皆然。其间治乱不齐，特顾施为何如尔。要之为长久之计，莫过于此。"是月己未，诏封诸王，曰："朕闻昔帝王之子，居嫡长者必正储位，其众子当封以王爵，分茅胙土，锡以其国。朕今有子十人，即位之初，已立长子标为皇太子。诸子之封，本待报赏功臣之后。然尊卑之分，所宜早定。"乃以四月初七日，封第二子樉为秦王，第三子㭎为晋王，第四子□为燕王，第五子橚为吴王，第六子桢为楚王，第七子槫为齐王，第八子梓为潭王，第九子杞为赵王，第十子檀为鲁王，侄孙守谦为靖江王。皆授以册宝，设置相傅官属，及诸礼仪已有定制。

（明）朱睦㮮《圣典》卷三

睦族

（洪武）三年四月，上以侄孙守谦为靖江王。初，文正卒，守谦幼，上怜之，育诸宫中。至是，推亲亲之典，封为王。后礼部员外郎张筹等议："亲王府承运门既用金钉，靖江王府宜降杀如公主府之制。"上曰："诸王之于靖江，虽亲疏有等，然亦王府也，宜同亲王之制。"

（明）朱睦㮮《圣典》卷四

明兴，高皇帝损益百代，以成彝典。而其大指在封建本支，翼卫磐石。即位之元年立皇太子，三年封诸王，秦王都长安，晋王都晋阳，燕王都燕，周王都汴梁，楚王都武昌，齐王都青，潭王都长沙，鲁王都兖，从子靖江王都桂林。皆据名藩，控要害，以分制海内。至十一年，复封蜀、湘诸王国，置相傅以下官属与京师亚，护卫精兵万六千人，牧马数千匹。其冕服则九旒九章，车旌服饰仅下天子一等。靖江岁禄虽薄，冕服亦次，而设官置卫，宗庙社稷，俨若亲王。天子之臣，贵重至太师、丞相、公侯，不得与讲分礼，伏而拜谒，可谓隆崇之极矣。

（明）王世贞《弇山堂别集》卷三二《同姓诸王表》

洪武三年庚戌夏四月，（明太祖）封子等凡十人为王，及其侄孙守谦为靖江王。

（明）王圻《续文献通考》卷一九四《封建考·皇明同姓》

（洪武三年）四月，诏封皇子为王。

靖江王，讳守谦，南昌王子文正子，太祖从侄孙也，谢氏生，封桂林府。

（明）涂山《新刻明政统宗》卷二

靖江王守谦，大都督文正子也。……（文正免官，安置桐城）召其子铁柱，语之曰："尔父不率吾教，恣肆凶恶，以贻吾忧。尔他日长成，吾封尔爵，不以尔父废也。尔宜修德励行，盖前人之愆，则不负吾望矣。"文正卒。上封铁柱为靖江王，改名守谦。

（洪武）三年四月，以封建诸王告太庙，礼成，宴群臣于奉天门及文华殿。上曰："先王封建，上卫国家，下安生民。周行之而久远，秦废之而速亡，汉晋以下，莫不皆然。其间治乱不齐，顾施为何如耳。"诏册封诸王子为王，第二子樉为秦王，第三子㭎为晋王，第四子某为燕王，第五子橚为吴王，第六子桢为楚王，第七子榑为齐王，第八子梓为潭王，第九子杞为鲁王，第十子檀为蜀王，侄孙守谦为靖江王。皆授以册宝，设置相傅官属。

（明）徐学聚《国朝典汇》卷十三《宗藩上》

明兴，高皇帝损益百代，以成彝典。而其大指在封建本支，翼卫磐石。即位之元年，立皇太子。三年，封诸王，秦王都长安，晋王都晋阳，燕王都燕，周王都汴，楚王都武昌，齐王都青，潭王都长沙，鲁王都兖，从子靖江王都桂林。皆据名藩，控要害，以分制海内。至十一年，复封蜀、湘诸王国。置相傅以下官属，与京师亚，护卫精兵万六千人，牧马数千匹。其冕服则九旒九章，车旂服饰仅下天子一等。靖江岁禄虽薄，冕服亦次，而设官置卫，宗庙社稷，俨若亲王。天子之臣，贵重至太师、丞相、公侯，不得与讲分礼，伏而拜谒，可谓隆崇级矣。

（明）张萱《西园闻见录》卷四七《宗藩后》

（洪武三年）四月三日辛酉，以封建诸王告太庙。礼成，宴群臣于奉天殿及文华殿。乙丑，封第二子樉秦王、三子㭼晋王、四子燕王、橚吴王、桢楚王、槫齐王、梓潭王、杞赵王、檀鲁王、从孙守谦靖江王。

（明）朱国桢《皇明史概·皇明大政记》卷二

洪武二年，编《祖训录》，定封建诸王国邑及官属之制。三年，造册宝，皆用金。宝依周尺，方五寸二分，厚一寸五分，其篆文曰"某王之宝"。匣宝座雕造蟠螭，余同皇太子册宝制。并定国邑册封礼仪，以封建告太庙，宴群臣于奉天门及文华殿。上谕廷臣曰："元失其驭，群雄并起，四方鼎沸，民遭涂炭。朕躬率师徒，以靖大难，皇天眷佑，海宇宁谧。然天下之大，必树藩屏，上卫国家，下安生民。今诸子既长，宜各有爵，分封镇国。朕非私非亲，乃遵古先哲王之制，为久安长治之计。"群臣对曰："陛下封建诸王，以卫宗社，天下万世之公议。"上曰："先王封建，所以庇民。周行之而久远，秦废之而速亡，汉晋以来，莫不皆然。其间治乱不齐，特顾施为何如尔。要之为长久之计，莫过于此。"乙丑，册封诸皇子为王，诏天下曰："朕造基江左，命大将军徐达，统率诸将，以定中原，不二年间，海宇清肃，虏遁沙漠，大统既正，黎庶靖安。欲先论武功，以行爵赏，缘土蕃之境未入版图，今年春，复命达等帅师徂征。缘是，报功之典，未及举行。朕惟帝王之子，居嫡长者必正储位，其诸子当封以王爵，分茅胙土，以藩屏国家。朕今有子十人，即位之初，已立长子标为皇太子，诸子之封，本待报赏功臣之后，然尊卑之分，所宜早定。乃以四月七日，封第二子樉为秦王，第三子㭼为晋王，第四子棣为燕王，第五子橚为吴王，第六子桢为楚王，第七子槫为齐王，第八子梓为潭王，第九子杞为赵王，第十子檀为鲁王，从孙守谦为靖江王。皆授以册宝，设置相傅官属，及诸礼仪咸有定制。"……册靖江王文曰："朕稽古帝王，抚有方夏，必茂建亲支，所以惇族固本，其来尚矣。朕既为天子，追念吾兄，以尔守谦，兄之孙也，俾王靖江，以镇广海之域。毋忽训语，益修厥身，尚其慎哉！"

（明）朱国桢《皇明史概·皇明大事记》卷九《封建》

（洪武三年四月）封子樉为秦王，㭼为晋王，棣为燕王，□为吴王，桢为楚王，槫为齐王，梓为潭王，杞为赵王，□为鲁王，从孙守谦为靖江王。

（明）何乔远《名山藏》卷二《典谟记》

分封诸子为王诏

奉天承运皇帝诏曰：朕荷天地百神之祐、祖宗之灵，当群雄鼎沸之秋，奋兴淮右，赖将帅宣力，创业江左。曩者命大将军徐达总率诸将以定中原，不二年间，海宇肃清，虏遁沙漠，大统既正，黎庶靖安。欲先论武功以行爵赏，缘吐蕃之境未入版图，今年春，复命徐达等再征之，是以报功之事未及举行。朕闻古昔帝王之子，居嫡长者必正储位，其众子当封以王爵，分茅胙土，以名其国。朕今有子十人，即位之初，已立长子标为皇太子，诸子之封本待报赏功臣之后，然尊卑之分宜早定。乃以四月初七日，封第二子樉为秦王、第三子棡为晋王、第四子□为燕王、第五子橚为吴王、第六子桢为楚王、第七子榑为齐王、第八子梓为潭王、第九子杞为赵王、第十子檀为鲁王、侄孙守谦为靖江王。皆受以册宝，设置相傅官属，及诸礼仪已有定制。於戏！奉天法古，实为生民，明此伦彝。非文武贤能，三军用命，江左民人之助，何以致此。尚赖各尽心力，以成治功。故兹诏示，咸使闻知。洪武三年四月初七日。

（明）孔贞运《皇明诏制》卷一

（洪武三年四月）乙丑，诏封皇子樉秦王，棡晋王，棣燕王，橚吴王，桢楚王，榑齐王，梓潭王，杞赵王，檀鲁王，从孙守谦靖江王，皆授册宝。

（明）谈迁《国榷》卷四

（洪武三年庚戌夏四月）定诸王册封礼仪，封诸王（秦、晋、燕、吴、楚、齐、潭、赵、鲁、靖江）。

（清）查继佐《罪惟录·帝纪》卷一

分封诸子为王诏

诏曰：朕荷天地百神之祐，祖宗之灵，当群雄鼎沸之秋，奋兴淮右，赖将帅宣力，创业江左。曩者命大将军徐达总率诸将，以定中原，不二年间，海宇肃清，□遁沙漠，大统既正，黎庶靖安。欲先论武功，以行爵赏，缘吐蕃之境，未入版图，今年春，复命徐达等再征之，是以报功之事，未及举行。朕闻古昔帝王之子，居嫡长者必正储位，其众子当封以王爵，分茅胙土，以名其国。朕今有子十人，即位之初，已立长子标为皇太子，诸子之封，本待报赏功臣之后，然尊卑之分，所宜早定。乃以四月初七日，封第二子樉为秦三，第三子棡为晋王，第四子棣为燕王，第五子橚为吴王、第六子桢为楚王，第七子榑为齐王，第八子梓为潭王，第九子杞为赵王，第十子檀为鲁王，侄孙守谦为靖江王。皆授以册宝，设置相傅官属，及诸礼仪已有定制。於戏！奉天法古，实为生民，明此伦彝。非文武贤能，三军用命，江左民人之助，何以致此。尚赖各尽心力，以成治功。故兹诏示，咸使闻知。洪武三年四月初七日。

（清）傅维麟《明书》卷五一《纶涣志一》

靖江王守谦，太祖从孙。父文正，南昌王子也。……文正之嫡也，守谦甫四岁，太祖抚其顶曰："儿无恐，尔父倍训教，贻我忧。我终不以父故废尔。"育之宫中。守谦幼名铁柱，吴元年以诸子命名告庙，更名炜。洪武三年，更名守谦，封靖江王，禄视郡王，官属亲王之半，命耆儒赵埙为长史傅之。

（清）王鸿绪《明史稿·列传四·诸王二》

太祖二十六子。懿文太子外，皇子楠未封。成祖以洪武三年封燕王，后尊为帝系，不得仍列之藩封世次。其得封者二十三王，曰秦愍王樉，曰晋恭王㭎，曰周定王橚，曰楚昭王桢，曰齐王榑，曰潭王梓，曰赵王杞，曰鲁荒王檀，曰蜀献王椿，曰湘献王柏，曰代简王桂，曰肃庄王楧，曰辽简王植，曰庆靖王㮵，曰宁献王权，曰岷庄王楩，曰谷王橞，曰韩宪王松，曰沈简王模，曰安惠王楹，曰唐定王桱，曰郢靖王栋，曰伊厉王㰘。而靖江王以南昌嫡孙受封郡王。

（清）张廷玉《明史》卷一百《诸王世表》

靖江王守谦，太祖从孙。父文正，南昌王子也。……文正之被谪也，守谦甫四岁，太祖抚其顶曰："儿无恐，尔父倍训教，贻我忧，我终不以尔父故废尔。"育之宫中。守谦名铁柱，吴元年以诸子命名告庙，更名炜。洪武三年更名守谦，封靖江王。禄视郡王，官属亲王之半，命耆儒赵埙为长史傅之。既长，之藩桂林。桂林有元顺帝潜邸，改为王宫，上表谢。太祖敕其从臣曰："从孙幼而远镇西南，其善导之。"

（清）张廷玉《明史》卷一一八《诸王列传三》

文正子守谦，时方四岁，太祖抚之曰："尔父倍训教，贻吾忧。尔他日长成，吾封爵尔，不以尔父废也。"命马后育之。

（清）夏燮《明通鉴》前编卷三《前纪三》

（洪武三年）夏四月乙丑，封皇子九人：樉为秦王，㭎晋王，棣燕王，橚吴王，桢楚王，榑齐王，梓潭王，杞赵王，檀鲁王，又封从孙守谦为靖江王。上惩宋、元孤立，乃仍古封建制，择名城大都，豫王诸子，待其壮，遣就藩服，用以外卫边陲，内资夹辅。诸王皆置相傅官属，及护卫甲士少者三千，多至一万数千，皆隶兵部。车服邸第下乘舆一等，公侯俯伏拜谒，内外大臣，礼无与钧。唯列爵不治民，分藩不锡土，与周、汉制稍异焉。

（清）夏燮《明通鉴》卷三《纪三》

（洪武）三年，封南昌王嫡孙守谦为靖江王。

（清）龙文彬《明会要》卷四《帝系四·诸王》

册靖江王文曰："朕稽古帝王，抚有方夏，必茂建亲支，所以敦族固本，其来尚矣。朕既为天子，追念吾兄，以尔守谦，兄之孙也，俾王靖江，以镇广海之域。毋忘训语，益修厥身，尚其慎哉。"

（清）龙文彬《明会要》卷十三《礼八·册封皇子》

明太祖洪武三年夏四月乙丑，封从孙守谦靖江王。

（清）光绪《临桂县志》卷十八《前事志》

附一　册封亲王礼仪

册拜亲王仪注

前期一日，内使监官陈御座香案于奉天殿如常仪。尚宝司设宝案于御座前，侍仪司设诏书案于宝案之前，宝册案五座于殿中，宝册亭十座于丹陛上之东。皇太子侍立位于御座之东，诸王拜位于丹陛上及御座前，俱北向。授册宝官于殿上亲王拜位之东，北向；读册宝官位于授册宝官之北，西向；捧进册宝官位于读册宝官之南，西向；受册宝内使二十人位于殿上王拜位之西，舆册宝亭内使四十人位于丹陛册宝亭之东（每亭舆者四人）。设承制官承制位于殿内之西，宣制位于殿门外东北，捧诏官位于殿内之东。内赞二人位于殿上王拜位之北，东西相向；赞礼二人位于丹陛王拜位之北，东西相向；典仪二人位于丹陛上之南，东西相向；知班二人位于丹墀中文武官侍立班之北，纠仪御史二人位于知班之北，俱东西相向。文武百官齐班位于午门外之东西，以北为上。文官侍立位于文楼之北，西向；武官侍立位于武楼之北，东向；使臣、僧道、耆老侍立位于文官侍立位之南，俱西向。殿前班指挥司官三人侍立位于丹陛之西，东向；光禄寺官三人侍立位于丹陛之东，西向。侍从班、起居注、给事中、殿中侍御史、侍仪使、尚宝卿侍立位于殿上之东，侍从班、武官指挥使侍立位于殿上之西，拱卫司官二人侍立位于殿中门之左右，典牧所官二人侍立位于仗马之南，宿卫镇抚二人位于丹墀阶前，东西相向。护卫百户二十四人位于宿卫镇抚之南稍后，东西相向；护卫千户八人位于殿东西门之左右，将军二人位于殿上帘前，东西相向；将军四人位于丹陛上之四隅，东西相向；将军六人位于奉天殿门之左右，将军六人位于奉天门之左右。鸣鞭四人位于丹陛之南，北向。引文武官舍人四人位于文武官侍立位之北稍后，东西相向；引使客、僧道、耆老舍人二人位于文官舍人之下。礼部官同内使监官安奉诏书于殿内案上及于册宝亭中蓋匣内，取册宝置于殿内册宝案上（每案二册在前，二宝在后），内使舆册宝亭以序各设于位（每亭册蓋一宝匣一），礼部官交付内使监官守护。

其日侵晨，击鼓初严，金吾卫陈甲士于午门外之东西，陈旗仗于奉天门外之东西；拱卫司陈仪仗于丹陛之东西及丹墀之东西，陈车辂于文武楼之南；典牧所陈仗马于奉天门外，和声郎陈乐于丹墀之南。舍人二人催文武百官各具朝服，承制官、捧诏官、纠仪官、赞礼知班、典仪内赞、司辰、殿前班、宿卫、镇抚、护卫、典牧所官、拱卫司官、殿内外将军、舆册宝亭内使俱入就位。击鼓次严，舍人引文武百官齐班于午门外，尚宝卿、侍从官、侍卫官各服器服，俱诣谨身殿奉迎。击鼓三严，侍仪奏中严，御用监官奏请上位，于谨身殿具衮冕；启请皇太子于奉天门具冕服，亲王具远游冠、绛纱袍。引班分引文武百官、使客、僧道、耆老各入侍立位，侍仪版奏外办，上位御舆以出，尚宝卿奉宝及侍仪导从警跸如常仪。上位将出，仗动大乐，鼓吹振作。升御座，乐止，将军卷帘。尚宝卿以宝置于案，拱卫司鸣鞭，司辰报时讫。引进四人引皇太子……

引礼引靖江王入殿，乐作。受册宝官引至殿东门，立候于门外；内赞引靖江王入御座前拜位，乐止。内赞唱：“跪。”靖江王跪。内赞唱：“授册。”捧进册宝官于案前跪捧册，授读册宝官。内赞唱：“读册。”读册宝官跪读讫，以册授丞相，丞相搢笏受册。内赞唱：“搢圭。”靖江王搢圭。内赞唱：“授册。”丞相以册授靖江王，捧受册宝内使跪于王西捧册，兴，立于王西。捧进册宝官于案前跪捧宝，授读册宝官。内赞唱：“读宝。”读册宝官跪读宝讫，以宝授丞相，丞相受宝，捧宝跪授于靖江王。捧受册宝内使跪于王西捧宝，兴，立于捧册内使之下。内赞唱：“出圭。”靖江王出圭。内赞唱："俯伏，兴，平身。"靖江王俯伏，兴，平身。内赞唱："复位。"引靖江王出，乐作。内使捧册捧宝前导，出至殿门东，引礼引靖江王复位，乐止。赞礼唱："鞠躬，拜，兴；拜，兴；拜，兴；拜，兴；平身。"靖江王鞠躬，乐作；拜，兴；拜，兴；拜，兴；拜，兴；平身，乐止。内使舁靖江王册宝亭前行，引礼导靖江王由东陛降，乐作，奉迎册宝官奉迎出奉天门。

（明）徐一夔等《明集礼》卷二一《嘉礼五·册亲王》

　　洪武三年定，前期择日奏告太庙。至日，设宝册案五座于殿中，宝册亭十座于丹陛上之东，皇太子侍立位于御座之东，诸王拜位于丹陛上及御座前，俱北面，其余陈设、侍卫、执事，俱与册东宫仪同。是日早，百执事各就位。鼓三严，侍仪奏中严，皇帝于谨身殿具衮冕，皇太子于奉天门具冕服，亲王各具九章冕服，引班分引文武百官入侍立位。侍仪版奏外办，皇帝出御奉天殿，尚宝卿捧宝及导从奏乐如常仪。鸣鞭司晨报时讫，引进四人引皇太子、引礼四人引亲王，俱由奉天门东入，乐作；升自东陛，皇太子由殿东门入，引进立候于门外，内赞接引至侍立位；亲王入至丹墀拜位，引礼分立于左右，乐止。捧受册宝内使由西陛升，俱入就丹陛立位。知班于丹墀中唱"班齐"，赞礼于丹陛上赞"鞠躬"，乐作；再拜，乐止。内赞赞"承制官跪"，承制讫，由殿中门出，立于中门外，称"有制"，赞礼赞"亲王皆跪"，宣制云"封皇子某为某王，某为某王，皇从孙某为某王"毕，赞"诸王皆俯伏"，兴。承制官由殿西门入，跪于殿中，奏传制毕，复位。赞礼赞"诸王鞠躬"，乐作；再拜，乐止。赞礼赞"行礼"，引礼引秦王由殿东门入，乐作；引礼立于门外，内赞接引秦王入，至御座前拜位，乐止。内赞赞"跪"，赞"受册宝"，捧册宝官于案前跪捧册授读册官。内赞赞"读册"，读册官跪读册讫，以册授丞相，丞相搢笏受册。内赞赞"搢圭"，赞"受册"，丞相以册跪授秦王，捧受册宝内使跪于王西，捧册兴，立于王西；捧册宝官又于案前跪捧宝，授读宝官，内赞赞"读宝"，读宝官跪读宝讫，以宝授丞相，丞相捧宝跪授秦王，捧受册宝内使跪于王西捧宝，兴，立于捧册内使之下。内赞赞"出圭"，俯伏，兴。赞"复位"，引礼引秦王出，乐作。内使捧册宝前导，出至殿东门，引礼引秦王复位，乐止。内使以册宝置于册宝亭盝匣中，退立于丹陛之东。引礼引以次诸王俱入殿受册宝，并内使捧受，皆如上仪毕。赞礼赞"秦王以下皆鞠躬"，乐作，四拜，乐止。内使舁亲王五位册宝亭前行，引礼导王俱由东阶降，乐作；奉迎册宝官奉迎出奉天门东，乐止。时齐、潭、赵、鲁四王年幼，遣官赍册宝授之。……引礼引靖江王至御座前，跪受册宝，出复位，四拜，由东陛降，奉迎册宝出奉天东门，并如秦晋等仪。

（明）申时行《大明会典》卷四八《礼部六·亲王册立仪》

　　册亲王仪

　　洪武三年夏四月，礼部造诸王册宝。册宝皆用金，宝方五寸二分，厚一寸五分，篆文曰"某王之宝"，宝匣、宝座雕螭，余同皇太子制。前期，择日告太庙。至日，设宝册案五于殿中，宝册亭十于丹陛上之东，皇太子侍立位于御座之东，诸王拜位于丹陛上及御座前，北向。是日早，百执事各就位，鼓三严，皇帝于谨身殿具衮冕，文武百官入侍立位。侍仪奏外办，皇帝出御奉天殿，奏乐如常仪。鸣鞭报时讫，引进四人导皇太子、引礼四人导亲王，俱九章冕服，由奉天东门入，乐作；升至东陛，皇太子由殿东门入，内赞导至侍立位，亲王入至丹陛拜位，引礼左右立，乐止。知班赞

"班"，赞礼赞"拜"，乐作；再拜，乐止。承制官承制，出曰"有制"，赞礼赞"亲王皆跪"，宣制曰"封皇子某为某王、某为某王、皇从孙某为某王"毕，诸王皆俯伏，兴。承制官入奏传制毕。赞礼赞"诸王拜"，乐作；再拜，乐止。赞礼赞"行礼"，引礼导秦王由殿东门入，乐作；内赞导秦王入，乐止。内赞赞"跪"，赞"授册宝"，捧册官以册授读册官，读讫，以授丞相，丞相以授秦王，内使跪受于王西。捧宝官以宝授读宝官，读讫，以宝授丞相，以授秦王，内使跪受于王西。赞"出圭"，俯伏，兴，复位。引礼导秦王出，乐作；内使以册宝前导出，至殿东门复位，乐止。册宝置于亭盝匣中。引进导晋、燕、吴、楚四王以次入，受册宝如秦王仪，乐作；四拜，乐止。内使舆册宝亭前行，引礼导王俱由东阶降，乐作；迎出奉天门东，乐止。时齐、潭、赵、鲁四王年幼，遣官赍册宝授之。……引礼官导靖江王至御前，跪受册宝，出复位，四拜，由东陛降，奉迎册宝出奉天门，并如秦、晋等仪。礼部尚书请诏书用宝，尚宝卿用宝，赴午门开读，兴，颁行如常仪。礼毕，皇帝兴，乐作，还宫。引进入东门殿上，导皇太子出，乐止。

（明）张正域《皇明典礼志》卷七

　　凡亲王册立，……洪武三年定，前期择日奏告太庙。至日，设宝册案于殿中，宝册亭于丹陛上之东，皇太子侍立位于御座之东，诸王拜位于丹陛上及御座前，俱北面，其余陈设、侍卫、执事俱与册东宫仪同。是日早，百官执事各就位，鼓三严，侍仪奏中严，皇帝于谨身殿具衮冕，皇太子于奉天门具冕服，亲王各具九章冕服，引班分引文武百官入侍立位。侍仪版奏外办，皇帝出御奉天殿，尚宝卿捧宝及导从，奏乐如常仪。鸣鞭司晨报时讫，引进四人引皇太子、引礼四人引亲王，俱由奉天门东入，乐作；升自东陛，皇太子由殿东门入，引进立候于门外，内赞接引至侍立位；亲王入至丹墀拜位，引礼分立于左右，乐止。捧受册宝内使由西陛升，俱入就丹陛立位。知班于丹墀中唱"班齐"，赞礼于丹陛上赞"鞠躬"，乐作；再拜，乐止。内赞赞"承制官跪"，承制讫，由殿中门出，立于中门外，称"有制"，赞礼赞"亲王皆跪"，宣制云"封皇子某为某王，某为某王，皇从孙某为某王"毕，赞"诸王皆俯伏"，兴。承制官由殿西门入，跪于殿中，奏传制毕，复位。赞礼赞"诸王鞠躬"，乐作；再拜，乐止。赞礼赞"行礼"，引礼引秦王由殿东门入，乐作；引礼立于门外，内赞接引秦王入，至御座前拜位，乐止。内赞赞"跪"，赞"受册宝"，捧册宝官于案前跪捧册授读册官。内赞赞"读册"，读册官跪读册讫，以册授丞相，丞相搢笏受册。内赞赞"搢圭"，赞"受册"，丞相以册跪授秦王，捧受册宝内使跪于王西捧册，兴，立于王西。捧册宝官又于案前跪捧宝，授读宝官，内赞赞"读宝"，读宝官跪读宝讫，以宝授丞相，丞相捧宝跪授秦王，捧受册宝内使跪于王西捧宝，兴，立于捧册内使之下。内赞赞"出圭"，俯伏，兴。赞"复位"，引礼引秦王出，乐作；内使捧册宝前导，出至殿东门，引礼引秦王复位，乐止。内使以册宝置于册宝亭盝匣中，退立于丹陛之东。引礼引以次诸王俱入殿受册宝，并内使捧受，皆如上仪毕。赞礼赞"秦王以下皆鞠躬"，乐作；四拜，乐止。内使舁亲王五位册宝亭前行，引礼导王俱由东阶降，乐作；奉迎册宝官奉迎出奉天门东，乐止。……引礼引靖江王至御座前，跪受册宝，出复位，四拜，由东陛降，奉迎册宝出奉天东门，并如秦、晋等仪。

（明）朱勤美《王国典礼》卷四《锡命》

附二　册封靖江王妃

（洪武八年八月癸丑）册广西都指挥使徐成女为靖江王守谦妃。

（明）《明太祖实录》卷一百

三　建靖江王府

（洪武三年七月辛卯）诏建诸王府。工部尚书张允言："诸王宫城，宜各因其国择地。请秦用陕西台治，晋用太原新城，燕用元旧内殿，楚用武昌灵竹寺基，齐用青州益都县治，潭用潭州玄妙观基，靖江用独秀峰前。"上可其奏，命以明年次第营之。

（明）《明太祖实录》卷五四

（洪武七年三月乙亥）广西行省奏："靖江王府将建城楼及甓甃其城，今当农作方兴，请俟秋成，以军民兼役以便。"从之。

（明）《明太祖实录》卷八八

（洪武九年七月）辛未，靖江王相府奏靖江王府承运六门金钉朱户之制，命礼部员外郎张筹等考古制以闻。筹等奏："按《韩诗外传》，诸侯有德者锡朱户，而金钉无所考。今亲王府承运门既用金钉，靖江王府宜降杀，如公主府掩钱之制。"上曰："诸王之于靖江，虽亲疏有等，然亦王府也，宜同亲王之制。"

（明）《明太祖实录》卷一○七

皇朝靖江王府。太祖高皇帝奉天承运，奄有万邦，于是封建亲王，以为藩屏。靖江王府肇建于洪武五年，宫殿庙社，莫不如制。其余近侍之官，宿卫之士，合属之司，咸有廨宇。洪武十年正月二十一日，前王之国仅三载，有旨宣回京师。二十六年春，复有旨，命□□同知□□□部主事□□□□□继命内官韩毛知里等，来董□事，惟□城及□□□□□不改，其宫殿诸衙门俱重起造，焕然一新。

（缺）门，门各有楼，东曰体仁，西曰遵义，南曰端礼，北曰广智，四门外复设灵星门。

□□□，在王城中；承运门，在殿之南。

□□□，在王宫前；斋宫，在承运门左。

（缺）端礼门外之左；社，在端礼门外之右。

纛庙，俱在桂城之南；进膳厨，在承运门之右。

（明）宣德《桂林郡志》卷三《藩邸》

靖江王府，在（桂林）府之独秀山前。元以顺帝潜邸建万寿殿于此，本朝洪武五年，改建为府第。

（明）李贤等《大明一统志》卷八三

桂林为广西会省，当三司之冲，南江十一郡之冠。群山拱抱，江流环绕，盖岭南第一胜处。自秦置郡以来，公署在独秀山下，汉、晋、隋、唐迄宋、元，虽郡名更新不常，而故址犹存。迨我皇明，以府治改为靖江府，洪武十四年，去静江路而以桂林名郡，迁府治于布政司西街谯楼之北。

（明）伍芳《重修桂林府治记》，见于（清）汪森《粤西文载》卷二三

（太祖高皇帝庚戌三年）秋七月，诏建诸王府。

工部尚书张允言："诸王宫城，宜各因其国择地。请秦用陕西台治，晋用太原新城，燕用元旧内殿，楚用武昌天竹寺基，齐用青州益都县治，潭用潭州玄妙观基，靖江用独秀峰前。"上可其奏，命以明年次第营之。

（明）黄光升《昭代典则》卷六

若吾郡城中外所游，王文恪、孙太常有壬与徐封园，饶佳石而水竹不称。徐参议廷裸园，因吴文定东庄之址而加完饬，饶水竹而石不称。徐鸿胪佳园，因王侍御拙政之旧，以己意增损而失其真。松之上海，潘方伯允端园廓落而未完，顾尚玺露香园稍精而易竟。度予所见，表表者仅此。要之，皆郭庙胜耳。而李使君颐宦广西，为予极言靖江王邸园囿之微，云笼独秀山有之，山如玉簪，矗然平地千丈，蟠道而上，为梵宇琳宫。山前渺渺巨浸，水田数百亩，唤鱼子打鱼，农人插秧，饰优伶歌舞于万花中，甚乐。

（明）王世贞《弇州山人四部稿续稿》卷四六《古今名园墅编序》

靖江府邸，居独秀山前，因元顺帝潜邸。

（明）万历《广西通志》卷六《藩封志》

（万历壬子三月初十日）入粤省北门，……城以万雉横截之。门以内，朱门相比，则靖江支藩也。予侨居武定宗侯樊圃中，仰首而望独秀山，岢然削成，如卓笔然。周遭环以朱槛，其凹以馆，其凸以亭，旋联而上，又如浮图然。志称郡守严延之读书于此，而今为靖江邸中行乐地，故天下诸藩所未有也。

（明）岳和声《后骖鸾录》，见于（清）汪森《粤西丛载》卷四

靖江王相府奏靖江王府承运六门金钉朱户之制，命礼部员外郎张筹等考古制以闻。筹等奏："按《韩诗外传》，诸侯有德者锡朱户，而金钉无所考。今亲王府承运门既用金钉，靖江王府宜降杀，如公主府按钱之制。"上曰："诸王之于靖江，虽亲疏有等，然亦王府也，宜同亲王之制。"

（明）朱勤美《王国典礼》卷二《宫室》

（洪武三年）七月，诏建诸王府。

工部尚书张允奏："诸王宫城，宜各因其国择地，请秦用陕西台治，晋用太原新城，燕用元旧内殿，楚用武昌箸竹寺基，齐用青州益都县治，潭用潭州玄妙观基，靖江用独秀峰前。"上可奏，

命明年以次营之。

（明）涂山《新刻明政统宗》卷二

（洪武三年）七月，诏建诸王府。工部尚书张允言："诸王宫城，宜各因其国择地。请秦用陕西台治，晋用太原新城，燕用元旧内殿，楚用武昌王竹寺基，齐用青州益都县治，潭用潭州玄妙观基，靖江用独秀峰前。"上可其奏，命以明年次第营之。

（明）徐学聚《国朝典汇》卷十三《宗藩上》

（洪武）四年，建诸王府。工部尚书张允言："诸王宫城，宜各因其国择地。请秦用陕西台治，晋用太原新城，燕用元旧内，楚用武昌王竹寺基，齐用青州益都县治，潭用潭州玄妙观基，靖江用独秀峰前。"报可。以明年次第营之，仍令无得过饰。省臣言："亲王宫饰朱红，室饰大青绿，若不为过。"上曰："惟俭养德，惟侈荡心，独不见茅茨卑宫尧以兴，阿房西苑秦隋以亡。诸子方及冠，去朕左右，岂可靡丽荡心。"

（明）朱国桢《皇明史概·皇明大事记》卷九《封建》

王府

国初亲王府基，秦用陕西台治，晋用太原新城，燕用元旧内，楚用武昌灵应寺，齐用青州益都县治，潭用潭州玄妙观，靖江在独秀峰前。以后续封者，自宜详载，而史不必尽书，要之必取郡地之最广与风气最适中者用之。

（明）朱国桢《涌幢小品》卷五

万寿殿，在（桂林）独秀山南。元时以顺帝潜邸建，明改建靖江王府第。

（清）雍正《广西通志》卷四四《古迹》

桂林府，元静江路，洪武元年为府。五年六月改为桂林府，领州二，县七。

临桂，倚。洪武三年七月建靖江王府于独秀峰前。

（清）张廷玉《明史》卷四五《地理志六》

附一　王府规制

王府

按祖训云：凡诸王宫室，并依已定格式起盖，不许犯分；凡诸王宫室，并不许有离宫别殿及台榭游玩去处。故王府营建规制，悉如国初所定，后以宗庶日蕃，始议给价自造，不领于有司。

亲王府制

洪武四年定，王城高二丈九尺，下阔六丈，上阔二丈，女墙高五尺五寸。城河阔十五丈，深三丈。正殿基高六尺九寸，月台高五尺九寸。正门台高四尺九寸五分，廊房地高二尺五寸。王宫门地高三尺二寸五分，后宫地高三尺二寸五分。正门、前后殿、四门、城楼饰以青绿点金，廊房饰以青黑；四门正门以红漆金涂铜钉；宫殿窠拱攒顶中画蟠螭，饰以金边，画八吉祥花。前后殿座用红漆金蟠螭，帐用红销金蟠螭，座后壁则画蟠螭彩云（后改蟠螭为龙）。立社稷山川坛于王城内之西南，宗庙于王城内之东南。

七年定，亲王所居前殿名承运，中曰圆殿，后曰存心。四城门，南曰端礼，北曰广智，东曰体仁，西曰遵义。

九年定，亲王宫殿门庑及城门楼皆覆以青色琉璃瓦。

十一年定，亲王宫城周围三里三百兀步五寸，东西一百五十丈二寸五分，南北一百九十七丈二寸五分。

弘治八年定，王府制：前门五间，门房十间，廊房一十八间。端礼门五间，门房六间。承运门五间，前殿七间，周围廊房八十二间，穿堂五间，后殿七间。家庙一所，正房五间，厢房六间，门三间。书堂一所，正房五间，厢房六间，门三间，左右盝顶房六间。宫门三间，厢房一十间。前寝宫五间，穿堂七间；后寝宫五间，周廊房六十间。宫后门三间，盝顶房一间。东西各三所，每所正房三间，后房五间，厢房六间。多人房六连共四十二间，浆糊房六间，净房六间，库十间。山川坛一所，正房三间，厢房六间。社稷坛一所，正房三间，厢房六间。宰牲亭一座，宰牲房五间。仪仗库正房三间，厢房六间。退殿，门三间，正房五间，后房五间，厢房十二间。茶房二间，净房一间。世子府一所，正房三间，后房五间，厢房十六间。典膳所，正房五间，穿堂三间，后房五间，厢房二十四间，库房三连一十五间。马房三十二间，盝顶房三间，后房五间，厢房六间，养马房一十八间。承奉司正房三间，厢房六间；承奉歇房二所，每所正房三间，厨房三间，厢房六间。六局共房一百二间，每局正房三间，后房五间，厢房六间，厨房三间。内使歇房二处，每处正房三间，厨房六间，歇房二十四间。禄米仓三连，共二十九间，收粮厅正房三间，厢房六间。东、西、北三门，每门二间，门房六间。大小门楼四十六座，墙门七十八处，井一十六口。寝宫等处周围砖径墙通长一千八十九丈，里外蜈蚣木筑土墙共长一千三百一十五丈。

（明）申时行等《大明会典》卷一八一《工部一·营造一》

王宫制

洪武四年春正月，命中书省议亲王宫殿："凡王城高二丈九尺五寸，下阔六丈，上阔二丈，女墙高五尺五寸。城河阔十五丈，深三丈。正殿基高六尺九寸五分，月台高五尺九寸五分。正门台高四尺九寸五分，廊房地高二尺五寸。王宫门地高三尺二寸五分，后宫地高三尺二寸五分。正门前后殿、四门城楼饰以青绿点金，廊房饰以青黑；四城正门以红漆金涂铜钉；宫殿窠拱攒顶中画蟠螭，饰以金边，画八吉祥花。前后殿座用红漆金蟠螭，帐用红销金蟠螭，座后壁则画蟠螭彩云。立社稷山川坛于王城内之西南，宗庙于王城内之东南，其彩画蟠螭改为龙。"从之。

洪武七年春正月定，亲王国中所居前殿曰承运，中曰圆殿，后曰存心。四城门，南曰端礼，北曰广智，东曰体仁，西曰遵义。上曰："使诸王睹名思义，以藩屏帝室。"

洪武九年春正月，诏礼部："亲王宫殿门庑及城门楼，皆覆以青色琉璃瓦，如东宫之制。"

洪武九年五月丙寅，命中书省臣："惟亲王宫得饰朱红大青绿，余居室止饰丹碧。"中书省臣言："亲王居室饰大青绿，亦无过度。"上曰："惟俭养德，惟侈荡心。诸子方及冠年，去朕左右，岂可使靡丽荡其心。"

洪武十二年，王府营造讫工，绘图以进。其制：中曰承运殿，十一间；后为圆殿，次曰存心殿，各九间；承运殿两庑为左右二殿，自存心、承运周回两庑至承运门，为屋百三十八间。殿后为前、中、后三宫，各九间；宫门两厢等室九十九间。王城之外周垣四门，其南曰灵星，其余同王城名。周垣之内，堂库等室一百三十八间。凡为宫殿室屋八百一十一间。

弘治八年定，王府制：前门五间，门房十间，廊房一十八；端礼门五间，门房六；承运门五间，前殿七间，周围廊房八十二，穿堂五间，后殿七间；家庙一，正房五间，厢房六，门三间。书堂一，正房五间，厢房六，门三间，左右盝顶房六；宫门三间，厢房十；前寝宫五间，穿堂七间，盝顶房一。东西各三所，每所正房三，后房三，厢房六，多人房六，连浆糯房六，净房六，库十，仪仗库三间，厢房六，门三间，正房五，后房五，厢房十二，茶房二，净房一。世子府正房三间，后房五，厢房十六。

（明）张正域《皇明典礼志》卷十九

亲王府制

洪武四年定，王城高二丈九尺，下阔六丈，上阔二丈，女墙高五尺五寸。城河阔十五丈，深三丈。正殿基高六尺九寸，月台高五尺九寸。正门台高四尺九寸五分，廊房地高二尺五寸。王宫门地高三尺二寸五分，后宫地高三尺二寸五分。正门、前后殿、四门城楼饰以青绿点金，廊房饰以青黑；四门正门以红漆金涂铜钉；宫殿窠拱攒顶中画蟠螭，饰以金边画八吉祥花。前后殿座用红漆金蟠螭，帐用红销蟠螭，座后壁则画蟠螭彩云（后改蟠螭为龙）。立社稷山川坛于王城内之西南，宗庙于王城内之东南。（《会典》）

七年定，亲王所居前殿名承运，中曰圆殿，后曰存心。四城门，南曰端礼，北曰广智，东曰体仁，西曰遵义。

九年定，亲王宫殿门庑及城门楼皆覆以青色琉璃瓦。凡诸王宫室并依已定格式起盖，不许犯分；凡诸王宫室并不许有离宫别殿及台榭游玩去处。

中书省臣言："亲王居室饰大青绿，亦若无过度者。"上曰："惟俭养德，惟侈荡心。居上能俭，可以导俗；居上而侈，必至厉民。独不见茅茨卑宫，尧禹以崇圣德；阿房西苑，秦隋以失人心。诸子方及冠年，去朕左右，岂可使靡丽荡其心也。"（《祖训》）

十一年定，亲王宫城周围三里三百九步五寸，东西一百五十丈二寸五分，南北一百九十七丈二寸五分。

正统初，唐王造府中便室十余间，为镇平县所奏，左长史俱坐罪。至是王援《皇明祖训》"王子王孙繁盛，小院宫室任从起盖"之言，请自后修造不多费者，许臣自造，庶免烦渎。诏许之。（《正统实录》）

弘治八年重定，亲王府制：前门五间，门房十间，廊房一十八间。端礼门五间，门房六间。承运门五间，前殿七间，周围廊房八十二间，穿堂五间，后殿七间。家庙一所，正房五间，厢房六间，门三间。书堂一所，正房五间，厢房六间，门三间，左右盝顶房六间。宫门三间，厢房一十间。前寝宫五间，穿堂七间；后寝宫五间，周围廊房六十间。宫后门三间，盝顶房一间。东西各三所，每所正房三间，后房五间，厢房六间。多人房六连，共四十二间，浆糨房六间，净房六间，库房十间。山川坛一所，正房三间，厢房六间。社稷坛一所，正房三间，厢房六间。宰牲亭一座，宰牲房五间。仪仗库正房三间，厢房六间。退殿，门三间，正房五间，后房五间，厢房十二间。茶房二间，净房一间。世子府一所，正房三间，后房五间，厢房十六间。典膳所，正房三间，穿堂三间，后房五间，厢房二十四间，库房三连二十五间。马房三十二间，盝顶房三间，后房五间，厢房六间，养马房一十八间。承奉司，正房三间，厢房六间；承奉歇房二所，每所正房三间，厨房三间，厢房六间。六局共房一百二间，每局正房三间，后房五间，厢房六间，厨房三间。内使歇房二处，每处正房三间，厨房六间，歇房二十四间。禄米仓三连，共二十九间，收粮厅正房三间，厢房六间。东、西、北三门，每门三间，门房六间。大小门楼四十六座，墙门七十八处，井一十六口。寝宫等处周围砖径墙通长一千八十九丈，里外蜈蚣木筑土墙共长一千三百一十五丈。（《会典》）

（明）朱勤美《王国典礼》卷二《宫室》

附二　靖江王府图

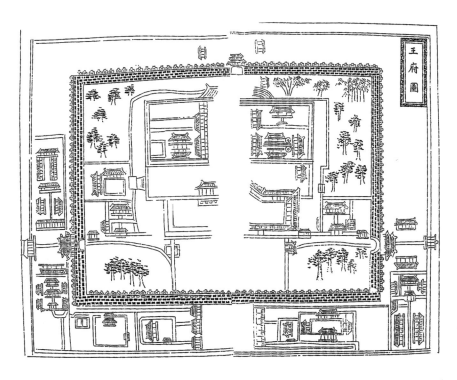

（明）宣德《桂林郡志》卷三《藩邸》

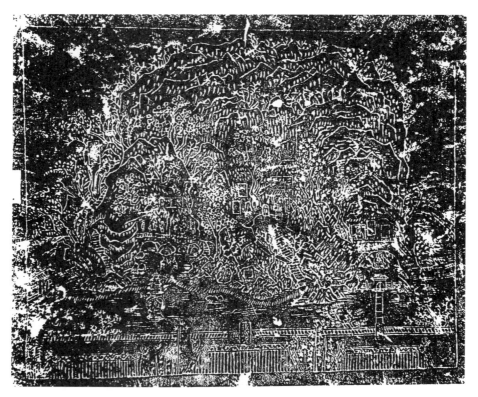

明刻独秀峰图石刻（正面）

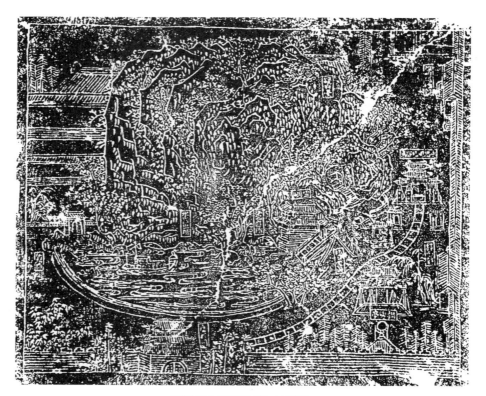

明刻独秀峰图石刻（背面）

广西壮族自治区博物馆《中国西南地区历代石刻汇编·广西博物馆卷》

附三　历代修建

（洪武二十六年正月辛未）命修治靖江王府。

（明）《明太祖实录》卷二二四

靖江王府敬差内官典宝周禧、郭宝、孟祥，带领旗校、人匠王茂祥、张文辉等数十人采山至此，同游，丁丑岁仲夏月十有六日记。

靖藩周本管公公、郭公，带同旗校沈甚梅、刘仁最、赵应模、王茂祥、张文辉等二十余人，岁在丁丑年夏五月十六日，同游仙洞府记。

桂林市文物管理委员会《芦笛岩、大岩壁书》

（洪武）二十六年春，复有旨，命（缺）同知（缺）部主事（缺）继命内官韩毛知里等来董□事，惟□城及（缺）不改作，其宫殿诸衙门俱重起造，焕然一新。

（明）宣德《桂林郡志》卷三《藩邸》

邸第，洪武五年建。二十六年，复命指挥同知徐溥、工部主事戈祐韩、毛知理督工修理王城一座，周若干丈，下用巨石，上砌以砖。辟四门，南曰端礼，北曰广智，东曰体仁，西曰遵义，外缭以垣，各为棂星。垣左为宗庙，右为社稷。门墙内为承运门、承运殿、王宫门、王宫，南向如祖训之制。惟风云雷雨山川坛在德胜门外，旗纛庙在坛之西。外有迎恩馆，在伏波门外，为进送表笺、迎接诏敕之处。其小院宫室，任从起盖，不系离宫别殿。台榭游玩之所者，则有宝善堂、尊乐堂、日新堂、迎阳轩、拱秀亭、山月亭、绿竹轩、冰壶井，在王城内独秀峰左右焉。

（明）嘉靖《广西通志》卷十一《藩封志》

邸第在府治东，洪武五年建，二十六年复命指挥同知徐溥、工部主事戈祐韩、毛知理督修城一座，周若干丈，辟四门，南曰端礼，北曰广智，东曰体仁，西曰遵义，外缭以垣，各为棂星。垣左为宗庙，右为社稷。门墙内为承运门、承运殿、王宫，南向如祖训之制。风云雷雨山川坛在德胜门外，旗纛庙在坛之西，又有迎恩馆在伏波门外，为进送表笺、迎接诏敕之处。王城内有独秀峰，峰左右有宝善堂、尊乐堂、日新堂，万历间复多鼎建。《靖江府图》云：亭有清樾、喜阳、拱秀、望江，台有凌虚，馆有中和，室有延生，轩有可心，所有修玄，门有拥翠、平矗、拱辰、朝天，其上则玄武阁，次则观音堂、三官庙，山半则灵官及山神祠，皆其所礼神处。其下有池曰月牙，可用泛舟。又有乐山、探奇、瞻云三处，可备清眺。穿云则其将陟巅之道也。

（清）汪森《粤西文载》卷十六

靖江废邸。《金通志》：元万寿殿，在独秀山南，元时以顺帝潜邸建，明改建靖江王府第。明黄佐《广西藩封志》：邸第在府治东，洪武五年建，二十六年复命指挥同知徐溥、工部主事戈祐韩、毛知理督修城一座，周若干丈，辟四门，南曰端礼，北曰广智，东曰体仁，西曰遵义，外缭以垣，各为棂星。垣左为宗庙，右为社稷。门墙内为承运门、承运殿、王宫门、王宫，南向如祖训之制。风云雷雨山川坛在德胜门外，旗纛庙在坛之西，又有迎恩馆，在伏波门外，为进送表笺、接诏敕之处。王城内有独秀峰，峰左右有宝善堂、尊善堂、日新堂，万历间复多鼎建。《靖江府图》云：亭有清樾、喜阳、拱秀、望江，台有凌虚，阁有中和，室有延生，轩有可心，所有修玄，门有拥翠、平矗、拱辰、朝天，其上则玄武阁，次则观音堂、三官庙，山半则灵官及山神祠，皆其所礼神处。其下有池，曰月牙，可用泛舟。又有乐山、探奇、瞻云三处，可备清眺。穿云则其将陟巅之道也。

（清）嘉庆《临桂县志》卷十七《古迹》

附四　独秀峰

独秀山　（明）严震直

爱此青青独秀峰，天开一朵玉芙蓉。四山屏列俱相拱，永镇皇家帝子宫。

（清）汪森《粤西诗载》卷二三

独秀山，孤标直耸约五百余尺，周回一里，顶平如苍玉，正面端严秀整，侧视如卓笔，校诸峰独雄，故名。山上有岩，岩下有洞，前宋始安太守颜延之读书其中，名读书岩。后为报恩寺，至顺壬申，顺帝以太子谪静江，寓寺居焉。山今在靖江王府中。

（明）嘉靖《广西通志》卷十二《山川志》

独秀峰　（明）谢少南

接地孤峰起，栖霞古洞开。贤王行乐墅，高士读书台。水涧龙纹绕，松岩鹤驾来。夏看花发处，忽漫忆天台。

（清）汪森《粤西诗载》卷十二

游独秀山　（明）梁大烈

山色清清水色光，山青水色巧相当。山抽玉笋千寻直，水面峨眉一曲长。漫水游鱼山上过，夕山宿鸟水中藏。两般山水佳无限，地设天成付靖江。

（清）宣统《武缘县图经》

独秀山

踞城稍东，凝秀独出，颇与众山远，故曰独秀。国初，考卜其阳，为靖江宫殿。朱邸四达，周垣重绕，苍翠所及，皆禁御间地。以故彤亭画观，上出云表，下渐清池，最为诸山丽观焉，外人鲜得至者。

靖江府图云：亭有清樾、喜阳、拱秀、望江，台有凌虚，馆有中和，室有延生，轩有可心，所有修玄，门有拥翠、平蠹、拱辰、朝天。其上则玄武阁，次则观音堂、三官庙。山半则灵官及山神祠，皆其所礼神处。其下有池曰月牙，可用泛舟。又有乐山、探奇、瞻云三处，可备清眺。穿云则其将陟巅之道也。

漓山人曰：环桂诸山以千百计，惟独秀中城崛起，有王公贵人之象焉。自前世剖符持节，开府是处。今靖江以同姓诸王建国南中，为明藩屏，馆宇金碧，跨山弥谷，盖足当其盛矣。

（明）张鸣凤《桂胜》卷一

汝成王孙同游独秀山，因憩读书岩，有忆颜延之（有引）

山在郭中，挺然拔起，靖江宫殿盘绕其前。下嵌深岩，石榻便房延袤空敞，盖颜延之为始安时，诵读其中，而《五君》亦勒壁焉。

八公奠淮南，二别控楚郡。逶迤非不遥，峻嶒亦云峻。何似兹山起，亘霄亦千仞。下属无坡陀，上干若奋迅。丹碧冠崇宫，诘曲引修磴。夐援垂絙行，危蹑悬崖进。下眺城微茫，仰瞩天清映。风连桂海深，云引苍梧近。既欣高视情，复协孤介性。返息岩屋深，窥临石榻净。往见遗旧踪，中疑隐仙径。远忆颜始安，三复五君咏。

（明）俞安期《翏翏集》卷八

独秀山，居郡城之中，圆数百步，高千尺，石山铁色，上下亭亭如削，四无坡阜，亦不与群山接。上有雕栏画阁，翠幕彤亭，下渐月池，临朱邸，则靖江宫府也。余以己丑九日赴王宴而入，登高俯视，如坐危桅之颠，四野碧簪，一目俱尽。其下有读书岩、五咏堂，宋始安太守颜延之居也。城中之胜，此为最。

（明）王士性《五岳游草》卷七《滇粤游上·桂海志续》

独秀山，在（桂林）城中，孤标直耸，傍无坡阜，顶平如苍玉，而端严秀整，侧视如卓笔。旧郡治主山也。……今在靖江王府，亭馆环绕，最为丽观。下有池曰月牙，可用泛舟。有泉曰独秀泉。山西石壁垂乳，洁白如雪，其洞即以雪名。

（明）万历《广西通志》卷四《山川志》

独登绝顶一眺，尽郡中诸山水形胜，为佳尔。诸亭馆皆嵌石壁间，半为飞磴，不敢从容玩适。宦游幽赏之不相谋，大略如此。王宫居稍右，不甚广，颇见严整。正殿端倚独秀，殿后亭馆皆废坏，狼藉荆莽中。储君居先王服制，力未及此，故尔。所谓月牙池者，盖营建时凿取土，遂稍甃之，积水可泛也。

（明）魏濬《峤南琐记》卷上

独秀山，踞（桂林）城内稍东，凝介独立，有端人正士之想。国初，卜其阳为藩邸，朱扉四达，周垣重绕，苍翠所及，皆禁御间地。以故彤亭画观，上出云表，下渐清池，最为诸山丽观焉。

（明）曹学佺《广西名胜志》卷一

登独秀峰

藩邸有一山，嵬然称独秀，略仿中人城，讵同孝王圃。玄崖似圭挺，彤宫如扆负。梯磴皆划成，寻丈安能究。树屈乃独全，藤老因多寿。庠序迹久湮，牌版代云旧。昔镌贤圣容，兹渎神明祐。伊余竭扳跻，步步耸肩腷。扪萝践古苔，褰衣避悬溜。禽啭嘈芳春，风和豁清昼。旷然此大观，遐荒顿忘陋。川原互相经，卉木信维茂。灵渠自北来，层峰障东骤。桂林饶名胜，此足当领袖。眷昔颜光禄，出为始安守。在公日云暇，读书卧云窦。缅怀五君咏，风期溢前后。有贤志足钦，乏才简虚投。石榻栖便房，琴亡叹斯奏。

（明）曹学佺《石仓诗稿》卷二九《桂林集中》

独秀山，状如黻冕，有王公贵人之象。颜延之出守，读书其中，有五咏堂。西有雪洞，乳石最奇，下临月牙池，山翠尽落。今入靖江王邸，飞楼舞阁，隐出树杪，金碧华虫，绚烂极矣。对之如一幅小李山水图，丽而不俗。

（明）邝露《赤雅》卷中

西粤山水可游记 （明）郑圭

独秀山，为靖江王府主山，在府内，壁立百仞，如苍玉珪。甲子冬，王按台心一檄郡邑赴察，同寅朝王礼毕，宴余辈香殿。殿广有楼，但将圮，以木支者数十处。前有假山盆树数百种，多佳者。传梆请匙，敛宫眷，引余辈登山。环山拾级而登可数里，遇一折辄有亭榭，多圮，亦间有题咏。至绝巅为元帝祠，四望无际，群山拱揖。

（清）陈布雷《古今图书集成·方舆汇编·职方典》卷一三九七《广西总部·艺文一》

独秀山，在（桂林）城东北，峭立五十余丈，端严秀整，侧视如卓笔，较诸峰为特秀。宋太守颜延之读书岩下，有诗云："未若独秀者，峨峨郛邑间。"唐大历中，李昌嵝建学于山之麓。后为报恩寺，又名铁牛寺。宋元祐间，郡守孙览镌曰"颜公读书岩"，刻《五君咏》于石，构堂曰"五咏"。元顺帝以太子谪静江，居寺中。明洪武二年，卜其阳为靖江藩邸。

独秀泉，在（桂林）独秀山下，明靖江王因其泉为月牙池。

（清）雍正《广西通志》卷十三《山川》

元武阁、观音堂、三官祠、灵官祠、山神祠，皆在独秀山，明靖藩建。见靖江府图。

（清）光绪《临桂县志》卷三六《胜迹二》

独秀泉，在独秀山下，明靖江王因其泉为月牙池。

（清）嘉庆《临桂县志》卷十九《古迹》

附五　靖江王府地陷

隆庆五年辛未春三月，广西布政司后街宗室住宅忽地陷一丈，宽□□余。又王府大街地陷二丈，深广数尺。又布政司后堂地陷四尺，横二丈五尺，直一丈六尺余。

（明）王圻《续文献通考》卷二二二《物异考·地陷》

隆庆五年三月，广西布政司后街宗室住宅忽地陷一丈，宽二丈余；又王府大街地陷二丈，深广数尺；又布政司后堂地陷四尺余，横二丈五尺，直一丈六尺。

（明）徐学聚《国朝典汇》卷一一四《灾异》

（隆庆五年四月）广西省城地陷宽二丈余，深一丈，王府地陷二丈，深七、八尺，布政司后堂地陷深四尺，长二丈，宽二丈五尺。

（清）傅维麟《明书》卷八五《禨祥志》

（隆庆）五年二月丙午，广西靖江王府及宗室所居、布政司官署，俱地陷。

（清）张廷玉《明史》卷三十《五行志三》

穆宗隆庆五年二月，广西靖江王府及宗室所居、布政司官署，俱地陷。（明史五行志）

（清）光绪《临桂县志》卷十八《前事志》

附六　独秀山崩

隆庆五年，布政司地陷。是岁，独秀山崩石约一丈余。

（清）汪森《粤西丛载》卷十五《山崩地陷水谤》

附七　清代沿革

（1）孔有德于王府自焚

（大清顺治九年壬辰六月）安西李定国进复桂林。

时恭顺王（志称定南王）孔有德亦发兵进严关，定国至关，斩将搴旗，势如破竹。有德败走，定国逐北。至桂林，大清师仓惶入城坚守，定国围之数重，后驱大象倒坐城门，门开。有德知不能守，封其宫门，合家焚死，仅存一子。

（清）罗谦《残明纪事》

壬辰年六月终旬，始闻云南起兵之信，不上十来日，是七月初一二，定南闻兵至近，令虾头李养性带兵一枝，到严关驻札，怎奈当时安西之兵来如风雨，一蹴而至，每一日夜来三百里，如从天而降、从地而涌的一般，遮天遍地。初四日，到了严关，李养性分毫展动不得，就被他杀个绝种，连报信的也没有一个回来。因此定南王不知信息，未及预防，一时兵至城下，才叫闭门，而兵已围着四下攻打，或扒城而入，或驱象坐开，把那守城之兵杀得罄尽。定南王令舅子白二带兵出王城，杀到县前西街巷口，被云南之兵杀得满地尸横。定南方才将王府城门紧闭，见外面城已破了，人被杀尽，知不能免，就于宫中放火，将自己与妻子登时焚死。

（清）雷亮功《桂林田海记》

（顺治）九年壬辰二月，有德以七百骑出河池，向贵州，大军至柳州接应。五月，伪将李定国率兵收复湖南，由黎平出靖州，进攻靖、沅、武冈，俱下之。有德闻警，急回守御，而定国由西延大埠，掩旗卷甲，倍道疾进。七月二日，袭全州，破之，遂夺严关。关在全州西南，为桂林出入所必由，有德驰救不及。初四日，兵过平乐府，定国营于严关，设象阵以待。两军既接，有德令素严，将士殊死战，象奔还。定国斩御象者，严鼓进兵，象复冲突，天大雷雨，敌兵呼声动地，乘象阵而入。我军不能支，遂退入桂林，闭城拒守。越三日，定国兵至城下，时粤西初定，人心未固。定国攻城，守陴者皆不立，桂林遂陷。有德整衣冠坐府中，嘿无一言。久之，谓夫人曰："不幸少入军中，漂泊铁山鸭绿间，冀立寸功，垂名竹帛。及大将军以忠受戮，归命本朝，历被两朝知遇，爵以亲王，锡之藩社，荣宠至矣。我受国厚恩，誓以身殉，若辈亦早自为计。"夫人曰："君无虑我不死。"指其子及女曰："第儿曹何罪，而亦曹此劫乎？"嘱老妪负之去，泣而送之曰："此子苟脱于难，当度为沙弥，无效乃父一生驰驱南北，下场有今日也。"言毕，与其妾皆自经。有德纵火焚其府，向北再拜，拔剑自刎死。

（清）佚名《吴耿尚孔四王合传·定南王孔有德传》

旧靖江王府，洪武三年明太祖封其兄之孙朱守谦为靖江王，建王府于桂林东城内，历传十余世。本朝顺治七年，定南王孔有德戡定广西，驻节王府。九年，为伪安西王李定国所陷，定南王自焚死。

（清）康熙《广西通志》卷十《公署志》

靖江王府，洪武三年明太祖封其兄之孙朱守谦为靖江王，建王府于桂林东城内，历传十余世。至皇清顺治七年，定南王孔有德戡定广西，驻节王府。九年，为伪安西王李定国所陷，定南王自焚死。

（清）陈布雷《古今图书集成·方舆汇编·职方典》卷一四〇一《桂林府部》

（2）李定国驻靖江府邸

七月初一日，定南王扎营帐于城西北诸葛山，山水冲斥，弓矢软湿不可用，王仰天叹息。初四午，武胜门破，王单骑入邸自焚死。……定南孤力婴守，羽书飞调外援，曰："本藩坚壁三镇，会师平乐，文官退聚梧州，望救之急，以刻为岁。"此七月初二日也。檄出一昔再昔而城下矣，定南擐甲胄，挟弓矢，身不离鞍，口不咽食，盖六昼夜。力竭扃邸，聚其宝玩，挈其图书，阖室自焚，与王妃白氏相对死。不忍贰乃心，不肯膏人刃，亦伟然烈丈夫哉。……八日，定国索文甚急，一见于靖江府邸，首问王父安厝所在，而言语面颜颇有骄色。欲留文，文坚辞。

（清）瞿昌文《粤行纪事》卷三

（3）孙延龄居靖江王府

康熙二年，上录定南王功，遣其子婿孙延龄为将军，仍驻藩府镇守。十三年，延龄叛。十八年，讨平。

（清）康熙《广西通志》卷十《公署志》

康熙二年，录定南王功，遣其子婿孙延龄为将军，仍驻藩府镇守。十三年，延龄叛。十八年，讨平。

（清）陈布雷《古今图书集成·方舆汇编·职方典》卷一四〇一《桂林府部》

记孙延龄事

孙延龄者，孔定南之婿也。定南殉粤西难，女嗣贞年十二，乳媪携之遁民间得免。顺治十年，将军线国安收复桂林，嗣贞归京师。既长，适龄，王在时所许字也。康熙三年，延龄出镇衡州。六年六月，移镇桂林，以王永年、孟一茂、戴良臣为副都统，受延龄制。延龄所居，明靖江王府也。既居之，忽忽若失，或头目眩晕，不视军事，学围棋、鼓琴，临池摹拓古帖，挟弹丸张罾罟，取鱼鸟以为乐。

（清）昭梿《啸亭杂录》卷四

（4）改建贡院

靖江王宫室，在府东城内，明洪武三年建，封其兄南昌王之子朱文正。本朝康熙二十年改为贡院。

（清）康熙《广西通志》卷二一《宫室志》

贡院，在府治东，独秀山下，旧为明靖江王府。……（康熙）二十年，署抚院麻勒吉题请改为贡院。

（清）康熙《广西通志》卷十《公署志》

靖江王府，洪武三年明太祖封其兄之孙朱守谦为靖江王，建王府于桂林东城内。……（康熙）二十年，署抚院麻勒吉改为贡院。

（清）陈布雷《古今图书集成·方舆汇编·职方典》卷一四〇一《桂林府部》

靖江废邸诗　（清）彭而述

无情最是此中山，阅尽王孙只等闲。尚有高台堪命酒，兼逢胜侣一开颜。石鲸薜荔秋虫出，玉甃梧桐野鸟还。莫向西风增感慨，汉家楼阁暮云间。

靖江故邸诗　（清）戴文灯

濠上风云会，江东日月光。群雄如鹿逐，一旅遂龙骧。瑶牒推犹子，丹书策未央。论勋齐魏国，锡土镇炎方。朝请春秋奉，山河带砺长。高眠安玉几，传派衍银潢。朱户爱开阙，雕楹更枕冈。绮疏承玟瑁，碧瓦戏鸳鸯。曲沼龙头泻，高甍鸥吻张。暗风金屈戍，明月玉琅珰。季世时犹泰，承平乐太康。兔园频命驾，桂苑亦开堂。山展青瑶席，班联紫荷囊。摛词镌石墨，得句觅巾箱（独秀峰下宴嗣王与从官游赋诗石刻甚多）。自保恩封久，何期国步抢。苍鹅飞扰攘，玉马走渝亡。高帝功臣表，汾阳异姓王。剖符仍故宅，伏钺指新疆。肘腋俄生患，槜枪意失芒。荠花开堕殿，苔色上空墙。拥髻啼朝露，吹篪咽晓霜。行人寻劫烧，野老话沧桑。十二红阑外，三千锦瑟傍。纪年传五凤，留作校士场。

靖江故邸诗　（清）戴安璐

桐圭远剪镇炎方，禁御周遭带砺长。纵有词章延赋客（石刻多嗣王与从官赋诗），谁将经术导骄王。铜驼泣后宫犹壮，苍鼠悲来苑又荒。野恐青燐消未尽，赖今奎璧焕光芒。（故邸今改贡院）

（清）嘉庆《临桂县志》卷十七《古迹》

重修贡院记　（清）祁埙

粤西山水甲天下，桂林诸山尤奇矫刻露，出人意表。独秀峰踞会垣之中，旁无坡阜，拔地而起，巍峨巉嶵，上凌霄汉。而峰巅秀削，端整如硕士正人，昂首屹立，超然尘外。又若王公贵人，黼冕以临，令人肃然起敬。山之奇，至是观止。而因以叹两间灵淑之气，扶舆磅礴，所钟毓者必厚，此邦声名人物云蒸霞蔚而日增其盛者，其由来固有自矣。峰之前，地势开朗，旧为明藩邸第。我朝因遗址，改建贡院。

（清）光绪《临桂县志》卷十四《建置志二》

粤西贡院

贡院形势之佳，粤西为首。本明靖江王府，俗号皇城，在城东北，别有内城。向南曰正阳门，背倚独秀峰，天然一枕。由外而内，叠阶千有余级至公堂上。千峰环抱，若无数笔杖，奇峭插天，俗云"五百匹马奔桂林"是也。

（清）徐珂《清稗类钞·宫苑类》

四　定靖江王府礼制

1. 名封

郡王同亲王

高皇之世，皇侄文正以大都督总制南昌，摧陈友谅，后虽用骄僭致殒，而念亲念勋，上实不忘，故其子守谦虽封郡王，冠止七旒，禄止二千石，而特设内外承奉、长史等官，宫城庄田宗社之类，皆与亲王等。

（明）王世贞《弇山堂别集》卷六《皇明异典述》

册亲王及王妃仪

明洪武三年定制，册命亲王。……靖江王则以亲王封，故视秦、晋仪。

（清）张廷玉《明史》卷五四《礼志八》

2. 宗庙

（洪武九年正月乙丑）命翰林学士宋濂、王府长史朱右等定议王国所用礼乐。濂等奏："……其靖江王祭宗庙用冕服，文武官祭服。凡祭器，笾豆各八，簠簋各二，牲用少牢。乐生三十六人，钟磬各一，瑟二，琴八，埙篪箫笛各二，笙四，柷敔各一，搏拊二，歌工八。舞生七十二，文舞三十六人，各执羽籥；武舞如文舞之数，各执干戚，中各以二人为引舞。"制曰："可。"

（明）《明太祖实录》卷一〇三

（洪武十八年）又定王祭宗庙用冕服，文武百官祭服陪祭。祭器，笾豆八、簠簋各二、牲用少牢。其庙制许立五庙，二昭二穆与始祖之庙为五，以始封之王为始祖。靖江王国则以南昌王为始祖。四时之祭，皆用王者礼乐。

（明）申时行《大明会典》卷五六《王国礼二·祭祀》

洪武四年，命中书省定王国宗庙及社稷坛壝之制。礼部尚书陶凯等议，于王国宫垣内，左立宗庙，右为社稷庙；为殿五间，东西为侧阶，后为寝殿五间，前为门三间。弘治十三年，宁王宸濠奏：庙祀礼乐未有定式，乞颁赐遵守。命礼部议，以洪武元年学士宋濂等奏准诸王国祭祀礼乐用清字，但有曲名而无曲辞，请各王府查考。于是，靖江王府长史司具上乐章，且谓四时祭期于四孟月上旬择日并除夕共五次，所用品物、俎豆、佾舞礼节，悉遵国初定制。礼部覆奏，颁行各王府一体遵行。

（清）万斯同《明史》卷五五《礼志十三》

王国宗庙

洪武四年，礼部尚书陶凯等议定，王国宫垣内，左宗庙，右社稷。庙制，殿五间，寝殿如之，门三间。……弘治十三年，宁王宸濠奏庙礼礼乐未有定式，乞颁赐遵守。礼部议："洪武元年，学士宋濂等奏定诸王国祭祀礼乐，用清字，但有曲名，而无曲辞，请各王府稽考。于是靖江王长史具上乐章，且言四孟上旬及除夕五祭所用品物、俎豆、佾舞，礼节悉遵国初定制。"从之。

（清）张廷玉《明史》卷五二《礼志六》

3. 岁禄

（洪武五年六月）庚辰，赐吴王、靖江王苏州府吴江县田各一百顷，岁计米各七千八百石。

（明）《明太祖实录》卷七四

（洪武五年七月）辛未，以安庆、武昌二府湖池鱼课岁米赐吴、楚、靖江王各三千八百石。

（明）《明太祖实录》卷七五

（洪武九年二月丙戌）定诸王、公主岁供之数。亲王岁支米五万石，钞二万五千贯，锦四十匹，纻丝三百匹，纱罗各一百匹，绢五百匹，冬夏布各一千匹，绵二千两，盐二百引，茶一千斤，马匹草料月支五十匹，其段匹岁给匠料，付王府自造。

靖江王岁赐米二万石，钞一万贯，余物比亲王减半，马匹草料月支二十匹。

（丁酉）赐诸王仓库名，……靖江府曰广益。

（明）《明太祖实录》卷一〇四

靖江王岁支本色禄米一千石。郡王米二千石，凡郡王嫡长子袭封郡王，其岁赐比初封郡王减半支给。辅国将军岁支禄米八百石，奉国将军岁支禄米六百石，镇国中尉岁支禄米四百石，辅国中尉岁支禄米三百石，奉国中尉岁支禄米二百石，俱米钞中兼支。县君及仪宾食禄米三百石，乡君及仪宾食禄米二百石，俱本色四分折色六分。（俱出《大明会典》）

（明）嘉靖《广西通志》卷十一《藩封志》

（洪武）八年，初定诸王宗人禄米，每岁亲王五万石，钞锦纻丝纱罗绢布绵盐茶粟又万计。靖江王二万石，郡王六千石，钞等减十九。郡王诸子年十五，人赐田六十顷为永业，除其租。是年，定王邸殿门名。九年，中书省议亲王宫饰彩，上曰："惟俭养德，惟侈荡心。居上能俭，可以导俗；居上而侈，必至厉民。独不见茅茨卑宫，尧禹以崇圣德；阿房西苑，秦隋以失人心。诸子方及冠年，去朕左右，岂可使靡丽荡其心。"是年，申定王府官制，……再定诸王及宫主岁供之等。

（明）郑晓《吾学编》第十四《皇明同姓诸王传》卷一

各府禄米

靖江王府，靖江王岁支本色禄米一千石。辅国将军岁支禄米八百石，奉国将军岁支禄米六百石，镇国中尉岁支禄米四百石，辅国中尉岁支禄米三百石，奉国中尉岁支禄米二百石。俱米钞中半兼支。

洪武九年定诸王公主岁供之数

靖江王岁支米二万石，钞一万贯，余物比亲王减半，马匹草料月支二十匹。

（明）王世贞《弇山堂别集》卷六七《亲王禄赐考》

洪武初，亲王岁支米五万石，钞二万五千贯，锦四十匹，纻丝三百匹，纱罗各一百匹，绢五百匹，冬夏布各一千匹，绵二千两，盐二千引，茶一千斤，马匹草料月支五十匹，其段匹料付王府自造。靖江王岁支米二万石，钞一万贯，余物比亲王减半，马匹草料月支二十匹。

（明）朱勤美《王国典礼》卷三《禄米》

洪武九年，定诸王、公主岁供之数，亲王岁支米五万石，钞二万五千贯，锦四十匹，纻丝三百匹，纱罗各一百匹，绢五百匹，冬夏布各一千匹，绵二千两，盐二千引，茶一千斤，马匹草料月支五十匹，其段岁给料付王自造。靖江王岁支米二万石，钞一万贯，余物比亲王减半，马匹草料月支二十匹。

（明）徐学聚《国朝典汇》卷十三《宗藩下》

（洪武）九年，上以诸王将之国，先告太庙。群祀毕，始告祀天地于圜丘，遣使祭各国山川。定诸王、公主岁供之数。亲王岁支米五万石，钞二万五千贯，帛四十匹，纻丝三百匹，纱罗各一百匹，绢五百匹，冬夏布各一千匹，绵二千两，盐二百引，茶一千斤，马匹草料月支五十匹，其段匹岁给匠料，付王府自造。靖江王岁赐米二万石，钞一万贯，余物比亲王减半，马匹草料月支二十匹。郡王每岁支米六千石，钞二千八百贯，帛一十匹，纻丝五十匹，纱罗各二十匹，绢一百匹，冬夏布各一百匹，绵五百两，盐五十引，茶三百斤，马匹草料每月支一十匹。公主、郡主以下有差。

（明）朱国桢《皇明史概·皇明大事记》卷九《封建》

（洪武九年）二月乙酉朔。丙戌，重定诸王、公主岁禄之数，亲王禄五万石，钞二万五千贯，锦四十匹，纻丝三百匹，纱罗各百，绢五百，冬夏布各千，绵二千两，盐二千引，茶千引。靖江王禄二万石，钞万贯，余物半于亲王。公主禄千五百石，钞二千贯，庄田一区，岁纻丝纱罗各十匹，绢布各三十匹，绵二百两。余郡王郡主各有差。

（明）谈迁《国榷》卷六

国家经费，莫大于禄饷。洪武九年定诸王、公主岁供之数。亲王，米五万石，钞二万五千贯，锦四十匹，纻丝三百匹，纱罗各百匹，绢五百匹，冬夏布各千匹，绵二千两，盐二百引，茶千斤，皆岁支。马料草，月支五十匹。其缎匹，岁给匠料，付王府自造。靖江王，米二万石，钞万贯，余物半亲王，马料草二十匹。

（清）张廷玉《明史》卷八二《食货志六》

洪武五年，定诸王宗人禄米，每岁亲王五万石，靖江王二万石，郡王六千石。郡王诸子年十五，人赐田六十顷为永业。

（清）龙文彬《明会要》卷四三《职官四三·宗藩岁禄》

4. 官属

（洪武十一年七月）戊子，敕秦相府官曰："王府设官，本古之道，然古者惟以文章之士匡辅诸王。朕封诸子，兼设武臣于相府者，盖欲藩屏国家，御侮防患，无事则助王之治。所以出则为将，入则为相。今靖江相府官与指挥耿良不协，甚有欺凌指挥之意。由是命武相有警则出而为将，护卫指挥副之，归则勿与金谷、刑名之事。军务则文武议之，无事则导王以善。或中书省文移有乖朕意，尔即如敕行之。"

（明）《明太祖实录》卷一一九

（洪武十二年六月甲午）改广西护卫为桂林左卫，桂林左卫为桂林中卫。

（明）《明太祖实录》卷一二五

谕秦王府文武官

王府设官，本古之道。惟文章之士，以匡王之性，体务欲端。方朕封诸子，颇殊古道，内设武臣，盖欲藩屏国家，备侮御边，间中助王，使知时务。所以出则为将，入则为相。因靖江王府官与指挥耿良不和，甚有欺凌指挥之意。于是令武相若有警出则为将，护卫指挥副之，归则不管军马、钱粮、刑名。其军情事务，文武议之，但则间中导王以善。其中书省草茅行移，是致错朕旨意，难为听命者。今后如敕施行。

（明）朱元璋《明太祖文集》卷七

皇朝王府官（依旧制）

长史司

正官：左右长史各一员；

首领官：典簿一员；

审理所：审理正一员，审理副一员；

典膳所：典膳正一员，典膳副一员；

□□所：奉祠正一员，奉祠副一员，典乐一员；

典宝所：典宝正一员，典宝副一员；

纪善所：纪善各二员；

良医所：良医正一员，良医副一员；

典仪所：典仪正一员，典仪副一员，引礼舍人三员；

各仓库：大使一员，副使一员。

仪卫司

正官：仪卫正一员，仪卫副二员；

属官：典仗十员；

幕官：吏目一员。

（明）宣德《桂林郡志》卷三《官吏》

广西护卫，在（靖江王府）南，洪武五年为靖江王府置。

（明）李贤等《大明一统志》卷八三

王府官属。承奉司：承奉正，正六品；承奉副，从六品。典服所：典服正，正六品；典服副，从六品。各门官：门正，从六品；门副，从六品。内使：司冠一名，司衣三名，司珮一名，司履一名，司药二名，后设无定员。长史司：左长史，正五品；右长史，从五品；典簿一员，正九品。审理所：审理正，正六品；审理副，从六品。典膳所：典膳正，正八品；典膳副，从八品。奉祠所：奉祠正，正八品；奉祠副，从八品；典乐一员，正九品。典宝所：典宝正，正八品；典宝副，从八品。纪善所：纪善二员，正八品。良医所：良医正，正八品；良医副，从八品。典仪所：典仪正，正九品；典仪副，从九品；引礼舍人三名，未入流。工正所：工正正，正八品；工正副，从八品；伴读，从九品；教授，从九品。广积仓：大使，未入流；副使，未入流，每所止除一员。

其守卫则有广西护卫指挥使司，原额官军五千六百八十五员。见在官军九百八十八员名；侍卫官军九百九十员名，官八十员，正旗军六百七十二名；征操官军一百六员名，古田哨官军八十员名，梧州哨旗军二十二名，龙门哨官军十三员名。

（明）嘉靖《广西通志》卷十一《藩封志》

藩封

靖江王府，在府之独秀山前。

长史司、典簿、审量所、纪善所、典宝所、奉祀所、良医所、典膳所、教授、典仪所、工正所、广积库、广积仓、引礼舍人、伴读。

（明）张卤《大明制书·官制》卷十九《广西省·桂林府》

靖江官属。长史司：左右长史；典簿厅：典簿；审理所：审理正副；典膳所：典膳正副；奉祠所：奉祠正副；典宝所：典宝正副；典仪所：典仪正副；工正所：工正正副；良医所：良医正副；纪善所：纪善二，伴读一，教授一，典乐一，引礼舍人三；广积仓：大使副使各一。

内官。承奉司：承奉正副；典服所：典服正副；各门：门正副；内使：司冠一，司珮一，司衣三，司履一，司药二。

护卫指挥使司。指挥、千户、百户，所领军称守卫，改桂林左卫为之。原额官军五千六百八十五员名，现在官军九百八十八员名。

仪卫司及典仗所。百户、军校，称侍卫，官军校九百九十员名。

（明）万历《广西通志》卷六《藩封志》

（洪武）十一年，……戊子，敕秦相府官曰："王府设官，本古之道。然昔者惟以文章之士为辅，朕封诸子，兼设武臣于相府者，盖欲藩屏国家，御侮防患，无事则助王之治，所以出则为将，入则为相。今靖江相府官与指挥耿良不协，其有欺凌指挥之意。由是命武相，有警则出而为将，护卫指挥副之，归则勿与金谷刑名之事。军务则文武议之，道王以善，勿乖朕意。"

（明）朱国桢《皇明史概·皇明大事记》卷九《封建》

5. 王妃丧制

（洪武九年五月）癸亥，晋王妃谢氏薨，命礼部、翰林院议丧服之制。翰林侍讲学士宋濂等议曰："按唐制，皇帝为皇妃等举哀，临丧素服，举哀毕则常服。宋制，皇帝为皇亲举哀，素纱幞头，白罗衫，黑银带。今参酌唐、宋之制，皇帝及中宫服大功，诸妃皆服小功，南昌王妃服大功，东宫、亲王、公主皆服小功，晋王服齐衰期，靖江王服小功，王妃服缌麻，辍朝三日。既成服，皇帝素服入丧次，十五举音，百官奉慰。皇帝出次，释服，服常服。"制曰："可。"著为令。

（明）《明太祖实录》卷一〇六

为诸王妃服议

明太祖洪武九年五月，晋王妃谢氏薨，命议丧服之制。侍讲学士宋濂等议曰："按唐制，皇帝为皇妃等举哀。宋制，皇帝为皇亲举哀。今参酌唐、宋之制，皇帝及中宫服大功，东宫、公主、亲王等皆服小功，晋王服齐衰期，靖江王妃小功，王妃服缌麻。辍朝三日。既成服，皇帝素服入丧次，十五举音。百官奉慰。皇帝出次释服，服常服。"制曰："可。"其后王妃丧视此。（案《明会典》，凡世子妃、世孙妃丧礼，俱与郡王妃同）

（清）嵇璜等《钦定续通典》卷七六《凶礼》

初，洪武九年五月，晋王妃谢氏薨，命议丧服之制。侍讲学士宋濂等议曰："按唐制，皇帝为皇妃等举哀。宋制，皇帝为皇亲举哀。今参酌唐、宋之制，皇帝及中宫服大功，诸妃皆服小功，南昌皇妃服大功，东宫、公主、亲王等皆服小功，晋王服齐衰期，靖江王妃小功，王妃服缌麻。辍朝三日。既成服，皇帝素服入丧次，十五举音。百官奉慰。皇帝出次释服，服常服。"制曰："可。"其后，王妃丧视此。

（清）张廷玉《明史》卷五九《礼志十三》

五　与诸王讲武中都

（洪武八年九月）壬子，上命皇太子、秦王、晋王、楚王、靖江王出游中都以讲武事。诏太子赞善大夫宋濂、秦府长史林温、晋府长史朱右、楚府长史朱廉、靖江王长史赵埙等从。既行，上阅《舆地书》，得濠梁古迹一卷，命内臣驰驿以赐东宫，且题其外，令濂询访，随处言之。皇太子至池河驿，得上所赐书，大喜，以示濂。濂因启曰："临濠古迹，惟涂、荆二山最著，涂山在昔钟离县西九十五里，荆山亦在县西八十三里，二山本相联属，而淮水绕荆山之阴，神禹凿之，水始流二山间，民获免阻修之艰，禹之功也。"十一月壬申，皇太子既过中都，乃往游焉，命濂撰文记之。其他古迹，濂历历举之，因事进说，甚有规益。事毕，既还京师。

（明）《明太祖实录》卷一〇一

游琅琊山记

洪武八年十有一月壬子，皇上以皇太子暨诸王久处宫掖，无以发舒精神，命西幸中都，沿道校猎，以讲武事，濂实奉诏扈从。……秦王府则林伯恭，晋王府则朱伯贤，楚王府则朱伯清，靖江王府则赵伯友。

（明）宋濂《宋学士全集》卷二

（洪武八年四月）命皇太子、秦王、楚王、靖江王讲武中都，诏太子赞善宋濂、长史赵壎等从。……事毕，还京师。

（明）陈建《皇明通纪》卷六

（乙卯，洪武八年）冬十月，皇太子及秦、晋、楚、靖江王讲武中都。

（明）郑晓《吾学编》第一《皇明大政记》卷一

（太祖高皇帝乙卯八年）冬十月壬子，命皇太子、秦王、楚王、靖江王讲武中都。
诏太子赞善宋濂、长史赵壎等从。……事毕，遂还京师。

（明）黄光升《昭代典则》卷八

（洪武八年）冬十月，命皇太子及秦、晋、楚、靖江王讲武中都，诏太子赞善宋濂、赵壎等从。

（明）谭希思《明大政纂要》卷四

（洪武八年十月）壬子，命皇太子、秦王、晋王、楚王、靖江王游中都，讲武。太子赞善大夫宋濂、长史林温、朱右、朱廉、赵壎等从。……及中都还，因导游荆、涂二山。

（明）谈迁《国榷》卷六

（洪武八年九月）是月，命皇太子及秦、晋、楚、靖江四王讲武中都，学士宋濂从。

（清）夏燮《明通鉴》卷五《纪五》

六　就藩桂林

（洪武九年十一月）戊申，诏靖江王守谦之国，奉其祖南昌王木主以行，赐其从官侍卫钞有差。

（十二月）辛未，赐靖江王府文武官玺书。曰："典宝副林清赍至从孙守谦表，知已达长沙矣。朕览之，念其远行，不觉泪下。今林清归，特敕谕尔文武之臣：守谦未壮，犹有童心，既出镇西南，唯尔文武之臣是赖。尔等若谓守谦为已能，不与之谋，不导以理，非贤人君子矣。宜勖之以学，诱之向善，若有不从，必从容开喻，务成其德。守谦本幼，朕令其行者，盖以所保者有尔文武臣也，尔等其恪恭朕命毋怠。"

（明）《明太祖实录》卷一一〇

谕靖江王府文武官诏

洪武九年十二月二十日，典宝副林清赍到从孙守谦表，知已达长沙矣。朕历览表之副本，文辞妥帖，诵之忽思从孙之远行，不觉泪下而又沾襟。今进表使归，朕特谕尔王府文武众官：即今守谦未壮，志若孩童，既出镇于西南，必文武之臣。为守谦之已能，若倚之而不谋，纵之而不导，又非贤人君子。然幼孙而戆，凡导以仁王之理，少有不从，从容必以岁月而成其德。守谦本幼，朕辄敢令行者为何？盖谓所保者文武是也。谕至，尔诸人恪恭朕意，日夕毋怠。

（明）朱元璋《明太祖文集》卷二

谕靖江王府文武官诏

奉天承运皇帝诏曰：洪武九年十二月二十日，典宝副林清赍到从孙守谦表，知已达长沙矣。朕历览表之副本，文辞妥帖，诵之忽思从孙之远行，不觉泪下而又沾襟。今进表使归，朕特谕尔王府文武众官：即今守谦未壮，志若孩童，既出镇于西南，必文武之臣。为守谦之已能，若倚之而不谋，纵之而不导，又非贤人君子。然孙幼而戆，凡导以仁王之理，少有不从，从容必以岁月而成其德。守谦本幼，朕辄敢令行者为何？盖谓所保者文武是也。谕至，尔诸人恪恭朕意，日夕毋怠。洪武九年十月二十日。

（明）孔贞运《皇明诏制》卷一

谕靖江王府文武官诏　　（明）朱元璋

洪武九年十二月二十日，典宝副林清赍到从孙守谦表，知已达长沙矣。朕历览表之副本，文辞妥帖，诵之忽思从孙之远行，不觉泪下而又沾襟。今进表使归，朕特谕尔王府文武众官：即今守谦未壮，志若孩童，既出镇于西南，必文武之臣。谓守谦之已能，若倚之而不谋，纵之而不导，又非贤人君子。然孙幼而戆，凡导以仁王之理，少有不从，从容必以岁月而成其德。守谦本幼，朕辄敢令行者为何？盖谓所保者文武是也。谕至，尔诸人恪恭朕意，日夕毋怠。

（清）汪森《粤西文载》卷二《制敕》

洪武十年正月二十一日，前王之国，仅三载，有旨宣回京师。

（明）宣德《桂林郡志》卷三《藩邸》

洪武九年，赐靖江王府文武官玺书曰："典宝副林清赍至从孙守谦表，知已达长沙矣。朕览之，念其远行，不觉泪下。今林清归，特敕谕文武之臣：守谦未壮，犹有童心，既出镇西南，唯尔文武之臣是赖。尔等若谓守谦为已能，不与之谋，不导以理，非贤人君子矣。宜勖之以学，诱之向善，若有不从，必从容开谕，务成其德。守谦本幼，朕令其行者，盖以所保者有尔文武臣也。尔等其恪恭朕命，毋怠。"

（明）万历《广西通志》卷六《藩封志》

（洪武九年十一月）戊申，靖江王就国。

（明）朱国桢《皇明史概·皇明大政记》卷三

（洪武九年十一月）靖江王守谦之国。

（明）何乔远《名山藏》卷三《典谟记》

（洪武九年十一月）戊申，靖江王守谦之国。

（明）谈迁《国榷》卷六

谕靖江王府文武官诏

诏曰："洪武九年十二月二十日，典宝副林清赍到从孙守谦表，知已达长沙矣。朕历览表之副本，文辞妥帖，诵之忽思从孙之远行，不觉泪下而又沾襟。今进表使归，朕特谕尔王府文武众官：即今守谦未壮，志若孩童，既出镇于西南，必文武之臣。为守谦之已能，若倚之而不谋，纵之而不导，又非贤人君子。然孙幼而戆，凡导以仁王之理，少有不从，从容必以岁月而成其德。守谦本幼，朕辄敢令行者为何？盖谓所保者文武是也。谕至，尔诸人恪恭朕意，日夕毋怠。"

（清）傅维麟《明书》卷五一《纶涣志一》

（朱守谦）既长，之藩桂林。桂林有元顺帝潜邸，改为王宫。上表谢，太祖览之，泣下沾襟，敕其从臣曰："从孙幼而远镇西南，其善导之。"为著《昭鉴录》。

（清）王鸿绪《明史稿·列传四·诸王二》

附　与官员交游

赠林子方序

去年（洪武十年）春，予被命使安南。五月至其国，瘴乡暑道，感触既深。去苍梧，秋气稍凉，伏暑内发，体热可炙手。靖江王遣医诊视，连进数剂，热虽稍退，而泄痢作矣。至京，痢转剧，有旨命子方赐问。既切脉，曰："君脉与症无大可畏，然不可即治，必渐消之，则病根可除，而他疾不生矣。"于是，日服其药，阅两月而后愈。

（明）林弼《林登州集》卷十二

七　以罪废卒

（洪武二十五年正月辛亥）靖江王守谦薨。守谦，皇兄南昌王之孙，皇侄文正之子也。初，文正有罪，谪死桐城，上育守谦于宫中，所以教训之甚笃。既长，俾王靖江。而阴贼险狠，不谨宪度，狎比小人，肆为淫虐，国人苦之。上未忍置于法，召还京师，戒谕之。守谦不知悔，复肆怨望，作诗讥刺。上复容贷，使居凤阳力田，冀其知稼穑艰难，而思所以保富贵也。既七年，上以其久历艰苦，必克自新，复其爵，使镇云南。又推本亲爱之意，援引古道，谆谆训戒。既行，又遣其妃之弟徐溥赐以玺书曰："云南诸夷杂处，地险人顽，守者非恩威并行，不可得而长久。故能者必恩威兼著，赏罚严明，笃在防奸御侮，不作无益之工以疲士卒。域内无警，使乐有余；士卒既安，土人畏威怀德，则久长必矣。云南冬无酷寒，夏无炎暑，气候和平，可谓乐地。然尔戴罪而往，所居之室，且可取容而已。所领军士，止存百人自随，其余悉与总兵官备御。因粮于外，且积余粮，以备明年屯种。旧守军士，皆是力农，仅能自给，若不度在下之情，必使坐食待尽，一有窘乏，不非便也。尔所居，非奉朕命，必欲称及尔心，则人劳灾兴，有不可逃。尔其钦哉。"守谦既至云南，复奢纵淫佚，掠杀不辜，黩于货财，豪夺暴敛，号令苛急，军民怨咨。上犹不忍置罪，仍召还，安置凤阳。虽在贬斥，横恣自如，强取牧马，暴扰一乡。乃召至京，笞而禁锢之，至是卒。以其嫡长子赞仪为世子。

（明）《明太祖实录》卷二一五

（洪武二十五年正月）靖江王守谦卒。

按：守谦，南昌王孙，文正子也。初，文正有罪，谪死桐城。上育守谦于宫中，教训甚笃。既长，俾之靖江，而阴贼奸险，狎比小人，肆为淫虐。上未忍置于法，召还京师，戒谕之。守谦复肆怨望，作诗讥刺。上复容贷，使居凤阳力田，冀知稼穑艰难，以保富贵。经七年，以其久历艰苦，复其爵，镇云南。奢杀如故，军民怨咨。犹不忍置罪，仍召还，安置凤阳。益复横恣，强取牧马，暴掠一乡。乃召至京，笞而禁锢之，至是卒。以其长子赞仪颇好学，能书，世袭其职。

（眉批）皇祖亲亲之仁至矣，如靖江之不悔何，赖有此子。

（明）陈建《皇明通纪》卷十

靖江王守谦，太祖长兄南昌王之孙也，南昌王从祀庙庭。……洪武三年，封铁柱靖江王，改名炜，又改名守谦，国于桂林。桂林独秀山前有元顺帝潜邸，改为王宫。未几，以淫虐废为庶人，使田凤阳。阅七年，复其王，使居云南，赐玺书戒谕。比至云南，益贪暴。召还，安置凤阳。又横恣不法，召至京，挞而锢之。二十五年卒。

（明）郑晓《吾学编》第十六《皇明同姓诸王传》卷三

（洪武二十五年正月）靖江王守谦卒。

谦，上长兄南昌王孙也。……（朱文正）放桐城而死，召其子铁柱，语之曰："儿无恐，汝父违吾训，忘艰难，遗我忧，我故放之。我育汝，汝长，且封汝。我终不以父故废汝，汝勉之。"洪武三年，赐今名，封靖江王，国桂林。未几，以淫虐废为庶人，囚凤阳七年。复王国云南，益暴。上召，挞而锢之，卒。子赞仪尚幼，命为靖江王世子，留京师。

（明）涂山《新刻明政统宗》卷五

（洪武二十五年正月）靖江王守谦卒。

谦，上长兄南昌王孙也。……（朱文正）放桐城而死。召其子铁柱，语之曰："儿无恐。尔父违我训，忘艰难，遗我忧，我故放之。我育汝，汝长，且封汝。我不以汝父故废汝，汝勉之。"洪武三年，赐今名，封靖江王，国桂林。未几，以淫虐废为庶人，田凤阳七年。复王国云南，益暴。上召，挞而锢之，卒。子赞仪尚幼，命为靖江世子，留京师。

（明）谭希思《明大政纂要》卷九

洪武二十五年正月，靖江王守谦卒。初，文正有罪，谪死桐城，上育守谦宫中，教训甚笃。既长，俾之靖江。而阴贼险狠，狎比小人，肆为淫虐，国人苦之。上未忍置于法，召还京师，戒谕之。守谦不知悔，复肆怨望，作诗讥刺。上复容贷，使居凤阳力田，冀其知稼穑艰难，而思所以保富贵也。既七年，上以其久历艰苦，必克自新，复其爵，镇云南，又推本亲爱之意，谆谆训戒。守谦既至云南，复奢纵淫佚，掠杀不辜，军民怨咨。上犹不忍置罪，仍召还安置凤阳。虽在贬斥，横恣自如，强取牧马，暴扰一乡。乃召至京，笞而禁锢之，至是卒。以其子赞仪为世子。

（明）徐学聚《国朝典汇》卷十三《宗藩上》

（洪武二十五年正月）靖江王守谦薨（屡训戒不从，禁锢卒，以其子赞仪为世子）。

（明）朱国桢《皇明史概·皇明大政记》卷五

靖江王薨于二十五年之正月，其贬谪迁徙，国史总列大凡，不详岁月，诸书中多有计年填入者，今不敢仍，惟录国史一则于后：

靖江王守谦，皇兄南昌王之孙，皇侄文正之子也。文正有罪，谪死桐城。上育守谦于宫中，教训甚笃。既长，俾之靖江。而阴贼险狠，肆为淫虐，国人苦之。上未忍置法，召入京，戒厉之。恬不知悔，复怀怨望，作诗讥刺。优容，使居凤阳力田，冀知稼穑艰难，思所以保富贵也。既七年，复其爵，镇云南，谆谆训谕，遣其妃之弟徐溥赐以玺书，曰："云南诸夷杂处，地险人顽，守者非恩威并行，不可得而长久。其地冬无酷寒，夏无炎暑，可谓乐地。然尔戴罪而往，居室取容而已，所领军士止存百人自随，余悉与总兵官备御，因粮于外。若不奉朕命，妄有兴作，则人劳灾兴，可不畏哉。"守谦既至云南，复奢纵淫佚，号令苛急，军民怨咨。上犹不忍致罪，仍召还，安置凤阳。虽在贬斥，横恣自如，强取牧马，暴扰一乡。乃召至京，笞而禁锢，至是卒。以其嫡长子赞仪为世子，次子赞侃为将军。

（明）朱国桢《皇明史概·皇明大政记》卷六《存疑》

靖江王守谦，高皇帝长兄南昌王之孙也。父文正（既废），……（朱元璋）召其子铁柱，语之曰："儿无恐，尔父违训教，忘艰难，恣凶狡，贻我忧。我育汝，汝长，且封汝，我终不以汝父废汝。汝宜修德励行，盖前人之愆，则不负吾望矣。"……洪武三年，封为靖江王，国桂林。守谦复不法，仿佛蹈父恶。废为庶人，使田凤阳。阅七年，复其王，益贪暴。召还京，遂锢之。子赞仪嗣王，永乐中遣之国。

（明）尹守衡《皇明史窃》卷二四

（洪武二十五年正月）辛亥，靖江王守谦薨。守谦，皇兄南昌王孙。初，南昌王子文正谪死桐城，育守谦宫中。及长，就封，淫虐不悛。召谕之，作诗刺讥。俾凤阳力田七年，复爵，镇云南，淫虐如故。召置凤阳，犹横恣，夺牧马。乃笞之，幽京师，卒。子赞仪为世子。

（明）谈迁《国榷》卷九

　　靖江王守谦，初名铁柱。太祖故与铁柱祖南昌王有隙，又疑其父文正怀贰。铁柱方四岁，而文正得罪。太祖育铁柱宫中，抚其顶，语曰："吾终不以若父有罪，故废若也。"佯爱怜铁柱，以示群臣。其后文正竟僇死。铁柱既长，颇读书，学作诗文，知父死不以罪，又知太祖仇其祖不置，时时怨恨，不能韬晦。太祖颇觉其意，卒以朱氏无他宗族，故得与诸子俱封。铁柱改名炜，复改名守谦，开府桂林，僻在岭表，古迁谪地也。九年，就国。十三年，太祖知其怨望，有诏称其淫虐，召还，废不王，而杀其右相李质。守谦既废居京师，尝作诗引《蓼莪》，以思其父；又为文曰"出无所怙，入无所恃"；且言宫室车马之奉，不如老死桑田为乐。或传之太祖，太祖怒，即罚作农夫，使田凤阳。当是时，太祖实欲杀守谦，而佯曰："朕思我祖考，不忍致僇，故以是苦之。"而守谦之祖母王氏，故誓死不嫁，以待文正之壮，既亲见文正僇死，及守谦复壮受爵，而又见其得罪重贬。王氏年老矣，内伤其孙不习田家作苦，将复蹈死亡，而畏太祖，不敢请，乃遣二僮奴与守谦俱，时阴代守谦治田。逾七年，守谦无恙，始召还至京师，旋使居云南。云南视广西，去京师尤远。临行，佯谕之曰："若早革非，当留王大理。"比至，有诏称其贪暴，复召还，安置凤阳。又有诏，称其横恣不法，召至京师，挞而锢之。于是亲作《纪非录》，历叙古今藩王不法者，而罪状守谦尤纤悉。又追暴南昌王、文正罪，言守谦之恶皆其祖父积不善所致，时二十年二月也。守谦见锢五年，竟死，有子。

（清）万斯同《明史》卷一五二《诸王上》

　　洪武三年，封铁柱为靖江王，改名炜，又改名守谦，国桂林。桂林独秀山前见元顺帝潜邸，改为王宫，赐冠服，禄如郡王，官属如亲王。九年之国，阴贼险狠，狎比小人，肆淫虐，国人苦之。上未忍置于法，召还京师戒谕之，守谦不知悔，复肆怨望，作诗讥刺。上容贷，使居凤阳力田，冀其知稼穑艰难，而思所以保富贵也。既七年，上以其久历艰苦，必克自新，复其爵，镇云南，训戒谆切。王至云南，复故行，掠杀不辜，民怨恣。上仍召还，安置凤阳。又横恣不法，乃召至京，挞而锢之。二十五年卒，不谥。

（清）傅维麟《明书》卷八八《皇子诸王宗室记》

　　守谦知书，而性特戾，比群小，恣淫虐，粤人怨咨。召还戒谕之，守谦作诗怨望，帝怒，废为庶人，居凤阳。七年，复其爵，徙镇云南，使其妃弟徐溥同往，赐书戒饬之，语极挚切，守谦暴横如故。召还，安置安阳。复以强取牧马，召至京锢之。二十五年卒。

（清）王鸿绪《明史稿·列传四·诸王二》

　　守谦知书，而好比群小，粤人怨咨。召还，戒谕之。守谦作诗怨望。帝怒，废为庶人。居凤阳七年，复其爵。徙镇云南，使其妃弟徐溥同往，赐书戒饬，语极挚切。守谦暴横如故。召还，使再居凤阳。复以强取牧马，锢之京师。二十五年卒。子赞仪幼，命为世子。

（清）张廷玉《明史》卷一一八《诸王列传三》

附一　废为庶人

（辛亥，洪武四年，闰三月）废靖江王守谦为庶人。

（明）郑晓《吾学编》第一《皇明大政记》卷一

（洪武四年闰三月）废靖江王守谦为庶人。

（明）谭希思《明大政纂要》卷三

附二　编纂《昭鉴录》

《昭鉴录》序

朕尝深思熟虑，曩者创一天下之君，其决事也繁，其操心也旷，虽至明之人，其过误不免有之，况见浅识薄，得过亦多矣，因是有愆于后。若能觉前过误，日加警省，修德以消前愆，乃子孙之福也。若已不能省，更加以子孙嚣嚣不律，其好还之事必有日矣。朕因靖江王守谦不法，蹈其父恶，虽未全见其萌之意，仿佛如之。思无可制，特命儒臣于诸史内撮类历代藩王事迹，编而成书，示使朝夕目之，戒必为善。书方编未成，是子孙不改过，妄行引古牵今，内多含抱恨。后为庶人，乃云"不恋车马之嬉游，住茅檐之矮屋，忘金饰之高楼，惟努力于田丘，甘心老死于桑林"，有若是言。朕复思乃是子无福之所使耶？其父昔之凶之所致耶？然此子虽不服教矣，书既成编，当布示吾诸子，使观贤不肖何如。且朕昔居淮右，世之寒微有能过者乎？斯寒微之至极也。一旦元运天更，群雄鼎沸，吾乘逐鹿之秋，收集豪英，开诚谕率，四征不正之徒。因是与群雄并驱，一纪于兹，方敛群雄于锋刃之杪，导善良以归仁义之乡。吾尝忧惧万千，其当敛雄抚善之时，岂无过误者乎？今知前躁，欲追不及。警戒目前，深虑积愆已重，今德薄才疏，恐不足以补过消愆，有累吾诸子孙。即目日已年迈，精力有所怠，为天下生民及子孙计，日以强力为之。然自平祸乱以来，心役神疲，此际施为，终非精细。必子孙见此，增修厚德，消平祸乱之愆，人各膺夫福禄，此朕之幸也。且历代诸帝之子多嚣嚣不律，以致为他人离间亲亲，身受大祸者，一为前人之所作，二因后人之不修，愈加增恶，见怒于天人者也。惟我子孙，熟省察而慎戒之，同良于世，不亦美乎。

（明）朱元璋《明太祖文集》卷十五

《昭鉴录》序

洪武六年三月癸卯朔，上诏秦相府右傅臣文原吉、翰林修撰臣王僎、国子博士臣李叔允、助教臣朱复、秦相府录事臣蒋子杰、晋府纪善臣吕宗盛、录事臣杜环、燕府录事臣张云翀、吴府录事臣吴从善、楚府录事臣王镛、靖江府录事臣宋善，类集历代诸王事实。既受命，乃取东观诸史相与研磨，善与恶可为劝惩者咸采焉。其文芜事泛，则删取其大概；或有奢淫不轨，无复人理者，辄弃而不收。越二十又二日甲子，书成，缮写为二卷。臣原吉等诣阙投进，仍请以太子赞善大夫臣宋濂为之序，上可其奏。先是，有诏礼部亦修是书，前尚书臣陶凯、今尚书臣牛谅、主事臣张筹遂录为一卷，上尘乙夜之览。然二书义例本同，无大相远，臣筹因会萃众论，合而为一，承诏刻梓以传，名之曰"昭鉴"，臣濂因得而序之。

臣濂钦惟皇上既正天位，即定青宫，众建诸子为王，作镇雄藩，于是发自渊衷，锡以《宝训》，凡箴戒之谆切、礼仪之等第、兵卫之出入与夫职制营缮、法律供用之属，具录成书，共一百一十有余条。然虑其文太繁，前史之事可据以为鉴戒者，多于各条之下微注其纲，而其目则悉载此书，庶几得以互见。其为圣子神孙建万世之丕基者，可谓深且长矣。於戏盛哉！然代天而理物者，天子也。佐天子谨藩制以壮磐石之宗者，诸王也。天子则元首，诸王则手足，是谓一体者也，其可不同心而同德者乎？昔之贤王有见于此，敬以修身，礼以齐家，政以驭众，夙夜战兢，唯恐不能尽屏翰之寄，故禄位传诸无穷，声光显于来世。其或不贤而弗之察，欲纵情逸，且失其秉彝之性，而欲久享爵秩，抑亦难哉！观录中所纪，历历盖可数也。传曰："义胜欲者从，欲胜义者凶"。又曰："惟命不于常，道善则得之，不善则失之矣"。呜呼！《宝训》具在，赫若日星之临。览是录者，其懋戒之哉！其懋戒之哉！是岁五月三日，臣濂拜手稽首谨序。

（明）宋濂《宋学士全集》卷五

（洪武）六年春，赐诸王《昭鉴录》，又赐《祖训》，令书殿中宫中。

（明）郑晓《吾学编》第十四《皇明同姓诸王传》卷一

（洪武六年三月癸卯）《昭鉴录》成，上序之曰："人虽至明，不免过误。若觉前误，修德消愆，子孙福也。己不省改，加之子孙，嚣嚚不律，好还有日矣。靖江王守谦，迹父之恶，虽未尽彰，仿佛如之。朕特命儒臣，撮历代藩王事迹，使目朝夕。书编未成，是子不悛。今示吾诸子，朕自平祸乱以来，忧惧万千，岂无前误。深惧积愆，德薄才疏，不足补过。熟察慎戒，必我子孙。"

（明）何乔远《名山藏》卷二《典谟记》

（洪武六年）三月癸卯朔，《昭鉴录》成。初，礼部尚书陶凯、主事张筹等创稿，秦府左傅文原吉、翰林编修王僎、国子博士李叔元、助教朱复、秦府录事蒋子杰等续修，上序之曰："人虽至明，不免过误。若觉前误，修德消愆，子孙福也。己不省改，加之子孙，嚣嚚不律，好还有日矣。靖江王守谦，迹父之恶，虽未尽彰，仿佛如之。朕特命儒臣，撮历代藩王事迹，使自朝夕。书编未成，是子不悛。今示吾诸子，朕自平祸乱以来，忧惧万千，岂无前误，深惧积愆，德薄才疏，不足补过。熟察慎戒，必我子孙。"

（明）谈迁《国榷》卷五

附三　淫虐广西

洪武十二年六月十六日敕谕周王文

曩者，分封诸子孙，建国方隅，必欲福民。以福致上帝，嘉善于祖宗，是其本心也。何期从孙守谦，蹈其父恶，冥顽不遵教训，拒谏饰非。朕想既不能遵奉教训，又无福民之德，恐上帝归罪于朕，于是召归，降为庶民。其所辅弼之人，谗谄者，已行如律；内有忠良直谏者，存之数人而已。今尔无武相，特以董勋为尔首相，凡百匡救事务，从善去恶，言听谏行。夫知人之善恶，在尧舜亦为难。是董勋在靖江时，其忠言烈烈，不避嫌疑，意在使为善而去非，以全王位。何期不听，傲拒饰非，智辱忠良。事觉，方知勋诚称王佐之人。今命相尔，尔其从长为善，敬哉。

洪武十二年二月十五日敕谕靖江王

朕尝设《祖训录》，防奸臣愚弄我子孙。今广西布政司官张凤公然侮慢，按察司副使虞泰暗地搬说是非，及指挥章集，本等管军人员，却乃虚诈，惑我幼孙。今张凤、虞泰各得剥皮重罪，其指挥章集，内使到日，火速命人钉解前来处治。

洪武十二年三月二十三日

好善恶恶，居安虑危，鉴是识非，从顺去逆，此古先圣贤能持守之要道也。若善恶、安危、是非、顺逆皆有之者，终了必被危恶与逆非坏及身命也。惟独有一善，岂能正不正之四者耶？且朕与尔父同寒微，平日所受艰辛，有不可言之苦。一旦胡元运去，朕招率义旅，开心抚人，思昔日之贫穷，虑当时英雄者众，惟恐不能保命于乱中。故有惶惶日夜，千思万想，以集众兵于江左。后因尔父长成，拨军护卫，教练威武。威武既成，令守江西。恣意放纵，视人如草木，作孽无休，其不仁者甚。夺人之妻，杀人之夫，灭人之子，害人之父，强取人财。事觉，教之不听。未几，谋奔敌国，又觉，而方因之，然后而殁。此祸此非，皆尔父之所为，相去且不甚远。今尔自言与童瞒诈，问其所以，若依与童及章指挥、李舍三小厮等所为，即是尔父初当萌恶之前，门又开矣。幸尔自觉，若不自觉，他日祸亦非浅。今特差内使陈景及校尉前去提取为非之人，朕自行问罪。尔再休与一个小人闲戏，尔父平日作孽既深，只恐鬼神之好还。尔当十分修己，自措厚德，以享大福。不然，恐尔父恶逆既多，尔又不处省，或者神怒人怨。自当谨慎，谨慎。

洪武十二年四月初一日

《书》不云乎："作善降之百祥，作不善降之百殃。"尔从孙守谦之父文正者，不听朕教，累恶不知改。务在寅昏出入，同游者皆是无藉小人；所游处，不过强淫人妻女，强取人财物。即目见在尔本宫中金银之类，多系非礼之财。所以令收入宫，使尔常见之，尔祖母必有所谕尔。今郡主系尔之妹也，其郡主之母，尔岂不问尔祖母，此妹之母安在？何姓人家女子？此郡主母系他人妻，尔父慕色，而杀其夫夺之。既生郡主之后，事发，非理取用妇人女子，尽皆杀之。所以作不善也，其百殃非身，必子孙当之；既已身当，余殃尚多。惟子孙能改过作善，务存公正，则可以渐消。今尔复行尔父之为，非冤家之所使者谁？当初朕造完宫室，百事具备。尔乃生淫乐之谋，不知军民之苦，假以盖书房为由，实淫逸之舍。高墙以围之，穿地以深井，朝暮会小人于是。此岂王者所为？今特命人拆毁，尔悔过知改乎？

（明）朱元璋《太祖皇帝钦录》

附四 知东平州

皇明典礼，凡镇国将军以下，有文武才堪备任用者，量才授任，不拘原定职名品级。

按：国初靖江王守谦出知东平州，后宗室日骄，无志于用，太祖之法弛矣。

（明）皇甫录《皇明纪略》

召其子语之曰："铁柱无恐，我终不以汝父故废汝。"铁柱，守谦小名也。未几，文正卒。洪武三年，封守谦为靖江王，国桂林。桂林城独秀山前，有元顺帝潜邸，改为王宫，郡王官属视亲王次等。九年之国，上表谢。上览表为泣下，敕从臣善导之。尝出知东平州，守谦复不法，怨望，作诗讥刺，废为庶人，使田凤阳。守谦曰："不愿为王，力田足矣。"帝曰："铁柱无福。"阅七年，复其爵，镇云南，遣其妃之弟徐溥诫以玺书。乃益贪暴，召还京，安置凤阳，不省，召至京，挞而锢之。

（清）查继佐《罪惟录·列传》卷四

附五 暴横云南

（洪武二十年五月）庚申，遣使赉敕谕西平侯沐英、吉安侯陆仲亨、平凉侯费聚、南安侯俞通源、四川都指挥使宁正、楚雄卫指挥袁义、大理卫指挥郑祥、品甸卫指挥赖镇、金齿卫指挥李观、储杰等，曰："近御史李原名归自平缅，朕听其所陈，知百夷谲诈之详，虽百千万言，无一言可信。由是观之，蛮夷反欲窥伺中国，为我边患。符至，可即葺垒金齿、楚雄、品甸及澜沧江中道，须高城深池，固其营栅，多置火铳为守备。贼来，勿轻与战，相机乃动。往岁，云南军中遣人至百夷，多贪财货，不察事势轻重，张威贾勇，贻笑诸蛮。又因靖江王不才，以大理印行令旨，皆非道理，致其侮慢，上累朝廷。继今不许一人往平缅，惟静以待之。彼若有文移，则大略答之，否则勿答应；有职贡之物，皆不得取。如是数年之后，则麓川之地可入版图矣。卿等固守朕言，毋怠。"

（明）《明太祖实录》卷一八二

靖江王

古人有云："诛君之子不立。"此说去古既远，验所无凭，具在史册，然朕未为以必。然朕不幸，有骨肉乖离之患。且从孙守谦之祖，幼因皇考惜之甚，及壮，无状甚焉，其非奉父母之道，有不可胜言。呜呼！尝云："孝顺还生孝顺子，忤逆还生忤逆儿。"守谦之祖无道，致守谦父幼随母而孤，虽在未出幼之先，同守谦之祖母备历诸艰，以难枚举。云何？昔元承平，朕家因遭疫疠，眷属亡其半，家道萧索，余存者，人各东西。由是守谦祖母携守谦之父栖于父母家，所以备历诸艰。当是时，朕方出幼一载余，方临一十有七岁。之初，自婴之孩时，多疾，皇考舍予于僧寺。及长，太后将许之，皇考不许，因循未入释氏。疫疠既临，人亡家破，朕因而托身佛门。居六载，而天下乱，亲戚星散，南北隔越，无所音问。

元至正甲午，朕帅师滁阳，守谦之祖母携守谦之父至。时朕只身，举目略无厚薄之亲，虽统人众，于暇中，凡有眷属之思，莫不唏嘘而涕泣焉。俄而侄男至沉。守谦之祖母七月适守谦之祖，九月朕生，是嫂见朕生长也。分离数年，扰攘中一见，眷属复完，其不胜之喜，复何言哉。于是抚守谦之父，自滁阳至和阳，渡江至姑孰，入建业。守谦之父长矣，命习武艺，以掌兵戎。不期忘前日之艰，寒微之极，恣肆凶顽，无所不逆天之非，又何言哉。大逆之道既泄，朕恐为人所潜，特召面审之。其应之词，虽在神人，亦所不容。其逆凶之谋，愈推愈广，由是鞭后而故。

时守谦育之宫中，既出幼后，朕思祖宗，不避先王之忌讳君之子复立，以靖江为国。去未久，而蹈父之非，淫佚并作，小人是从。及至取回京师，切磋琢磨，以待成人。其守谦听奸臣胡惟庸、陈尧明所教，作文以触朕怒。其文兼诗，诗引《蓼莪》以思父，文云："出无所怙，入无所恃。"又："不恋鞍马之嬉游，不恋金饰之高楼。愿住茅檐之矮屋，甘心老死于桑林。"冒渎之词，难以笔尽。朕思祖宗，不忍加戮，复使力农以坚之。如此者七年，复召归来，使帅兵以试之。帅师既行，不数月，早无所不为。朕尚未知，命入云南，若早革非，命王大理。何期所过之处，军民首目，尽为之害。呜呼！被害者来闻叠叠。暂住云南，未入大理，着令军民衙门措置应用物件饮食之类，头匹名数，非止一端。朕观需索物件内，虽有应合应办者，若在修身改过、格心向善者，自当饮食尽其所有，不当如此需索，奢侈过度。设使如此奢侈过度，岂是革非向善之心？这等需索奢侈淫佚玩好之具，皆是前代不才子孙由如此而杀身亡国者也。其玩好之具，下令催办，据军民衙门以状来闻，甚是紧急。其令曰：某件敢有违背者，全家抄没。某件敢有违背者，治以重罪。呜呼！设心玩好准备，放肆淫佚，其令急如星火。且如只身前去，造大小床一百二十二张，硃红桌、金漆桌项数具列条目；硃红碟、金漆碟、黑漆碟不下数百，具列条目，书写大字二尺高。硃红砚座并小砚座五座，外马槽九枚，内马槽五枚。呜呼！朕内厩马槽止一枚，今守谦比增四倍。其所设内官衙门，比朕京师大内衙门比加一倍。其裱褙吊字及彩画金漆桌，面板三片，其裁尺八枚；五尺一枚，四尺一枚，三尺二枚，二尺四枚，皆用梨木为心，猫竹缘边。此等尺样，朕实罕闻。呜呼！但肯设心改过，推人之难。将征南诸将军士所在以言劳之，而过不期劳言，并无放肆，忿怒有余，将靖州关市一火焚空。陈指挥启谏，罚跪永昼。鞭死本官，沅州打死千户一员、军二名，曲靖卫有老指挥打损二员，云南税务副使打死一员，开国旧人吴指挥打损腿筋。昼夜抢劫云南太华、筇竹等六寺僧财，佛像、香炉、花瓶等，尽行将去。各军正在收成之际，自种自吃，起行间，着令都司务要千五百人搬挑行李。所过驿分，将驿马骑去甚多，不还者二。当领军于五开之时，各处需索钱钞，买妇女搽面粉六桶，意欲赴京以饰妇人。又着令安庆府变卖黄蜡。呜呼！无志无才小人有若是耶！当贬为庶民，使力农以知艰。其祖母恐其不能，不忍使劳筋骨，特以本身使数女子二人，纳婿二人，代守谦力农。一闻召赴京，令其管事即呼二婿根（跟）随，沿途打死一名。呜呼！代守谦力农已七年矣，方复王爵未稳，代力之人早被垂死。大数内拨去内官，又打死一名，又打残疾不能行履一名。如此非为，笔可尽乎？若是有志者，每日三飧饮食，只身在途在彼，不消需索，有无肴羞，饱而已矣，略此谁不称善？何其过安几百年天下奢侈帝王子孙之为？呜呼！盖由守谦祖、父愆积渊深，祸重重巍山，有所惑而致然乎！

用卫印作王宝。自古无此等不才，乃敢用大理卫印作王宝，行令旨于平缅取索致，致被平缅验出不系王宝，将差去人拘囚不放，如此辱累家邦。

打死官军人等。至沅州摆渡，打死千户一员，征进马军二名；鞭死陈指挥、王百户二员；杨宣慰差长官进见，打一百下身死；将云南箭课司副使董时杰打二百七十下身死。

非理打头目。于靖州将小李指挥打藤棍一百四十下；至平越将包指挥打藤棍五十下，将千户郝诚打藤棍八十七下；至曲靖将指挥使朱辅等二员打损；田宣慰处差长官一员进见，打藤棍一百下；为起房嗔吉安侯，将指挥李成打藤棍四十七下；住太华寺至二更时分方回，嗔怪指挥胡渊不行迎接，当街打藤棍四十下；将云南前卫指挥高斌打藤棍十下。

劫掠僧寺财物。

太华寺：佛像十五轴，经书二柜，铜佛二尊，画十一轴，袈裟二领，衣被十二件，□条十五条，井口布四个，蛟帐一顶，经袱二条，铜器三十一件，瓷器二十四件，漆器五件。

圆照寺：佛像二轴，经文六部，书七部，画四轴，铜器三件，衣服二件，银十五两，杂物四件。

筇竹寺：佛像三十二轴，经文六部，度牒一道，书十二部，被二条，铜器八件，瓷器八件，杂物十三件，纸一百五张。

华亭寺：佛像五轴，经文二十八部，书四部，画一轴，瓷器二件。

宝昙寺：佛像七轴，经文十六部，书二部，画八轴，杂物十八件。

大悲寺：佛像八轴，经文五部，画四轴，铜器四件。

擅立衙门名色。东耳房，西耳房；司衣司冠房，司履司被房；司药房，司仗房；司书房，司汤房；典膳厨，内使厨；酒房，库房；青厕。

娶有罪人女为妃。听信指挥张瑄等说合，将幼军老幼翟智次女收取为妃，因与张瑄妻及老翟等同座宴饮。次日，赐张瑄银八十两，马四□；千户孙仁、乔政各马二□。与待召徐信妻于楚雄卫同歇；于楚雄卫娶到幼军朱家女儿一个，又娶幼军花家女儿一个，次日将□花家女儿配与司冠力士；将幼军丁道受妻入府宿歇，至次日送还本家。

招纳安置有罪人于部下。名蔡帽儿，名施印儿，名夏□，名朱信可，名林佛生，名陈彦良，名王仲和，名吴五六，名桂宗敬，名韩可，名王用彰，名张文。

中卖盐货。于云南布政司指以买暇为由，支官银五百两，令幼军力士于各乡村强□米麦；中到安宁盐一百引，把住仓中搀夺资次□□，却令幼军担驮于街市货卖；令火者将带银两，前去邓州浪穹等处□□与各村人民□米四百二十石；差屯军于上五井中盐赶起军人房屋三间□出三千五引，大理当街置局货卖。

各头目处索火者小厮。吉安侯□索火者十名，大理卫索水者五十名，楚雄卫索火者十一名，小厮十五名，金齿卫索火者十名，顺宁府索火者二名，太华寺索小厮二名；将云南左卫指挥王俊监收，令人到家搜捉勒要火者三名；曲靖卫指挥每员要火者二名，千户每员要一名，共要火者一十一名；临安卫要火者小厮二十四名。

各官处索取头□。吉安侯处要羊二百只，牛一百只，马不拘数；曲靖卫要马四□；楚雄卫要马五□；纳楼茶甸等土官处要马五□，牛五只，羊十只；建水等州土官马二□，牛二；阿迷等州土官马二□，牛二只，羊四只。

各头目处取索物件。买办过物件银两九百六十四两；纻丝十匹，青白绵布四十五匹；各色绢三十二匹，斜皮四十八张；细白并生苎布二□，鹿皮三十一张；各色牛皮十二张，马皮三张半；狸皮十六张，羊皮十三张；兔皮六张，马皮靴六双；□衫六领，绒袜十二对；绵六斤，金线一百十五条；绒线丝线三斤四两，生丝一斤；木炭七十四担。

食用需索过。米三百九十九石，牛四十六只，羊一百二十九只，猪一百六品，鸡一千二百只，鹅一百八十六只，酒八十二坛又一百八二三瓶，乾酒五十四坛又三十二瓶，烧酒一坛又七瓶，鸭蛋六百个，鸡蛋二千一百二十个，鲜鱼一百个又一百斤，油六百六十斤，猪油一百六十三斤，面二千五百七十七斤，酥油八斤又一瓶，密一百九十七斤半，米一百斤，胡椒二十七斤十三两，花椒二十斤十三两，沙糖二百五十斤，盐八百五十斤，胡桃一千五十个，栗子一百五十个，松子一斗，乾柿四十个，西瓜一百九个，豆粉七十九斤半，茶六十五斤，酱二百七斤，乳线七斤，生姜六百十斤，蜡烛一千六百根，干笋三斤，蘑菇二斤，木耳十二斤，大酒糟三百斤，豆腐八百八十块，酒曲七百斤，花篮十八个，马料稻麦豆共一百三十九石。

带去各处铺陈什物。帐子三顶（绢帐二顶，红纱帐一顶），被二十一条（纻丝被九条，锦被二条，罗绵被一条，绵布被八条，绫被一条），褥子八条（锦褥一条，绣褥二条，纻丝褥一条，绵布褥四条），青绵布舒地铺二张，青布缴壁一个，缴柱布四□，红纱二十丈，绵布一□，青布门帘六顶，花□六条，白□八条，□衫八领，虎皮一张，绣枕五个，红桌子十只，青绵布踏凳铺一条，白桌子五只，铜面盆一个，红油面盆一个，红油脚盆一个，碟二百四十个，新碗四十个，瓷碗八个，铜壶瓶二个，铜锅三个，锡壶瓶一个。

营私驰驿。差力士马祖观驰驿往临安，取安置人韩宜可等三名一同驰驿到云南；差力士小旗彭保儿、叶成赴临安取索火者驰驿；差力士小旗吴胜、力士方麟赴临安买沙糖驰驿；差火者兔儿往临安买沙糖驰驿；差人驰驿往临安取单钺相见，与马二□衣裳一套，后二十余日追还马□衣服，却说你有功于国家，无功于我，你与我是仇人，复差力士押回临安；差人驰驿往楚雄取军吏陈伯武相见，其陈伯武原系靖江伴读，既至，见靖江仍前为非，苦谏，随将本人枷锁发回；差百户曲林，力士小旗彭保儿等往大理整理房屋，讨粮驰驿；指挥张瑄领幼军并家小于沿途各驿起马同妻小骑座，各处取索火者小厮物件给都司差批四十七纸，除不给驿外，实起马差批三十九纸，起驿马一□与镇抚黄忠骑座，差力士叶成着大理卫拨船四只，经过吕合驿骑去燕色骒马一□不还。

纵人伴为非。指挥张瑄经过普安，起夫一千五百名挑送军人行李，又将□子一□强买知府普定马一□；千户乔政、百户翁和将本管军陈狗儿姐买，令张瑄主张，□娶为妻；乔千户、娄百户、孙百户等至楚雄，将各村人民老李等缚殴打，又行搜捉袁指挥家火者马□，因诈各村鸡酒粮米等物；力士周召儿等，为跟随前往太华寺，走死云南前右二卫队伍马二□；又行诈传言语，分付盐课司掺夺资次支出客人车玄坛保盐一十七引，受相谢银十七两；又抢掠太华等寺□丝银□花单手巾钞贯等物入己；医人袁志学根随前往大悲寺，抢掠银五两，白绢被一条，白□条一条；力士舒景名根随前往太华寺，抢掠银七两，绣纳被一条，□条一条；力士马祖观差往临安起取安置人，勒要王指挥刀一把，靴一双，又要知府棕帽一顶；又于太华抢掠□衫花□；又行私宰牛（只）挟仇诈传令旨，勒要军吏吴谷张□金一两，白粉一斤，卖钞四十贯；与待名徐信银两□□，强娶军人长刘女与本人为妻，及用王府卧床漆桌及红纱灯笼鼓乐等物；又听本人妄启，将云南前卫军人枷令追征财物；沿路纵令苏总旗、安总旗、□总旗及力士吴胜、周马儿、郎□儿将各驿铺陈收去己；令镇抚步飞将靖州演武亭并新起营房烧毁；指挥张瑄收取云南都司红绢帐幔二顶入己（该绢三十六）；见力士侯总旗小旗郎睢儿打人得好，赏牛一只，羊一只，与曹舍勒取夏百户女为妻。

需索什物过度。床一百二十张（内砋红一张），帐幔三顶（红罗一顶，红绵布二顶），桌子一百三十三只（内砋红三十六只，各色九十七只），裱背梨木桌面板三片，鞍轿四副（口辔事件全），红绵布缴柱八条，褥子三条（内绲丝二条，绵布一条），各样桶七十五只（内砋红漆八只），席子一百十张，红砋杉木厨三个，木柜九个（内红油一个），碗五百五十三个（金漆一百四十个，各色三百九十三个），马槽十四枚，漆碟二百五十个，屏风七面，盏子一百五十三个，象筋三十双，象牙合儿二个，青石磨三副，象牙掌□子十副，香炉花瓶四副，锅大小七十一口，缸十九口，交椅十二把（内砋红二把），铜火炉二个，蜡烛台五对（砋红三对，铜二对），盆三十四个（砋红二个），架四十九年（内砋红五个），板凳十二条，朱红扛子二条，灯笼三十八个（内砋红四个），裱背梨木裁板二片，裁尺八枚。

整理房舍需索过度。令大理卫拆去旗纛庙起后堂五间，令大理卫办棕毛一千十二斤盖宫殿，令大理卫盖造大厅五间、两廊十间，令大理卫造房五间、酒房五间、小房三间。令大理卫修整房屋，除已完外，又行起造大小房屋六十一间，令大理卫起盖仓库两眼，着办板瓦五千片，着办紫榆木二十六条，着办大毛竹一百十五根，着办好杉木，着办胡桃木，着办各色木五十根，着办乾板二十八片。

盖寺斋僧。盖圆通寺，砖三千四百九十个，灰九千七百八十斤，瓦一千八百五十五片，松木五十五根，竹二十二担，请到僧众于云南都司后堂做斋三昼夜，又于广备仓支米五十三石，给予各僧。

需索不急颜料。生漆二斤半，搭面粉六桶，银砋三斤，土黄五两，泥金三两二钱半，金粉六钱，金箔二百十四贴又五百张，石绿一斤四两，石黄十一两五钱，石青六两六钱，滕黄□钱，大绿六两，磁黄二两，二绿四两半，土粉一斤半，三绿八两，铜绿四两，绿花五两，大青二两，二青三两，三青四两，铜青十一两，青花二两半，靛花青十六斤，红花二十三斤，黄丹十二斤十两，干胭脂一百张，绵胭脂一百个（又半两），砋花一两，水胶六十九斤，铜线五两，铁线一斤四两（又四十条），铜花丝四两，光粉一斤半，紫粉十五两，土红四两，明矾九斤五两，皂矾二斤半，绿矾四两，百药煎二斤九两，姜黄九两，苏木一斤十两，槐花半斤，栀子一斤五两。

多需纸札笔墨。榜纸二千九百五十张，青纸四百张，红纸四百张，黄纸一千五十张，笔九十枝，各色纸二千四百八十张，墨一斤又十八定，各色香三百十斤。

前项若干需索，皆系云南罕有之物。故责人以难需索之物，所以下人难为，众口嗷嗷。召回安置祖乡，使终世为民。又不改过，不以羁囚为重，又于群牧监索取马□乘坐，及各亲戚处搅扰。召至京师，鞭数十，禁锢之。

（明）朱元璋《御制纪非录》

敕谕西平侯沐英、吉安侯陆亨、平凉侯费聚、南安侯俞通源、都指挥宁正、楚雄指挥袁义、大理指挥郑祥、品甸指挥赖正孙、金齿指挥李观、储杰等：近日李原名自平缅归，朕静听敷陈百夷事□情，其词不下万言，言无伦叙。及有伦叙处皆百夷诡诈万端，虽数千万言并无一语可信者。由是观之，此蛮夷甚有窥伺之谋，或早或晚，必有扰边之患。敕符到日，昼夜缉垒，金齿、楚雄、品甸及兰苍江中道，务要城高濠深，排栅粗大，每处火铳收拾一二千条，或数千百条。云南有造火药处，星夜煎熬，以备守御，凡来勿轻战，相机必胜乃出。前者云南初下，军中差人与百夷往来，所去之人以今观之，皆是贪财好利小人，不知事势轻重，一概张威，贻笑诸夷。尔来靖江不才，用大理印行令旨前去，去人皆非道理，以致上累朝廷，下被污辱。以此观之，自今以后，平缅并不许一人差往，静以待之。彼来有文，止答大概数句，若无文人至，毋与较论。其差发之物并不许取，如此数年，麓川之地可入版图矣。固守此言，毋得轻与往来。若使往来，中彼侮慢。绝迹不交，默然不动，彼无策矣。故谕。洪武二十年五月十一日。

（明）张紞《云南机务钞黄》

（洪武十年十二月）复守谦靖江王，徙云南，寻安置凤阳。

（明）谭希思《明大政纂要》卷五

铁尚书名铉，河南邓州人，父亲唤做仲名，母亲胡氏，生这铁铉。他为人玮梧卓荦，慷慨自许，善弓马，习韬略。太祖时，自国子监监生除授左军都督府断事。皇侄孙靖江王守谦，他封国在云南，恣为不法，笞辱官府，擅杀平民，强占人田宅子女。召至京勘问，各官都畏缩不敢问，他却据法诘问，拟行削职。洪武爷见他不苟不枉，断事精明，赐他字教做鼎石，后来升作山东参政。

（明）陆人龙《型世言》第一回

李原名，按《明外史本传》，字资善，一称彦名，安州人。洪武十五年，以通经儒士举为御史。二十年，使平缅归，言"思伦发怀诈窥伺"。且言"靖江王以大理印行令旨，非法，为远人所轻。金齿卫指挥李观处事宽厚，蛮中爱服"。帝驰谕西平侯英等严备边，敕奖观，而擢原名为礼部尚书。

（清）陈梦雷《古今图书集成·明伦汇编·官常典》卷三一六《礼部部》

李原名，字资善，安州人。洪武十五年，以通经儒士举为御史。二十年，使平缅归，言："思伦发怀诈窥伺，宜严边备。靖江王以大理印行令旨，非法，为远人所轻。"称旨，擢礼部尚书。

（清）张廷玉《明史》卷一三六《列传二四》

附六　洪武二十七年仍在世

（洪武二十七年）九月初五日，一件，靖江庶子，着他乡下去，有司供给。成也不责你每，不成也不责你每。

（明）朱元璋《太祖皇帝钦录》

附七　祀靖江水神

宗三庙，一曰靖江水神，在吉水镇，士民相传神为明太祖从子朱文正之子铁柱，太祖更名守谦，封靖江王王。

（清）乾隆《望江县志》卷二《祠庙》

宗公庙，旧志，西城外，并拱北山，康熙初建，乾隆十五年、二十一年，邑人王学鹏、陈启彦、王问义等重修。

按《望江县志》，宗三庙，一曰靖江水神，士民相传神为明太祖从子朱文正之子名铁柱，太祖更名守谦，封靖江王。

（清）嘉庆《东流县志》卷十七《古迹志下》

悼僖王朱赞仪

一 生卒袭封

1. 出生

（洪武十五年十月）丙申，皇从曾孙赞仪生，靖江王世子也。

（明）《明太祖实录》卷一四九

2. 命为世子

（洪武）二十五年，（朱守谦）卒。子赞仪尚幼，上怜宗室诸王皆无后，命为世子，留京师。

（明）黄佐《广西藩封志》，见于（清）汪森《粤西文载》卷十六

（朱守谦，洪武）二十五年卒。子赞仪尚幼，上怜宗室诸王无后，命为世子，留京师。

（明）郑晓《吾学编》第十六《皇明同姓诸王传》卷三

洪武二十五年，（朱守谦）卒。子赞仪尚幼，太祖封为世子，留京。

（明）王圻《续文献通考》卷一九四《封建考·皇明同姓》

3. 袭封

赞仪，守谦长子。守谦初封靖江王，以罪免为庶人，卒。赞仪时尚幼，太祖高皇帝悼念宗亲，命为世子，遂袭封，留居京师。赞仪恭慎守法，好学善书。上即位，命之国桂林，盖恩意特厚云。

（明）《明太宗实录》卷八十

（洪武三十一年）闰五月十日，上崩于西宫，寿七十有一。是月十六日，葬孝陵，淑妃李氏殉葬。谥曰高皇帝，庙号太祖。皇子二十四人，长懿文太子，第二子秦愍王，第三子晋恭王，第四子今上，第五子周王，高后所生也。诸母所生者：第六子楚王，第七子齐王，第八子除名潭王，第九子鲁荒王，第十子蜀王，第十二子代王，第十八子谷王，第二十二子唐王，第二十三子郢王，第二十四子伊王，皇妃所生也；第十一子湘献王，第十三子肃王，第十九子韩王，第二十子沈王，皇贵嫔所生也；第十四子辽王，第十五子庆王，第十七子岷王，皇贵人所生也；第十六子宁王，第二十

一子安王，皇美人所生也。皇兄南昌王，长子山阳王，先淳皇薨；次子曰文正。文正之子曰除名靖江王守谦。守谦嫡次子赞仪，封靖江王，余子皆封镇国将军。

（明）佚名《天潢玉牒》

四世，悼僖王，讳赞仪，封靖江王守谦长子，洪武二十三年袭封。永乐元年同弟辅国将军赞俨等九人之国，享国九年，世称贤王。

（明）黄佐《广西藩封志》，见于（清）汪森《粤西文载》卷十六

四世，悼僖王，讳赞仪，封靖江王守谦长子，洪武二十三年袭封。

（明）嘉靖《广西通志》卷十一《藩封志》

洪武三十有三年（即建文二年），春正月丙寅，靖难兵攻蔚州，守将王忠、李远以城降。……二月，封孟焯为寿昌王，赞仪为靖江王。辛丑，靖难兵由居庸还北平。

（明）朱睦㮮《革除逸史》卷一

悼僖王赞仪，守谦嫡一子，建文二年袭封，永乐元年之国。

（清）万斯同《明史》卷一三九《诸王世表二》

以其（朱守谦）子赞仪为靖江世子，留之京师。赞仪以祖父故，不得受爵为王，然能用恭慎自免。……未久，太祖崩，赞仪竟免。永乐初，得立为王，遂就国，是为悼僖王。

（清）万斯同《明史》卷一五二《诸王上》

悼僖王赞仪，守谦嫡一子，建文二年袭封。

（清）张廷玉《明史》卷一〇二《诸王世表三》

传赞仪，建文二年袭，永乐六年薨。

（清）嵇璜等《钦定续文献通考》卷二〇八《封建考·同姓封建》

二世，赞仪，建文二年袭。

（清）嘉庆《广西通志》卷七九《封建表》

4. 去世

（永乐六年五月）戊辰，靖江王赞仪薨。

（明）《明太宗实录》卷七九

（朱守谦）子赞仪尚幼，上怜宗室诸王无后，命为世子，留京师。赞仪恭慎，好学能书。……

永乐中，遣之国，卒谥悼僖。

（明）郑晓《吾学编》第十六《皇明同姓诸王传》卷三

悼僖，郡王，靖江王赞仪（守谦子，永乐），……右俱未中早夭，小心畏忌。

（明）王世贞《弇山堂别集》卷七五《谥法》

靖江王赞仪，永乐中谥悼僖。初，父守谦以高皇帝从侄孙始封，后罪废。

（明）王圻《续文献通考》卷一四八《谥法考·皇明亲王》

（永乐六年五月）戊辰，靖江王赞仪薨。

（明）谈迁《国榷》卷十四

子赞仪嗣王，永乐中遣之国。赞仪恭慎好学，能书。（洪武）三十年，使省视十三王诸叔父，择文武忠孝之士从。赞仪尝问长史萧用道："古好名云何？"用道曰："名之与实，犹形影也，王当好实。"薨，谥悼僖。

（清）查继佐《罪惟录·列传》卷四

悼僖王赞仪，……（永乐）六年薨。

（清）万斯同《明史》卷一三九《诸王世表二》

赞仪尚幼，上怜宗室诸王皆无后，命为世子，留京师。赞仪恭慎，好学能书。……永乐即位，遣之国，卒，谥曰悼僖。

（清）傅维麟《明书》卷八八《皇子诸王宗室记》

赞仪幼，命为世子。……赞仪恭慎好学，永乐初之藩，使萧用道为长史。用道善辅王，王亦敬礼之。薨谥悼僖。

（清）王鸿绪《明史稿·列传四·诸王二》

赞仪恭慎好学。永乐元年，复之国桂林，使萧用道为长史。用道善辅导，赞仪亦敬礼之。六年薨，谥曰悼僖。

（清）张廷玉《明史》卷一一八《诸王列传三》

5. 营葬

（永乐六年六月丁酉）靖江王赞仪薨，讣闻，上辍朝一日，赐祭，谥曰悼僖，命有司治丧葬如例。

（明）《明太宗实录》卷八十

（正统二年十二月）乙亥，书复靖江王佐敬曰："得奏欲为悼僖王立碑以彰懿行，具见王之孝诚。因命礼部稽洪武、永乐间例，皆无亲王及郡王立碑者，故不敢从王所请，王其知之。"

（明）《明英宗实录》卷三七

（正统二年十二月）乙亥，靖江王佐敬请立悼僖王碑，以非故事，不许。

（明）谈迁《国榷》卷二三

本朝靖江悼僖王墓，在（桂林）府城东北尧山麓。王薨于永乐六年，上遣官谕祭，复命所司营葬于此。

（明）嘉靖《广西通志》卷三八《陵墓》

静江悼僖王墓，在（桂林）尧山东。王，本朝宗室，永乐间葬。

（明）李贤等《大明一统志》卷八三

明靖江悼僖王墓，在（桂林）城北尧山。……又诸王墓俱在山麓。

（清）雍正《广西通志》卷四四《古迹》

附一　悼僖王妃

（宣德四年七月辛酉）靖江王母妃张氏薨。遣中官赐祭，命有司治葬事。

《明宣宗实录》卷五六

附二　悼僖王夫人

（宣德三年三月甲午）嗣靖江王佐敬暨弟奉国将军佐敏奏："生母耿氏、李氏，未有封号，乞降恩命。"上曰："宗室能崇孝道，是美事。"命行在吏部给诰命，皆封为靖江悼僖王夫人。

（明）《明宣宗实录》卷四十

（宣德三年七月丁卯）靖江王佐敬母夫人耿氏卒，遣官赐祭，命有司治葬事。

（明）《明宣宗实录》卷四五

附三　靖江王府坟茔

（靖江）王之茔兆，世在尧山之麓，盖郁郁有佳气焉，于乎盛矣。

（明）嘉靖《广西通志》卷十一《藩封志》

尧山，在城东北一十五里，高广磅礴，延袤数百里，环桂之山皆石，此独积土，中有尧帝庙。《桂林风土记》云：天将阴雨，云气四起。宋经略张栻有谒庙词，刻于石。今靖江府诸王墓在其下。

（明）嘉靖《广西通志》卷十二《山川志》

（靖江）诸王茔兆，世在尧山之麓云。

（明）万历《广西通志》卷六《藩封志》

尧山，在（桂林）城东北十五里，隔江与舜祠相望。……明靖江诸王墓在其下。

（清）雍正《广西通志》卷十三《山川》

附四　王府坟茔规制

王府坟茔

凡王府造坟，永乐八年定，亲王坟茔，享堂七间，广十丈九尺五寸，高二丈九尺，深四丈三尺五寸。中门三间，广四丈五尺八寸，高二丈一尺，深二丈五尺五寸。外门三间，广四丈一尺九寸，高深与中门同。神厨五间，广六丈七尺五寸，高一丈六尺二寸五分，深二丈一尺五寸。神库同。东西厢及宰牲房各三间，广四丈一尺二寸，高深与神厨同。焚帛亭一，方七尺，高一丈一尺。祭器亭一，方八尺，高与焚帛亭同。碑亭一，方二丈一尺，高三丈四尺五寸，周围墙二百九十丈，墙外为奉祠等房十二间。

正统十三年定，亲王坟茔地五十亩，房十五间。郡王地三十亩，房九间。郡王之子地二十亩，房三间。郡主县主地十亩，房三间。

（明）申时行等《大明会典》卷二〇三《工部二三·坟茔》

凡王府造坟，永乐八年定，亲王坟茔，享堂七间，广十丈九尺五寸，高二丈九尺，深四丈三尺五寸。中门三间，广四丈五尺八寸，高二丈一尺，深二丈五尺五寸。外门三间，广四丈一尺九寸，高深与中门同。神厨五间，广六丈七尺五寸，高一丈六尺二寸五分，深二丈一尺五寸。神库同。东厢及宰牲房各三间，广四丈一尺二寸，高深与神厨同。焚帛亭一，方七尺，高一丈一尺。祭器亭一，方八尺，高与焚帛亭同。碑亭一，方二丈一尺，高三丈四尺五寸。周围墙二百九十丈，墙外为奉祠等房十二间。

正统十三年定，亲王坟茔地五十亩，房十五间。郡王地三十亩，房九间。郡王之子地二十亩，房三间。郡主、县主地十亩，房三间。

（明）朱勤美《王国典礼》卷六《坟茔》

二　定靖江王谱系

凡东宫、亲王位下，各拟名二十字，日后生子及孙，即以上闻，付宗人府，所立双名，每一世取一字以为上字，其下一字临时随意选择，以为双名，编入玉牒，至二十世后，照例续添，永为定式。

靖江王位下：赞佐相规约，经邦任履亨；若依纯一行，远得袭芳名。

（明）朱元璋《皇明祖训·礼仪》

凡东宫亲王位下，各拟名二十字，日后生子及孙，即以上闻，付宗人府，所立双名，每一世取一字以为上字，其下一字临时随意选择，编入玉牒。至二十世后，照例续添，永为定式。下字俱用五行偏旁者，以火、土、金、水、木为序，惟靖江王府不拘。

靖江王位下

赞佐相规约，经邦任履亨；

若依纯一行，远得袭芳名。

（明）申时行等《大明会典》卷一《宗人府》

玉牒

凡亲王位下，各拟名二十字，日后生子及孙，即以上闻，付宗人府，所立双名，每一世取一字以为上字，其下一字临时随意选择，编入玉牒，至二十世后，照例续添，永为定式。下字俱用五行偏旁，以火、土、金、水、木为序，惟靖江王府不拘。

靖江王位下

赞佐相规约，经邦任履亨；

若依纯一行，远得袭芳名。

（明）朱勤美《王国典礼》卷一

（洪武二十八年）十月，上以子孙蕃众，命名之际，虑有重复，乃于东宫诸王世系，各拟二十字，每一字为一世，以其字为命名之首，其下一字则临时所议，以为二名，编入玉牒，至二十世后，复拟续增。下字俱用五行偏傍，惟靖江王府不拘。……靖江王位下曰：赞佐相规约，经邦任履亨；若依纯一行，远得袭芳名。

（明）徐学聚《国朝典汇》卷十三《宗藩上》

玉牒宗派

国初置太宗正院，洪武二十二年改为宗人府，设宗人令、左右宗正、左右宗人，掌皇九族之属籍，以时修其玉牒，书宗室子女嫡庶、名封、生卒、婚嫁、谥葬之事。凡宗室有所陈请，即为上闻，听天子命。以亲王领之，后但以勋戚大臣摄府事中，不备官。凡东宫亲王位下，各拟名二十字，日后生子及孙，即以上闻，付宗人府，所立双名，每一世取一字以为上字，其下一字临时随意选择，编入玉牒，至二十世后，照例续添，永为定式。下字俱用五行偏傍者，以火、土、金、水、木为序，惟靖江王府不拘。

靖江王位下

赞佐相规约，经邦任履亨；

若依纯一行，远得袭芳名。

（明）来斯行《槎庵小乘》卷六《国事类》

洪武中，东宫、亲王位下，各拟二十字，可名二十世。子生命名，以五行相生一字为偏傍以缀之。其后宗室繁多，五行偏傍已穷，皆翰林杂制定音，而字义无取焉。

靖江王位下：赞佐相规约，经邦任履亨；若依纯一行，远得袭芳名。……靖江王府不以五行为拘。

（明）何乔远《名山藏》卷三五《纪体记·序名》

靖江王（靖江）：赞佐相规约，经邦任覆亨；若依纯一行，远得袭芳名。

（明）谈迁《国榷》卷首之一

御定名次

靖江王位下：赞佐相规约，经邦任履亨；若依纯一行，远得袭芳名。

（清）孙承泽《春明梦余录》卷二九《宗人府》

宗系诗

靖江王位下：赞佐相规约，经邦任履亨；若依纯一行，远得袭芳名。

（清）傅维麟《明书》卷二三《同姓诸王表一》

洪武中，太祖以子孙蕃众，命名虑有重复，乃于东宫、亲王世系，各拟二十字，字为一世，子孙初生，宗人府依世次立双名，以上一字为据，其下一字则取五行偏旁者，以火、土、金、水、木为序，惟靖江王不拘。……靖江王曰：赞佐相规约，经邦任履亨；若依纯一行，远得袭芳名。考明代帝系，熹宗、庄烈二帝名，始及"由"字，其他王府，亦多不出十字。

（清）张廷玉《明史》卷一百《诸王世表》

三 更定礼制

1. 名封

（1）仍授金宝

（洪武三十五年八月壬申）命礼部铸靖江王金宝，制如郡王之印。礼部言："旧制，郡王册用银，镀金其上，印亦用银。"上以太祖高皇帝尝与靖江王金册，故授王亦以金宝。

（明）《明太宗实录》卷十一

（2）品秩比正枝郡王递减一等

（洪武二十七年七月戊戌）更定公主、郡主封号、婚礼及驸马、仪宾品秩，皇姑曰大长公主，皇姊妹曰长公主，皇女曰公主，亲王女曰郡主，郡王女曰县主，郡王孙女曰郡君，郡王曾孙女曰县君，郡王玄孙女曰乡君，靖江王府比正枝郡王递减一等，女称郡君。自公主以上俱授册，郡主以下俱授诰命。公主夫曰驸马都尉，禄秩依前比从一品；自郡主夫至乡君夫，皆称宗人府仪宾，其禄秩各递减一等，散官照品给授。公主及驸马都尉，岁食禄米二千石，郡主及仪宾八百石，县主及仪宾六百石，郡君及仪宾四百石，县君及仪宾三百石，乡君及仪宾二百石。

（明）《明太祖实录》卷二三三

靖江王府，合比正支郡王递减一等称呼，女封县君。

（明）朱元璋《皇明祖训·职制》

永乐间，定镇国将军从一品（旧三品），辅国将军从二品（旧四品），奉国将军从三品（旧五品），镇国中尉从四品（旧六品），辅国中尉从五品（旧七品），奉国中尉从六品（旧八品）。世子嫡长子封世孙，郡王嫡第一子封长子，长子嫡第一子封长孙。亲王选婚封亲王妃，世子封世子妃，郡王封郡王妃，世孙封世孙夫人，长子封长子夫人，长孙封长孙夫人，镇国将军封镇国将军夫人，辅国将军封辅国将军夫人，奉国将军封淑人，镇国中尉封恭人，辅国中尉封宜人，奉国中尉封安人。亲王女封郡主，郡王女封县主，镇国将军女封郡君，辅国将军女封县君，奉国将军女封乡君，中尉之女俱称宗女。世子女与郡王女同，世孙及郡王长子女与镇国将军女同，长孙女与辅国将军女同。其靖江王府合比正支郡王递减一等，女封县君，将军以下照例递减。

（明）申时行《大明会典》卷五五《王国礼一·封爵》

永乐年间例，靖江王府合比正郡王递减一等。女封县君，将军以下照例递减。

（明）万历《广西通志》卷六《藩封志》

爵秩

天子之支子，授以金册金宝，封为亲王，妃授以金册（洪武初制妃宝，旋革）。

亲王嫡长子，授以金册金宝，封为世子，妃授以金册（妃宝今革）。

亲王嫡次子及庶子，授以镀金册银印，封为郡王，妃授以镀金册（妃印今革）。

世子嫡长子，封为世孙，嫡次子及庶子封为镇国将军；世孙嫡长子封为世曾孙，次子封为辅国将军，配俱封夫人，给诰命。

郡王嫡长子，封为长子，一品；孙，封为长孙，二品，配俱封夫人。诸子，封为镇国将军，三品，今定（永乐）从一品，配封夫人。孙，封为辅国将军，四品，今定从二品，配封夫人；曾孙，封为奉国将军，五品，今定从三品，配封淑人。玄孙，封为镇国中尉，六品，今定从四品，配封恭人。五世孙，封为辅国中尉，七品，今定从五品，配封宜人。六世孙，封为奉国中尉，八品，今定从六品，配封安人，俱给诰命。六世孙以下俱世授奉国中尉，配俱封安人，给诰命。

亲王女，曰郡主，仪宾从二品。

郡王女，曰县主，仪宾从三品。

镇国将军女，曰郡君，仪宾从四品。

辅国将军女，曰县君，仪宾从五品。

奉国将军女，曰乡君，仪宾从六品。

以下世仿此，隶宗人府。嘉靖三十二年，三中尉女革封夫，授宗婿职事。

镇国中尉婿，七品。

辅国中尉婿，八品。

奉国中尉婿，九品。

靖江王府，比正支郡王递减一等称呼，女封县君，将军亦递减一等。

（明）朱勤美《王国典礼》卷二

（3）会议将军品级礼仪

（永乐元年七月）己卯，上命礼部会议靖江府辅国将军品级礼仪。本部官同太子太师曹国公李景隆、顺昌伯王佐、吏部尚书蹇义等校会：《祖训录》内，靖江王别子授镇国将军三品，孙辅国将军四品，曾孙奉国将军五品，玄孙镇国中尉六品，五世孙奉国中尉七品，六世以下世授奉国中尉八品。《皇朝祖训》内，郡王子孙不开品级，镇国将军岁用米千石，辅国将军八百石，奉国将军六百石，镇国中尉四百石，辅国中尉三百石，奉国中尉二百石。今考《祖训录》内开辅国将军四品事例在前，《皇明祖训》内开岁用禄米八百石事例在后。若依禄米，合依从二品为允。及洪武二十九年十二月集议，将军与驸马、仪宾、公侯相见，将军居左，驸马居右，皆再拜；与文武一品至三品相见，将军居中，各官拜，将军答拜；与四品以下官相见，各官拜，将军受。遇将军于道，驸马、仪宾、公侯让左并行，一品至三品引马侧立，四品以下下马。内廷出入，由左门。凡传其言者称镇国将军"裔旨"，称呼之曰"官人"。今宜俱依旧制，但内廷出入宜从右门，其袍服花样除龙凤之外，随宜制用。从之。

（明）《明太宗实录》卷二一

（4）官员朝见礼

王府官员每日常朝；同城三司、府、州、县及守、御、卫，分等官朝朔望；其出使及经过官员，有朝见礼，妃父母、亲属有见王礼。礼各异。

洪武二十八年令，靖江王庶子称王子，发放言语称裔旨。一应官员人等参见并时节庆贺，常服行四拜礼；常见，行一拜礼，不叩头。

（明）申时行《大明会典》卷五六《王国礼二·朝见》

洪武二十八年例，靖江王庶子称王子，发放言语称裔旨。一应官员人等参见并时节庆贺，常服行四拜礼；常见，行一拜礼，不叩头。

（明）万历《广西通志》卷六《藩封志》

洪武二十八年令，靖江王庶子称王子，发放言语称裔旨，一应官员人等参见并时节庆贺，常服行四拜礼；常见行一拜礼，不叩头。

（明）朱勤美《王国典礼》卷四《称呼》

洪武二十八年九月内，本部官于右顺门钦奉太祖高皇帝圣旨，靖江王庶子称王子，发放的言语称裔旨，一应官员人等参见并时节庆贺都行四拜礼，常见行一拜礼，都不叩头，钦此。

（明）俞汝楫《礼部志稿》卷七七《宗藩备考·藩礼》

2. 宗庙

（洪武三十五年十二月丁丑）礼部言："造靖江王府祭祀乐器，视亲王宜有降杀，然舞佾诸侯六不可减，其琴笙及歌工请杀以两。"从之。

（明）《明太宗实录》卷十五

3. 岁禄

（永乐二年四月甲申）命户部岁支靖江王禄米三百石，俟丰稔全给。

（明）《明太宗实录》卷三十

洪武八年，初定亲王岁禄五万石，锦、绮、盐、茶又万计；靖江亦岁二万石。二十年，停锦、绮、茶、盐诸物。二十八年，始定岁万石。先是，孝陵谕户书郁新曰："朕今子孙众盛，岁禄五万石，天下官吏军士多，俸给弥广。其斟酌古今，稍节减诸王岁给，以资乏用。"故也。是年遣使召诸王至京，谕减禄之故，各赐《皇明祖训》。《祖训》，即《祖训录》也。

（明）郑晓《今言》卷一

4. 仪仗

（洪武二十九年三月）庚子，礼部奏请，靖江王庶子辅国将军仪仗，牙杖一对，骨朵一对，鞍笼一，马杌一，茶褐罗伞一；其夫人冠服，珠冠一，霞帔大衫一，褙子一。诏从之。

（明）《明太祖实录》卷二四五

（洪武二十九年十二月）乙巳，诏定靖江王庶子镇国将军以下禄秩、仪礼。先是，王国礼秩俱有定制，上以镇国而下降杀太甚，故命更定之。于是，兵部尚书茹瑺等奏曰："臣闻天子不以天下私其亲，其镇国将军等禄秩、仪礼，宜如旧制。"从之。

（明）《明太祖实录》卷二四八

5. 官属

（洪武二十六年五月）癸酉，复改桂林左卫为广西护卫。

（明）《明太祖实录》卷二二七

（洪武二十八年九月）庚子，置靖江王府咨议所，秩从七品，咨议、记室、教授各一人，品秩俱仿宋制。

（辛酉）遣使谕征南将军左都督杨文："凡获奉议等处蛮寇军器，俟班师之日，给予新置卫所军士，余收贮王府，俟广西都司各卫缺用则分给之。"

《明太祖实录》卷二四一

（洪武三十五年七月乙酉）设靖江王府咨议所，置咨议一员、记室一员，俱从七品；其属官奉祠、典膳各一员，俱正九品；典仪一员，从九品。

（明）《明太宗实录》卷十上

（洪武三十五年八月丙子）初用曹国公李景隆、兵部尚书茹瑺言，命吏部定靖江王府官制，至是吏部言："祖训内，亲王府例设文职官三十一员，教授无定员，郡王府未有定制。今拟靖江王府长史依亲王府例设置，其余官属止设纪善、伴读、审理、典宝、奉祠、典乐、典仪、典膳、良医、工正、仓大使各一员，引礼舍人二员。又祖训内，凡郡王子授镇国将军，孙授辅国将军，靖江王子比正支郡王宜递减一等，授辅国将军，其官属止设伴读。"上命辅国将军各设教授一员，余如所拟。于是改靖江王府咨议所为长史司。

（明）《明太宗实录》卷十一

（永乐四年二月辛巳）唐府长史程济、韩府长史司典簿魏居敬犯夜禁，兵马司请送法司，特命宥之。于是，吏部言："在京各王王府官，坐食俸禄，闲暇无事，致多纵肆，宜改用之。"上曰："王皆年少，方资辅导，其长史、纪善、教授、伴读之官不可阙。若审理、奉祠、工正等官，职事闲暇者，暂遣还乡，待王之国，召之。"于是，韩、沈、安、伊、鲁、唐、岷七府并靖江之辅国将军，共留长史、纪善、教授等官四十员，余审理等官一百三十四员，遣归俟命。

（明）《明太宗实录》卷五一

（洪武）二十八年，置靖江王府谘议所，寻亦改为长史司。

（明）王圻《续文献通考》卷九六《职官考·王府官僚》

（洪武）二十八年，定……靖江王府谘议所秩从七品，谘议、记室、教授各一人，品秩俱仿宋制。

（明）朱勤美《王国典礼》卷八《秩官》

洪武二十八年，置靖江王府谘议所，寻改为长史司。

（明）徐学聚《国朝典汇》卷八二《王府官》

（建文四年八月）改靖江王府谘议为长史司，其金宝一如亲王。

（明）朱国桢《皇明史概·皇明大政记》卷八

（建文四年八月丙子）靖江王府谘议所改长史司。

（明）谈迁《国榷》卷十二

四　省诸亲王

（洪武三十年三月）己亥，命靖江王世子赞仪往省晋王及今上、周、楚、齐、蜀、湘、代、肃、辽、庆、谷、秦诸王。先自楚、湘入蜀，历陕西，出河南，上山西，抵大同，东至于宣府、北平，自大宁至辽东，转而至于山东，择文武忠厚之士以从。上以赞仪年幼，欲其知亲亲之义，且令涉山川险易，以成其德器，故也。

（明）《明太祖实录》卷二五〇

（洪武三十一年三月戊申朔）靖江王世子赞仪遍省诸王，还京师。

（明）《明太祖实录》卷二五六

洪武三十年春，遣（朱赞仪）省晋、燕、周、楚、齐、蜀、湘、代、肃、辽、庆、谷、秦诸王。先自楚、湘入蜀，历陕西，出河南，上山西，抵大同、宣府、北平，东至大宁、辽东，转于山东，择文武忠厚之士以从。以赞仪年幼，欲其知亲亲之义，且令涉山川险易也。

（明）郑晓《吾学编》第十六《皇明同姓诸王传》卷三

赞仪恭慎好学，能书。（洪武）三十年，上遣省秦、晋、燕、周、齐、楚、蜀、湘、代、肃、辽、庆、谷、陈诸王。先自楚入蜀，历陕西，出河南，上山西，抵宣、大、北平，东至燕、大宁、辽，从山东而还，择文武忠厚者以从。赞仪年幼，欲令知亲亲之义，且令涉山川险易，俾习劳之。盖曲至如此。

（明）涂山《新刻明政统宗》卷五

赞仪恭慎，好学能书。（洪武）三十年，上遣省秦、晋、燕、周、楚、齐、蜀、湘、代、肃、辽、庆、谷、陈诸王。先自楚入蜀，历陕，出河南、山西，抵宣、大、北平，东至燕、大宁、辽，从山东还，择文武忠厚者以从。赞仪年幼，欲令知亲亲之义，尚睦恩，且令涉山川险易劳也。盖曲至如此。

（明）谭希思《明大政纂要》卷九

（洪武三十年二月）靖江世子赞仪省诸王府。

（明）朱国桢《皇明史概·皇明大政记》卷六

（洪武）二十九年，命靖江王世子赞仪往省晋、燕、周、楚、齐、蜀、湘、代、肃、辽、庆、谷诸王。先自楚、湘入蜀，历陕西，出河南、山西，抵大同，东至宣府、北平，由大宁至辽东，转至山东，择文武忠厚之士以从。上以赞仪年幼，欲其知亲亲之义，且令涉山川险易，以成其德器，故也。

（明）朱国桢《皇明史概·皇明大事记》卷九《封建》

（洪武三十年二月）己亥，命靖江王世子赞仪往省晋王及燕、周、楚、齐、代、肃、辽、庆、谷、秦诸王，欲其展亲习劳也。

（明）谈迁《国榷》卷十

（洪武）三十年春，遣赞仪省晋、燕、周、楚、齐、蜀、湘、代、肃、辽、庆、谷、秦诸王。自京师历楚、湘，入蜀，出陕西，走河南，逾山西，抵大同、宣府、北平，北极大宁、辽东，自山东而还。太祖曰："赞仪年幼，欲其知亲亲之义，且习山川险阻也。"

（清）万斯同《明史》卷一五二《诸王上》

（洪武）三十年春，遣省晋、燕、周、楚、齐、蜀、湘、代、肃、辽、庆、谷、秦诸王。先自湘、楚入蜀，历陕西，出河南，上山西，抵大同、宣府、北平，东至大宁、辽东，转而山东，择文武忠厚之士以从。以赞仪年少，欲其知亲亲之义，且令涉山川险易也。

（清）傅维麟《明书》卷八八《皇子诸王宗室记》

子赞仪幼，命为世子。（洪武）三十年春，遣省秦、晋、燕、周、楚、齐、蜀、湘、代、肃、辽、庆、谷十三王。自湘、楚入蜀，历陕东西，抵河南、山西、北平，东至大宁、辽阳，还自山东。使知亲亲之义，熟山川险易，习劳苦。

（清）王鸿绪《明史稿·列传四·诸王二》

（洪武）三十年春，遣省晋、燕、周、楚、齐、蜀、湘、代、肃、辽、庆、谷、秦十三王。自湘入蜀，历陕西，抵河南、山西、北平，东至大宁、辽阳，还自山东。使知亲亲之义，熟山川险易，习劳苦。

（清）张廷玉《明史》卷一一八《诸王列传三》

<h2 align="center">五　就藩桂林</h2>

（永乐元年闰十一月）乙巳，靖江王赞仪之国桂林，赐钞币等物，并赐其随侍长史钟洪范等官

十二员钞有差。

（明）《明太宗实录》卷二五

（永乐元年）闰十一月乙巳，靖江王赞仪就国桂林。

（明）朱国桢《皇明史概·皇明大政记》卷八

（永乐元年闰十一月）乙巳，靖江王府赞仪之国桂林。

（明）谈迁《国榷》卷十三

六　社会活动

1. 奉祭大行皇后

（永乐五年九月）丁巳，蜀王椿、代王柱、肃王楧、庆王㮵、靖江王赞仪各遣承奉祭大行皇后。

（明）《明太宗实录》卷七一

2. 与秦王丧礼

诸王丧礼

洪武二十八年三月癸丑，秦王樉薨。王上第二子，孝慈皇后所生也。年十五受封，二十三之国，至是薨，年四十。讣闻，诏定丧礼。礼部尚书任享泰奏曰："考之宋制，宜辍朝五日。今遇时享，宜暂辍朝一日。皇帝及亲王、王妃、公主、世子、郡王、郡主及靖江王世子、郡君服制，皆与鲁王丧礼同。皇太子服齐衰期年，因亲事以日易月，亦十三日而除，素服期年。"从之。

（明）郭正域《皇明典礼志》卷十

3. 修建寺庙

增建玉皇阁记

省城东郭，癸水门之北，有山突起，盘蠹霄汉，俯枕江浒，波流萦回，殆岭南一胜地也。先是我靖江悼僖王于永乐改元初，即其地创建公馆若干楹，以为迎送诏敕表笺之所。右立承恩坊，右建观音阁，东葺龙王祠，以上为国祝厘，下为民祈祷，盖已百年于兹矣。

桂海碑林博物馆《桂林石刻碑文集》

七　奖赐诏责

1. 赐黄金彩币等

（洪武三十五年七月）乙巳，赐周、楚、齐、蜀、代、肃、辽、庆、宁、岷、谷、韩、沈、安、唐、郢、伊、秦、晋、鲁、靖江二十一王各黄金百两、白金千两、彩币四十匹、锦十匹、纱罗各二十匹、钞五千锭。

（明）《明太宗实录》卷十下

登极之赐

成祖初，赐周、楚、齐、代等国并靖江王各黄金百两、白金千两、彩币四十匹、纱罗各二十匹、钞五千锭。

（明）朱勤美《王国典礼》卷七《恩赐》

2. 赐文书

（永乐四年九月丁巳朔）复以庶人榑所为谤毁、咒诅、阴结勇士、招纳亡命、擅金校尉、私通边境、要结外夷、图为不轨之事，赐书遍谕周、楚、蜀、肃、辽、庆、谷、韩、沈、安、唐、郢、伊、秦、晋、鲁、靖江诸王。

（明）《明太宗实录》卷五九

3. 即位赏赐

宗室公主即位之赏

成祖初，周、楚、齐、代等国并靖江王各黄金百两，白金千两，采币四十匹，锦十匹，纱罗各二十匹，钞五千锭。

（明）王世贞《弇山堂别集》卷六七《亲王禄赐考》

天子即位而赐亲王者，历朝可考：

太宗赐周、楚、齐、代诸王并靖江王，各黄金百两，白金千两，钞五千锭，文绮四色，色或十匹至四十匹。四色者，曰纻丝、曰锦、曰纱、曰罗，此定规也。

（明）徐学聚《国朝典汇》卷十三《宗藩下》

4. 责祭祀违制

坦行先生自志　（明）萧用道

永乐元年冬十二月二日，从王之国。二年春二月十七日，至桂林。二十六日，遣奉表谢恩于京。既归，尤毅然自守，不校群愠，遇事有当白，侃侃无讳。左右忌其刚峭，欲以危机中之。是年冬十月十九日，遣入奏国用不敷，下有司岁办祭祀。用道进启曰："祭祀者，尊祖敬神之道，难于使人代备之。在古礼，必躬亲之。之国之初，权宜付之有司，事出一时不得已者。今朝廷有禁，不许领价科买，所合遵守。臣请散派军校，耕布黍稷，牧养牺牲，定为祀事岁计。一以尽殿下诚敬之心，二以遵朝廷禁约之法。庶几神贶昭格，国祚长久。"启进，事阁未行。复改遣用道进贺正旦。未几，礼部果以祭祀违制，下责长史司，而用道不与焉。

（清）萧伯升《萧氏世集》

永乐元年，（萧遵）从王之国桂林。初至，凡国中祭祀所需，下有司备。其后，凡祭祀之需，府寮属皆劝王下有司备。坦行曰："初至仓猝，不能自备，可一行之，不可以再。且祀神在致吾诚，使人代备物，非诚。况未请于朝而擅使民，非制。"乃止。后坦行进表诣京师，王府竟下有司备祭物。事闻，长史以下皆得罪，王始悔不用坦行言。

（清）汪森《粤西文载》卷六四

庄简王朱佐敬

一　生卒袭封

1. 袭封

（永乐九年冬十月）癸卯，封……靖江悼僖王庶长子佐敬为靖江王。

（明）《明太宗实录》卷一二〇

（永乐十三年三月己亥朔）命……靖江王佐敬冠。

（明）《明太宗实录》卷一六二

（永乐九年十月）封……佐敬为靖江王。

（明）何乔远《名山藏》卷七《典谟记》

（永乐九年十月辛丑）佐敬嗣靖江王。

（明）谈迁《国榷》卷十五

庄简王佐敬，悼僖庶一子，永乐九年袭封。

（清）万斯同《明史》卷一三九《诸王世表二》

庄简王佐敬，悼僖庶一子，永乐九年袭封。

（清）张廷玉《明史》卷一〇二《诸王世表三》

2. 去世

（成化五年六月）乙亥，靖江王佐敬薨。王，悼僖王之子也，母妃耿氏。永乐甲申生，九年袭封为靖江王，至是薨，年六十有六。讣闻，辍朝一日，赐祭葬如制，谥曰庄简。

（明）《明宪宗实录》卷六八

（成化五年五月）靖江王佐敬薨。

（明）何乔远《名山藏》卷十五《典谟记》

庄简，郡王……靖江王佐敬，（成化）……右俱履正志和，平易不訾。

（明）王世贞《弇山堂别集》卷七三《谥法》

悼僖王子佐敬，成化中谥庄简。

（明）王圻《续文献通考》卷一四八《谥法考·皇明亲王》

（成化五年六月）乙亥，靖江王佐敬薨，年六十六，谥庄简。

（明）谈迁《国榷》卷三五

庄简王佐敬，……成化五年薨。

（清）万斯同《明史》卷一三九《诸王世表二》

（悼僖王赞仪）子庄简王佐敬嗣，……成化五年薨。

（清）张廷玉《明史》卷一一八《诸王列传三》

3. 营葬

庄简王墓，亦在尧山。王薨于成化五年，上遣行人李□、余统、陈辉谕祭，复命工部主事周宾营葬于此。

（明）嘉靖《广西通志》卷三八《陵墓》

送李行人时容奉使靖江王府

奉使亲藩阅两秋，清才伟望许谁俦。斗南风俗劳勤问，岭外山川足壮游。万里青天倚长剑，一轮明月载孤舟。芳年定志真难得，高步行看近冕旒。

（明）韩雍《韩襄毅文集》卷七

附一　卒谥崇简

子佐敬嗣。正统初，佐敬与其奉国将军佐敏相讦奏，以黄金六条馈杨荣。被诘责，谪其使人戍边。薨，谥崇简。

（明）何乔远《名山藏》卷四十《分藩记五》

佐敬嗣，正统初，与其弟奉国将军佐敏相攻讦奏，语连大学士杨荣。帝怒，戍其使人。薨，谥崇简。

（清）王鸿绪《明史稿·列传四·诸王二》

佐敬嗣，薨，谥崇简。

（清）雍正《广西通志》卷六二《封建》

附二　庄简王妃

（宣德二年三月）甲辰，命……行在吏部右侍郎王让、吏科左给事中王佐为正、副使，持节册靖州卫指挥使沈隆女为靖江王妃。

（明）《明宣宗实录》卷二六

附三　庄简王夫人

显祖妣靖江庄简王夫人陈氏（墓碑）

大明正德乙亥年十二月十二日未时，嘉靖己亥年六月。

桂林市文物工作队《桂林墓志碑文》

二　更定礼制

1. 授银印金涂

永乐中给银印，宣德中改银印黄金涂。

（明）何乔远《名山藏》卷四十《分藩记五》

初给银印，宣德中改用金涂。

（清）王鸿绪《明史稿·列传四·诸王二》

子庄简王佐敬嗣。初给银印，宣德中，改用金涂。

（清）张廷玉《明史》卷一一八《诸王列传三》

2. 岁禄

（永乐九年闰十二月己未）户部言："诸王岁给禄米，比来旱潦少收，宜略撙节。"命代、辽、宁、伊、秦及靖江王府皆循旧例；沈、唐、郢、鲁王府俱依太祖训，万石内岁给米三千石，余支钞；安王府岁给米千石，顺阳王五百石，余皆支钞。候屯田积谷多，仍全给之。

（明）《明太宗实录》卷一二三

（永乐二十二年九月壬午朔）上谓户部尚书夏原吉曰："朕诸叔在者庶几，诸兄弟惟赵王居京师，余皆守藩于外，朕旦夕在念。盖帝王之治，莫先亲亲，况朕新嗣大位，于此尤当如意。其增诸王岁禄。"于是，……靖江王加米七百石，通前一千石，悉支本色。

（明）《明仁宗实录》卷二中

（正统十一年三月甲午）巡按广西监察御史万节奏："靖江王府将军、中尉禄米岁共九千二百五十石，因无仓廒收受，勒逼小民倍折铜钱。乞令桂林府别立仓廒收米，以备王府支用，庶官民两便。"从之。

（明）《明英宗实录》卷一三九

（景泰四年二月乙未）广西布政司奏："靖江王府五辅国将军及奉国将军、镇国中尉赞偕等二十五员，正统十一年禄米六千五百石应补支。会计桂林府仓储，见给军粮不敷，乞将银钞如数支给。"从之。

（明）《明英宗实录》卷二二六

（天顺三年十二月丁卯）靖江王佐敬奏："比因广西边方多事，从巡抚侍郎李棠言，将本府各镇国等将军岁禄该支米者以银折之。今边境稍宁，请如旧制，米钞兼支为便。"从之。

（明）《明英宗实录》卷三一〇

永乐时，户部言："比年旱涝少收，诸王岁给禄米，宜各撙节。"成祖命辽、宁、伊、秦及靖江王府皆循旧例；沈、唐、郓、鲁王府俱依祖训，万石内岁给米三千石，余支钞；安王府岁给米千石，顺阳王五百石，余皆支钞。祖宗时通融如此，今何不仿而行之也。

（明）余继登《典故纪闻》卷七

洪熙元年，仁宗谓户部尚书夏原吉曰："朕诸叔在者无几，诸兄弟惟赵王居京师，余皆守藩于外，朕旦夕在念。盖帝王之治，莫先亲亲，况朕亲嗣大位，于此尤当加意。其增诸王岁禄。"于是……靖江府加米七百石，通前一千石，悉支本色。

（明）朱勤美《王国典礼》卷三《禄米》

永乐时，户部言："比年旱潦少收，诸王岁给禄米各宜撙节。"上命辽、宁、伊、秦及靖江王府皆循旧例；沈、唐、郓、鲁王府俱依祖训，万石内岁给米三千石，余支钞；安王府岁给米千石，顺阳王五百石，余皆支钞。

（明）徐学聚《国朝典汇》卷十三《宗藩下》

3. 宗室以禄米定品级

（宣德四年四月丙子朔）宁王权奏曰："臣切念祖宗积德之厚，父皇创业之艰，立法垂训以传万世，锡子孙保全之福，为宗室久安之计。宣德元年八月，江西布政司移文谓'太祖高皇帝子孙以禄米定品级'。臣不胜惶惧。伏惟祖训所载，禄米盖亲亲次序，无有品级，诚以子孙皆祖宗一气之中分，不与异姓同。至今四代，乃定品级，臣恐万世之下谓自今日始也。昔父皇在位时，靖江府将军比正支减一等，亦无比品，凡朝贺祭庙皆与诸王同班。惟驸马、仪宾有比品，驸马比从一品，而冠服与侯同，班列侯下；郡君仪宾比从四品，常服亦用麒麟玉带，班列都督之前。盖亦以至亲，不以品级论也。又父皇尝谓靖江王世子兄弟做将军，但异姓相见，还行君臣礼，其衣服且着穿素，二十年后诸孙有冠者，袍用四爪龙，冠用虐帽，盖不欲与外人同也。今定品级，则列于外官之下。圣子神孙，皆祖宗遗体，臣不避斧钺之诛，干冒天听，伏望赦免，诚宗庙之福，骨肉之幸也。"上览奏，谓侍臣曰："朕自即位以来，恪遵成宪。盖祖宗圣知，立法精密，以维持万世，非后人所可轻议。昨以禄米定品级皆出旧制，非出自朕。今行之三年，忽有此语，其意盖未可量。若不明白，则蓄疑积衅，事将不测。朕当有以复之。"

戊寅，复书宁王权曰："承喻以禄米定品级非旧制，忿切之情溢于言表。再三披阅，骇愕良深，盖事有非然，理应明白。所言'太祖高皇帝子孙，旧无品级'之说。今考《祖训录》内，凡郡王之子授镇国将军，三品；孙辅国将军，四品；曾孙奉国将军，五品；玄孙镇国中尉，六品；五世孙辅国中尉，七品；六世孙以下世授奉国中尉，八品。是郡王子孙未尝无品级也。又云'靖江王府将军比正支递减一等，亦无比品，凡朝贺祭庙皆与诸王同班'。必若此言，则诸王兄弟子侄同为行列，是无尊卑之分，曷为而可。又云'太祖高皇帝于郡君仪宾比从四品，常服用麒麟玉带，班列都督府，盖以亲亲，不论品级'。今考《祖训录》《皇明祖训》及礼制，皆无明文可稽，今之所云，未审载于何典礼也？又云'高皇帝尝谓靖江世子兄弟做将军，衣服且着穿素'，而郡君仪宾既比从四品，则令用麒麟玉带。如此即是抑族属而重外亲，疏戚倒置，于礼可乎？又云'高皇帝谓靖江世子兄弟做将军，但是异姓相见，还行君臣礼'。今考《祖训录》《皇明祖训》及礼制，并无明文可征，但有洪武二十九年十二月钦定靖江王庶子镇国将军与郡王相见礼仪云：镇国将军凡与驸马、仪宾、公侯相见，将军居左，驸马等居右，皆再拜；与文武一品官至三品官相见，将军居中，各官拜，将军答拜；与四品以下官相见，各官拜，将军坐受。凡遇将军于道，驸马、仪宾、公侯让左并行，文武一品至三品引马侧立，四品以下者下马。凡传其言曰镇国将军裔旨，称呼之曰官人。此有明著，而别无行君臣礼之说。若必如所云，行君臣之礼，是教子孙越礼犯分，不知有君矣。且群臣于靖江府将军前皆行君臣之礼，是天下纷纷多君也。春秋之法，天无二日，土无二王，家无二主。圣人之道，尊尊亲亲，各有攸当。故知此语决非太祖高皇帝所言。今郡王庶子以下品级则载于《祖训录》，靖江府将军与群下相见之礼则载于洪武二十九年钦定礼仪，此皆太祖高皇帝所制以垂范子孙臣民，所虑者甚远，所定者甚精，皆非一朝一夕之所成也。至洪武三十五年八月，太宗皇帝临御之初，即令礼部申明旧制，行此数事，太宗皇帝当时见《祖训录》内镇国将军等品级与岁禄不相应，遂加镇国将军从一品、辅国将军从二品、奉国将军从三品、镇国中尉从四品、辅国中尉从五品，奉国中尉从六品。今行之二十有八年矣。予自嗣位以来，恭体祖宗之心，恭循祖宗之法，非敢毫末有所增损，况于诸叔祖、诸叔及诸兄弟，上念祖宗之重亲亲之意，未尝敢薄，亦未尝辄有咈逆之事。……惟叔祖亮之。"

（明）《明宣宗实录》卷五三

（宣宗章皇帝乙酉宣德四年四月）宁王权上书谢罪。

上即位，宁王以大父行，复辄恣横，请于封内选子女，上不许，赐女妇八十四人，重违其意。

王又令省中官，衣朝服，用天子仪仗，贺王元旦、长至、千秋节。习仪铁柱观副使石璞闻于朝，罪其长史王坚。至是复奏："宣德元年八月，江西布政司移文谓'太祖高皇帝子孙，以禄米定品级'。子孙皆祖宗一气之分，不与异姓相同，至今四代，乃定品级，恐万世之下，谓自今日始。靖江王府将军与诸王同班，仪宾亦服麒麟玉带，不论品级。异姓相见，还行君臣礼。"其余语多忿戾。上览奏，谓侍臣曰："朕自即位以来，恪遵成宪，禄米定品级，皆出旧制，非出自朕。今行之三年，忽有此语，其意盖未可量。"乃复书，大略谓："《祖训录》，郡王子孙，自镇国将军以至奉国中尉，递有品级。洪武二十九年十二月，钦定靖江世子与郡王、公侯、文武官相见礼仪，或答拜，或坐受；遇之于途，或分道让左，或引马侧立，各随品级等第，别无行君臣礼之说。若必如所云，行君臣之礼，是教子孙越礼犯分，不知有君矣。若群臣与靖江府将军前，皆行君臣之礼，是天下纷纷多君也。春秋之法，天无二日，民无二王，尊尊亲亲，各有攸当。往者逆贼高煦在太宗时，屡造大罪。及予嗣位，特加厚之，而包藏祸心，终谋不轨，辄妄称太宗时未尝颁给郡王诰敕，以为擅改旧制，具本指斥，遂举兵反。及被执至京，出洪武诸司职掌示之，煦愧悔不及。今叔祖辄有不避斧钺，乞为赦免之说，何冤何抑，而忿恨不平至此乎？予以示文武大臣，咸谓来谕，盖托此为名耳。不然何以宣德元年八月之事，至今始发也。予已悉拒群臣之言，尚望谨之。若复不谨，非独群臣有言，天下皆将言之。是时，予虽欲全亲亲之义，不可得矣。亮之。"……王见上英武，乃上书谢罪。稍戢，托志神仙。

（明）黄光升《昭代典则》卷十四

宣宗复宁王书

承喻以禄米定品级非旧制，忿切之情溢于言表。再三披阅，骇愕良深，盖事有非然，理应明白。所言"太祖高皇帝子孙，旧典无品级"之说。今考《祖训录》内，凡郡王之子授镇国将军，三品；孙辅国将军，四品；曾孙奉国将军，五品；玄孙镇国中尉，六品；五世孙辅国中尉，七品；六世孙以下世授奉国中尉，八品。是郡王子孙未尝无品级也。又云"靖江王府将军比正支递减一等，亦无比品，凡朝贺祭庙皆与诸王同班"。必若此言，则诸王兄弟子侄同为行列，是无尊卑之分，曷为而可。又云"太祖高皇帝于郡君仪宾比从四品，常服用麒麟玉带，班列都督前，盖以亲亲，不论品级"。今考《祖训录》《皇明祖训》及礼制，皆无明文可稽，今之所云，未审载于何典礼也？又云"高皇帝尝谓靖江世子兄弟做将军，衣服且着穿素"，而郡君仪宾既比从四品，则令用麒麟玉带。如此即是抑族属而重外亲，疏戚倒置，于礼可乎？又云"高皇帝谓靖江世子兄弟做将军，但是异姓相见，还行君臣礼"。今考《祖训录》《皇明祖训》及礼制，并无明文可征，但有洪武二十九年十二月钦定靖江王庶子镇国将军与郡王相见礼仪云：镇国将军凡与驸马、仪宾、公侯相见，将军居左，驸马等居右，皆再拜；与文武一品官至三品官相见，将军居中，各官拜，将军答拜；与四品以下官相见，各官拜，将军坐受。凡遇将军于道，驸马、仪宾、公侯让左并行，文武一品至三品引马侧立，四品以下者下马。凡传其言曰镇国将军裔旨，称呼之曰官人。此有明著，而别无行君臣之礼之说。若必如所云，行君臣之礼，是教子孙越礼犯分，不知有君矣。且群臣于靖江府将军前皆行君臣之礼，是天下纷纷多君也。春秋之法，天无二日，土无二王，家无二主。圣人之道，尊尊亲亲，各有攸当。故知此语决非太祖高皇帝所言。今郡王庶子以下品级则载于《祖训录》，靖江府将军与群下相见之礼则载于洪武二十九年钦定礼仪，此皆太祖高皇帝所制以垂范子孙臣民，所虑者甚远，所定者甚精，皆非一朝一夕之所成也。至洪武三十五年八月，太宗皇帝临御之初，即令礼部申明旧制，行此数事，太宗皇帝当时见《祖训录》内镇国将军等品级与岁禄不相应，遂加镇国将军从一品、辅国将军从二品、奉国将军从三品、镇国中尉从四品、辅国中尉从五品、奉国中尉从六品。今行之二十有八年矣。予自嗣位以来，恭体祖宗之心，恭循祖宗之法，非敢毫末有所增损，况于诸叔祖、诸叔及诸兄弟，上念祖宗之重亲亲之意，未尝敢薄，亦未尝辄有咈逆之事。……惟叔祖亮之。

（明）王世贞《凤洲杂编》二

（宣德四年四月）更定宗室将军禄视其品。

定王权上书谓："亲亲不当分品级，高皇帝朝贺、祭庙，将军与诸王同班。又靖江世子、兄弟将军，但群臣相见，往辄行君臣礼，今不宜变。臣不避斧钺，望赦免。"上复书曰："承谕以禄米定品级非旧制，忿激之情，溢于言表，披阅骇愕。将军、中尉有品乃祖训，禄视品乃遵祖训。将军与诸王同班，考祖训及礼制皆不载。且天无二日，民无二王，若群臣于靖江府将军前皆行君臣礼，何天下纷纷多君也。"

（明）谭希思《明大政纂要》卷十九

（宣德四年）四月，宁王权奏曰："布政司移文谓：太祖子孙以禄米定品级。臣惟祖训所载禄米，盖亲亲次序，无有品级，子孙皆祖宗一气之分，不与异姓相同。至是四代，乃定品级，恐万世之下，谓自今日始。靖江王府将军与诸王同班，不论等级，异姓相见，还行君臣礼。"其余语多忿戾。上览奏，谓侍臣曰："禄米定品级，皆出旧制。忽有此语，其意盖未可量。"乃复书，大略谓：《祖训录》，郡王子孙自镇国将军以至奉国中尉，递有品级。洪武二十九年，钦定靖江世子与郡王、文武官相见礼仪，或答拜，或坐受；遇于途，或分道让左，或引马侧立，各随品级等第，别无行君臣礼之说。必如所云行君臣礼，是教子孙越礼犯分矣；若群臣与府将军前皆行君臣礼，是天下纷纷多君也。往者逆贼高煦包藏祸心，终谋不轨，辄妄称太祖时未尝颁给郡王诰敕，以为擅改旧制，具本指斥。及被执至京，出洪武诸司职掌示之，煦愧悔不及。今叔祖辄有不避斧钺、乞赦免之说，何冤何抑而忿恨不平至此。文武大臣咸谓来谕，盖托此以为名耳。不然，何以宣德元年八月之事，至今始发也。予已悉拒群臣之言，尚望谨之。若复不谨，予虽欲全亲亲之义，不可得矣。

（明）徐学聚《国朝典汇》卷十三《宗藩上》

（宣德四年）四月丙子朔，宁王权奏："宣德元年八月，江西布政司檄，谓太祖高皇帝子孙，以禄米定品级，臣不胜惶惧。祖训所载禄米，盖亲亲次序，无有品级，不意自今世始云云。"上书报之曰："郡王庶子以下品级，载于祖训录；靖江府将军与群下相见礼，载于洪武二十九年钦定礼仪，此皆太祖高皇帝所制，非一朝一夕也。太宗皇帝以镇国将军等品级与岁禄不相应，遂加镇国将军从一品，辅国将军从二品，奉国将军从三品，镇国中尉从四品，辅国中尉从五品，奉国中尉从六品，行之二十有八年矣。何以宣德元年八月之事，至今始发也。"

（明）谈迁《国榷》卷二一

4. 宗室班列驸马都尉之次

（永乐二十二年十一月）己丑，靖江王府辅国将军赞侃、赞偕来朝，班朝臣之下。上顾见之，谕鸿胪寺臣曰："赞侃兄弟虽朕侄，然宗亲岂宜过列疏远。其令班于驸马都尉之次。"著为令。

（明）《明仁宗实录》卷四下

仁宗于早朝时，见靖江王府辅国将军赞侃、赞偕班朝臣之下，谓鸿胪臣曰："赞侃兄弟宗亲，岂宜过列疏远，其令班于驸马之次。"著为令。

（明）余继登《典故纪闻》卷八

永乐二十二年，靖江王府辅国将军赞偕来朝，班朝臣之下。成祖顾见之，谕鸿胪寺臣曰："赞侃兄弟虽朕侄，然宗亲岂宜过列疏远，其令班于驸马都尉之次。"著为令。

（明）朱勤美《王国典礼》卷五《觐见》

（永乐二十二年十月）靖江王辅国将军赞侃、赞偕来朝，班朝臣之下。上顾见之，谕鸿胪寺臣曰："赞侃兄弟虽朕侄，然宗亲岂宜过列疏远，其令班于驸马都尉之次。"著为令。

（明）徐学聚《国朝典汇》卷十三《宗藩上》

（永乐二十二年十一月）定靖江王子孙班驸马都尉之次。

（明）朱国桢《皇明史概·皇明大政记》卷十

（洪熙元年十一月）靖江王府辅国将军赞侃、赞偕来朝，班下。上顾见之，曰："宗亲也，其班驸马都尉次。"著为令。

（明）何乔远《名山藏》卷九《典谟记》

5. 给王府将军随从

（正统七年四月）丁未，靖江王府奉国将军佐礼奏："凡遇进表迎诏，阙人随从。"上命广西布、按二司以仪从十人给之。

（明）《明英宗实录》卷九一

6. 调用王府护卫

（宣德三年三月）庚子，靖江王佐敬奏："先镇远侯顾兴祖尝调护卫官军从征；后奏取回，修理山川等坛；寻复调从征。今都督山云又索补亡没军士之数。缘护卫军少，乞免补。"从之。

（明）《明宣宗实录》卷四十

（正统元年十一月）庚戌，书复靖江王佐敬曰："承喻护卫官军日见消乏，其征哨逃亡者，乞免补伍。敬从所请。又云千户崔贵前奏李经交结王府等事，恐被诬累。然朝廷自有公论，宗室至亲，必不为小人所间。王其安之。"

（明）《明英宗实录》卷二四

（正统五年四月丙子）广西总兵官安远侯柳溥奏："罗城县贼首韦万川等，纠合僮贼，劫掠人民。欲于今秋率兵捣其巢穴，缘官军不敷，乞于广西靖江王护卫并广东都司调拨官军各五百人协助剿灭。"从之。

（明）《明英宗实录》卷六六

熊概

按明外史本传，概字元节，丰城人，幼孤，随母适胡氏，冒其姓。永乐九年，第进士，授御史。十六年，擢广西按察使。溪蛮大出掠，布政使议请藩王兵遏之，概不可，曰："吾等居方面，寇至无捍御，顾烦王耶？且寇必不至，戒严而已。"已而，果然。

（清）陈布雷《古今图书集成·明伦汇编·官常典》卷三五三《都察院部名臣列传十五》

熊概，字元节，丰城人。永乐辛卯进士，十六年，按察广西，戢吏奸，恤民隐。属溪峒蛮獠大出杀掠，布政使议欲请于藩王，出兵以遏之，概曰："吾等受方面之寄，寇至无计捍御，乃以烦藩王，事闻，谁任其咎。寇必不至，戒严而已。"既而，果然。

（清）汪森《粤西文载》卷六四

熊概，字元节，丰城人。幼孤，随母适胡氏，冒其姓。永乐九年进士，授御史。十六年，擢广西按察使。峒溪蛮大出掠，布政使议请靖江王兵遏之，概不可，曰："吾等居方面，寇至无捍御，顾烦王耶？且寇必不至，戒严而已。"已而，果然。

（清）张廷玉《明史》卷一五九《列传四七》

三　社会活动

1. 修建寺庙

（1）建安仁寺

安仁寺碑　（明）包裕

按观音阁，图志罔载，莫详所自。世传五代时，湖南楚王马殷东北筑叠彩坛，南构马王阁，东建观音堂，堂即今之阁，理或然也。阁濒于津，每遇春涛夏涝，岁久埋圮，修筑不常。正统丁卯，靖江庄简王令工开拓地址，甃石为堤，上建安仁寺，重修是堂，更名曰阁，迄今六十年矣。正德丁卯，承奉正潘洋修葺甫完，越岁戊辰火。又越岁己巳，今王命复建造，潘君奉行惟谨，乃鸠工庀材而鼎新之。高深广狭，俱仍旧址；像貌雕绘，视前有加。黝垩相映，金碧交辉，诚城东伟观也。经始于是年九月，落成于翼年十月，过祈予言，将勒诸丽牲之石。予闻宋韩魏公有云："穷通祸福，固有定分，枉道求福，徒丧所守。予以孤忠自信，未尝夤缘凭藉，所恃者公道神明而已矣。"所谓公道神明者，即此心之天地也，吾之心正则天地之心亦正，大而纲常伦理，小而事物细微，莫不各尽其当。然之道则天，阴佑厥衷，其思也若或启之，其行也若或翼之，辅相保合于冥冥之中，自然灾祲不生，寿祉绵永，隐然若神明在上之可恃者，岂媚二家似是而非者致然欤。《诗》云"好是正直，神之听之，介尔景福"，此之谓也。斯阁实祝延圣寿之所，四方宾使不时经憩，不重修建，日就荒芜，将何以壮观藩省而耸士庶之观瞻乎。昔王荆公为《慧礼记》龙兴讲院，苏文忠公为《敬行记》大悲阁，顾予何人，敢辞不敏。

（清）汪森《粤西文载》卷四一

安仁寺，在（桂林）府城东城下，明正统十四年，靖江王建。

（清）康熙《广西通志》卷二十《寺观志》

安仁寺，在（桂林）府城东江门外。明正统十四年，靖江王建。

（清）雍正《广西通志》卷四十三《寺观》

安仁寺，在府城东江门外，明正统十四年靖江王建。

安仁寺碑　　（明）包裕

案观音阁，图志罔载，莫详所自。世传五代时湖南楚王马殷东北筑叠彩坛，南构马王阁，东建观音堂，堂即今之阁，理或然也。阁濒于津，每遇春涛夏涝，岁久堙圮，修筑不常。正统丁卯，靖江庄简王令工开拓地址，甃石为堤，上建安仁寺，重修是堂，更名曰阁，迄今六十年矣。正德丁卯，承奉正潘洋修葺甫完，越岁戊辰火。又越岁己巳，今王命复建造，潘君奉行惟谨，乃鸠工庀材而鼎新之。高深广狭，俱仍旧址；像貌雕绘，视前有加。黝垩相映，金碧交辉，诚城东伟观也。经始于是年九月，落成于翼年十月。过祈予言，将勒诸丽牲之石。

（清）嘉庆《临桂县志》卷二十《古迹》

（2）修伏波庙

重修伏波庙碑　　（明）孙元肃

庙之作，殆越千数百年，不知其几兴废矣。兹一蔽，莫能振举。惟我靖江亲王，好善有诚。署仪卫司事百户孙政，以为庙不饰，何以妥明灵；诚不致，何以护庥庇。乃具启请金帛，以为木石之资。首蒙出厚赐，遂卜日就事，撤腐去敝，易故以新。寝庙既成，门墙咸备，高敞宏丽，加于旧规。经始于天顺辛巳十一月癸酉，落成于壬午正月甲子。其成之日，政属记诸石。因乐神之有依，而惠福是邦也，故不辞而记之。

（明）嘉靖《广西通志》卷三三《坛庙志》

重修伏波庙碑　　（明）孙元肃

庙之作，殆越千数百年，不知其几兴废矣。兹一蔽，莫能振举。惟我靖江亲王，好善有诚。署仪卫司事百户孙政，以为庙不饰，何以妥明灵；诚不致，何以获麻庇，乃具启请金帛以为木石之资。首蒙出厚赐，遂卜日就事，撤腐去敝，易故以新。庙既成，门墙咸备，高敞宏丽，加于旧规。经始于天顺辛巳十一月癸酉，落成于壬午正月甲子。其成之日，政属记诸石。

（清）嘉庆《临桂县志》卷十五《坛庙》

重修伏波庙碑　（明）孙元肃

庙之作，殆越千数百年，不知其几兴废矣。兹一敝，莫能振兴。惟我靖江亲王，好善有诚。署仪卫司事百户孙政，以为庙不饰，何以妥明灵；诚不致，何以获麻庇，乃具启请金帛，以为木石之资。首蒙出厚赐，遂卜日就事，撤腐去敝，易故以新。庙既成，门墙咸备，高敞宏丽，加于旧规。经始于天顺辛巳十一月癸酉，落成于壬午正月甲子。其成之日，政属记诸石。

（清）光绪《临桂县志》卷十五《建置志三》

2. 游览山水

游独秀岩记

夫独秀岩者，据岭表之胜，控藩国之雄。上方、真境，拔引乎西南；尧峰、舜洞，峙立乎东北；桂岭、西山，巨镇乎后先；訾洲、东渡，映带乎左右。于乃有峰屹然，高插天半，势压鸿庞。盖八景之奇，无出其最者，故名独秀。是繇扶舆清椒、山川磅礴之气有以致然也。自唐宋元以来，历代名人硕士皆有题咏而颂美之者。昔我明太祖高皇帝封建诸王，以始祖封南昌王，迄曾祖薨，逮夫祖考，由洪武九年十月，封靖江王，之国广西。父袭封，仍守于兹，谥悼僖王。历正统甲子夏六月，吾以书筵退讲间，与长史儒臣三五辈，登于岩之幽邃，获睹宋颜公篆扁，泊先圣鲁司寇像并诸诗颂，慨然有动诸中。谓夫山水之奇既得其趣，文之刻又载其美，吾与尔等幸际太平之盛，可无一语传诸永永，以昭今日之胜览乎？夫惟名山秀水，必因人而后显，非人之述以文者，则夫山水以随而无闻矣。矧兹岩前切抵于宫壶，继之以承运殿，傍则两建纪善、良医所，殿东西有花木之苑，仍立之以亭也。亭之后，勤以仪卫。殿后隔门有斋宫之与书堂。城垣右则有承奉、典膳□□□□□□□□□新，悉黝垩堊塈，焕然可观。此岩前所据之大概也。虽然今日之游而为之记，即所以纪其胜也。俾后之视今，亦犹今之视昔，而传诸无穷也。故书此勒之于石，而识其岁月云。时正统九年岁次甲子夏六月既望癸巳。

靖江王谨撰。

独秀岩西洞记

独秀岩西，有洞屋如，幽邃衍迤。旁则竹树丛郁，灵羽翔集；前则宫垣叠带，后则涟漪濯秀；人世不关，尘嚣难到，诚可招羽仙来佛驭，而成刹宇也。其为教，以真如空寂为本，故无量寿佛明心见性，而昔坐化全之湘山寺。余闻浮屠者，即古之僧塔也。于是，命工巍创宝塔，峙于洞前，盖所以尊其法而祀之。洞之内，塑以那咤等神；洞之岩，继以玄帝与夫雷祖天师；岩之左，又以观音、普庵等像，期皆永镇兹藩，而有以昭于时也。于乎山水之奇，必钟胜境。然而境之胜，必因人而后显。苟不立之以神，著之以文，则无时而或泯焉，又何以知其为胜境也？所谓"山不在高，有仙则名"，是矣。予乃纪斯胜，建斯塔，像以佛，像以神，俾后之游于是洞者，亦可以知其概云。

时大明正统甲子冬良月朔旦丙午，靖江王谨识。

独秀岩记

盖天下诸王受命，各之其国，必先有天纵之地，而后立王府非常治之。洪惟太祖高皇帝，祖宗流荫，子孙弥衍，列分天下，各藩之国。我祖来斯桂林，立靖江王位，迄今七十余年矣。府在独秀山前，其地为广西甲盛之最。一峰堙插霄汉，四时林木荣辉，下涌流泉，潭如新月，巍然上下，绝秀丽乎龙飞凤舞之胜。爰居斯地，患无终废，皆因地利也。当今皇帝在正统位，丁卯十二年秋孟，闻知云水僧常澍自鄂来越，人所称善。一日，召于承运门下，以瑜珈焰口施食，利济孤魂。见澍舌翻秘咒，滔滔如江潮之流；讨论儒书，翕翕若劈竹之势。以延为世子师，授乎大教。其讲道之暇，我昔法名福钦，征别号，澍进号曰宝峰；妃法名慧澄，号曰碧天；为世子法名觉渊，号曰无尽；郡女法名觉明，号为智月。亦述号赞，以发进道之端原。夫独秀岩者，宋颜公读书之处，石勒高僧师澄诗并无尽老人日月五福海之数额。缅乎今日，常澍未见其岩，所进法名、道号，符合前代哲人之名，其神异也。就命澍游岩，视哲名于石上。其澍喟然叹曰："斯地非今日之到，三生必有缘也。"噫！我佩戴祖宗之德，之国于独秀山前，今视师澄、无尽之籍，予瞑目而思之，诚可为受皇天之命，居天纵之地，良不诬也。粤与澍天泽，畅望各岩，谈道可符，感予情性，遂赓师澄原步，并述记镌于岩左，用籍不磨哉。其曰：

碧峰禹迹几经今，上接云霄匪不钦。绝顶两轮乌兔跃，幽禽齐奏管弦音。无时树木冬森翠，最喜林峦夏有阴。每展黄庭岩畔玩，默知天地化工深。

正统丁卯年孟秋月望日，五代靖江王元可谨记，铁笔刘敏升。

桂海碑林博物馆《桂林石刻碑文集》中册

独秀岩诗（有序）　　（明）靖江王佐敬

洪惟太祖高皇帝，祖宗流荫，子孙弥衍，列分天下，各藩之国。我祖来斯桂林，立靖江王位，迄今七十余年矣。府在独秀山前，其地甲于广西，一峰堙插霄汉，四时林木荣辉，下涌流泉，潭如新月，巍然上下，绝秀丽乎龙飞凤舞之胜。今皇帝一统，丁卯十二年秋孟，闻知云水僧常澍自鄂来粤，人所称善。一日，召于承运门下，以瑜珈焰口施食，利济幽冥。澍舌翻秘咒，滔滔如江潮之流；讨论儒书，翕翕若劈竹之势。因延为世子师，授乎大教，以为进道之端。原夫独秀岩者，宋颜公读书之处，石勒高僧师澄诗，并无尽老人日月五福海之数额，缅乎今日，符合前代，就命澍游岩，视哲名于石上。澍喟然叹曰："斯地，今日之到，三生之缘也。"粤与澍畅望各岩，感予情性，遂赓师澄原步，并镌于岩左，用藉不磨。

碧峰禹迹几经今，上接云霄共所钦。绝顶两轮乌兔耀，幽禽齐奏管弦音。无时树木冬森翠，最喜林峦夏有阴。每展黄庭岩畔玩，默知天地化工深。

和韵　（明）释常澍

谁削芙蓉镇古今，高摩碧落使人钦。窦边时鸟鸣簧调，岩外风筼戛珮音。枫映晓霞山裹锦，梅开冬雪地无阴。想应龙在苍松里，背涌清泉岁月深。

（清）汪森《粤西诗载》卷十五

3. 翻刻汉石经

跋石经

孔鲋藏经于秦，鲁恭王发之，遂出于世。孝平元始元年，王莽命甄丰摹古文《易》《书》《诗》《左传》于石，此石经之初刻也。章帝命杜采增摹《公羊》《论语》古文，而释以章草，此石经之再刻也。灵帝元和六年，命胡毋敬、崔瑗、张昶、师宜官以古文、八分刻《易》《书》《鲁诗》《仪礼》《左传》于太学讲堂，此石经之三刻也。熹平四年，诸儒以《左传》立于刘歆，当废，《公羊》兴于孝武，《周礼》《尔雅》传于周公，《鲁诗》《论语》出于孔子，当与《易》《书》并刻，又诏蔡邕、杨赐、堂溪典、马日磾等纯以八分书之，此石经之四刻也。魏虞炎惜古文之不传，言于邵陵，厉公自摹古文于石，陈留邯郸淳以小篆释之，钟会注以小楷，于是《易》有京房、费直，《书》有伏生、孔安国，《诗》有鲁、韩、毛、郑，《礼》有《周礼》、戴德、戴圣，《春秋》有左氏、公羊、谷梁，《论语》有《齐论》《鲁论》，并《尔雅》《孝经》《孟子》，共二十种，刻于邺都之学宫，此石经之五刻也。晋惠帝永熙，武库火，科斗竹简皆烬，梁武帝索于王志，得汉拓本三种，诏萧子云等以小楷刻之金陵，《易》用费直，《书》用姚方兴，《诗》用毛氏，《礼》用小戴，《春秋》用三传，此石经之六刻也。北魏太武神龟元年，从崔光之请，以汉魏石经在洛、邺者，遭王弥、刘曜之乱，焚毁过半，命元晖、于烈、韩毅等补之，此石经之七刻也。周大象之沉，齐高澄之炮，复经残阙。隋大业中，取其遗书于秘书省。贞观六年，魏征请发而传之。诏欧阳询补其八分，此石经之八刻也。于时孔颖达为疏义，而请以王弼《易》、孔安国《书》《毛诗》《三礼》《三传》《论语》《尔雅》《孟子》《孝经》颁于天下，俾儒生习之，是为《十三经》，开元四年，张说请补《古易》《鲁诗》，诏礼部郎中殷仲容摹古文于石，此石经之九刻也。天宝九年，从李林甫之请，诏侍书徐浩等以小楷刻《九经》于长安，《礼记》以《月令》为首，此石经之十刻也。蜀孟昶命中书令李仁罕、右仆射毋昭裔等以楷书刻《易》《书》《毛诗》《三礼》《三传》《论语》《孟子》为十一经，此石经之十一刻也。南唐昇元间，以楷书刻《十一经》，而增入《孝经》《尔雅》，此石经之十二刻也。宋淳化六年，翻蜀《十一经》于汴京，此石经之十三刻也。高宗御书《五经》于临安府学，才人吴氏续之，此石经之十四刻也。洪适摹鸿都遗字于利州，此石经之十五刻也。范成大复摹于少城，此石经之十六刻也。天章阁待制胡元质复摹于成都学宫，并三体刻之，此石经之十七刻也。宣德六年，靖江王又摹于本府，此石经之十八刻也。天顺元年，秦府又摹刻，而《古易》《鲁诗》复完，此石经之十九刻也。今世所行者，凡唐讳皆阙点画，盖秦府摹唐本耳，以为蔡中郎书者，是未考也。德卿先生，以草堂将军之象贤，酷好书画，出示石经，装缮精好，属余为跋。夫石经犹之乎书帙耳，未可以为帖也。故置书法不论，而书此以系之。

（明）徐世溥《榆墩集》卷四

四　与宗室互讦奏

（正统四年十二月戊戌）靖江王府奉国将军佐敏欲来朝奏事，遣书驰谕，令即回府。

（明）《明英宗实录》卷六二

（正统五年三月）癸亥，贻书靖江王佐敬曰："王遣千户刘顺赍奏分析奉国将军佐敏诬诉之事，朕览之，已悉其本末矣。王何以又出奏稿二纸付顺，既与顺银十四两，又以黄金六条令顺送与杨荣学士，方便其事。王以为朝廷之事，皆出臣下乎？初佐敏前后两奏，朕皆未信，故令总兵官安远侯柳溥及三司、巡按御史体覆的实，待其奏来，然后处置。盖朕于小民凡有诉讼，必警饬法司不许枉人，何况宗室之亲，岂肯轻易诬枉。且朝廷一切赏罚予夺，皆朕遵依祖宗成法亲自处决，何尝出于臣下。王今所为如此，意必有在，须从实奏来，不可隐匿。特书往谕，王其审之。"其后，王陈实谢罪，言为顺所诱惑。上命发顺辽东边卫充军。仍以书责王昏愦，宜痛自改过，以保富贵。

（明）《明英宗实录》卷六五

（正统五年四月壬申朔）先是，靖江王佐敬与弟奉国将军佐敏互相讦奏，上命总兵官安远侯柳溥会同巡按监察御史、三司官核之。至是，溥等廉其虚实相半以闻。上命王与奉国将军姑不问，仍命法司械其内使张信等诣京鞫之。

（明）《明英宗实录》卷六六

（正统五年八月庚午朔）初，靖江王佐敬与其弟奉国将军佐敏互以贪淫不法白奏，诏逮其府属与内使至京，下皇亲太师英国公张辅等验治。至是，辅等上其状，事多实，且请逮佐敬等诘之。上曰："府属、内使治如律，佐敬等念是宗亲，其以敕切责，如不悛，朕当论以祖训，不曲宥也。"

（正统五年八月）庚寅，书谕靖江王佐敬曰："比者王与奉国将军佐敏交构讦诉，遂逮至所干连之人审问，悉得真情。盖尔兄弟作过，惟均王之过。如于幼女坟前起造享堂，外筑周垣十余里，建屋五十余间，常纵妃及宫人、内使四十余人往尧山庙、全真观、冷水、清泉二寺游玩，就坟所宿，三、五日方回。正统三年十二月，于承运殿前作鳌山，令军丁四十余人作杂剧，盛集军民入内同观，而纵妃沈氏于廊下帘内窥视。四年二月，又于宫门前作秋千架，令文武官之妻入内嬉戏。又与小旗李荣、军丁杨斌等银，买罗段等货及织金龙凤段匹；同辅国将军赞俨家人袁刚等，往交趾境内买夜明珠等物。祖宗定制，凡见无名帖子，即便烧毁，不许用。王辄听鲁仪宾、秦长史进无名帖子说王妃事，令唐镇抚擒奉国将军家人刘信，又令宫人刘氏等九人击坏将军之家器皿、房屋，又诬奏奉国将军打死何普贤奴等五名，又诬使女二人与将军私通。此皆昧心造伪，上欺朝廷，内枉亲戚及宫闱之人。又令军丁戴福泉等入府诵经祈祷，后赐僧帽袈裟；又容奉祠徐善庆男徐义令与镇抚唐理协同干办，生事害人，捏报护卫军朱荣等十一家富实，虚称各人曾借府中银两，又捏军人赵忠作证，令仪卫司逼打招认，纳银一千三百两，内以五十两分给捏害之人唐理、徐义、赵忠等。又府中祭服不堪，辄令仪卫司拘唤道士九十余名、乐舞生二百名，拷打追索，得钱二十五万有余。因护卫军校余丁众多，每正军月办钱五百，余丁老幼又办三百，不足则令仪卫司杖追，致其自经死者数人。此岂贤王之所为乎？今以亲亲之故，姑置不问。王自今宜深思速改，修德务善，整肃宫闱，亲睦同气，去暴戒利，庶几祖宗鉴佑，富贵可保。不然，悔无及矣。王其省之。"

谕奉国将军佐敏曰："尔累累奏王，皆是重恶，今逮一干人至问之，虚实相半。盖王虽有过，尔过亦不少矣。如每遇正旦、冬至等节及进表之日，皆不随王行礼，上违祖训，不有朝廷，忠孝之行何在？汝诬奏王强奸妾何氏，又诬捏王妃与徐义、唐理私通，又诬奏王织造赭黄段匹，绣日月龙凤衣与妃服用，又诬奏王怨詈朝廷，及造金银战杆镖枪六百余条，以倾陷王。此皆昧心造祸，天地不容，鬼神所共怒者。又听信妾何氏谗谮王妃与王不和，离间至亲。又买故典宝男刘信为家人，又收陈迪为道童名色，在府出入，违背礼法。所为如此，岂是正人君子之行。今以亲亲之故，特宥不问，宜深思改过，毋蹈前非。"

谕辅国将军赞俨曰："尔不遵朝廷法度，擅令家人袁刚、袁旺、袁真领银随王府校尉私往交趾境内买卖，交通外夷，此过非小。特以亲亲之故，不问。自今宜思过改行，无蹈前非。"

复敕仪宾鲁瑄、陈广、李端、孟林、李贤曰："尔等共取无名帖，付长史秦良等进与王观，致王与奉国将军不和，交构日深。离间亲亲，皆原于尔数人，以祖训论之，皆应重罪。今姑屈法宽宥，如再不悛，悔无及矣。"

（明）《明英宗实录》卷七十

（正统六年三月甲辰）书谕靖江王佐敬曰："朕惟国家封建宗藩，其礼制文移，祖宗已有定制，子孙当世世遵守，况同气至亲，尤须笃恩义相处，用图宁永。比闻王与奉国将军佐敏数相构怨，不知何为。又闻佐敏非礼妄为，欲自来朝；及各辅国、奉国将军有事，亦多专擅自行。今遣敕戒饬佐敏不许来朝，如已起程，王即谕令回府。并戒饬各辅国、奉国将军，俱不许违礼犯分。此皆于王至亲，王宜推诚善待，两尽其道，永敦和睦，不可互生嫌隙，以伤大伦。庶几保守宗祀，副朕亲亲之意。惟王亮之。"

书谕靖江王府辅国将军赞俨及奉国将军佐敏等曰："比者闻佐敏与靖江王兴词构怨，相视如仇，朕念亲亲，屈法宽宥，敕其各守礼法，用笃亲好。今闻佐敏欲亲来京谢恩，不启王知，私令家人擅于都司给引。其男长成，当请名、冠带、婚礼等事，俱不启王，自择桂林卫指挥之家葛霖女成婚。凡进表文，不赴王府陪礼；遇冬至、正旦节行礼毕，不与王行礼；及各辅国、奉国将军，凡所行事，亦多不启王知，恣意专为。祖宗之法，尔等可故违乎？书至，宜各革心悔过，谨遵礼法，用图保全。佐敏屡谕不改，不许来朝，如已起行，亦即回府。今后，各将军凡有合行之事，悉须启王而行，敢有仍前故违者，祖宗之法俱在。尔等慎之慎之。"

（明）《明英宗实录》卷七七

（正统七年十月）丙申，靖江王佐敬奏："奉国将军佐敏，怀隙怨望，欲相诬陷；事多专擅，不复关白；正至朔望，参谒俱废。"上复书曰："此固佐敏之罪，亦王所处有未善也。王诚无间，彼将云何？幸推诚相与，毋念旧恶，庶几克全孝友，共保富贵。"又敕责佐敏及诸辅国将军曰："往年佐敏与王相讦，尝加曲贷，冀其惩艾。曾几何时，复致纷纭。朝廷以至公为理，法严怙终，恩不可再。尔佐敏即当勉图自新，毋贻后悔。尔诸将军气同一体，宜以理相谕，同归于善。而乃视如路人，稔其过恶。贤者固如是乎？其各勉思朕言，以全一国之福。"

（明）《明英宗实录》卷九七

（正统九年闰七月庚辰）书谕靖江王佐敬曰："得奏，奉国将军佐敏、佐达及前仪宾陈广不安分守法等事具悉，已遣敕谕佐敏、佐达及敕辅国将军赞伦男佐信，令晓谕广等各守礼法，改过向善，用图保全。今后军民人等果有不遵禁约，擅入各将军府赌博者，令长史司体实拿问，情重者奏来处治。然王嗣承国祀，为国之长，尤宜体念骨肉，推诚相与，庶全亲亲之义。彼或无知构怨，朝廷至公至明，必不为奸诈所惑。古云：'礼义不愆，何恤人言。'王其亮之。"

（明）《明英宗实录》卷一一九

（正统十年五月）乙酉，敕靖江王府奉国将军佐敏曰："祖宗之制，诸亲藩将军凡冠婚礼仪之事，皆须启王而行。曩者因尔故违及共群小赌博，曾遣书谕王，令严加戒饬。君命至门，尔乃偃塞私第，不行迎接，其敬朝廷之心安在？近尔子议婚，乃不躬自白王，止令阍者传言，挟制长史，其敬王之心何在？尔为国家亲属，荣授封爵，纵恣妄为，庸人不如。伸恩屈法，至再至三矣，而狃于冥顽，曾无感激改过之意。然朝廷法度正以惩治奸顽，国家亲属尤在遵守。敕至，尔即具实以闻，如谬造浮词及妄言别事，欺天罔人，必以祖宗大法处治。其审之，毋悔。"

（明）《明英宗实录》卷一二九

（正统十年七月）丁丑，敕谕奉国将军佐敏曰："先因靖江王奏尔越礼诸不法事，朕念亲亲，弗问，但令尔自陈。今闻尔不知感恩悔过以听朝廷处分，乃擅于总兵、三司等官处讨伴送人来京奏事，实有违朕命。敕至，其即回府俟命，令家人以尔词来首。毋得擅行，如复恃恩故犯，祖宗大法昭然，朕不敢私。"

（明）《明英宗实录》卷一三一

（正统十年九月）壬午，书谕靖江王佐敬曰："曩因王奏奉国将军佐敏违礼犯分等情，已敕佐敏具实回话。今得彼奏云：因请授二子名分，亲欲启王，王怀旧嫌，不容入见，亦不为奏达；又同各将军率二子赴府谢过，王复不纳，止令纪善宣旨谕责。彼情不能通，故欲来京陈诉，别无他情。观彼乃固僻不通之人，因王拒绝之甚，衷情不平，欲求开释，余皆服过。已敕令回府，改过自新，务尽逊悌之礼。王亦宜体念同气至亲，曲加容忍，消释嫌怨，和睦相处，彼必回其邪心，感恩自愧。《书》曰：'至诚感神，而况人乎？'《诗》曰：'兄及弟矣，式相好矣，无相犹矣。'王克念之，庶全亲亲之义，亦见王之令德。如或不遵朕言，彼此交构，屡饬屡犯，则祖宗大法具在，朕不敢以偏私废公。此时虽悔，皆无及矣。佐敏所请二子名分，今名其长曰相穆，次曰相稷，俱封镇国中尉，冠服禄米，悉命该部施行。凡王府中合行之事，王宜如例处置，务从爱厚，切不可念彼微过，有违大礼。王其亮之。"

复敕佐敏曰："得奏，已悉尔情。然将军与靖江王，同气至亲，宜相和睦。况长幼之序，尊卑之等，名分截然，不容陵慢。各王府、郡王、将军，凡有一应合奏请之事，悉启亲王为之奏达，已有定例。尔常恃恩玩法，轻慢兄王，或于时节不赴朝见，或因小事辄出忿言，又尝结聚无赖，赌博非为。王令长史禁约，尔复不甘。欲为尔子成婚，并求请名分，不亲启王，第令长史等官代启，且曰：'若复不行，定须搅扰，使不得安。'此何等语。朕观此情，盖由尔固僻傲狠，不能纳善，故王拒绝之深。尔尚不悔已过，构词不已。仰稽《祖训》，于法难容；但以亲亲，屈为宽贷。已遣书谕王，推念同气，惇崇友爱，和睦相处。尔宜深悔前愆，率德改行，遏绝傲心，勉尽逊悌之礼，致敬于王。凡有合行之事，尔亲诣府启请，王必然体骨肉之情，消释旧怨，庶保富贵于长久。若复怙终不悛，屡饬屡犯，则是尔不遵朝命，不有亲王，祖宗宪典法律昭然，必明正尔罪，此时虽悔，不能及矣。尔其深省之。"

（明）《明英宗实录》卷一三三

（正统五年四月癸酉）初靖江王佐敬，与弟奉国将军佐敏互讦，命械其内使张信等廷鞠。

（明）谈迁《国榷》卷二四

佐敬嗣，正统初，与奉国将军佐敏相讦奏，以黄金六条馈杨荣，被诘责，戍其使人于边。

（清）查继佐《罪惟录·列传》卷四

佐敬嗣，正统初，与其弟奉国将军佐敏相攻讦奏，语连大学士杨荣，帝怒，戍其使人。

（清）王鸿绪《明史稿·列传四·诸王二》

庄简王佐敬嗣，……正统初，与其弟奉国将军佐敏相讦奏，语连大学士杨荣。帝怒，戍其使人。

（清）张廷玉《明史》卷一一八《诸王列传三》

是时中官王振有宠于帝，渐预外庭事，导帝以严御下，大臣往往下狱。靖江王佐敬私馈荣金。荣先省墓，归不之知。振欲借以倾荣，士奇力解之，得已。

（清）张廷玉《明史》卷一四八《列传三六》

五　奖赐诏责

1. 赐白金文绮

（宣德十年正月甲午）赐亲王、宗室、公主白金、文绮、纱罗、钞锭。……靖江王白金二百两，纻丝、罗各十表里，纱十匹，锦三匹，钞一万贯。

（明）《明英宗实录》卷一

登极之赐

英宗初，赐……靖江王白金二百两、纻丝罗各十表里、纱十匹、锦三匹、钞万贯。

（明）朱勤美《王国典礼》卷七《恩赐》

2. 赐双鱼耳彝炉

双鱼耳彝炉

乾清宫敬一堂，东便殿二座（内分覆祥云一座、藏金纸色一座），西便殿二座（内分涌祥云一座、蜡茶色一座）。

圣旨：加铸四百座，将上等完好者一百座藏贮内库，余存三百座分赐各王府。

计开分赐各王府双鱼耳彝炉数目：东宫王府四十座、秦王府二十座、周王府二十座、晋王府二十座、肃王府二十座、宁王府二十座、楚王府二十座、鲁王府二十座、岷王府二十座、益王府二十座、代王府二十座、潘王府二十座、岐王府二十座、靖江王府二十座、衍圣公府一十座。（以上均四色分配）

奉圣旨，加铸双鱼耳彝炉炉盘四百座，将上等完好者一百座藏贮内库，余存三百座分赐各王府。

右双鱼耳彝炉，照宋官窑双鱼耳彝炉款式，高三寸二分，足高三分一厘，耳长一寸三分，口径二寸五分，重八两四钱。足底圆径九分二厘，圆凹而入，俗名锅脐底，真书小楷六字，款曰："大明宣德年制"。一线足，分覆祥、涌祥、茂金、蜡茶四色。

右双鱼耳彝炉炉盘，高四分三厘，口径三寸六分，重六两一钱七分。排款六字，曰："大明宣德年制"。本身藏金、流金二色。

（明）吕震《宣德彝器图谱》卷七

双鱼耳彝炉

大明宣德年制

双鱼耳彝炉盘

3. 即位赏赐

（天顺八年二月戊戌）上以初即位，赐亲王白金、文绮，……赵悼王、荆靖王长子、靖江王各白金二百两，纻丝罗十表里，纱十匹，锦三匹，钞二万贯。

（明）《明宪宗实录》卷二

宗室公主即位之赏

英宗初，赐庆、代、宁、岷四王各白金五百两，纻丝罗各二十表里，纱二十匹，锦五匹，钞三万贯。周、楚、鲁、辽、韩五王各白金三百两，纻丝罗各十五表里，纱十五匹，锦三匹，钞二万贯。……靖江王白金二百两，纻丝罗各十表里，纱十匹，锦三匹，钞万贯。

宪宗初，赐鲁王、辽王、庆王、肃王、唐王、郑王、襄王、宁王、周王、沈王、伊王、岷世子各白金三百两，纻丝罗各十五表里，纱十五匹，锦三匹，钞二万贯。淮王、晋王、秦王、韩王、代蜀二世子，各白金三百两，纻丝罗十表里，纱十匹，锦三匹，钞二万贯。赵悼王、荆靖王长子、靖江王各白金二百两，纻丝罗十表里，纱十匹，锦三匹，钞一万贯。

（明）王世贞《弇山堂别集》卷六七《亲王禄赐考》

登极之赐

孝宗初，赐……靖江王白金二百两、纻丝罗十表里、纱十匹、锦三匹、钞一万贯。

（明）朱勤美《王国典礼》卷七《恩赐》

4. 赐《敕符簿》

（正统元年五月）丁卯，新编《敕符簿》，遗宁、周、楚、鲁、肃、沈、辽、韩、唐、伊、郑、襄、荆、淮、梁、赵、秦、晋、靖江二十二王，仍各赐书，以易世纪元，更属称换年号也。

（明）谈迁《国榷》卷二三

5. 诏勿以事扰民

（正统五年十月壬申）王又奏，欲令本府军校陶于附近山场以治宗庙、社稷、山川诸坛及所居宫室。上允其奏，仍复书令戒饬下人，毋假此扰民，为王清德之累。

（明）《明英宗实录》卷七二

（正统十二年九月）癸巳，书谕靖江王佐敬曰："得奏，欲率妃于春秋往尧山祭扫先茔，用展孝思，特从所请。然奉先当存孝敬，三在途宜加谨慎，礼毕即还。尤宜戒饬随从官校之人，毋扰害官员、军民人等，庶不为令德之累。王其亮之。"

（明）《明英宗实录》卷一五八

6. 责食禄务遵法度

（宣德七年六月）甲午，广西布政司奏："靖江王府及诸将军岁禄，多不受米，而遣人下有司计直索钱，往往三倍取直；得钱辄以市私盐，转鬻求利，民甚苦之。"上敕靖江王佐敬曰："制禄以米，从古已然。盖因民之所有也，钱则民间所无。今不受所有，而索其所无，又三倍取之，加暴扰焉。民岁岁当输，而虐取不已，何以自存？贩鬻者，小人事；而贩私盐，违法甚矣。岂所望于宗室哉！既往姑不问，王宜自惩。更谕诸将军，各戢下，毋贰过，庶享禄于无穷。继今有犯，从广西布政司、按察司及巡按御史捕治，不可不慎。"

（明）《明宣宗实录》卷九一

（正统五年六月）戊寅，书谕靖江王佐敬并各辅国将军、奉国将军，曰："朝廷封建宗室，禄米已有定制。曩因王及各将军每遇岁征，先令火者人等下县，不收本色，加倍折钱，民用诉苦。先皇帝曲贷不问，但谕令改过。仍敕广西布、按二司、巡按御史，但有再犯者，执送京师。无非欲其知警，而图保全之道也。今按察司奏，辅国将军赞亿复令家人杜胜、雷椿收兴安等县禄米，每石逼折钱七百文，甚至一千五百文，比时价加三、四倍，民何以堪。且法令乃祖宗之法令，百姓乃祖宗之百姓，今弃法令、虐百姓如此，而求保全，殆不可得，已令按察司将胜等解京发落。继今宜痛自警饬，严戒下人谨守法度，仍遵先皇帝敕书，勿差人扰害州县，庶几可以长保富贵，以副朝廷亲亲之意。"

（明）《明英宗实录》卷六八

正统五年六月，谕靖江王佐敬并各辅国将军曰："朝廷封建宗室，禄米已有定制。曩因王及各将军每遇岁征，先令火者等下县，不收本色，加倍折钱，民用诉告，先皇帝曲贷不问，但谕令改过，仍敕广西布、按二司、巡按御史，但有再犯者，执送京师，无非欲其知所警也。今按察司奏辅国将军赞仪复令家人杜胜收兴安县禄米，加倍折钱，民何以堪。且百姓乃祖宗之百姓，而如此虐害，可乎？已令按察司将胜等解京处分。继今宜痛自警饬，严戒下人谨守法度，庶几长保富贵，以副朝廷亲亲之意。钦哉。"

（明）俞汝楫《礼部志稿》卷四《圣训·宗室之训》

（正统五年）六月，书谕靖江王佐敬并各辅国将军，曰："宗室禄米已有定制，曩因岁征下县，不收本色，加倍折钱，民因诉告。先帝曲贷，谕令改过，敕广西布、按二司、巡按御史，再犯者执送京师。今按察司奏，辅国将军赞亿复令家人杜胜收兴安等县禄米，加倍折钱，民何以堪。已令将胜等解京处分，宜严戒下人，谨守法度，以副朝廷亲亲之意。"

（明）徐学聚《国朝典汇》卷十三《宗藩上》

7. 诏王安分勿虞宗亲

（正统五年十月）壬申，书复靖江王佐敬曰："得奏，庆远卫指挥陆忠、程普相讦告，普实妃亲，虑为所连。今朝廷至公至明，虽细民争讼，亦不使有冤抑，况宗亲乎？府中果无可言之事，人固不敢厚诬也。王宜安分省事，不必多虞。"

（明）《明英宗实录》卷七二

8. 诏护卫照例更换

题乞恩事　（明）于谦

内府抄出靖江王奏：自永乐某年某月某日广西都司来奏，蛮人出没，讨军截杀，本府差官奏请，奉皇太子令旨，量拨与精锐官军五百一十六员，递年征进，累次辏补，逃亡事故亏折虽多不绝。正统十四年，总兵官柳溥具奏，正统某年五月初五日，钦差锦衣卫舍人李旺赍书委巨，先选精锐官军五百员名，赴总兵官处听调，再选五百名听候。朕念王府使令不可缺人，且留在府，遇警急调用。钦此。俱钦遵外，调拨余丁五百员名在府听候。其柳溥皆非警急，一概调用。后因官军各告衣甲损坏，臣具奏比依湖广、广东事例，更拨回卫轮班。已蒙圣恩，准臣所奏，分为两班，一年一换。至景泰元年，都督田真札副护卫，言称蛮人滋蔓，奏准两班俱调，不论已被蛮贼杀官军数多，臣已经开奏，明降景泰三年九月内札副，送前班已故指挥曹福原领官校到卫，臣就点看，实在三百六十六员名，内中亦有征伤不堪之数、亏折事故一百八十六员名。景泰三年三月内，札取更替，臣选官军一百八十六员名，轮补去迄。本年五月内，二班已故指挥许正等官军，臣亲逐一点视，止有见在百户言庆旗军二百八员名，在逃四十五名，其余伤故官军二百八十九员名。臣思若不备情具奏查得前项亏折，已将护卫官军尽数拨补去后，又发回二班官军，除另行提捉原逃旗军听候外，若后轮班，惟复移文，仍要索补亏折之数，委的缺少，临期无军完辏，不无累烦圣听。臣思比先奏准一年一换，今将两班轮作三个月替换，趋至累损繁难。切照护卫官军、先于永乐年间全伍调征交趾，并到今逐年差征广西地方，事故亡绝数多，余存不堪数少，亦有匠人造办应贡表笺箱袱马匹什物。如蒙准奏，伏望皇上笃念亲亲，隆厚哀怜，臣远在屏藩，孤茕艰难，委将护卫官军尽数拨补前班去后，乞赐人匠造办表笺等项，及宥免后补事故官军，仍依奏准一年一换轮班事例，宽恕便益，实为感恩之至。为此具本，专差内官言庆亲赍具奏文。该靖江王亦奏前事，内称伏望叔母上圣皇太后、叔母皇太后，笃念亲亲，隆厚哀怜，乞赐人匠造办表笺等项，宥免后补事故官军，仍依一年一换轮班事例等因。该本部官俱钦奉圣旨：兵部知道。钦此钦遵，通抄到部。参照奏称要将前项护卫官军宥免事故后补，并要一年一换轮班一节，照得前项官军先因彼处盗贼生发，官军调遣不敷，钦蒙选出，听总兵官调度杀贼。设若贼寇平安，地方无事，自当发回原卫。奈因连年盗贼生发，人畜累被摽掠，地方受害，不可胜言，若非前项官军协同抚捕，则总兵官凭何调遣。又况军卫之设，正所以保障城池，殄除盗贼。王府所在之处，蛮贼窃发，纵使调用前项护卫官军，亦是保护王国，若是地方扰攘，则王国何由得安。兼且广西地方军卫，连年征调不息，军士凋耗数多，惟护卫官军平日差遣数少，什物颇为完具，若依所奏事故者宥免拨补，三个月轮替者仍作一年，则事役劳逸不均，军卫愈加耗损，徒有其名，而无其实。军士日加消耗，事机日益废弛，其贻后患，实非细故。所奏难准。合无行移总督两广太子太保兼左都御史王翱、副总兵署都督佥事陈旺，令其到彼，将先次选出军方许将事故者替补，及总兵等官调度杀贼，中间若有事故，准于原卫挑选精壮之人照数补拨，不许故违，有误军务，候地方贼寇十分宁靖，另行定夺。再照，各处王府设置长史、纪善、伴读、教授，职专辅导亲王，绳愆斜缪，而王府一应施行事宜，旧有定法，为各官者岂不知朝廷万机皆断圣志，发自宸衷，明见万里，聪闻至微。而以一事之微，辄敢奏称伏望叔母上圣皇太后，非惟乖违旧制，抑且渎乱朝经。详其所由，盖是本府长史、纪善、伴读、教授不能尽心辅导，及护卫指挥并首领官员意图占吝官军，故行拨置烦渎，以致行事乖方，有失大体。及本府累次为因细故讦奏，总兵、巡按等官及行勘问，事多不实，显是辅导随侍不得其人，以致事体纷扰，上干天听。合无行移都察院转行巡按广西监察御史，将靖江王府纪善、长史、伴读、教授并护卫都指挥及首领官，照名查提，问拟明白，监候奏请发落。本部仍行广西都司，转行护卫，将前项官军照旧三个月更换，事故着与补替，不许仍前展转迟误。缘系参问王府官员，并钦依兵部知道事理。

景泰某年七月日，奉圣旨：王府官员都不问。官军照旧三个月更换，再展转误事，不饶。钦此。

（明）黄训《名臣经济录》卷三九《兵部·职方上之上》

兵部为乞恩事。

内府抄出靖江王奏：自永乐二十一年广西都司来启，蛮人出没，讨军截杀，本府差官奏，皇太子令旨，量拨与他。后拨若干员名，递年征进，累以辏补，逃亡事故数多不绝。正统十四年，总兵官柳溥具奏，正统某年五月初五日，钦差锦衣卫舍人李旺赍书臣，先选精锐官军五百员名，总兵官处听调，再选五百名听候。朕念王府使不可缺人，且留在府，遇警急调用，钦此。除钦遵外，调拨余丁百名在府听候。其柳溥皆作急，一概调用。后因官军各告衣甲损坏，臣具奏比依湖广、广东事例，更拨回卫轮班。已蒙圣恩，准臣所奏，分为两班，一年一换。至景泰元年，都督田真札付护卫，言称蛮人滋蔓，奏准两班俱调，不论已破蛮贼杀死官军数多，臣已经开奏，明降景泰三年九月内札付，送前班已故指挥曹福原领官校到卫，臣就点看，实在三百六十六员名，内中亦有征伤不堪之数、亏折事故一百八十六员名。景泰某年三月内札付更替，臣选官军一百八十六员名，辏补去讫。本年五月内，二班已故指挥许正等官军，臣亲逐一点过，止有见在百户言庆旗军二百八员名，在逃四十五名，其余伤故官军一百八十九员名。臣思若不备情具奏查得前项亏折，已将护卫官军尽数拨补去后，又发回一班官军，除另行跟捉原逃旗军听候外，若候轮班，惟复移文，仍要索补亏折之数，委的缺少，临期无军完奏，不无累烦圣听。臣思比先奏准一年一换，今将两班轮作三个月替换，趋至累损繁难。切见护卫官军先于永乐年间全伍调交趾，并到今逐差征广西地方，事故亡绝数多，余存不堪数少，亦有匠人造办应贡表笺箱袱马匹什物，如蒙准奏，伏望皇上笃念亲亲，隆厚哀怜，臣远在屏藩，孤茕艰难，委将护卫官尽数拨补，前班去后，乞赐人匠造办表笺等项，及宥免后补事故官军，仍依奏准一年一换轮班事例，宽恕便益，实为感恩之至。为此具本，专差官言庆亲赍具奏。

又该靖江王亦奏前事，内称伏望叔母上圣皇太后、叔母皇太后，笃念亲亲，隆厚哀怜，乞赐人匠造办表笺等项，宥免后补事故官军，仍依一年一换轮班事例等因。该本部官俱钦奉圣旨：兵部知道。钦此钦遵，通抄到部。参照奏称要将护卫官军宥免事故不补，并要一年一换轮班一节，照得前项官军先因彼处盗贼生发，官军调遣不敷，钦蒙选出，听总兵官调度杀贼。设若贼寇平安，地方无虞，自当发回原卫。奈因连年盗贼不息，人畜累被摽掠，地方受害，不可胜言，若非前项官军协同抚捕，则总兵官凭何调遣。又况军卫之设，正所以保障城池，珍除盗贼。王府所在之处，蛮贼窃发，使调用前项官军，亦是保护王国，若是地方扰攘，则王国何由得安。兼且广西地方军卫，连年征调不息，军士凋耗数多，惟护卫官军平日差遣数多，什物颇为完具，若依所奏事故者免其拨补，三个月轮换者仍作一年，则事体劳逸不均，军卫愈加耗损，徒有其名，而无其实。军士日加消耗，事机日益废弛，其贻后患，实非细故。所奏难准。合无行移总督太子太保兼左都御史王翱、副总兵署都督佥事陈旺，令其到彼，将先已选出军士仍三个月替换，听总兵官调度杀贼，中间若有事故等项，令原卫健骁精壮之人照数补拨，不许故违，有误军务，候地方盗贼十分宁靖，另行定夺。

再照，各处王府设置长史、纪善、伴读、教授，职专辅导亲王，绳愆纠缪，而王府一应施行，务有定法，为各官者，岂不知朝廷万机皆断自圣衷，明见万里。今以官军一事之微，辄敢奏称伏望叔母上圣皇太后，非惟有违旧制，抑且渎乱朝经。详其所由，盖是本府长史、纪善、伴读、教授不能尽心辅导，及护卫指挥并首领官员意图占吝官军，故行拨置烦渎，以致行事乖方，有失大体。及本府累次为因细故讦奏，总兵、巡按等官及行勘问，事多不实，显是辅导随侍不得其人，以致事体纷扰，上干天听。合无行移都察院，转行巡按广西监察御史，将靖江王府长史、纪善、伴读、教授并护卫、都指挥及首领官，照名查提，问拟明白，监候奏请发落。本部仍行广西都司转行护卫，将前项官军照旧三个月更换事故拨补，不许仍前展转误事。缘系参问王府官员，及奉钦依兵部知道事理。

　　景泰某年七月十九日，奉圣旨：王府官员，都不问究。官军照旧三个月更换，再展转误事，都不饶。钦此。

（明）嘉靖《广西通志》卷十一《藩封志》

怀顺王朱相承

生卒追封

1. 赐名

（正统元年三月）甲申，赐靖江王佐敬嫡长子名曰相承。

（明）《明英宗实录》卷十五

2. 封长子

（正统元年六月）丙辰，赐靖江王佐敬嫡长子相承一品冠服。

（明）《明英宗实录》卷十八

相承，庄简嫡一子，正统元年封长子。

（清）万斯同《明史》卷一三九《诸王世表二》

相承，庄简嫡一子，正统元年封长子。

（清）张廷玉《明史》卷一〇二《诸王世表三》

3. 去世

（天顺二年十月丁卯）靖江王长子相承卒。赐赙并祭，命有司营葬。

（明）《明英宗实录》卷二九六

子相承，以长子先卒，寿三十一。

（明）王世贞《弇山堂别集》卷三三《郡王》

相承，……天顺二年卒。

（清）万斯同《明史》卷一三九《诸王世表二》

相承，……天顺二年卒。

（清）张廷玉《明史》卷一〇二《诸王世表三》

4. 营葬

怀顺王墓，亦在尧山。王薨于天顺二年，上遣行人刘扶、廖俊、张戟、应朝谕祭，复命藩阃□所司董治坟茔，长史黄均撰神道碑。

（明）嘉靖《广西通志》卷三八《陵墓》

5. 追封

（成化七年闰九月）壬寅，靖江王规裕以其父相承为长子时卒，母夫人谷氏卒，奏乞封谥。诏追封相承为靖江王，谥怀顺；谷氏进封为靖江王妃。

（明）《明宪宗实录》卷九六

（成化二十三年七月）壬戌，靖江王规裕奏，谓其父母虽受封而无金册、冠服，乞如例给赐，以时设祭。许之。

（明）《明宪宗实录》卷二九二

（庄简王）子相承嗣，卒谥悼顺。

（明）郑晓《吾学编》第十六《皇明同姓诸王传》卷三

怀顺，郡王，追封靖江王相承，（成化）……右俱慈仁短折，和比于理。

（明）王世贞《弇山堂别集》卷七四《谥法》

庄简王子相承，成化中谥怀顺。

（明）王圻《续文献通考》卷一四八《谥法考·皇明亲王》

相承，……以子规裕袭封，追封王，谥怀顺。

（清）万斯同《明史》卷一三九《诸王世表二》

（崇简王）子相承先卒，追谥悼顺。

（清）王鸿绪《明史稿·列传四·诸王二》

相承，……以子规裕袭封，追封王，谥怀顺。

（清）张廷玉《明史》卷一〇二《诸王世表三》

附一 卒谥怀慎

六世，靖江王长子，讳相承，庄简王嫡长子，未袭封薨，后追封靖江王，谥怀慎。

（明）黄佐《广西藩封志》，见于（清）汪森《粤西文载》卷十六六世，靖江王长子，讳相承，庄简王嫡长子，未袭封薨，后追封靖江王，谥怀慎。

（明）嘉靖《广西通志》卷十一《藩封志》

附二 卒谥悼顺

（庄简王）子相承嗣，卒谥悼顺。

（明）郑晓《吾学编》第十六《皇明同姓诸王传》卷三

子相承嗣，卒谥悼顺。

（明）王圻《续文献通考》卷一九四《封建考·皇明同姓》

长子相承，先王卒，子规裕嗣，进封长子，为悼顺王。

（明）何乔远《名山藏》卷四十《分藩记五》

子相承先卒，追谥悼顺。

（清）王鸿绪《明史稿·列传四·诸王二》

长子相承，先王卒，子规裕嗣，进封长子，为悼顺王。

（清）雍正《广西通志》卷六二《封建》

附三 怀顺王妃

（弘治元年九月）丙子，遣保定侯梁任、阳武侯薛伦、丰城侯李玺、驸马都尉蔡震、游泰、兴安伯徐盛、靖远伯王宪、永顺伯薛勋、成安伯郭鏓、修武伯沈坊、南和伯方寿祥、崇信伯费淮持节充正使，尚宝司少卿胡恭、吏科右给事中王质、户科给事中郑宗仁、礼科给事中王纶、兵科给事中蔺琦、刑科给事中胡金、工科给事中夏昂、中书舍人鲍春、吏部员外郎贡钦、户部郎中江汉、员外郎陈纶、兵部员外郎熊禄充副使，册封……靖江怀顺王夫人谷氏为怀顺王妃。

（明）《明孝宗实录》卷十八

靖江怀顺王妃谷氏圹志

钦赐圹志文

（上缺若干字）二十五日以疾薨，享年七十□□□□□□□□□长袭封王爵，谥昭和。女二人，长封乐山县君，下嫁广西护卫指挥徐宏次男纪，为仪宾；次封临桂县君，下嫁桂林中卫指挥胡荣次男敬，为仪宾。讣闻于朝，遣本府承奉正章达赐祭，命有司营葬如制。太皇太后、皇太后、公主皆遣前官致祭焉。以薨之次年，改元正德九月二十六日合葬于尧山之原。呜呼！妃以贤淑，作配宗藩，享有贵荣。而寿止于斯，岂非命耶。爰述其概，纳诸幽圹，用垂不朽云。

大明正德元年九月吉旦立。仪卫司舍人臣陶汉摹。

桂林市文物工作队《桂林墓志碑文》

附四　怀顺王夫人

（正统九年正月）癸亥，赐靖江王佐敬长子相承夫人张氏冠服等物。

（明）《明英宗实录》卷一一二

（正统九年四月辛卯）以……张氏为靖江王长子相承夫人。

（明）《明英宗实录》卷一一五

昭和王朱规裕

一 生卒袭封

1. 赐名

（天顺四年六月）辛亥，赐靖江王府已故嫡长子相承嫡次子名曰规裕。

（明）《明英宗实录》卷三一六

2. 袭封

（成化七年二月）丙寅，命镇远侯顾淳、驸马都尉蔡震、平乡伯陈政、安顺伯薛瑶、永顺伯薛辅、保定伯孟昂为正使，尚宝司卿杨导、吏科给事中梁镛、户科给事中杜峤、兵部郎中刘洪、刑部郎中刘本、工部署郎中事员外郎项文泰为副使，持节册封……靖江庄简王嫡长孙规裕为靖江王。

（明）《明宪宗实录》卷八八

送杨尚宝充靖江府册封副使
先朝台鼎地，东里子孙贤。秘阁三千卷，符台二十年。骅骝骨老大，鸾凤意蹁跹。白战危孤垒，雄谈漏百川。才名非忝窃，供奉不虚员。被转皋门右，班分黼座前。铜章严夜卫，玉玺听晨宣。鱼袋诸衙集，螭文旧印专。东西频节传，前后拥貂蝉。帝锡云仍贵，星分楚郑躔。旌幢随导引，环珮肃周旋。圣代仪文备，藩王礼数虔。诏开云雾字，灯簇绮罗筵。荣幸真无比，遭逢众所怜。此时沾慰遣，兹事岂迁遭。树暗梧溪雨，帆经桂水天。花飞春漠漠，石乱水溅溅。细路峰峦际，高城鼓角边。县官齐下马，津吏自开船。公事程期近，家园道路便。壮游真汗漫，归兴得攀缘。梓里青山在，松林白露悬。衣存游子线，祭有大夫田。绿奠蘋原醑，黄焚草诰笺。恩光回落景，灵爽动哀泉。此愿人皆有，如公实不愆。几家通旧阀，群从接登仙。目断江湖迥，心违几杖偏。风流怀阮籍，江汉望张骞。我亦同朝士，临歌意渺然。

（明）李东阳《怀麓堂集》卷十

送杨叔简尚宝册封靖江府还朝
阅雾才消路不迷，世卿持节望金闱。惊人彩凤争先睹，满眼青山自品题。文学不惭东里后，光华还壮大江西。忠宣忠彦平生志，好继家声与古齐。

（明）韩雍《韩襄毅文集》卷七

（成化七年二月）丙寅，传制封……规裕靖江王。

（明）谈迁《国榷》卷三五

昭和王规裕，怀顺嫡一子，成化七年袭封。

（清）万斯同《明史》卷一三九《诸王世表二》

昭和王规裕，怀顺嫡一子，成化七年袭封。

（清）张廷玉《明史》卷一〇二《诸王世表三》

3. 去世

（弘治二年四月）庚寅，靖江王规裕薨。王，怀顺王之子，母妃谷氏。景泰四年七月生，成化七年册封靖江王，至是薨，年三十七。讣闻，辍朝一日，赐祭葬如制，谥曰昭和。

（明）《明孝宗实录》卷二五

（悼顺王）子规□嗣，卒谥昭和。

（明）郑晓《吾学编》第十六《皇明同姓诸王传》卷三

昭和，郡王靖江王规裕，（弘治）……右俱容仪恭美，不刚不柔。

（明）王世贞《弇山堂别集》卷七二《谥法》

怀顺王子规裕，弘治初谥昭和。

（明）王圻《续文献通考》卷一四八《谥法考·皇明亲王》

（弘治二年）四月己丑朔。庚寅，靖江王规裕薨，年三十七，谥昭和。

（明）谈迁《国榷》卷四一

昭和王规裕，……弘治二年薨。

（清）万斯同《明史》卷一三九《诸王世表二》

昭和王规裕嗣，弘治二年薨。

（清）张廷玉《明史》卷一一八《诸王列传三》

4. 营葬

昭和王墓，亦在尧山。王薨于弘治二年，上遣官谕祭，命有司建茔兆。

（明）嘉靖《广西通志》卷三八《陵墓》

附 昭和王妃

（成化八年四月）己卯，遣怀宁侯孙辅、恭顺侯吴鉴、武安侯郑宏、庆云伯周寿、清平伯吴玺、靖远伯王添、安顺伯薛琚、宣城伯卫颖为正使，尚宝司丞李潭、刑科给事中杨理、礼科给事中唐章、工科给事中刘昂、吏科右给事中徐英、吏部郎中倪辅、户部郎中文志贞、兵部郎中姚壁为副使，持节册封……靖江王府桂林右卫千户林荣妹为靖江王规裕妃。

（明）《明宪宗实录》卷一〇三

二 更 定 礼 制

1. 岁禄

（成化七年九月）戊戌，免靖江王规裕还官禄米一千五百石有奇。盖王祖庄简王于成化五年六月薨，是岁并次年禄米各一千石俱以入仓用讫，王以为请，故特免之。

（明）《明宪宗实录》卷九五

（成化二十二年七月）己酉，靖江王规裕奏乞桂林府税课司课钞。户部以所奏课钞不下五万四千余贯，皆为本处折俸之需。诏弗许。

（明）《明宪宗实录》卷二八〇

2. 给价建宅

凡王府给价，成化十四年奏准，自郡王至乡君，出府之日，奏请勘报，无房屋者，有司给价，自行起盖。

给价则例

广西靖江王府，奉国将军一百六十两，奉国中尉八十两，庶人四十两。

弘治二年，奏准各处王府奏讨房价者，勘实依原价量减一半，给与自造。

（明）申时行《大明会典》卷一八一《工部·营造一》

（成化十四年）又奏定，凡王府给价，自郡王至乡君出府之日，奏请勘报无房屋者，有司给价自行起盖。

给价则例

广西靖江王府，奉国将军银一百六十两，奉国中尉银八十两，庶人银四十两。

（明）朱勤美《王国典礼》卷二《宫室》

3. 官属

（成化十二年四月壬午）命勘广西斩获流贼军功，并调靖江王府护卫兵击贼。时广西镇守等官以蛮贼方炽，请益以靖江王府护卫军讨贼，而总兵官陈政乃以斩获流贼一百八十余级报捷。兵科参驳，以为"报捷在正月间，而请益兵在二月终，显是贼势尚张，而政妄报以掩罪。况斩获之数较广西所失者百未及一，纵有功不足以赎罪"。兵部亦言："请兵、报捷之奏继至，彼此自相抵牾，虚实不言可知，政所报功次不必查勘。宜从镇守等官所请，敕靖江王简阅精锐千人，俾与桂林等卫官军练习，听调击贼。"得旨允之，仍令勘实功次以闻。

（明）《明宪宗实录》卷一五二

三　奖赐诏责

1. 册立皇太子赏赐

（成化十一年十二月辛巳）赐靖江王规裕白金半之（一百两），锦四段，纻丝、纱罗、高丽白氎丝、西洋等布各六匹，绢十二匹。以册立皇太子恩也。

（明）《明宪宗实录》卷一四八

2. 即位赏赐

（成化二十三年九月戊申）以即位，贻书宗室亲王，赐白金、文绮、钞锭。……靖江王白金二百两、纻丝罗十表里、纱十四匹、锦三匹、钞一万贯。

（明）《明孝宗实录》卷二

孝庙初，赐宁王、唐王、沈王、庆王、周王、襄王、郑王、岷王、肃王、辽王、蜀王、楚王、晋王、淮王、代王、伊王、鲁王各白金三百两，纻丝罗十五表里，纱十五匹，锦三匹，钞二万贯。德王、崇王、吉王、徽王、荆王、赵王、韩王、镇安王各白金三百两，纻丝罗十表里，纱十匹，锦三匹，钞二万贯。靖江白金二百两，纻丝罗十表里，纱十匹，锦三匹，钞一万贯。

（明）王世贞《弇山堂别集》卷六七《亲王禄赐考》

3. 责进奉表笺违制

（成化五年十月己未）靖江王孙规裕遣官奉表笺贺皇太后圣旦及冬至节。礼部言："故事，亲王世子未袭王爵，表笺必先奏请，今规裕未奏而进，宜正长史不能辅导之罪。"诏贷之。

（明）《明宪宗实录》卷七二

4. 责用妓乐并私收阉者

（成化十三年九月丙子）镇守广西内官黄沁，在镇所为不法，多纳赂遗，军士有小过辄杖杀之，夺占靖江王府莲塘草场，为王所奏。沁亦讦奏王，饮酒用妓乐，并私收阉者，且诬以他事。命官往按，王奏以为所按非实。改命总镇太监顾恒、巡抚都御史朱英，会盐粮给事中等官覆按之，以具狱奏。至是，法司请逮沁及其下有罪者至京重鞫。有旨，黄沁令顾恒等执送南京法司监候，其下四人则械至京重鞠，通行奏处。靖江王所违法，以书切责之。

（明）《明宪宗实录》卷一七〇

　　明年（成化十一年）冬，两广总督吴琛卒，廷议以（朱）英前在广东有威信，遂以代琛。……广西镇守中官黄沁夺靖江王府草场，英偕总镇中官顾恒等覆覈，坐沁罪。

（清）陈梦雷《古今图书集成·明伦汇编·官常典》卷七七七《节使部》

端懿王朱约麒

一　生卒袭封

1. 赐名

（成化十九年十月）戊子，赐……靖江王规裕嫡长子名曰约麒。

（明）《明宪宗实录》卷二四五

2. 袭封

（弘治三年九月甲子）上于奉天殿传制，遣怀宁侯孙泰、修武伯沈坊、丰润伯曹恺、广宁伯刘佶、东宁伯焦俊、武进伯朱洁、崇信伯费淮、建平伯高进、兴安伯徐盛、襄成伯李黼、成安伯郭镛各持节充正使，尚宝司司丞倪黻、礼科给事中孙儒、兵科给事中王琳、刑科给事中吕献、工科给事中唐希介、中书舍人储材、户部郎中陈瑷、宗钺、礼部郎中徐说、员外郎林壁、兵部员外郎冯良辅充副使，册封……靖江昭和王嫡长子约麒为靖江王。

（明）《明孝宗实录》卷四二

（弘治三年九月）甲子，传制封……约麒靖江王。

（明）谈迁《国榷》卷四二

端懿王约麒，昭和嫡一子，弘治三年袭封。

（清）万斯同《明史》卷一三九《诸王世表二》

端懿王约麒，昭和嫡一子，弘治三年袭封。

（清）张廷玉《明史》卷一〇二《诸王世表三》

3. 去世

钦赐靖江端懿王圹志

钦赐圹志文

王讳约麒，乃昭和王之子，母妃林氏。成化十一年正月二十二日生，于弘治三年十一月二十五日册封为靖江王，于正德十一年六月初二日薨，享年四十二岁。妃杨氏。子七人，女五人。上闻讣，辍视朝一日，遣官谕祭，命有司治丧葬如制。文武衙门皆致祭焉。以正德十三年十二月初八日葬于尧山之原。呜呼！王以宗室之亲，为国藩辅，茂膺封爵，贵富兼隆，兹以令终，夫复何憾？爰述其概，纳诸幽圹，用垂不朽云。

桂林市文物工作队《桂林墓志碑文》

端懿，郡王，……靖江王约麟，……右俱守礼执义，温柔贤善。

（明）王世贞《弇山堂别集》卷七五《谥法》

昭和王子约麒，正德中谥端懿。

（明）王圻《续文献通考》卷一四八《谥法考·皇明亲王》

端懿王约麒，……正德十一年薨。

（清）万斯同《明史》卷一三九《诸王世表二》

约麒嗣，以孝谨闻。已病痫，着道士衣冠夜出，守臣以闻。薨谥端懿。

（清）王鸿绪《明史稿·列传四·诸王二》

（昭和王规裕）子端懿王约麒嗣，以孝谨闻。正德十一年薨。

（清）张廷玉《明史》卷一一八《诸王列传三》

4. 营葬

端懿王墓，亦在尧山。王薨于正德十一年，上遣行人喻汉谕祭，命有司建茔兆。

（明）嘉靖《广西通志》卷三十八《陵墓》

附　端懿王妃

（弘治七年十月）戊辰，上谕奉天殿传制，遣保定侯梁任、永康侯徐锜、怀宁侯孙泰、会昌侯孙铭、驸马都尉杨伟、马诚、崇信伯费淮、兴安伯徐盛、成安伯郭宁、彭城伯张信、惠安伯张伟、清平伯吴琮、建平伯高霬、武进伯朱洁、南宁伯毛良、刑部右侍郎戴珊、都察院左佥都御史杨谧、通政使司左通政毛伦各持节充正使，翰林院侍读江澜、尚宝司少卿杨泰、户科给事中王玺、礼科右给事中孙孺、兵科给事中东思泰、中书舍人孙琰、户部郎中李艾安、员外郎胡倬、礼部员外郎尹万化、兵部郎中费瑄、刑部员外郎尹嘉言、屈直、周东、商良辅、工部员外郎朱恩、周濬、鸿胪寺左少卿杜英、李鑀充副使，册封……南丹卫指挥佥事杨观女为靖江王妃。

（明）《明孝宗实录》卷九三

钦赐靖江端懿王妃杨氏圹志

钦赐圹志文

妃杨氏，广西都司守备兴安等处行都指挥事指挥佥事杨观之女。弘治八年二月十七日册封为靖江端懿王妃。正德十四年二月十七日以疾终，享年四十六岁。子一人，女一人。讣闻，上赐祭，命有司营葬如制。慈寿皇太后、中宫皆遣祭焉。以正德十五年十二月十九日葬于尧山之原。呜呼！妃以贤淑，早嫔宗藩，享有荣封，贵富兼备，胡不寿考，岂非命耶？爰述其概，纳诸幽圹，用垂不朽云。

皇明靖江端懿王妃杨氏墓碑

（上缺）端懿王人□□□□十五年（中缺）王□寝食不忘（中缺）妃之从子临桂县学生世（下缺）。

御祭之文

维正德十五年岁次庚辰十一月乙卯朔，越二十一日乙亥，皇帝遣行人□赴、广西布政使司左布政使王启，赐祭于靖江端懿王妃杨氏，曰："惟尔□□□淑，早□王室，□□□荣，宜绥寿祉，信一疾遽。正日来闻，特此以祭，尔灵不昧，尚克承之。"

维正德十五年岁次庚辰十一月乙卯朔，越二十四日戊寅，皇太后遣承奉副吕宗，赐祭于靖江端懿王妃杨氏，曰："惟尔早□宗藩，克□闻范，宜享遐福，遽云（下缺）。"

维正德十五年岁次庚辰十二月乙酉朔，越初二日丙戌，皇后遣承奉副吕宗，赐祭于靖江端懿王妃杨氏，曰：（下缺）。

桂林市文物工作队《桂林墓志碑文》

祭靖江端懿王妃　　（明）刘节

庆宗女士，钟灵厚坤。有容有德，有工有言。制册元妃，作配亲藩。福履绥锡，既庶既繁。奄弃宫闱，宗国哀奔。品仪致祭，典礼具存。

（清）汪森《粤西文载》卷七五

二　更定礼制

1. 宗庙礼乐

（弘治十三年十月）丙午，命各王府宗庙乐礼悉遵国初颁降定制。先是，定王宸濠奏："本国社稷山川坛礼乐俱有旧制，惟庙祀礼乐未有定式，岁时享献，心窃不安。……"礼部以洪武元年学士宋濂等奏准诸王国祭祀乐章用清字，迎神用太清之曲，初献寿清之曲，亚献豫清之曲，终献熙清之曲，彻馔雍清之曲，送神安清之曲，今但有曲名，而无其曲辞，请各王府查考。至是，靖江王府长史司具上，迎神之曲曰："仰祖考兮德容，陈时祀兮奉迎，思眷顾兮一气，感通神其格兮鉴此微衷。"初献之曲曰："昨土于兹兮宗祀是承，庙奕奕兮安神灵。荐常祀兮享以宁，礼初献兮心屏营。"亚献之曲曰："祖有德兮垂至今，深厚封兮皇恩深。仰神眷兮酒重斟，岁烝尝兮具来歆。"终献之曲曰："礼三献兮酒在樽，思形容兮想音声。频瞻听兮若见闻，神其享兮佑兹后人。"钦福并彻馔之曲曰：“祀礼兮既终，乐奏兮雍容。笾豆兮斯彻，仪物兮匪丰。祥光兮照焕，神心兮感通。”送神并望燎之曲曰：“惟祖考兮有灵，植厚德兮深仁。惠子孙兮世相承，再拜送神兮鉴此衷情。”其四时祭期则于四孟月上旬择日并除夕共五次，所用品物、俎豆、佾舞、礼节悉遵国初定制。礼部因覆奏，请颁行于各王府，俾一体遵守。从之。

（明）《明孝宗实录》卷一六七

（弘治十三年十月）丙午，命宗藩庙乐从国初旧制。初，宁王宸濠请庙用乐舞，下礼部，以洪武元年王国乐章，迎神大清，初献寿清，亚献豫清，终献熙清，彻馔雍清，送神安清。今有曲无其辞，至是靖江王长史上其辞，颁于诸王。

（明）谈迁《国榷》卷四四

弘治十三年，宁王宸濠奏庙礼礼乐未有定式，乞颁赐遵守。礼部议：“洪武元年，学士宋濂等奏定诸王国祭祀礼乐，用清字，但有曲名，而无曲辞，请各王府稽考。于是靖江王长史具上乐章，且言四孟上旬及除夕五祭所用品物、俎豆、佾舞、礼节悉遵国初定制。”从之。

（清）张廷玉《明史》卷五二《礼志六》

洪武十八年，定王国宗庙乐章：

迎神太清之曲：“仰祖考兮德容，陈时祝兮奉迎；思眷顾兮一气，感通神其格兮鉴此微衷。”

初献寿清之曲：“胙土于兹兮宗祀是承，庙奕奕兮安神灵；荐常祀兮以享以宁，礼初献兮心屏营。”

亚献豫清之曲：“祖有德兮垂至今，享恩封兮皇恩深；仰神眷兮酒重斟，岁烝尝兮具来歆。”

终献熙清之曲：“礼三献兮酒在尊，思形容兮想声音；频瞻听兮若见闻，神其享兮佑兹后人。”

饮福彻馔雍清之曲：“祀礼兮既终，奏乐兮雍容；笾豆兮斯彻，仪物兮匪丰；祥光兮昭焕，神心兮感通。”

送神望燎安清之曲：“惟祖考兮有灵，植厚德兮深仁；惠子孙兮世相承，再拜送神兮鉴此衷情。”

《明实录》曰：弘治十三年，命各王府宗庙礼乐悉遵国初颁降定制。先是，宁王宸濠奏：“本国社稷山川坛礼乐俱有旧制，惟庙祀礼乐未有定式。乞敕该部，查国初曾赐王国宗庙礼乐，则申明施行；倘当时未遑，则创制颁赐。”得旨：“所司看详以闻。”礼部以洪武元年学士宋濂等奏准诸王国祭祀乐章用清字，迎神用太清等凡六曲。今但有曲名而无曲词，请下各王府查考。至是，靖江王府长史司具上迎神等六曲云云。礼部覆准，颁行各王府一体遵守。

（清）嵇璜等《钦定续文献通》卷一一五《乐考》

2. 岁禄

（弘治五年二月癸丑）广西左布政使李孟旸言：“本省为西南边徼，所统流官州县数仅五十，实计人户不能六百余里，特江南一大县而已。而诸司文职凡六百六十余员，靖江王府自将军而下凡二百三十余位，桂林等卫、全州等所凡二十七处，岁用禄米俸粮多至三十五万余石，每岁徭役亦不下二万余丁。此外岁输香药诸物及杂出民间者不可胜算。今寇盗窃发，方议调兵剿捕，馈运犒赏之费又不可缺。顷者，工部移文采办黑铅二万余斤。疲瘵之民，其何以堪？欲乞从宜减免，或暂为停征，俟境内宁谧，如数补纳。仍乞令今后诸司凡坐派物料之类，酌量分减，非惟民不告劳，而事亦易集。"命所司知之。

（明）《明孝宗实录》卷六十

（弘治五年七月戊子）命故靖江昭和王预支弘治四年禄米七百石免还官。

（明）《明孝宗实录》卷六五

（正德二年八月）乙酉，靖江王约麒奏请全赐桂林府税课司三季钞料，以助弗给。户部执奏："系近年题准还官之数，难从所请。"上特命与之。

（明）《明武宗实录》卷二九

禄米本折

靖江王，岁支本色禄米一千石。弘治十六年，改本折中半兼支。

（明）申时行《大明会典》卷三八《户部二五·宗藩禄米》

靖江王，岁支本色禄米一千石。弘治十六年，改本折中半兼支。

（明）王圻《续文献通考》卷一〇三《职官考》

广西盐法志

（弘治间）即今王府将军、中尉折钞禄米三万五千余石，该支钞五十余万贯，每钱七百文折银一两，共该银一千五百余两。

（清）汪森《粤西文载》卷十六

三　社会活动

1. 修建寺庙

（1）增建玉皇阁

增建玉皇阁记　（明）徐淮

省城东郭，癸水门之北，有山突起，盘蠹霄汉，俯枕江浒，波流萦回，殆岭南一胜地也。先是我靖江悼僖王于永乐改元初，即其地创建公馆若干楹，以为迎送诏敕表笺之所。右立承恩坊，左建观音阁，东葺龙王祠，以上为国祝厘，下为民祈祷，盖已百年于兹矣。弘治戊申间，昭和王又命承奉正潘君昂从而修饰之，规模宏峻，丹碧辉煌，一方之壮丽莫加焉。独于其峰之半，有隙地宽旷，可亭可庐，而未有建立，顾非其缺典与？抑有待而然也？乃正德壬申冬十月，今承奉正陶君一之，以公务至其地，登其巅，周览而旁观者久之，具见夫山峦林麓，水烟沙鸟，千奇万状，皆呈祥献秀于远迩之间。喟然叹曰："我先王创建之心，为国为民之意，是不可已也。"于是，归具其事，疏闻于今贤王。既获请，始捐己资，付道人众议董其事。诛草莱，辟芜秽，甃石为磴，曲折数十廉，始升其地。高者平之，洼者补之，险隘者夷阔之。中构玉皇阁三楹，肖其像于内。翼以二亭，左曰迎碧，右曰凌虚。亭各三楹，绕以赭槛。圣像以铜铸，以为永远供奉之处。材取其良硕，匠出于顾募，不费公帑，不劳民力，而栋宇垣墉焕然一新。始事于壬申年六月，讫工于癸酉年三月。而斯阁告成焉。游者观者，皆啧啧称羡，斯可谓之盛矣。承奉陶君道峰适将事左右，恐其美久同攸闻，过祈予言砻诸石，以昭诸后。予惟春秋之法，于凡兴建之事，在于得已而不得已者，虽大不书；在于不得已而不已者，虽小必录。何者？以其有意于民与否也。其或反是而必书者，亦以示惩寓焉耳，固非所乐予也。今斯阁之建，虽若微眇，然其上为国祝厘，则有忠敬之道；下为民祷祈，则有仁惠之心。且费不出于公，力不劳于下，而于（中缺）先王创建已然之心，今殿下仁孝继述之善，皆能增光绍美于百年之间，是固可书也。是固春秋之法所（中缺）者，皆以陶君之心为心，其尚有所兴起也欤？若夫玉皇，乃天神之尊，《太平广记》（中缺）真僚仙官皆禀命焉。《五经通义》有天皇之号，《楚辞·太乙歌》有上皇之称，兹不详（下缺）。

大明正德八年岁次癸酉夏四月吉旦立，建造宫观、圣相、印经、施拨砌桥路、表忏备矣。

桂海碑林博物馆《桂林石刻碑文集》中册

（2）重修城隍庙

重修城隍庙记　　（明）程廷琪

皇明混一之初，既尝褒封天下诸郡邑城隍，隆名高爵，异数不一而足。寻正其号，惟曰城隍之神者，事以礼也。广右有城隍庙，岁久敝坏。弘治癸丑，司香火道士具启于靖江王殿下，慨然曰："是恒所为主其祀，与山川并礼神也。神以庙宁，庙之修，毋伤民力，百尔材木之需，其悉取诸府中。"又顾谓护卫指挥许良曰："女其董厥工。"良曰："敢不敬承。"遂取所需，鸠工葺治之，历乙卯告成。

（明）嘉靖《广西通志》卷三三《坛庙志》

桂林城隍庙碑记略　　（明）程廷琪

皇明混一之初，既尝褒封天下诸郡邑城隍，隆名高爵，异数不一而足。寻正其号，惟曰城隍之神者，事以礼也。广右有城隍庙，岁久敝坏。宏治癸丑，司香火道士具启于靖江王殿下。慨然曰："是恒所为主其事，与山川并礼神也。神以庙宁，庙之修，毋伤民力，百尔材木之需，其悉取诸府中。"又顾谓护卫指挥许良曰："女其董厥工。"良曰："敢不敬承。"遂取所需，鸠工葺治之。历乙卯告成，良来谒，且述睿旨以告琪，遂为记。

（清）嘉庆《临桂县志》卷十五《坛庙》

城隍庙，旧基无考，今庙为明弘治六年靖藩建，在府治东。

桂林城隍庙记略　　（明）程廷琪

皇明混一之初，既尝褒封天下诸郡邑城隍，隆名高爵，异数不一而足，寻正其号，惟曰城隍之神者，事以礼也。广右有城隍庙，岁久敝坏。弘治癸丑，司香火道士具启于靖江王殿下，慨然曰：

"是恒所为主其事，与山川并礼神也。神以庙宁，庙之修，毋伤民力，百尔材木之需，其悉取诸府中。"又顾谓护卫指挥许良曰："女其董厥工。"良曰："敢不敬承。"遂取所需，鸠工葺治之。历乙卯告成，良来谒，且述睿旨以告珙，遂为记。

（清）光绪《临桂县志》卷十五《建置志三》

2. 捐建桥梁

重建成顺桥记 （明）周进隆

桂城南宜山渡东，有河分自漓江伏波山之东，支流过七星岩，亘龙隐，趋穿山，复会于漓。其河乃临桂、阳朔、灌阳诸郡邑往来必由之道。昔桥既废，而以小舟济，一遇暴风涨水，必有覆溺之患，过者慨叹。正德庚午，靖江王府命承奉陶真修之，出内藏之金，采石募工，以成厥绪，晃然如长霓横波。自是，商民经者，如履坦途。始事于正德辛未十二月，落成于癸酉二月。为利甚溥，不可无记，以属进隆。

（明）嘉靖《广西通志》卷三七《关梁志》

成顺桥铭并序 （明）周进隆

桂城南宜山渡东，有河分自漓江伏波山之东，支流过七星岩，亘龙隐，趋穿山，复会于漓。其河乃临桂、阳朔、灌阳诸郡邑往来必由之道。昔桥既废，而以小舟济，一遇暴风涨水，必有覆溺之患，过者慨叹。正德庚午，靖江王府命承奉陶真修之，出内藏之金，采石募工，以成厥绪，晃然如长霓横波。自是，商民经者，如履坦途。始事于正德辛未十二月，落成于癸酉二月。为利甚溥，不可无记，以属进隆。窃惟十月成梁，夏令著称；不作无益，召公进戒。今是役能利民之利，使人颂感于不磨，卓然有可书者，故为书其事，而又系以诗曰：

桂东之江兮众流汇奔，以渡以涉兮民病朝昏。孰为梁兮列之以石，左而右兮周道矢直。桂东之山兮万木郁葱，绿阴盘翳兮漦于长虹。造为舟兮去危以易，往而来兮万民攸利。桥之成兮功留江边，桥之功兮高出山颠，我诗之镌兮永百千年。

（清）汪森《粤西文载》卷六十

成顺桥，在（桂林）城东南五里，跨弹丸溪，为临桂、阳朔、灌阳诸邑径道。明正德间，靖江王重建，周进隆有铭序。

（清）雍正《广西通志》卷十八《关梁》

成顺桥，在城东南五里，跨弹丸溪，为临桂、阳朔、灌阳诸邑径道。明正德间，靖江王重建。

成顺桥记 （明）周进隆

桂城南宜山渡东，有河分自漓江伏波山之东，支流过七星岩，亘龙隐，趋穿山，复会于漓。其河乃临桂、阳朔、灌阳诸郡邑往来必由之道。昔桥既废，而以小舟济，一遇暴风涨水，必有覆溺之患，过者慨叹。正德庚午，靖江王府命修之，出内藏之金，采石募工，以成厥绪，晃然如长蜺横波。自是，商民经者如履坦途。始事于正德辛未十二月，落成于癸酉二月。为利甚溥，不可无记，以属进隆。

（清）嘉庆《临桂县志》卷十六《关梁》

成顺桥，在城东南五里，跨弹丸溪，为临桂、阳朔、灌阳诸邑径道。明正德间，靖江王重建。

成顺桥记 （明）周进隆

桂城南宜山渡东，有河分自漓江伏波山之东，支流过七星岩，亘龙隐，趋穿山，复会于漓。其河乃临桂、阳朔、灌阳诸郡邑往来必由之道。昔桥既废，而以小舟济，一遇暴风涨水，必有覆溺之患，过者慨叹。正德庚午，靖江王府命修之，出内藏之金，采石募工，以成厥绪，晃然如长蜺横波。自是，商民经者，如履坦余。始事于正德辛未十二月，落成于癸酉二月。为利甚溥，不可无记，以属进隆。

（清）光绪《临桂县志》卷十六《建置志四》

3. 刊刻书籍

《陆宣公奏议》十五卷附录一卷，唐陆贽撰，宋郎晔注，明正德三年靖江王府刻本。

中国古籍善本书目编辑委员会《中国古籍善本书目·史部·诏令奏议类》

陆宣公奏议

唐陆贽撰，明正德三年（1508年）靖江王府刻本。

十二行二十三字，小字双行同，黑口，四周双边。

匡高23.4厘米，广16.4厘米。

靖江王朱守谦于洪武三年（1370年）封藩，藩地在桂林，后迁藩云南。

赵前《明代版刻图典》

4. 游览山水

八代靖江王朱真人题诗曰：

清游道士赴霞祥，万古稀名独秀山。蓬莱云风仙凡景，殿宇宫庭锦世间。

弘治十一年岁次戊午孟秋月初一日。

桂海碑林博物馆《桂林石刻碑文集》中册

5. 交游地方官员

五云台阁桂江边，座上金容实俨然。远近名山排画障，郁葱佳气霭香烟。诸天净界非凡所，内相诚心布福田。愿祝贤王增寿算，绵洪国祚万千年。

时弘治六年岁在癸丑五月吉日，鲁庵书。

桂海碑林博物馆《桂林石刻碑文集》中册

赠靖江王府和沈宪佥韵

春满天潢泰运开，群仙今日会蓬莱。绮筵光动琉璃殿，宫醅香浮琥珀杯。令旨传来频劝饮，新诗吟就重怜才。醉归偶动苍生念，此乐何当遍九垓。

（明）刘大夏《刘忠宣公遗集·诗集》卷三

四 奖赐诏责

1. 册立皇太子赏赐

（弘治五年三月戊寅）以册立皇太子贻书天下各王府，书曰："兹者册立皇子厚照为皇太子，专书奉报，兼有微仪，特遣某官某赍送，用展亲亲之意，至可领纳。"……靖江王银一百两，锦四段，纻丝、纱罗各六匹，生熟绢十二匹，高丽布、西洋布、白毡丝布各六匹。

（明）《明孝宗实录》卷六一

2. 请赐袍服

（弘治五年七月丙戌）赐靖江王约麒纱罗袍服各一袭，从其请也。

（明）《明孝宗实录》卷六五

3. 戒饬狂病

（弘治十二年二月庚戌），靖江王约麒屡著道士衣巾夜出至市中。广西守臣以闻，王亦自陈因患心疾。至此，礼部请为禁治。上降敕谕王并本府内外官，令以礼匡正，俾慎于其后。

（明）《明孝宗实录》卷一四七

戒饬狂病

弘治十二年二月，镇守广西太监张瑄题称，靖江王染病风邪，任意昼夜出入，恐有不虞等因。本部看得靖江王不能以正自持，惑于异端，致生心疾。合无请敕，前去省谕。覆题，奉孝宗皇帝圣旨：是。靖江王并本府内外官员，便写敕去戒谕。钦此。

（明）俞汝楫《礼部志稿》卷七九《宗藩备考·藩鉴》

约麒嗣，以孝谨闻。已病痫，着道士衣冠夜出，守臣以闻。

（清）王鸿绪《明史稿·列传四·诸王二》

徐锦，字章甫，正德间按广西。靖江藩府诸人怙势为虐，锦疏奏，裁之以法，屏迹不敢肆。

（清）雍正《广西通志》卷六七《名宦》

安肃王朱经扶

一　生卒袭封

1. 赐名

（弘治十四年正月壬子）赐……靖江王嫡长子曰经扶。

（明）《明孝宗实录》卷一七〇

2. 袭封

（正德十三年六月）甲戌，遣清平伯吴杰、礼部左侍郎王瓒、武安侯郑纲、吏部左侍郎王鸿儒、长安伯周塘、宁阳侯陈继祖、隆平伯张玮、宣城伯卫镦、武平伯陈熹、怀宁侯孙瑛、泰宁侯陈儒、建平伯高隆、东宁伯焦洵、大理寺左寺丞李铎为正使，鸿胪寺左寺丞张文澍、卢永春、翰林院编修严嵩、检讨吴惠、兵部郎中陈冀、员外郎东鲁、吏科给事中刘济、礼科给事中朱鸣阳、尚宝司丞刘锐、中书舍人李兆廷、吴瑶、行人司行人余廷瓒、詹轼为副使，封……靖江端懿王长子经扶为靖江王。

（明）《明武宗实录》卷一六三

（嘉靖六年九月）封……经扶为靖江王。

（明）何乔远《名山藏》卷二二《典谟记》

（正德十三年六月）甲戌，传制封……经扶靖江王。

（明）谈迁《国榷》卷五十

翰林院修撰萧公兴成行状　（明）林怀春

先生讳兴成，字宗乐，号铁峰，潮县人也。……先生待人甚厚而自待则甚廉。往被命封靖江王，馈赠倍常仪，一无所受。王疑先生不欲显受之也，乃以二酒卤纳前物于中以馈先生，竟不受。

（明）焦竑《国朝献征录》卷二一

安肃王经扶，端懿嫡一子，正德十三年袭封。

（清）万斯同《明史》卷一三九《诸王世表二》

（端懿）王多疾，不能视事，世子经扶代之治，其所区画皆有条理。逾四年，遂奉敕掌国事，赐一品服。国事治又十四年，王薨，经扶立，是为安肃王。

（清）万斯同《明史》卷一五二《诸王上》

安肃王经扶，端懿嫡一子，正德十三年袭封。

（清）张廷玉《明史》卷一〇二《诸王世表三》

3. 去世

（嘉靖四年六月辛亥）以靖江王经扶薨，辍朝一日，赐祭葬如例。

（明）《明世宗实录》卷五二

大明靖江安肃王神道碑铭

冕尝读两《汉书》，见其所列同姓诸侯王数百，而大雅不群有若河间献王德，为善最乐有若东平宪王苍，仅一二见。岂生长富贵而有德以将之世，固难其人哉？此冕于靖江安肃王之薨，其嗣王来请铭王神道之碑，不能无慨焉者也。

靖江虽僻在一隅，去京师数千里，而自疏封以来，奕叶相承，父祖子孙，世笃忠孝，奉法循理，切切以骄奢淫湎为戒，非有慕于河间、东平之大雅乐善而能若是哉！王自正德戊寅始膺封爵，至嘉靖乙酉三月某日，遽以疾薨，在位仅八年，寿止三十有三。其善美见于事行者，虽未足以充所存，而仁孝诚敬，恪遵祖训，惴惴然惟恐有违也。不以其累世先王宏规懿范，足以垂裕于后而有所持循也乎？

我高皇帝大封同姓之初，以皇兄南昌王之子、前大都督讳文正未封而没也，特封其子为靖江王，赐名守谦，一切恩数与夫官属规制，概与秦、晋、楚、蜀诸藩等。盖都督少孤，母王守节，依帝居止，帝事之甚谨，抚都督爱逾己子，故虽身后，恩礼有加焉。载在国史，可考也。靖江王一传其子悼僖王，再传其孙庄简王。庄简生怀顺王，怀顺生昭和王，昭和生端懿王。怀顺，王之曾祖；昭和、端懿，则王之祖若考也。母妃杨氏。兄弟七人，王为之长，以弘治癸丑某月某日生于寝宫，上距南昌九代矣。

王讳经扶，生而颖异不凡。年甫八九，端懿疾，委以国事，已一一区画有条。年十二，敕掌国事，赐一品服。逮袭爵后，日益老成慎重，事无小大，动遵成宪。自建藩至今，宗室繁衍，凡有事相接，其于尊卑等差与夫称谓拜揖之间，未尝一愆于度。岁时有事宗庙，必竭诚尽敬，牲帛非躬亲省视，不敢以献，拜稽灌奠，俨乎祖考临之在上，于奉祀山川亦然。性尤克孝，怀顺王妃谷氏薨，王以曾孙代端懿王主祭，自始事至卒事，举无违礼。发引日，徒步送至坟所，中途有劝其登舆者，却之，且曰："送死大事，敢惮劳乎？"及端懿王与母妃杨氏相继以疾而薨，王于父母之疾也，昼夜躬侍汤药，未尝离侧，或中夜焚香吁天，诚意恳到。及其薨也，旦夕哀毁，无以为生，有人所甚难者。平居喜学问，审理周垔，质而有文，日必延之讲究经史，改容礼貌，称之为先生而不名。读书之暇，随笔作诗文，皆有关于身心伦纪，不为无益语。尝于宫中独秀山间，凿石为盂以盥手，而铭之以著自新之义。又为《敬义箴》，皆刻之于石山之胜处。时登眺焉，兴之所至辄形于诗，长篇短章，多至数十首。间与儒生游岩洞间，商略名之，岩曰"乐天"，洞曰"潜修"；又于山之左右竖二绰楔，而以"报国""思亲"扁焉。凡此皆足以见其志之所存矣。

国中山场土田所入，岁有常数。先是或不计丰歉而敛之，至有破家不能偿者，王始因其丰歉而增损焉，遇歉率量减其入数，终王之世，人蒙其惠。心虽慈仁，用法不私于近习，尝爱一善书者，遇有吟咏辄命之书，后其人欺诳事败，卒置之于法不少贷。性明达，未薨前半岁，预制棺敛之具，属纩三日前，设饮馔与宫眷诀别，下至内使宫人，皆有赉予，疏戚重轻，锱铢无爽。爱嗣王虽笃，而教之必以义方，将易箦，犹呼至膝前，丁宁教戒，至于忠君爱亲、读书好礼、宽罚恤众事，言之尤力，其神爽不乱如此。

讣闻，皇上嗟悼，辍视朝，遣行人傅鹗谕祭，自闻丧至祥禫，凡十有四，命有司营葬事，赐谥安肃，所以宠恤之者甚厚。以薨之年十月某日，奉葬尧山世墓之次。配妃徐氏，河南孟津知县敩之长女，江西按察佥事乾之女弟，生子女各一，皆早殇。次刘氏，桂林右卫指挥使祯之长女，嗣王之生母也。嗣王名邦苧，先帝所命也。王之薨，嗣王方奉敕以长子掌国事，居垩室，遣承奉正鲁潮、左长史胡杰偕来请铭，既又遣典膳陈邦储累来速之，来必有书，凡书必称孤称名。初奉徐佥事所述状，后又自具状，其欲贻父令名于无穷，意甚恳恳。冕以衰老多病，学殖荒落，不足以副孝子显亲之心，再三辞谢，不获命。乃取状阅之，节其事行之大者，暨得于国史所录者书之，复系之以铭。其词曰：

高帝皇兄，长惟南昌；抚孤守节，厥配则王。孤翊兴运，勋业未究；乃有贤嗣，克承厥后。国封肇启，曰维靖江；建藩树屏，以殿遐邦。修德砺行，允如圣谕；国史大书，日星昭著。历七八传，百五十年；世惇忠孝，有光于前。懿哉安肃，志勤继述；未竟厥施，遽殒于疾。皇情悼悯，恤典诞加；寿虽弗永，名则孔遐。尧山之原，穹碑百尺；大史勒铭，昭示无极。

（明）蒋冕《湘皋集》卷二八

大明靖江安肃王神道碑

冕尝读两《汉书》，见其所列同姓诸侯王数百，而大雅不群有若河间献王德，为善最乐有若东平宪王苍，仅一二现。岂生长富贵而有德以将之世，固难其人哉？此冕于靖江安肃王之薨，其嗣王来请铭王神道之碑，不能无嘅焉者也。靖江虽僻在一隅，去京师数千里，而自疏封以来，奕叶相承，父祖子孙，世笃忠孝，奉法循理，切切以骄奢淫湎为戒，非有慕于河间、东平之大雅乐善而能若是哉！王自正德戊寅始膺封爵，至嘉靖乙酉三月十三日，遽以疾薨，在位仅八年，寿止三十有三。其善美见于事行者，虽未足以充其所存，而仁孝诚敬，恪遵祖训，惴惴然惟恐其有违也。不以其累世先王宏规懿范，足以垂裕于后而有所持循也乎？我高皇帝大封同姓之初，以皇兄南昌王之子、前大都督讳文正未封而没也，特封其子为靖江王，赐名守谦，一切恩数与夫官属规制，概与秦、晋、楚、蜀诸藩等。盖都督少孤，母王守节，依帝居止，帝事之甚谨，抚都督爱逾己子，故虽身后，恩礼有加焉。载在国史，可考也。靖江王一传其子悼僖王，再传其孙庄简王，庄简生怀顺王，怀顺生昭和王，昭和生端懿王。怀顺，王之曾祖；昭和、端懿，则王之祖若考也。母妃杨氏。兄弟七人，王为之长，以弘治癸丑十月初二日生于寝宫，上矩南昌九代矣。王讳经扶，生而颖异不凡，年甫八九，端懿疾，委以国事，已一一区画有条。年十二，敕掌国事，赐一品服。逮袭爵后，日益老成慎重，事无小大，动遵成宪。自建藩至今，宗室繁衍，凡有事相接，其于尊卑等差与夫称谓拜揖之间，未尝一愆于度。岁时有事宗庙，必竭诚尽敬，牲帛非躬亲省视，不敢以献，拜稽灌奠，俨乎祖考临之在上，于奉祀山川亦然。性尤克孝，怀顺王妃谷氏薨，王以曾孙代端懿王主祭，自始事至卒事，举无违礼。发引日，徒步送至坟所，中途有劝其登舆者，却之，且曰："送死大事，敢惮劳乎?"及端懿王与母妃杨氏相继以疾而薨。王于父母之疾也，昼夜躬侍汤药，未尝离侧。或中夜焚香吁天，诚意恳到。及其薨也，旦夕哀伤，几无以为生，有人所甚难者。平居喜学问，审理周妥，质而有文，日必延之讲究经史，改容礼貌，称之为先生而不名。读书之暇，随笔作诗文，皆有关于身心伦纪，不为无益语。尝于宫中独秀山间凿石为盂以盥手，而铭之以著自新之义。又为《敬义箴》，皆刻之于石山之胜处。时登眺焉，兴之所至辄形于诗，长篇短章，多至数十首。间与儒生游岩洞间，商略名之，岩曰"乐天"，洞曰"潜修"；又于山之左右，竖二绰楔，而以"报国""思亲"扁焉。凡此皆足以见其志之所存矣。国中山场土田所入，岁有常数。先是或不计丰歉而敛之，至有破家不能偿者。王始因其丰歉而增损焉，遇歉率量减其入数，终王之世，人蒙其惠。心虽慈仁，用法不私于近习，尝爱一善书者，遇有吟咏，辄命之书，后其人欺诳事败，卒置之于法不少贷。性明达，未薨前半岁，预制棺敛之具，属纩三日前，设饮馔与宫眷诀别，下至内使、宫人，皆有赉予，疏戚重轻，锱铢无爽。爱嗣王虽笃，而教之必以义方，将易箦，犹呼至膝前，丁宁教戒，至于忠君爱亲、读书好礼、宽罚恤众事，言之尤力，其神奕不乱如此。讣闻，皇上嗟悼，辍视朝，遣行人傅鹗谕祭。自闻丧至祥禫，凡十有三，命有司营葬事，赐谥安肃，所以宠恤之者甚厚。以薨之次年十月十一日，奉葬尧山世墓之次。配妃徐氏，河南孟津知县敦之长女，江西按察佥事乾之女弟，生子女各一，皆早殇。次刘氏，桂林右卫指挥使祯之长女，嗣王之生母也。嗣王名邦苧，先帝所命也。王之薨，嗣王方奉敕以长子掌国事，居垩室，遣承奉正鲁潮、左长史胡杰偕来请铭，既而又遣典膳陈邦储累来速之，来必有书，凡书必称孤称名。初奉徐佥事所述状，后又自具状，其欲贻父令名于无穷，意甚恳恳。冕以衰老多病，学殖荒落，不足以副孝子显亲之心，再三辞谢，不获命。乃取状阅之，节其事行之大者，暨得于国史所录者书之，复系之以铭。其词曰：

高皇诸兄，长惟南昌；抚孤守节，厥配则王。孤翊兴运，勋业未究；乃有贤嗣，克承厥后。国封肇启，曰维靖江；建藩树屏，以殿遐邦。修德砺行，允如圣谕；国史大书，日星昭著。历七八传，百五十年；世惇忠孝，有光于前。懿哉安肃，志勤继述；未竟厥施，遽殒于疾。皇情悼悯，恤典诞加；寿虽弗永，名则孔遐。尧山之原，穿碑百尺；太史勒铭，昭示无极。

嘉靖七年戊子岁五月初九日。

光禄大夫、柱国少傅兼太子太傅、户部尚书、谨身殿大学士、知制诰、□知经筵事、国史总裁致仕蒋冕撰。

御祭之文

维嘉靖五年岁次丙戌正月甲申朔，越二十八日辛亥，皇帝遣行人司行人傅鹗赐祭于靖江安肃王。曰："惟王宗室懿亲，荣膺封爵。宜绥寿祉，胡遽云亡。讣音来尔，丧切悼伤。特颁恤典，用表亲情。灵其有知，尚克歆服。"

维嘉靖五年岁次丙戌九月辛巳朔，越十一日辛卯，皇帝遣行人司行人傅鹗赐祭于靖江安肃王，曰："惟王生长宗藩，遽兹薨逝。日月易迈，首七倏临。爰念亲情，载赐以祭。九原不昧，庶克承之。"

自首七至终七，及百日，奄夐禫除，计一十三祭文，皆同。

钦赐靖江安肃王圹志

钦赐圹志文

王讳经扶，乃端懿王之子，母妃杨氏。弘治六年十月初二日生，正德十三年七月初三日册封靖江王，于嘉靖四年三月十三日薨，享年三十三岁。妃徐氏。子三人，女二人。上闻讣，辍视朝一日，遣官谕祭，命有司治丧葬如制。文武衙门皆致祭焉。以嘉靖五年十月十一日葬于尧山之原。呜呼！王以宗室之亲，为国藩辅。茂膺封爵，贵富兼隆。兹以令终，夫复何憾！爰述其概，纳诸幽圹，用垂不朽云。

嘉靖七年五月初九日立石。

桂林市文物工作队《桂林墓志碑文》

安肃，郡王，靖江王经扶（嘉靖）。右好和不争，正己摄下。

（明）王世贞《弇山堂别集》卷七四《谥法》

端懿王子经扶，嘉靖末谥安肃。

（明）王圻《续文献通考》卷一四八《谥法考·皇明亲王》

（嘉靖四年六月辛亥）靖江王经扶薨。

（明）谈迁《国榷》卷五三

王好读书，能下士，有惠于国，国人爱之，年三十有三而薨，凡附于身者皆素具。前薨三日，设宴与族亲诀，下至内使、宫人，皆有赍，于疏戚重轻无锱铢爽。临薨，神爽不乱，呼世子邦苧至膝前，教戒甚力。王薨于嘉靖五年。

（清）万斯同《明史》卷一五二《诸王上》

安肃王经扶嗣，好学有俭德，尝为《敬义箴》。嘉靖四年薨。

（清）张廷玉《明史》卷一一八《诸王列传三》

4. 营葬

安肃王墓，亦在尧山。王薨于嘉靖四年，上遣行人傅鹗谕祭，命有司建茔兆。

（明）嘉靖《广西通志》卷三八《陵墓》

喻大行宗之静藩祭葬别赠

宗藩勤恤典，汉使下彤墀。云捧青霄节，山开碧殿祠。桂江题句胜，藤浦系舟迟。闻有慈帏别，重歌四牡诗。

（明）严嵩《钤山堂集》卷五

附　安肃王妃

钦赐靖江安肃王妃徐氏圹志

妃徐氏，河南孟津知县敦长女。弘治五年五月初八日生，嘉靖□年□月初七日册立靖江王妃，嘉靖三十三年五月初三日薨，享年六十三岁。子三，长子封王爵。讣闻，上赐祭，命有司营葬如制。以嘉靖三十四年十一月二十五日合葬于尧山之原。呜呼！妃以贤淑，结配□□。早受封荣，享有贵富。兹以令终，夫复何憾？爰述其概，纳诸幽圹，用垂不朽云。

桂林市文物工作队《桂林墓志碑文》

二　更定礼制

1. 岁禄

（正德十六年十一月戊辰）广西左布政使王启、右参政黄衷言："广西税粮初四十二万有奇，顷以户口流亡，土官不服输纳，每岁实征仅二十三万余石。而宗藩及官军禄粮且三十五万，所入不足以给所出，今又奉诏蠲租，禄粮无措，乞行议处。"上命发本布政司盐银五万两赈之。

（明）《明世宗实录》卷八

王启，字景昭，黄岩人。正德间，为逆瑾诬，谪知容县，后升布政使。世宗登极，与右参政黄衷奏言："广西税粮初四十二万有奇，顷以人民逃散，及土官不服办理纳，岁实征止二十三万有奇。而宗藩及官军禄粮且过三十五万，将何以支。"上命发盐银五万两济之。

（清）雍正《广西通志》卷六七《名宦》

（嘉靖二年二月癸未）命广东存解京银五万两转解广西布政司，预备王府禄米并官军俸粮支用，从广西守臣奏也。

（明）《明世宗实录》卷二三

（嘉靖四年七月）壬午，故靖江王妃徐氏奏乞支过禄米免扣还官。从之。

（明）《明世宗实录》卷五三

2. 官员参见礼

（嘉靖元年五月壬申）靖江王经扶言："本府凡遇正旦、冬至、初度，各该官员庆贺，朝服行八拜礼，系洪武旧规。今各官改易常服，止行四拜礼。乞查究，坐以更改旧制之罪。"下礼部议："《会典》所载八拜礼，系洪武十八年所定，其后《祖训》《职掌》俱无开载。弘治十一年，四川巡抚都御史钟蕃具奏，本部题准，文武官员朝见并庆贺行四拜礼，朔望行一拜三叩头礼。近该广西布政司参议梁亿等具奏，本部覆请上裁，已奉武宗皇帝俞旨，宜令遵照先朝旧规，凡遇庆贺，除王府官属外，其余文武官员俱常服行四拜礼。"上曰："王府庆贺行礼，《祖训》及《诸司职掌》开载甚明，又有弘治年间奏准仪节。靖江王如何妄奏，姑不究。礼部仍通行申明，与各王府知之。"

（明）《明世宗实录》卷十四

王国礼

嘉靖元年五月，靖江王经扶言："故事，本府正至、初度，各官庆贺，朝服八拜。今各官常服四拜，乞坐罪。"下礼部议："《会典》所载八拜，洪武十八年所定，其后《祖训》《职掌》俱不载。弘治十一年，四川巡抚都御史钟蕃具奏，部覆：文武官朝见庆贺四拜，朔望一拜三叩首。近广西布政司参议梁亿等具奏，部覆已奉武宗皇帝旨：文武官俱常服四拜。"上曰："靖江何为妄奏。其申谕各王。"

（明）郭正域《皇明典礼志》卷二十

嘉靖元年五月内，靖江王奏更改礼仪事。该本部查得弘治十一年三月内，该巡抚四川右副都御史钟蕃奏为申严礼法以塞讼源事，本部议题查得《皇明祖训》内开，凡朝臣奉使至王府，或因使经过见王，并行四拜礼；其王所居城内布政、都指挥使司并卫府、州、县杂职官，皆于朔望日至王府门候见。此系朝见亲王礼仪，其朝见郡王，旧无定礼。又查得见行事例，郡王各城居住者，有事径奏；其余一城居住者，有事具启亲王类奏。合无郡王与亲王一城居住者，统于所尊，不必朝见；其各城另住郡王，一体朝见。又查得《诸司职掌》内载，凡朝见，稽首顿首五拜，乃臣下见君上之礼；稽首四拜者，百官见东宫亲王之礼。合无除王府官属照例称臣外，其余文武官员见王，止称本官职衔；朝见及庆贺之时，行四拜礼，不叩头；朔望随班行礼之时，行一拜叩头礼等因具题。奉孝宗皇帝圣旨：准议。钦此。今靖江王又称各该官员庆贺行八拜礼，自其高祖之国以来，相传举行，仍要照依《会典》钦定拜礼，欲令各官遵守。臣等窃惟祖宗制礼，先后因革，意义攸存。参详《会典》所载八拜礼仪，系洪武十八年所定，其后《祖训》《职掌》俱无开载，百五十年间，各王府庆贺，传有旧规，不开讲议。至弘治十一年，该巡抚四川都御史钟蕃具奏，该本部具奏题准前项礼仪，益为明白。又奉有孝宗皇帝钦依，文武官员朝见并庆贺行四拜礼、朔望行一拜叩头礼。合候命下本部类行广西布政司，转行该府长史司，启王知会，仍照先朝旧规，凡遇庆贺，除王府属官外，其余文武官员俱常服行四拜礼仪。奉圣旨：是，王府庆贺行礼，《祖训》及《诸司职掌》开载甚明，又有弘治年间奏准仪节，遵行已久。靖江王府如何妄行奏扰，且不查究。你部里还通行申明与各处王府知道。钦此。

（明）俞汝楫《礼部志稿》卷七七《宗藩备考·藩礼》

（嘉靖元年五月）靖江王经扶言："本府凡遇正旦、冬至、初度，各该官庆贺，朝服行八拜礼，系洪武旧规。今各官改易常服，止行四拜礼。乞查究，坐以更改旧制之罪。"上曰："王府庆贺行礼，《祖训》及《诸司职掌》开载甚明，又有弘治年间奏准仪节。靖江王如何妄奏，姑不究礼，仍通行申明与各王府知之。"

（明）徐学聚《国朝典汇》卷十三《宗藩下》

三　社会活动

1. 修建寺庙

重修宁寿寺碑　（明）徐淮

桂林城东南隅，有古刹一区，曰宁寿。考之省志，旧名开元，宋改今名，元顺帝尝书赐"圆觉"二大字，或又云五代时马王殷所建。嗣后兴废靡常，莫之考证，其所从来远矣。规模宏敞，殿宇靓深，虽为浮屠氏供筵之所，自入国朝，每岁凡遇令节，自镇巡藩臬而下，大小臣工，嵩呼祝庆，演习礼仪，实惟其地，非他祇园道场可比焉者。正德辛未，镇守太监陈公彬尝一修理之。又十年，为正德辛巳，倾圮日甚，过者兴嗟。适我靖江国母遣使祈祷，因闻其悉，乃告于国主，出内帑白金若干，命内官文居质总理而修复之。居质奉命惟谨，罔敢怠忽。程工市材，陶瓦砖埴，剥者葺之，倾者正之，颓者筑之。赭垣四立，金碧交辉，殿宇廊庑，晔然焕然，视昔改观。始事于正德十六年七月七日，落成于嘉靖二年闰四月三日。是举也，财不费于众，力不劳于民，倏然就绪，属予记之。予惟浮屠氏之教，自汉明帝迎入中国，至于今弗之变，盖其轮回果报之说，足以警下愚；而明心见性之论，亦上智所易惑，固不暇为之辨矣。独即其地为告天祝寿之场，在北都有庆寿，在南都有报恩，在外诸藩亦莫不各有其所，此我国家定制也。今是寺之修，炜然壮丽，嗣是而往，凡有事于庆祝，鸣者如鸿胪，奏者如仙乐。鹓班鹄立，可以伸臣子拜舞之忱；观者听者，可以知君臣冠履之分。而发兴起焉，不亦盛哉。故不辞而为之记，俾勒诸贞珉，昭示永久。

（清）汪森《粤西文载》卷四一

万寿寺，在文昌门外，隋建。……明洪武二年毁于火，十六年重修。正德十六年，靖江王重修。

重修宁寿寺碑　（明）徐淮

桂林城东南隅，有古刹一区，曰宁寿。……规模宏敞，殿宇靓深。虽为浮屠氏供筵之所，自入国朝，每岁凡遇节令，自镇巡藩臬而下，大小臣工，嵩呼祝庆，演习礼仪，实惟其地，非他祇园道场可比焉者。正德辛未，镇守太监陈公彬，尝一修理之。又十年，为正德辛巳，倾圮日甚，过者兴嗟。适我靖江国母遣使祈祷，因闻其悉，乃告于国主，出内帑白金若干，命内官文居质总理而修复之。居质奉命惟谨，罔敢怠忽，程工市材，陶瓦砖埴，剥者葺之，倾者正之，颓者筑之。赭垣四立，金碧交辉，殿宇廊庑，晔然焕然，视昔改观。始事于正德十六年七月七日，落成于嘉靖二年闰四月三日。是举也，财不费于众，力不劳于民，倏然就绪，属予记之。予惟浮屠氏之教，自汉明帝迎入中国，至于今，弗之变。盖其轮回果报之设，足以警下愚；而明心见性之论，亦上智所易惑，固不暇为之辨矣。独即其地为告天祝寿之场，在北都有庆寿，在南都有报恩，在外诸藩亦莫不各有其所，此我国家定制也。今是寺之修，炜然壮丽。嗣是而往，凡有事于庆祝，鸣者如鸿胪，奏者如仙乐，鹓班鹄立，可以伸臣子拜舞之忱；观者听者，可以知君臣冠履之分，而发兴起焉，不亦盛哉。故不辞而为之记，俾勒诸贞珉，昭垂永久。

（清）嘉庆《临桂县志》卷二十《古迹》

2. 游览山水

大明正德元年丙寅岁冬十二月廿六日至此观雪，留诗一首。

郭外奇峰列斗天，晓来雪片倩缤纷。松杉忽讶成瑶树，岩谷惊看拥白云。光射玉楼呈瑞兆，影摇银海静尘氛。边氓不用嗟贫病，垂拱而今有圣君。

九代靖江王题。

大明正德二年丁卯春正月十五日，因往家庙行香毕，至于此台，见其春景明媚，留诗一律。

擎天一柱镇南州，四序宜人景最幽。丽日花枝鲜冉冉，薰风树影密悠悠。山头皓月添秋意，洞口芳梅与雪俦。欢赏畅然情不厌，真堪写入画图收。

九代靖江王题。

大明正德九年甲戌夏六月初一日，至此避暑，留诗一首。

乾坤一柱峙西南，几度登临驻鹤骖。爽气全消三伏暑，清阴倒浸百花潭。楼台远近浮晴霭，云树高低拂翠岚。抚景欢然成宴乐，笙歌不用沸余酣。

九代靖江王题。

大明正德十四年七月十五日，命匠造石方盆于此，以便往来游观洁手之用。九代靖江王记。

大明正德十四年八月初四日，命匠装塑三仙在此，永远供奉。九代靖江王记。

大明正德十四年己卯岁中秋夜玩月，偶成诗一首。

凉浸琼楼宿雨收，卷帘坐对一轮秋。山河有影悬霄汉，风露无声下斗牛。夜色阑珊催玉漏，桂香馥郁漾金瓯。霓裳仙曲犹堪听，不羡当年汗漫游。

九代靖江王题。

会仙台。独峰书。

清闲快乐。□□□□□□□，九代靖江王书。

桂海碑林博物馆《桂林石刻碑文集》中册

3. 讲论理学

说者每谓：尧舜之世，人之性善也；今人不古，若者性非善□。□曰：是不然。人不古，若者由气也，岂其性乎？何者？天地以□□□，古今无二道，圣不丰，愚不啬，不消不少也，夫何殊？惟□□□□。古时四海一，天下治，天地之气纯，人得之者亦然，故易从善耳。春秋之际，四海六七，天下大乱，天地之气杂而不纯，人得之者亦然，故易从欲耳。思后又大不侔矣，若一有志者出，必□□□笃信力行，格物穷理，守成法数十余年至不废，然后仅造□□一尧舜之世，岂其然乎？今之人仰太古之道如天，皆谓生知不可及，遂置而不之求，故不责性而成者少矣。用数岁力行一已见，若登万仞之高，未及其半，未快其睹，而曰高不可登，遂却而不之前，故知责气而成者亦少矣。若夫父子兄弟不以道，于时舜当其变，人不能为而为之，万善无一不备者，气与性一也。家国臣民皆良庶，于时桀纣当其常，可为而不能为，诸恶无所不至者，气移性也。能使气与性一，不以气移性者，其周成、思曾、邹孟、宋张程者乎？然亦莫如舜之纯者矣。呜呼！人不古，若者性耶？气耶？说者退服，予以得之。乃因春祀山川，适游虞山，见舜君臣祠像，有感于古今之异，而思前说者之误，与予有得于古人之言。续之以诗，用字于石，以警人心云。诗曰：

帝入南巡不记还，月明湘竹泪痕斑。苍梧□□桑榆静，九嶷山川草木闲。斯道毋从大圣法，今时尤谓至仁艰。桂人景慕无他识，特把虞名题此山。

大明嘉靖二年癸未岁□春八日，靖江九代王独峰书。

桂海碑林博物馆《桂林石刻碑文集》中册

四　奖赐诏责

参王府内官贩卖私盐

参靖江王府内官疏　（明）张嵩

正德十六年，右都御史臣张嵩谨题为祛宿弊以安地方事。据提督学校广西按察司带管分巡苍梧道副使刘节呈，案照该前分巡金事杨必进问得犯人彭允端招，系广西桂林府全州民，正德十六年五月内，靖江王府差内官秦恩前往广东关领食盐，有秦恩乘机夹带私盐来到梧州货卖，侵夺民利。彼时价，每银五两买盐一十四包，伊又恃强抬价，止与盐十二包，一有不从，就加吊打。允端等只得收买，计价银三十五两，秦恩共克余利盐二十八包入己。后允端等装载前盐回卖折本，今仍到梧州营运，又被秦恩沿河拘掳船只，勒银方放。允端无出，阻误一月，不得生理。伊又主令旗校，各听从沿街抢夺复业人民蔬菜柴行等物，骚扰地方，民不堪命等因到臣。案查，先据广西梧州府申前事，开据本府附郭地方总小甲禀称，王府盐船湾泊河下半年之上，或强掳船只装载盐货，或高抬盐价，逼人承买，或掳到官船指说装盐，及至索骗银两，入手却又放去，仍复重掳受害之人，如彭允端者，难计其数。但经商驾船，多系软弱细民，虑怕威势，恐妨生理，忍痛含冤，莫敢声言等情到府，仍复访究相同。切照本府介二广之冲，成化初，开设节镇于斯，屯宿重兵控制百粤。当时俯念边徼贫民，军饷无所出，议行广东盐课提举司盐司，每官盐一引，许带余盐六引，经过梧州者，除官盐不纳银外，余盐每引定纳银一钱五分，专备用兵籴粮赏功等用。自有军门以来，悉仰于此。夫何近岁，非独曰王府内官买盐，又有一等射利奸人，夤缘投入总镇等府，倚托权势，或称奏带人员，或作公差旗舍名色，贩卖盐斤，正余之外，往往夹带私盐。经该盘掣去处，多系卑微官职，中间风力持正者，执法施行，其软懦惧势者，隐忍奉承，或通同作弊，此私盐所以盛行而官盐所以阻滞也。且前项倚势卖盐之徒，遇盘掣则欺压客商而不容挨次，遇发卖则高抬盐价而逼人承买。且其发卖之时，独占行市，不容客商搀卖。待至前船卖毕，后船继至，致令客盐遇掣则不得掣，既掣又不得卖。

客商受害，殆不止如彭允端等数人而已，此商盐所以阻滞而军饷所以匮乏也。前项弊，客商屡尝告发，官府屡亦禁治，但正其末未尝拔其本，止其流未尝塞其源，年复一年，弊无底止。夫两广之盐，非独民利，且军饷所关，而王府之尊崇，总镇等府之贵重，其享民之奉既厚，而各受藩屏镇静之托，其责匪轻，岂可复容奸人争民之利而自耗边方之军饷乎等因前来。臣参照靖江王府内使秦恩倚势贩卖私盐，高价逼民承买，纵令强校肆恶，阻遏贫商生理，事属违法，律合有罪。及照王府关领食盐缘差内使无所忌惮，贩带私盐，沿途货卖所必至。且臣窃见江西逆濠侵夺民利，日致富强，贩卖私盐乃其一事，酿成滔天之祸于近日，由忽履霜之戒于初年，前覆后监，甚为可虑。再照两广地方远极岭海，处处寇贼，年年征剿，非兵无以御侮，非食无以养兵，顾因土瘠而民贫，特资军饷于盐利。奈何势要之家，罔以地方为念，惟以私室为谋，故违法律，侵夺盐利，日复一日。盐商阻遏，盐课耗减，军饷渐以不充，军威因而不振，地方将何倚赖哉。此尤可虑之甚者也。如蒙皇上轸念边方重计，乞敕都察院查议，合无行令巡按广西监察御史将内使秦恩并查旗校人等，通提到官，究问监候，及将王府食盐作何计处，以杜恃势私贩，害人之弊，查议明白，一并奏请定夺。仍乞再加严切禁革，特为明著法令，务使奸贪知所警惧，盐法不至阻挠。如此则军饷可充，军威可振，地方可保无虞。

（清）汪森《粤西文载》卷五

第三部分　靖江王事迹（下）

恭惠王朱邦苧

一 生卒袭封

1. 袭封

（嘉靖四年八月甲寅）故靖江王经扶妃徐氏奏请不待服满得封庶子邦宁为王，如经扶始封例。礼部言："经扶事非常例，且邦宁年岁未足，不可。"诏如旧例，请敕管理府事，待服满袭封。

（明）《明世宗实录》卷五四

（嘉靖六年九月）庚子，遣新宁伯谭纶等为正使，编修张星等为副使，持节册封……靖江王府靖江安肃王经扶庶第一子邦苧为靖江王。

（明）《明世宗实录》卷八十

伯氏曾渐溪先生奉使册靖江王，敬上四十四韵

汉将标南纪，周王暨外埏。黄支开象郡，赤社直牛缠。潍水扶桑表，郁林沧海边。霜清八桂瘴，岚结九疑烟。立壁攒青盖，飞峰削紫莲。伏波盘荔峡，罗阁瞰梧川。光色美如此，珍奇产固然。轨苞输御府，贡篚达郊廛。经野襟交广，肇封俯柳全。授圭罗赭组，分土胙炎天。玉叶枝璀璨，银潢派接连。维城宗子令，开国大君专。带砺河山固，金汤磐石坚。瞻依一万里，屏翰二千年。惇族纡宸眷，建侯展睿权。文闱簇仗启，广乐鼓镛阗。贝阙丹霞袅，铜楼霁景鲜。冠裳趋济济，缨玫萃翾翾。节捧星辰上，制传象纬前。瑶函藏宝册，金柜闉琳编。翠琯祥云抱，紫泥卿日悬。皇华十道出，司谏一身迁。螭笔暂须辍，龙颜梦尚牵。兰坰张祖宴，桐柱奏离弦。雪送燕关骑，春催楚蠡船。异花纷拂缆，怪鸟哢迎旃。庐霍行堪结，巫衡览更便。槎摇弱水影，旌飐阆风颠。列洞密猩语，诸蛮解汉言。冈峦眺邈邈，原薄骤骓骓。篁竹啼猿合，石楠蹻獾缘。輶轩骈入境，剑舄忽登仙。圣主威光近，明王礼数虔。遐荒宪命播，藩域宠灵宣。昼向日边接，昏从花下旋。墀迎珠蹑履，裾曳珮平毡。淮国宴游洽，梁园词藻传。观风行问俗，访古重怀贤。帝子苍梧些，湘妃澧浦篇。尧山浇桂酒，舜庙撷芳筌。逢鹤还珠洞，寻砂勾漏泉。岂云奔命远，宜是胜游偏。谢客吟应遍，仲宣赋可镌。茫茫五岭外，何日使星还。

（明）王慎中《遵岩集》卷五

送张太史子阳封靖江王得省 （明）张治

江湖玉节明秋水，星汉仙槎下紫徽。吊古不妨平子赋，还家应羡老莱衣。苍梧云净青山出，绿浦天寒白春稀。百粤更须劳问俗，田阳犹未解重围。

（清）汪森《粤西诗载》卷十七

（安肃王经扶）子邦苧，嘉靖六年嗣。

（明）郑晓《吾学编》第十六《皇明同姓诸王传》卷三

（嘉靖六年九月）庚子，封……邦宁靖江王。

（明）谈迁《国榷》卷五三

恭惠王邦苧，安肃庶一子，嘉靖六年袭封。

（清）万斯同《明史》卷一三九《诸王世表二》

恭惠王邦苧，安肃嫡一子，嘉靖六年袭封。

（清）张廷玉《明史》卷一〇二《诸王世表三》

嘉靖三十二年题，册封宗室例在十二月，即今北直隶一带地方灾伤，道路艰难，恐驿递缺乏，失误迎送，以致使臣留滞。查得祖宗时册封亦或在秋冬之间，原无定期，及查北方二麦四月始熟，臣等拟将册封重典，四月初旬传制，遣官出京，且合古者孟夏册封诸侯之礼。此后每岁合无俱照此例，题请施行。钦定册封诸王使臣期限，……广西靖江王府限十个月。

（明）朱勤美《王国典礼》卷四《锡命》

2. 去世

祭靖江王文

秀峰毓瑞，尧山燿灵。赤社肇封，南国藩屏。累叶衍庆，世笃忠贞。越有贤王，于铄令名。哲思泉涌，藻翰天成。茂膺繁祉，寿考且宁。倏焉观化，旋御云軿。徘徊仙路，缥缈霓旌。龙章申锡，载轸皇情。聘叨镇斯土，夙慕余馨。感兹永别，怆矣心惊。虔修俎豆，薄效蘋苹。惟灵有赫，鉴此来歆。

（明）郭应聘《郭襄靖公遗集》卷二一

恭惠，郡王……靖江王邦苧，（万历）右俱敬顺事上，柔质慈民。

（明）王世贞《弇山堂别集》卷七二《谥法》

安肃王子邦宁，万历中谥恭惠。

（明）王圻《续文献通考》卷一四八《谥法考·皇明亲王》

恭惠王邦苧，……隆庆六年薨。

（清）万斯同《明史》卷一三九《诸王世表二》

恭惠王邦苧嗣，与巡按御史徐南金相讦奏。夺禄米，罪其官校。隆庆六年薨。

（清）张廷玉《明史》卷一一八《诸王列传三》

附一　恭惠王妃

（嘉靖九年十一月丙辰）命会昌侯孙杲等为正使，刑部员外郎陈耀等为副使，持节册封……兵马副指挥滕榆女滕氏封为靖江王妃。

（明）《明世宗实录》卷一一九

皇明靖江悼妃石刻

妃姓滕，北城兵马指挥榆之长女，桂林清湘人。母张氏，千户升之女也。妃家世耕读，积善累叶。有宋时，先世祖处厚，治《春秋》学，邃而明，从学于鹤山魏公，学益赡，好论天下事，有特独操。晚就累举，恩调柳州马平步尉，再辟潭州甘泉酒库兼帅幕。居官守正，殁祀乡贤。至祖父晖，以寿膺散官，乡里敬重之。祖母蒋氏，乃户部尚书昪之妹，谨身殿大学士冕之姊也。榆以国戚，拜授兵马职。榆字德收，先是以无嗣叩天祈神，张氏遂孕，尝有举身飞天之梦。适正德癸酉岁八月六日巳时，妃应期而诞生焉。时有红雨布诸城市，且满室光耀，人皆异之，以为祥瑞征也，至今传诵未已。德收爱惜，年甫七八，训以《孝经》《女论语》诸书，晓义理，即不喜戏弄。至及笄，女工精敏，孝事父母，出于至性。予方弱冠，请朝命选婚配，首自桂林，次及诸郡，遍选皆无可者。至湘，乃得妃之贤淑，时年十五，以应关雎之选，岁在嘉靖丁亥七月二十日也。妃自入宫，诚顺弥笃，侍予嫡母太妃徐、生母次妃刘，孝敬无二致焉。予母妃处家严切，而妃以礼事之，不敢少慢。每遇宫御一言之失，一事之误，有拂慈意，妃必宛言启释，而以身任之。母妃未悉其情，恒以为妃过，或加斥责，愈敬如礼，竟至得其欢心而后已。抚诲宫属，慈惠甚多，莫不感仰，俨有小星汝坟之化。且日居宫闱，非礼节命召，未尝辄至中堂。凡岁时及二母妃寿旦，必自为针指以献，尤极其精巧，众皆羡善莫及。母妃与予常膳，内虽设有掌馈宫御，妃必临厨躬视，整洁以进，及伺毕而后退食，或值有事少迟，而亦不敢先也。且尝戒庖妪有曰："进上饮馔，务须洁美而后可。"妃常膳则每禁庖妪不可盛设，且云："所食不多，徒损生物。"其勤敬节俭，有如此者。始予蚤岁遵守母训，未尝轻置侍妾，凡有举动，皆躬自周旋。妃见其劳，乃请之曰："侍女郑氏，选入宫内，乃护卫良家子也，性识贞静，举止端谨。"劝予收媵以侍巾栉。予乃于嘉靖己丑十一月初九日告于母妃，纳之。今生子一人，曰宗继隆；女二人，长曰纯秀，次曰纯粹，皆乳名也。继而母妃再命纳妾广嗣，予请以少迟，慈命不可。乃谋诸署承奉司事门正秦得，广询贞淑以应其选。得乃本省民，不谓彼即为其甥桂林右卫指挥刘经预计，求立其女，乃启母妃曰："省城闺女，遍询皆无堪者。惟指挥刘经之女，貌若观音，宗室士人，求者不已，宜速谋不可迟也。"母妃犹命广择以备躬选。得复以百户陈镛、军人伍用琦女二人，性质皆粗甚者，合刘氏以入备选。刘氏则盛装华丽，饰为纯淑之态以见。由是母妃属意不移。得察知其情，复启曰："刘氏虽中选，奈其父母尚未欢从，须要降尊徇俗，赐以槟榔求之，庶几少慰其心。"母妃以逾礼弗从。得屡强启，始以槟榔遣彼往赐，渠回即称其家已从之矣。识者讥之，而复憾其蒙蔽之深，莫克以讨其罪焉。乃于嘉靖庚寅十月十四日纳悍妾刘氏。今生子一人，曰冢继玄；女一人，曰纯和，皆乳名也。纳入之初，母妃念其世禄之家，礼数特赐优厚，居宫不等于妾，与妃起坐，若姊若妹。妃所以重惜之者，乃遵上之意也，岂弗明其序耶？伊遂倚其尊，假其势，屡肆骄纵。及得嗣，益增德色，语言机诈，每谈中激刺之。妃以为幼性，不与较。伊复谩无顾忌，值妃梦叶熊罴，伊乃谓阿母曰："妃既生育，取我何益？"将生，则又沿室听以消息，其余凌蔑奸巧，不能尽述。妃始知其立心之险，然爱之之礼，始终不易。人皆服其雅量有如此者。先是，予极慕汉文后宫衣不曳地之贤，郑氏虽收嫔，衣食未尝别有宠锡，惟仍旧而已。悍妾乃以此之故，不循先后之序，矜其所有，每肆欺嫚，郑氏常深自谦抑以逊之。予嘉其贤，乃于嘉靖丙申三月初一日，请蒙朝命诰封夫人，实以正先后之名分也。妃又每教郑氏，凡事逊之，毋惑傍言以疏家礼。郑氏亦勉承深意，而不敢违。嘉靖辛卯九月二十日，予染痘疮，卧榻不能动履。妃率妾躬侍汤药，以夜继旦二旬有余，且更沐吁天祈醮，愿以身代。后予康复，政暇与妃燕衎，妃始从容语曰："夫王睿体以安，妾之万幸，不然，妾恐不容于世也。"一日，予还宫，不乐，妃谓曰："夫王何如不乐？"予答以国政。妃疑为宫妾致然，乃愉色而谓曰："宫内事夫王忧郁，每未宽舒，国政繁多，□宜徐以理之，节劳省思，以保睿躬，以膺多福可也。"予感妃之言，徐乃答曰："内之憸人，不足为虑。予惟恐少失，有伤慈亲取选初意，故包容之，不过遵一人而已。诸事妄作由他，皆外来之物，何足为论？"妃以为然，劝予始终含容以慰慈望。嘉靖庚寅十二月初十日，朝遣武靖伯赵世爵、礼科给事中曾仲魁持节册授封王妃。嘉靖辛卯三月初八日，章圣慈仁皇太后赐以亲撰《女训》一书，暨《孝慈高皇后传》《文皇后内训》，诰谕有云："顾念尔靖江王妃滕氏，咸有内助之责，兹以传、训一函赐之，尔其体予至意，奉以周旋，益慎益勤，必敬必戒。"妃捧授之余，拳拳服膺弗失。凡遇妃父母进见，妃必嘱之曰："我家积福，今日有此。惟我父母当益隆德誉，毋恃我名位，自干非义。"德收益重其贤，克终其志。其保重外戚如此，可谓无忝于训也。嘉靖甲午十一月二十八日，生今长女孺贞，乃乳名，尚未封拜也，妃钟爱之。庶妾所生子女，咸抚爱之，如己出焉。先于是岁季春七日，予因悍妾不敬不逊，靡所不至，屡犯不悛，致愤恚成疾。尝有奸妒札子启于慈亲，移出书室调理，妃乃苦为恳求母妃，及领其出阁谢罪，予重慈旨，与妃恳诚，方始入宫。嘉靖丙申四月二十六日，予太长连江县君进见，值母妃有恙卧榻，令予陪饮于中堂，忽见悍妾将香火刻像搬弄。予以母妃疾中，香火乃家主，俗所慎重，不宜轻动，尤当禁忌。悍妾素受慈恩之重，乃敢如是？予随陈于母妃，以发素逆。母妃得闻，遂欲迁居。予谏止不从，乃于是岁仲夏望后二日，移居于懋德书室，予故易名曰"承养堂"，臬司宪副龙云东有序可纪。虽地邻咫尺，相隔一垣，窃恐母妃既不同宫，必尤多非横也，乃躬制《闺戒》一书，各授一册，以期归于正治，实有为而为也。妃与夫人承授弥谨，惟悍妾若所未闻，虽以妃之训诲谆切，略无顾忌。岂险僻之深，妃待之太慈而不知所警耶？抑奸妒性成，未有所惩创，而卒莫得以移易耶？嘉靖丁酉岁孟冬月下浣，予因寝宫浅狭，以右隙旧址易新名"自如阁"，以为读书之所，于是讫工。母妃以礼徂贺，予方承欢于阁。初更将阑，妃见一星赤色，巨如斗状，坠于西方，言之合席具知。明日，市言是夜星落，亦如其说。且有见者云："星落未几，白气一道，自王府西遵义门升上。"通省男妇，咸以骇论。是月二十七日，予复为悍妾侮词不逊所干，因气致疾。次日，出阁调养。妃见予处外连旬，时当祁寒，尤恐忧疾之深，镇日苦思，寝食不安。至十一月十九日，惧悍妾获罪愈深，欲代解宥，遂强负责，偕夫人郑氏及诸宫姬迎予入宫。再请再拒，妃以涕泣进言，跪至夜分，予始微诺。遂藉命而促予归宫，妃时喜不自胜。次日谕悍妾曰："夫王情虽夫妇，帝王非等常人，汝今而后，切宜敬慎，毋遗讥诮。"讵意悍妾恃势恣横，用言訾妃为民间所出，吹求龃龉不绝。妃遭妒，含气无言。至二十日夜子时终世。悍妾自以为得计，略无惧色，至三日后，以钱一贯，令中侍为伊办祭，且径言曰"祭文只写靖江王府刘氏祭"，盖不肯以妾自拟也。中侍以实闻，予见言词不逊，且妃薨不甘，祭必不享，遂不允而止。夫以妃存日贤惠如此，乃罹妾之阴险不经，而致妃之暴薨，识者痛憾，责固有所归矣。予讣奏于朝，但云中气而薨，未敢直陈幽愤，恐上干宪典而下拂慈命也。且因其有主器之子，乃屈法以全恩，姑为是不得已之计，抑以死不复生，虽置彼于极刑，亦不足以谢妃矣。奏既上，朝命有司营葬如制。皇上祭一，太皇、太后各祭一，皇后祭一，礼优渥焉。卜以嘉靖己亥岁十二月初十吉日，葬于尧山祖陵之侧，癸山丁向，享年二十有五而止。噫！以妃之贤淑，与德容言工之盛，彰彰若是，宜膺遐福，而为我宫闱始终之助。奈何内政窒理，致妃如此，且悍妾之罪，又幸有覆庇而获脱谴罚，岂非天耶？岂非数耶？予荼毒之余，叩地号天，妃不可复作矣。兹当灵輀将驾，窆彼幽室，痛想德音淑容，永无相见之期，肝肠摧裂，神思荒乱。拭泪信笔，聊以志予之痛，而不暇计其言之文与不文也。乃于圹志之外，书此以为淑妃悼。使幽冥有知，能自吁白其冤，以请天谴殛此悍逆，以讨有罪，以彰有德，予言未必终无用也。故直书以为志。

靖江十代王哀夫昧玄道人撰。

读正，长史司左长史高楷、右长史吴朝喜。摩写，仪校罗□□。监造，承奉司承奉副杨堂、典宝副任用。镌刻，石匠金友奇。大明嘉靖十八禩仲冬十有一日刻。

明故悼妃滕氏石刻
祭文三道

维嘉靖十六年岁次丁酉十一月丙子朔，越二十七日壬寅，靖江王以牲醴之仪，奠祭于贤妃滕氏枢前，系之以辞。曰：呜呼！汝之薨逝，何其速耶？瞬息之际，曾无一语，何所托而永诀耶？生死隔别，关系至大，宁不甚予之恸切耶？呜呼！汝生而有异祥，汝殁而有异兆，又岂非天象昭示而彰世之卓越者耶？自汝之归于吾国也，上有二宫，奉事咸宜。下有妾滕，不混所施。儿女异出，抚爱不殊。内政井然，以保以厘。德性柔顺，罔有偏私。威仪端重，宫闱仰师。我有所忧，汝能纾之。我有所为，汝能相之。汝之心事，我则真知。汝之贤淑，女中之稀。举国称颂，同出一词。关雎葛覃，可以并驰。人曰有德，乃寿之基。胡彼造物，予夺不齐。年方五五，如月东辉。阴云随起，清光遽迷。镜尘玉掩，花落鹃啼。幼女失慈，茕茕何依？俾我肝肠痛裂，涕泪交颐。对食忘飧，临寝忘栖。天之降割，何至于斯。虽然册封之荣名不朽，纯粹之懿德弗坠。耿耿余光，芳魂可慰。系予疚痛，四体莫支。奄及七日，乃举祭仪。祝以写哀，莫以表忱。灵其不昧，尚克歆承。

维嘉靖十八年岁次己亥十一月甲午朔，越十五日戊申，靖江王以清酌庶羞之仪，遣长史司左长史高楷，谕祭于贤妃滕氏之灵。曰：嗟哉天乎，降割胡酷。夺我贤妃，何其从速？秀发湘源，红雨兆毓。梦耶非耶，胡不为福？奇葩异种，未华而落；玉斝金罍，方献而覆。呜呼痛哉！自幼聪慧，婉娩柔淑。笄年归予，务守清约。助承宗祀，周旋谨恪。奉事两宫，孝敬惟笃。抚御宫属，慈和而肃。众美攸萃，人期戬榖。白气为孽，倏而不禄。呜呼痛哉！鸡鸣朝昌，相我以礼。勉勉循循，内政孔理。妇道母仪，邦家之纪。关雎葛覃，疑亦可拟。似兹良德，宜享长年。彼苍者天，胡不哀怜。理数颠倒，顷刻变迁。婺星皎洁，逆曜相煎。溘焉色暗，惨切鹃啼。呜呼痛哉！死生至大，遽此分离。汝有一女，才方三期。幼小如是，汝忍弃之。女不见娘，呱呱夜啼。至恩割断，茕茕何依？我肠痛裂，孰不惨凄。识远量宏，女中之师。若愚若虚，汝心谁知？惟汝望予，惟予知汝。伉俪几年，而止于此。怨苦呼号，悼庸莫已。薨不甘心，逝无诀语。负汝素怀，瘗汝懿体。呜呼痛哉！汝有双亲，道路伊阻。断肠摧肝，泣泪如水。国人恻然，宫闱哀只。汝恨未央，芳魂奚所？册命犹新，今在何许？呜呼痛哉！讣闻于朝，谕祭哀伤。恩典非幸，殁有余光。兹舆汝枢，窀穸归藏。益增惨惋，恸哭傍徨。尔女绕棺，擗踊淋浪；予也何忍，惨割哀肠。山陵窆玉，悲起白杨。追思贤德，空洒涕滂。呜呼痛哉！幽明兮异路，岁月兮更张。恩爱兮寂寞，音容兮渺茫。相逢兮莫再，相昒兮难忘。举一觞而致奠兮，聊慰汝于冥乡；寄惆怅于空邈兮，竟诀别于天长。呜呼痛哉！冀汝来享。

维嘉靖十八年岁次己亥十二月甲子朔，越初四日丁卯，劣夫靖江王以刚鬣柔毛庶品之仪，遣承奉司承奉副杨堂，奠祭于贤妃滕氏之灵，系之以辞。曰：恸念吾妃，遭时不造。关关斯鸣，于飞是效。恨未尽一纪之恩情，遽空我半生之壶奥。吁嗟妃兮，而今而已矣。呜呼！坤柔巽顺，懿淑温恭。事姑以孝，助内以忠。勤劳节俭，言德容工。逮下每歌乎樛木，佐我尤警乎鸡鸣。方永期夫终始，何屡剥夫屯蒙。吁嗟妃兮，而今而已矣。呜呼！鸲鹆好音兮，鸾凤潜藏；桃李竞艳兮，兰桂无芳。谄谀得志兮，谨厚摈弃；鸿鹄远逝兮，燕雀翱翔。冀仁而有德兮，将以齐乎太姒；胡美而乏后兮，遂尔等乎庄姜。伊城狐以掉尾兮，肆然而有势；彼社鼠以奉头兮，黠然而难攘。致蛟龙以失气兮，而竟莫咎乎螟蛭；俾九法以尽斁兮，且复沦没乎三纲。念苹蘩其无托兮，孰以洁宗社之粢盛；痛弱女其何恃兮，益起夫宫院之悲伤。慕音容其杳杳兮，茫乎无际；惨忧思其绵绵兮，曷为其忘。载陈辞而荐酒兮，冀英灵之如在；写情悃以致诔兮，庶暴白其衷肠。呜呼！兰宫寂寞，椒阁荒凉。瑶琴绝响，玉案虚张。宝奁尘暗，绣户无光。魂驰梦逐，地久天长。灵其有知，来格来尝。

桂林市文物工作队《桂林墓志碑文》

附二　恭惠王次妃

（万历四年正月丁巳）封刘氏为恭惠王次妃，以子靖江王任昌贵也。

（明）《明神宗实录》卷四六

挽靖江国母刘妃二首
孝养征曹国，徽音属太任。胡然攀柏念，遽断梦兰心。镜掩鸾销彩，奁空凤弛襟。居庐无命戒，举国助哀吟。
又
珠衣凌紫禁，银海阔丹丘。女则文章著，蚕宫黼黻留。降精天极婺，苗裔汉朝刘。洒泪东江路，凭添湘水秋。

（明）王宗沐《敬所王先生文集》卷十四

钦赐靖江恭惠王次妃刘氏圹志文

次妃刘氏，乃桂林右卫指挥佥事经之女。万历四年九月二十四日敕封为靖江恭惠王次妃，五年十一月初七日戌时以疾薨，享年六十四岁。子一人，袭封王爵。女一人，封高乐县君。讣闻，祭葬如制。以七年十一月十二日葬于尧山之原。呜呼！妃以柔淑，夙侍宗藩，蚤受荣封，享有贵富，兹以疾终，夫复何憾。爰述其概，纳诸幽圹，用垂不朽云。

大明万历七年岁次己卯十一月十二日甲寅立。

桂林市文物工作队《桂林墓志碑文》

二　更定礼制

1. 岁禄

（嘉靖八年正月甲寅）诏靖江王邦苧禄米本折中半兼支。

（明）《明世宗实录》卷九七

（嘉靖八年七月）戊戌，靖江王邦苧以禄米本折兼支，供应不足，乞全支本色。不许。

（明）《明世宗实录》卷一〇三

（嘉靖十二年正月壬申）诏："自今各王府宗室有违例蓦越赴京者，其应得禄米以出城日为始截日住支，至回府发落之日复支，中间旷日不准补给，著为例。"从靖江王邦苧奏也。

（明）《明世宗实录》卷一四六

先是，靖江府食盐岁给银广东，至桂林市盐。至是乞支本色，不许；又乞桂林府税银，亦不许。

（明）郑晓《吾学编》第十六《皇明同姓诸王传》卷三

覆议疏通韶连盐法疏　（明）刘尧诲

在昔弘治、正德间，广西靖江王府以该府户口食盐，每岁差官校往广东收买，因而夹带私盐获利。该原任广东布政、尚书吴廷举建言，以为王府运盐非法，检会大明律例，比议题革。至隆庆末年，因广西议行官盐，该府掌史司亦求复自运，彼时两广军门再申前例而驳止之。止之是也，第于所谓监临势要官豪者，恐不专言各王府也，况食租衣税之吏而使之坐市列肆，贩物求利，岂所以为名耶。

（明）应槚《苍梧总督军门志》卷二七

嘉靖元年令，将靖江王府二次奏讨食盐六十引，行广东布政司，差人领赍原拟价银六十两，送至广西布政司，发买熟盐一万二千斤进用，不许仍前差官关支。

（明）申时行等《大明会典》卷四一《户部二八·官民户口盐钞》

嘉靖元年例，靖江王府二次奏讨食盐六十引，行广东布政司，差人领赍原拟价银六十两，送至广西布政司，发买熟盐一万二千斤进用，不许仍前差官关支。

（明）万历《广西通志》卷六《藩封志》

嘉靖元年令，将靖江王府二次奏讨食盐六十引，行广东布政司，差人领赍原拟价银六十两，送至广西布政司，发买熟盐一万二千斤进用，不许仍前关支。

（明）朱勤美《王国典礼》卷八《支盐》

二郡王建白

又嘉靖九年，礼部因覆庆府丰林王台瀚疏，上手作书，与诸亲藩，欲将帝子应封者俱止为郡王，而亲王次子，俱封镇国将军。先以书示少傅张璁，璁谓："果如此，天下将谓主上薄于本根，非亲亲盛节。不如节其岁禄，如京朝官本折兼支为便计。"上遂持不下，而减禄之议亦格。至末年，始定《宗藩条例》一书，于是减省禄米，而诸藩亦自谓捐禄以纾民困，因为成例，以至于今。窃谓世宗此举，尽善尽美。天子之子有限，而藩王支子无穷。帝子得郡王，如靖江王府事例，体不加贬，其王子皆镇国，则册世子、册妃及建府第等费，以至仪卫宫属，又细而校尉乐户之属，所费不赀，皆得省罢；又体统不太崇重，与地方长吏不至争礼相诟病；况奉国中尉之下，旧不降爵，此议若行，又可递降至七、八品，其裨国计甚大。永嘉当国，肯任劳怨，独此事不能将顺圣意，使宗藩不亿。漫无节制，民生日匮，隐忧正大。惜哉。

（明）沈德符《万历野获编》卷四《宗藩》

（嘉靖）十一年，靖江王邦苧数请禄米，欲全支本色。户部谓近例不许，王请益坚，且求亲诣阙廷奏状。部言："郡王禄米，自弘治十六年会议裁减，本折中半兼支，遵行已久，王乃妄意请乞，词复倨慢，殊非藩臣之体。"上乃严谕邦苧，禁其奏扰。仍令巡按御史逮其辅导等官，罪之。

（明）徐学聚《国朝典汇》卷十三《宗藩下》

靖江王邦苧，嘉靖六年嗣。靖江府食盐，岁给银广东，至桂林市盐，至是乞支本色，不许；又乞桂林府税银，亦不许。

（明）张萱《西园闻见录》卷四七《宗藩后》

在昔弘治、正德间，广西靖江王府以该府户口食盐，每岁差官校往广东收买，因而挟带私盐获利。该原任广东布政、尚书吴廷举建言，以为王府运盐非法，简会《大明律例》，比议题革。至隆庆末年，因广西议行官盐，该府长史亦求复自运。彼时两广军门再申前例而驳止之。止之是也，第于所谓监临势要官豪者，恐不专言各王府也。

（明）鹿善继《鹿忠节公集》卷十《粤东盐法议》

曾方伯家传（代）

公名存仁，江西吉水人也。由郎起家，为……广西参政。……粤宗人禄薄，又后期，岁匄贷子钱，家富者侵牟有宛财，而贫者日坐困。公为刻日给，不足则取藏金奇赢者与之，宗人大安。

（明）李维桢《大泌山房集》卷六七

曾存仁，字懋远，吉水人，嘉靖间广西参政。……粤宗人禄薄，又后期岁匄贷子钱。存仁为刻日给，不足则取藏金奇赢者与之，宗人大安。

（清）嘉庆《广西通志》卷二五〇《宦绩十》

2. 宗学

我朝稽古睦宗，鸿爵大封，散布天下。……当今麟振蕃懋，秦、晋、阳曲、庆成、西河、交城、永和、周、楚、鲁、蜀、华阳、代、山阴、襄垣、宣宁、隰川、定安、灵丘、怀仁、肃、辽、庆、岷、南渭、韩、沈、唐、伊、赵、郑、襄、荆、淮、德、崇、吉、徽、益、衡、汝、荥、靖江、弋阳、江川四十五府，亲王、郡王、将军、中尉、庶人，乃至三万有余位，自古宗室之蕃，盖未有盛于今日者也。昔在皇祖，固未能豫睹今日宗支之盛，而不容不以厚道教后皇，故《祖训·供用章》前列唐、宋禄制而后定以今制，圣意盖可知也。夫亲王岁支万石，奉国中尉岁支二百石，总而约之，三万余位各用禄米数千万石。今即不定制，如今之势，一传再传，宗室且十余万，郡县将以何给？试以周府言之，自亲王至于庶人，合五千三百有奇，每岁支拨二百万四千八百四十余石，有司稍不应期，则群聚而陵侮之。守令者，民之父母也，徇宗室则民不能支，徇民则宗室弗给。圣皇以万物为一体，亦何忍于宗室病臣民也？我圣祖盖已豫睹今日当有化裁之者矣，《祖训·职制章》曰："凡郡王子孙有文武材能堪任用者，宗人府具以名闻，朝廷考验，换授官职，其升转如常选法。"当是之时，皆始封亲王，所谓郡王者，独靖江一府耳，而即曰"郡王子孙"云云，是皇祖亦每以文武之才夹辅之勋望支庶也，特其时未有所谓郡王子孙者，未暇详为之法耳。今上仁育义裁，因时以立政，伏愿惇族惠民，合为一体，不拂《祖训》之文而逮继世之良法，以传万世，盖今之急务，诚莫有逾此者。然廷臣每重其议而不敢发者，良以镇国将军其禄已比一品，即欲换授，当以何官与？其势即有所不可，即今升转如常选法，则黜陟亦当如常考法，其致政而归也，又将何以处之？夫藩禄日增，而民之常赋额不容于增矣。法穷必通，英断如今上，遭际亦难矣，失今不为之制，再世之后，谁其复能处之。圣君贤相，会于朝堂，忍令宗室有不给之怨，守令有掣肘之叹耶？夫礼义者，柔和性情之方也；学校者，执礼明义之府也；荣宠者，奔走才智之具也。窃愿稍仿宋制，每府建设宗学，妙选师儒而教之。三年大比，则于每藩乡试各增解额数名，以宾兴其贤者。盖已封者弗复肄业于学官，而未封未名者，断以某年月日为始，尽令就学，每月人给廪米三石，以端其俭素之习；其庶人量减廪数，亦令就学，以销骄亢之气而发其廉耻之心。八岁入小学，十五入大学，考校监临属之提学及御史，一如州县儒学之例。提学官、巡按官每岁各以三等簿籍填注考语闻奏而归其籍于宗人府。其登荐于文武科目者，换授官职，升转如常选法；其后致政归也，亦以考察旧例处之；如年老致仕，则以原职给禄终其身；贪暴不谨则亦黜为庶人，明其罚，是受登荐者皆将强勉于为善也。其不能与于登荐者，三十岁为限肄业，十五年之间，学行考语五居上等、十居中等者，宗人府具以名闻，释褐授职如旧制；不及格者比照《祖训》袭封事例，减半给禄；其弃礼义捐廉耻甘居下等者，遵《祖训》，轻则降等，重则黜罚之，是不与登荐者皆将强勉于善也。师儒之设，旧制王府教授秩从九品，属王府，即与八岁入小学职事，其宗学设官不敢擅拟，窃愿稍重其权，又必便于御史宪臣之节制、知府之提调者。每府以宗室位数为准，大约百名设与一官，委以十五入大学职事，关白本郡则提调为近而稍忌有司，监督以御史宪臣则法严而教行，未授封爵则儒服肄业而体统便，百名设与一官则业有司存而亦足以抵登荐之员缺。此皆宋人之所已试而效者，特在我皇上亲定其礼制而已。所谓百名设与一官者，如秦府之封在陕西西安府城，即设西安府宗学，合秦府未封二百四位、未名二百三十九位、庶人一百五十六位而计之，共五百九十九位，设分教六员、掌教一员，诸府以是为差。所谓抵登荐之员缺者，如山西布政司境内，晋、阳曲、庆成、西河、交城、永和、代、山阴、襄垣、宣宁、隰川、定安十二王府，未封名宗室凡三千七百一十五位，约百位与解额一名，则山西布政司解额合增三十七名；陕西布政司境内秦、肃、庆、韩四府，未封名宗室一千四百十位，约百位与一名，则陕西布政司解额合增一十四名。诸府各以是为差，河南、湖广、山东、江西、广西、四川六布政司未封、未名宗子四千四百四十九位，合增宗学解额四十四名有奇。通天下宗学每试得乡荐九十五名，每会试合请放宗额一十名，每宗室百位设学职一名，四十五府合选学职九十五名，是又适足以抵选部之员缺而选法可以无滞也。于是定为廪食之法，八岁入小学，月给廪米一石；十五入大学，月给廪米三石；至于三十无过而后授官，始如官资给禄。十五年之间，廪足代耕而不足以侈肆，则嫔嫱自不容于多置，嫔嫱有制则生息有限，而诈冒冗滥之弊亦可以不烦而革。考校之法严，则三十以前有以理性节情而仁厚之德熟，三十而后受封则性已坚定而廉耻之道著，是质之《祖训》而不违，稽之前鉴而有获，垂之万世而无弊也。昔人有言曰："临渊羡鱼，不如退而结网。临政愿治，不如退而更化。"此其势有不容不更为之制者。圣明之主不世出，愿治之臣亦不世出，今明公议及此矣，窃幸国家磐石之宗，守令乂民之政，将相济以有成，而万世周悉之虑，万物一体之仁，在今宇宙间也。

（明）陈全之《蓬窗日录》卷四《世务二·将军中尉改授议》

宗学在府北丽泽书院，原祀督学东泉姚公镆，隆庆五年，巡按御史李良臣请建，知府彭文质改建，前一堂仍祀姚公，后一堂以备宗人讲学行礼。

（清）汪森《粤西文载》卷十六

宗学在府北丽泽书院，原祀督学东泉姚公镆，隆庆五年，巡按御史李良臣请建，知府彭文质改建。前一堂仍祀姚公，后一堂以备宗人讲学行礼。

（清）嘉庆《临桂县志》卷十七《古迹》

明靖江府宗学，在城北丽泽书院，原祀督学东泉姚公镆，隆庆五年巡按御史李良臣请建，知府彭文质改建，前一堂仍祀姚公，后一堂以备宗人讲学行礼。

（清）光绪《临桂县志》卷三五《胜迹一》

三 修建亭堂

懋德堂记

桂林诸山，峥嵘岌嶪，杂沓骈罗，甲天下；独秀山，亘峙中域，端俨穹隆，群峰若揖若迎，若翔若伏，环向之，甲桂林。山之下，靖江王府在焉。嘉靖丙戌春正月，王择宫西隙地，构藏息之区，乃定位正方，量日度费，鸠工聚材，粤以经始。又二年戊子夏落成，楹栋鳞集，丹腹晖映，云窠藻井，或或难分。于时，王官诸寮欣忭盛举，合词稽首，请堂之名。王曰："懋德哉！惟我太祖高皇帝，钦明浚哲，奄有万方。我祖靖江王，遹造戎功，启兹土宇。今我圣天子，阐极弘化，锡类睦宗。予德弗嗣，亦惟日以缉熙，永奠南服。其懋德哉！"外列三门，首曰崇正，次曰惠迪、履正、从道，凡以达诸德也。内有桥，曰通津。左右有轩，曰临碧，曰漱玉，取诸水也。楼曰漾云，拟厥势也。厅曰居敬，敬以直内以求厥德也。次轩曰钟秀，言面山也。堂之后为清虚所，门曰玉液，亭曰旋碧，曰醒心。室曰静思，斋曰养浩。又其外为园，书屋曰自如，亭曰来凤，曰凝翠，曰绿阴，比物尚象，咸丽厥宜。王之退而居于堂也，前图后史，左琴右书，绎文综艺，以守至正，匪以般乐也。时而游观于楼于榭、于轩于亭、于山于水，卉木悴荣，云物变幻，序候惨舒，凑目会心，充然而返，匪以流连也。岁丙申夏四月，迎母妃养于堂，易名曰承养，乃属恩纪其事。恩再拜言曰：至哉！王之名堂也。《书·蔡仲之命》有云："皇天无亲，惟德是辅。"德者，身之本也，保国之基也，日以懋之，以贞侯度，何以加诸。又曰：德者，得也，孝亲为大，于是尽厥心焉，则其为德也，至矣。《閟宫》颂僖，征诸寿母。恩不敏，窃效斯义，以彰我明世德之盛，传示将来。

（明）潘恩《潘笠江先生集》卷九

懋德堂次韵

桂岭离宫结构新，堂开懋德护烟云。青天宛转生图画，碧水萦回起縠纹。礼乐河间标大雅，诗书东鲁接清芬。闲来况有陈思赋，千载流传著作文。

（明）潘恩《潘笠江先生集》卷三

和靖江府懋德堂韵

十二疏阑高入云，天开淑景气氤氲。独藏金鉴传心典，上溯汤盘仰昔芬。月映明河文动色，春吹柳陌思如雯。抚时握管传风雅，总属虬龙洒渐勤。

（明）钱薇《承启堂稿》卷五

懋德堂，在独秀山南。明嘉靖间，靖藩建，潘恩有记。

（清）雍正《广西通志》卷四四《古迹》

乾乾亭记

嘉靖三十年五月二十有六日，广西韩布政威、魏按察使良辅、王参政桥、康参议朗、王都指挥金事国贤、李霁暨某入谒靖江王，因留宴于藏经楼下。已乃徙席于殿东偏，仄径穿林，得小亭，上覆以茅，不彩不断，环以众木，居之幽然，盖若山林焉。王顾某曰："为寡人记之。"某曰："王之贵，鼎食宫居，为华美安所禁哉。而乃居若山林，是不贵势，且无忘田野，甚盛心也，而敢虚命。"退藏其语，而未就也。又明年正月十有五日，三司官复入谒，时良辅、朗已去，而刘布政伯跃、黄金事大廉继至咸在，王张灯火树与共观于承运门。语次，则又申前命，且曰："予未尝不终日乾乾也。"某因拜而进曰："忆王之东偏，亭以为独，不贵势也，乃今则进于道矣。夫'终日乾乾'，周公系乾九三爻词，后之言者，皆以为易之理，而不知此公之心也。爻五君而余臣而四尤迩焉，非孔子所谓'多惧'者耶？夫周之兴也，自后稷始，盖尝与尧、舜共承天之道以粒民食，历更夏、商数十世，其泽于民不可谓不久，及文王始食其报，然犹未能据天下之籍。迨至武王，又有大功，为民除残，然后万姓有宁宇焉，垂绅搢笏，放屏牛马以示天下太平。周公继而相之，亲则叔父，宜其委绥以享诸侯，称制四海而已。而公方坐以待旦，夜以继日，乾乾若不敢瞬息安焉，何耶？盖抚盈成之运者，有敝坏之防；居极隆之势者，有降殄之虑。故尝观之成王继立，悲彼家难，幼君天下，稼穑未知，且将有侈心焉，公所为陈《无逸》也；二叔不亮其精白之心，流言以间上下之交，东征绥辑犹顽民，是或惧乱，公所为赋《鸱鸮》也；纣乱初雪，上古之制相沿为野鉴，其所未备，虽鱼鳖鸟兽，犹将经之，使有成理，公所为序《周官》也。是其忧劳之心，虽非疑忌祸福之间，而公所以任天下之重，继绝学，开太平，以心王室者，固有不容于自遑矣。故曰'乾乾'，则公之心也。今王之贵，不减于周公，而上承天子，中继祖考，傍联宗亲。忆南昌王有大功于国，始封与齐、楚诸大国齿也，高帝之心真如天地，而都督之功明如日月，几传而之王也，某敢以为易哉。而王乃不侈逸，以无忘山林稼穑，乾乾若周公之心，不甃而茅，不采而朴。居斯亭也，则有田功艰难、卑身约己之思。慎此往焉，则谨守侯度，戴于天子，以永带砺之传者，岂有量哉。故或问读《易》，文中子曰'终日乾乾可也'。"王大喜，顾威等咸唯唯，因以名亭，而述为记。

（明）王宗沐《敬所王先生文集》卷七

四　社会活动

1．修建寺庙

（1）重修城隍庙

重修城隍庙记　（明）郑琬

嘉靖丙戌春正月，适靖江王府重修桂林府城隍庙宇成，王储遣其内使其叶俭来语主事琬曰：自我王以藩屏任重，夙夜焦劳，不幸至于有疾。我母妃徐氏，忧情迫切，遣使分祷于宗庙、山川、社稷，愿以身代。又以桂林府城隍，祀典所在，复遣使往祷于神之庙，且议修建，以答神贶。遂捐金具材，用命工正所人匠从事。自去年乙酉十月为始，为日凡百有五十，规模气象，视前有加。事竣，宜有述。□主事吾国之彦，其碑之，以垂永久。

（2）建广福王庙

广福王庙记略 （明）高楷

至嘉靖庚寅春，我国主偶违视膳之安，国母刘太妃以为忧，乃遣使祷于神，未几，果康复。辛卯秋，瘟疾流布城中，危殆者十七八，复遣使祈祷，我睿主再收勿药之效。乃集材伐石，前为门一座，中为门庑三间，后为殿三间，规制稍增于旧，而坚美倍之。殿之中塑神像，衮冕辉煌，后饰以丹漆，施以彩绘，而又缭以周垣。内使石端董其事，黎通相其成。经始于辛卯九月，落成于癸巳六月，命长史楷纪其事。

广福王庙记略 （明）高楷

至嘉靖庚寅春，我国主偶违视膳之安，国母刘太妃以为忧，乃遣使祷于神，未几，果康复。辛卯秋，瘟疫流布城中，危殆者十七八，复遣使祈祷，我睿主再收勿药之效。乃集材伐石，前为门一座，中为门庑三间，后为殿三间，规制稍增于旧，而坚美倍之。殿之中塑神像，衮冕辉煌，后饰以丹漆，施以彩绘，而又缭以周垣。内使石端董其事，黎通相其成。经始于辛卯九月，落成于癸巳六月，命长史楷纪其事。

（3）重修全州湘山寺妙明塔

重修妙明塔刻 （明）滕榆

修葺湘山此塔，自景泰、成化年来，予先曾祖暨祖、伯叔祖及先考、先叔，历与有劳。今复颓坏，予不忍堕前人之绪，尝使启靖江王，喜舍国赀拾金，从弟山阴丞滕槐捐俸五金，予捐亦如之。仍前命工修葺，姑刻此以纪其岁月云。时嘉靖三十九年岁次庚申冬十月之吉。

（4）施金武当

昆山又有柴五溪，……入伏牛山二十年，复返武当访范髯髻。适靖江王以金施范，范纳之，五溪遂掉头去，曰："彼尚须人鋈养者，何足把臂入林耶。"

2．捐建桥梁

天柱桥，在（桂林）府城东，旧名花桥，又名嘉熙桥。东崖有小山，平坡突起，高约五六丈，大可五十围，形如础柱，故名天柱。明景泰间，太守何永全建。嘉靖十八年，倾圮，靖江安肃王妃重建。

天柱桥，在府城东，旧名嘉熙桥，俗名花桥。东崖有小山，平坡突起，高约五六丈，大可五十围，形如础柱，故名天柱。明景泰间知府何永全建，嘉靖十八年倾圮，靖江安肃王妃重建。

重修嘉熙桥记　（明）龙嘉德

粤城之下，漓水经焉，其东为水东街，相距不一里，为花桥。虽漓江支流，实东郭要津也。湍激汹汹，行者多望洋之叹。明景泰七年，郡太守何公讳永全，始架木作桥，命名嘉熙。风涛幸免，春潦犹患。迨嘉靖十九年，靖江安肃王妃出内帑，易木而石，延袤几二十寻，曲槛周匝，履道坦坦。

重修嘉熙桥记　（明）宋邦绥

桂林郡治大江之支，有小东江焉，其流接尧山诸水，与灵建溪合，消长不常，东西中阻。明景泰七年，郡守何永全始创木梁于上，名曰花桥。嘉靖十七年，靖江安肃王妃徐氏发内帑，易木而石，更名嘉熙。制尤宏整，巍然为郡邑诸桥之冠。凡东郊数十里之地脉民居，得以会聚贯通，由大江浮桥以达于治者，胥于是乎赖，建置诚未可少也。

（清）嘉庆《临桂县志》卷十六《关梁》

天柱桥，在府城东。旧名嘉熙桥，俗名花桥。东崖有小山，平坡突起，高约五六尺，大可五十围，形如础柱，故名天柱。明景泰间，知府何永全建。嘉靖十八年倾圮，靖江安肃王妃重建。

重修嘉熙桥记　（明）龙嘉德

粤城之下，漓水经焉。其东为水东街，相距不一里，为花桥，虽漓江支流，实东郭要津也。湍激汹汹，行者多望洋之叹。明景泰七年，郡太守何公讳永全始架木作桥，命名嘉熙，风涛幸免，春潦犹患。迨嘉靖十九年，靖江安肃王徐妃出内帑，易木而石，延袤几二十寻，曲槛周亘，履道坦坦。

（清）光绪《临桂县志》卷十六《建置志四》

3. 表彰寿民

百岁坊碑　（明）殷从俭

竹冈金公，生于成化三年丁丑，中丙午乡试，至嘉靖六年丁丑为重逢。今四十三年甲子，寿登九十八，以闰计之，历月三十有九，实计百岁。吾乡前此未始无百岁之人，但或德未能以称齿，望不足以服众，则亦沦没无闻尔。公发身贤科，筮仕学博，归隐五十余年，潜心砥行，交际不苟。于凡道德性命之旨，阴阳医卜之术，罔不洞究。教子白擢魁于乡，仕为县令，年近古稀，雅为乡评所重。公虽登上寿，而步履饮食康强如壮。非建坊表扬，无以章示盛美。蒙靖江昧玄殿下乐善尚齿，迈古贤王捐金五十，暨王世子屹峰殿下、二子辅国将军任晟共捐金十余，大书"百岁"二字，遣纪善舒烨持以授俭。予幸与公比邻，欣承雅意，获效微劳。遂谋于镇国中尉约俄、乡宦李公寀、李公膺、侯公相、王公文儒、何公莘、董公德明、彭公登瀛、李公仲僎，共成厥事。遍告于宗藩、缙绅，奉国将军规耸、国子司业吕公调阳等百有余人，各捐金有差。适镇守副总戎王公宠闻而韪之，捐俸五金，委百户徐钺董其役，卜址南门隙地，众心胥悦。事既就绪，始白于巡院三司，郡邑诸公皆乐赞其成。经始于中秋，落成于长至。天时人事，不谋而合，又岂偶然之故耶？兹幸毕役，谨勒其略于石，以俟登上寿者次第书焉。是为记。

（清）汪森《粤西文载》卷四四

4. 刊刻书籍

（1）刻《分类补注李太白集》

《分类补注李太白集》三十卷，唐李白撰，宋杨齐贤注，元萧士赟补注，嘉靖己丑（八年）靖江王府懿德堂刊本，见嘉目。按靖江王府同年又刻杜集，此本版式当与之同。据明史，此本乃恭惠王邦苧刻。

昌彼得《版本目录学论丛·明藩刻书考》

（2）刻《集千家注批点杜工部诗集》

重刊《集千家注批点杜诗》序

杜少陵之诗，古人称之者多矣。有曰诗之史记，有曰诗之六经，有曰诗之大成。是三代以下，风雅不作之后，少陵一人而已。予始因其言，取其诗而读之，且病其注意之深，寄兴之远，而旧注浅易，或未足以尽发蕴奥。及一日，得蜀郡所刊《集千家注批点杜诗》者而观之，因其注，索其理，则少陵之微辞奥旨，爱君忧国之意，宛然在目，真可以匹休风雅之盛，而为三代以下一人。彼如曹、如刘、如鲍、如谢之辈，鹜声律，侈风骚，不足言矣。古人之亟称谓，不在是哉？兹予幼冲，宏膺王爵，愧无德以副我皇祖训迪之勤、今上礼遇之笃。谓诵诗读书，是亦养心第一义，心既治而百事理矣。乃以少陵之诗探之索之，其心殆有最乐存焉。遂因其旧本重刻以传，工既完画，是庸赘言简首。切唯诗以道志，在心为志，发言为诗，志盛则言亦盛，故志之所至，诗亦至焉；诗有美刺，可以兴起其好善恶恶之心。兴于诗者，必能立于礼，故诗之所至，礼亦至焉；礼贵于序，乐贵于和，有其序则有其和，故礼之所至，乐亦至焉；乐至则乐民之乐，而忧民之忧，故乐之所至哀亦至焉。至乎此，是谓五至，而作诗之妙尽之矣。少陵之诗，其殆庶几乎。是故善谋时事，志不忘君，志之至也；灵丹一粒，点铁成金，诗之至也；规君德，刺时政，有节有文，礼之至也；协金石，谐鸣球，格力天纵，自成一家，乐之至也。《北征》篇忧国，《百舌》咏忧谗，《秋雨》叹忧虐，《兵车行》忧开边，《石壕吏》忧苦役，如此之类，不一而足，哀之至也。夫以少陵之诗，先之以志，继之以诗，节之以礼，和之以乐，而又切之以哀，不亦可传乎哉！后之君子，体其忠爱之心，会其精神之妙，即以其诗，用鸣我国家之盛，杜少陵弗专美矣，是为序。嘉靖己丑仲春既望，靖江懿德堂书。

（明）朱邦苧《集千家注批点杜工部诗集》卷首

重刊《集千家注批点杜诗》后序

感人易动者莫如诗，古诗三百篇至矣。后世作诗者，惟称杜子美，可以步驰三百篇之后尘。观其长篇短章，吟咏甚富，优柔沉郁，格律皆工；玩其辞，审其音，多爱君忧国之蕴藉；而当时事实，并载其中，故唐人谓之诗史。然识历该博，寄寓深远，实未易以阐明。兹来靖江，敬睹我国主重刊《集千家注批点杜诗》，训释备具，阐明无遗，且亲为制序以弁其首，可谓遇子美于数百载之上，而有功于诗学矣。序之言曰：诵诗读书，乃养心之第一义，心既治而百事理。又曰：以少陵之诗而探之索之，其心殆有至乐存焉。又曰：兴于诗者，必能立于礼，礼之所至，乐亦至焉。大哉言乎，一哉心乎！其与东平之为善、河间之礼乐，同一揆也。夫人心之入道，犹人身之适国。适国者不拘千蹊万径，入道者不拘诵诗读书。今我国主能玩诗以养其心，由养心以治其国，则古圣明王之道，亦不出乎此矣。抑能翻刻杜诗之善本以传四方，使四方之人因批释以明其诗，讽之诵之，玩之味之，而深好之焉，则忠君爱国之念油然而兴，是亦有助于我圣天子平治天下之理矣，岂独有功于少陵而已哉。嘉靖己丑孟夏之吉，奉议大夫右长史海阳臣吴朝喜稽首顿首谨序。

（明）朱邦苧《集千家注批点杜工部诗集》卷末

《集千家注批点杜工部诗集》二十卷，唐杜甫撰，宋刘会孟评点，嘉靖己丑（八年）靖江王府懋德堂刊本，见中图善目。此书与李太白集同年刊行。此刻每半叶八行，行十八字，黑口，版心下记刻工名，黑质白文。卷首有嘉靖己丑靖江王序，云"得蜀郡所刊《集千家注批点杜诗》者而观之，因其注，索其理，则少陵之微辞奥旨，爱君忧国之意，宛然在目"，乃命工梓之。序所谓蜀刻者，殆即元高楚芳刊本，此本即覆刻元本。

昌彼得《版本目录学论丛·明藩刻书考》

《集千家注批点杜工部诗集》二十卷，唐杜甫撰，宋黄鹤补注、刘辰翁批点。明嘉靖己丑靖江藩府懋德堂刊本，前有靖江自序。阔板大字，八行十八字，黑口，四周双阑。前有年谱。附刘会孟批点。

傅增湘《藏园群书经眼录》卷十二《集部一》

（3）翻刻《宋刊白文九经》

八经十卷，白文无注。

宋刊巾箱本，半叶二十行，行二十七字，细黑口，左右双阑，版心下方记刊工人名。宋讳避至惇字止，慎字不避。间有补版，标明"刊换某某板"字。存八种，目列后：

周易一卷，二十二叶；毛诗一卷，四十叶；尚书一卷，二十八叶；周礼一卷，五十五叶；礼记二卷，九十三叶；孝经一卷，三叶；论语二卷，十六叶；孟子一卷，三十四叶。

按：此书刊工细如发丝，精丽异常，盖建本之至精者。钤有"季振宜读书"一印，当即延令书目冠首之书也。各家著录所载之白文诸经号为巾箱本者，多为明靖江王府刊本，即据此帙翻雕，然上加横阑，注以字音，字画板滞，去此远矣。

九经，全十六册。

明刊本，二十行二十七字。标题"宋刊白文九经"，实为明翻本，即所谓明靖江王府本也。细黑口，左右双阑，版心上鱼尾下记书名，下鱼尾上记叶数，最下记刊工姓名，上栏之上再加横栏，注字音于内。（故宫藏书，丁卯七月四日查点藏书，观于建福宫之西院）

傅增湘《藏园群书经眼录》卷一《经部一》

《九经》十卷，明嘉靖刻本。二十四册，半页二十行，二十七字，左右双边，线黑口，双鱼尾，书口上方刻字数，书口下有刻工。又有横栏，注字音于内。

此本殆据宋刻本翻刻，镌刻极精，所谓行密如樯、字细如发者。凡贞、慎、桓、惇等字皆避宋讳。宋刻本今仅存八经十卷，藏北京图书馆，作"宋刻递修本"。

是本刻工有王良、刘朝、马龙、陆天定、马相、陆华、徐敖、弓受之、袁电、刘采、章逵、陆云、李约、陆鉴、陆鋆、吴江、吴纲、张恩、顾梅、李燏、唐诰、唐诗。刻工多为吴门名匠，其中袁电参与刻《皇明名臣经济录》《集录真西山文章正宗》，马相、马龙参与刻《射林》，唐诰参与刊刻《修辞指南》。所刻诸书皆为明嘉靖刻本，由此而证此本也当为嘉靖间所刻。

傅增湘《藏园群书经眼录》卷一著录此书，云"明刊本"，全十六册，"即所谓明靖江王府本也"。又在括号内注"故宫藏书，丁卯七月四日查点藏书，观于建福宫之西院"。按丁卯为民国十六年，查《天禄琳琅书目后编》卷三著录《九经》，计四函，十六册，题守刻本，或为傅氏所见之本。本馆藏本存五种计二十四册，装帧并无改装之迹。（《哈佛善本书志》）

李国庆《明代刊工姓名全录》下

5. 地方官员贺寿

寿靖江王序

嘉靖三十年月日，维靖江王四十初度之辰，三司官咸具服洁仪，造贺于庭。谓佥事王某，当致祝词，以敷阐大德，用垂兹典。某次从席起，顿首再拜，进曰：王知所以有今日哉？某少不知学问，颇驰于奇衺之说，用是遍习养生家言，抑亦以自序述长生。已乃官广中，衔命奔职西行，自湘潭上衡岳入永，则固已厌睹山水。比渡洮阳，观桂林，山皆剑戟立，水莹澈，实启帝子之宇。幽绝奇胜甲天下，意必有服食伟人所经游。而靖江更国据独秀，屏倚帜立，王屋生长其间，应养生家所谓得地灵宜寿。已乃谒王，英迈超绝，以国之富且贵，诸所以明得志快意者，谁复为禁。而更粗食故衣，不为侈靡，丛素若儒。而东偏亭皆茅覆不斫，某他日所为记"乾乾"者。人生精气固病，多在膏粱骄养太过，而况以王贵，乃折节为约，应养生家所谓淡食减口，宜寿然。此皆独某意所窥，不见圣经，或非其本也。忆往一日，王宴某辈于山洞间，王尝顾某曰："寡人少不喜遂刑，初即位，即焚刑具于东门之外。假令不得已，必督过人，心未尝不恻然也。"嗟乎！此真所为寿矣，即无如向所云，亦当千百年享国，而况兼具兹道，宜其昌炽，永永无算也。某尝读书至周，以为武王之治天下，于其四海九州之民，无不欲使之各得其所，以无底于湝隘訾戾者。康叔其弟也，择而封之商墟，其诰命之词，固当别有述序，以使之世守，而《康诰》之词，乃老儒常谈，仅仅以敕罚、明服、要囚、劓刖之间而终之，曰："诚能勿替，乃以殷民世享。"嗟夫！武王之言，何其仁哉。夫天之生物，所以相使者，分也；而其相联属者，情也。情之所在，则分不可得过。于以明建刑者，防其僭乱，治其玩抗，而非以作威而逞其残也。故圣人有流有宥，有赦有赎，有覆有疑，凡以求尽其情。且以一命之系，一决之罚，以天子之尊，百姓之贱，不以滥焉加之。于以明用刑者，当于情事，迫于不得止，而非恣其意而致之也。故周公之报政也，尊尊而亲亲，宜民以燠休，视太公之于齐也，似稍弱矣，而享国并周，子孙协度，比其季也，犹称秉礼，此仁暴之效也。今上笃亲亲，王享国千乘，乃不自恃，而意之所加亟，惟不忍宽恤，是扩是究。推是以事上则侯度敕，以事亲则百顺备，以合宗则枝干荣，以福其身固宜其如日升月恒，鬼神默相而履绥之。此武王之所以愿康叔，而周公之所以治鲁也，又何必吐纳如庄邈，偃仰如乔松哉。三司官咸以为然，俱起，前为寿。而王亦欣然信其不为诺诺者，遂命书之。

（明）王宗沐《敬所王先生文集》卷三

6. 太平岩唱和

太平岩碑

独秀山下，传有西洞，湮没久矣。嘉靖某岁，靖江王稽于旧志，得之。乃喟然叹曰："夫山有岩，地有窍，所以泄幽彰秘，孕阴导阳，节宣气脉，达诸人文者也。夫人不有耳目乎？耳目聪明谓之备，耳目聋瞽谓之偏，塞之非是。"乃谋复焉。于是聚徒发石启土芟秽，俯视其里，寥廓窈冥，越数武而下，其容若室，其平若砥。始而观之，沄乎若沉澂之下腾；其少选也，恍若白月之堕隙。徐而察焉，石发若鬈，水碧若绘，钟乳垂溜，若绝若悬，众色炫耀若龙鳞，殊形诡状若银砾金砂，缤纷照烂，莫可穷诘。时董役中官得太平通宝钱一以进，王喜曰："兹惟兆哉，山灵告予矣。我太祖高皇帝，浚哲文明，奄有万国，大敷皇极，界兹南海。至于今日，奕叶重光，润色鸿业，玄化旁流，天发之祥，地呈其秀。爰惟我邦，锡圭作瑞，实赖其福，若此之应，殆将永为藩辅，与天无极者也。神明之所酬酢，嘉征之所来格，岂其微哉。"遂以太平名岩。丙申夏六月朔日，王召广西左布政使进贤万潮、右布政使涪州夏邦谟、按察使贵溪周忠暨恩，饮酒乐，出游后园，探奇历胜，咸叹兹岩之复也。奉令赋诗，异词同旨，爰刻山石，且属恩次第始末，以标灵异。不敢以不文辞。

（明）潘恩《潘笠江先生集》卷九

靖江王太平岩次韵

砥柱中天亘古今，群峰围合迥相钦。幽居自足东平乐，丽藻还传邺下音。钟乳飞花添积翠，芙蓉倒影漾重阴。灵岩不隔三山路，栖息浑忘岁月深。

（明）潘恩《潘笠江先生集》卷三

靖江府独秀峰下有洞，深可十丈，刻今字韵诗已百余首，王索予和之。

桂郡名峰冠古今，谽谺百尺洞天深。攀萝云袅斜阳色，穿磴泉飞空谷阴。兔苑赓题饶杰作，醴筵嘉意属微吟。追陪此日承欢遇，愧乏雄篇思不禁。

（明）钱薇《承启堂稿》卷五

恭和太平岩诗并序　（明）朱邦苧

独秀山旧有岩曰西洞，封闭岁久。嘉靖癸巳孟冬，予始复开，乃幸睹我太高祖庄简王次元僧师澄佳作，睿藻文思，粲然蔚观，仰诵之余，弗胜敬惕。窃思太高祖，孝友好学，贤德仁恩，被于广右之民，六七十年至今，称不绝口。至于文章字帖，尤为当世钦慕，得者宝重，弗啻千金。顾予寡昧，方有志绍承，今见手泽如新，若复使之湮没，则我后世子孙，世代既远，何所从而知乎？抑何由以启其向学乐善之心乎？是以不避再辟之嫌，芟其榛芜，以为游观之一助，而光前启后之意，亦于斯乎寓焉。乃不揣鄙陋，僭次二律，以识其事云。

一柱擎天动古今，高岩孑立起人钦。他山自是无肩并，吾祖从来有德音。不羡繁花春绚灿，却宜丛木夏生阴。洞中此日风光满，帝德亲恩覆载深。（下缺）

独秀声华古胜今，太平万岁总皆钦。沿堤泼剌闻吹浪，隔座间关初啭音。西广俗淳邦有赖，南州气暖地无阴。百年事业惭无补，才际升平感荷深。　元孙嗣靖江王谨和。

淡泊清虚自古今，诗镌峭壁鬼神钦。映阶草带满生意，入座松涛听雅音。每忆趋庭若心疚，叨承遗泽物华阴。太平有象真堪羡，善继前哲德种深。　辅国将军遂庵相综。

乾坤钟秀至于今，藻翰铭岩允克钦。天保载歆酬帝德，南风解愠协琴音。山环绿水凝新月，树霭明霞散积阴。地位清高尘俗迥，优游洞府白云深。　辅国将军玉庵约麖。

古洞钟灵气茂今，前人词藻后人钦。翠分泰岳凌霄色，虚应南薰阜物音。抚景有怀思祖范，为邦遗爱念棠阴。太平万载芳名始，继述功深寿益深。　奉国将军明□规靴。

佳丽岩开自古今，太平景象起人钦。雨滋花卉增新秀，风度松篁奏好音。诗和瑶章承祖武，政敷南国胜棠阴。东平何幸欣重见，况沐恩波感戴深。　奉国将军经挽。

雄镇天南动古今，万峰罗列自相钦。翠屏倒挂银河水，金谷犹闻玉佩音。气结龙文随帐幄，云移凤辇护晴阴。叨逢盛世观周典，共沐恩波岁月深。　镇国中尉约踪。

独秀呈奇冠古今，万山环拱若知钦，瑶空千尺支琼柱，天籁四时传好音。洞启轩窗来日月，岩栖云霭弄晴阴。细摩藓壁看题刻，汉宋文章岁月深。　嘉靖丙申秋，御史诸演拜和。

游太平岩次韵
独秀峰高自古今，诸峰罗列似相钦。藤萝直上余千尺，鸟雀和鸣集众音。尧岭东来云积翠，虞山北拥地生阴。洞中乳石累累异，问道真源深复深。　巡按御史和峰邹尧臣书。

海内诸峰孰冠今，桂城独秀动瞻钦。倚萝云闪斜阳色，空磴泉抛空谷音。千载恩荣共山水，四时图画作晴阴。洞天得趣惟虚受，乐善延宾礼数深。　礼科给事中海盐钱薇。

碧虚重启自于今，景行高山总夙钦。万国舟车通禹贡，两阶干羽忆韶音。松岩琴瑟生风韵，竹院诗书静午阴。看取太平行处乐，百年礼乐积来深。　广西左布政使万潮。

开辟成□转至今，孤高长起众山钦。根盘冥漠归无极，气入玄虚鼓太音。积雪严凝寒慄慄，祥云拥护昼阴阴。岩前琪树清芬满，自足天潢雨露深。　　右布政使夏邦谟。

绝壁层岩自古今，诸峰罗列俨如钦。悬崖旧刻封丹藓，溜石新泉奏玉音。拂曙霞云晴蔼蔼，含虚洞室昼阴阴。道人独坐思玄处，笑指山中草木深。　　按察使周忠书。

见说幽岩敞□今，表章□□使人钦。诗留绣壁虬蟠篆，乐奏瑶台鹤度音。百种烟花明淑景，半天云叶□□阴。□将兴到亦□处，明月穿松坐更深。　　按察副使龙大有书。

自有乾坤以至今，一峰独秀众峰钦。泉流泽物探无底，石窍通天动有音。静对岩花秋不老，早占云气昼腾阴。太平唱和孙承祖，仰见天潢道派深。　　广西右参政杨表。

海内名山自古今，兹岩端受众山钦。两仪并峙玄黄质，万籁相宣韶濩音。八桂宜秋占乐育，甘棠承曙节晴阴。舆图不异东南辙，共戴明时化泽深。　　副使邹輗顿首书。

壁立层霄绝古今，□□□壑掉知钦。东风不尽烟霞景，好鸟长供绿竹音。□与乾坤擎日月，漫存风雨递晴阴。先王手泽依然在，应是山深惠复深。　　府江兵备副使钱铎。

西上名岩匪自今，一峰独秀万峰钦。太平奇胜真天造，豪杰文章涣德音。林桂摇风香满洞，岫云含雨昼多阴。公余乘兴时登眺，俯仰乾坤自得深。　　佥事操松书。

谨奉和太平岩诗
岳立峻嶒亘古今，诸峰环列俨如钦。云霞绝壁开生色，鸾孔盘空下好音。湛露灵芝朝烨烨，小山丛桂昼阴阴。淮南词赋虚招隐，从似仙家趣独深。　　镇守广西地方副总兵张经顿首书。

岩名佳胜启于今，朝拱诸峰似独钦。闲步岫云怜禹穴，坐闻天籁似韶音。逐时花竹娟娟净，荫日松杉细细阴。不共寻常争美丽，静观羽翰意中深。　　湖广左布政使桂林徐乾顿首谨和。

恭和太平岩诗
秀岳天分拱至今，龙蟠虎踞动瞻钦。不烦斧凿虚仙洞，更有亭台振玉音。风物熙熙千古寿，松篁蔼蔼四时阴。山河悉是皇王景，分得恩波似海深。　　北城兵马副指挥臣滕榆薰沐顿首拜书。

名山钟秀已非今，先世留题后世钦。古洞何年昭睿翰，瑶琴此日动清音。翠屏照水凝春色，青璧当阳定午阴。一柱峥嵘诸岫拱，九重雨露五湖深。　　都指挥梁鼎。

恭和太平岩诗
开国分封直到今，一山独秀万山钦。奇岩窈窕真仙洞，□咏豪雄迈俗音。磊磊云根无尽状，苍苍玉树有余阴。静中日月闲中景，不老乾坤乐最深。　　右长史吴兴稽首顿首拜书。

山藏一窍到而今，六世重开事可钦。登眺不须游赤壁，论谈无复羡韶音。闲中日月穷千卷，静里乾坤惜寸阴。喜见太平回景运，皇图基业万年深。　　秦树华书。

桂海碑林博物馆《桂林石刻碑文集》中册

7. 游览山水

太平岩供奉玄帝记略

独秀山旧有岩，曰西洞，岁久封闭，莫知其由。嘉靖癸巳孟冬月，始复开而更以名，事载在长史高楷碑记。虽因得钱以命名，亦所以上祝皇明永延亿万载太平之鸿基也。先是予欲开岩之时，意犹未决，尝祷于玄帝，拜求灵签，得荷允许，始敢开辟。遂发诚心，欲立圣像于中，以为万年香火。由是日食辰斋，减其常膳之具，积钱若干，爰命内使秦文，而量其市铜，募工铸造圣像一尊，侍从六尊，庄严成像。以今甲午岁菊节之前二日入岩供奉，期以永镇藩邦而同磐石之安，翊我皇图而享无疆之休也。或者乃曰："玄帝之神在上天也，神之宫阙在武当也。以巍峨之名山，辉煌之殿宇，故神也犹可以降其尊而居止焉。顾兹地之榛芜，岩之幽僻，其不依归于此也，审矣。"予曰："不然，神之灵在天下者，如水之在地中，无所往而不在也，奚必名山胜境而后在耶？孔子曰：'祭如在，祭神如神在。'是则人心之所在，即神之所在也。是举也，亦惟尽吾心焉耳。逮知地之榛芜，岩之幽僻，而弗可以来神之依归耶？抑岂敢计神之在与不在耶？矧地虽榛芜，人迹罕到；岩虽幽僻，秽渎弗侵；神而有知，其弗择于此地也，必矣。乌可以纤微之迹而间予一念之诚心哉？"言者唯唯。予故述其梗概以识之，并系之以铭曰：

维靖之邦，有山独峰。人杰地灵，实生帝胄。有岩太平，爰奉神灵。坐镇兹土，家邦以宁。曰山弗惊，曰水弗涸。佑我遐龄，载延国祚。王母寿康，后嗣克昌。皇风浩荡，庆衍无疆。赫赫神威，绵绵福力。亿万斯年，永保贞吉。

皇明靖江十代王澹仙道人书，嘉靖十三禩岁次甲午九月九日。

太平岩，澹仙题笔。

幽所，味玄子书。（钤"十代靖江王章"篆书印）

桂海碑林博物馆《桂林石刻碑文集》中册

独秀山西麓有洞，内有明恭惠王绘刘海蟾像镌石，俗呼刘海洞，当即此岩（太平岩）耳。

（清）嘉庆《临桂县志》卷二《山川一》

五　与宗人失和

谕靖江王府各宗橄（署按察司）

为议处宗室以兴礼让以完勘合事。蒙巡按广西监察御史陈案验前事，已经备行长史司转行知悉去后。该本司看得天下之理，莫大于纲常；朝廷之事，莫先于名分。靖江建国已几二百年于兹，上下相安，军民蒙庇。况以今王贤名，群宗辑睦，号为太平。后以一二奸人进言非道，以致大府用法过峻，遂起衅端。夫非大无以恤小，非小无以事大。而今以数事不妥，各生间隙，遂尔交残。以致奏勘之牍，积于本司；日问月断，迄无了绝。揆之纲常，则为不顺；律之名分，殊为倒张。然以本司博询而细思之，王之心未必肯残宗亲也，傅之者必张声势以求其行；宗室之心未必敢抗王也，诬之者必增枝叶以求其听。加之欲媚王者则谗宗室，鼓宗室者则必诋王，展转隔绝，两不相通。譬之人身，上焦积热，下部积寒，中不通流，遂成痞隔，失今不治，疗之不至，溃决不可救药而后已也。查得大府近日题奏，朝廷有旨，令其处治，此正上下相通，各自省过之日。在王则当念其不能辑睦以致离其心，在宗室则当念其不能恭顺以致罹于罪，降心伏意，凡平素不赴画押及奉有行移戒饬各等项，俱听本司差官率领赴府谒见。自是之后，各尽其道，各守其法，毋仍旧途。若中间再有拨置大府凌虐宗室者，依例问发极边卫分充军。其有各宗非理犯法，抗背大府本等正额礼法者，轻则先拿家丁问发，重则参治。要之本司是行，止令上下相安，各得其所，如目视耳听乃称为人，如父坐子立乃称为家，上以承朝廷尊尊之体、亲亲之义，下以保各宗富贵、安各宗妻子。其各听命，约日齐集处分，其后看生、请名等项，亦候本司从长处置，务绝弊源。其有强梗不愿登讳于簿者，开除候别施行。

议靖江王府各宗呈

为议处宗室以兴礼让以完勘合事。据经历司呈抄，蒙巡按广西监察御史陈案验前事，蒙此已经备行长史司转行启王及行各宗室遵行去后。该本司看得天下之理，莫大于纲常；朝廷之事，莫先于名分。靖江建国已几二百年于兹，上下相安，号称无事。后以一二奸人进言非道，以致大府用法过峻，遂起衅端。夫非大无以恤小，非小无以事大。而今以数事不妥，各生间隙，遂尔交残。以致奏勘之牍积于本司，日问月断，迄无了绝。揆之纲常，则为不顺；律之名分，殊为倒张。然以本司揆之，王之心未必肯残宗亲也，傅之者必妄恐愒以张其声；宗室之心未必敢抗王也，诬之者必增枝叶以求其听。加之欲媚王者，则谗宗室；鼓宗室者，则必诋王。展转隔绝，两不相通。譬之人身，上焦积热，下部积寒，中不通流，遂成痞隔，失今不治，疗之不至，溃决不可救药而后已也。是以祗承本院明文，转喻各宗，令其自省，过在王则当念其不能辑睦以致离其心，在宗室则当念其不能恭顺以致罹于罪，降心伏意，以听处分。凡平素不赴画押及奉有行移戒饬各等项，俱候呈禀，委官率领赴府谒见。自是之后，各尽其道，以相辑睦。然该本司细思之，广西自大府、宗室交残之后，猜疑日积，恣肆无归，因而移毒地方，名分紊失。是以不惟宗室之中纷纷多事，而抑且闾里之内汹汹怀忧，诚以纲常倒置，乱所由生。是以本院今日兹行，令其各得其所，如目视耳听乃称为人，父生子立乃称为家，诚朝廷尊尊亲亲之常法，而各宗安保富贵之良图也。在王与各宗之心意，必云消冻解，洗心易虑，以底于善。但平素反覆交谗之徒，尚未尽屏；而傍观疑虑嗼咋之口，亦未尽消。万一不为之防，令其于中复起衅端，则不信之祸将谁。执是以必须令其永无别图，乃为万全之策。合无严行长史司并承奉司、护卫各衙门知悉，今后凡各宗室再有违犯及或奉各衙门戒饬者，并不得于画押之日稽留在府。如有令旨之日，另行房长带率公同启王处断。其一应旧欠债务及私情等项，如有内使校尉敢复启齿致生别事者，内使与辅导官，本院先提监候，一面转参校尉人等，坐问充军及口外为民。其拘唤宗室，先尽房长，不听则加以同房叔侄数人，如又不服，许容长史司参呈到院转行本司，先将亲戚及拨置之人拿问，宗室住禄听参，大府不得辄轻易差人惊扰宗室。而长史再须启王，务要上念朝廷亲亲之恩，中念祖宗一体之爱，下念地方官吏府寮军民仰赖之心，行恕秉公，以字群小。即其中有违犯，原由国家骄养之过，亦必怜而教之，矜而恕之，毋尽用法，以致惊疑。上下既定之后，可保百年无事。如其间若不遵守，但有致启衅端者，但查首事之人，听凭本院威严从重处断。如此，庶美意经久可持，而纲常不致倒置矣。

启靖江王

为纠众悖慢敕命事。案照本司为议处宗室以兴礼让以完勘合事，蒙巡按广西监察御史陈案验奉都察院勘合该礼部题奉圣旨各先后备行本司内一节，该靖江王参奏宗室经摅等不赴画押，已经本司先后备行长史司启王及行各房长劝谕，并给印信文簿，谕令各自亲填愿否悔过缘由，以凭转报抚按衙门去后，随于二十八日申时据直簿官千户张乾、朱瑞等缴报前来，内开愿自悔过听受约束者，自经摅而下共六十五位，揭查相同。看得天下莫大于纲常，朝廷莫大于名分。各宗于王，情虽同本，分则君臣。而今乃敢相习宴安，不赴画押，虽无敢违法抗忤之心，实由狎恩骄养之过，以致昧于礼法，误违令典。幸而圣明开其自新之路，而各宗亦自起其悔悟之心。所据旧非，相应上恳贤王，大开宽宥，以收其心。除候月朔，本司会同布、都二司，亲率各宗赴府谒见画押外，理合预先启知。为此牌仰本司官吏，即将后开宗位，备由具启，务须奉有令旨，即刻转报，以凭至期施行。

示靖江王府各宗

为议处宗室以兴礼让以完勘合事。照得本司原蒙巡按广西监察御史陈案验，处分宗室，令其赴府画押，已经行各房长劝谕，续奉勘合礼部题覆，与先相同，是亦可见纲常、名分之在人心，彼此同然，原非徼强。已该各宗，合心听命。续据经峄等四十余位告称，十九日，靖江王谒庙，大陈刑具及肆出忿言等情，该本司密切访查，及行长史司勘明，悉系浪传，已经取具甘结在卷。看得兹事纷纷，为日已久，今幸朝廷宽恩，令各悔过，此真上下各思更新之日，而系关人众，势难尽晓。是以本司始行于房长，再给以晓示，三谕以千户。以宗藩之事故多端，则里户之小民难妥，且皇恩不可屡觊，机会难以再逢，是以劝谕勤勤，再三而渎，以求尽此心。今大府幸已悔过从宽，遵承恩命，而奸人复从中煽起浪言，阻挠众志。夫悔过与否，自属各宗本身上事，喻之不晓，本司自应亟收原行，缴报察院，听其自择。续据执簿各官复又报称，已书愿赴者三分之一，为此合再给示，须迟三日，除本司原簿二扇，令千户执赴大门住坐，其间有反思得理者，许赴彼填注，至二十八日未时封收，再不复给。其愿赴者，本司领赴入谒，自后每朔望日，本司差官一员率领入画，待事久相孚之日停罢。其不愿者，悉听其便，事毕，本司备造画押及抗违未进位数呈报察院，以凭会题，处置施行。此系吉凶悔吝之界，各宗其亦谋之妻子，求之平心，毋再执迷以辜圣恩。故示。

（明）王宗沐《敬所王先生文集》卷二八

（嘉靖三十七年闰七月）己卯，靖江王邦苧与本府各宗室经裳等七百余人相告言不法事。诏戒谕邦苧，夺经裳等禄一月。所告事情下巡按御史，验实以闻。

（明）《明世宗实录》卷四六二

（嘉靖三十七年闰七月）靖江王府交讦，戒谕之。

（明）朱国桢《皇明史概·皇明大政记》卷三三

（嘉靖三十七年闰七月）己卯，靖江王邦宁与宗室交讦，戒谕之。

（明）谈迁《国榷》卷六二

（嘉靖三十九年四月）戊午，诏遣官赍敕褒勉靖江王邦苧。先是，邦苧待诸宗人少恩，名封多不以时请，由是有隙，遂各持阴事相讦。巡按广西御史龚恺不直邦苧，上疏极言其淫暴贪纵状。上切责邦苧，令省改，擒治诸仆从，置重典。由是邦苧势阻，不复能钤辖宗人。各宗无赖大为地方害，官府无如之何。乃复谋重邦苧权，以弹压之。疏称其悔过，宜降敕褒谕，令统治诸宗如故。故有是命。

（明）《明世宗实录》卷四八三

（嘉靖三十九年）四月，诏遣官赍敕，褒勉靖江王邦苧。先是，邦苧待诸宗人少恩，名封多不以时请，宗人怨之，遂各持阴事相讦。巡按御史龚恺不直邦苧，上疏极言其淫纵状。上切责之，令自省改，擒治诸仆徒，置重典。由是，邦苧势阻，不复能钤辖宗人，各宗无赖大为地方害，官府无如之何，乃复谋重邦苧权，以弹压之。遂疏称其悔过，宜降敕褒谕，令统治诸宗如故。故有是命。

（明）徐学聚《国朝典汇》卷十三《宗藩下》

（嘉靖三十九年四月）褒勉靖江王邦苧。邦苧先与宗室争，被切责，诸宗遂肆害地方，官府不能制。乃褒勉，令治宗室如故。

（明）朱国桢《皇明史概·皇明大政记》卷三三

（嘉靖三十九年四月）戊午，敕勉靖江王邦宁。邦宁先与宗室争，被切责。诸宗遂肆害士民，守臣不能制。乃褒勉之，令治宗室如故。

（明）谈迁《国榷》卷六三

（嘉靖四十五年三月）己未，赐靖江王邦苧敕，令钤束各宗，申明祖训，其有抗违不服及公门嘱托、劫掠横行者，指实参奏。先是，邦苧威望既损，朝廷虽尝降敕，奖其改过，而各宗不复禀畏如故，甚者十、五成群，白昼剽夺，胁持府县，号呼里井间，阖郡公私不获安业。礼科给事中辛自修言："粤西地临绝徼，诸宗不靖，且酿地方大患。宜重邦苧事权，俾严加禁戢，以消乱萌。"故有是命。

（明）《明世宗实录》卷五五六

议处楚等府宗室疏

看得礼科都给事中辛自修等题，靖江一府贫宗窘迫，致有抢夺、劫掠及抗违、属托各弊，皆是靖江王不能统摄，乞要降敕，令其勉饬群宗。……为照宗藩支庶蕃多，全在钤束有素。前此靖江王刻深贪纵，残虐宗党，以致人心携贰，激成怨愤，公然抗拒。当时抚按官前后论奏，两经戒饬，王虽自此日渐悔误，而威望一损，群宗亦且因以玩之。嗣后奏报勘议，未尽关白；出入禁约，不能钳制。各房长既分党抗立，而验生参奏，权归有司，各宗遂不知有王矣。然自今日事势观之，靖江僻居远地，族属已千余人。苟宗仪无统，则事权不专；约束不行，则犯法愈众。即如奏请名封、男女婚嫁，王既诿之不理，遂使过时不举，爵号未沾，怨旷且甚；而禄粮之资，累岁不给，必致穷迫无赖，驱而为奸，则亦非群宗之利也。事体关系，诚为不小。查得三十九年，本部曾因抚按奏来，请敕勉谕，嘉其改过，行令敦睦各宗。但人情久涣，恩义未孚，离心犹故，非得严旨，卒难收拾。合再申饬，请赐敕谕靖江王，务要严加钤束各宗。如有抗违不服及公门属托、劫掠强横者，指实参究。其结交宗室，拨置生事之人，尤当重惩。至于验生、出城等事，有司未得一一周知，禁之亦在本王。务令各房长时加体察，违者重则参究，轻则径自处治。必使群宗敛戢守法，不得放纵，然后为不负明旨。但统摄族属，贵先正己，必须端谨自守，公廉无私。凡一应名封、婚礼等项，应奏请者即与奏请，应保勘者即与保勘。其累年积下事情，悉与清查研审的实，即为转奏。庶事无停滞，人皆心服，不失圣朝敦睦宗支之意。……嘉靖四十五年三月二十六日具题。二十八日奉圣旨："是。靖江王着写敕与他，钤束各宗。……钦此。"

（明）高拱《高文襄公集》卷二三《南宫奏牍》

（嘉靖四十五年）三月，赐靖江王邦苧敕，令钤束各宗，申明祖训，其有抗违不服及公门嘱托、劫掠强横者，指实参奏。是时，邦苧威望既损，朝廷虽尝降敕奖其改过，而各宗不复禀畏如故。甚者十五成群，白昼剽夺，胁持府县，号呶里井间。阖郡公私，不获安业。礼科给事中辛自修言："粤西地临绝徼，诸宗不靖，且酿地方大患，宜重邦苧事权，俾严加禁戢，以销乱萌。"故有是命。

（明）徐学聚《国朝典汇》卷十三《宗藩下》

（嘉靖四十五年三月）再赐靖江王邦苧敕，约束宗人。

（明）朱国桢《皇明史概·皇明大政记》卷三四

（嘉靖四十五年三月）己未，敕靖江王邦宁钤束各宗。时邦宁望损，各宗不复禀畏，甚者白昼劫夺，胁持府县，群噪里井。礼科给事中辛自修请重邦宁事权，以销乱萌。从之。

（明）谈迁《国榷》卷六四

（隆庆二年十二月辛卯）靖江王邦苧以事杖其族属中尉经𫎇、经略至死。诸宗素怨邦苧，及是愈忿怒，于是中尉约趋等聚众大诟于邦苧府门累日。王具疏言状，词连奉国中尉经胋，经胋亦诣阙讼王。事下，抚按官张瀚、蔚元康言："经脂等素凶恶不道，受状非无名；靖江王顷奉敕钤束诸宗，行法稍过，未可备责，罪在经胊及约趋等。但亲王之于宗室，亦宜情义两尽，处之得所；且邦苧捕系二宗室，实使其长子任昌为之，亦非事体。"礼部覆议。得旨："经胊夺禄米三分之一，约趋等罚住禄米半年。谕邦苧以端己睦族，戒饬任昌，毋得以贻后患。"

（明）《明穆宗实录》卷二七

（隆庆二年十二月）靖江宗人大哗于王府。

（明）朱国桢《皇明史概·皇明大政记》卷三五

勘议王府宗室事情疏

据广西按察司呈奉抚按衙门案验前事依奉行。据委官桂林府通判蒋奎、平乐府通判林允达、平乐县知县陈学乾、临桂县知县李蒙亨呈称，公同靖江王府长史司长史吴一元，散拘得纪善舒烨，及齐集原告约仁、邦蕤，中尉约趋、经裳、经弇、经擖、邦莲、邦距、经𬤇、经褐、约懋、约蹻、约箭、约部、约踋、经謍、经抱、经詀、邦茵与十三辅房长约跭、规俅、规征、经资、约郊、经芧、经闳、约渊、约记、邦苹、邦芮、经巡、约郔，并提吊军校赵七儿、沈怀义、梅四儿、王晚子等各到官，会勘得隆庆元年正月二十日夜二更时分，布政司外巡风吏栗邦训、周仁思等，因夜深封锁司前延熙坊栅栏门，有宗室经𬤇、经赂在于宗室饮酒夜回，嗷叫栅栏不开，彼时肆酒逞凶，喝令家人用铁锤冲破栅栏，打毁铁锁，仍又赶打守门地方人役。次日，各役具呈，布政司见得事干宗室，备行长史司，于本月二十五日启王戒谕。王因痰疾，至二月初五日，暂行长子任昌差门副孙忠、典仗胡学带领军校赵七儿、沈怀义、梅四儿、王晚子等，拘拿经𬤇、经赂并家人可得等，时经𬤇、经赂各因中酒病起，推捱不前，赵七儿等扭拽至府，孙忠禀将经𬤇、经赂先行监禁。至初七日，方吊出押至古铁牛寺门请令旨，传将经𬤇责三十五棍加五竹皮，经赂责五十棍加十竹皮。二宗不服，孙忠复令军校杨大相、杨信、郑祖儿、王寅等扭按伏地。责治讫，各发落回家。彼经𬤇、经赂各因忿恚沉重，经𬤇于二月十五日夜，经赂于本月二十二日夜，各身故。约仁、经寀、经认、经扣并经赂嫡男邦蕤各恨孙忠督令军校凌辱酷打，具词捏称长子任昌差孙忠带同军校二百余人来家抄没，奸淫妇女等情，赴按察司告，要相验尸伤。中尉约超、经裳、经擖并邦莲、邦距、经褐、经詀等各因与王旧有雠隙，要得乘机报复，就会众歃血城隍祠内，将已死身尸移至十字街通衢，日夜叫号嚷骂，仍要捉拿官校人等，殴打出气。房长约跭、规俅、规征明知各宗凶横，不行阻止，以致益肆无忌。至本月二十五日，本司催行桂林府委官临桂县署印经历罗绍智带领仵作前去相验已死经𬤇、经赂二尸，因宗室人众势凶，不容委官细验，逼令仵作供报伤痕，当场填注尸格，仍捉拿纪善舒烨、百户戴若用等收殓，责令看守情真。今据所报伤痕，除臀腿脚下受刑去处各伤，系依法责打，经𬤇右肋、经赂左右腰眼各有红色，审系官校赵七儿、梅四儿、王晚子并杨信、杨大相、郑祖儿、沈怀义、王寅等拘押刑杖之时扭按所伤，不足致命。再勘奏内所称，经𬤇、经赂发落回家之日，即有别房各派怀奸稔恶之辈，为伊用药医治敷贴致死等情。审因经𬤇身故之后，头发脱落，迹有可疑，今审各宗与经𬤇、经赂妻男俱各不肯证认，无凭鞫究。又经詀所奏本王先年违犯各事情，查得嘉靖二十六年已该巡按广西监察御史徐南金奏奉钦差兵科右给事中王国桢、刑部署郎中张祉、锦衣卫副千户万文明，会同提督两广军务兼理巡抚兵部右侍郎张岳、巡按广西监察御史萧世延，会委多官勘问明白具奏，嘉靖二十七年六月十七日，该刑部等衙门会题，奉钦依罚住禄米半年讫。又嘉靖三十七年二月内，本王因召各宗入府，要将春夏二季禄米扣解，输助大工，各宗不服委，将抗违宗室邦苹、邦莞等责打监禁，有约劝、邦菓陆续病故，经玷怪称内官黄载屏去饮食致死，具告巡按御史龚恺参奏，该礼部覆题，奉钦依写敕戒谕，内官黄载行广西巡按御史勘明具奏，黄载一向久逃未结。又勘得宗室约璔先年因告争屋地，辱打长史吴朝喜，被启本王将璔责治监禁，因病身故，璔子经排，二十七年赴京奏扰，被禁闲宅。经排男邦暮，四十年又赴京奏扰，亦被送禁闲宅，原系违例越奏所致，似与王府无干。该各职会看得前项各奏告事情，经赠、经略二宗委因责打致死，虽孙忠不无潜禀之情，军校间有拽扭之事，然孽由自作，法所当加，纵有他伤，亦非故害。邦薮、约仁等捏词兴告，尚出迫切之情；约趄、邦莲等聚众歃血，尤属抗违之甚。乃至肆行凶虐，惊动地方，名为伸雪死者之冤，实为报复宿雠之计。及经玷所奏，指摘多端，皆系先年勘明之事，俱经奉旨罚住禄粮，写敕戒谕，无容再究。合将宗室约趄等量加罚治，使立党肆凶者稍知所警，而王府之事权可振，法度可行矣。其奏内中尉经龠、经譅、约蹻、约懋、约箭、约部、约踟、经訾、经抱、邦茵与房长邦芮、约郊、经芋、约记、约郯等，审系干连，姑免参究。内官孙忠与军校赵七儿、梅四儿、王晚子、杨信、沈怀义、杨大相、郑祖儿、王寅，俱应依律究治，梅四儿、赵七儿、王晚子、杨信，见该别卷问拟梅四儿死罪、赵七儿等各充军，应听从重归结。其经赠、经略二宗，子幼贫窘，情有可悯，似当议恤，即令择日安葬，以慰亡魂。及经排、邦暮父子，久禁闲宅，情罪可矜，相应查照，恩诏奏释，以慰各宗之心等因，呈报到司。该本司掌印按使郭应聘，会同布政司掌印右布政使周俶，带管分守桂林道右参政余敬中、分巡桂林道副使程大宾、都司掌印署都指挥佥事王伦会勘前情相同，为照靖江王府宗派蕃衍，自祖宗以来，家法甚严，诸宗皆秉礼守义，地方亦赖安堵。至嘉靖三十七年间，本王以献助为议，刑罚过重，诸宗因之不服钤束，画押久废，朝祭久缺，驯至于今，涣散无统，恣横无忌，至有弟戕其兄、子戕其母而不能制者，其诸背理伤道之事，难以悉数，军民受其虐害，官司被其凌侮，议者深为地方之忧。今王方奉新敕，钤束诸宗，而经赠、经略适以凶恣自罹罪罟，在王诚非无故而淫刑，在二宗诚非无辜而致死也。约趄等辄挟宿雠，群聚声告，昼夜喧嚣，至以请讨为辞；而经玷复牵撼勘明往事，违例奏扰；房长约踤等不行阻止，其罪皆有不得而辞者。盖在昔日，则以尊凌卑之权不可不抑，在今日则弱本强枝之势不可不扶，所以为国家存大体，为地方杜大患也。合将镇国中尉约趄、辅国中尉经裳、经褐、奉国中尉经搕、邦莲、邦距、经玷，房长约踤、规俅、规征，各分别住支禄米，以示罚治；约仁、经案、经认、经拙系经赠伯叔兄弟，宗幼邦薮系经略嫡男，情由迫切，姑免罚究；门副孙忠革职，不许营求管事；军校杨大相、郑祖儿、王寅、沈怀义各问拟应得罪名；杨信、梅四儿、赵七儿、王晚子各听别卷从重问拟。经赠、经略二枢尚未营葬，虽其死由自致，而情亦有可矜，查得先年约劝监禁身故，该房长规仕告，蒙巡按御史高应芳批，司议给银一十五两，以助殡葬，今经赠、经略子幼家贫，尤为足悯，似应倍处，行布政司查将丧礼银内或别项无碍官银支给二宗妻男领回营葬。经排、邦暮听候原议，题请至日施行。其内官黄载，查照该卷另行提结。仍乞天语叮咛靖江王并戒谕长子任昌，自今以后，痛释前雠，务存宽厚，以上体祖宗之德，下服宗仪之心，毋得听信奸人拨置，自贻后悔。再照本王之于宗室，固有统摄之分，尤贵惇睦之情。自嘉靖三十七年以后，诸宗不赴画押、朝祭，凡名封、禄米等项，率未举行，即今宗幼二三百名，或年齿逾壮而未及媾婚，或子女多人而未食全禄，至有贫乏不能自存、丧葬不能如礼者，以致情义愈疏，雠怨日积，纷纷报复，无时可已，此今日之事所由起也。若不早为调停，窃恐酿成祸变，不惟非宗藩之福，尤非地方之福也。伏乞并请区处，凡各宗一应名封、禄米等项未经举行者，各行从实开报，长史司启王知会，应奏请者即与奏请，应保勘者即与保勘，不得仍前留难，致滋怨望。如遇朝祭、画押日期，初次，长史司预呈布政司，委首领官一员会同各房长，督齐各宗室如期赴府举行；以后日期，房长径自督行。其画押事规，仍照嘉靖三十九年题准，十三辅各立一簿，以免守候之难。各宗如再抗违阻挠，听王指名参奏处治。庶法纪彰明，情义联属，而地方赖以无虞等回到。臣案，查先该前总督两广兵部右侍郎谭纶题奏前项事情，又该靖江王邦苧奏前事，奉圣旨，礼部会同法司看了来说。该本部会同刑部题奉钦依，行移抚按衙门从公会勘明白指实具奏，以凭覆请施行等因，又准礼部咨为门禁事，该靖江王府奉国中尉经詀奏为敕查恶王依附权势流毒一门，罹冤三代，恳乞天恩调勘，部院参详以正大纲大法事，该礼部题奉钦依，将经詀送回交割及将奏词备咨到臣，臣即会行按察司一并会勘，详报去后。今据前因，臣会同巡按广西监察御史蔚元康，覆勘前情无异，内除见禁闲宅经排、邦暮近为请释闲宅人犯，以定法体事，该臣会同巡按御史朱炳如查勘得，经排事干屡犯，相应照旧拘禁；邦暮情有可矜，相应释出，已经题请，无容再议，合候明旨，至日施行。已死经顒、经略二枢尚未营葬，该司以其子幼家贫，议处恤葬，查有先年约劝事体，相应准照，听其处给。其内官黄载，亦听查照该郑原行提结，俱不敢烦渎外。臣等议照，南方宗室，惟靖江王府蕃衍为最，悖理违法，亦惟本府宗室为多。自嘉靖三十七年以来，本王有因公科扰之失，致疏睦爱之情，诸宗遂恃族党之强，几亡上下之分。由是朝祭、画押等礼，一切不行，积习骄顽，无所顾忌，而悖理犯法，将莫知所终矣。嘉靖四十五年，该言官建议，伏蒙先皇敕谕，责成本王钤束。当奉命更新之初，适遇经顒、经略深夜行凶之事，将以行法示警，自难姑息徇情，因而拘拿责治，似非过当，彼各邂逅身故，夫复何憾。乃约趌等只以平日之怨，含蓄未平，遂借同党之故，因而呼号结构。约跮等既为房长，不能禁止，反阴相附和，纵横张势，几成大祸，均属不法，相应示惩。参照镇国中尉经裳、经褐、奉国中尉经搤、邦莲、邦距、经詀派出天潢，罔遵成宪，忘亲藩之名分，而歃血誓众，徒欲报复私雠，背敕命之谆严，而攘臂通衢，甘同市井无赖；房长约趌、规俅、规征，容纵宗强，既非家教之善，阴相党附，实为朋比之奸。以上各宗内，经詀擅离封域，不思禁例之严，撼拾奏词，又犯不实之戒，本当从重，但其越奏在本王指名参奏之后，事出有因，情非得已，姑应从宽，与约趌、约跮等各分别罚治者也。其约仁、经寀、经认、经拙系经顒伯叔兄弟，邦薆系经略嫡男，各横诬本王之非法所当究，但因愤至亲之死，情有可原，相应姑免罚究，以示宽恤者也。门副孙忠，心本愚冥，行尤恣肆，置二宗于幽禁，自招潜害之疑，督诸校以严刑，致损宽仁之体，人心共恶，情理难容，相应革职，以快众心者也。军校杨大相、杨信等，虽听使之人，情无故害，然决杖之过，罪亦难逃，内杨信、梅四儿、赵七儿、王晚子各别卷皆有罪名，相应从重归结，杨大相、郑祖儿、王寅、沈怀义俱应依律问拟者也。缘约趌等俱宗室，孙忠系王府内官，伏乞敕下该部议拟上请，合无将约趌等各分别量罚住禄米，约仁等姑免究治，孙忠革职，不许营求管事，杨大相等行巡按御史提问发落，庶人心知警，安分守法，而意外之虞可杜矣。再照，尊卑本以分定，亲爱须以情通，在宗室之于亲王，固当恪守不可逾之分，而亲王之于宗室，亦宜曲全不容己之情。今本府朝祭、画押废弛有年，而诸宗名封、婚娶等项亦久停阁，宗室分义既乖，本王礼制亦废，委属未安。仍乞天语叮咛靖江王并戒谕长子任昌，务崇亲义，尽释私雠，仁厚存心，公平处事，凡诸宗名封等项，悉遵典制，速为查理，不得淹迟，致生怨望，其朝祭、画押率由旧章，着实举行，宗室俱要恪守祖训，以礼自爱，毋蹈前愆。若有不服拘钤，非为妄作，或恣意欺侮等项，听王审实，轻则量行责治，重则参奏处分。如此则雠怨释而情理两全，法纪修而祸患自息，宗藩幸甚，地方幸甚。

（明）张瀚《台省疏稿》卷七

南粤惟靖江王府中十三辅蕃衍为最，悖理违法亦为最。自嘉靖中本王因公科扰，致疏亲睦之情，诸宗遂恃族党之强，几亡上下之分。由是朝祭、画押等礼，一切不行。积习骄顽，无所顾忌，悖理犯法，纷纷效尤。

（明）张瀚《松窗梦语》卷八

资善大夫南京刑部尚书盘峰李公神道碑

翁讳迁，字子升，更字子安。……寻迁广西按察使，……时靖江王与诸宗阋，而各上章相讦。下台，台下藩枭，以藩使之顿不任也，使公先。公帅以谒王，王谢病不见。公乃奏记王曰："大王以某之来，为宗人耶？某非为宗人也，为大王也。某之来，内欲全大王亲亲之心，外以明大王尊尊之分，如是而已耳。大王之必欲拒某者，何也？"王乃许以翌日见，见而蓄怒。待公等坐定，王盛气言曰："不穀之先王，奉高皇帝恩，以有兹国，当摄诸宗人。诸宗人不受摄，而子大夫乃右之，何也？"公对曰："大王宜自责，毋责诸宗人也。"王益怒，曰："何谓也？"公曰："大王能念高皇帝恩，甚善。先王者，高皇帝从孙也，以罪嗣废。子悼僖王贤，而高皇帝复王之。王之名虽一郡，其礼秩威命，实大国也。今岭以南，毋贵于大王者；诸宗人之众，亦毋如大王者。乃大王挟贵以凌诸宗人，诸宗人亦挟众以抗大王。夫有司者，故出诸宗人下者也，诸宗人甘心有司之约束，而裹足不入端礼门，大王能忍之乎？忍之，是大王徒拥虚器耳；不忍之，则王与诸宗人之讦无已也。且宗人之去贱无几，罪易胜也；其指逾万数，不易尽罪也。有如天子一日赫怒，咫尺之诏下，大王宁能晏然而已乎？某等所以见者，愿大王之为悼僖王，不愿如先王，故曰'非为诸宗人也，为大王也'。"王色动，乃前就公，曰："先生何以幸教不穀，唯先生哀怜之。"公遂说王曰："大王急下教自责，令诸宗人一切听台议。某等请分诸宗人为十余房，房择一笃行长者长之，其长得以惩训不率，重则付柱后惠文耳，大王无与也。月朔必朝见，祭必从，请名、请婚必以属大王，则大王之贵长在，而诸宗人亦服。"王曰："善！"具如公指。台为疏，亦如之。靖江遂宁。

（明）王世贞《弇州山人四部稿续稿》卷一三二

李迁，字子升，江西南昌人。嘉靖中，以进士为庶吉士，……历按察广西。时靖江王与诸宗阋，下迁治。迁乃奏记王曰："大王挟贵凌诸宗人，诸宗人亦挟众抗大王，两挟有不敌也。万一诸宗人中心有司之约束，裹足不入端礼门，大王能晏然已乎？且宗人之去贱无几，罪易胜也。其指逾万数，不易尽罪也。大王急下教自责，令诸宗人一切听台议，月朔必朝见，祭必从，请名请婚惟大王，则大王之贵长在，而诸宗人亦永服。"王曰："善。"靖江以宁。进湖广左布政使。

（清）查继佐《罪惟录·列传》卷十一下

李迁，字子安，新建人。嘉靖中，由湖广布政司右参议擢广西按察使。时靖江王与诸宗人相讦，事下台，台以属迁。翌日，迁往见王，王蓄怒而待。迁曰："大王之有国于此，乃悼僖王之贤，而高皇帝复之也。今大王挟贵以陵诸宗人，诸宗人亦挟众以抗大王。举甘心有司约束，而裹足不入王门。大王能忍，是徒拥虚器；不忍，则与诸宗人之讦无已也。一旦天子赫怒，大王岂独晏然。迁故非为诸宗人也，为大王也。"王色动，求教。迁乃曰："大王幸听迁，迁等请分诸宗人为十余房，房择一笃行长者长之，以惩训其不率，重则付之有司。月朔必朝见，祭必从，请名、请婚则以属大王。大王之贵在，而诸宗人亦服矣。"王具如迁议，事以解。（《明史稿》）

（清）嘉庆《广西通志》卷二五〇《宦绩十》

李迁，字子安，新建人。嘉靖中自湖广布政司右参议擢广西按察使。时靖江王与诸宗人相讦，事下台，台以属迁。翌日，迁往见王，王蓄怒而待。迁曰："大王之有国于此，乃悼僖王之贤，而高皇帝复之也。今大王挟贵以陵诸宗人，诸宗人亦挟众以抗大王。举甘心有司约束而裹足不入王门。大王能忍，是徒拥虚器；不忍则与诸宗人之讦无已也。一旦天子赫怒，大王岂独晏然。迁故非为诸宗人也，为大王也。"王色动，求教。迁乃曰："大王幸听迁，迁等谕分诸宗人为十余房，房择一笃行长者长之，以惩训其不率，重则付之有司。月朔必朝见，祭必从，请名请婚则以属大王。大王之贵在，而诸宗人亦服矣。"王具如迁议，事以解。（《明史稿》）

（清）嘉庆《临桂县志》卷二七《宦绩》

（隆庆六年正月庚午）巡抚广西兵部右侍郎殷正茂以靖江王府多事，上议宗藩急务，请宽名封之请、酌递减之制、复明参之议、笃亲睦之情、明房长之义、饬宗学之规、伸拘禁之法、开举首之条，凡八事。礼部覆奏，多采用之。

（明）《明穆宗实录》卷六五

自守谦受封以来，至邦苧已八世矣，宗人日繁，至三千有余。宗人无以自业，思欲作奸，惮王府威重，不敢发。而王邦苧待之颇少恩，为所怨，巡按广西御史又与王有隙。会王援祖宗御书请禄米全支本色，户部裁之，以近例谓宜本折参半如故；王请益坚，且言："若不得，请当削发披缁，不敢入府。"世宗方怒其要挟，诸宗人于是各告王阴事，以快其忿，巡按御史助之言。帝为切责，王夺禄半岁，杀其童奴甚众。由是王权势大沮，不能复钤宗人。久之，广西大吏患诸宗人之暴，而无如之何也，乃疏称："王悔过，宜降敕褒谕。"欲复重王权，令统治宗人。而王威望既损，诸宗人不复禀畏，往往迫劫官府，设诈究变。甚至白昼行剽为奸，公私苦之。四十五年，给事中辛自修言："广西地临绝徼，诸宗不靖，失令不治，大乱将起，宜亟重王邦苧事权，严加禁戢，以消乱本。"从之，王威乃得复振，宗人咸受约束，敛迹自保，一方获安。

（清）万斯同《明史》卷一五二《诸王上》

六　农民起义威胁王府

　　岑猛者，广西田州府土官也。……嘉靖五年四月，（姚）镆偕总兵官朱麒等，发兵八万，以都指挥沈希仪、张经、李璋、张佑、程鉴等五将军统之，分道并进。猛谓其部下曰："岑氏世荷天恩，有罪可乞怜免也。兵至，毋交锋。"乃裂帛书状陈军门，言："虮虱小臣，非有他意，惟天官察之。"镆不听，督兵益急。猛长子邦彦，守工尧隘，沈希仪击斩之，诸军继入。猛惧，谋出奔。而归顺州知州岑璋，猛妇翁也，其女失爱屏居，璋欲藉此报猛。乃甘言诱猛走归顺，鸩杀之，斩首归官军。……先是猛三子，邦彦败死，邦佐出后其族武靖州知州，邦相亡不复，而邦彦侧室子芝襁褓匿民间。镆见岑氏单弱，计田州可遂灭，乃陈状疏请流官治田州，上从之。未几，田州土目卢苏纠思恩土目王受等，挟邦相反，两江皆震。会御史汝仪满去，御史石金代之。金党汝仪，而左布政使严纮、佥事张邦信又素不为镆所喜。纮遂倡言："猛实不死，归顺伪以肖猛者当之。"又言："有自右江来者，闻思恩已陷，岑猛纠交趾叛臣莫登庸反矣，省城旦暮不保。"靖江诸宗室汹汹流言，有挈家奔避者。金遂劾镆罔上寡谋，攘夷无策，图田州不可得，并思恩而失之。上大怒，以玺书切责，镆落职。

（明）田汝成《炎徼纪闻》卷一

　　（世宗肃皇帝丁亥嘉靖六年六月）提督两广军务都御史姚镆请讨田州。

　　岑猛既赂刘瑾，得还田州为同知，兵威复振，每凌轹邻郡，与泗城州互相仇杀，及残落龙州，地方扰乱。都御史盛应期奏猛反，请讨之，未报。姚镆代应期，再请，得旨，遂遣都指挥沈希仪、张经、张佑等五将军帅兵八万，分道进讨。归顺知府岑璋女嫁猛，失爱，素憾之，乃与希仪通，佯以姻故，遣兵千人助猛长子邦彦守隘，实为内应，希仪因得击斩邦彦。猛欲出奔，璋使人招走归顺，可达安南，再图兴复，猛卒无所之，亦以姻故，遂佩印走归顺。璋佯涕泣迎之，处猛别馆，盛供帐，地邃僻，左右无一田州人，璋诡猛曰："天兵闻君走交南，不敢辄加兵交南境，遣使诣督府请进止也。"猛喜，不疑。诸将见希仪已破猛，欲攘其功，颇闻猛走匿璋所，遂以兵万人捣归顺。璋亟遣人持牛酒犒师境上，而自来见诸将，顿首谢曰："猛败，昨越归顺，欲走交南，璋邀击之，目被流矢，南走不知所之，急之恐入交南，连逆贼为变。幸缓五月，当搜至。"诸将许之。璋归，复诡猛曰："天兵已退，非陈奏，事不白。为君草封事，令人上之，如何？"猛所愿也。乃为疏，令猛出印印之。璋得知猛置印所，乃置酒贺猛。乐作，持鸩酒一杯献，曰："天兵索君急，不能庇也，请自为计。"猛大怒，骂曰："悔堕此老奸计也。"遂饮鸩死。璋斩其首并所佩印，遣使间道驰诣军门，上之。诸将闻之，引还。猛三子，长为邦彦，败死；次邦佐，出后其族，为武靖州知州；次邦相，出亡。邦彦侧室子曰芝，方襁褓，匿民间。诸恶目韦好、陆绥、冯爵、岑约俱被擒斩，惟卢苏、王绥未授首。捷音上闻，论功行赏。无何，苏绥复叛，藩臬诸司素与镆沮者，因倡言猛未死，镆为归顺所欺。又言猛纠安南入寇。而靖江诸宗室复流言汹汹焉。

（明）黄光升《昭代典则》卷二六

讨古田贼呈（隆庆元年三月）

广西桂林一府，为全省首郡，原额田粮一十三万余。近被僮贼占据，岁征不满六万。就如所属古田一县，去府仅百余里，其田土县治，则尽被僮占据，已经五六十年。然此贼之恶，不但占据土地而已也。宏治年间，袭杀副总兵马俊、参议马鉉；正德年间，攻陷洛容县，可谓恶之大矣。然又不止此也，嘉靖四十三年十二月，越入省城，劫去库银数万两，明杀参政黎民衷。嘉靖四十四年八月，复越入省城，虽被官兵挫退，但声欲掠掳官库，劫夺王府，其罪恶亦已极也。在前恣肆无忌，类凡如此。……嘉靖四十五年十月十三日，据广西都司呈据经历司呈抄蒙巡按广西监察御史朱宪牌据分巡桂林道揭帖据古田县典史廖元禀称，新抚僮人黄公英来报，有宾州八寨贼徒突来古田李家、尖山、凤凰等巢，首贼黄银凤、黄送金、梁万管、韦狼兵、王朝猛等家，分札待招各贼四百余徒齐集，往劫全州、湖广宝庆府。据禀到县，尤恐不的，责差家丁简谅、旗军李十九、僮老莫七星抵巢询访，果有前贼假言行劫全州、宝庆为名，意在复旧越劫广西王府是的，先谋不识姓名细作五名到省窥探作脚，通行堤备及责从长议处，以绝祸根等因。该署副总兵事右参将王世科，会同守巡等道，严督军兵，多方防御。贼知我兵分布周密，不敢突出。

（明）俞大猷《正气堂集》卷又十六

征复古田

（嘉靖）四十三年十二月，首贼韦银豹、黄朝猛纠八寨贼樊公□等，梯越省城，劫布政司库银四万余两，参政黎民衷遇害。变闻，副总兵、都司而下各抵罪。次年八月，贼复越城至布政司，守门官兵拒之，不能入；复至靖邸红门，亦被敌退。

（明）郭应聘《西南纪事》

明室驭蛮

（嘉靖四十四年）秋八月夜，古田贼复入（桂林）城，劫布政司并靖江府，攻门未入而奔，官兵追捕，大败之。

（清）汪森《粤西丛载》卷二六

（己丑，嘉靖四十四年）八月，僮复入省城，劫藩库，攻府门未入，寻奔。

民国《灵川县志》卷十四《前事》

七　奖赐诏责

1. 赐书

（嘉靖九年九月壬寅）赐靖江王邦苧《书经集注》《四书大全》各一部。从其请也。

（明）《明世宗实录》卷一一七

2. 以不法屡被地方官员参奏

七世孙邦宁，嘉靖六年嗣王，盛气溃涌，不肯事学问。先是，靖江府食盐，给银广东，至桂林市盐。至是，乞支本色，不许。二十六年，奏以为臣祖奉御书全支本色禄米，而后则扣支，屡奏未有明旨，为不关禄米者二十年，缘是地侵军署，地方官棰辱府中臣卫，体统凌彝，皆以无禄之故，请全禄，且罪侵者。且言去冠服居城外，若不得请，则削发披缁，弗入府。上览之，怒曰："邦宁为禄故，撼拾纷哓，词忿激，迹涉要胁。"敕廷臣议。已而巡按御史徐南金劾王信奸党，违法害人诸事，上因遣刑侍郎某及给事中、锦衣各一员涉勘戒之。三十九年，宗人怨王名封不以时，各持阴事相讦，而巡按御史龚恺不直王，上疏极言王淫纵状。上切责之，令自改省，擒治诸左右，置重典。由是王势阻，不复能钤辖宗人，宗人大为地方害，官无如之何。抚按乃复奏王悔过修德，宜降敕褒恩，以重王权，弹压宗人。于是赐王敕令，钤束各宗，申明祖训，其有抗违不服，及出入公门、劫掠强横者，许王大者参奏，小者征治，而诸宗稍敛戢。薨，谥恭惠。

（清）傅维麟《明书》卷八八《皇子诸王宗室记》

（1）责非例请禄

（嘉靖十一年三月己未）靖江王邦苧数请禄米欲全支本色，户部谓非近例，不许，王请益坚，且求亲诣阙廷奏状。部言："郡王禄米，自弘治十六年会议裁减，本折中半兼支，遵行以久。王乃妄意请乞，词复倨慢，殊非藩臣之体。"上乃严谕邦苧，禁其奏扰，仍令巡按御史逮其辅导等官罪之。

（明）《明世宗实录》卷一三六

（嘉靖十四年三月）己丑，靖江王邦苧累奏请禄米全支本色，户部执议不可，上切责王，惟照弘治十六年题准事例，本折中半兼支，毋得奏，如违，治辅导官罪。

（明）《明世宗实录》卷一七三

（2）潘恩阻止勒护卫诸生试

资政大夫都察院左都御史进阶荣禄大夫赠太子少保谥恭定笠江潘公行状

翁讳恩，字子仁，号湛川，已更号笠江。……迁广西按察佥事，提督学政。广西故僻而椎，于训故外亡所娴习。公乃增益艺文所先者启之，而其要归在于敦本实、贵器识。以故，自公后荐南宫者不虚岁，而名臣亦间出。时靖江王骄，勒其国卫卒之子弟，毋得充诸生，即充诸生而试者，必以贿，不则银铛其父若兄。公谓："立贤无方，非耶。"移文长史司，谓王："复勒诸生试者，吾立论纠汝。"王闻之悚然，诸生乃获试。

（明）王世贞《弇州山人四部稿续稿》卷一三九

都察院左都御史进阶荣禄大夫赠太子少保谥恭定潘公墓志铭

亡何，迁广西佥事，提调学政。荒僻椎鄙之乡，得博习书传，敦尚器识，斌斌质有其文，实自公始。靖江王骄恣，锢卫卒子弟不令隶学宫。公以危言諕之，乃解。

（明）申时行《赐闲堂集》卷二七

资政大夫都察院左都御史进阶荣禄大夫赠太子少保谥恭定笠江潘公神道碑

公讳恩，字子仁，别号笠江。……迁广西按察金事，提督学政。……靖江王骄，禁其国尉卒子弟毋得充诸生，有试者必以贿，不则罪其父若兄。公移文长史司："古立贤无方，王奈何锢人于圣世，而又以贿假人，失藩服奉公之义。复尔，先论劾长史。"王闻之惧，乃止。

（明）屠隆《白榆集》卷十七

神道碑 （明）徐学谟

公讳恩，字子仁。……擢公广西金事，提调学政。……时靖江王骄，禁护军子弟毋得就诸生试，而与试者必索贿，贿不入，则勒其子弟而连坐其父若兄。公移文切责长史："古立贤无方之谓何，而王欲锢人于圣世哉。急谕王，不且纠汝。"王闻之惧，即下令毋禁护军子弟试。

墓表 （明）陆树声

都御史赠太子少保谥恭定笠江潘公，公讳恩，字子仁。……迁广西按察金事，督学政。……靖江王素骄忮，勒夺舍人儿，毋得充诸生试，试者患苦王。公移文长史谓："王而复勒诸生试者，吾立论汝。"王闻而气夺，不敢肆。诸生获试者，咸德公。

（明）潘恩《潘笠江先生集》附录

潘恩，字子仁，上海人。……迁广西提学金事，靖江王禁护卫子弟毋就试，勒贿乃许。恩移牒长史，将上闻。王惧，乃止。

（清）万斯同《明史》卷二八九《列传一四〇》

潘恩，字子仁，上海人，嘉靖中提督广西学政，增益艺文所，先者启之，而其归在于敦本，实贵器识。时靖江王勒其卫卒之子弟，毋得充诸生，而试者必以贿。恩移文长史，诸生乃获试。

（清）雍正《广西通志》卷六七《名宦》

潘恩，字子仁，上海人。迁广西提学金事，靖江王禁护卫子弟毋就试，勒贿乃许。恩移牒长史，将上闻。王惧乃止。

（清）陈梦雷《古今图书集成·明伦汇编·官常典》卷六〇八《督学部》

（3）潘恩捕王府藏匿大猾

都察院左都御史进阶荣禄大夫赠太子少保谥恭定潘公墓志铭

会摄司篆，捕亡命大猾于王所，甚急。王益嗛公，因他事奏讦。上使使即讯，无验。夺王禄，案治其官属罪。而特赏公用最，迁四川布政司参议。……公讳恩，字子仁，别号湛川，已更号笠江。

（明）申时行《赐闲堂集》卷二七

资政大夫都察院左都御史进阶荣禄大夫赠太子少保谥恭定笠江潘公行状

公尝署按察篆，又以勾捕王所匿大猾，必得乃已。王滋衔之，其后竟以与御史监司竞而上疏，首诬及公。上为遣给事法曹缇校置狱，勘公亡所侵。王夺禄，国臣以下抵罪。

（明）王世贞《弇州山人四部稿续稿》卷一三九

资政大夫都察院左都御史进阶荣禄大夫赠太子少保谥恭定笠江潘公神道碑

公尝署按察篆，有大猾得罪，匿王宫中，公捕之正法。王滋衔之，其后与御史监竞而上疏，首诬公。上为遣给事法曹缇骑勘其事，王坐夺禄，国臣以下抵罪。公亡所侵，考最，赐诰，进四川布政使司左参议。

（明）屠隆《白榆集》卷十七

神道碑　（明）徐学谟

公尝署总纂篆，有大猾匿王所，公捕之，斥捕人必得乃已。王滋衔公，其后王上书奏论御史监司，遂首诬及公。上下案章遣给事中法司缇校置勘已词具，于公竟无所侵，王坐夺禄。而公强直之声，益张甚。

墓表　（明）陆树声

公署臬事，廉知王所匿大猾，捕必得。王益衔公，会上疏觝御史监司，词连公。上遣给事法曹缇校置狱，勘无他。王夺禄，左右抵罪。

（明）潘恩《潘笠江先生集》附录

（潘恩）署按察司事，有大猾匿王所，拥之急，王不得已，出之。愈憾恩，诬以他事，按问无实，得免。

（清）万斯同《明史》卷二八九《列传一四〇》

（潘恩）又尝署按察篆，勾捕王所匿大猾，必得乃已。考最，进四川布政司左参议。

（清）雍正《广西通志》卷六七《名宦》

潘恩，字子仁，上海人。嘉靖二年进士。授祁州知州，调繁钧州，……擢南京刑部员外郎。迁广西提学佥事，署按察使事。有大猾匿靖江王所，捕之急，王不得已出之。憾恩，诬以事，按无实得免。

（清）张廷玉《明史》卷二〇二《列传九十》

（4）岑万规王不孝

岑万，字体一，顺德人，嘉靖丙戌进士，授户部主事，历福建左布政使。与御史曾佩争朝贺礼，为其所衔，论谪广西参政，迁按察使。靖江王不得于母，作新剧寓讥，宴藩臬，命伶人歌焉。万遽起曰："此非所忍闻也。一旦上闻，以此督过于王，奈何？"王竦然立，命焚其书，母子遂欢好如初。

（清）雍正《广东通志》卷四五《人物志二》

父子直节

父岑万，亦进士，性严毅，任福建左布政使。万寿节，御史曾佩拜于上，万引却之，曰："拜下，礼也。按臣何独不然？"御史衔之，论谪广西参政，寻迁按察使。靖江王不得于母，作《慈母不慈曲记》，宴藩臬，令伶人歌焉。万遽起，曰："此非臣等所忍闻也。以子仇母，于法为不孝。一旦上闻，以此督责于王，奈何？"王悚然谢之，立命焚其书，子母遂欢好如初。

（清）罗天尺《五山志林》卷一

岑万

按《广东通志》，万字体一，顺德人，嘉靖丙戌以进士授户部主事，历福建左布政使。万寿节，御史曾佩拜于上，万引却之，曰："拜下之礼，按臣何独不然？"御史衔之，论谪广西参政，迁按察使。靖江王不得于母，作《慈母不慈记》，宴藩臬，命伶人歌焉。万遽起，曰："此非臣等所忍闻也。以子仇母，于法不孝。一旦上闻，以此督过于王，奈何？"王竦然立，命焚其书，母子遂欢好如初。

（清）陈梦雷《古今图书集成·明伦汇编·氏族典》卷三六五

（5）徐南金参王听军校为恶

（嘉靖二十七年六月壬戌）靖江王邦苧有罪，夺禄半年。初，邦苧屡疏求全给禄米本色，且诉为御史徐南金等所侵侮；南金亦参论王，听军校赵相等拨置为恶，及致死平民、冒支军粮、加派屯庄草场税禄等事。诏兵科给事中王国桢、刑部署郎中张祉、锦衣卫副千户万文明等承制至广西同抚按官讯之，具得邦苧诸贪虐不法状，至是国桢等还报。上仍令法司会官覆实，乃诏责邦苧，夺其禄米，谪遣赵相等如例。仍令本府宗室毋得私入禁城，违者治辅导官及守门人罪。

（明）《明世宗实录》卷三三七

（嘉靖二十六年）六月，靖江王邦苧奏："臣祖奉御书，全支本色禄米。嘉靖六年，户部奏照弘治十年例，本折兼支。臣屡奏未奉前旨，未敢支禄者二十余年，缘此。草场破侵，军校窜匿，前后御史、按察使执臣侍卫，棰死狱中，实由减禄之故，体统陵夷。伏乞给臣全禄，仍正诸侵臣者。罪臣谨卸冠服，避居城外，若不得请，当削发披缁，不敢入府矣。"上曰："邦苧奏为禄米，牵摅纷纭，词多忿激，迹涉要胁。礼部会户、兵二部、都察院，阅议以闻。"已，巡按御史徐南金以邦苧听信奸党赵相等拨置、违法害人诸事上闻，诏刑、礼部等衙门一并参议。刑、礼、户、兵部尚书、都御史屠伦等参覆："禄米已有弘治定制，擅难轻议。邦苧所奏与南金所参，情节互异，事干宗室，宜遣给事、刑部、锦衣各一员，捧敕去同都御史接管巡按秉公核治。"诏依拟。

（嘉靖二十七年）诏兵科给事中王国祯、刑部郎中张芷等至广西，同抚按勘核靖江王邦苧，具得诸贪虐不法状以闻。上仍令法司会官覆实，乃诏责邦苧，夺禄米半年，谪遣赵相等如律。仍令本府宗室毋得私入郡城，违者治辅导官及守门人罪。

（明）徐学聚《国朝典汇》卷十三《宗藩下》

（嘉靖二十六年）六月庚辰朔，科部、锦衣卫各一人，勘靖江王讦御史事情。

（明）朱国桢《皇明史概·皇明大政记》卷三十

（嘉靖二十七年六月）靖江王邦苧有罪，夺禄半年。

（明）朱国桢《皇明史概·皇明大政记》卷三一

徐南金，字体乾，丰城人。嘉靖间判桂林，时年未三十，见者惮其英敏。比临事，不妄发，上下翕然，以为凝重。靖江诸军校，荧惑王听，钱侍御嶵捕置之法，其党或遁或匿。钱去后，又还府，恶氛炽盛。南金廉其状，乃遣官卒就府中缚出，以状列奏。于是，刑科王给事中祯、刑部张员外祉、锦衣卫千某三使至矣，株连景附，多所逮讯，府中官校为之一空。三使归，覆奏亡异，报下，侍御朱有孚枷其党，露立市，逾日死。自后无敢指称侍卫亲近陵暴其国人者。

（明）万历《广西通志》卷二五《名宦志》

徐南金，字体乾，丰城人。嘉靖间按粤西，廉知靖江诸军校荧惑王听，恶氛甚炽，遣官卒就府中缚出，以状列奏，逮治如法。自后无敢指称侍御亲近陵暴其国人者。（江西志）

（清）雍正《广西通志》卷六七《名宦》

徐南金，字体乾，丰城人，嘉靖二十一年桂林司理，英敏凝重。靖江诸军校，荧惑王听，钱侍御嶵捕置之法，其党或遁或匿。钱去后，又还府，恶氛炽甚。南金廉其状，遣官卒就府中缚出，以状列奏，命刑科给事王国祯、刑部员外张祉、锦衣卫千户某按其罪，株连逮讯，府中官校为之一空。三使归，覆奏报下，侍御朱有孚枷其党，露立市，逾日死。自后无敢指称侍卫亲近陵暴其国人者。

（清）汪森《粤西文载》卷六六

（6）龚恺奏王骄恣

后（杨）继盛论马市得罪者，何光裕、龚恺。……仇鸾之开马市也，命尚书史道主之。徇俺答请，以粟豆易牛羊。光裕与御史龚恺等劾道："委靡迁就。马市既开，复请封号。今其表意在请乞，而道以为谢恩。况表文非出贼手。道不去，则彼有无厌之求，我无必战之志，误国事不小。"时帝方向鸾，责光裕等借道论鸾，以探朝廷。杖光裕、恺八十，余夺俸。……恺即杖，官如故。寻列靖江王骄恣状，疏止大征粤寇。终湖广副使。恺，字次元，松江华亭人。嘉靖二十六年进士。

（清）张廷玉《明史》卷二〇九《列传九七》

（7）唐胄奏停王府滥支禄米

户部左侍郎唐公胄传　　（明）黄佐

唐胄，字平侯，琼山人。……升广西左布政使，时王府宗室受封，贿官吏，补支禄米，自出幼具题日为始，岁费几千万石。乃奏革其弊，得旨如议，通行天下。

（明）焦竑《国朝献征录》卷三十

通议大夫户部左侍郎赠都察院右都御史西洲唐公胄神道碑　　（明）王弘海

公讳胄，字平侯，姓唐氏，西洲别号也。……壬午，入觐，升广西左，其年至广西。时桂林盗发，喜掘富家冢，王府诸臣姓惴惴旦夕。公计获渠魁七人，诛之。……靖江王府宗人，受封辄请补禄，自登名玉牒日始。公曰："禄与爵偕，应始自拜封，从前误也。且以靖江一府，月补禄米八千石。今天下诸藩，费当何如者？"遂疏其弊于朝，宗室群龂龂之，公屹不动。寻得旨，俞允通行各藩，著为令。……他如疏请不随王府庆贺，不行王府扣头朝礼，及戢客兵不敢为暴，人闻之皆吐舌。癸巳，升右副都御史，提督南赣汀漳。

（明）焦竑《国朝献征录》卷六十

唐胄，字平侯，琼山人。……历广西左布政使，靖江宗室贫困，请封请禄受封，辄请补禄自玉牒日始。胄曰："禄当从爵，未爵何禄。"疏闻于朝，遂通行诸藩，著为令。

（明）何乔远《名山藏》卷七四《臣林记》

唐胄，字平侯，琼山人。……升广西提学佥事，鬻群书，启迪多士，文风丕变。及为广西左布政使，时宗室受封，贿官吏，补支禄米，岁费几十万，乞停寝。

（明）万历《广西通志》卷二五《名宦志》

唐胄，字平侯，琼山人，弘治十五年进士。……迁广西提学佥事，……累迁广西左布政使。……靖江府宗室受封，言自登名玉牒，即当赋禄，请补给月八千石有奇。胄以有爵始有禄，宜自受封日始，诸宗大哗，几不动。诏报，从其议，且为著例焉。

（清）万斯同《明史》卷二九二《列传一四三》

唐胄，字平侯，琼山人。弘治壬戌进士，授户部主事。值逆瑾窃柄，谢病归。瑾诛，起授户部。嘉靖二年，升广西提学，遍鬻群书，启迪多士，文风丕变。及为广西左布政使时，宗室受封，贿官吏，补支禄米自出幼具题日为始，岁费几十万。胄奏乞停寝。历升户部左侍郎。

（清）汪森《粤西文载》卷六五

（8）陈尧奏王府不得未请名封已食禄

陈司寇传

陈司寇公者，讳尧，字敬甫，世为扬之通州人。……以入觐，行道迁云南右布政使，未上，移广西，为左。公之再至广西也，其吏民鼓舞相庆。时靖江宗人无虑千计，率童而禄于官。公曰："天禄也，非朝命不可。"

（明）王世贞《弇州山人四部稿续稿》卷七二

明故通议大夫刑部左侍郎陈公墓志铭

陈公尧，字敬甫，其先通州人。……戊午，转云南右布政使，仍转广西左布政使。公以粤踔远而法弛，务张之。诸宗室必待报而后食禄，毋先期；诸达目必籍长子而后支粮，毋阑出。

（明）汪道昆《太函集》卷四九

陈尧，字敬甫，扬之通州人，登嘉靖乙未进士，以尚书工部即出守台州，忤权贵意，调南安守，量移长芦运使，转广西督粮参政。……靖江藩诸宗，率不请名封已食采禄，公一切剂以甲令，格不予。

（明）万历《广西通志》卷二五《名宦志》

陈尧，字敬甫，通州人。嘉靖进士，累官广西参政，笃意风教。……升贵州按察使，复升广西左布政使。……靖藩诸宗率不请名封，已食采禄，公剂以甲令，格不予。

（清）汪森《粤西文载》卷六五

（9）张冕力折宗藩暴横

张冕，字庄甫，晋江人，嘉靖间为桂林同知。时宗藩暴横，杀仆图赖，莫敢谁何。公力折之。

（明）万历《广西通志》卷二五《名宦志》

张冕，字庄甫，晋江人。嘉靖三十五年，为桂林同知。时宗藩暴横，杀仆图赖，公力折之。

（清）汪森《粤西文载》卷六五

（10）李义壮革王府守卫之骪法者

李义壮，字稚大，番禺人。嘉靖初为礼部郎，所交皆名士。升广西提学佥事，端己正范，崇雅黜浮，得士称盛。尝摄臬事，革藩府守卫之最骪法者。而明慎持宪，狱多平反，时称廉明。

（明）万历《广西通志》卷二五《名宦志》

李义壮，字稚夫，番禺人，嘉靖初为广西提学。尝摄臬事，革藩府守卫之骪法者。明慎持宪，狱多平反，时称廉明。

（清）雍正《广西通志》卷六七《名宦》

（11）钱嶫捕王府军校毙于狱

钱嶫，字君望，杨之通州人，为人沈毅有识。嘉靖间，以监察御史巡按广西，诸所收治，必亲得其太甚状，不旁寄耳目间。屏驺从，或之仓库，或径入狱，阅其弊孔，即日披抉，无不快人意。然亦取其不用彼条禁者。时靖江侍卫军校某某，荧惑王听，嶫遣捕毙之狱，国人赖以帖然。

（明）万历《广西通志》卷二五《名宦志》

钱嶫，字君望，江南通州人，嘉靖间巡按广西。……靖江侍卫军校荧惑王听，嶫捕而毙之狱，国人帖然。

（清）雍正《广西通志》卷六七《名宦》

钱嶫，字君望，通州人。嘉靖间，巡按广西。……是时，靖江侍卫军校某某，荧惑王听，嶫遣捕，毙之狱，国人赖以帖然。

（清）汪森《粤西文载》卷六五

附　浙江嘉兴令请王赈饥

通议大夫刑部左侍郎赠都察院右都御史心泉何公源行状　　（明）何涛

先生姓何氏，讳源，字仲深，心泉其别号也。……先生登己未第，明年庚申筮仕，得嘉兴令。……靖江王盘游至浙，所过骚动。时饥民待赈者数千人，先生令其鼓噪请赈，不逾时潜去。

（明）焦竑《国朝献征录》卷四七

八　葡萄牙传教士桂林见闻

在这个城里（桂林）我们看到有国王的1000多个亲戚住在城墙以内。情况是这样的：他们分住在全城一些非常高大的房屋内，为了识别起见，这些房屋有着红围墙和红门，这是王家的标记。这个城市如此之大，尽管这1000座房屋占地极大，还是不十分显眼，根据与国王关系的远近，这些人一结婚就被安排到一块与他们等级相当的封地里，配上所需的女仆及下人，每到月底月初都能从统辖本城或本省的大官那里领取到非常充足的食物，一直到死既不增加也不会减少任何东西。所有这些人都终身不得任职，也绝不能掌权。因为他们无所事事，吃吃喝喝，这些人一般都长得肥肥胖胖，我们在众人中很容易就辨认出这些国王的亲戚。他们彬彬有礼，富有教养，非常和蔼，我们在该城逗留期间，他们把我们带到他们的家里又吃又喝。如果我们不想去，或者找不到我们，他们就把我们的黑仆带去，同桌就座。这样的盛情的款待，我们在其他人那里从没有得到过。这些人就这样安居隐退，所需物品应有尽有，但是必须服从一条，既终身不得走出城门到城墙外面去。我询问这一切的原因，得知对所有的王亲国戚都是这样处理，使得任何人都没有机会造反。在其他三四个城市里也有这样被安排居住和软禁的人，这些人中的大部分都会弹他们的琴，但是为了只让他们能这样消遣散闷，在他们居住的城市禁止其他人弹琴。

在这座城市的城墙里面还有一些很大的房屋建得像堡垒，里面住着国王的一个外甥，是他姐姐的一个儿子。他像我前面说的其他人一样，不能外出，只能在大门之内吃吃喝喝，伺候的都是阉人，与其他任何事务都没有关系。每到逢年过节以及朔日望日，大官们都去拜访他，还有他的那些亲戚。他的名字叫王府人。

这个王府人的家四周围着围墙，墙并不很高，向外的一面涂着红色。全部围墙组成了一个四边形，周长如此之长，有人说和果阿的全部城墙一样长。第一面的墙上都开着一扇门，上面有门楼，是木建的，极为精致。四扇门中最主要的一扇位于一条主要大街上，哪怕是再大的老爷，从那儿经过时必须下轿或下马。在四边形的中央是他的住房，我们不能入内，但是从外表看来，里面很值得一看。人们告诉我们说，无论是房屋顶还是门楼顶都盖着绿色的玻璃瓦。此外，围墙内到处生长着野生树丛，有栎树、栗树、柏树、松树、雪松以及我们这儿没有的其他野生树木，形成了一个郁郁葱葱、独一无二的树林，胜于在其他很多地方所看到的。林内有很多鹿、羚羊、公牛、母牛和其他野兽，可供他在那里消磨时间，足不出户便可以得到各种享受。

（葡）加里奥特·佩雷拉《关于中国的一些情况：1553～1563》，见于（葡）费尔南·门德斯·平托等《葡萄牙人在华见闻录》

康僖王朱任昌

一　生卒袭封

1. 袭封

（万历三年四月甲申），遣武靖伯赵光远等为正使，修撰朱赓等为副使，持节册封……靖江王府靖江王邦苧嫡长子任昌为靖江王，夫人支氏为靖江王妃。

（明）《明神宗实录》卷三七

（万历四年十月）乙丑，诏赐靖江王任昌冠服。

（明）《明神宗实录》卷五五

（万历三年四月）甲申，传制封……任曷靖江王。

（明）谈迁《国榷》卷六九

送刘翰检册封靖江王府，暂还番禺
侍臣朝散凤凰池，万里封貂北极移。桂岭瘴消开雨露，铜标地尽识威仪。故人燕市秋相忆，驿使梅花春较迟。君到莫言荣昼锦，楼船犹有未班师。

（明）赵用贤《松石斋集》卷三

送王洪阳光禄册封靖江四首
亲函玉节到炎洲，万里名山不厌游。一自舆图开百粤，蛮中今列内诸侯。
余寒马上试春衣，四月杨花扑面飞。行过故园应怅望，荒郊无树蕨苗稀。
衡阳秋色暮云深，湘水南来是桂林。七十二峰青未了，刺桐花里鹧鸪吟。
南海西分驿路长，红尘飞惹汉宫香。奚囊自有明珠在，不带千金陆贾装。

（明）于慎行《穀城山馆集》卷十八

康僖王任昌，恭惠嫡一子，万历五年袭封。

（清）张廷玉《明史》卷一〇二《诸王世表三》

2. 去世

（万历十年五月己巳）靖江王任昌……薨，各祭葬如例。

（明）《明神宗实录》卷一二四

皇明靖江康僖王圹志

钦赐圹志文

王讳任昌，靖江恭惠王之长子，嫡母妃滕氏，生母次妃刘氏。于嘉靖十一年十月初五日生，嘉靖二十五年二月二十五日封为长子，万历三年八月二十九日册封为靖江王，万历十年正月十二日薨逝，享年五十一岁。妃支氏；次赵氏，候封妃。子一人，履焘，赵氏生，万历九年七月初二日封为长子，袭王爵。女四人，第一女封顺安县君，第二女封平源县君，第三女封南封县君，俱嫡出；第四女候封县君，即长子之女弟。上闻讣，辍朝一日，遣官谕祭，特谥曰康僖，命有司治丧如制。在京文武衙门皆致祭焉。以万历十一年十二月十二日庚申葬于尧山之原。呜呼！王以宗室至亲，为国藩辅，茂膺封爵，贵富兼隆，兹以令终，夫复何憾。爰述其概，纳诸幽圹，用垂不朽云。

桂林市文物工作队《桂林墓志碑文》

康僖王任昌嗣，万历十年薨。

（清）张廷玉《明史》卷一一八《诸王列传三》

3. 营葬

（万历十一年七月庚寅），赐靖江王任昌造坟全料。以靖江分封，不宜与他郡王例，特给之。

（明）《明神宗实录》卷一三九

请复靖江王恩恤原例疏

题为恳乞天恩循旧赐恤以广圣惠事。该靖江王长子履焘奏请前事卷，查嘉靖四年七月内准礼部咨开，靖江王庶长子邦宁奏父靖江王经扶病故，已经本部覆奉钦依，行移该布政司照郡王减半事例给银一百七十五两造葬去后，嘉靖五年七月内伊子邦宁奏复全价。本部议得洪武年间靖江王府系与秦、晋同日受封，比之亲王虽若有间，比之亲王府下郡王亦颇不同，若照郡王坟价减半给与，似非所堪，合无照依先年郡王造坟全价事例给与，不必减半，该布政司委府佐官一员督理等因覆奉。世宗皇帝圣旨，是准照郡王造坟全价事例给与银三百五十两，钦此钦遵，在卷。及查万历十年五月内准礼部咨开，靖江王长子履焘奏父靖江王任昌病故，题遵郡王例减半造葬，本部覆奉钦依，行移广西布政司支给半价造葬去讫。今又该礼部咨送前因，为照本府宗派自国初分封，历世以来，备沾优渥，原与亲王府下郡王礼数有差，今于坟价止照郡王近例减半给与，委非所堪，既经长子履焘具奏补给前来，又经该司查有前例，相应题请，合无恭候命下本部，行广西布政司，照依先年郡王坟价全给事例，给银三百五十两，送与该府应用，本司仍委府佐官一员督理完工，其冥器丧仪等项，照例一并送用。毕日，该司将送过价银数目造册奏缴，仍具数呈部查考。但恩典出自朝廷，非臣等所敢定拟，伏乞圣裁。奉圣旨：是。

（明）葛昕《集玉山房稿》卷一

附一 康僖王妃

（万历十七年十月癸巳），靖江王履焘援诏比例，乞将嫡母支氏加称太妃，生母赵氏授封次妃。许之。

（明）《明神宗实录》卷二一六

靖江康僖王妃圹志文

钦赐靖江康僖王妃支氏圹志文

妃支氏，乃桂林府临桂县儒学生员支九锡之女。嘉靖二十九年四月初九日封为长子夫人，万历三年八月二十九日册封为妃。以疾薨，享年七十五岁。女三人，一女封顺安县君，二女封平原县君，三女封南封县君。讣闻，祭葬如制。以三十五年十二月十五日葬于尧山之原。

桂林市文物工作队《桂林墓志碑文》

附二 康僖王次妃

靖江康僖王次妃圹志

钦赐靖江康僖王朱任昌次妃赵氏圹志文

次妃赵氏，乃桂林府灵川县赵方兴之女。万历十八年八月二十日敕封为靖江康僖王次妃，二十一年闰十一月初四巳时以疾薨，享年四十七岁。子一人，袭封王爵。女一人，待封县君。讣闻，祭葬如制。以二十二年十月十五日葬于尧山之原。呜呼！妃以柔淑，夙侍宗藩，尽□荣封，享有贵富，兹以疾终，夫复何憾。爰述其概，纳诸幽圹，用垂不朽云。

大明万历二十二年岁次甲午十月十三日己未立。

桂林市文物工作队《桂林墓志碑文》

二 更定礼制

1. 名封

（万历二年七月丁丑）礼部覆靖江王长子任昌奏："为照靖江一藩向以擅婚事例具奏请名封，立案不行；至隆庆六年，酌议准请名封，俱裁减禄粮三分之二，以惩其相沿擅婚之罪。今任昌奏内，请封者一百三十一位，请名者四百八十八位，多有长史司粘连各宗枝文结到部，但因布政司文结未到，案候日久，如数年所陈穷困之状，殊为可怜。合备行查对即与类题，填发勘合，照原议给禄米三分之一。以后本府所生子女，请名请封，奏报册结，俱照近例遵行，给与全禄，毋得仍蹈旧习，希冀法外之恩。并行布政司，一应请名封勘结，务与王府文结齐到，以便题覆。"报可。

（万历二年七月甲申）礼部覆："靖江王府僻在边隅，分封以来，将军、中尉止请本身名封，所娶妾氏并未奏请封号。缘本府去京万里，差人往返，动必经年，是以列代相传，特蒙宽恤。至嘉靖四十四年，奏有《宗藩条例》，将前后名封不合《条例》者，俱作擅婚，一概停阁。年复一年，名封未授，俯仰无资，所以靖江王长子任昌奏乞破阁宽处。今按《宗藩条例》，则擅婚者止许请名，不许请封。但本藩委系辽远，与近藩无故擅婚者殊为有别，一概停罢，似乎抑之太过。若尽为宽处，则违《条例》者又无以垂戒。合无酌量裁处，凡藩应请封爵者，俱裁减禄食三分之二，以惩其相沿擅婚之罪；一面勘结明白，俱准请名封，以申朝廷敦睦之恩。以后本藩所生子女，请名请封，俱照近例一体遵行。"诏从之。

（明）《明万历实录》卷二七

2. 岁禄

（万历三年二月辛卯）先是，靖江一藩擅婚子女，穆宗皇帝裁其禄三之二以示惩。其后，各宗贫困，抚按官为言："靖江远在天末，且其父祖相沿之失，非其身自犯之也。"于是皆给全禄。乃禁各藩，不得援例。

（明）《明神宗实录》卷三五

（万历三年二月）辛卯，先是靖江王府擅婚子女，先帝夺禄三之二。而各宗贫困，抚按谓其远在天末，且父祖相沿之失，非身干之也。于是皆给全禄，戒各藩毋例引。

（明）谈迁《国榷》卷六九

（万历四年七月）戊戌，诏靖江王任昌禄米一千石，本折中半兼支。先是，王以祖守谦与秦、晋等府同日封，诸凡制度、体统、官属、礼仪，岁时进贡、庆贺、祭祀等项，悉得与亲王比。又援文皇帝御书"岁给本色禄米一千石"为请。下礼部覆议，谓"弘治十五年以前，诚如王奏。明年，即改郡王禄为米钞中半兼支。至嘉靖四十四年，更定《宗藩条例》，郡王禄，三分本色，七分折钞。皆载在掌故。但王系成初专封，独拥一国，固当有别。议改本四折六，为酌新旧条例之中。"上竟从弘治十六年例给之。

（明）《明神宗实录》卷五二

（万历五年十二月己丑）广西抚按官言："靖江宗室，边方贫苦，请免其习学，即支全禄。"礼部以为越例，不可许。上是部言。

（明）《明神宗实录》卷七十

请复宗禄疏

题为久困边宗叨授封爵，恳乞遵照祖宗恩典赐给全禄事。据广西布政使司呈奉臣批，据镇、辅、奉国中尉任订、经持、约哶等状告前事，告称：粤省宗室先年旧规，五岁请名，十五岁授封，食禄以礼，婚配妻氏日期，造入玉牒，沿袭至今，二百余年。订等遵照奏请，已赐有名，于嘉靖四十二、三年内，奏请封爵，不期颁行宗藩条例，部司绳以不合奏格，遂将订等驳查累次，以致衣食不堪，饥寒日甚。万历元年十一月内，本王府遵依明诏恩例，备具奏请，部议，将订等止给禄米三分之一。订等伏思，封爵乃朝廷睦亲之典，常禄实宗室活命之源，既已辩明非擅婚之比，颁授封爵则宜得食全禄，今止以三分之一，是百年之弊罪罚于今日，群生之命陷井于无辜，虽只身亦不能饱，况能娶妻生子而望食全禄乎？幸遇明良际会之时，雍熙泰和之日，凡军民有困苦无依者，悉俾之各得其所。今各宗无旦夕之谋，有倒悬之急，诚为可怜，伏乞照旧赐给全禄等情。又蒙巡按广西监察御史李采菲批据任订等状告，同前事俱批行本司查报，又奉抚、按两院批据任订等状，催为恳恩会题复禄制以延多命事，奉批到司。该本司掌印左布政使程嗣功、右布政使高察，会同按察司掌印按察使魏文焜、都司掌印署都指挥佥事汪可大，查得靖藩诸宗，先年以道里辽远之故，沿袭简便请名之后，继以请封，至于婚娶不复再请，止是造入玉牒类报。其时，当事者怜其险阻，每遇具请，即与题覆，遂致视为成规，相沿之罪，由来已久，非出故犯。况未封之时，自隆庆元年至今，已食三分之一，今授封爵而禄不加益，欲其帖服，势必不能。再查此中禄价，止于四钱，本色价值亦略相当，即得食全禄，仰事俯育，犹称不敷。今止三分之一，每岁镇国中尉所得不过二十五两八钱，辅国中尉所得不过一十九两四钱，奉国中尉所得不过一十二两九钱。且查一百二十一员内，镇国止三员，辅国止十二员，奉国则一百零六员，若不为之一处，各宗资生无策，其不至于流离失所者几希。哀鸣之状，诚非得已，乞为原情再请等因到臣。卷查近准礼部咨，为际遇明诏，恳乞天恩，请颁久积名封，以苏贫宗困苦，以免失所事。该靖江长子任昌奏本部议覆，备查各宗见在文结与玉牒文册无碍，即与类题、填发勘合、查照原议给禄米三分之一等因，题奉钦依，备咨到臣，已经通行遵守去后，随据任订等纷纷诉告，批行查报前来。该臣会同巡按广西监察御史李采菲，议照国家处宗藩之道，诚不出情法贰者，制之以法，所以杜其冒滥之端；通之以情，以所联其睽隔之谊。今任订等已蒙圣明垂念，颁授封爵，给禄三分之一，其于情法已满尽矣，而诸宗犹尔哀吁至再至三。臣等钦遵成命，本难轻议，顾沿袭之弊始于百年，而擅违之例绳于一旦，其罪固不能免于情，诚有可原，况其困苦穷蹙之状，臣等得于目击，尤有不容以坐视者。用是不避斧钺，冒昧上请，伏望皇上轸念边藩，敕下该部，再加查议。如果臣等所言不谬，将任订等所告禄粮，曲赐酌处，则诸宗幸甚，地方幸甚。

（明）郭应聘《郭襄靖公遗集》卷四

3. 地方官员疏奏王府事宜

宗藩事宜议

为查议宗藩急切事宜以消地方隐忧事。奉钦差巡抚都御史殷正茂并蒙巡按御史李良臣案验前事备行至司，将宗藩事宜从长建议等因，该本司会同按察司并守巡各道，议照今国家之事莫大于宗藩，亦莫难处于宗藩；而靖藩之难处，则又有甚焉。盖地方独远，禁网素宽，生齿既繁，贫穷尤众。自题立房长之后，朝参之礼尽废，名封之请愆期，情义乖离，威权陵替，至于今，极矣。以故诸宗无所顾忌，渎伦逾度，纵恣多端，拥扰公门，横行郊市。甚而攫金越货，莫敢谁何。小民生理，日就萧条，缘之弃耕作，趋盗贼者，未必非职此之故。若不早为之图，则禄费益广，公帑益虚，闾阎益困，腹心之患，诚有如本院所忧者。顾势穷必通，而事贵有渐易之革，曰"巳日乃孚"，言变革不骤亨之道也。欲为千百年长计，若非剂量于其间，以渐行之，卒而疑骇阻格，反以多事于国家，何利哉？今之议者谓：宜稍仿汉制列侯庶子之法，藩王封三子，将军封二子，中尉封一子，一世而止；其余诸子，若藩王者给之银六百两，将军者给之四百两，中尉者给之二百两。意诚善矣，但广右荒瘠之区，诸宗素无厚积，所资以居养者，岁禄而已，相沿二百余年，一旦限而削之，长而得袭者，禄入仅足以自供，以次子弟不得沾升斗之禄，恐不均之号群然起矣。虽有议给之赀，然侈靡性成，旋多浪费，嗷嗷待哺，其不相率为非者有几耶？议者又谓：宜稍仿唐制，王家支裔流布民间，中尉而下散处郡邑，授之闲田以代其禄。其意亦善，但广右宗室甚繁，闲田有限，以荒芜不治之壤，令其恳播，情已不堪，以民夷交错之区，同其聚处，势尤可虑。况安土重迁，人情之常，弃坟墓，离戚属，有搬移之苦，有卜筑之烦，其甘心就徙者有几耶？议者又谓：宜稍仿宋制，祖免而下，不复赐名，士农工商，各从其便。其意亦善，但广右诸宗，名封久停，幼而力学者盖鲜矣。以长大之年，令之业诗书，应制举，未必即登仕籍，禄俸足以自赡也，以豢养之身，而骤为农工商贾之业，亦未必即收厚利，俯仰足以自资也，饥寒切身，虽慈母不能保其子，求其守分循理，难矣。况弃冠裳之贵，从事于粗鄙之流，则其怙势作威，虐民侵利，又将何所不至耶？由前三议非策之不可行也，行之于广右，非以其渐不可。渐之云者，寓樽节转移之意于诏爵命禄之中，使之浸杀浸微，克勤克俭，则所以自为谋生之计者已素预矣，然后惟吾所处，无不相安。所谓"巳日之孚"之者是也，何疑骇阻格之足患哉。故为靖藩计者，必宽名封之例以安其心，酌递减之法以制其禄，二者其大要也。而又复朝参之议以正其纪，明房长之义以一其权，饬宗学之规以端其趋，伸拘禁之法以遏其暴，开举首之条以防其奸，笃亲睦之情以联其涣。如此行之，教养并举，恩义兼施，则诸宗久而习，习而安，将日就于规矩法度之中，相忘于悠久熙明之化，与国咸休而边徼地方永享平宁之福矣。今将款条开列于后，伏候裁夺施行。

计开：

一，宽名封之例，以安其心。照得靖藩宗室已食全禄者七百余位，而前后请封宗幼任云等五起，凡百五十三人；请名宗幼社丑孙等八起，凡四百四十四人；请禄宗幼经谛等共五百九十八人，节奉驳查，未经题给。盖部司既虑本省税粮所入不足以敷岁禄之供，亦以靖藩诸宗婚配向不奏选，亦无封号，与近颁条例多有不同，复行勘报，无非慎名封之杜冒滥之意。但广右僻在西南，去京万里，且地方凋敝，差遣烦难。是以自祖宗以来，凡子孙婚配，惟王长子奏选，其余将军、中尉，自来止请本身名封，待年岁及期则礼娶良家子女，以食禄之日方将所配姓氏造入玉牒类报，一向相沿，并未奉有查驳，诚怜恤远藩之故也。查之部札内云："自弘治至今七八十年，该府请名封者，本部明知擅婚子女，无不概与题覆，以致彼亦恃为当然，不复顾忌。"盖洞察之矣。今若绳以不合奏格，则目前之应名应封者，尽为擅婚子女，再传而后，更复何望。即今阖府宗幼，时当婚媾而犹称乳名，年已壮强而未加冠服，无所绳检，益恣凶强，类聚群呼，动至数百，其骄横无藉，殆有不可以胜言者。隆庆元年，该抚按衙门权宜议处，将已请名未封者给禄米三分之一，年十五以上请名者给米一石，十五以下者给米五斗，而填门告扰，今犹未已。若不破格奏处，则愈积愈难，愈穷愈横，固非诸宗之幸，尤为地方之忧也。再照名封之请，王府差人赍奏，此定例也，但差人指称浩费而科敛常多，往返至再，则需求愈广，是名封未得而债逋已深，徒为差人利耳。合无题请今后凡宗幼应名应封者，长史司务要预呈抚按衙门，转行布、按二司，勘结明的，转详批允，方行启王题奏，仍乞部司俯从宽恤，免其重驳，以省差人科索之弊，尤宽恤之一端也。

一，酌递减之法，以制其禄。照得名封既难停革，则岁禄所当预筹，除本色禄米系桂林府广储仓支给外，其本省所属额解布政司民屯粮银，岁止四万三千有奇，而逋欠常十之二。见食全禄宗室、仪宾七百余员，每年禄钞约用二万九千余两，三卫官军及司府官吏人等每年粮钞约用一万余两，是岁额所入不足以供所出，每取足于外省之协济，近岁之奏留。若益以新封六百员之禄，何所仰给。今见在者固难遽裁，将来者犹可酌处，与其名封尽革，等于齐民，孰与以渐而裁，使之均沾德惠之为愈哉。今诸宗之禄，将军以三七折钞，中尉以四六折钞，县君、乡君、仪宾以二八折钞。然查之广西桂林等府，知府该月俸二十四石，本色二石，折钞二十二石，是实支仅十之一也。必不得已，仿而行之，将军以二八折，中尉以三七折，县君、乡君、仪宾以一九折，不亦可乎？诸宗之折钞，每米一石，钞二十贯；每钞一贯，折钱二文。查之广西都司卫所等官，每月俸一石折钞二十贯，每贯折钱止一文。必不得已，仿而行之，不亦可乎？诸宗折粮，每米一石银四钱。查之广西各府卫大小官员，俸粮每石俱折银三钱五分，必不得已，仿而行之可也。其犹不足，逾若干年，递而减之，至于三钱；又逾若干年，递而减之，至于二钱五分，极而至于二钱，似亦无不可者。自兹而犹不足，则历世逾远，中尉而下但令奏报宗支，纪名玉牒，给以冠带荣身，听其相生相养，各成世业，或应举自效，或力田自给，或分布郡邑以自治其生，固其渐之所必至也。盖势穷理极，不得不变而通之，在诸宗亦自计之熟矣，何处而不得哉？又查庶人口粮六石，俸钞兼支，各省通例也。而本省庶人月得实支六石，按月请给，是庶人之食无减于中尉矣，仿而裁之可也。又县君同仪宾岁支禄钞各一百五十石，乡君同仪宾岁支禄钞各一百石，已属过厚，而县君、乡君已故者，仪宾犹得食其本禄，滥矣，从而革之可也。又将军、中尉之妻，岁有养赡，或实支五十石，或实支三十石，未经题请者月支米一石，盖为寡而无依者设也，而子食全禄者亦概给之，滥矣，今已前者姑存之，以后不论将军、中尉之妻，必无子食禄者，月给米一石，余俱不给之，可也。此其所省虽不甚多，然岁计有余，不可充所费之十一哉。

一，复朝参之仪，以正其纪。照得天下所以维持纲纪者，分焉而已。分之不明，乱之道也。本藩历代相承，有朝参之礼，有画押之规，无敢有违越者。自嘉靖三十六、七年间，诸宗遂废不讲，甚而圣节庆贺、祖庙祭享，无一至者。不复知有朝廷，不复知有祖宗，况藩王乎？涣散分裂，无所统摄，毁礼蔑法，此其阶之，其渐不可长也。合无题请严责宗众，务要照旧遵行，以明文至日，长史司刻定日期，通谕知悉。初次预报，三司并守巡各道亲诣王府，查其有无如礼举行，以后每朔望日期，朝参一次，仍分番画押，以为常规。有不至者，王府量行戒饬，抗违三次者，长史司开呈两院，先将禄米停支，一面参奏处治，以为背玩之戒。庶礼达分定，无复乖离横恣之患矣。

一，明房长之义，以一其权。照得房长之设，始自本藩奏行，然向由藩王自行选立，有不当者辄易之。故宗庶统于房长，房长统于藩王，无异议也。后因抚按衙门为之疏名题立，而一二挟仇之辈，遂自谓钦立房长，非藩王所能统已。背公树党，恃众胁权，而各辅卑幼亦惟知有房长，不复知有藩王矣。骄抗成风，陵夷至于今日，不亲其亲，不长其长，至有骨肉相残，及利尽而反相贼害者，又不复知有房长矣。盖房长不听命于藩王，则宗庶不听命于房长，下陵上替，其势然也。藩府地方，从此日益多事矣。合无题请行令各辅房长，有自愿告退者，各从其便，听藩王另行选立。其余房长，自今以始，各安分义，务要严束宗庶，朝参如礼，画押如期。如再抗违不至，长史司具呈两院参奏处治。庶事权专一而陵替可少振矣。

一，饬宗学之规，以端其趋。照得先王之制，自王宫国都以及闾巷，莫不有学，盖以明礼义、端趋向，必由学得之。是以修明宗范，列于宗藩条例之首，诚重之也。顷岁，本省遵议奉行，已将丽泽书院改立宗学，旋以他故而寝。宗幼缘之，以告支月米一石及三分之一者比比，而学竟不立，何以消骄恣之习而成礼教之风哉。合无遵照条例，着实举行，将丽泽书院重加修葺，选取本府纪善、教授有学行者为师，将宗幼年十五以上者，尽数送入宗学，准月支米一石，其已经请给者，不许重支，长史司总查若干名，开报提学道，定为三班，日轮一班，赴学听讲，其所讲习不出经书大义及皇明祖训、大明律令诸书，提学道时加校访，每年终一定等第，呈报两院。其笃志循礼，通晓经训者为上等；趋向不污，稍通文义者为中等；放荡不率教者为下等。累考一等者给禄钞三分之一，二等者仍旧支月米一石，下等者革其月米，以激励之。至于年长有爵不赴宗学者，又行司道，时加咨访，如其立身行己、守法尽伦、捐恤贫宗、训督卑幼者，会呈奖劝；间有背逆凶暴，蔑视宪典及放鹰逐犬、挟妓游江、赌博酗酒、扰害地方者，亦访实启王责治，其尤甚者参革。斯亦劝惩之一道也。

一，伸拘禁之法，以遏其暴。照得宗室之骄横为暴者，固由藩王不能统摄，亦以监司之法不行，而闲宅之禁未严也。今之有爵禄冠裳者且不暇论，即五尺之童，视大寮略无顾忌，欢呼倨坐，习以为常；虽投充之奴隶，住店之细人，皆有所恃，而冲突叫号，不复畏避。欲一查究，则逃入第宅之内，动称某辅之人，即官司随从人役，明知之不敢一加呵叱，盖积威所劫也。而庶人之禁闲宅者，又时或逸出，得以附党，相助为非。或近而村民入城贸易，远而州县解领钱粮，被其诱骗窃夺者不可胜计。若不行拘禁之法，则愈趋愈纵，莫知其所终矣。苏辙所谓“临以监察，持以寮吏，威以刑禁，使不材者不至虐民，贤者有以自效”，诚今日之所不容已也。合无题请少宽例禁，凡宗庶有占王府、士民园池者，查明责令吐退还业；其家人及住房人等但有玩侮官司，虐害小民，不问在宅在街，听司府各衙门径行拘究。如或占吝不发，查所犯轻重，一并启王重加惩治。应禁闲宅庶人，照旧规，锁钥付按察司掌管，以时差官启闭，如有逃出，即住口粮，仍坐差官守门者之罪。若屡逃不悛，查实题参，送发高墙禁住。庶各宗均有所惮，而不敢违矣。

一，开举首之条，以防其奸。照得宗藩条例，滥妾有禁，花生有禁，抱养有禁，凡所以重宗支之义，杜冒滥之奸也。祖宗以来，家法严密，弊无所容。顷岁，诸宗蕃衍，妾媵之收，率多逾制；验生之例，迟至终年。及宗室食全禄、宗妇食养赡者，间有物故，未必即报住支，虽取勘于房长、左右邻人等，而扶同容隐，视为故事。若不开举首之条，则紊序渎伦，虚名冒禄，其弊将日长矣。合无题请今后各宗务要恪遵禁例，严肃家规。凡子女初生，即便启王，照依旧规，差内官同长史、房长即时验看，不得需索鞋帕、筵席，通同捏报。宗室、宗妇但有事故者，房长即日移报长史司，转报布政司，截日住支禄钞。如有滥妾、花生、抱养等弊，及有事故、朦胧造支禄米者，许各宗室并亲属邻佑人等赴官举首，赏银三十两。所犯宗室轻则削减禄米，重则降革爵秩，则奸弊庶乎可免矣。

一，笃亲睦之情，以联其涣。照得藩王之于宗庶，固云统之以分，亦当联之以恩。诸宗之不遵约束，诚于祖训有违，然亦献助之议、处置失宜有以激之也。今诸宗党与渐分，已骎骎有悔罪之意矣，若藩王不厚加怜恤，犹以旧嫌为念，则诸宗终无迁善之期，藩王愈成孤立之势，岂太平之世所宜闻哉。合无题请天语叮咛靖江王，自今以始，痛释前仇，凡诸宗名封禄米等项，应奏请者速为奏请，应勘结者早为勘结，应抚按代奏者预行长史司呈请代奏。如诸宗有犯则拘至祖庙之前，会集长史、房长诸人，薄责示警；其铜钮、铜练、墩锁等刑，非不法之甚者，不得轻用。仍严禁内官旗校人等，不许凌辱宗人，违者必治不宥。则诸宗感激愧悔，莫不思所以报涵育之德；其孰敢不遵道遵路，以自犯刑章者哉。转移之机，是又在藩王亟加之意焉耳。

（明）郭应聘《郭襄靖公遗集》卷十三

三 社会活动

游览山水

明靖藩十一代王书，肇构山亭，初跻有感而作。

嗟哉此山几千年，突兀云汉相牵联。千峰万峰眼底小，九疑苍梧相盘蜒。岩头老树虬龙飞，枝间好鸟笙歌传。眇予嗣位节岭海，忠孝惟藩国务专。偶来结构倚苍翠，俯槛凭栏见远川。云树蒙蒙连海岱，长沙万里净堪怜。北首宸京犹在望，此心端注五云边。琪花瑶草供清玩，玉罍金尊壮绮筵。暇日乘春招后髦，彷佛山间遇偓佺。日暮归来天欲暝，满空灯火灿星悬。

龙□万历丙子重阳之吉。

桂海碑林博物馆《桂林石刻碑文集》中册

四 奖赐诏责

1. 赐袍服

凡册立东宫

隆庆三年，亲王各银二百两，纻丝八匹、纱八匹、罗八匹、锦四段、生熟绢十六匹、高丽布六匹、白氎丝布六匹、西洋布六匹；管理亲王府事者与靖江王，各银一百两、纻丝六匹、罗六匹、锦四段、生熟绢十二匹、布同前。

凡皇子诞生

万历十年，赐亲王各大红织锦金闪色团龙常服纻丝一袭、纱一袭、罗一袭。管理亲王府事者与靖江王，各大红织金团龙常服纻丝一袭。

（明）申时行《大明会典》卷一一〇《给赐一·王府》

2. 责淫纵虐民

（隆庆二年六月辛卯）巡按广西御史朱炳如劾奏靖江王长子任昌淫纵虐民不法事，上命降敕戒谕，其拨置人犯，下御史逮问以闻。

（明）《明穆宗实录》卷二一

3. 责还所藉侵民地

南少司马赠御史大夫观海顾公章志传

公名章志，字行之，观海其别号也。……转广西按察使，时为万历丁丑。……广西俗朴而事简，公职清军，而清军御史李公某奉差来广也，李主严，公主宽，惟是为能相济。靖江王故亦悍王也，公亦束惟法，革其所自名驰驿者，还所藉侵民地于屯地，王大惭。

（明）焦竑《国朝献征录》卷四三

温裕王朱履焘

一 生卒袭封

1. 袭封

温裕王履焘，康僖嫡一子，万历十三年袭封。

（清）张廷玉《明史》卷一○二《诸王世表三》

履焘，万历十三年袭。

（清）嵇璜等《钦定续文献通考》卷二○八《封建考·同姓封建》

十世，履焘，万历十三年袭。

（清）嘉庆《广西通志》卷七九《封建表》

2. 去世

皇明靖江温裕王圹志

钦赐圹志文

王讳履焘，靖江康僖王之子，嫡母太妃支氏，生母次妃赵氏。于隆庆六年七月初二日封为长子，万历十三年七月二十五日册封为靖江王，万历十八年八月二十八日薨逝，享年十九岁。妃石氏，子女未生。上闻讣，辍朝一日，遣官谕祭，特谥曰温裕，命有司治丧如制。在京文武衙门皆致祭焉。以万历二十年十二月二十六日壬子葬于尧山之原。呜呼！王以宗室懿亲，为国家藩辅，茂膺封爵，贵富兼隆，兹以令终，夫复何憾。爰述其概，纳诸幽圹，用垂不朽云。

桂林市文物工作队《桂林墓志碑文》

（万历二十年四月戊戌）靖江王履焘薨，无子。

（明）谈迁《国榷》卷七六

□□王履焘，康僖□一子，万历□□年袭封，十八年薨，无嗣。

（清）万斯同《明史》卷一三九《诸王世表二》

温裕王履焘嗣，（万历）二十年薨。

（清）张廷玉《明史》卷一一八《诸王列传三》

二 更定礼制

1. 禄米

柬吕豫所

新封诸宗虽止一百二十余员，其已请名封者尚数百人，故一闻减禄之文，辄相率告扰，至多为激迫之词，故靖藩不得已，复为之请。非不知宗众日繁，司帑告诎，但削之太甚，至于无以自存，则廉耻道丧，其势必不能安妥。若当时部议只减其十之一二，以示警罚，犹可以少安其心，不至失望如此之甚也，惟裁察。目前宗禄兵饷尚足支持，但恐久则难继耳。查得浔、南、梧三府所属存留粮额数多，有司视为赢余，任其侵负，及三府驿递水夫等役亦多虚糜。已行司道各官，设法清理，议将粮米解司以备宗禄，驿递银两解司以充兵饷，亦庶几稍济于他日也。倘蒙一示巡察，加意督责，则奉行者当益谨矣。

柬礼科

宗藩事体，顷蒙庙堂注念，大加振刷，甚盛心也。惟广右诸宗，其难处有甚焉者。擅婚之弊，沿袭已久，今给之名封而减其禄食，固以示违例之罚，而裁节之意实寓其中，生尤有以仰窥庙堂为边帑深长之虑矣。顾诸宗触其素望，鸣号不已，而穷蹙之状，又诚有足矜者。不获已，为之具请，倘蒙垂察，曲赐酌处，则不惟宗众荷恩，而地方蒙福尤非浅鲜矣。草率裁渎，不任感悚。

（明）郭应聘《郭襄靖公遗集》卷二五

柬吕豫所

贵省地方，春来水陆晏然，民夷乐业，无劳南顾之虑。惟宗室一事，不能不仰廑门下盛心。减禄诸宗，先已疏请，恭候处分。近复有革名七十余人，日在诉扰。窃意庙堂慎重封爵，无非为节省公帑之计，其为虑至深且远也。但天潢支裔，日益蕃衍，所恃以维系之不至于犯度虐民者，名与禄也。若并其名禄而尽革之，彼将何资以生，何所惮而不为恶耶？待其纵恣而后为之曲处，恐不足为恩而适以滋暴矣。窃谓名封之例不宜太苛，递减之法不容终寝也。此不惟可施于靖藩，即推之诸省，大较如此。门下为桑梓长计，幸垂察焉。

（明）郭应聘《郭襄靖公遗集》卷二六

2. 官员参见礼

靖江府御门而见藩臬，坐受一拜，以次而起，虽禄千石，爵视郡王，其尊贵乃在诸亲藩之上。

（明）王士性《广志绎》卷五

三　与宗人修好

又柬石汀

靖江世子，性颇严静，人有盖愆之望。诸宗此时稍稍敛戢，但近有经谕者，手刃其堂侄邦荠，亦经讯之故智也。

（明）郭应聘《郭襄靖公遗集》卷二三

四　社会活动

耶稣会士罗明坚来访

1586 年春天，罗明坚收到了来自王泮的信，要耶稣会士们回肇庆去。……在绍兴，罗明坚和麦安东等待郑一麟从北京返回，之后他们一道返回肇庆，并于 1586 年 8 月抵达。

罗明坚回到热情减少了的肇庆时，麦安东回到了澳门。……在一个朋友的建议下，罗明坚获得准许以朝圣的名义前往湖广省的武当山，这是道家最神圣的地点之一。在一个基督徒仆人和汉语老师的陪同下，罗明坚启程先前往广西。在以美丽的石灰岩景观著称的广西首府桂林，他被巡抚吴善泼了冷水。他接着转向桂王，一个拥有皇室血统，被分封到广西的亲王，罗明坚送上礼物，希望可以得到支持。当吴善得知后，命令这个外国和尚立即离开桂林。桂王的首席太监对罗明坚的遭遇感到同情，便安排罗明坚前往白水村，这是桂王的封地，位于离广西不远的湖广境内。在那里，罗明坚被冷落了一段时间，直到被孟三德召回。这次旅行持续了两个月，没有任何成果。

（美）夏伯嘉《利玛窦：紫禁城里的耶稣会士》第五章《罗明坚》

岭西道有个叫谭君谕的密友，肇庆人，是修建（肇庆）城塔的监督官；此人象中国人的习惯那样，好广交朋友。他一心想利用教团出现的机会，有一天就来谈到湖广省有一座当地人称为的武当山，据说大批的人都去那里进香。他问罗明坚神父，为什么他不去访问那个地方，回答是他不认为官员会给予必要的批准手续。客人向他保证，就岭西道而言，他可以想办法。根据他以前所说的话，旅途似乎谈不上任何安全，将来恐怕也谈不到。尽管这样，罗明坚神父得到上级监督的同意，仍决定作这次旅行，由一个很细心的译员陪同，以便采取一切可能办法使教团得到巩固。旅途中他到达广西的省会，该城与广东省相邻，他决定入城。这里住有皇帝的一个亲属，圣旨禁止他担任政府的任何职位。罗明坚神父想尽办法要见这位皇亲，认为他的赞助可能促进教团的计划。

我们的神父显然还不了解中国的法律，而是按欧洲的习惯来判断事物的。罗明坚神父没有得到这位皇子的接待。反之，有命令要他先去见总督，然后见其他官员，申请批准他的访问。总督住在同一城内，而罗明坚神父作为一个外国教士，却相当大胆不经介绍就按照命令去拜访总督和其他官员。他们各自轮流接见了他，很少或者根本不表示欢迎；同时尽管他没有受到损害，他们每个人都劝他继续他的旅程而不要在那座特殊的城市停留。在离去前他仍抱有某种成功的希望，再度请求会见那位皇族，但他先送去的礼物被退了回来，而且要求他马上离开省城。他这样做了，这时全城都贴出反对他到来的告示也多少促使他赶快离开；他的到来使他居住的那部分城区的警察处于紧急状态，因为未经主管官员许可竟让一个外国人进入该城。最后，好象那座城市的安全就系于把他们驱逐出境似的，旅行者们马不停蹄直到他们远离了它的范围。然而，幸好他们遇到一个人，是皇族家中的一员，对外国教士的不幸很表同情。皇子的一名大太监，因总督那方面不予礼遇而生气，也说了些安慰的话，并给罗明坚神父一封信，交给广西省相邻的湖广省一个村镇的镇长。该镇叫做白水（Pa-sciui），信是允许神父在镇长家要住多久就住多久。这封信相当于一道命令，因为镇长本人是皇子的下属。此外，他许诺在总督离开时，将安排神父返回他现在被官员无礼拒之于外的省城。监督孟三德神父从信中得到旅途中的一切情况，就把罗明坚神父召回肇庆。看来几乎没有希望实现他们着手要完成的事了，那就是建立一个新居住点；更可能的倒是，这次努力会危及已取得进展的工作，那是迄今尚缺乏任何永久性的保证的。

（意）利玛窦、（比）金尼阁《利玛窦中国札记》第二卷第九章《罗明坚神父作广西省之行》

五　奖赐诏责

责庆贺表笺不依礼制

（万历十四年七月甲午朔）礼部题："靖江王进到庆贺表笺，不系本部题准颁行，且其中词语漫用，三大节全文尤不相蒙，未敢收进。合候颁式到日，方许依式誊写拜进，永为遵守。"上是之。

（明）《明神宗实录》卷一七六

宪定王朱任晟

一 生卒进封

1. 摄王府事

（万历十八年十一月丁未）命辅国将军任晟摄靖江王府事。

（明）《明神宗实录》卷二二九

（朱履焘）无嗣，时万历十八年也。诸宗亡赖者，乘王薨绝，纠众构□。巡抚都御史蔡汝贤、巡按御史饶位奏请以康僖王庶弟辅国将军任晟摄府事。

（明）万历《广西通志》卷六《藩封志》

2. 进封

（万历二十年四月戊戌）靖江府辅国将军任晟奏称："靖江王履焘薨，无嗣。晟为亲叔，例当继统。"礼部复查相符，请候遣官册封。报闻。

（万历二十年四月甲寅）遣翰林院修撰焦竑等官，册……靖江王庶子辅国将军任晟进封靖江王。

（明）《明神宗实录》卷二四七

论曰：大都督以高皇兄子，从起田野间，建国靖江，王且十世矣。将军、中尉而下，衣食县官者，以千数百计。亲非齐、潭，功不高于韩、颖，然而保世若此，何圣仁之远也。都督父子，数犯于刑，帝惟南昌念；温裕中殂，泽已斩矣，而继序毋替，恶闻上世有斯谊也。夙夜淬厉，克遵礼教，庶几古宗英遗风，□□可报上恩万一乎？迩奉明诏，许奉国中尉下，得与庶人之子弟并充秀士、应计偕，所以鼓铸懿亲者，德尤备。督学使者为之条布而稍次第行之，冀有德向者出而当县官用，而时闻诸。幼有颂声，数年之后，其有兴矣。

（明）万历《广西通志》卷六《藩封志》

□□王任晟，恭惠庶二子，万历十八年以辅国将军进封。

（清）万斯同《明史》卷一三九《诸王世表二》

宪定王任晟，恭惠庶二子，万历二十年以辅国将军进封。

（清）张廷玉《明史》卷一〇二《诸王世表三》

3. 去世

皇明靖江宪定王圹志

钦赐圹志文

王讳任晟，靖江恭惠王之庶次子，嫡母妃滕氏，生母次妃郑氏。于嘉靖十七年十月二十二日生，嘉靖三十一年三月初九日封辅国将军，万历二十年八月初六日进封册立为靖江王。万历三十六年十二月二十六日薨逝，享年七十一岁。妃白氏。子二人，一子履祥，封长子，未袭而薨。次子履佑，改封长子，承袭王爵。女四人，一女殇卒，二女封庐江乡君，三女封金河乡君，四女封永新乡君，俱已适配。讣闻，上辍朝一日，遣官谕祭，特谥曰宪定，命有司治丧如制。东宫及在京文武官皆致祭焉。以万历三十八年十二月十三日葬于尧山之原。呜呼！王以帝室懿亲，为国藩辅，备享荣贵，以天年终，复何憾哉。爰述其概，勒之幽础，用垂不朽云。

桂林市文物工作队《桂林墓志碑文》

（万历三十八年十月）癸未，谥……靖江王仕晟康定。

（明）谈迁《国榷》卷八一

□□王任晟，……（万历）三十八年薨。

（清）万斯同《明史》卷一三九《诸王世表二》

宪定王任晟，……（万历）三十八年薨。

（清）张廷玉《明史》卷一〇二《诸王世表三》

附一　宪定王妃

靖江宪定王妃圹志文

钦赐靖江宪定王妃白氏圹志文

妃白氏，原任湖广永州府道州永明县儒学教谕白骥之女。母张氏。以嘉靖十八年三月二十九日生，嘉靖三十三年二月二十六日封夫人，万历二十年八月初六日册封为靖江王妃，万历三十七年八月初十日薨逝，享年七十一岁。子二人，一子履祥，封长子，未袭而薨；次子履佑，改封长子，承袭王爵。女四人，一女殇卒，二女封庐江乡君，三女封金何乡君，四女封永新乡君，俱已适配。讣闻，上赐祭，命有司营葬如制。圣母中宫、东宫皆遣祭焉。以万历三十八年十二月十三日合葬尧山之原。呜呼！妃以淑德，作俪宗藩，今兹令终，夫复何憾。爰述其概，纳之幽圹，用垂不朽云。

桂林市文物工作队《桂林墓志碑文》

附二 宪定王夫人

皇明靖藩莫夫人圹志

圹志

靖江进十一代王夫人莫氏。夫人生于嘉靖二十八年八月初十日，逝于万历三十二年十月十三日，享年五十六岁。生子一，夭亡。女一，万历十五年十二月二十九日诰封永新县君，下配仪宾王士纯。择于万历三十三年十二月二十日庚申葬于尧山之原。特兹勒志，用垂不朽云。

桂林市文物工作队《桂林墓志碑文》

二 更定礼制

1. 岁禄

（万历三十七年六月戊午）广西巡抚蔡应科言："粤西当亟处者二事。其一，靖江王府宗室三千余，禄俸不支；其一，汉土军兵四万五千余，有广东及湖广衡、永二郡协济措饷，自榷使搜括，割商税以充国税，饷额遂缩，兵食坐匮。谓宜停国税以还兵饷，还饷外尚可以给宗禄，给禄外尚可以蠲细民。"不报。

（明）《明神宗实录》卷四五九

王府每年禄米一千石，中半兼支；

奉国将军岁支米六百石，三七兼支；

镇国中尉岁支米四百石，辅国中尉岁支米三百石，奉国中尉岁支米二百石，俱四六兼支；

县君仪宾岁支米三百石，乡君仪实岁支米二百石，俱二八兼支。

宗幼五百九十一名，宗妇二百六十九名，宗女一百八十四名，月米二石、一石、五斗不等；凡有事故，照名告预食遗米。

（明）万历《广西通志》卷六《藩封志》

万历十八年，题准各省抚按官备查各州县应征起存钱粮内，凡派作宗禄之用者，另立为王粮名色，夏秋二税各要及时催征，照依户部题准起运事例，另计完欠分数，一体查参降罚，不得以别项完过钱粮总扣抵免。其官吏给由役满，布政司务查其三年之内经管王粮完及分数者，方准起送，仍明开分数造册二本，送户礼二部查考，违者听部科参究。其各该分守道，亦遵照起运事例，年终总计所属州县王粮完欠分数，一体议参。各布政司每年终，将各府王粮逐一查算明白，于立旧管新收，开除实在款项，造成册籍，赍送抚按衙门查考。仍另造一简明总册，送户礼二部，各令该司移户礼二科知会。如遇灾荒年，分将应征王粮题请蠲免者，即照免过分数，于积余银内动支，分给该府宗仪并其余不足府分该管地方，虽有别项急用，非奉题请，不许擅自借支。如各府遇有亲王薨故，住支禄银并盐课银两绝府产业及此外一应杂派，凡系题过补禄之用者，亦宜一体开入册籍，以便查考。如有朦胧隐蔽不行查明者，听该部科参究。

今定见支额数

靖江王岁支本色禄米一千石，弘治十六年，改本折中半兼支，其折钞比照周府折禄事例，每石准钞十五贯折银二分。

（明）朱勤美《王国典礼》卷三《禄米》

2. 宗学

宗学

万历二十一年，礼部覆科臣条议，请建宗学，详具宗藩条例中。二十四年，议移临桂县学，将旧县学改为宗学，提学杨道会仍行长史司，凡庶宗有志向上者，准其考试。

（明）万历《广西通志》卷十二《学校志》

万历二十一年例，宗室子弟年至十岁以上，尽入宗学读书，候至十五岁请封以后，每岁提学官亲诣宗学考试一次，有能记诵祖训事实，兼通文翰者，宗室五年期满，题给全禄；其名粮庶宗在学十年以上，题给冠带；如无名粮者，十年以上给与衣巾。其庶宗内有举业粗通，志愿进取者，听提学官考送儒学作养。如前款所列，以后宗学诸生果有学行俱优、孝友著闻者，通呈抚按衙门具奏，原有封禄者请敕奖谕；原食名粮者量加奉国中尉职名，不给封禄；其无名庶宗，不必具奏，抚按官量行优奖。如其学业荒疏，行义无取，即至五年，不准给禄，另候考优请给。如系庶宗，不许请给冠带衣巾，以混名器。

（明）万历《广西通志》卷六《藩封志》

3. 王府侍卫

王府侍卫旗军四百八十六名，仪卫司旗校四百三十名。

王府侍卫旗军于广储仓支本色米二千三百三十八石八斗，于布政司支加补银三百九十五两六钱四分；仪卫司旗校支广储仓米三千零九十八石九斗四升，于布政司支加补银三百六十一两二钱。

（明）杨芳《殿粤要纂》卷一

三 社会活动

赐地方官员宴

小寒日，承靖江殿下赐宴，登独秀山，感而赋此，即呈览政。

朔风随马到王门，中使传宣开醑樽。着屐逶迤入翠岭，振衣合沓排天阍。孤嶂足舒千里目，三江分派万家村。惟爱东平能敬客，不知西粤是边臣。

万历三十三年岁次乙巳十一月廿八日，广西左布政使于陵曲迁乔题。

桂海碑林博物馆《桂林石刻碑文集》中册

靖藩鳌山灯宴，同诸公集其书堂，为正月十一夜

灯火吐青荧，长筵泛醽醁。藏书生带草，应律指阶蓂。秘戏传清禁，群芳集满庭。夜无分去丙，山岂凿来丁。宫观仍摹写，飞潜尽肖形。鸟惊丛树月，鱼泳一池星。授简才非匹，吹灰术更灵。蓬莱应不远，何必涉沧溟。

（明）曹学佺《石仓诗稿》卷二九《桂林集下》

四　奖赐诏责

1. 奖王孝义

（万历三十一年七月）己卯，敕奖靖江王……各孝义。

（明）《明神宗实录》卷三八六

（万历三十一年七月）己卯，旌靖江王……孝义。

（明）谈迁《国榷》卷七九

2. 阻止王府内官挟私盐

郭时斗，字文起，以恩选授清远知县。邑兼盐务，靖江王诸役恣横，每一引挟百引，莫敢问。时斗以王舟停西岸，以东舟递运至西，如数而止，中贵及私牙不得售其奸。

按：道光《广东通志》卷二四七《宦绩录》云："郭时斗，兰溪人，万历三十五年知清远县，实心实政，洁己务公，有古循良风。"

（清）陈梦雷《古今图书集成·明伦汇编·官常典》卷六二七《郡佐部》

荣穆王朱履祐

一　生卒袭封

1. 袭封

（万历四十年五月丙申）礼部以太仆寺添注少卿何熊祥奉差册封靖江王府，今升大理寺右少卿，应以新衔前往持节。从之。

（明）《明神宗实录》卷四九五

（万历四十年七月）庚子，履祐嗣靖江王。

（明）谈迁《国榷》卷八一

宪定□□□□久至（万历）三十六年十二月十六日方薨。三十七年十月二十六日，今王方奉敕策管府事。至四十年七月初八日，始册封王爵。

（明）李腾芳《李湘洲集》卷九

□□王履祐，□□嫡二子，万历二十八年以奉国将军改封长子，四十年袭封。

（清）万斯同《明史》卷一三九《诸王世表二》

荣穆王履祐，宪定嫡二子。万历二十八年，以奉国将军改封长子。四十年，袭封。

（清）张廷玉《明史》卷一○二《诸王世表三》

2. 去世

钦赐圹志文

王讳履祐，乃宪定王之子，母妃白氏。嘉靖四十二年五月十六日生，万历二十八年十二月初二日授封为长子，万历四十年三月二十八日册封为靖江王，于崇祯八年二月十八日薨逝，享年七十三岁。妃张氏，次妃李氏。子一人，李氏生，万历四十三年六月初六日授封为长子，承袭王爵。女一人，封福清县君。闻讣，辍朝一日，遣官谕祭。命有司治丧造葬，如制东宫。在京文武亦合祭为次。崇祯九年三月二十七日壬申，葬于尧之原。呜呼！王帝室懿亲，为国藩屏天年之处夺，而令德之弗谖。石墨镌华，临风觌面。勒之幽础，洵泉基之不朽也。

新采

二 更定礼制

1. 礼制衰替

靖江王

广西靖江王，高皇兄南昌王之孙也，虽仍郡封，其宫室制度大都与亲藩埒。近以支子缵继，礼渐衰替，抚按二司皆不肯拜谒。余壬子典广西试事竣，只一通名而已。念此实非高皇派裔，犹俨然王爵。……王元美《觚不觚录》云：亲王体至尊，于中外文武大臣处杀刺作书，有称王者，有称别号者，不书名。惟今鲁王一切通名，虽获恭顺之誉，而识者颇以为非礼。自分宜当国而亲王无不称名矣，至江陵而无不称晚生矣。又当其时，袭封者无不称门生矣。江陵自葬父毕还朝，襄阳、南阳二府二亲王来迎，报谒留宴，彼此具宾主上坐长揖，无毫发等差。若陶仲文之过徽，其王跪称弟子，俯伏吮靴鼻，宴会必侍坐，送必候升舆，尤可怪也。今奉简命至西粤者，靖江但以红柬顶头称靖江王颙问而已，此则以红柬亦顶头书钦差某官顿首拜以答之，尚无书名之事云。

（明）来斯行《槎庵小乘》卷六《国事类》

2. 议从四民之业

宗众蚤宜计处

诸王孙投揭，刺皆称某号某名，此亦一异。然命名之字，既出新构；则别号之记忆识别，亦甚便也。其中贤者，以书史及花鸟泉石自娱，既无别想，萧然物外，风韵甚远。然作奸扞罔者，亦自不少，有司莫之谁何。食禄至三千五百余人，岁入不支管赋者，每至仰屋。然请名之际，多非其实；又或命名者一人，受秩者又一人。至于宗妇之骨已朽而籍犹存，宗女之鬟已皤而齿尚孺。龙孙既多，踅趺南阳，又不可问，失此不图，计将安出。盖尝概观天潢之派，麟振绵绵，方升未艾。所谓"大父未死而有二十五孙"，圭削弥繁，肘衿愈见。况乎有磐石之固，无价藩之托，更三十年，厥数又倍，易穷则变，虽欲株守故事而不可得者。往他藩尝自陈愿从四民之业，时不能从。即丙午诏书亦许取应赴举，闻中州多已收入宗学，学臣较取，饩廪应试。此中宗学久废，众推宗正，皆不乐就；檄取应试，无有应者。又或谓就四民之业，即当治以四民之法，疑与祖训有悖。且福始亦为祸先，故莫肯任之尔。尝历考封建罢废以来，宗室之绝迹仕途、拘牵文法，未有若今日甚者。汉时宗正有郡国岁计上籍之文，宗室之贤者皆得进对待诏。唐宗正寺岁送二十人与国子监、京兆府相比，而李程、李肱皆为举首，他如勉石之事业、白贺之文章，俱冠绝一代。宋初建睦亲、广亲二宅，聚之京师，养之以高爵厚禄。久之生齿渐蕃，岁禄不给，始有裁损之议，诸宗忿哄争哗，王介甫以亲尽亦桃折之。熙宁以后，遂诏许应举出补外官，乃设为进士、任子、特恩三途以待之。特恩补官授以右选之职及员外之任，任子与庶姓等惟进士之科，每遇秋试，就宗正寺投牒，别立人数，颇示优异。而用之有限，于时尚有窃位素餐、无所自效之叹。顾虽不甚进用，大抵皆有官方常禄，不烦别饩。南渡以后，流离飘落，攻苦食淡，与寒素角进。尝见宋时登科记，以天潢入试者皆称玉牒籍，一榜之中注玉牒者尝数十人。隆兴间，赵汝愚举廷试第，一时诧为盛事。举进士者，第不令官两制及居政府、师儒外，任不靳也。今忠良博雅之俦，工文学、精吏治者不少其人，授之以事，宁让庶姓。愚谓宜彷熙宁故事，开设一途，别定人数。兵赋要地，勿令参与，如闲寮佐幕与师儒学职，次第授之以秩。臧否陟降，一如庶官例，修职不暇，宁有他虞。又其贫甚者，用非所任，禄亦虚悬，亦宜大解其禁，农工常业，听其自择，有司得以法行，等诸庶姓。但应贡举者未必遽叨禄仕，而转于南亩亦非能即有常田可耕，图议经画须十数年而后定，及今之计，不为蚤矣。语曰：有非常之人，而后有非常之事。此固事之非常者也。

（明）魏濬《西事珥》卷三

三　社会活动

赐地方官员宴

独秀山侍宴应教

瑶水星妃集凤墀，兔园曾为促芳词。夫容露冷淹吴质，云梦天寒从景差。兰版夜飞明月盖，桂丛秋赋小山枝。霓裳若倚当年袖，谁按清平调独迟。

（明）邝露《峤雅》

四　叔侄争继

答靖江王书

前者辱赐手书，职以场事戒严，例不便通柬牍，是以裁答迟迟，死罪死罪。然职为殿下调停于骨肉之间，一念鄙忱，大约已悉春间小奏中矣。兹者伏读来书，乃知殿下果有蹙然大不安于心者在也。夫此不安之心何心乎？推而满之，是即尧舜之孝弟、夷齐之得仁，殿下推此心以爱其兄，爱其侄，何难了今日之事，而妥先王、先兄之灵乎？既公差传称之价见住长沙东门城外，殿下何惜一纸书，捐其猜疑，示以骨肉至爱。但使言出至诚，无物不动，而况叔侄乎？至于给田资以养赡，寄房长以请名，原有成议，亦惟殿下力行之而已。如以官校例难过省相寻，职可行司差的当员役，同报事公差赍命前往。其邦荟、邦蓁辈，如果作俑，亦须候之价回日，殿下即可以宗法治之。如之价未回，而先治其往来通信之人，彼必疑殿下之心尚不可知，安肯遽然而返也。虽然，但得殿下推诚不疑，尽复家人骨肉之欢，则从前牵告狱词奸辈，皆可付田叔之一火，而况邦蓁等也。职又有词焉。访得各宗室，自好者固多，而亦有不自爱者。盗铸私钱，强夺人物，使入市之人畏如狼虎，闻有经□其名者，而实不止此一人也。职奉朝廷三尺法，固当埋轮不避。然藩规具有，窃愿殿下早出视事，密查其尤者而治之，小民幸甚。职率其朴诚，语无粉饰，伏惟慈谅，不胜悚息。

与礼部礼科书

靖藩玉哥，即名朱之价者，乃宪定王之长孙，今王之亲侄。其父履祥，惑于正妻之言，报名稍迟，忽焉早世。故今王得乘父髦兄亡，欺此藐孤，谓为花生，废置不立，袭有其位。夫我朝家法，有嫡立嫡，无嫡立长，并无立弟之说，此真一大奇冤也。十余年来，公论郁郁，以势重难反，畏首畏尾。然南科黄公有疏，知府刘公有案，原不能尽为抹杀。近来靖江复听奸徒拨置，必欲致玉哥于死以灭口。今玉哥已逃出，方忧其生死不测。近接邸报，乃知赴京自奏，奉有明旨矣。心一叨奉简书，何敢隐忍嘿嘿，业具疏闻。而拜发时，犹未知玉哥之至京也，想小揭已彻电览。伏惟台台留念主张，正名分而定纪纲，共扶一线之公道。又可讶者，向年托请米为市恩，借科驳为防患，欲盖弥彰，司马昭之心，路人所知。藉令堂堂正正，为应袭之人，又何须谬为请米，多此一番公案也。敢布区区，临纸主臣。

答何制台

玉哥之事，已向司府檄催书告者，屡矣。此事必非一议即了，须急急集议申详，将是非大纲先为批定，以候再议会题，始为妥当。第不肖将去之官，不识能必之当事者否也。

答何制台

玉哥事，只为张联斗辈在王府左右，故牵缠不了。鄙意只合先集宗老之持公道者，立定是非，则大纲既正，此辈他日一有司可以治之耳，所重原不在此辈也。至于向来调停兼用，已知都用不着矣。即一时不题覆，亦当存一公案，以便后来者之裁定。区区之愚，如是而已，同心必以为然也。

与何制台

粤中有大事二，曰靖藩承袭，曰盐政改革。藩事力不能强之于司道，而盐政又力不能得之于庙堂。总之，见不肖碌碌，犹人持斧无能也。司道未尝无是非之心，只慑于王府之威力，与左右祖之宗人。故利害之心重于是非，不无以迟疑托之乎慎重耳。而万李则欲朝完此事，夕即谢官。此其言非不激烈，然总不离此"利害"二字也。惟据万李禀称，先于出放宗禄，稍稍示恩，收拾宗众之心。又为书委曲致王，而张联斗辈已经送出在监，向来拨置之人，不复在王左右播弄手脚，公道渐渐可以由我主张。此万李之斟酌能任处，其苦心亦不可不知也。不肖惟有严檄该司，旦暮完此公案而后行。不知五日，京兆能待否也？

答万推官

武弁以旧典较之，太为寥寥。故因言者不得已，而思其次也。若洗垢索瘢，则又非不佞之素心，而为时又已无及矣。门下持议甚当，姑秘之可也。昨得房长一揭，其所以证玉哥为花生者，皆属浮谈，全无根据。断是束于威势，中于钱神。《会典》有未娶正妻之前，陪从宫人皆谓之滥妾，其生子有听继王爵者，有碍请封者，临期请旨定夺。藩事恐无解于此条矣。既有数千公道难掩，彼数十人何能钳制众口乎？惟门下力持之，是祷。

答何制台

昨得万推官禀词，玉哥事，廿八日已勘结，大是畅快。各宗为玉哥出揭证冤者，有三百余人；无揭口供，哀哀控诉者，千有余人。为王者不过十数人，且系借名暗投。此真见天理人心，果不容枉也。初意所虑，只在各宗相持，或有意外之事。王府果于是日买个无赖，但乘勘时一哗，乘间即起，玉哥危甚。万李所以约束各宗，深得为刘、为吕之意；而长史郭鸣琳宛转周旋，两人同心，又有平、勃交欢之意，事遂得妥。如万李之精诚识力，固不可及，而长史亦非常人也。只候万李通详，吾辈各为批定，行司覆详，便可会题。不肖又恐情面葛藤，毫有粘滞，不免又生议论。复嘱万李，令其据事直书，不得著一毫调停。董公祖处，亦以此意致去矣。此事已完八九，得详到亦可完此公案。惟是王阉老旦暮将到，不肖势难久淹，要之担当到底，幸有台台在，断可无忧中变也。

答桂林万司李

不佞迂疏无似，藉手同心，幸获竣役。每念罪戾多端，犹为悚然无已。抵吴门则为清和之十七日矣，修途劳顿，旧疴复发，检方问药，时时作苦，惟宜邱壑，以休余生。伏念门下千秋真品，万顷心胸，名世事业，何可限量。王孙一案，门下挺挺独立，破群疑而快公论，不佞未尝不为心折也。即欲有为异同者，主张自在三院，而中流一柱仍在门下耳。既见得是，正须直任到底，且事已定矣，何所顾畏，而门下乃出此语耶？新按君亦曾于路次道其略矣，想亦门下之知己也。党碑远劳命使，令人不安之极。读碑上名字，千古是非毕竟非一时所能颠倒，乃知吾辈直求此心信得过耳。力疾草覆，不尽愿言。

（明）王心一《兰雪堂集》卷二

（崇祯元年九月）癸酉，云南道御史张茂梧言："臣乡靖藩叔侄争立一事，督臣王尊德摘陈粤宗节略之疏，归重于宗众之植党横行，旁局几于反掩正案。臣谓：藩封，国家之大典；抢攘，案内之支节。倘止陈其大略而不晰其隐情，部将何所据以为覆皇上。即用情用法，亦安从而折衷也。其云：'世及之时恐不能断拥立之恩，相继之后不能正煽争之窦。'其计诚周，其虑诚远。然而非情法之正，况玉哥起于此子初生之时，誉儿更于宪定认罪之疏，若朱之价者，非□自天朝，非命自祖父，又岂若供招之借称谓以定罪案者比也。抑臣所最惧者，疏有'除今为首者另议外，其余党一听拿审'一语，恐倡言树党之众，复成兽警鸟骇之形，其中害地方不浅也。臣谓：宜严敕新督抚按道府臣仍查遵屡旨，从公会勘，其借口树党害民者，另行拿究，依法参处，毫无牵涉此案，然后具奏下科部确查，参酌情法，请旨定夺。"旨仍令督抚从公会勘。

（明）《崇祯长编》卷十三

复靖江王府玉哥疏

题为祖宗之典制具存，世系之藩封非细，会勘昭明，请给非例，恳请圣明俯怜独断，以存孤孽，以伸公论事。

据靖江宪定王应袭长孙玉哥奏称：臣系宪定王长孙。父履祥，为王妃白氏嫡出，于万历十九年内，助宪定王进府。二十二年内，封为长子。嫡母汤氏，生一子，名光启，二岁而殁。臣母曹氏，向育于白妃宫中，赐侍臣父有年。于万历二十年内生臣，幼名玉哥。臣命多蹇，不期嫡母于二十一年病故，臣父于二十三年亦故。有臣叔履祐，乘父亡日，即同较尉张联斗等入宫治丧，见臣母子，陡起狼心，幽臣孤寡于别宫，自移入府居住。臣母抱郁，而相继卒于二十四年矣。延至二十八年间，谆人交搆，隐匿臣身，冒称兄终弟及，改封长子。三十六年，宪定王薨，次年十月内，管理府事。然而良心难昧，公论莫掩，恐臣有词于外也，奸徒巧弄机关，变乱黑白，捏臣花生之名，诬母流妇之号，致父为不祀之鬼，言之痛心，思之酸鼻。奈臣孤子一人，攒害百出，杯毒壁箭，阴图种种。臣之危若朝露，只得匍匐哀吁。业于天启四年九月内，具奏先帝。奉圣旨："这宗藩袭封事情颇重，便行该抚按官严查确奏。该部知道。钦此。"此又臣于崇祯元年二月内，复奏皇上。奉圣旨："据奏，玉哥非花生，其母曹氏非流妇，情节甚明。着礼部速与查勘具复。钦此。"通行广西抚按等衙门，会集十七辅房长，并通城士绅泣诉称冤者数千人，供结共一百二十四张，公同合词，谓臣非花生，母非流妇，的系履祥世子庶长也。府厅司道之勘详，至再至三，宗潢军民之结保，同词同口，今勘奏之案具在也。但臣万死一生之身，议给臣以千金置产为瞻养，又为臣子请名，岁给米十二石，冠带终身。惟泽及臣，而并延臣之子矣。而臣尚未敢承受者，臣查《会典》《祖训》《条例》，世系藩封，并无开载可循。盖臣果属流妇花生，则臣且不得称庶长，臣之子又安得而请岁米，况千金置产，出之何名。即臣叔以兄终弟及，而承父之爵，原千古大公之定典。然必兄之嫡庶俱无所出，而后弟及之典始当。今臣父尚有臣在也，以臣父母寻殁，未得请名、请封为词，而遂诬以流妇花生，践王位，斩父祀，不惟于公论难掩，而于国法人心两相刺谬。况臣父自生母曹外，并无他媵，则非额外之妾，臣正袭爵听继人数当临时请旨定夺者，何朦胧奏请，久假不归，其何以明祖制而安王位乎等。

因奉圣旨："靖藩争继事情，定议已久，如何又行渎奏。事关宗潢，须使两相贴服，永无嚣竞。该部还将该省抚、按前后勘疏，一秉虚公细心，商酌妥确，详明具奏。钦此。"该臣等恭捧天纶，何敢不尽心翻阅抚按前后勘疏，求其一当。但此事之争已久，从前之议亦多，争者一是一非，断而复续；议者有彼有此，疑而不决。势必先提出玉哥情词，逐段切要，系以抚按前后勘覆之语，始得其本末耳。夫玉哥情词，大约有三，臣请逐项分剖，以尘圣览。

一，玉哥奏，"母非流妇，臣非花生。广西抚按等衙门会集宗长、士绅，公同合词，谓臣的系履祥世子长子"等语。此一项，臣等查得天启元年九月，桂林府知府刘江勘词有曰："玉哥系前宪定王长子履祥所生庶子，而非花生。玉哥母系曹氏，祥母王妃白氏少买省城曹家女，养育及笄，遣奉履祥栉沐，在祥妻汤氏未婚之前，系庶妾而非流妇。"天启五年二月，署印推官万邦宁勘词有曰："召集十七辅房长家人，并合郡人、士绅、军民到府，谕以无惕于威权，毋牵于情面，即分属君臣，情牵骨肉，难以显言，各书片纸以代口供。是日，投揭鳞集，辨玉哥非花生，玉母非流妇者，计一百二十四纸。无揭而代玉哥泣诉者几千人。"又载玉哥嫡母汤氏至戚生员汤尔梅之执揭，及敕封温裕王妃石氏之印信懿旨，以征曹氏入宫赐祥颠末，与玉哥诞生甘苦情形，真切凄楚。石氏盖宪定王兄子履焘之妃。焘死无子，宪定以叔袭侄封爵。石氏入宫四十年，是时尚在。

一，玉哥奏，"臣万死一生之身，议给臣以千金买产瞻养，又为臣子请名，岁给米十二石，冠带终身。臣未敢受。盖臣果属流妇花生，则臣且不得称庶长，臣之子又安得而请岁米，况千金买产，出之何名"等语。又云，"臣父自生母曹氏外，并无他媵，则非额外之妾，臣正袭爵听继人数当临时请旨定夺者，何朦胧奏袭，久假不归"。此一项，臣等查得天启五年四月，桂林、梧州等府知府、推官闵之闻、程文郁等会勘有曰："玉哥嫡母汤氏，万历九年四月内方入府成婚。玉母曹氏，既系祥母白氏所赐于未正配之先，必在万历九年以前。"玉生于万历二十年九月内，是历十年而后生子，加以花生，岂得其平。而前此万邦宁勘语又曰："履祥入宫五载，半苦沉疴，半苦妻妬，未尝别有妾。"夫妾之额数已足，溢而出之，乃可言滥。曹氏乃额内一妾，安得为滥。以上二端，事理甚明，不烦分辨矣。

一，玉哥奏，"臣命多蹇，不幸嫡母于万历二十一年病故，臣父于二十三年亦故。臣叔履祐乘父亡日，即同校尉张联斗等入宫治丧，见臣母子，陡起狼心，幽臣孤寡于别宫，自移入府居住。臣母抱郁，相继卒于二十四年。延至二十八年，诱人交搆，隐匿臣身，冒称兄终弟及。三十六年，宪定王薨。次年，管理府事。恐臣有词于外，捏臣花生，诬母流妇，致父为不祀之鬼"云云。此一段，正靖藩争继之大关键，乃臣索之前后勘词，异同不一，实无定说。若刘江初勘引南省臣黄起龙继绝杜渐保孤正法一疏有云："欺兄灭侄，背父冒封，任宵小，罔天颜，捏庶子作花生，埋亲侄于地狱。"江复自为之说曰："履祥妻汤氏，以万历十八年生子光启，以万历二十年夭。曹氏，以万历二十年生子玉哥。汤氏力阻履祥，谓'俟我再育，报生、报名，方及玉哥'。及置曹氏、玉哥于别宫，旁辟一门，以大书橱压之，宫中以橱为宫门启闭，而宪定与白妃不知也。祥诚有待，祥心独苦。不虞万历二十三年，履祥故。二十八年，改今王为长子，致玉哥幽闭，王爵潜移。此其际固微，其迹自显。至万历三十六年，宪定始知有亲孙玉哥，悲哀无及，托以花生请粮，终有痛已。故长子履祥乏人奉祀。有玉儿虽出花生，伊母入侍已久，虽言自矛盾，而天理至情，明明败露。"又曰："使张联斗果无毒谋，何以□□□□？"而副使谢肇淛批云："此事沉冤积案，非排阊阖，终无白期。读刘太守勘语，一字一泪，可为铁案。但投鼠忌器，惟使玉哥无失所，获张联斗而磔之，亦可泄神人之愤耳。"巡抚董元儒疏曰："玉哥以藩裔的派，一旦埋没，致有今日。始误于履祥惑溺妇言，不为报生、报名，继误于履祥即世已早，不及请名、请封。藐兹孤孽，谁与卵翼，'花生'一语，搆成营垒，于是履祥不能有其子，玉哥不能安其生，今王无国而有其国矣。当此之际，王以次子入缵藩绪，虽云天数有在，岂曰人谋尽无。"而万邦宁又曰："所恨宪定得见玉哥在请改今王之后，势不可挽，情不可割，姑为请名、请米之举，以无绝其血脉。乃从中巧搆者，遂捏花生字样，假以掩盖从前轻易改封之失，阴以行其剪根除渐之谋。王孙之情可哀，王祖之情亦戚矣。"又御史张茂梧二疏，一曰："国家亲亲之典，莫重于藩封，朝廷赫赫之威，更严于冒伪。履祐不详其受封之何自，而俨然衮冕者数年，玉哥亦未详其久匿之何因，而茕然冤楚者半世。奉旨勘覆者，非碍于过去之游情，即阻于见在之热面，非畏此简书，不敢肩此重担，即难平众望，不忍破此疑城。"又曰："藩封，国家之重典。抢攘，案内之支节。臣恐弃瓜而寻蔓，终将害瓜；煮豆而燃萁，终将害豆。调停顾惜之说，可执法以用情，不可执情以从法。"总上诸论，其所以左袒玉哥者如此。

至知府江湛然，则直驳刘江前语，而谓："履祥于万历二十年生子玉哥，自隐不报其父母，即汤氏力阻，履祥从之，乃汤氏故，后复何惮焉。及履祥病死，玉哥年已三岁而不报，何甘心不顾其后，而有子若无耶。若靖江今王之立，固宪定意也，自履祥故二年而始具请，又十年而始袭位。事已大定，乃人心觊觎，及玉哥控辞，皆始于南科臣黄起龙保孤正法一疏。"知府闵之闻又称："履祥于万历二十二年二月改封为长子，二十三年十二月二十九日卒。是时宪定精□康健，立储何事，不知几番回详审处，延至二十八年，方奏请改封今王为长子。宪定□□□□久至三十六年十二月十六日方薨。三十七年十月二十六日，今王方奉敕策管府事。至四十年七月初八日，始册封王爵。兄终弟及，阅时已久，既非急据苟且之时，并无暗昧不明之事，以'谋袭'二字加王，故王不受也。"总上诸论，其所以左祖今王者如此，然皆切要之语。其他或追论玉哥未生之前未曾报母，或预虑玉哥继袭之后曲庇诸宗，或反复叔侄两家之情而调停互异，或深忧诸宗抢劫之变而多事难防，游移其词，难以尽述。

臣等奉有"该部还将该省抚按前后勘疏，一秉虚公细心，商酌妥确，详明具奏"之旨，苟言之有漏，何解于不详不细之非；若见之偶偏，何辞于不虚不公之责。皇上一览自明，臣岂能饰。但皇上谕以"须使两相帖服，永无嚣竞"，信乎圣恩之厚，仁亲无间，而臣部自度愚昧，实有事大难处之忧。何以言之？凡人有欲则争，欲满始止。试度玉哥之所欲，必将以己继袭王爵，然后前愿歆饱。乃藩无二王，今王之立二十余年矣，将置履祐于何地？又试度履祐之所欲，必终以玉哥为花生，然后初志克惬。乃勘者颇详，已奉皇上明旨"玉哥非花生"矣，将处玉哥以何法？且姑就勘者而论，为玉哥市田养赡计，而初许以二百金，再许以五百金，今增至千金矣，又且以刊刀责王。则玉哥不受，果有金不受乎，抑无金不受乎？又为玉哥之子请名、请封计，而初许以终尉，终减为名粮十二石矣。玉哥不受，果舍父先子，疑其子未必得而不受乎？抑先中尉后名粮，衔后议者之少而不受乎？至于张联斗要紧人犯，而久索不果，畏玉哥乎？□并畏有司如谢肇淛乎？必磔杀之，不敢出乎？则抚按岂不能设法保护，令其无畏，得一面讯，以杜玉哥之口，明今王之心。而但迁延拖逗，可乎？此情事理势皆非，臣部能料其责，通在抚按，亦知抚按之勘虽多，其实游移调停，原无直截决定之议。盖以谓勘疏到，必奉旨下部；部复不过如其疏，可冀皇上俯允，岂窥圣心神明详慎之万一。今抚按皆系新任官，未有不惕于皇之严明者，必须尽去情而从新详审，为两平不欹、一成不易之论以复，然后奉圣断而行之，庶无二三。

俄又接得靖江王履祐奏为逆恶蓄谋未遂天恩霈泽已均余烬肆毒复燃地方惨变甚极等事。奉圣旨："览王奏，悍宗搆兵惨杀，殊非法纪，已有旨看议，着即并行确议具奏。该部知道。钦此。"据王疏，始言逆谋，再言叛恶，拜任塝为军师，并邦答、邦菜等俱系宗室，何至秣马励兵，披坚执锐，是岂细故。而所剽掠者，本府屯庄，所席卷者，禾薪鱼种，以及杀内官魏进忠等项，多具按臣汪应元疏中。而抄抢张联斗之赀财，则玉哥之所深怼者也。王疏云波及蚕嚼，容或有之。语曰："绵绵不绝，将寻斧柯。"今是非相构，惟王与玉哥，而聚党佐斗者何为，于玉哥有损无益也。夫玉哥果非而益之党，且积非为祸，即玉哥诚是而益之党，则虽是亦非。抚按宜以此明白晓谕，各宗有爵有禄，如不自爱，致播恶地方，岂无国法。而地方之责，抚按之责也，安得不任劳任怨，而尚可徇势徇情。毋以为事大难肩而袖手滋蔓，毋以为操刀必割而重发致激，庶其两妥，可以结局耳。

（明）李腾芳《李湘洲集》卷九

靖江王乃明高皇长兄之后，分封于此，几三百年。传至宪定王，所生二子，长子未曾袭爵便就死了，遗孤玉哥，后名亨歅。及至宪定王薨之时，玉哥尚幼，就将次子袭了位爵，约定后来仍以玉哥立为世子。不料年深日久，玉哥业已长成，王叔渐渐心变，袭封之事全然不提，甚至有阴图谋害之意。用近侍小人之言，挖墙压死，暗箭射死，毒药鸩死，种种非一，俱不能害得。于前戊午年，就放他出来，在外居住。他家宗室，自然以君臣之礼待他，见他生相不同，知他如此如此，就有为他抱不平的，便往抚院衙门告状，题了本，奉旨勘问。那官姓刘名江，是桂林知府，四川举人，硬作对头，将那王府用事之人，夹打供招，尽得其状，详文抚院。这抚院王尊德，是丰州进士，具疏题覆，于是玉哥得封镇国将军，方才歇下。盖此宗室合三千员，有愿附王府者，有愿附玉哥者，一名玉党，一名王党，彼此角立，犹如水火。此时玉哥已受封诰，王府不敢动他，故这一班宗室不敢放肆，就王也只得妆些聋哑，权且由他。

忽有一人，姓孙，名金鼎，原做北京当该，因舞文弄法，发充柳州卫军，托人荐进王府，以为秉笔。果是刀笔利害，谋奸精深，隐迹埋头，住过多载。至壬申年，忽有一班少年宗室与民间赌博游手，终日闲荡，适有校尉舟泊于江干，与之口角，冲毁其船，闹至街市，王即秉此以为罪状，乃具疏云“题为悍宗劫杀大变，粤西四境如焚等情”奏之。命下，着拿宗室十余人，民犯五人，禁县囹圄。到了王府来取人时，宗室在禁，各持短刀，自相戳死，舁尸而出，不胜其惨。覆上本，旨下，将民犯五人枭斩于市，又才歇了。

且说崇祯皇帝屡见粤西奏章，遂留心于此，以粤西布政郑茂华管此九年，必知情事详悉，欲以问之，故于甲戌大计，特敕十三布政入京。朝觐毕，次日，平台诏对，以此为问。奏云：“已荷天恩，既有成命，伏惟圣裁。”帝心嘉俞，以为称旨。却缘帝位原是天启皇帝崩驾，未立东宫，以弟继兄，其事颇类，故郑布政有难于言，以此回覆，如此如此。况亨嘉已立为世子，怎好变易，帝意遂决。以粤西远在边陲，常恐生变，思得一大臣以抚之，故于是岁，遂推升郑布政为巡抚，坐镇五年。

（清）雷亮功《桂林田海记》

（崇祯四年正月庚子）上召辅臣九卿史科都给事中刘汉儒、河南道御史喻思恂及各省监司于文华殿。……问广西布政使郑茂华、李守俊以“靖江王府争继，何也”？茂华曰：“靖江宪定王二子，履祥、履祐。”守俊曰：“履祥妻杨氏，未娶之先，妾曾氏先生子玉哥，因不系奏选之妾，故未报生请名。其后履祥没，故宪定王请立履祐为世子，神庙许之。今玉哥长矣，故争耳。”

（明）谈迁《国榷》卷九一

（崇祯）四年正月，……上召廷臣及各省监司于平台，……问广西布政郑茂华、李守俊：“靖江王府争继，何也？”对曰：“宪定王二子，履祥、履祐。履祥早殁，王请立履祐为世子。而履祥有未奏选之妾生子，今已长矣，是以争。”

（明）张岱《石匮书后集》卷一《烈皇帝本纪》

（崇祯）四年正月□□日，召廷臣及各省监司官于平台。上……问广西布政郑茂华：“靖江王府争继事若何？”茂华曰：“宪定王二子，履祥、履祐。祥早殁，王靖立祐为世子，而祥有未奏选之妾生子，今已长，是以争。王位久定，未敢轻议。”

（清）李逊之《三朝野记》卷五

（崇祯）四年（辛未，一六三一）春正月。……上召廷臣及各省监司于平台，……问广西布政郑茂华、李守俊："靖江王府争继，何也？"对曰："宪定王二子履祥、履祐，履祥早没，王请立履祐为世子。而履祥有未奏选之妾生子，今已长矣，是以争。"

（清）谷应泰《明史纪事本末》卷七二《崇祯治乱》

郑茂华，字实符，江都人，万历三十二年进士，由部郎出为浙江按察副使，……进广西布政使，廉洁不侵一缗。时靖藩争立，三司虑变，茂华谕以大义，立解。天启间，魏珰煽虐，所在立生祠，惟广西不应，其强项如此。崇祯初，举卓异，召对平台，称旨，升副都御史，巡抚广西。

（清）嘉庆《扬州府志》卷四七《人物二》

五　奖赐诏责

1. 奖王捐金助饷

（天启二年九月甲辰）先是，各藩助饷，……其余庆成、靖江等及诸郡王各捐助有差，礼部请照例遣官赍敕褒谕，仍行文该布政司，备办彩币羊酒行礼，……以彰朝廷褒礼亲藩至意。上曰："各王府捐金助饷，理当专官褒谕。但今驿路烦苦，日议省省，这敕谕免差官，候各府赍奏来附回，仍著该地方官敦致行礼。各藩方急公忧国，当体朕宽纾民力至意。"

（明）《明熹宗实录》卷二六

2. 责进贺表笺不到

（天启六年十月）乙巳，中宫千秋节，靖江王府笺文不到，命广西抚按查该府违误官员，提究具奏。

（明）《明熹宗实录》卷七七

附　地方盗矿者假奉王府令旨

九世祖考讳化行王二太公墓碑

祖讳化行，联邱其号也，乃王琇公之次子，承继于王琛公，生于隆庆四年十二月初九日，卒于崇祯二年十月十五日，卜葬于斯土，名三涧岭。祖秉性公义，有勇略。万历四十八年，倒坪源盗矿者以千计为寇，掠害居民。祖鸣官，独统民兵捍逐。时矿夫假奉藩靖江王令旨，伪造卯牌追胁，不从；又诱以金，不动；旋被火铳伤其指拇，不慑。卒使靖净，民得安业耕种。当道嘉其事，有"王化行虽未食国家粮饷，义勇坚持，能为朝廷效力，保障乡间，其人诚粤方奇男子"之称，旋以卫府千总，武略佐骑尉。噫！祖之功绩上闻矣，祖之声名远播矣。虽崇祯三年立墓碑时，有周君之幹为之铭，以阐扬祖之功德，奈年代久远，风雨剥蚀，因重立墓碑，以志不朽。（子孙名略）

同治二年癸亥岁二月清明立。

新采

　　王化行，号联邱。万历四十年，岛坪源矿寇啸聚千余，掠害居民，化行禀官，率乡民驱逐。盗假靖江王令伪印牌，迫胁乡民，化行擒而杀之，余远遁，地方始安。当道嘉其事，奏准，以千总用。

（清）光绪《恭城县志》卷三《乡贤·忠义》

末代靖江王朱亨嘉

一 生卒袭封

1. 袭封

戊寅年，靖江王薨，亨嘉请制，乃锡立之。

（清）雷亮功《桂林田海记》

□□王亨嘉，□庶一子，万历四十三年封长子，崇祯□年袭封。

（清）万斯同《明史》卷一三九《诸王世表二》

荣穆王薨，子亨嘉立。

（清）万斯同《明史》卷一五二《诸王上》

王亨嘉，荣穆庶一子，万历四十三年封长子。崇祯中袭封。

（清）张廷玉《明史》卷一〇二《诸王世表三》

亨嘉，崇祯中袭。

（清）嵇璜等《钦定续文献通考》卷二〇八《封建考·同姓封建》

十一世，亨嘉，崇祯中袭。

（清）嘉庆《广西通志》卷七九《封建表》

2. 去世

大清顺治二年，（朱亨嘉）叛称监国，为福王总督丁魁楚、巡抚瞿式耜所杀。

（清）万斯同《明史》卷一三九《诸王世表二》

亨嘉嗣。其后北京陷，招集诸蛮起兵，自称监国，为丁魁楚、瞿式耜所杀。

（清）王鸿绪《明史稿·列传四·诸王二》

亨嘉嗣。李自成陷京师后，自称监国于广西，为巡抚瞿式耜所诛。

（清）张廷玉《明史》卷一一八《诸王列传三》

国朝顺治二年，（朱亨嘉）叛称监国，为唐王总督丁魁楚、巡抚瞿式耜所杀。

（清）嘉庆《广西通志》卷七九《封建表》

二　社会活动

1. 捐建寺院

修建本山碑记

始安郡郡之南壁，突出一拳，名曰南溪，碧凌釜翠，丹夺云红，嶙峋奇绝，石室清幽，此天造地设，以为至人栖真之所。所谓山不在高，有仙则名，而山久待仙而名者也。于大宋元丰，果有一玄隶字紫阳者，参透文玄，玄泄非人，配流于是，遇白屋弃屠刀而慕道，遘黄堂解组绶而修行。机缘凑合，三人同入谷中，书翻鸿宝，文演琴心，还丹炼就，飘然轻举矣。于是而得其名焉，故名之曰刘仙岩。岩有所遗迹，药炉、丹井、棋枰、黍臼，种种不一。往来登眺，不过赏鉴而已。惟于崇祯庚辰岁，靖江十三代王孙驾下内臣刘应科、李增寿、赵吉祥、杨继先，游玩于斯，致惜仙峰灵境年深颓败，慨然捐资，嘱托住持曹和明、傅守一，竭力助建通明虚阁及上下左右亭台，精舍庄严，皇金□彩，焕然一新，朗秀天开，精华郁丽，乃成始安一大观也。兹有黄冠许得崙，治乱相承，创守兼任，目经成坏，几番修饰。诚恐日久，湮没前功，因而勒石，以垂百世不朽云。

今将庚辰施助功德列开于后：靖江王施银贰百两……

时大清康熙六年岁次丁未春王上元日。

桂海碑林博物馆《桂林石刻碑文集》下册

2. 徐霞客游独秀峰

（丁丑五月）初四日，晨餐后，北一里，过靖江府东门，从东北角，又一里，绕至北门，礼忏坛僧灵室，乃永州茶庵会源徒孙也，引余辈入藩城北门。门内即池水一湾，南绕独秀山之北麓，是为月牙池。由池西南经独秀西麓，有碑夹道（西为《太平岩记》，东为《大悲尊胜》两咒）。又南，独秀之西，有洞曰西岩（即太平洞）。对岩有重门，东向乃佛庐也。方肩诸优于内，出入甚严，盖落场时恐其不净耳。寺内为灵室师绀谷所主（有须，即永州茶庵会源之徒，藩府之礼忏肩优，皆俾主之）。灵室敲门，引客入，即出赴忏坛。绀谷瀹茗献客，为余言："君欲登独秀，须先启王。幸俟忏完，王彻宫后启之。"（时王登峰时看忏坛戏台，诸宫人随之，故不便登。盖静闻先求之灵室，而灵室转言师者。）期以十一日启，十二日登。乃复启重门，送客出。出门即独秀岩，乃西入岩焉。其岩南向，不甚高，岩内刻诗缕画甚多，其西裂一隙，下坠有圆洼，亦不甚深，分两重而已。岩左崖镌《西岩记》，乃元至顺间记顺帝潜邸于此。手刻佛像，缕石布崖，俱极精巧，时字为苔掩，不能认也。洞上篆方石大书"太平岩"三字（夹道西碑言：西岩自元顺帝刻像，其内官镌记后，即为本朝藩封。其洞久塞，重垣闭之。嘉靖间王见兽入其隙，逐而开之，始抉其闭而表扬焉，命曰太平岩）。岩右有路可盘崖而登，时无导者，姑听之异日，乃仍从月池西而北出藩城。

初十日，余憩寓中，上午令取前留初旸所裹石，内一黑峰，多斧接痕。下午，复亲携往换，而初旸观戏王城后门，姑以石留其家。遂同静闻以所书诗扇及岳茗赍送绀谷，比抵王城后门，时方演剧，观者拥列门阑，不得入。静闻袖扇茗登忏坛，适绀谷在坛，更为订期十三日。

十三日，早促饭，即出靖藩城北门，过独秀西庵，叩绀谷，已入内宫礼忏矣。登峰之约，复欲移之他日。余召与其徒灵室期，姑先阳朔，而后来此。

十七日，……是日下午，辄闭诸城门，以靖藩燔灵也。先是，数日前先礼忏演剧于藩城后，又架三木台于府门前（有父、母及妃三灵，故三台）。至是夜二鼓，遍悬白莲灯于台之四旁，置火炮花霰于台上，奉灵主于中，是名“升天台”。司道官吉服奠觞，王麻冕拜，复易吉服再拜后，乃传火引线发炮，花焰交作，声震城谷。时合城士女喧观，诧为不数见之盛举，促余往寓目。余僵卧不起，而得之静闻者如此。

二十八日，……由宁远门入，经靖藩城后门，欲入晤绀谷，询独秀游期，而后门闭，不得入。

二十九日，令静闻由靖藩正门入晤绀谷。……下午，静闻来述绀谷之言，甚不着意，余初拟再至省一登独秀，即往柳州，不意登期既缓，碑拓尚迟，甚怅怅也。

六月初一日，……闻绀谷以焚灵事与藩王有不惬，故欲久待。而是时讹传衡、永为流寇所围，藩城亦愈戒严，余遂无意候独秀之登。……独秀山北面临池，西南二麓，余俱绕其下，西岩亦已再探，惟东麓与绝顶未登。其异于他峰者，只亭阁耳。

（明）徐宏祖《徐霞客游记》卷三上《粤西游日记一》

三　参预地方政事

（桂）王，神宗之子也，天启末年就国衡州，崇祯十七年张献忠破衡，长世子、次王子俱被害，王仅与第三子安仁及妃王氏驰永州。……是岁，楚地残破，粤中稍安，遂与蕲阳、通山诸王联舟抵桂，见靖江多不法，闻新抚瞿式耜忠贞练达，可倚大事，遂顺流东下以待之。

（清）瞿共美《天南逸史》

1. 调兵密驻全州

癸未，闯贼、献贼攻陷全楚，逼近全州，所在震动。……时靖藩欲借击贼之名，阴有不轨之意，不谋两台，自密调田州狼兵一万，先于黑夜潜出省城，单骑到全，匿于民家。有门生周春元名忠佐，密来报云：“靖藩悄地来此，田州狼兵将蜂拥而至，若之何？”随密报抚院，一面托宗室素相知者，谕以藩王无出境之理，劝令潜回。田兵到省之时，大逞抢杀，抚台无以禁之，亦惊惶甚，令赏功官预备棺木。经过灵川，县官走匿；经过兴安，县官自缢，所到无不焚劫，先声可畏。头站到州，押扛官投见，大作模样。予降阶迎之，延引其坐，首询以犒官犒兵数目。彼先有一手摺在袖，曰：“太爷真正在行，别处何曾说及，所以众人吵嚷耳。”接其手摺，约费仅二百金。立刻捐资兑封，并备榼酒，躬自答拜。扛官愕然曰：“太爷何神速至此，感蒙如此相待，自当效力。”不即卸鞍，随策马前迎三十里，语营头，曰："全州太爷晓事，不比别人，汝辈须遵约束，不可仍前乱窜。"众皆唯唯而退。田州知州姓岑名廷铎者，少年嗜杀，性极劣傲。到州之日，留在城外湘山寺结营。紧闭城门，自往投拜，彼盛陈兵卫以待，予亦盛仪从、吆喝而往，颇知谨戢，预备送程酒席馈之。翌日，张筵以款，彼此酬答，与彼心腹，了无猜忌，不敢少逞，亦绝不与彼谈及行兵事。每蚤唱筹，给米一百四十石，分派给散，委十吏管十堆，无一哗者。一日，遣权州（即土司丞们白）来云："不消每日费心给米，只求给几票，下乡自买米足矣。"予即以十金成锭者纳权州袖中，语之曰："我处现贮仓中甚多，尽着支用，何须要买。所云买者，不过兵丁假此下乡骚扰耳。愿仗一言方便，作阴骘。"权州颔之而去。结营十日，兵丁颇有不耐禁戢之意。余给土司曰："盟翁知此来，为靖藩所误乎？"曰："不知也。"曰："靖藩调兵，未曾知会抚台。今抚台将拜疏入告，谓盟翁擅行调兵离境，倘奉旨严切，将若之何？"土司忙问曰："何以教我？"予曰："今楚地平定，无所用兵，盟翁不若率师军归，弟当力求抚台歇手，何如？"土司感甚，曰："非公见教，几误我。"次蚤，即班师去。备樏郊饯，洒泪而别。消弭地方一事，亦大快也。

（清）马光《两粤梦游记》

2. 占永宁州军田

（庚辰）六月初十日，抵任永宁，故万山中弹丸地，瑶十之九，民十之一，土著在庠者仅二十余人，荒瘠无比。抵任后，谒各上台，……时署桂林府者为司李徐公登瀛，执手嘱曰："永宁虽僻小，有两件极难处分事，公能了之，便是大经济。"余详叩之，云……其一为奸人首告于靖藩，云土豪数百，侵占三镇兵田三万余亩，王府批送两台，欲清出，没为王庄。予谦让未遑，仅唯唯别。……未几，两台奉藩王命，檄催清田。随兜舆，诣三镇踏勘。其田虽系土侵军田，然数传之后，转相酬售，民瑶安为世业，一旦按籍稽之，必汹汹生变。乃设法清查其地亩宽溢者，量为查追，令其从实自首，得五千余亩以报，且为力陈利害。靖藩不满志，然亦无能相左。初欲立庄设官收租，又力阻之，径自州中收籽粒以输，而州无烦扰，合邑称便。

（清）马光《两粤梦游记》

3. 占昭平县民田

王承聘，昭平人，岁贡生。崇祯初，壮人韦信与其党占民田若干顷，讼于官，不能决，信且以所入租献靖藩，势益横，里民输无田之税者已八年，流毒日甚。承聘慷慨诣阙，负斧锧叩阍，民田乃得还。（李志）

（清）嘉庆《广西通志》卷二六三《列传八》

（梁亭表）子若衡，字简臣，性好洁，事亲孝。崇祯三年举于乡，十三年特赐进士，授广西永福知县。永福，岩邑也，僮瑶居半。时靖江王蓄异志，阴与岩峒群盗相结，每有擒获，强若衡开释，若衡悉置之法。奸徒指良民田献王，王遣使执券索印，若衡不可，王胁之，不为动。流贼陷湖广，桂林大震，若衡泣与母诀，誓必死。俄升左州守，会丁外艰，讣至奔丧归。

（清）同治《番禺县志》卷四一《列传》

　　万历四十年，壮占民田。崇祯十年，生员王承聘叩阍疏曰："为国有课而邑无田，金有灵而民无命，伏乞皇上急拯涂炭，以定版图事。伏睹《大明会典》，凡各处军民奏诉冤枉，曾经巡按三司断结不明，概许奏辨。臣系昭平县昭平里三排民籍，共四十户，祖遗载册，粮米三百石。旧属平乐县，万历四年割入昭平县，万历九年清丈，册籍昭然。臣等因居附郭，招壮耕种，讵壮奸韦公信等鼓佃蓝公在等捐租三载，每亩科银五钱，包讼图占，计赃银三千余两。臣等于万历四十二年告该抚按，批行对册清查，配其首恶计穷走险，将前田投献靖藩，蒙先王却而不纳。惟时道府申详，抚按批允，悉叙投献不纳之事，以彰先王之节，案卷见存。崇祯五年，蠹棍唐绍尧等复派佃银三千余两，连结叠诳，具照前案审断。突遭署印知府、抚夷同知王重纲，听仪宾子何东凤过付银二千两，大翻前案，断为壮田，陷臣等五载不得粒租，而知县造册追粮，可怜民之富者贫，贫之壮者逃，老弱者死矣。又伙陈公法等叠派银三千余两，厚贿何东凤银一千两，假称投献，捏侵膳租，贿串典仪潘学文，不行启明世子殿下，肆行狐假，断为膳田，灭没版籍四十户。且执臣与生员姚炳虞、何朝鼎等淹禁半载，致生员朝鼎毙狱，百姓何士光等缧拖厂舍已经千日。覆蒙按臣驳其招为影响、为未确、为难服百姓之心、为不过敷衍王重纲之审语。奈问官仍以原招进，而靖藩典仪潘学文捏劫杀之词，沿门吓诈，逐姓锁拿，鸡犬不宁，骨肉离散，行移学道，挟制有司，臣里（士民）惟有哀声而无生色矣。泣思三百石国课久已征诸邑里之间，而数万亩民田一旦饱于饕餮之腹，方断为壮田，旋断为膳田，是非靡定，前后矛盾，抚按不能结，有司不便查，百姓不敢争，必致饮恨吞声，尽死于追比赔粮之杖下。此等奇冤，非盛世所宜有也。臣幸脱一生，亏食万里，与其死于群奸之手，含不雪之冤，毋宁死于圣明之前，救阖邑之命。谨不避斧钺，冒死哀鸣，伏乞皇上敕下户部备查膳册，敕下该抚按备查县册，或归田膳册，豁三百石之赔粮；或归田县册，定数百年之版籍。庶苍生有命，国课有征，臣虽万死，有余荣矣。"即奉旨查实速奏。而靖江王长子亨嘉亦具疏奏辨，并诬奏知县甘文奎受王承聘等贿嘱，不收壮户纳粮，并将藩府典仪潘学文、从役侯八当场殴毙，现停棺该县等语，亦奉旨查讯。知县甘文奎即申辨曰："夫自设昭县以来六十三年之黄册，并无壮户也。即自平乐立府以来二百七十余年，亦无壮户也。既无壮户，安得收粮？则是有县以来，原无收壮粮之官，而敢自卑职一人始乎？乃藩王疏称受排民贿嘱，卑职不受也。侯八者，潘学文随役也。学文以崇祯九年十一月初四日至昭平催租，卑职馆之城隍庙，侯八在舟中即染痢疾，脸色黄肿，扶掖入庙，坐卧床板，不能动履。初七日，学文犹请蒋和尚祈禳。十三日，病故，学文自将银八钱托古钦寰向梁悦泉买棺收殓，复雇梁兴等抬埋城西廓蚂蝗塘之侧。夫典仪虽微官，藩使也；侯八虽下役，藩使随役也。以藩使随役，一旦而为排民殴毙，不知宜如何迫切鸣冤，乃买棺而殓，雇工而抬，择地而葬，隐忍寂不一言，不验明于县捕乎？"等语。于是钦差刑部尚书甄淑，会同抚按司道府县，秉公会鞫，疏参靖江王之子亨嘉及典仪潘学文、仪宾之子何东凤，而断田归于王承聘等。并申明知县甘文奎之不收壮粮，因原无壮户纳粮之例；侯八病死，现有医生、收殓、抬葬之士可证，皆因该县秉公持正，藩王必欲致之死地，故有此诬奏。而起衅之由，实缘抚夷同知王重纲贿翻定案等语。奉旨，断田归王承聘等，王重纲同知拿问，壮人韦公信等十六名各发边卫永远充军，典仪潘学文、藩甥何东凤等分别治罪，靖藩亨嘉长子降旨贬斥。此昭平壮人争田之大案也，不可不知。（参《明史稿》及《昭苏录》）

4. 攻复随州

（崇祯十七年六月）癸酉，靖江王攻复随州。

（清）黄宗羲《弘光实录钞》卷一

5. 违制上奏

南都建号，王表贺登极，因伪奏全、永、连三州为土贼所据，抚按匿不以闻。

（清）三余氏《南明野史》卷中《绍宗皇帝纪》

（弘光元年二月）十三丙寅，靖江王亨嘉表贺登极，因奏全、永、连三州皆为土贼所踞，抚按匿不以闻。

（清）计六奇《明季南略》卷三

（弘光元年正月初九日）靖江王亨嘉表贺，因奏全、永、连三州皆为土贼所据，抚按匿不以闻。

（清）李天根《爝火录》卷八

四　自称监国

举有功旧将疏

臣以乙酉年叨抚粤西，惟时掌印都司，即锦衣卫南镇抚司堂上金书未任李当瑞也。当瑞，儒门将种，丰姿卓荦，器宇端凝，饬备诘奸，每事认真到底。靖藩之变，罪镇杨国威胁以共事，而坚意不从。臣心重之。

（明）瞿式耜《瞿忠宣公集》卷四

丙戌九月二十日书寄

吾自弘光元年四月初一出门，闰六月初四日梧州上任。惟时南都变后，人心汹汹，而靖江王即借勤王为名，有妄窥神器之心。……十月廿后，以俘解逆王到肇庆府，会制台丁光三，适有襄海将军陈益芬来见，渠自言可以差人到南边地方，吾因以家书托之，彼直任而不辞，遂于舟中将困逆擒逆事情备细作书，并封疏稿寄汝一看。因又念宋差官或未必即达，又将前番书重写一通，一总封入，此十月廿三事也。

丁亥正月初十再书寄

吾生平不爱官爵，且受过几许风波患难，岂到老年反作贪位慕禄行径。亦是天心嘿庇，使我到粤西地方，脱离劫难。然本念惟早弛重担，一有代者，即图告归。而北信日凶，江西、浙江俱已隔断，从粤归家，能脱此两层门限乎？吾主意不入闽中者，正为告归之心迫切，一入闽则此身绊住。亦岂料闽中又遭变如此，此还是天佑善人，巧留我于粤地也。至于拥立桂王，真是时会，适逢机缘巧凑。当弘光元年，南都变后，余已心属桂王，盖以名正言顺，可以服天下之心耳。而闽中既已先之，域中自无两大。吾闻闽信五十日，而靖江王之祸作矣。八月十九夜，岂复有生理哉。命不该死，守著一片痴忠，自有天地鬼神默默护持。今靖江安在，从谀靖江害我者安在？且亦安料隆武止做一年两个月皇帝遂至蒙尘，而余终以臣节服事桂王之次子永明王哉？

（明）瞿式耜《瞿忠宣公集》卷九

会福京闻靖逆之变，思文帝召廷臣会议，内阁曾樱奏："臣友晏日曙曾任楚之永州，能悉粤事，谓靖江必无能为，必成禽，数日间当有捷至。"帝颔之。越数日，禽靖捷果至。

丁魁楚差副将袁继文解靖逆俘至闽，继文虽正差，不能应对。思文帝召入，吉翔叙述情事如流，指画甚晰。帝大喜，擢为锦衣卫使，并授其弟熊飞官，寻署香山参将。

（清）鲁可藻《岭表纪年》卷一

时靖江王亨嘉称帝于桂林，用杨国威等为将，举兵欲东，使人至梧州召式耜。式耜密告总制丁魁楚、思恩参将陈邦傅来援，未至，而梧州破。令式耜易朝服朝，胁以兵，不可。乃囚式耜，逼广东。魁楚击败之，还走桂林，围之。式耜授计国威旗鼓焦琏，使图国威。邦傅亦至，遂克桂林，获亨嘉，致福省，废为庶人，幽死。弃国威及其给事中顾奕等于市。

（清）邵廷采《西南纪事》卷四

（隆武元年）九月，两广总制丁魁楚以桂林捷闻。先是，靖江王亨嘉于八月僭称监国，以杨国威为大将，据有桂林。闽中颁诏，不受。广西新任巡抚瞿式耜甫至梧州，闻变，即移书魁楚为备，檄思恩参将陈邦傅防梧。亨嘉遣桂平道井济促式耜赴桂林任，不应。亲率兵至梧州，执式耜，劫其敕印，先用小艇载回桂林。而魁楚调邦傅及赵千驷、严遵诰、马吉翔等与亨嘉战，败之，追至桂林。靖江既败回，窘蹙，仍以敕印还式耜，趋出视事，令止东师，而师已抵城下矣。式耜在城，阴结国威标将焦琏为己用。兵至，琏与邦傅等合，守城者皆琏兵，邦傅缒而入，遂破桂林。俘亨嘉及杨国威、顾奕等，至闽，戮于市，废亨嘉为庶人，幽死。

（清）钱澄之《所知录》卷一《隆武纪年》

先是，瞿式耜新任广西巡抚，将赴桂林，值靖江庶人亨嘉谋逆，自称监国，式耜遂留梧州。庶人率兵至梧，执式耜，并胁取敕印，先用小艇载入桂林。两广总制丁魁楚闻变，急调兵与战于梧州，败之，遂命参将陈邦傅、赵德驷、严遵诰、都司马吉翔等乘胜追至桂林。庶人惧，复请式耜莅任。式耜阴结其大将国威中军焦琏，与邦傅等合，遂破桂林，擒庶人。

（清）钱澄之《所知录》卷二《永历纪年上》

乙酉五月，南都失守。总兵官郑鸿逵、郑彩退师回闽，会唐王从河南来，奉之至福州，与巡抚张肯堂、巡按吴春枝、原任礼部尚书黄道周、南安伯郑芝龙等，共议唐王监国。……拥藏臣贪定策功，不数日，即位于福州，改元隆武，大赦。时闰六月十五日也。

粤西靖江王某，于八月亦称监国，不奉诏，举兵将东。广西巡抚瞿式耜移书丁魁楚为备，又檄思恩参将陈邦傅防梧。靖江王遣桂平道井济促式耜入见，式耜不往。未几，靖江王提兵至梧，命式耜易朝服朝，式耜不从，以兵胁之，卒不夺。靖江王旋为魁楚所败，返桂林。时粤西总兵杨国威亦从靖江王，式耜授计于焦琏（国威旗鼓），而邦傅亦应檄至，遂擒靖江王及国威并吏科给事顾奕等。械至，斩之。

（清）顾炎武《圣安本纪》附《隆武遗事》

封广东总督丁魁楚平粤伯，准与世袭，颁给铁券。

时靖江王僭妄自立，不奉正朔，复任用幸臣顾奕、吴之琼、杨国威、张龙翼等，羽翼肆行，魁楚用计擒获，并顾奕等送至行在。

（清）陈燕翼《思文大计》卷四

（大清顺治二年乙酉）八月，唐藩监国福京，诏至，征蛮将军靖江藩自称监国，征兵勤王，两广总制丁魁楚逆击，大败之，被执，诏贬为庶人，死于博罗。

靖江藩之分封，西粤也。以近处瑶僮贼数，非有提调征剿之权不能制，故特加以征蛮将军衔。时闻两京陷没，密与参谋孙金鼎定计勤王，传檄远近，征发汉土各兵，勒令抚镇三司瞿式耜、于元烨、张同敞、郑封、杨国威等劝进监国，诸臣皆力谏，不听。又虑迟疑生变，不待所征兵集，止凭藩卫城守及先至狼兵二万人，遽召各僚于靖江府临朝称贺，以参谋孙金鼎为参赞军机大学士，参将严天凤、范友贤为将军，总统左右前锋，留杨国威为城守，即日祃旗，由水路出平乐，抵梧州，会两江兵，齐下广东。所过州县杀官劫库，涂毒生灵。安仁、永明二王舟泊梧江对岸，势甚危迫。两广总制丁魁楚闻报，辄疏奏隆武，即日发兵西上，两军遇于梧江。靖江藩方以征兵不至，彷徨失措，东师骤以巨舰临之，一鼓之间，全军覆没。魁楚起居二王，以捷告，遂进兵追击。靖江既败，辎重国宝尽失于水，左前锋严天凤仅十余人驾塘舟飞渡入桂林城，坚壁不出。金鼎仓惶急遁，止拾一王命牌自持之，由左江奔浔州，谋集兵再举。及至浔，见两江兵艘如栉，问之，云南大参将成大用、三里参将陈邦傅、柳庆参将陈可观，皆奉调出梧勤王之师也。金鼎大喜，盖谓靖江所调之兵已集，又恃陈邦傅为儿女姻，随赴邦傅舟，具告靖江败没状，且议进止。时邦傅赞画胡执恭、毛可求同在席，邦傅起更衣，招执恭谓曰："靖江无为，我等不早计，祸及身矣。今金鼎自速其死，擒而杀之，可以邀大功。"乃出谓金鼎曰："今日之事，大人知之乎？"金鼎曰："已知之，不必言，速沃我酒。"痛饮沉醉，以绳系足，投之水。既死，邦傅取其尸，剖腹实灰，下令各军尽易剿逆红帜，乘夜下梧，谒魁楚。魁楚大喜，录其首功，署征蛮将军，协同东师，前定桂林。及临城，值杨国威旗鼓焦琏与国威不协，密缚国威，并执靖江藩、严天凤，械送军前。邦傅入城安抚，时抚按诸臣虽实不与国威之谋，然无解于靖江藩之变，同执送魁楚营，遣兵卫赴福京。严天凤、杨国威皆弃市，而贬靖江藩为庶人，安置博罗县，既至，随死。于是封参将陈邦傅为富川伯，晋都司；焦琏为都司使。先朝遗旧，纷纷罗织，一时殆尽。

（清）罗谦《残明纪事》

　　广西征蛮将军杨国威拥靖江王乘乱自立，颁伪令至长沙，督师不为礼；至湘阴，总督亦如之。广西巡抚瞿式耜率同副将陈邦傅、参将焦琏讨靖江王并杨国威，杀之。

　　　　　　　　　　　　　　　　　　　　　　　　　　（清）蒙正发《三湘从事录》

　　（隆武元年）秋八月，靖江王自称监国于桂林。

　　王固篡位者，自立后，其嫡嗣同其宗二十余人，上疏告讦，天启、崇祯两朝，迄无宁岁。王厚赂朝贵，以故辄直，王每下讦者于狱。弘光元年二月丙寅，王表贺登极，因奏金、永、连三州皆为土贼所据，抚按匿不以闻。及南郡失守，王遂睥睨神器，以杨国威为大将军，推官顾奕为吏科给事中，臬司曹烨等皆俯首听命，推署僚署有差，檄广左右江四十五洞土狼标勇，自称监国。

　　靖江执广西巡抚都御史瞿式耜囚之。

　　逆藩作难，兵将东。抚臣瞿式耜启以大义，谓之曰："两京继陷，大统悬于一发，豪杰睥睨逐鹿。闽诏既颁，何可自兴内难，为渔人利。"靖怒，使促耜入桂。耜即阴檄思恩参将陈邦傅防梧，又止狼兵勿应靖。靖再遣桂平道井济促耜入，俱弗应。未几，靖提兵至梧，耜坐梧城中，靖竭者促耜朝。耜曰："王也而朝，礼也。"谒者曰："易朝服。"耜曰："王乌用朝服，以常服朝，礼也。"靖知耜不可夺。一日迓耜语，耜未及靖舟，拽上一小艇至，宦官门正刘应科罗之，护卫指挥曹升持刀加耜颈，逼巡抚敕印。耜曰："敕印可刀求耶？"桂推官顾奕遮耜颈，拽过数舟，数仆数起。耜坐，神稍定，曰："我朝廷开府重臣，若欲为帝，曾庐陆之渔户之不若矣。"靖假抚军令入署索敕印，抚军家人疑有变，奉敕印惟谨。靖实恐西抚与东督应，而西抚情形已达，数调兵，兵之羽驰飙矣。用小艇挽耜上桂，塞其舱窦，不令见人，但听水石灏灏声。至桂，闭于王邸，耜日凝坐，不与诸靖人语，诸靖人无敢向耜语者。王邸人进食，抚军未尝食也。先是五月中，抚军知靖藩必有变，先遣标官徐高至桂林，察王动静。高幼子得出入宫中，至是得进饘粥云。

　　广西巡抚遣人福京请乞师。

　　耜以王之立也非序，不劝进。靖变，防御有素，故处之泰然，而夫人邵日夜啼哭，因遣家人周文赍疏，间道至闽，贺上即位，并乞师，曰："岭表居楚豫上游，岭表失则豫无所惮，楚未得通，天下事益不可为矣。臣式耜朝以死，则粤中夕以亡，岂惟一省之忧。"因陈靖江形势有必败状，上大喜。

　　秋九月，思恩参将陈邦傅讨靖江，克之。

　　靖既遣师挟抚军西矣，骤与陈邦傅遇，兵败，返桂。时耜犹着单纱矣，靖送衣服饮食，俱不受。一日，趋耜抚军，令调狼兵。耜曰："戴罪之臣，曷可莅戎事。"瞑目不食，求自毙。诸靖人畏之，送居刘仙岩，距桂城五里许。王符调狼，狼不应。外兵且急，复迓耜入，请还抚军治。耜曰："戴罪之臣，曷可再还抚军治。"送敕印至，耜即免冠南面，拜敕印而受之，诸靖憪然。复请莅事，不答，曰："使往返。"薄暮还治城中，人士始帖然。时湖南列校焦琏为粤西总镇杨国威旗鼓，知所事非正，归抚军，抚军授之以计。会邦傅兵应檄至，琏夜缒城下，入邦傅军，复絙邦傅上城，陴守皆琏兵，随擒国威、顾奕等。五鼓攻靖邸，戒士卒："第求靖江以安人心，他无所扰。"厥明大定，复诚兵将，获鼓惑靖江数人，其外并无侵株。

（隆武二年）二月，广西总制丁魁楚执逆藩靖江归于福京。

委总兵官马吉翔解至建宁行在，王病死。从叛推官顾弈、总兵杨国威等伏诛。

（清）瞿共美《粤游见闻》

（隆武元年）秋八月，靖江王自称监国于桂林。

王故篡位者，自立后，其嫡嗣同其宗二十余人，上疏告讦，天启、崇祯两朝迄无宁岁。王厚贿朝贵，以故辄直。王每下讦者于狱。宏光元年，南都失守，王遂睥睨神器，以杨国威为大将军，推官顾奕为吏科给事中，臬司曹烨等皆俯听命，推置僚署有差。檄柳庆左右江四十五洞土狼标勇，自称监国。

逆藩靖江王执广西巡抚都御史瞿式耜，囚之。

逆藩作乱，兵将东。抚臣瞿式耜启以大义，遥谓之曰："西京继陷，大统悬于一发，豪杰耽耽逐鹿。闽诏既颁，何可自兴内难，为渔人之利。"靖江怒，使促耜入桂。耜即阴檄思恩参将陈邦傅防梧，又止狼兵勿应靖。靖再遣桂平道井济促耜入，俱弗应。未几，靖提兵至梧，耜坐梧城中。靖谒者促耜入朝，耜曰："王也而朝，礼也。"谒者曰："易朝服。"耜曰："王乌用朝服，以常服朝可也。"靖知耜不可夺。一日，迓耜语，耜未及靖舟，拽上一小艇，王宦官门正刘应科罗之，护卫曹升持刃加耜颈，逼巡抚敕印。耜曰："敕印可刀求耶？"桂推官顾奕遮耜项，拽过数舟，数仆起。耜坐，神稍定，曰："吾朝廷开府重臣，若欲为帝，曾庐陵渔户之不若矣。"靖假抚军令入署索敕印，抚军家人疑有变，奉敕印惟谨。靖实西抚与东督应，而西府情形已达，数调兵，兵之羽飙驰矣。用小艇挽耜上桂，塞其舱窦，不令见人，但听水声瀱瀱声。至桂，闭于王邸。耜日凝坐，不与诸靖人语，靖人亦无敢向耜语者。王邸人进食，未尝食也。先是五月中，抚军知靖藩变在目前，先遣标官徐高至桂察其动静，高幼子得出入宫中，至是尝进饘粥云。

广西遣人至福京乞师。

初，耜以上之立也非序，不劝进。靖变，防御有素，故处之泰然，而夫人邵氏日夜啼哭，因遣家人周文赍疏，间道至闽，贺即位，并乞师，曰："岭表居楚豫上游，岭表失，则豫无所惮，楚未得通，天下事益不可为矣。臣耜朝以死，则粤中夕以亡，岂惟一省之忧哉。"因陈靖江形势必败状，上大喜。

秋九月，思恩参将陈邦傅讨靖江，克之。

靖既遣师挟抚军西矣，骤与陈邦傅遇，兵败，返桂。耜九月犹着单纱衣，靖送衣，送饮食，俱不受。一日，促耜抚军令调狼兵，耜曰："戴罪之臣，曷可莅戎事。"瞑目不食，求自毙。诸靖人畏之，送居刘仙岩，距桂城五里许。王符调狼兵，不应。外兵且急，复迓耜入，请还抚军治。耜曰："戴罪之臣，曷可再还抚军治。"送敕印至，耜免冠南面拜敕印而受之。诸靖人为憬然，复请莅抚军事，不答。日使数往返，暮时返抚军治，城中士民始帖然。时湖南列校焦琏为粤西总镇杨国威旗鼓，抚军授之以计，琏奉令惟谨。陈邦傅统兵应檄至。琏夜驰城下，入邦傅军，复邦傅上城。陴守皆琏兵，遂擒国威，顾奕等次第就擒。五鼓，攻靖邸，戒军士第靖江出，以安人心，他无所扰。厥明大定，度师枕上，三条六市之未惊也。复戒兵将，止重蛊惑靖江数人，而外无侵株。是役也，非抚军之忠诚感人，焦琏之速于反正，何能崇朝若此。至今桂人士颂抚军功，靖宗诸子咸感抚军德于不衰。

（隆武二年）二月，两广总制丁魁楚执逆藩靖江王归之福京。

委官总兵马吉翔解至行在，王病死，从叛推官顾奕、总兵杨国威等伏诛。

（清）瞿共美《天南逸史》

忆乙酉岁，王父（瞿式耜）抚粤军，驻节梧州。靖江王亨嘉谋窃神器，自称监国，署置臣僚，桂林、平乐、柳、庆、思、南、太平望风从逆，未受伪命者，止梧、浔二郡耳。王父守节拒抗，密请东师，檄止狼兵，勿应靖调。未几，逆王袭梧，逼王父朝服以朝，不从；逼敕印，不从；加以刀斧，不为动。遂系入一小舟，挽上桂林，幽于邸。家口发置梧州，无许一人随行。省会藩臬，府县僚属，俱先拜伪制，咸目笑抚军为几上肉。幽囚币月，莫敢撄藩怒而一盼者。死事督粮参议同邑王君奕昌，时为都司断事，当逆藩难作之先，诇知阴谋，趋梧陈曲折于王父。及王父被执西上，亦操一小舟相后先。至桂林，不避祸，每日必问候数回，馈食解衣，相对欷歔。

（清）瞿昌文《粤行纪事》卷三

丁魁楚

至南京弘光，则授为两广制台矣。到任以来，惟崇贿赂。留都败时，实通靖江王，后靖藩自洩其机，反为魁楚所缚。隆武晋封平粤伯焉。

（清）华复蠡《两广纪略》

至明年甲申，马士英留都用事，（丁魁楚）竟总制两广。自乙酉二月到任，酷则未有之酷，贪则未有之贪。本年，闻宏光之变，即潜通靖江王，下广举事。靖江王果以桂林推官顾奕为相国，临桂知县史其文为兵尚。八月初七日，立抵端溪。丁魁楚已于初六日拜福建隆武登极诏，随架火炮，碎靖江之船，并擒史、顾二人，解闽省正法焉。

（清）何是非《风倒梧桐记》卷一

粤西省城首郡，实通九府之根本，藩所居之重地，文有抚、按二院、三司、郡邑大小衙门，武有总兵、参、游、都、守、把及各卫所，与诸大省无异。所苦城池湫隘，守御军兵无多，钱粮积蓄有限，百姓贫苦，瑶僮出没，古称边省。自癸未年，林抚院告老回家，久缺巡抚，并郑巡按出巡在外，城中只一靖江王，原是有位无权的，一切钱粮兵马又不与他干涉，文官大者惟存布政关守箴及提学余朝相，武官大者只是总兵杨国威一人而已。此时虽闻有巡抚姓瞿，名式耜，已于崇祯十六年推升出京，还未到任，却在梧州久久居住，不肯赴省。其巡按姓郑，名封，因出巡转回，也住梧州，造册复命。故省城无有主持之官，纵有布政司与那提学道，到底权轻，不是他主持之事，总兵虽握兵权，尚未至于出师临敌之时。惟靖江王素性生来有些好动，又未尝读书，其中用事者又是孙金鼎，此人原是浙江慈溪县人，彼其在京做过当该，刑名、书算、告示、书简之类，无所不能，又且机智敏捷，谋略沉深，从前之事俱他所主。却又没一毫声色，不露半些机锋，在宫潜躲多年，并不出街行走，自从封王之后，方不怕人弄他，且手中大有黄白，方才要结交大人。第此时明朝制度，一切方面官府俱是封锁关防，惟武职衙门稍稍可通消息，因总兵杨国威是南京人，与他浙江相近，又时常进王府相见拜往，金鼎趁势就与他结交，往来渐密，就与他对起儿女亲来。故于此时，每日召请进王府商议，王意欲引明朝祖制有太子监国之事，曰："方今天下无王子，祖向于分封之日，以粤西烟瘴，不愿就封，马皇后慰之使行，于是以东宫仪卫赐之。目今东宫无人，予不俨然东宫乎？太子监国，自是祖宗成宪，有何不可。"国威虽是武官，然于气质容貌、辞令应对之间，反是从容不迫，大类文人，又是久历宦途。至此八座诸谏世故，遂就不敢别出意见，依着王言道："千岁所见是也。"谋意既定，拟着依此而行。惟孙金鼎是个舞文弄法之吏，虽粗知文理，狡猾奸顽，却未从事诗书，怎知大义所在，又不幸遇着桂林府新任推官姓顾名奕，也是南京举人，少年喜事，未免与孙金鼎是一条路上之人，同齐商议，胡思妄想，侈大崇高，同口赞勷，着力怂恿。一时王心不耐蛊惑，见他说得十分容易，津津有味，高兴起来，不觉手舞足蹈，畅满心怀，居之不疑，自以为是。在金鼎、顾奕，亦只痴心妄想高爵大位，却将王命传于外面众官，教他们上本劝进。众官与总兵私议，只是说太子监国，从事这个还是正经，议论颇觉使得，故同时进劝，至再而三，定以乙酉秋八月初三日。至期五鼓，各官趋进，见王服着黄袍，南面而坐，丹墀之下，众官拜舞嵩呼万岁起来，各官面面相觑，似觉有所不安，殊多羞涩之态，未免有些怀忧。及至唱名升擢官员之际，至东阁大学士孙金鼎、翰林修撰顾奕，众官愈羞愧无地矣。

却说靖江王原是南昌王嫡亲苗裔，当日起念，也只是要以监国为名，求合祖制。不料孙金鼎辈，一心妄想，希图大事。虽然颁诏，却喜不曾改了年号，故凡用年月，只称洪武二百八十七年，依然还以藩王体统行事。只为粤西地方狭小，兵马钱粮，件件有限，难以为守，立志要下广东，先到肇庆，会同两广，商议而行，以观天下形势，以为保守之资，故于八月十五日起行。此时两广地方还是一家之人，并未防有相杀之事，故所部兵不过千数，其宗室子弟选充亲兵者五百人。不料数日到了梧州，有两广姓丁名魁楚，差官由水路而来，船头一牌上写"恭迎睿驾"四字，又有精兵数千，水陆并进，俱近梧州两崖驻扎。初犹以为好意，慢作商量，及至数日，见广西巡抚瞿式耜、巡按郑封俱在梧州，并不来朝见。若论明朝典制，就是朝廷大臣也要行君臣之礼，礼毕方才命坐待茶。今见抚、按两院都是广西的官，尚抗拒藉此，未免动些声色，意欲转回。忽江边放炮呐喊，打起仗来，一时措手不及，被广兵杀了多人，一顿败走，各不相顾，将船上所载之物抛弃一空，被广兵抢掠罄尽。王与数人逃往间道，由五屯所、永安、荔浦一带山路连夜奔回，惟孙金鼎原与浔梧参将陈邦傅交厚，因邦傅是浙江人，宦途势力之交非止一日，金鼎以为腹心，一时急难，投奔他去，只靠他为泰山，望日后还有无限好处。相见之顷，十分亲热，款待优隆，放下心住。谁知两广如此举动，原来是福建绍武府已立了隆武，是唐王子孙，故此时各事其主，各图功名，即同是明朝之君，亦不相认，这个也是天无二日，民无二王，怎么容得情面。自是于靖江王逃回之后，于两广遍行文书，缉拿孙金鼎一班之人，文行到浔梧，参将陈邦傅原是杀人媚人之徒，无不以为奇货可居之理，想着功名，还得什么朋友，爬不得拿来献功请赏。就将金鼎赚在舟中，叫人下手把石灰淹了，解到两广，识认明白，就赏了功。一面就令陈邦傅带兵，上广西省城捉靖江王。

先是，瞿式耜抗拒不朝，捉在舟中，也不伤他，只叫他先回省城，上巡抚之任，所以瞿抚先在城中。广兵临城，杨总兵叫闭城门，令旗鼓焦琏督兵守御。这焦琏原是边上大同人，在北京衙衙走动，因总兵赴任，招他长随，就是他家之人了，及至到此，无人知道，喜他有用，就把他署作旗鼓也。也是冤家凑头，不想孙金鼎与杨总兵对了亲家，常常来来往往，焦旗鼓不曾小心，就怪在腹里。因焦旗鼓差上北京，久日不回，其妻術院出身，在家有些走动，早有人传与金鼎。忽一日，金鼎在外人家饮酒，夜深回家，亲见焦琏妻子打总兵府灯笼黉夜行走，对面撞着。次日，说与杨总兵太太知道，将焦琏妻子唤进，打了两掌，臭骂一顿。后来焦旗鼓回，妻说起，切齿怨恨。陈邦傅督兵至赤土堡，先着一人将脚上鞋底割开，藏书一封，一与瞿抚，一与焦琏。陈、焦二人亦是平日相与至厚，又加之以切齿怨雠，如何不报。故于攻城之时，内外俱放空铳，杨总兵刚才上城，遂变旗鼓擒缚，大开城门，放兵直入。惟王府城门坚闭谨守，旗鼓之兵有作内应者，仍作内应，将王擒了。可惜一十四代传国宝玩，抢掠一空。不日将王及总兵杨国威、推官顾奕做起囚画，解送福建，处治死了。将亨歅放出禁场，后封为王。

却说丁魁楚是个封疆大臣，只知因功名，为身家，全躯以保妻子，却不从太子之天下起见，君臣之大义存心，斯民之利害用意，倚着他有利有势，就将一个藩王这等轻易冤惨死了。及福建失守，只在肇庆，有如丧家之狗。后来抄家之罪，亡身之惨，未必不是报应。

（清）雷亮功《桂林田海记》

粤西有靖江王者，八月称监国，隆武诏至，不服，举兵将东。广西巡抚瞿式耜移书总制丁魁楚为备，又檄思恩参将陈邦傅防梧，再檄星调兵止狼勿靖应。靖遣桂平道井侪促式耜入，式耜不允。未几，靖提兵至梧，命式耜易朝服朝，式耜不从，且以兵胁之，卒不可夺。靖兵寻为丁兵战败，返桂。时宣国公焦琏为粤西总镇杨国威旗鼓，式耜授计于琏，而邦傅亦应檄统兵至，并受令，随擒靖江王及国威与吏科给事中顾奕等。械至福州，王与国威、奕俱斩于市。

（清）邹漪《明季遗闻》卷四

辨亡论·三闽广

明之南渡，弘光而下至于闽广，有五立焉。郑芝龙立隆武于闽，权出郑氏，衣冠狼藉，为士英之续，弃主而去，撤兵来归，闽亡。张国维立鲁王于浙，称监国，不奉闽，大兵渡江，国维死之，鲁遁。瞿式耜、李永茂立永历于粤西，何吾驺立绍武于东粤，靖江王自号监国。其后靖江为式耜所擒，东粤随去，维西粤历时最久。

（清）彭而述《明史断略》卷四

杀靖江王

时粤西有靖江王者，八月称监国，隆武诏至不受，举兵将东。广西巡抚瞿式耜知之，移书两广总制丁魁楚为备，又檄思恩参将陈邦傅防梧，再檄星调兵勿应靖。靖江遣桂平道井侪促式耜入，式耜不允。未几，靖江提兵至梧，命式耜易朝服朝，式耜不从，且以兵胁之，卒不可夺。靖江兵寻为丁兵战败，还桂。时宣公焦琏为粤西总镇杨国威旗鼓，式耜因密授计于琏，而邦傅亦应檄统兵至，并受令，遂擒靖江王及国威与吏科给事中顾奕等。械至福州，奉旨斩于市。

（清）计六奇《明季南略》卷七

丁魁楚履历

乙酉七月，闻南京陷，即潜通靖江王，约期定计下广举事。王果以桂林推官顾奕为相，临桂知县史其文为大司马，八月七日直抵肇庆。魁楚已于初六日拜隆武登极诏矣，遂发大炮击碎王舟，袭其所载，执王并擒顾、史二人解闽京，俱论叛逆诛之。

（清）计六奇《明季南略》卷九

科道击陈邦傅

行在科道两衙门迎合彭年、元胤意，正月、二月，以攻陈邦傅为正课，其余国政无人谈及。陈邦傅者，浙南处州府人，崇祯末年广西总兵，隆武二年春持征蛮将军印。……丙戌之夏，亦预谋靖江王下广事，幸未助，今竟谓"浔、庆、南、太，未经薙发，勋比汾阳"，借以陵人，不亦诬乎。

（清）计六奇《明季南略》卷十二上

稼轩瞿相公传

公之出持粤西也，以瘅徽稍稍远引耳。抵粤西，留都变矣。福州称天兴府，隆武甫颁诏，而靖江王以桂林称兵矣。公在苍梧，其牙爪挟公以上，百计要胁，公虽鼎镬不为动。密致征蛮将军，外合端州兵而平之，公功甚大。

（清）方以智《浮山文集前编》卷九《岭外稿下》

南都之覆，亨嘉起兵据桂林，自称监国，两广西总制丁魁楚执之，以献于福建，遂为唐王所诛。

（清）万斯同《明史》卷一五二《诸王上》

思文即位于闽

粤西靖江王闻南都变，起义兵。隆武诏至，不服。巡抚瞿式耜移书两广总督丁魁楚为备，又檄思恩参将陈邦傅防梧。有焦琏者，为广西总镇杨国威旗鼓，式耜授计于琏，同邦傅擒靖江王及国威、吏科顾奕等。械送天兴，骈斩于市。

（清）林时对《荷锸丛谈》卷四

南都既破，天下旧臣遗老，志不忘明者，皆辅明之余孽，以冀中兴。于是赵王起于太湖，义阳王起于崇明，桂王起于广西（号兴隆），潞王起于杭州，靖江王称监国，保宁王起于河南，罗川王、永宁王起于湖东，益王集二十人起兵，东王、瑞王、安仁王、永明王、德化王、安东王、晋平王纷纷不靖。

（清）韩菼《江阴城守纪》卷上

江南既破，唐王立于闽，广西为靖江王亨嘉封国，举兵争立，遣使来召式耜。式耜拒不往，乃劫之去，幽于邸第。式耜密约总督丁魁楚，檄思恩参将陈邦傅邀于苍梧，败之，亨嘉奔回桂林。其大帅杨国威部将焦琏，素有忠义，式耜阴与之合。及魁楚等围城，琏缒以下，与诸将盟，登城破之，遂执靖江王。

（清）温睿临《南疆逸史》卷二一《列传十七》

（隆武元年八月）是月，粤西靖江王亨嘉自称监国于桂林，号桂林为西京。初，靖江篡位自立。其后，嫡嗣及其宗二十余人上疏告讦，天、崇两朝迄无宁岁。王厚赂朝贵，以故辄直王，而下讦者于狱。南都建号，王表贺登极，因伪奏全、永、连三州为土贼所据，抚按匿不以闻。又南都坠毁，王遂睥睨神器，以总兵杨国威为大将军，推官顾奕为吏科给事，臬司曹烨等皆俯首听命，推置僚属。会闽诏至，不受。将发兵至梧州，抚臣瞿式耜移书总制丁魁楚为备，且檄思恩参将陈邦傅防梧，又止狼兵勿应靖。于是以大义启靖江曰："两京相继陷，大统悬于一发，豪杰睥睨逐鹿。闽诏既颁，何可自兴内难，为渔人之利？"靖江怒，遣桂道井济促式耜入桂，弗应。未几，靖江提兵至梧，式耜坚坐梧城，靖江谒者促式耜朝，式耜曰："王也而朝，礼也。"谒者曰："易朝服。"式耜曰："王乌用朝服，以常服朝，礼也。"靖江知式耜不可夺。一日，迓式耜语，式耜未及靖江舟，忽拽上一小艇，靖江宦官门正刘应科罗之，护卫指挥曹升持刀加式耜颈，逼巡抚敕印。式耜曰："敕印可刀求耶？"桂推官顾奕遮式耜项，拽过数舟，数仆数起。式耜坐，神稍定，曰："我朝廷开府重臣，若欲为帝，曾庐陵渔户之不若矣。"靖江假抚军令入署索敕印，抚军家人疑有变，奉敕印惟谨。靖江实虑西抚与东督应，而西抚情形已达数周，促兵之羽飙驰矣。靖江乃用小艇挽式耜上桂，塞其舱窦，不令见人，但听水石瀺灂声。至桂，闭于王邸，式耜日凝坐，不与诸靖人语。王邸人进食，式耜未尝食也。先是五月，式耜知靖江必有变，先遣标官徐高至桂察王动静，高幼子得出入宫中，至是得进饘粥云。……式耜以隆武之立也非序，故不劝进。且素防靖江有变，处之泰然，而式耜夫人邵昼夜啼泣，因遣家人周文赍疏至闽，贺帝即位，并乞师，曰："岭表居楚豫上游，岭表失，则豫无所惮，楚未得通，天下事益不可为矣。臣式耜朝以死，则粤中夕以亡，岂惟一省之忧。"又陈靖江形势有必败状。及靖江挟式耜而西，将逼广东，九月，丁魁楚、陈邦傅讨靖江，败之。靖江返桂时已深秋，式耜犹著单纱衣，靖江送饮食及衣，俱不受。一日，趣式耜抚军，令调狼兵。式耜曰："戴罪之臣，曷可莅戎事。"瞑目不食，求自毙。诸靖人畏之，送居刘仙岩，距桂城五里许。靖江以符调狼，狼不应。外兵且急，复迓式耜入，请还抚军治。式耜曰："戴罪之臣，曷可再还抚军治。"送敕印至，式耜免冠南面拜而受之，诸靖人为憮然。复请莅抚军事，不答，日使数往返，薄暮还抚军治，城中人士始帖然。时湖南列校宣国公焦琏为总镇杨国威旗鼓，知所事非正，阴归抚军，抚军授之计。会陈邦傅兵亦应檄至，琏夜缒城下，入邦傅军，复绹邦傅上城，陴守皆琏兵，随擒国威、顾奕等。五鼓，攻靖邸。戒军士第擒靖江，以安人心，他无扰。厥明大定，诚兵将除蛊惑靖江者数人外，无侵株。

（清）三余氏《南明野史》卷中《绍宗皇帝纪》

弘光元年乙酉，夏五月，清师下江南。六月，唐王监国福州。八月，诏至桂林，封永明为桂王。

时靖江王亨嘉密与参谋孙金鼎议以勤王为辞，遍檄四方，调集汉土官兵。又强劫抚镇三司瞿式耜、于元烨、张同敞、郑封及杨国威等劝进监国表。诸臣力谏，不听。又虑迟疑生变，于是即将藩卫及先至狼兵共万余人，立谕藩府文武，于靖江府临朝称贺。是日，加孙金鼎为参赞军机大学士；加参赞严天凤、范友贤为将军，总统左右前锋；留杨国威为城守。即日誓众兴师，由水路出平乐，抵梧州，杀官劫库。于是，桂府两王舟泊梧江，方在危急，而广督丁魁楚已飞奏闽中，即发兵西上梧江。靖藩见所调兵不至，彷徨无计。西兵小棹，东师巨舰，一鼓之间，全军丧没。魁楚传令收兵，恐惊桂府，亲来朝慰。靖藩即败，与前锋严天凤等十余人驾小塘舟飞渡桂林，坚壁不出。令孙金鼎上浔州催兵应援，及抵浔州，遇参将陈邦传等奉调勤王，率师东指。邦传与金鼎为儿女姻，金鼎以为救援有人矣，乃告以靖江败状。邦传宴之，时参画胡执恭、毛可求同席。酒半，邦传起更衣，招执恭进密室，谓曰："今者靖江无谋，动取败衄。我等若少依违，祸不旋踵矣。幸金鼎自来送死，乘此擒戮，以邀大功，何愁富贵耶？"计定，复即席，谓金鼎曰："今日之事，大人知之乎？"金鼎曰："已知之，不必言。"再饮，沉醉，投金鼎于水。邦传秘之，取其尸，擦灰包扎讫，即传谕各兵艘，悉改剿逆红旗，即夕解功至梧州。魁楚大喜，叙以首功，委镇征蛮将军，协同东师，前定桂林。临城之日，杨国威旗鼓焦琏者，与国威不协，乃密令所部缚国威及严天凤等，械送军前。囚至两广，魁楚即命传赴福京。后得旨，严天凤、杨国威处斩，贬靖江为庶人，安置广东博罗县，未几，病死。

（清）三余氏《南明野史》卷下《永历皇帝纪》

（大清顺治二年）八月庚辰朔。靖江王亨嘉，自称监国于桂林。亨嘉，太祖从孙靖江王守谦十一世孙，崇祯中袭封。闻南京破，谋僭号，招集诸蛮起兵。

亨嘉，系高皇帝侄文正裔，故名不用金木五行。以支庶篡立后，嫡嗣同宗室二十余人上疏告讦，启、祯两朝，迄无宁岁。王厚贿权要，以故辄直王，每下讦者于狱。及南都变，王遂睥睨神器，以总兵杨国威为大将军，推官顾奕为吏科给事中，臬司曹烨等皆俯首听命，推置僚司，据有桂林。闽中颁诏至，不受，密与参谋孙金鼎以勤王为辞，遍檄四方，调集汉土官兵，檄柳庆左右江西四十五洞土狼标勇自卫。

（初四日）广西巡抚瞿式耜甫抵梧州而南京破，靖江王亨嘉召之，式耜拒不往，檄思恩参将陈邦传助防止狼兵，勿应亨嘉调。

式耜移书总制丁魁楚为备，又以大义启靖江王曰："两京继陷，大统悬于一发，豪杰耽耽逐鹿，闽诏既颁，何可自兴内难，为渔人利？"靖江得书大怒，遣桂平道井济，促式耜赴桂林任，式耜不应。

（十五日）靖江王亨嘉至梧，劫瞿式耜幽之桂林，遣人取其敕印。初，式耜议立桂恭王子安仁王，及唐王监国，式耜以为伦序不当立，不奉表劝进，至是为亨嘉所幽，乃遣使贺王，因乞援。

亨嘉恐迟疑生变，即将藩卫并先至狼兵共万余人，立谕藩府文武，于靖江府临朝称贺，号桂林为西京，加孙金鼎为参机大学士，参赞；严天凤、范友贤为将军，总统左右前锋；留杨国威为城守，即日誓众兴师，由水路出平乐，抵梧州，杀官劫库。式耜坚坐梧城，靖江谒者促式耜朝，式耜曰："王也而朝，礼也。"命易朝服，式耜曰："王也何用朝服，以常服朝，礼也。"亨嘉知式耜不可夺。一日迓式耜，式耜未及靖江舟，忽拽上一小艇，宦官刘应科、罗之、曹升持刀加颈，逼巡抚敕印。式耜曰："敕印可刀求耶？"顾奕遮式耜项，拽过数舟，数仆数起。式耜坐，神少定，曰："我朝廷重臣，若欲为帝，曾庐陵渔户之不若矣！"亨嘉假式耜令入署索敕印，式耜家人恐有变，与之。亨嘉用小艇挽式耜上桂，塞其舱窦，不令见人。至桂，闭于王邸。式耜日凝坐，不与诸靖人语。进食，亦不食。会先遣标官徐高幼子得入宫中，日进膻粥。夫人邵氏昼夜啼泣，遣家人周文赍疏至闽，贺唐王即位，并乞师，曰："岭表居楚豫上游，岭表失，则楚豫无所惮，楚未可通，天下事益不可为矣。臣式耜朝以死，则粤中夕以亡，岂惟一省之忧。"因陈靖江形势有必败状。

靖江返桂时已深秋，式耜犹着单纱衣，靖江送饮食、衣服，俱不受。一日，促式耜抚军，乞调狼兵，式耜曰："戴罪之臣，曷可莅戎事？"瞑目不食，求自毙。诸靖人畏之，送居刘仙岩，距桂城五里。

（九月己酉朔）贵州巡抚范矿进《拱戴疏》。王以矿不受靖江王伪诏，且厉兵固围，嘉其忠义，加右都督。

（清）李天根《爝火录》卷十二

（大清顺治二年冬十月己卯朔）靖江王将逼广东，总督丁魁楚飞章闽中，即发兵西上梧江，参将何兆宁悉藏哨船，以渔艇数十溯流火攻，破之。

靖江王既为何兆宁所败，调狼兵又不至，彷徨江上，所部兵皆小棹，丁魁楚以巨舰乘之，一鼓而全军尽歼。亨嘉与前锋严天凤等十余人，驾小塘舟飞渡入桂林，坚壁不出。

《甲乙史》云：南京失守，丁魁楚即潜通靖江王，约期定计下广举事。靖江果以桂林推官顾奕为相国，临桂知县史其文为大司马，直抵肇庆。魁楚已拜隆武登极诏，随驾大炮碎靖江舟，袭取其所载金银珠宝无算。

（十一月初九日）总督丁魁楚檄思恩参将陈邦传等袭桂林。

靖江王令孙金鼎上浔州催兵应援，遇参将陈邦传等奉调勤王，率师东指。邦传与金鼎为儿女姻，金鼎以为应援有人矣，乃告以靖江败衄状，邦传宴之。时参画胡执恭、毛可求同席，酒半，起更衣，邦传密语执恭曰："靖江无谋，动辄败衄，我等若少依违，祸不旋踵矣。幸金鼎自来送死，乘此擒戮，以邀大功，何愁不富贵耶。"计定，复即席，醉而投之水，仍取其尸，擦灰包扎，即传谕各舡易剿逆旗帜，解功至梧州。广督丁魁楚大喜，叙以首功，官征蛮将军，协东师前赴桂林。

（十二月二十六日）靖江王亨嘉势窘，乃释瞿式耜。式耜与中军官焦琏，召陈邦传共执亨嘉，丁魁楚以捷闻。

丁魁楚遣陈邦传及赵德骊、严遵诏、马吉翔等讨亨嘉，亨嘉窘，甚蹙，复迓式耜入，请还抚军治。式耜曰："戴罪之臣，曷可还抚军治。"送敕印至，式耜免冠南向，拜而受之。诸靖人请速出治事，檄止东师，式耜不答。日数使往返，薄暮还抚治，而东师已抵城下。式耜阴结杨国威标将焦琏与邦传等合，守城者皆琏兵，邦传缒而入，同攻靖邸。式耜戒军士，第求靖以安人心。遂俘亨嘉及杨国威、顾奕、史其文等，并收捕蛊靖江者数人，其外一无株连。

（清）李天根《爝火录》卷十三

（大清顺治三年）二月戊寅朔，唐王废靖江王亨嘉为庶人。

丁魁楚遣总兵马吉翔械亨嘉及杨国威、顾奕、史其文等至建宁行在，帝命楚、淮诸王会议，免为庶人，安置连江。敕奉新王严加钤束，不许令见一人，透出一字。若有毫厘疏虞，地方官从重加责，王亦无所辞。寻命掌锦庆卫事王之臣缢杀，托言暴疾死。戮杨国威、顾奕、史其文等于市。

（清）李天根《爝火录》卷十四

明末僭号者多疏属

明末，自福王失国后，诸僭号者多系疏属。鲁王以海，则太祖子鲁王檀之裔孙也。崇祯末，转徙台州，张国维等奉之监国于绍兴。后遁入海，泊舟山；又窜闽之金门，为郑成功所沈。唐王聿键，亦太祖子定王桱之裔孙也。崇祯末，以擅举兵勤王，废锢高墙。福王立，赦出。南都不守，苏观生、郑鸿逵奉之入闽监国，年号隆武，为我朝兵所执。其弟聿𨮁复立于广州，年号绍武，亦为我朝兵所执。又唐王监国时，先有靖江王亨嘉，自立于广西，则太祖从孙守谦（朱文正之子）之裔孙也，为巡抚瞿式耜所诛。又有朱容藩，自称楚世子，天下兵马副元帅，据夔州（《吕大器传》）。范文光、刘道贞等，奉镇国将军朱平槵为蜀王（《樊一蘅传》）。未几，皆败没。统计此数人，于崇祯帝已极疏远，本不宜僭号而妄冀非分，宜其速败也。

（清）赵翼《廿二史札记》卷三六

瞿式耜，字起田，常熟人。崇祯十七年，福王立于南京，八月起式耜应天府丞，已擢右佥都御史，代方震孺巡抚广西。明年夏，甫抵梧州，闻南京破，靖江王亨嘉谋僭号，召式耜，拒不往，而檄思恩参将陈邦傅助防，止狼兵勿应亨嘉调。亨嘉至梧，劫式耜，幽之桂林，遣人取其敕印。初，式耜议立桂端王子安仁王，及唐王监国，式耜以为伦序不当立，不奉表劝进，至是为亨嘉所幽，乃遣使贺王，因乞援，王喜。而亨嘉为丁魁楚所攻，势窘，乃释式耜。式耜与中军官焦琏召邦傅，共执亨嘉，乱遂定。（《明史·列传》）

（清）嘉庆《临桂县志》卷二七《宦绩》

顺治二年乙酉秋八月，明靖江王亨嘉谋称监国，以兵徇广东，明总督丁魁楚逆击于府江，败擒之。

初，明太祖封其兄孙守谦于桂林，是为靖江王，至亨嘉十一世。亨嘉性阴狠好事，闻大兵下江南，遂怀异志。其客孙金鼎，本刑部书吏，以事充柳州卫军，夤缘入王府，有机智，亨嘉昵之。至此，与谋监国。总兵杨国威，金鼎儿女姻也，阴相结纳。遂以八月初三日，俟各官入朝，胁之拜舞，呼万岁。时巡抚瞿式耜、巡按郑封俱在梧州城中，惟布政关守箴、提学余朝相皆从之，称洪武二百八十七年。以广西不可守，谋趋广东。令杨国威留守桂林，檄思恩参将陈邦傅，假以总兵官，会于梧州。籍兵千余人，选宗室五百人为亲军，于十五日东行。比至梧，抚按皆不朝，王怒，执瞿式耜。会总督丁魁楚以兵来，逆击王于府江，王寡众不敌，遂败。盖其时唐王聿键僭称隆武，立于闽，魁楚已奉其号矣。王狼狈由五屯所、永安、荔浦取间道奔归桂林，闭城为保守计。释式耜，使任事。金鼎兵败，投邦傅，邦傅诱杀之。魁楚遂命以兵蹴王于桂林，屯赤土堡。邦傅素与国威旗鼓焦琏善，遣谍以书，约为内应，并以书通式耜。琏，大同人，或云国威假家，或云其家丁也。其妻夜行，为主母责，因衔国威。至是得书，许之，与式耜相谋，俟国威上城守御，璇乘间缚之，开城纳邦傅兵，遂攻王宫，并擒王，以槛车献聿键，杀之。

（清）嘉庆《临桂县志》卷三二《兵事》

（崇祯九年八月）是月，靖江王亨嘉僭号桂林，执巡抚瞿式耜幽之。两广总督丁魁楚遣参将陈邦傅往讨，式耜潜与合谋，擒亨嘉并其党，槛送福京。

（清）徐鼒《小腆纪传》卷三《纪第三·隆武》

靖江王亨嘉，太祖嫡兄南昌王兴隆之裔也。初亨嘉以庶子袭封，其嫡偕宗人疏讦之，历天启、崇祯两朝，狱未具。亨嘉厚赂朝贵得直，而下讦者于狱。弘光元年，表贺登极，因劾奏永、金、连三州为土贼所据，抚按匿不闻状，遂窃据三州，驻桂林。及南都陷，亨嘉睥睨神器，以其党总兵杨国威为大将军，推官顾奕为吏科给事中，臬司曹烨等俯首听命。檄广西左右两江土狼四十五洞标勇，自称监国。隆武帝诏至，不受。举兵而东，事败，械至福州，废为庶人，以幽死，党与皆伏诛。

（清）徐鼒《小腆纪传》卷九《列传二·宗藩》

隆武帝建号福州，靖江王亨嘉不拜即位诏，自称监国，举兵将东。式耜移书责之曰："两京继覆，大统悬于一发，豪杰睥睨逐鹿。闽诏既颁，何可兴难为渔人利？"又移书总制丁魁楚为之备，而阴檄思恩参将陈邦傅防梧，止狼兵勿应亨嘉调。亨嘉再遣桂林道井济促式耜入桂林，俱弗应。亨嘉至梧，谒者促式耜入朝，式耜曰："王也而朝，礼也。"谒者曰："易朝服。"式耜曰："王乌用朝服，以常服，礼也。"一日，迓式耜语，挟之登小艇，指挥曹升持刀加颈，索敕印，拽过数舟，数仆数起。坐稍定，曰："敕印可刀求邪？我开府重臣，若欲为帝，曾庐陆之渔户不若矣。"亨嘉既不获敕印，而魁楚兵且至，乃挟式耜上桂林，塞其舱窦，不令见人。至则闭之王邸，式耜日凝坐，不与邸人语，进之食，亦不食。

初，式耜以隆武之立也非序，不劝进。夫人邵氏在幽所日夜哭，因遣家人赍疏间道至福州，贺即位，并乞师，曰："岭表居楚豫上游，岭表失，则豫无所惮，楚未得通，天下事益不可为矣。臣式耜朝以死，则粤中夕以亡，岂惟一省之忧。"因陈亨嘉有必败状，上大喜。会丁魁楚遣陈邦傅进讨，亨嘉与战而败，返桂林，馈式耜衣服、饮食，瞑目不应，乃送式耜于距城五里之刘仙岩。而以王符调狼兵，不应。邦傅攻之急，乃复迓式耜入，返其敕印。中军官焦琏为亨嘉党总兵杨国威旗鼓，密输款于式耜，夜缒城入邦傅营，合谋擒亨嘉并国威、推官顾奕，槛送福州。

（清）徐鼒《小腆纪传》卷二八《列传二一》

乙酉八月，靖江王亨嘉拒隆武帝登极诏，自称监国，国威从逆，幽巡抚瞿式耜于桂林。总督丁魁楚遣思恩参将陈邦傅讨之，亨嘉战败，退入城。国威偕琏来援，入城守。琏素善式耜，且知亨嘉不义。夜缒城出，与邦傅定计，复缒城入，执亨嘉、国威等送福州，乱遂定。

（清）徐鼒《小腆纪传》卷三六《列传二九》

（顺治二年八月）明靖江王亨嘉僭号于桂林，执广西巡抚瞿式耜幽之。

靖江王者，太祖嫡兄南昌王兴隆之裔也（考曰：本明史世表、诸王列传，南略以为太祖甥朱文正裔，大谬。兴隆子文正从太祖有功，未封卒，其子守谦始封靖江王）。亨嘉以庶子袭封，其嫡嗣偕宗人疏讦之，历天启、崇祯两朝，狱未具，亨嘉厚赂朝贵，以故辄直亨嘉，而下讦者于狱。弘光元年二月，亨嘉表贺登极，因劾奏永、金、连三州皆为土贼所据，抚按匿不以闻。及南都失守，亨嘉遂睥睨神器，以其党总兵杨国威为大将军，推官顾奕为吏科给事中，推署僚佐有差。檄广西左右江四十五洞土狼标勇，自称监国。隆武诏至，不受，举兵将东。抚臣瞿式耜之任，抵梧州，移书责之曰："两京继覆，大统悬于一发，豪杰睥睨逐鹿。闽诏既颁，何可自兴内难，为渔人利？"移书总制丁魁楚为之备，而阴檄思恩参将陈邦傅防梧，止狼兵勿应亨嘉调。亨嘉至梧，谒者促式耜入朝，式耜曰："王也而朝，礼也。"谒者曰："易朝服。"式耜曰："王乌用朝服，以常服，礼也。"一日，迂式耜语，挟之登小艇，指挥曹升持刀加颈，索敕印，拽过数舟，数仆数起。式耜坐稍定，曰："敕印可刀求邪？我开府重臣，若欲为帝，曾庐陆之渔户不若矣。"亨嘉既不获敕印，而魁楚兵且至，乃挟式耜上桂林，塞其舱窦，不令见人。至则闭之王邸，式耜日凝坐，不与邸人语。进之食，亦不食。初，式耜知亨嘉之必乱也，遣标官徐高察动静，高幼子得出入宫中，进饘粥焉。

明广西巡抚瞿式耜以参将陈邦傅、中军官焦琏讨亨嘉，擒之，械送福州。

初，式耜以隆武之立也非序，不劝进。夫人邵氏在幽所，日夜哭，因遣家人赍疏间道至福州，贺即位，并乞师，曰："岭表居楚豫上游，岭表失，则豫无所惮，楚未得通，天下事益不可为矣。臣式耜朝以死，则粤中夕以亡，岂惟一省之忧。"因陈亨嘉有必败状，王大喜。会丁魁楚遣陈邦傅讨亨嘉，亨嘉与战而败，返桂林，馈式耜衣服、饮食，瞑目不应，乃送式耜于距城五里之刘仙岩，而以王符调狼兵，不应。邦傅攻之急，乃复迂式耜入，返其敕印。时城守中军官焦琏为杨国威旗鼓，而密输款于式耜。式耜密遣琏夜缒城入邦傅营，复缒邦傅入擒亨嘉并国威、顾奕等，械送福州。

（清）徐鼒《小腆纪年附考》卷十一

（顺治三年二月）明废亨嘉为庶人，其党皆伏诛。

亨嘉俘至行在，下诸王议，废为庶人，以幽死。其党推官顾奕、总兵杨国威等皆伏诛。封丁魁楚平粤伯，加瞿式耜兵部侍郎。

（清）徐鼒《小腆纪年》卷十二

明瞿公稼轩小传·赵炯

乙酉八月，靖江王作难，称监国，不受隆武诏。公移书于总制丁魁楚为备，又檄思恩参将陈邦傅防梧。靖江遣桂平道促公入藩府，不允。靖江提兵至梧，命公易朝服朝，不从。且以兵胁之，卒不可夺。靖江寻为丁所败，返桂林，闭公于藩邸。公密授计于总镇杨国威旗鼓焦琏，擒之，及其党械福州斩于市。粤西以宁。

（清）光绪《临桂县志》卷十五《建置志三》

国朝世祖章皇帝顺治二年秋八月，明靖江王亨嘉谋称监国，以兵徇广东，明总督丁魁楚逆击于府江，败擒之。

初，明太祖封其兄孙守谦于桂林，是为靖江王，至亨嘉十一世。亨嘉性阴很好事，闻大兵下江南，遂怀异志。其客孙金鼎，本刑部书吏，以事充柳州卫军，夤缘入王府，有机智，亨嘉昵之。至此，与谋监国。总兵杨国威，金鼎儿女姻亲也，阴相结纳。遂以八月初三日，俟各官入朝，胁之拜舞，呼万岁。时巡抚瞿式耜、巡按郑封俱在梧州城中，惟布政关守箴、提学余朝相皆从之，称洪武二百八十七年。以广西不可守，谋趋广东，令杨国威留守桂林，檄思恩参将陈邦傅假以总兵官，会于梧州。籍兵千余人，选宗室五百人为亲军，于十五日东行。比至梧，抚按皆不朝，王怒，执瞿式耜。会总督丁魁楚以兵来逆击王于府江，王寡众不敌，遂败。盖其时唐王聿键僭称隆武，立于闽，魁楚已奉其号矣。王狼狈由五屯所、永安、荔浦取间道奔归桂林，闭城为保守计。释瞿式耜，使任事。金鼎兵败，投邦傅，邦傅诱杀之。魁楚遂命以兵蹑王于桂林，屯赤土堡。邦傅素与国威旗鼓焦连善，遣谍以书，约为内应，并以书通式耜。连，大同人，或云国威债家，或云其家丁也。其妻夜行，为主母责，因衔国威。至是得书，许之，与式耜谋，俟国威上城守御，连乘间缚之，开城纳邦傅兵，遂攻王宫，并擒王，以槛车献聿键，杀之。

（清）光绪《临桂县志》卷十八《前事志》

顾奭，字澹石，昆山举人，崇祯十五年知县事。时矿夫万余过县，欲掠城，奭措置得宜，遂解去。靖藩监国，持大义，不往，事果败，奭亦解官归，人服其先知。

（清）光绪《恭城县志》卷三《宦绩》

附　嗣子朱若极（石涛）

哭大涤子

凋丧关天意，憝遗惟有君。亲贤瞻隔代，书画震空群。忽又惊星殒，阴霾接楚云。（前年八大山人死）

谁意君先我，翻教我哭君。悲歌十年共（交恰十年），泉壤一朝分。凄绝山阳笛，何堪落日闻。

变态穷秋菊，幽怀晚更贞。何期展绝笔，莫改信交情。倘不三生昧，他时共证明。（遗命《墨菊》十幅相赠，穷极变态，乃其绝笔）

往日招寻惯，孤楼夹两城。里言难众喻，狂赏出心诚。从此西州路，含悲那忍行。

（清）李驎《虬峰文集》卷七

清湘子六十赋赠

清湘仙客隐河滨，筇杖初扶指使辰。耆旧天潢留一老，丹青神品足千春。名登玉牒伤孩抱，迹托黄冠避劫尘。沧海纵教深复浅，碧筒常醉莫辞频。

神交自昔老招寻，手握心倾喜不禁。三绝画图频拜赐，五言诗句每联吟。县弧怜我年逢甲，出腋知君岁在壬。俱是烈皇宵旰日，只今追忆感弥深。

（清）李驎《虬峰文集》卷九

大涤子传

大涤子者，原济其名，字石涛，出自靖江王守谦之后。守谦，高皇帝之从孙也，洪武三年封靖江王，国于桂林。传至明季，南京失守，王亨嘉以唐藩序不当立，不受诏。两广总制丁魁楚橄思恩参将陈邦傅率兵攻破之，执至闽，废为庶人，幽死。是时，大涤子生始二岁，为宫仆臣负出，逃至武昌，薙发为僧。年十岁，即好聚古书，然不知读。或语之曰："不读，聚奚为？"始稍稍取而读之。暇即临古法帖，而心尤喜颜鲁公。或曰："何不学董文敏，时所好也。"即改而学董，然心不甚喜。又学画山水、人物及花卉、翎毛，楚人往往称之。既而从武昌道荆门，过洞庭，径长沙，至衡阳而反。怀奇负气，遇不平事辄为排解，得钱即散去，无所蓄。居久之，又从武昌之越中，由越中之宣城。施愚山、吴晴岩、梅渊公、耦长诸名士一见奇之。时宣城有诗画社，招入，相与唱和。辟黄蘖道场于敬亭之广教寺而居焉，每自称为小乘客。是时，年三十矣，得古人法帖纵观之，于东坡"丑"字法有所悟，遂弃董不学，冥心屏虑，上溯晋魏，以至秦汉，与古为徒。既又率其缁侣游歙之黄山，攀接引松，过独木桥，观始信峰。居逾月，始于茫茫云海中得一见之，奇松怪石，千变万殊，如鬼神不可端倪，狂喜大叫，而画以益进。时徽守曹某好奇士也，闻其在山中，以书来丐画，匹纸七十二幅，幅图一峰，笑而许之。图成，每幅各仿佛一宋元名家，而笔无定姿，倏浓倏淡，要皆自出己意为之，神到笔随，与古人不谋而合者也。时又画一横卷，为十六尊者像，梅渊公称其可敌李伯时，镌"前有龙眠"之章赠之。此卷后为人窃去，忽忽不乐，口若喑者几三哉云。在敬亭住十有五年，将行。先数日，洞开其寝室，授书厨钥于素相往来者，尽生平所蓄书画、古玩器，任其取去。孤身至秦淮，养疾长干寺山上，危坐一龛，龛南向，自题曰"壁立一枝"。金陵之人日造焉，皆闭目拒之，惟隐者张南村至，则出龛与之谈，间并驴走钟山，稽首于孝陵松树下。其时自号"苦瓜和尚"，又号"清湘陈人"。住九年，复渡江而北，至燕京，觐天寿诸陵。留四年，南还，栖息于扬之大东门外，临水结屋数椽，自题曰"大涤堂"，而"大涤子"之号因此称焉。一日，自画竹一枝于庭，题绝句其旁，曰："未许轻栽种，凌云拔地根。试看雷震后，破壁长儿孙。"其诗奇峭惊人，有不可一世之概，大率类此。大涤子尝为予言：生平未读书，天性粗直，不事修饰，比年或称"瞎尊者"，或称"膏肓子"，或用"头白依然不识字"之章，皆自道其实。又为予言所作画皆用作字法，布置或从行草，或从篆隶，疏密各有其体。又为予言：书画皆以高古为骨，间以北苑、南宫淹润济之，而兰菊梅竹尤有独得之妙。又为予言：平日多奇梦，尝梦过一桥，遇洗菜女子，引入一大院观画，其奇变不可纪。又梦登雨花台，手掬六日吞之，而画每因之变，若神授然。又为予言，初得记莂，勇猛精进，愿力甚弘，后见诸同辈多好名鲜实，耻与之俦，遂自托于不佛不老间。嗟乎！韩昌黎送张道士诗曰："臣有胆与气，不忍死茅茨。又不媚笑语，不能伴儿嬉。乃著道士服，众人莫臣知。"此非大涤子之谓耶？生今之世，而胆与气无所用，不得已寄迹于僧，以书画名而老焉。悲夫！

李子曰：甚矣，人之好疑也。大涤子方自匿其姓氏，不愿人知，而人顾疑之，谓"高帝子孙多隆准，而大涤子准不隆"。不知靖藩，高帝之从孙也，从孙肖其从祖者，世盖罕焉。况高帝子孙，亦不尽人人隆准也。汉高隆，光武亦隆准，至昭烈，史止言其垂手下膝，顾目见耳，而不言其隆准。然此皆天子耳，尚不尽然，又何论宗室子乎？即此，可知大涤子矣。而人顾疑其不必疑者，何哉？

（清）李驎《虬峰文集》卷十六

瞎尊者传

瞎尊者，失其族名，广西梧州人，前朝靖藩裔也。性耿介，不肯俯仰人。时而嘤嘤然，磊磊落落，高视一切；时而岸岸然，踽踽凉凉，不屑不洁，拒人千里外，若将浼之者。弱冠即工书法，善画工诗，南越人得其片纸尺幅，宝若照乘。然不轻以与人，有道之士勿求可致，龌龊儿虽贿百镒，彼闭目掉头，求其睊而一视不可得。以故君子则相爱，小人多恶之者，虽谤言盈耳，勿顾也。国亡，即薙染为比丘，名元济，字石涛，号苦瓜，又自号曰瞎尊者。或问曰："师双眸炯炯，何自称瞎？"答曰："吾目自异，遇阿堵则盲然，不若世人了了，非瞎而何？"乃遍游宇内山川，潇湘、洞庭、匡庐、钟阜、天都、太行、五岳、四渎无不到，而画益进，书益工。尝曰："董北苑以江南真山水为稿本，固知大块自有真面目在，若书法之钗脚、漏痕，不信然乎？"其诗益豪，尝与友人夜饮，诗曰："忆昔相逢在黄蘖，座中有尔谈天舌。即今头白两成翁，四顾无人冷似铁。携手大笑菊花丛，纵观书画江海空。灯光晃夜如白昼，酒气直透兜率宫。主人本是再来人，每于醉里见天真。客亦三千堂上客，英风飒飒多精神。拈秃笔，向君笑，忽起舞，发大叫。大叫一声天宇宽，团团明月空中小。"又为友人写《春江图》，题曰："书画非小道，世人形似耳。出笔混沌开，入拙聪明死。理尽法无尽，法尽理生矣。理法本无传，古人不得已。吾写此纸时，心入春江水。江花随我开，江月随我起。把卷坐江楼，高呼曰子美。一啸水云低，图开幻神髓。"早得记莂，然不喜摇麈尾，拖栟栗，呼喝人天，作善知识行径云。

外史氏曰：负矫世绝俗之行者，多与时不合，往往召求全之毁。瞎尊者秉高洁之性，又安肯泛泛若水中凫，随波上下哉？宜乎为世俗所憎也。

（清）陈鼎《留溪外传》卷十八

道济字石涛，号清湘老人，又号大涤子，又自号苦瓜和尚，又号瞎尊者。《扬州画舫录》所载亦同，惟张庚《画征续录》有曰："明楚藩后也。"其由来究不能悉。昨读阮文达公所藏石公册，后有江都员燉题识，考究綦详。谓石师于画后往往钤"靖江后人"印，又尝见石公手书临池草，载《内官实录》一篇，低徊吞吐，意不尽言。按，靖江王系明高皇伯兄南昌王孙守谦，以洪武三年同九皇子一体受封，钦锡"赞佐相规约，经邦任履亨，若依纯一行，远得袭芳名"二十字为派系。后累坐罪废，寻赦复。至末季，嗣王亨嘉僭号于桂林，闽中丁魁楚讨平之。公名若极，应是亨嘉的嗣。所云"托内官以存活"者，其即在思文平粤之日耶？吾邑洪文陔华以画师事公，得公自述一纸，序次颇详。陈征君撰为余言，公与西江雪个为叔侄行。而泉唐厉太鸿鹗独辨其非胜国天潢，不可解也。

（清）汪鋆《十二砚斋随录》卷三

释道济，字石涛，明楚藩裔，自号清湘老人。题画自署或曰大涤子，或曰苦瓜和尚，或曰瞎尊者，无定称。国变后为僧，画笔纵恣，脱尽窠臼，而实与古人相合。晚游江淮，人争重之。著《论画》一卷，词议玄妙。与髡残齐名，号"二石"。

（清）张廷玉《明史》卷五〇四《艺术三》

释道济

道济，字石涛，号清湘老人，一云清湘陈人，一云清湘遗人，又号大涤子，又自号苦瓜和尚，又号瞎尊者，前明楚藩后也。画兼善山水兰竹，笔意纵恣，脱尽窠臼。晚游江淮，人争重之，一时来学者甚众，今遗迹维扬尤多。小品绝佳，其大幅惜气脉未能一贯。

（清）张庚《国朝画征续录》卷下

释道济，字石涛，号大涤子，又号清湘老人，又号瞎尊者，又号苦瓜和尚，前明楚藩后也。画兼善山水、花卉，笔意纵恣，脱尽窠臼。工累石，余氏万石园出其手。尝主平山堂，殁后即葬蜀冈之麓。诗人高西唐翔，每岁寒食必祭其墓。

民国《江都县续志》卷二六《列传第八》

南明封靖江王朱亨歅

一 出生

据靖江宪定王应袭长孙玉哥奏称：臣系宪定王长孙。父履祥，为王妃白氏嫡出，于万历十九年内，助宪定王进府。二十二年内，封为长子。嫡母汤氏，生一子，名光启，二岁而殁。臣母曹氏，向育于白妃宫中，赐侍臣父有年。于万历二十年内生臣，幼名玉哥。

桂林、梧州等府知府、推官闵之闻、程文郁等会勘有曰："玉哥嫡母汤氏，万历九年四月内方入府成婚。玉母曹氏，既系祥母白氏所赐于未正配之先，必在万历九年以前。玉生于万厉二十年九月内，是历十年而后生子，加以花生，岂得其平。"

（明）李腾芳《李湘洲集》卷九

二 隆武封王

先是，鲁王以海避难台州，亦于七月受起义诸臣之请，监国绍兴，当清战力。而靖江王傲擅弄兵，絷巡抚瞿式耜，以总兵杨国威为先锋。上命两广总制丁魁楚讨平之，更立靖江王亨歅。

（明）张岱《石匮书后集》卷五《明末五王世家·唐王世家》

伏见靖江王亨歅，厚重不佻，温恭好礼，遭前王肆虐，备极荼苦。槛车既迈，幸袭旧封。

（明）瞿式耜《瞿忠宣公集》卷五

戊寅年，靖江王薨，亨嘉请制，乃锡立之。亨嘉既封了王，时方朝见宗庙，还宫，将军亨歅才入朝贺，即时拿去，送入厂中。通省官民靡不骇愕，识者以为其量之小，殊不是享国长久之道，后之不克令终，良有以也。独怜此君终是困龙，一禁六载，后来朱亨嘉被擒，监送福建，于陈邦傅破城之日，方才得出禁门。隆武一年，始受册封为靖江王。至永历六年庚寅年十一月，定南王入城，乃同留守阁部瞿式耜并擒杀之。

（清）雷亮功《桂林田海记》

亨歅，盖亨嘉兄弟行，袭封时日不可详。

（清）徐鼒《小腆纪传》卷九《列传二·宗藩》

（清顺治四年十二月）己巳，明桂王至桂。

瞿式耜与靖江王亨歅（考曰：当是亨嘉诛后袭封者）郊迎。

（清）徐鼒《小腆纪年》卷十四

三　请封亲王

请优贤王之封疏

题为恳优贤王之封，以笃懿亲，以光盛治事。窃见自古开创中兴之主，未尝不于同姓之封三致意者，所以笃亲亲之仁，而本支百世也。我国家大封同姓诸王，星列棋布，磐石之宗，于斯为盛。数年以来，寇虏交棘，名城堕坏，桐叶凋零，俯仰维藩，心焉如恻。皇上中兴以来，于诸藩之流离播迁者，无不加恩锡福，隆展亲之典。而忠勤翼戴，近如靖藩者，臣愿窃有请也。伏见靖江王亨歅，厚重不佻，温恭好礼，遭前王肆虐，备极荼苦。槛车既迈，幸袭旧封。外当逆虏之冲，内值骄兵之变，宫室鞠为茂草，行李赍为盗资，幸庙社依然，藩篱无恙。当皇上正位端州也，即欲虚旧府以备行宫；迨皇上移跸桂林也，又复捐私囊以充御饷，可谓乃心天室，克尽宗子之谊者矣。亨歅虽口不言功，而国家应有庸必录。臣伏察藩封体统，一字与二字迥殊，而独靖江与亲王无异。盖因开国功高，假此以明优异；而岭峤绝徼，尊之以示弹压也。今乞皇上亟因旧宠，特降新封，易两字而为一字，锡名靖王。在亨歅不过安其崇显之常，在朝廷已式广其时庸之谊矣。繇此而中原克复，秦、楚、周、齐次第毕封，岂非中兴盛治，而于祖制益为有光也哉。臣自抚粤至今，五载于兹，稔知贤王之忠谊最悉。昨年摄礼部时，即拟代为陈请，会事变不果。今臣留守之局既竣，臣将离此土矣，臣而不请，谁为请者。伏惟圣明鉴察，敕部施行，臣无任悚息待命之至。

永历三年二月初三日具奏。奉圣旨，该部会同宗人府、九卿、科道，确议具覆。

（明）瞿式耜《瞿忠宣公集》卷五

（永历三年三月）守辅瞿式耜题请靖江王去"江"字为靖王，以酬保桂功。诏：王功在保桂，诚可嘉尚。但分封定自高皇，非朕可私。下所司，另议优异。

按：靖江独无镇国将军，王之次子即辅国矣，王禄仅与亲藩镇国等，故曰降亲藩一等，非谓比一字王降一等也。王长子、次子俱先经式耜题为世子、镇国将军。

（清）鲁可藻《岭表纪年》卷一

附　永历追赠父子为靖王、靖江王

庚寅，北师定南王孔有德以兵破桂林，式耜及侍郎张同敞死之。亨歅及二子若春、若升皆死国。永历中，追赠亨歖一字王，若春靖江王，若升将军。

（清）查继佐《罪惟录·列传》卷四

四 社会活动

宴请南明官员

腊月廿五日，雨雪初霁，偕方密之、朱子暇、姚以式同游靖邸梅亭，酒罢，复叨王燕，即席纪事得三十韵

烽息城依旧，春来景再新。探梅淹积雨，融雪趁良辰。谢屐欣初试，梁园幸托邻。携尊偕素友，屏骑且纶巾。步屧循山麓，听歌隔水滨。残英飘绮户，落瓣砌花茵。队舞戎装炫，庭悬乐部匀。夕阳移小幔，清沼蹙微鳞。飞盏酬欣赏，排肩纵主宾。小伶翻杂谱，垂手旋轻身。薄醉将归走，贤王促召频。烧灯过复道，簇仗拥车轮。美奂新成构，芳筵已盛陈。宾朋叨预宴，少长尽趋尘。蜡烛吹烟暖，笙歌逼坐亲。传觞周小户，奏伎绝群伦。撤席方移玉，当阶又放春。琪枝摇槛陛，火树焰城闉。伐鼓喧声沸，看花贺采均。来游真泮涣，罢宴尚逡巡。缅溯兵烽日，空余孑影民。王宫徒鞠草，行殿久埋榛。何意荒凉地，重逢佳丽晨。廓清殊迅速，生聚好艰辛。纾策群贤苦，伤心一老贫。衣冠多昵就，风雅起沉沦。兴剧清游惯，时乘胜赏因。逢场原是假，行乐却为真。玭管争撼藻，虫音亦效颦。要知今日会，强半再来人。

（明）瞿式耜《瞿忠宣公集》卷八

五 助守桂林

谕靖江王诏

自我太祖高皇帝扫除□□，二百七十八年矣。传世二十，历年六百，未及其半而□□□□，□我皇纪，天下黎献，靡首从风，虽文武不竞，亦我宗室兄弟式微之故也。今东浙闽粤之士，缪以兴复相推。誓清中原，收复两京，恪觐陵庙，而后以玉帛相见。士民又以国统中绝，三月无君，号呼者至三百余笺。朕亦惴惴，恐无以祀我四祖，孤天下人民之望。唯是废政施仁，缮甲厉兵，冀与天下共缵此绪也。我殿下兄弟恪恭祖训，远控南极，亦思有以鼓舞岭峤，匡朕之不逮者乎？呜呼！起岭海以靖中原，其功不易，仗神灵而麾黄钺，其道在人。赖此维城，分予有庆。维我殿下，幸垂焰焉！情文未备，翘望不宣。

（明）黄道周《黄漳浦文选》卷三

留守需人疏

靖江王府宗臣，平日尽多起义勤王之志，此日执干戈以卫社稷，捐岁禄以助军需，固其所欣然者。

（明）瞿式耜《瞿忠宣公集》卷三

皇太后入桂林，征于靖江王。

（清）鲁可藻《岭表纪年》卷一

（大清顺治四年十一月），是月三日，王自象州还至桂林，靖江王亨歅迎王而哭。

（清）邵廷采《西南纪事》卷一

（永历元年）十二月三日，上至桂林，靖王亨歅迎上而泣。

（清）黄宗羲《永历纪年》

（隆武二年十一月）十八日庚申，上即皇帝位于肇庆，追尊皇考桂端王为兴宗皇帝，遵母王太妃为皇太后，立妃王氏为皇后。大赦天下，进瞿式耜文渊阁大学士，以朱容藩掌宗人府事，遣锦衣卫严云从护送三宫居桂林，敕靖江王防守。

（永历元年十二月）己巳，驾幸桂林，靖江王亨歅、留守辅臣瞿式耜郊迎。

（清）戴笠《行在阳秋》卷上

丁亥年八月，（郝永忠）带领人马走到粤西，以借路下南宁朝见扈卫为名，到了（桂林）城外，时城内只有得靖江王、瞿阁部，以他是何经略（腾蛟）部下，便是一家，到是大量，开着四门，任他出入。他也只得从着大体，朝见王府，拜谒阁部，将焦琏也升了总兵，与他交往，又到榕树楼关帝庙结拜盟誓，只问留守取讨粮饷，也只得接应他。住到十月，渐渐动作起来。焦兵要与他打仗，只恐怕寡不敌众，只得把兵札过水东城外，城内俱是兵住满。此时郝永忠见他兵少，就有欺负之意，焦琏在此亦自觉得有些害怕，口虽与他合好，心中不胜提防，所以不久就以守御平乐为名，推帮起营去，将省城之事，尽付永忠。而靖江王与留守常常以大义正之，故永忠不敢擅动。

（清）雷亮功《桂林田海记》

亨歅，盖亨嘉兄弟行，袭封时日不可详。永历元年，冬十二月，自象州返跸桂林，亨歅偕留守瞿式耜迎于郊。

（清）徐鼒《小腆纪传》卷九《列传二·宗藩》

六　城陷殉国

临难遗表

（十一月初五日）即于是夜，明灯正襟而坐。时臣之童仆散尽，止一老兵尚在身旁。夜雨淙淙，遥见城外火光烛天，满城中寂无声响。坐至鸡唱，有守门兵人告臣曰："清兵已围守各门矣。"天渐明，臣与同敞曰："吾二人死期近矣。"辰刻，噪声始至靖江府前，再一刻，直至臣寓。臣与同敞危坐中堂，几不为动。忽数骑持弓腰刀，突至臣前，执臣与同敞而去。臣语之曰："吾等坐待一夕矣，毋庸执。"遂与偕行。时大雨如注，臣与同敞从泥淖中蹒跚数时，始到靖江府之后门。时清定南王孔有德已坐王府矣，靖江父子亦以守国未曾出城，业已移置别室，不加害。惟见甲仗如云，武士如林。……

永历四年十一月二十八日具奏。

（明）瞿式耜《瞿忠宣公集》卷六

（顺治八年正月庚申）定南王孔有德疏报，攻克广西省城，底定桂、平二府，擒斩伤靖江王并伪世子、将军、中尉、阁部、总兵文武等官四百七十三员，招抚二百四十七员，获马羸器物无算。下所司察叙。

（清）《清世祖实录》卷五二

（永历四年十一月）初六日，孔有德破桂林（刘湘客作初五日，用历异也）。靖江王及其世子、长史李□□被获，不屈死。

（清）戴笠《行在阳秋》卷上

次年，定南王兵来，一到全永交界地方，滇营抵挡不住，连夜走了，将一座空城交与留守。大兵临城，并不曾围着攻打，未损一兵，未折一矢，不上一日就进了城。只将留守擒着，方才系了靖江王父子，就出令安民，禁止抢掠。

即靖江于此日（顺治七年十一月十七日）之死，尤有大可取者。当定南入城之日，先与二世子哭于宗庙，从宗庙哭于宫中，就与李长史、宗室黑旧爷、西辅宗室崇善等六人坐定。兵来拿时，王与世子俱被缚，其兵不识谁是谁非，问云："世子何在？"崇善厉声应曰："我是世子。"这崇善原是宗室中一个好人，孝弟忠信俱全，聪明力量尽好，因往年争袭一事，诸为王爷出力得罪，前王题参，禁治荆刑，治苦敲打，解入南京高墙。二次赦回，百般磨折。至此，可以逃生而不偷生，恋故王不辞一死。同羁一月，同缢死于西关外民房。六人一坑瘗之。

（清）雷亮功《桂林田海记》

天渐明，先太师谓张公曰："吾两人死期近矣。"辰刻噪声始至靖江王府前，再一刻始至公署。先太师与张公俨坐中堂，突有数骑持弓腰刀至，执太师与张公去，先太师曰："吾两人坐待一夕矣，无容执。"遂与偕行。时大雨如注，从泥淖中蹒跚数时，始到靖江王府后门，靖江王父子亦以守国不肯出城，拘置别室。

（清）瞿元锡《庚寅始安事略》

庚寅十一月之六日，北师至城，开䌥靖江王亨歅父子别室。须臾，数骑邀式耜。

（清）查继佐《东山国语·西粤语一》

顺治八年正月，……孔有德奏："攻克广西省城，底定桂、平二府，擒斩伪靖江王并世子等，暨文武官共四百七十三员。"

（清）蒋良骐《东华录》卷六

（顺治）七年冬，大兵入桂林，嗣靖江王亨歅、留守瞿式耜、督师张同敞死之。

（瞿）式耜之保桂林也，分守全、永皆滇兵，以胡一青守溶江，焦琏守阳朔。会张同敞以督师来桂林，与瞿式耜誓以死守，然知事不可为。乃辟东皋园于水东，日与宾客饮酒赋诗。九月，大兵破全州，滇营皆遁，式耜檄（赵）印选出，不肯行，再趣之则尽室逃。同敞兵溃于灵川，由小东江涉浅入城。四关不闭，大兵不血刃而下桂林，执式耜、同敞及靖江王亨歅等。式耜、同敞并不屈，定南王孔有德戮之于叠彩山下，临桂生杨艺收掩之。幽亨歅及其长史、宗室凡六人，于西门民舍缢之，瘗于一坎。亨歅者，宪定王之嫡孙也。父早卒，及王薨，亨歅尚幼，遂以次子履祐嗣，是为荣穆王，约异日传之亨歅，既而悔之。亨歅长，争立不得。及荣穆王（薨），亨嘉立，遂执亨歅幽之。至亨嘉败，隆武册封亨歅以嗣靖江王，至是殉国焉。

（清）嘉庆《临桂县志》卷三二《兵事下》

（瞿）式耜之保桂林也，分守全、永皆滇兵，以胡一青守溶江，焦琏守阳朔。会张同敞以督师来桂林，与瞿式耜誓以死守，然知事不可为。乃辟东皋园于水东，日与宾客饮酒赋诗。（顺治七年）九月，大兵破全州，滇营皆遁，式耜檄（赵）印选出，不肯行，再趣之则尽室逃。同敞兵溃于灵川，由小东江涉浅入城。四城不闭，大兵不血刃而下桂林，执式耜、同敞及靖江王亨歅等。式耜、同敞并不屈，定南王孔有德戮之于叠彩山下，临桂杨艺收掩之。幽亨歅及其长史、宗室凡六人，于西门民舍缢之，瘗于一坎。亨歅者，宪定王之嫡孙也。父早卒，及王薨，亨歅尚幼，遂以次子履祐嗣，是为荣穆王，约异日传之亨歅，既而悔之。亨歅长，争立不得。及荣穆王（薨），亨嘉立，遂执亨歅幽之。至亨嘉败，隆武册封亨歅以嗣靖江王，至是殉国焉。

（清）光绪《临桂县志》卷十八《前事志》

（顺治八年春正月庚申）孔有德克桂林，斩故明靖江王及文武官四百七十三人，余党悉降。

赵尔巽等《清史稿》卷五《世祖本纪二》

（顺治七年）十二月，（孔有德）遂拔桂林，明桂王走南宁，留守大学士瞿式耜死之，斩靖江王以下四百七十三人，降将吏一百四十七人。桂林、平乐诸属县皆下。

赵尔巽等《清史稿》卷二〇四《列传二一》

附　靖江王弃城走

（永历四年，清顺治七年）十一月初五日，清兵大举入严关，……城中大乱，沿途驱掠，留守令戢不得，城外溃兵云飞鸟散。水东门外烟火蔽天，而鸣镝声绕城。靖江王及绥宁侯蒲缨出走，王世子及其次子俱缢于宫中。

（清）瞿共美《东明闻见录》

福、唐、鲁、桂诸王，皆以藩封建号；亨嘉、慈炎之辈，并以宗室起兵，是编必详著其支派世系，一别伦序之亲疏，一以辨兴复之诚伪，则群臣拥戴崇奉者，不待言而邪正自明矣。然《明史》自天启、崇祯以后，本纪不无漏略，志传更多矛盾，而群书载记，散见杂出，都无根底。……亨嘉为隆武废杀，不著续封，而瞿式耜遗表云："靖江王父子未曾出城。"野史云："靖江王出走，世子、次子俱缢死宫中。"诸如此类，不可枚举。

（清）李天根《爝火录》卷首《凡例》

（清顺治七年十一月）初五日甲寅，桂林陷，留守瞿式耜、总督张同敞被执。

靖江王出走，世子及次子俱缢于宫中。

（清）李天根《爝火录》卷二十

（永历）四年冬十一月，桂林破，亨歅弃城走，世子某既长史李某缢于宫中。

（清）徐鼒《小腆纪传》卷九《列传二·宗藩》

第四部分　宗室、宗亲、官属

宗 室

一 蕃衍

宗室之盛

隆庆、万历之际，宗室蕃衍，可谓极矣。宗伯苟为革削，司寇严其条禁，以故时损时益，而其见在者余得而志之。

靖江郡王一位，广西桂林府，在府，辅、奉国将军十五位，镇、辅、奉国中尉七百十二位，郡、县主、君七十四位，庶人一十四名。

（明）王世贞《弇山堂别集》卷一《皇明盛事述》

隆庆、万历之际，宗室蕃衍，可谓极矣。宗伯苟为革削，司寇严其条禁，以故时损时益，而其见在者，得而志之。

靖江王一位，将军十五位，中尉七百十二位，郡、县主、君七十四位，庶人十四名。

（明）徐学聚《国朝典汇》卷十三《宗藩下》

臣为郎时，靖江自王而下，凡三千三百二十二宗。

（明）何乔远《名山藏》卷四十《分藩记五》

靖江世子宴三司，是日入，则有闲人数百辈，先伺于门。门启，辄挨挤疾驰争先。询之，皆宗人也。内臣执梃逐之不能止，亦多不冠而跣其足者。云常不得登独秀，惟此一日可乘尔。山径既险仄斗峻，蜂涌而升，常迟数级方得上，喧杂甚，趣殊不清。

（明）魏濬《峤南琐记》卷上

二 出生

（洪武十三年十二月）戊寅，皇从曾孙赞仪生，靖江王庶长子也。

（明）《明太祖实录》卷一三四

（洪武十五年十一月）甲戌，皇从曾孙赞侃生，靖江王第三子也。

（明）《明太祖实录》卷一五〇

（洪武十六年二月）乙未，皇从曾孙赞俊生，靖江王第四子也。

（明）《明太祖实录》卷一五二

（洪武十六年九月）丙午，皇从曾孙赞偕生，靖江王第五子也。

（明）《明太祖实录》卷一五六

（洪武十七年十一月）甲寅，皇从曾孙赞伦生，靖江王第六子也。

（明）《明太祖实录》卷一六九

（洪武十八年正月）癸酉，皇从曾孙赞杰生，靖江王第七子也。

（明）《明太祖实录》卷一七〇

（洪武二十年十一月丁亥）皇从曾孙赞储生，靖江王第八子也。

（明）《明太祖实录》卷一八七

（洪武二十三年十二月癸亥）皇从曾孙赞亿生，靖江王第九子也。

（明）《明太祖实录》卷二〇六

三 名封

（洪武四年正月庚寅）诏省部议公主、驸马等封称。礼部奏："按唐宋《会要》，皇姑、皇姊妹、皇女皆称公主，其夫称驸马。若王以下女，止称郡主，其夫止称所授官。今皇姑称大长公主，皇姊妹称长公主，皇女称公主，其夫皆称驸马，秩从一品。亲王女称郡主，夫皆称所授官，秩从二品；亲王孙女称县主，夫亦称所授官，秩从三品。今南昌王女福成公主、蒙城王女庆阳公主，宜改封郡主，夫驸马都尉王克恭、黄琛，宜上驸马诰命，止称所授官。"上曰："吾兄俱早亡，惟存此二女耳，吾不忍遽加降夺也。其公主封号不去，岁给禄米五百石，夫王克恭、黄琛，仍驸马都尉、镇国上将军。"克恭，福州卫指挥使；琛，淮安卫指挥使。

琛诰曰："朕稽古典，帝王之女，别之以三。帝之姊妹皆称大长公主，帝之亲女曰公主，其余兄弟之女则曰郡主，所以别尊卑明嫡庶，斯彝伦之大端也。尔黄琛，本朕房兄蒙城王之婿，于礼以职事称之，侄女当名郡主。曩因草创之时，未暇考究，概称驸马。今礼部乃执礼以奏，请去驸马之称。朕思止有侄女，不忍降其旧封。故仍称公主，而无公主之食禄；尔琛亦称驸马，不与驸马之门庭，其禄止食前官指挥使之俸。然公主岁禄五百石，视汉、唐郡主之禄，亦已多矣。尔其知分守礼，毋骄傲，永保富贵。吉哉！"克恭诰文同。

（明）《明太祖实录》卷六十

南昌王有女福成公主，蒙城女庆阳公主。洪武四年，定亲王女称郡主，礼官请降二公主。上念二兄早殁，惟二女，吾不忍降夺。与禄岁五百石，驸马都尉王克恭、黄琛为福建、淮安卫指挥使，仍称驸马，食指挥使俸。

（明）郑晓《吾学编》第十四《皇明同姓诸王传》卷一

睦族

（洪武）四年正月，礼部奏："南昌王女福成公主、蒙城王女庆阳公主，宜改封郡主；夫驸马都尉王克恭、黄琛，宜上驸马诰命，上称所授官。"上曰："吾兄俱早亡，惟存此二女耳。吾不忍遽加降夺也。其公主封号不去，岁给禄米五百石；夫王克恭、黄琛仍驸马都尉、镇国上将军。克恭，福建卫指挥使；琛，淮安卫指挥使。俱锡诰命。"

（明）朱睦㮮《圣典》卷四

（洪武四年正月庚寅）定公主驸马封号，南昌王女福成公主、蒙城王女庆阳公主宜改郡主，驸马都尉王克恭、黄琛宜改仪宾。上曰："吾兄早亡，不忍降其女。"封号如故，岁禄五百石。克恭，兖州卫指挥使；琛，淮安卫指挥使，各赐诰。

（明）谈迁《国榷》卷四

镇守

王恭，洪武初以驸马都尉镇守。按《城池志》："洪武四年任。"

校注：《明史》无王恭传，太祖十六女之驸马都尉亦无王恭名，惟太祖长兄南昌王女福成公主嫁王克恭。洪武元年册福成公主，授克恭驸马都尉。克恭尝为福建行省参政，后改福州卫指挥使。

（明）黄仲昭《八闽通志》卷三十《秩官》

福成公主，南昌王女，母王氏，嫁王克恭。克恭尝为福建行省参政，后改福州卫指挥使。庆阳公主，蒙城王女，嫁黄琛。……洪武元年，册两王女为公主，授克恭、琛为驸马都尉。……四年三月，礼官上言："皇侄女宜改封郡主，克恭、琛当上驸马都尉诰。"帝曰："朕惟侄女二人，不忍遽加降夺，其称公主、驸马如故。"公主岁给禄米五百石，视他主减三之二，驸马止食本官俸。……或谓福成、庆阳皆太祖从姊者，误也。

（清）张廷玉《明史》卷一二一

南昌王女，福成公主，嫁王克恭。蒙城王女，庆阳公主，嫁黄琛。建文时，改庆成郡主。

洪武元年，册南昌、蒙城两王女为公主，授王克恭、黄琛为驸马都尉。四年三月，礼官上言："皇侄女宜改封郡主，克恭、琛当上驸马都尉诰。"帝曰："朕惟侄女二人，不忍遽加降夺，其称公主、驸马如故。"

（清）龙文彬《明会要》卷五《帝系五·公主》

驸马都尉黄琛、王克恭诰称镇国上将军，盖正二品也。琛、克恭所尚主，太祖从姊，例当裁为

仪宾，太祖不忍，故仍其号而下其阶。（《弇山集》）

（清）龙文彬《明会要》卷四二《职官十四·驸马都尉》

（洪武二十七年七月）庚戌，以褚富为宗人府仪宾，尚皇从曾孙女兴安郡君。

（明）《明太祖实录》卷二三三

（洪武二十七年十一月）乙丑，以鲁瑄为宗人府仪宾，尚皇从曾孙女永福郡君。

（明）《明太祖实录》卷二三五

仪宾婚配

凡仪宾婚配，洪武二十七年令，郡县主之夫，都与宗人府仪宾职事，散官还照品级，俱授诰命。靖江王府女封郡君，婿之禄秩比从四品，一般与仪宾职事。

（明）申从行等《大明会典》卷五七《王国礼三·婚姻》

（永乐十五年二月丁丑），命靖江王守谦第三女为崇善郡君，配桂林右卫千户李进之弟济；其第四女为永淳郡君，配桂林右卫千户王铭弟铎。济、铎，皆授朝列大夫，宗人府仪宾。

（明）《明太宗实录》卷一八五

（永乐十六年八月）壬辰，命靖江王赞仪次子佐敏，辅国将军赞俨之子佐忠、佐孝，赞侃之子佐礼、佐义，赞俊之子佐勤、佐慎、佐恭、佐善，赞偕之子佐诚，赞伦之子佐信、佐谨、佐顺、佐美、佐弼，俱为奉国将军。长女为恭城县君，次女为宣化县君。

（明）《明太宗实录》卷二〇三

（永乐二十一年七月丁酉）命靖江悼僖王长女恭城县君，配广西护卫千户李敬之子贤；第二女宣化县君，配广西护卫百户杨忠之弟义，贤、义皆授奉训大夫、宗人府仪宾。封辅国将军赞俨长女为宜湘乡君，配广西都指挥廖春之孙寯；赞侃长女为新义乡君，配仪卫正陈良之从子顺，寯、顺皆授承务郎、宗人府仪宾。

（明）《明太宗实录》卷二六一

（宣德七年五月）丁亥，靖江王佐敬奏：“本府诸将军之子娶南丹等卫旗军之女，请除军籍，俾得随住。”上曰：“既连婚宗室，岂当仍居卒伍。”令悉除之。

（明）《明宣宗实录》卷九十

（宣德七年十月戊辰）命……靖江王府辅国将军赞侃第二女平乐乡君配广西护卫指挥徐庆弟廉，辅国将军赞伦长女从化乡君配桂林右卫千户孟恭子琳，第二女姜城乡君配本府仪卫正陈良子广，第三女灵竹乡君配平乐守御千户所千户叶信子玘。命和等俱为仪宾，赐之诰命。

（明）《明宣宗实录》卷九六

（正统元年十一月丙申）封靖江王府二辅国将军第三子佐茂、六辅国将军第六子佐通俱为奉国将军。

（明）《明英宗实录》卷二四

（正统七年四月）癸巳，封靖江王府故辅国将军赞伦第十女为洛清乡君，配戴瑄；命瑄为宗人府仪宾。赐诰命、冠服等件。

（明）《明英宗实录》卷九一

（正统八年六月）丙申，赐靖江王府奉国将军佐忠庶长子名相贤，佐孝二子名相勉、相效，佐茂嫡长名相益，佐礼五子名相序、相广、相廉、相麃、相廙，佐勤二子名相怡、相恂，佐慎嫡长子名相维，佐恭嫡长子名相颙，佐善嫡长子名相辉，佐诚六子名相安、相宁、相宜、相容、相宽、相宏，佐信四子名相谟、相询、相谅、相让，佐顺三子名相观、相觐、相觌，佐美庶长子名相彦，佐弼二子名相逊、相遹，佐通嫡长子名相兴，佐达嫡长子名相友。

（明）《明英宗实录》卷一〇五

（正统九年四月辛卯）以……靖江王子辅国将军赞伦第十女洛清乡君配戴瑄。命振等俱为宗人府仪宾，赐诰命冠服等件。

（明）《明英宗实录》卷一一五

（正统十年十月）庚申，封……靖江王府辅国将军赞俊第二女为慈乐乡君，配程诚；第四女为信行乡君，配白俊；第五女为抚康乡君，配王智；辅国将军赞伦第九女为兴德乡君，配陈询；辅国将军赞储长女为陵城乡君，配文纯。命诚等俱为宗人府仪宾，赐诰命冠服等物。

（明）《明英宗实录》卷一三四

（正统十三年六月乙亥）赐……靖江王府辅国将军赞俊第七子名佐贞。

己卯，封……靖江王府辅国将军赞俊第七子佐贞为奉国将军。

（明）《明英宗实录》卷一六七

（正统十三年九月）丙戌，封靖江王府奉国将军佐弼嫡长子相逊为镇国中尉。

（明）《明英宗实录》卷一七〇

（正统十四年八月）癸酉，令封靖江王府辅国将军赞偕第二庶子法澄为奉国将军。

（明）《明英宗实录》卷一八一

（正统十四年九月）戊戌，赐靖江王府辅国将军赞偕第二子名佐诚。

（明）《明英宗实录》卷一八三

（景泰元年七月）辛酉，命靖江王府辅国将军佐茂子相益为镇国中尉。

（明）《明英宗实录》卷一九四

（景泰二年四月）丙申，封……靖江王佐敬第二子法源为辅国将军，妻李氏为夫人。赐诰命、冠服等件。

（明）《明英宗实录》卷二〇三

（景泰四年七月）甲申，赐靖江王府奉国将军佐诚子名相宾，佐茂子相芟，佐慎子相经，佐善子相晖，佐孚子相资，佐弼子相迪、相遵，佐通子名相与、相辚、相轼，佐顺子名相觉、佐常子名相显。

（明）《明英宗实录》卷二三一

（天顺二年六月）丙子，赐……奉国将军佐敏子曰相積；镇国中尉相序之子曰规峻、规崇、规嶙，相广子曰规岘，相廉子曰规嵩，相恂二子曰规际、规附，相顒二子曰规隆、规阼，相维二子曰规隩、规陟，相容三子曰规碟、规砥、规磁，相谟三子曰规祐、规禋、规祯。

（明）《明英宗实录》卷二九二

（天顺四年正月）己丑，封靖江王府奉国将军佐芳嫡长子相范，佐忠庶次子相贵、相质，佐孚庶次子相赒，佐真嫡长子相昂，佐顺庶次子相□，佐立嫡长子相霖、次子相震，佐常嫡次子相颜，俱为镇国中尉，赐诰命冠服。

（明）《明英宗实录》卷三一一

（天顺四年六月）辛亥，赐靖江王府已故嫡长子相承……庶长子曰规禕；相继嫡长子曰规聪。

（明）《明英宗实录》卷三一六

（天顺五年十一月）甲子，赐靖江王府故长子相承庶次子名曰规礽，镇国中尉相辉长子曰规祗、相觏长子曰规鞠、相逊长子曰规鞀。

（明）《明英宗实录》卷三三四

（天顺八年七月辛巳）赐……靖江王府奉国将军佐通次子名曰相灿；镇国中尉相廱长子名曰规循，相宜长子名曰规哲、次子曰规和，相宁长子名曰规谆，相彦长子名曰规惇，相询次子名曰规诚。

（明）《明宪宗实录》卷七

（天顺八年八月）丙戌，赐靖江王子名曰相绍，曰相纯，曰相纶，曰相缨。

（明）《明宪宗实录》卷八

（成化三年七月）丁丑，赐……靖江王子曰相玘，曰相珙，曰相瑄，曰相琪，曰相璁。

（明）《明宪宗实录》卷四四

（成化五年七月己酉）赐……靖江王庶子名曰相纬、曰相绂、曰相练。

（明）《明宪宗实录》卷六九

（成化九年正月）壬子，赐……靖江庄简王庶长子名曰相承，次曰相继，曰相绍，曰相纯。

（明）《明宪宗实录》卷一一二

（成化十三年三月丁亥）赐……靖江王府镇国中尉相益次子名曰规彧，相觉次子名曰规瑭。

（明）《明宪宗实录》卷一六四

（成化十六年十月）乙亥，赐……靖江王辅国将军规褍第二子名曰约瞳，镇国中尉相显嫡长子名曰规溲，镇国中尉相安第二子名曰规噌，辅国中尉规砥第二子名曰约鋗。

（明）《明宪宗实录》卷二〇八

（成化十九年十月）戊子，赐……靖江……辅国将军相缨嫡长子名曰约昣，辅国中尉规鞩嫡长子名曰约珩。

（明）《明宪宗实录》卷二四五

（成化十九年十二月）甲申，赐……靖江王府镇国中尉相辚第二子名曰规霁，镇国中尉相灿第二子名曰规怿。

（明）《明宪宗实录》卷二四七

（成化二十三年九月）壬戌，赐……靖江王辅国中尉规侗嫡长子曰约荟、规鞠嫡长子曰约稠。

（明）《明孝宗实录》卷三

（成化二十三年十月）辛卯，赐靖江王府镇国中尉相觌嫡次子名曰规瑛、相顺嫡次子曰规舸，辅国中尉规磫嫡长子曰约饷、规和嫡长子曰约颁、规哲嫡次子曰约颢、规磐嫡长子曰约饶。

（明）《明孝宗实录》卷五

（成化二十三年十一月）乙丑，赐……靖江王府镇国中尉相昂庶长子曰规寤、相谅庶长子曰规邃。

（明）《明孝宗实录》卷七

（弘治元年三月）丙戌，赐……靖江王镇国中尉相祯嫡次子曰规优；辅国中尉规哲嫡长子曰约郴、规鞈嫡次子曰约衢、规骥嫡长子曰约酂、规祯嫡次子曰约瞻、规曡嫡长子曰约起、规碟嫡次子曰约雉。

（明）《明孝宗实录》卷十二

（弘治元年五月）甲申，赐……靖江王府辅国中尉规竷次子曰约睩，规祐嫡次子曰约睴。

（明）《明孝宗实录》卷十四

（弘治元年七月）戊子，赐……靖江王府辅国将军规衶嫡次子曰约桧，辅国中尉规则嫡长子曰约屏、规峻嫡次子曰约趣。

（明）《明孝宗实录》卷十六

（弘治二年三月）甲申，赐……靖江王府南河乡君并仪宾王宗祐诰命、冠服如制。

（明）《明孝宗实录》卷二四

（弘治二年八月庚戌）赐……靖江王庶子曰约廧，曰约麝。

（明）《明孝宗实录》卷二九

（弘治三年五月）丁丑，赐……靖江王府义昌县君仪宾郑龙诰命、冠服如制。

（明）《明孝宗实录》卷三八

（弘治三年十月）甲戌，赐……靖江王约麒庶弟约麔。

（明）《明孝宗实录》卷四四

（弘治四年六月）丁巳，赐……靖江王府辅国将军相璁嫡长子曰规琭、镇国中尉相宾嫡长子曰规鹭。

（明）《明孝宗实录》卷五二

（弘治四年七月甲午）赐……靖江王府镇国中尉规款嫡长子曰约廊、规衼嫡次子曰约畴。

（明）《明孝宗实录》卷五三

（弘治五年正月）己亥，赐……靖江王府辅国将军相纶庶第一子曰规聘。

（明）《明孝宗实录》卷五九

（弘治五年四月）甲子，赐……靖江王府镇国将军相勉庶次子曰规枒。

（明）《明孝宗实录》卷六二

（弘治五年七月）辛卯，赐……靖江王府辅国将军相缙嫡长子申屠规膳。

丙申，赐靖江王府辅国将军约尘并各夫人……诰命、冠服如制。

（明）《明孝宗实录》卷六五

（弘治六年二月）壬戌，赐……靖江王府镇国中尉相兴嫡次子曰规鞞，辅国中尉规施嫡长子曰约谊、规院嫡长子曰约訧、规阅嫡长子曰约黔、规祔嫡长子曰约畴。

（明）《明孝宗实录》卷七二

（弘治六年四月）庚申，赐……靖江王府辅国将军相珙嫡长子曰规耸，镇国中尉相晷嫡长子曰规究、相宏嫡次子曰规盛、相轮嫡长子曰规霈、规砥嫡次子曰约𬇙。

（明）《明孝宗实录》卷七四

（弘治六年闰五月庚申）赐……靖江王府辅国将军相绅嫡长子曰规玷、相瓈嫡次子曰规聊、相玘嫡次子曰规瑠，辅国中尉规密嫡次子曰约越。

（明）《明孝宗实录》卷七六

（弘治六年八月）庚辰，赐……靖江王府辅国将军相纶庶次子曰规聤，镇国中尉相赍嫡长子曰规频、相烨嫡次子曰规恒，辅国中尉规霖嫡长子曰约选、规则嫡次子曰约展、规岘嫡次子曰约趣、规梁嫡长子曰约郭、规躬嫡长子曰约实。

（明）《明孝宗实录》卷七九

（弘治六年十月）辛卯，赐……靖江王府辅国将军相绍庶次子曰规玒、相瑄嫡长子曰规听。

（明）《明孝宗实录》卷八一

（弘治六年十二月戊子）赐……靖江王府辅国将军相绥嫡长子曰规醇，镇国中尉相积嫡次子曰规偳、相贵嫡次子曰规骞，辅国中尉规欣嫡长子曰约鳞、规瓒嫡长子曰约鲭、规币嫡长子曰约晥、规□嫡次子曰约赴、规侗嫡次子曰约簧、规竑嫡长子曰约奕、规祯嫡次子曰约瞵。

（明）《明孝宗实录》卷八三

（弘治七年七月丁酉）赐……靖江王府辅国将军相缙嫡第二子曰规瑆，奉国将军规联嫡第二子曰约跎、嫡第三子曰约蹪，镇国中尉相简嫡长子曰规暐、相赞嫡长子曰规騳，辅国中尉规诚嫡长子曰约郇、规志嫡长子曰约邠。

（明）《明孝宗实录》卷九十

（弘治七年十一月己丑）赐靖江王府高安县君并仪徐杰……诰命、冠服如制。

（明）《明孝宗实录》卷九四

（弘治七年十二月）乙亥，赐……靖江王府辅国将军相绂长子曰规瑂，辅国中尉规嵤长子曰约赳、规隋长子曰约雄、规孟次子曰约鰆、规禋次子曰约睹、规驯长子曰约郜。

（明）《明孝宗实录》卷九五

（弘治八年八月）丙寅，赐……靖江王府镇国中尉相拱嫡长子曰规价，辅国中尉规嵾嫡长子曰约趯、规瑄嫡长子曰约鲸、规礦嫡长子曰约鰯、规祖嫡次子曰约矒、规牖嫡长子曰约顺、规砥嫡次子曰约鎬、规密嫡次子曰约趛、规褕庶长子曰约留、规襦嫡长子曰约畹、规初嫡长子曰约届。

（明）《明孝宗实录》卷一〇三

（弘治九月正月）丁酉，赐……靖江王府辅国将军相缨庶次子曰规瑀，奉国将军约瓘嫡长子曰经抢，辅国中尉规院嫡次子曰约训、规彬嫡长子曰约枕、规际嫡长子曰约趾、规和嫡次子曰约颂、规祯嫡次子曰约暎、规荣嫡长子曰约赳、规闳嫡长子曰约邵。

（明）《明孝宗实录》卷一〇八

（弘治九年五月）辛未，赐……靖江王府东安乡君并仪宾魏鼎诰命、冠服如制。

（明）《明孝宗实录》卷一一三

（弘治九年七月）甲子，赐……靖江王府辅国将军规祅嫡次子曰约耘，镇国中尉相勉庶次子曰规柜、相简嫡次子曰规儒、相策嫡长子曰规倬、相掖嫡长子曰规俭、相显嫡次子曰规端、相翔嫡长子曰规舫、相颐嫡次子曰规舩，辅国中尉规禓嫡长子曰约廊、规则嫡次子曰约层、规彰嫡长子曰约屑、规帮嫡长子曰约畇、规盂嫡次子曰约养、规礨嫡次子曰约馆、规吉嫡长子曰约硕，奉国中尉约箓嫡长子曰经掸、约起嫡长子曰经持、嫡次子曰经拭。

（明）《明孝宗实录》卷一一五

（弘治九年十月）己丑，赐……靖江王府程乡乡君并仪宾王寅亮诰命、冠服如制。

（明）《明孝宗实录》卷一一八

（弘治九年十二月）庚子，赐……靖江王府辅国中尉规崇次子曰约趰，规骥嫡次子曰约署，规口嫡次子曰约趟，规诚嫡次子曰约郎，规惇嫡长子曰约郏，规鞣嫡长子曰约科。

（明）《明孝宗实录》卷一二〇

（弘治十年八月）壬申，赐……靖江王府辅国将军相玘嫡次子曰规□、奉国中尉约超嫡长子曰经擢。

（明）《明孝宗实录》卷一二八

（弘治十一年正月）丙辰，赐……靖江王府辅国将军相缨庶次子曰规暻、相统庶长子曰规祥、相绥嫡次子曰规醴，镇国中尉相简嫡次子曰规伸、相昺嫡次子曰规穹、相观庶次子曰规欢、相箷嫡长子曰规孜，辅国中尉规款嫡次子曰约郎、规歆嫡次子曰约符、规琬嫡长子曰约第、规钊嫡长子曰约节、规悌嫡长子曰约簪、规廲嫡长子曰约篆。

（明）《明孝宗实录》卷一三三

（弘治十一年七月）乙卯，赐……靖江王府辅国将军相玘次子曰规聂、相璁嫡次子曰规声，辅国中尉规褕嫡长子曰约暕。

（明）《明孝宗实录》卷一三九

（弘治十二年正月乙丑）赐……靖江王府辅国中尉规鞣嫡长子曰约稼，奉国中尉约昉嫡长子曰经挥。

（明）《明孝宗实录》卷一四六

（弘治十四年正月壬子）赐……靖江……辅将军约尘嫡长子曰经挽，奉国将军规聆嫡长子曰约仁，镇国中尉相抚嫡长子曰规襈，辅国中尉规饷嫡长子曰约界、规禙嫡次子曰约兰、规刚嫡长子曰约筹、规初嫡次子曰约屡。

（明）《明孝宗实录》卷一七〇

（弘治十四年七月丙寅）赐……靖府辅国中尉规欣嫡次子曰约鲩，规俶嫡长子曰约蹢。

（明）《明孝宗实录》卷一七六

（弘治十四年十一月）已亥，赐……靖江王府安城乡君并仪宾杨用珉、凤化乡君并仪宾刘乾诰命、冠服如制。

（明）《明孝宗实录》卷一八一

（弘治十五年正月丙戌）赐……靖江王府辅国中尉规院嫡次子曰约谐。

（明）《明孝宗实录》卷一八三

（弘治十五年七月）戊戌，赐……靖江王府镇国中尉相灿嫡第五子曰规愉，嫡第六子曰规憪。

（明）《明孝宗实录》卷一八九

（弘治十六年二月）己亥，赐……靖江王府辅国将军相缙嫡次子曰规眙，奉国将军规闻嫡长子曰蹟，镇国中尉约哜嫡长子曰经接，辅国中尉规琰嫡长子曰约鲜、嫡次子曰约鲤。

（明）《明孝宗实录》卷一九六

（弘治十六年七月）辛巳，赐……靖江王府镇国中尉相赟嫡第二子曰规骧，相谅庶第二子曰规遄、庶第三子曰规述，相显嫡第二子曰规航；辅国中尉规精嫡长子曰约遇，规款嫡第二子曰约都，规瓒嫡第二子曰约鲛，规琬嫡第二子曰约管，规阉嫡第二子曰约鲵，相缨庶第六子曰规曙，庶第七子曰规眦，规或嫡长子曰约侣，规旋嫡长子曰约诗，规馔嫡长子曰约域，规盂嫡第四子曰约馔，嫡第五子曰约馔，规渊嫡长子曰约绣，规瑄嫡第二子曰约鲲，规则嫡第二子曰约履；奉国中尉约聘嫡长子曰经嘻，约膺嫡长子曰经杨，约馈嫡长子曰经间。

（明）《明孝宗实录》卷二〇一

（弘治十六年十月辛亥）赐……靖江王府潮阳县君、仪宾曹廉诰命、冠服如制。

（明）《明孝宗实录》卷二〇四

（弘治十七年二月）甲午，赐……靖江王府镇国中尉相稷庶长子曰规偈、庶次子曰规份，奉国中尉约暶嫡长子曰经葵。

（明）《明孝宗实录》卷二〇八

（弘治十七年七月）乙巳，赐……靖江王府奉国将军规聪嫡次子曰约蹉，镇国中尉相翱次子曰规誉，奉国中尉约耽嫡次子曰经蓉。

（明）《明孝宗实录》卷二一四

（弘治十八年二月）丙寅，赐……靖江王府奉国将军规聆嫡长子曰约蹊、约耕嫡长子曰经攀，镇国中尉相昺嫡次子曰规赛、相掖嫡次子曰规偌，辅国中尉规吉嫡次子曰约砢，奉国中尉约超嫡次子曰经橘。

（明）《明孝宗实录》卷二二一

（万历十三年三月壬辰）予靖江王府辅国中尉经讱嫡第二子等四十二位名封，经谳嫡三子等二十三位名粮。时皆过期十年、十五年，上以地远人众，特许之，仍责抚按官申饬。

（明）《明神宗实录》卷一五九

四 食禄

（洪熙元年九月丁未）给……靖江府恭城县君及仪宾李贤岁禄三百石，内支米二百石，余折钞；宣化县君及仪宾杨义如之；宜湘乡君及仪宾廖隽岁禄二百石，内支米一百五十石，余折钞；新义乡君及仪宾陈顺如之。

（明）《明宣宗实录》卷九

（宣德元年四月）辛巳，给靖江悼僖王次子奉国将军佐敏岁禄六百石，于广西布政司米钞中半兼支。

（明）《明宣宗实录》卷十六

（宣德三年二月）戊寅，给靖江府奉国将军佐忠等十一人岁禄。时行在户部言："佐忠等俱已婚，岁禄未给。"上曰："岁禄已有定制，宗室子孙所仰者此，岂他有所营。"即令有司岁给之如例。

（明）《明宣宗实录》卷三七

（宣德八年闰八月）丙辰，给靖江王府平乐乡君及仪宾徐廉岁禄二百石，从化乡君及仪宾孟琳、姜城乡君及仪宾陈廉、灵竹乡君及仪宾叶玘如之，俱于广西布政司米钞兼支。

（明）《明宣宗实录》卷一〇五

（宣德九年四月）己酉，给靖江王府奉国将军佐美、佐弼岁禄各六百石，米钞中半兼支。

（明）《明宣宗实录》卷一一〇

（宣德十年十一月戊子）行在户部奏："靖江王府长史司言，奉国将军佐义岁支本色禄米三百石，近以身故住支，所有妻女乞为处置。"上命岁给二百石，养赡之。

（明）《明英宗实录》卷十一

（正统元年十一月）乙巳，给靖江王府奉国将军佐茂、佐通岁禄各六百石，于广西布政使司米钞兼支。

（明）《明英宗实录》卷二四

（正统三年七月乙巳）给靖江王府义和乡君并仪宾程曾、东宁乡君并仪宾陈征、贵平乡君并仪宾李端、信都乡君并仪宾詹镛冠服、诰命、鞍马，岁禄各二百石，米钞兼支。

（明）《明英宗实录》卷四四

（正统四年七月）癸亥，行在户部奏："靖江王府辅国将军佐义及妻廖氏俱故，所遗女年方八岁，乞赐禄米养赡。"上以恤孤，王政之大，况于亲亲，义当加厚，命岁给俸三百石，米钞兼支。

（明）《明英宗实录》卷五七

（正统五年十二月）壬申，靖江王佐敬奏："奉国将军佐勤卒，岁禄住支，所遗妻女无禄以赡。"上命岁给米四百石。

（明）《明英宗实录》卷七四

（正统六年十一月乙卯）命岁给靖江王府故辅国将军赞亿妻女禄米四百石，米钞中半兼支。

（明）《明英宗实录》卷八五

（正统四年）七月，户部奏靖江王府辅国将军佐义、妻廖氏俱故，遗女年八岁，乞赐禄米养赡。上曰："恤孤，王政大端，况于懿亲，义当加厚，岁与米三百石。"

（明）徐学聚《国朝典汇》卷十三《宗藩上》

（正统八年正月）辛巳，给靖江王府奉国将军佐良、佐孚、佐立、佐政、佐常岁禄各五百石。

（明）《明英宗实录》卷一百

（正统九年五月庚午）靖江王府辅国将军赞俊卒，禄米例应住支，家口八十余人无所仰食，广西布政司以为言。上命给之如故。

（明）《明英宗实录》卷一一六

（正统十年八月戊申）户部奏："靖江王府故辅国将军赞杰家口十七人，月给米五十石。今止存二人，若仍旧给，不无虚糜粮饷。"上命人月给米一石。

（明）《明英宗实录》卷一三二

（正统十一年三月）壬午，给靖江王府奉国将军佐芳岁禄六百石，米钞中半支给。

丁酉，给靖江王府镇国中尉相贤禄米如例。

（明）《明英宗实录》卷一三九

（正统十一年五月）甲戌，给赐靖江王府奉国将军佐礼次子相廉、奉国将军佐诚嫡次子相宁、庶次子相宏、奉国将军佐美庶长子相彦岁禄各四百石，米钞中半兼支。

（明）《明英宗实录》卷一四一

（正统十二年正月）戊子，给靖江王府镇国中尉相安岁禄四百石，米钞中半支给。

（明）《明英宗实录》卷一四九

（正统十二年七月）甲寅，给靖江王府慈乐乡君仪宾程诚、信行乡君仪宾白俊、抚康乡君仪宾王智、兴德乡君仪宾陈询、陵城乡君仪宾文纯禄米如例。

（明）《明英宗实录》一五六

（正统十三年秋七月）丙申，给靖江王府镇国中尉相辉岁禄四百石，米钞中半兼支。

（明）《明英宗实录》卷一六八

（正统十三年九月）癸卯，给靖江王府镇国中尉相询、相觐岁禄各四百石。

（明）《明英宗实录》卷一七〇

（正统十四年二月癸酉）给靖江王府镇国中尉相序、相广、相恂、相维、相颢、相容、相谟、相观岁禄各四百石，米钞中半支给。

（明）《明英宗实录》卷一七五

（正统十四年五月）丁未，给靖江王府镇国中尉相逊岁禄四百石，米钞中半兼支。

（明）《明英宗实录》卷一七八

（正统十四年六月）癸丑，靖江王府辅国将军佐立卒，例应住禄米。宫眷无以养赡，有司以为言。上命给禄米四百石，米钞中半兼支。

（明）《明英宗实录》卷一七九

（正统十四年十月癸酉）给赐靖江王府镇国中尉相勉岁禄四百石。

（明）《明英宗实录》卷一八四

（景泰元年闰正月乙卯）给……靖江王府故奉国将军佐达子相友岁禄六百石，俱钞米兼支。

（明）《明英宗实录》卷一八八

（景泰元年五月壬子）给靖江王府故奉国将军佐忠子玄通岁禄四百石，米钞中半兼支。

（明）《明英宗实录》卷一九二

（景泰元年六月甲戌）给靖江王府镇国中尉相兴、相廙、相雝岁禄各四百石，米钞中半兼支。

癸巳，给靖江王府故奉国将军佐慎男真祥岁禄四百石，米钞中半兼支。

（明）《明英宗实录》卷一九三

（景泰元年七月）乙丑，给靖江王府辅国将军相继岁禄八百石，米钞中半兼支。

（明）《明英宗实录》卷一九四

（景泰二年七月）壬寅，给靖江王府镇国中尉相效、相觊岁禄六百石，米钞中半支给。

（明）《明英宗实录》卷二〇六

（景泰二年十月戊寅）给靖江王府镇国中尉相让岁禄四百石，米钞中半兼支。

（明）《明英宗实录》卷二〇九

（景泰三年三月甲辰）给靖江王府故奉国将军佐忠幼男家□岁用米二百石。

（明）《明英宗实录》卷二一四

（景泰三年六月乙酉）给靖江王府镇国中尉祖宜、相宽岁禄各四百石，米钞中半兼支。

（明）《明英宗实录》卷二一七

（景泰三年九月己亥）靖江王府奏："故奉国将军佐顺禄米住支，所遗幼男家眷度日艰难。"诏给赐禄米四百石。

（明）《明英宗实录》卷二二〇

（景泰三年十月丙申）靖江王府奉国将军佐立薨，家眷无禄养赡。事闻，诏每岁给米二百石。

（明）《明英宗实录》卷二二二

（景泰三年十二月）壬寅，命岁给靖江王府故奉国将军佐诚幼子女禄米四百石。

（明）《明英宗实录》卷二二四

（景泰四年四月丙申）命岁给靖江王府平安乡君并仪宾唐普禄米二百石。

辛亥，命岁给靖江王府镇国中尉相通禄米四百石，米钞中半兼支。

（明）《明英宗实录》卷二二八

（景泰四年五月丙子）给靖江王府镇国中尉相益岁禄四百石。

（明）《明英宗实录》卷二二九

（景泰四年十一月）辛未，给靖江王府镇国中尉相谆岁禄四百石，米钞中半兼支。

（明）《明英宗实录》卷二三五

（景泰五年六月甲午）给靖江王府镇国中尉相与、相资岁禄四百石，米钞中半兼支。

（明）《明英宗实录》卷二四二

（景泰五年九月甲戌）户部奏："广西布政司言，靖江王府故奉国将军佐礼禄米住支，所遗母女家口，无以养赡。"诏如例以禄米给之。

（明）《明英宗实录》卷二四五

（景泰五年十一月辛亥）命岁给靖江王府镇国中尉相迪、相益禄米各四百石，米钞中半兼支。

（明）《明英宗实录》卷二四七

（景泰六年三月）甲寅，给靖江王府已故镇国中尉相穆女本色米一百五十石，用备养赡。

（明）《明英宗实录》卷二五一

（景泰六年夏四月）己亥，命给靖江王府镇国中尉相晖岁支禄米四百石，米钞中半兼支。

（明）《明英宗实录》卷二五二

（景泰六年秋七月）戊寅，给靖江王府故奉国将军佐茂宫眷岁禄四百石，米钞中半兼支。

（明）《明英宗实录》卷二五六

（景泰六年八月）癸丑，给……靖江王府镇国中尉相觉、相尊岁禄各四百石，俱米钞中半兼支。

（明）《明英宗实录》卷二五七

（天顺元年六月甲午）给……靖江王府镇国中尉相显四百石，……米钞中半兼支。

（明）《明英宗实录》卷二七九

（天顺元年九月己巳）给靖江王府镇国中尉相轼、相辚岁禄各四百石，米钞中半兼支。

（明）《明英宗实录》卷二八二

（天顺三年六月）戊辰，命给镇国中尉相积岁禄四百石，……米钞中半兼支。

（明）《明英宗实录》卷三〇四

（天顺三年七月）戊戌，给靖江王府故奉国将军佐善子禄米四百石，米钞中半兼支。

（明）《明英宗实录》卷三〇五

（天顺三年八月乙丑）靖江王府镇国中尉相怡卒，禄米住支。上命岁给一百五十石以恤其家。

（明）《明英宗实录》卷三〇六

（天顺五年六月辛未）靖江王府奉国将军佐常卒。讣闻，遣官赐祭，命有司营葬事。其子镇国将军相显奏："故父禄当停支，奈所遗人众，且丧祭用无从措置，乞赐以本年禄米。"从之。

丁丑，命给靖江王府辅国中尉规峻、规际、规隆、规陟、规磲、规砥、规祐、规禋等岁禄各三百石。

（明）《明英宗实录》卷三二九

（天顺五年十一月）辛亥，给靖江王府镇国中尉真祚岁禄四百石，米钞中半兼支。

（明）《明英宗实录》卷三三四

（天顺六年六月）辛未，给靖江王府镇国中尉相范岁禄四百石，米麦兼支。

（明）《明英宗实录》卷三四一

（天顺六年十二月庚午）命岁给靖江王府镇国中尉相颜禄米四百石，米钞中半兼支。

（明）《明英宗实录》卷三四七

（天顺七年三月己亥）给靖江王府镇国中尉相赒岁禄四百石，米钞中半兼支。

（明）《明英宗实录》卷三五〇

（天顺七年九月）戊寅，给靖江王府已故奉国将军佐弼妻女食米岁二百石。

（壬午）给靖江王府辅国中尉规崇、规嶙、规岘、规嵩、规阼、规祯岁禄各三百石，自天顺八年为始，米钞中半兼支。

（明）《明英宗实录》卷三五七

（天顺八年七月）癸丑，给靖江王府故奉国将军佐常宫眷食米岁二百石。

（明）《明宪宗实录》卷七

（成化元年正月己巳）赐靖江王府故镇国中尉相廙妻胡氏米岁一百五十石。

（明）《明宪宗实录》卷十三

（成化元年十月乙未）给……靖江王府故奉国将军佐孝妻子米岁各五十石，从各王奏也。

（明）《明宪宗实录》卷二二

（成化元年十一月乙巳朔）赐靖江王府故镇国中尉相觐、相□妻子米岁各五十石。

（明）《明宪宗实录》卷二三

（成化二年十二月）癸亥，给靖江王府故镇国中尉相廱男法昱食米岁一百石。

（明）《明宪宗实录》卷三七

（成化三年十一月）庚寅，赐故奉国将军佐真妻范氏食米二百石。从靖江王请也。

（明）《明宪宗实录》卷四八

（成化四年十月）乙巳，赐靖江王府故奉国将军佐诚妻女养赡米岁一百石。从王请也。

（明）《明宪宗实录》卷五九

（成化九年四月丁亥）给靖江王府故奉国将军佐恭、佐美、镇国中尉相颢、相颜妻妾男女岁食米各五十石。以男俱幼年，未应请名，女有残疾，不能出嫁，王以为请故也。

（明）《明宪宗实录》卷一一五

（成化十年十月）甲辰，赐靖江王府故辅国将军相继妻李氏米岁一百石。

（明）《明宪宗实录》卷一三四

（成化十二年六月）己亥，赐靖江王府故奉国将军佐芳妻吕氏食米岁三十石。

（明）《明宪宗实录》卷一五四

（成化十五年六月）癸卯，户部以靖江王规裕奏："本府故镇国中尉相广、相宁、相询并辅国中尉规鞠，各遗寡妻、男女，乞米养赡。"上命镇国中尉一百石，辅国中尉八十石，给如例。

（明）《明宪宗实录》卷一九一

（成化十六年十月丁巳）给靖江王府故奉国将军佐善妾苏氏食米岁一百石。以夫、子俱亡，无禄养赡，从王请也。

（明）《明宪宗实录》卷二〇八

（成化十八年正月壬辰）命靖江王府故辅国将军相练妻门氏岁给食米五十石，从其请也。

（明）《明宪宗实录》卷二二三

（成化十八年七月）丁丑，赐靖江王府故奉国将军佐孚妻马氏、镇国中尉相逊妻易氏等食米岁各六十石，从王奏请也。

（明）《明宪宗实录》卷二二九

（成化十八年十一月）丙午，赐……靖江王府镇国中尉相彦妻白氏、相质女善缘、辅国中尉规嵩妻钱氏、女妙善岁食米各五十石，……俱从所请也。

（明）《明宪宗实录》卷二三四

（成化十九年七月己未）命给靖江王府故辅国中尉规弘妻范氏米岁三十石，规鉴妻李氏二十石，规鞱幼子二人各十五石，从王请也。

（明）《明宪宗实录》卷二四二

（成化二十年七月甲辰）赐靖江王府故辅国将军相瑄妻曹氏、镇国中尉相赒妻霍氏、奉国中尉约余妻刘氏食米各三十石，俱以其无子寡居也。

（明）《明宪宗实录》卷二五四

（成化二十年十一月）乙巳，赐靖江王府故辅国将军规碰妻彭氏食米岁三十石。从王奏也。

（明）《明宪宗实录》卷二五八

（成化二十一年七月）己未，诏靖江王府故辅国将军规褅、相纬，临桂、柳城县君，兴德乡君已支禄米俱免还官。以其各奏有丧事，而所遗家属且多故也。

（明）《明宪宗实录》卷二六八

（成化二十二年正月辛未）给靖江王府故镇国中尉相霁母孟氏米岁三十石。

（明）《明宪宗实录》卷二七四

（成化二十二年七月）壬戌，赐靖江王府故镇国中尉相积妻俞氏岁食米岁三十石。

（明）《明宪宗实录》卷二八〇

（成化二十三年正月庚午）靖江王府故辅国将军相纬妻舒氏、故镇国中尉相□妻霍氏各奏夫亡乞米养赡。上命岁给舒氏食米三十石，霍氏则令其庶长子辅国中尉规图供养。

（明）《明宪宗实录》卷二八六

（成化二十三年七月）壬寅，赐靖江王规裕桂林府岁钞岁一万五千贯，以王累奏用度不足故也。

（明）《明宪宗实录》卷二九二

（成化二十三年十月己巳）给靖江王府故镇国中尉相霖、相震妻女食米岁各四十石。

（明）《明孝宗实录》卷四

（弘治元年正月己未）给靖江王府故辅国将军相纯夫人及故辅国中尉规谆、规骥、规霖宜人养赡米岁各三十石，辅国中尉规圆宜人二十石。

（明）《明孝宗实录》卷九

（弘治元年五月）辛卯，命给靖江王府故镇国中尉相贵、相让、奉国中尉约省妻养赡米岁各三十石。

（明）《明孝宗实录》卷十四

（弘治七年十一月）乙未，给靖江王府故镇国中尉相稹之妻霍氏养赡米岁三十石。

（明）《明孝宗实灵》卷九四

（弘治九年三月）庚寅，给靖江王府故辅国中尉规隆妻米岁三十石。

（明）《明孝宗实录》卷一一〇

（弘治九年四月）癸巳，给……及靖江王府故辅国中尉规图妻米岁各三十石。

（明）《明孝宗实录》卷一一二

（弘治十一年八月壬申）给靖江王府故镇国中尉相翱、辅国中尉规祚、规附之妻养赡米岁各三十石。

（明）《明孝宗实录》卷一四〇

（弘治十四年八月）壬子，给靖江王府故镇国中尉相贤妻李氏养赡米岁三十石。

（明）《明孝宗实录》卷一七八

（弘治十七年四月）甲午，给……靖江王府故辅国中尉规楋妻张氏米岁三十石。

（明）《明孝宗实录》卷二一〇

（正德十年十月癸亥）给……靖江王府故辅国中尉规端妻陈氏、奉国中尉约麟妻韩氏各三十石。

（明）《明武宗实录》卷一三〇

请复宗禄疏

题为乞怜俯豁勘示遵例颁禄少甦困苦事。据广西布政司呈奉臣等批据镇、辅、奉国中尉任昶等状告前事称，各宗不幸生长边藩，驳查有年，哀求颠沛，方叨封爵。如昶等俱自十六之年出阁，习礼朝参，淹守至今，于本年三月内授封。先奉有咨，各照本等食禄。今奉勘合，将各府旧例且支三分之一，待习学五年，方行奏请出学。忖思昶等出阁非止五年，授封多逾三十，贫穷无倚，度日无资，告乞全给以济困苦等情，俱批行本司查报。间又奉批据任昶等状，催为恳乞施恩急救边藩陷溺危迫事告称，边宗常禄，百费所需，揭债累深，倚禄为命。今遭减革，众何聊生，若候五年，非见松邱，终□白首。今查先次任订等一百二十员，原奉勘合，止给禄米三分之一，终身尚蒙奏给全禄。昶等应支全禄，恩无偏薄，事体相同，伏乞垂情，急赐代奏，拯拔陷溺等情，奉批到司。案□万历五年闰八月初十日为乞恩请封选婚事，承准户部广字八号勘合，照会本司，将镇国中尉任昶、任腆等五员各该岁支禄米四百石，辅国中尉经撝、经蘁等十五员各三百石，奉国中尉邦蕳、邦英等一百五十员各二百石，俱四分本色、六分折钞，各照例且给三分之一，待习学五年，该府即与奏请出学，以正本等禄爵。仍查各的于何年月日出阁授封，如授封在前，出阁在后，以出阁日为始；如出阁在前，授封在后，以授封是为始。其授封日期，务以明文到彼实授之日为始，不许先期冒支等因，题奉钦依，照会到司通行，钦遵在卷。今奉前因，该本司查得靖藩诸宗，僻处西徼，初以擅婚子女请名既不合格，继以勘驳往返，请封多至违期。兼之地方贫瘠，治生为难，仰给有司，告无虚日。隆庆元年，权宜议处，将已名者借支三分之一，十五以下量给月米有差，候授封之日扣禄还官。积岁相沿，遂为故事。今任昶等请名之后，借支三分之一，已属有年，而得授封爵在二十岁之外者十尝七八。据出学习礼不止五年，授封逾时，皆因奏报之难，勘驳之频，实非诸宗故违明例。卷查任订等先为久困边宗，叨授封爵，恳乞遵照祖宗恩典赐给全禄事，初以擅婚减革禄米三分之二，旋因控诉题请全支。夫擅婚革禄既蒙优处，以示破格之恩，出阁过期宁肯习学以待五年之后。且广右禄价石止四钱，本色之支亦略相当。通计一岁之禄，镇国中尉岁支本色八十石，折银折钞四十五两七钱；辅国中尉岁支本色六十石，折银折钞三十四两二钱零；奉国中尉岁支本色四十石，折银折钞二十二两八钱零，即使全支，饔餐俯仰，犹称不敷。又令候于五年之久，资生实为无策，填门告讨，降礼乞哀，岂诸宗之得已哉。职等遵奉条例，恨不即节缩以甦民供；而坐视贫宗，又不得不变通以广圣泽。随查玉牒册，开载镇、辅、奉国中尉邦苦等一百二十二位，俱年二十岁以上，系属过期之数；镇、辅、奉国中尉任昶等四十七位，俱年二十以下，系年岁未及之数，相应分别议处，以定将来。合无将二十岁以上者，悯远道请封之迟，姑免其习学，照授封勘合到日为始，给与本等全禄；二十岁以下者，照宗藩见行之例，仍令习学，照年扣满，免行亲王奏请，呈详抚按衙门查覈，准与开支，其以前借支三分之一禄钞，逐季扣算还官，呈乞题请等因到臣。该臣会同巡按广西监察御史孙，议照宗室年至十五，照例请封，先给禄米三分之一，习学五年，奏请出学，以正本等全禄，载在宗藩条例，所当世守者也。粤省诸宗名封，原以地方僻远，勘驳愆期，既难比于近地各藩，而年至十五以上，亦皆随众朝参，已自等于习礼之列。据称年之长者，有逾三十始禄，业已后矣，又令五年而始全支，白首松邱之叹，良非过激。况其一分所得之禄，仅足以扣还；数口仰给之资，别难以自赡。备陈迫切之情，臣等得于目击，尤有不能以尽言者。故必习学五年，而后正本等爵禄，此例之正也；该司因其控诉，不得已而复有此议，亦情之所可悯也。伏望皇上俯念边藩，敕下该部，特为详议，将任昶等所告禄粮，曲赐酌处。仍乞自今各宗请名之后，如果查勘明白者，悯其贫窘奏报之难，即与题封以彰亲亲之恩。其有驳查耽延授封，年过二十以上者，姑免其习学，给与全禄，以体边宗困苦之情。年未及者，照例习学，及期开支。庶朝廷敦睦之典，有司经费之节，似为两得，而边宗既慰待哺之望，地方亦无意外之衅矣。惟复别奉定夺，缘系乞怜，俯豁勘示，遵例颁禄，少甦困苦事理，臣等未敢擅便。为此具本专差承差李奇亲赍，谨题请旨。

（明）吴文华《粤西疏稿》卷二

（靖江王府）宗室二千人，岁食藩司禄米五万两，故藩贮不足供，而靖宗亦多不能自存者。

（明）王士性《广志绎》卷五

宗藩纪

夫王府始封之时，宗仪位数，大略相等，支给禄粮，简省易办。二百年来，宗支繁衍，多寡迥异。……如广西靖江王府宗支，支米者一千一百有零，幼者不知凡几，宗室养赡银计五万一千九百余两，俱于桂林等府州县卫所额派秋屯折粮，又湖广每年协济一万五百两，犹且不给。旧未偿，新无补，因而薪米控诉，或家人抱告，填满司门，逼近几案。

（明）张翰《松窗梦语》卷八

杨博曰：广西当岭南右偏，幅员甚广。国初以桂林为省会，肇建靖藩。于时编民稀少，招瑶垦荒。岁久蔓延，田土半为侵占，粮额日减，宗人日繁，禄粮军饷，支给不敷。

（明）张萱《西园闻见录》卷六二《职方》

五　宅居

（万历壬子三月初十日）入粤省北门，……城以万雉横截之。门以内，朱门相比，则靖江支藩也。

（十二日）出东江门，道安仁寺，江有浮桥，联以四十巨舰，约广百仞有奇矣，此为东渡。岸有五侯祠，为频年没溺者多而新之，以祈免者。巷多朱门，散处天潢。

（明）岳和声《后骖鸾录》，见于（清）汪森《粤西丛载》卷四

游靖藩宗室池亭　　（明）谢少南

帝胄仙人馆，朱扉绿野堂。水涵鱼藻动，筹放凤翎长。客简雕金赋，神丹闼玉房。悠然心自远，疑是白云乡。

（清）汪森《粤西诗载》卷十二

同杨方伯饮犀潭宗侯西园

逍遥飞盖出西城，设醴全因待穆生。朱邸正逢朱橘熟，画楼偏对画峰晴。襄林绽蕊知春早，掘地为濠见水清。漫讶客来幽径数，未过三日再班荆。

（明）曹学佺《石仓诗稿》卷二九《桂林集下》

（丁丑五月）初九日，余少憩寓中。上午，南自大街一里过樵楼，市扇欲书登秀诗，赠绀谷、灵室二僧，扇无佳者。乃从县后街西入宗室廉泉园（廉泉丰仪修整，礼度谦厚，令童导游内园甚遍）。园在居右，后临大塘，远山近水，映带颇胜，果树峰石，杂植其中，而亭榭则雕镂缋饰，板而无纹也。停憩久之。

十一日，……下（七星）山，北过葛老桥，东入一王孙之苑，中多果木，方建亭饬庑焉。地幽而制板，非余所欲观也。

（六月）初五日，……西过西湖桥，一里，抵小石峰下。其峰片裂如削，中立于众峰之间，东、北、西之三面，俱有垣环之，而南则濒阳江，接南岭，四面俱不通。出入大路至此折而循其北麓，乃西还阳江之涯，窥其垣中，不知是何橐钥。遍绕垣外，见西北隅有逾垣之隙，从而逾之。其中荆莽四塞，止有一家在深翳中。披其东北，指小峰南麓，则蹬级依然，基砌叠缀。其峰虽小，如莲瓣之间瓣瓣有房，第云构已湮，而形迹如画。其半崖坪中有石如犀角，独耸无倚，四旁多磨剔成碑，但无字如泰山，令人无从摸索耳。其后又盘空而上，片削枝攒，尤为奇幻。从其东下崖半，又裂石成岩，上镌三字，只辩其一为"东"字，而后二字，则磨拭再三，终莫得其似焉。搜剔久之，知其奇而不知其名。仍西蹈莽棘，逾垣以出。候途人问之，曰："秋儿庄。"云昔宗室有秋英之号者，结构此山为菟裘，后展转他售，丰姓者得之，遂营为（冢）地，父子连掇乡科，后为盗发，幸天明见棺而止，故室垣断道云。秋儿者，即秋英之误也。

（明）徐宏祖《徐霞客游记》卷三上《粤西游记一》

临桂县学，……（康熙）二十四年改建于府治南谯楼西，本前靖江王宗室故宅，后为线伯衙署，知府黄良骥、知县张遴、教授高熊征详请改为县学。

（清）嘉庆《临桂县志》卷十四《学校下》

磨面洲，在皇泽湾，前朝藩邸于此置水硙，遗迹尚存。今居者数十家，以艺蔬为业，境界极幽。

（清）嘉庆《临桂县志》卷十九《古迹》

明靖藩故园，邑人朱依真七星岩诗："昔时梁园基，今日耕人垄。"自注："山前即明藩花园。"

（清）光绪《临桂县志》卷三六《胜迹二》

定粤寺者，定南王因明靖藩普明庵故址而建也。独秀峰峙其南，叠彩岩踞其后，地势耸阔，规制宏整，会城称绝胜焉。

（清）卫哲治《重建定粤寺碑记》，见于（清）光绪《临桂县志》卷三六《胜迹二》

六　交　游

桂林户侯方瑛，仗义捐金构造通济桥成，大方伯李公孟旸、宪长杨公守随、宪副周公孟中、武公清、亚参事吴公昭、宪佥周公信，具彩缎往嘉其贤劳。时宗室静庵聪与裕叨情主席，酒既，李公名其处曰"九贤岩"，托裕书之，以纪岁月云（因宾主有九人，故名）。

大明弘治六年八月，监察御史郡人包裕识。

岩中石合状元征（福），此语分明自昔闻（裕）。巢凤山钟王世则（金），飞鸾峰毓赵观文（跨）。应知奎聚开昌运（良），会见胪传现庆云（纲）。天子圣神贤哲出（福），庙廊继步策华勋（跨）。

伏波岩有石下生如柱，向离石二尺许。谶云："岩石连，出状元。"至是，石将连矣。维时宗室约跨备酒肴，偕寓士于福、宪佥傅金、挥使许良、徐纲与裕往观。酒既，喜而联句成律，命裕识之。大明正德二年丁卯四月朔，云南按察司副使郡人包裕书。

层峦突兀立江头，下有清泉一派流。神物已从云里去，灵踪还向洞中留。烟浮城郭人家近，岸隔沙汀草树幽。极目怡云亭上望，白苹红叶最宜秋。

正德辛未岁八月吉，皇明六世孙、靖江辅国将军筠庵相璁书。

桂海碑林博物馆《桂林石刻碑文集》中册

赠靖江王孙

大雅诗书志，高情洞壑居。风流宜鹤氅，云气绕鸾舆。摛辞过梁宋，召客得应徐。投簪吾未老，犹可曳长裾。

紫阁投朱绂，青山卧白云。凤笙流秘曲，鸿宝枕灵文。近得临笻客，飘然思不群。诗传古词赋，为我洗尘氛。

（明）顾璘《顾华玉集·浮湘稿》卷三

觐贺行

予以己亥十一月分守左江。……明年五月讫事，皇上建大本，贞万邦故事，省官表贺，而予以序见行，拟便归觐，喜不可言，乃以闰七月朔日丙申发左江，越十四日己酉，至桂林。时属郡表笺未集，予欲乘暇遨游诸山。

十七日壬子，游叠彩岩，中空斗折，石户嵚崟，凄风逼人，炎嚣屏息，故又名风洞也。缘北崖，则江上诸山，旋簇如画。南麓聚景亭，所见如北牖，而昭旷过之。遂绕宝积山，穿华景洞，空明轩敞，可布八九筵。前瞰方塘，秋水澄澈；后临绝壁，有平石可坐三四人，为飞云阁。右崖卧龙冈，有诸葛武侯祠。叠彩、宝积二山，皆在城中，其南麓大街山脊隐隐隆起，有碑书"桂岭"二字，宋所立也。然此不在五岭之数。予既还憩洞中，徘徊倦起。宗室经含者，以榼酒盂蔌饷予，曰："闻君发兴，愿助豪襟。"便与藉盘石，笑饮三觥而去。

甲寅，偕诸僚及朱敬之游七星山。去城东里许，错落如北斗之形，下为玄风洞，阴气觷烈，盛暑如蹑层冰，濂泽不可久处。《传》曰"空谷来风"，又曰"盛怒土囊之口"。然诸岩洞亦有无风者，岂地脉差殊与？宗室约跜为予言："岩洞冬时温如附火，盖阳伏之征也。"

（明）田汝成《田叔禾小集》卷八

游风洞和素轩先生韵

天地生成此画图，画工曾有此工无？步临寥廓幸南粤，目尽浮云仰上都。竞语林间群鸟集，高飞空外一鸿孤。古今具眼知谁立，笑说干将酒谩呼。

嘉靖庚寅季春，慎斋□□书。

初夏登临亦快哉，携琴信步陟崔嵬。筠林风度清秋韵，松畔巅崖爽气来。坐食虚叨无寸补，行吟真愧乏长才。暮归心地清凉后，更喜南熏遍九垓。　靖藩西桥经㩴。

新秋天净爽风微，策杖登临逸兴飞。七点青螺云外秀，一湾碧练日中辉。穷攀拟蹑星辰近，清啸回看草木稀。薄暮钟声催骑发，似闻子晋玉笙归。　皇明宗室西桥经㩴识。

游七星岩次万五溪方伯韵

侵晨来福地，台殿烟霞蒙。山□列星宿，岩堆埋雷风。颠崖挂葛藟，石溜生芳丛。拼炬开玉宇，扪萝步青葱。只惜无雨露，别自有虚空。长啸鸣幽谷，挺颈应律筒。姑饮同倾酒，云英并从容。邀我蓬瀛去，飘挠兴未穷。

嘉靖庚子初秋之吉，高皇八世孙靖江府镇国中尉秋谷约跜。

碧山记

桂林多岩洞，屏风山去城五里之外，亦曰程公岩，亦曰空明洞。嘉靖癸卯夏四月，宗藩澄溪、云岫公昆季辈，举酒属余游之，质斋章公焕、竹池叶公濠、龙岩胡公鸾、仰云徐公南金、中山陈公献、□峰朱公承祖、天衢冯公伸俱在。见其怪石危巅，迭青横碧，果如屏风者然。下穿一洞，高广而深邃，足以纵马；空明而洁白，可以卧□。乳□长生之□，寒凝一室之秋。舒卷烟霞，吞吐日月。旁通曲径，别透天光。登之身与云齐，望之目与天尽。野花佳木，风来百和之香；樵童牧儿，声送太平之咏。真不凡之境界也。每公余，各岩洞亦尝领略，吾见亦空矣，公何独擅此？曰："吾辈安得此？吾先君有生之幽趣也。"遂问焉："古人有以一壑自奇者，万物不干其志；以一丘自重者，天下不得其乐。非膏肓泉石而忘形宇宙者，未必有此趣也。先君子其以是欤？"曰："先君生有道之世，坐蒙祖宗无疆之福，虽不能有用于时，以图报效，而一饭不忘之念，盖惺惺也。焉敢轻世肆其志而为踽踽凉凉者哉？是虽达人之流，先君未敢以此自望也。否则，其意何居？"曰："先君秉性端悫，自幼至壮，肃恭信顺，虽急遽，不忘礼节。奉侍先祖，爱敬兼矣。凡服御饮膳之类，咸先意祗顺，恒若惟日□足之意。先祖梅庵公终，恸毁无时，礼葬尧山之原，尝欲庐墓，于制弗果。祥服，先祖母马氏继终，恸毁过甚，水浆不入口者数日，几殒。哀慕不置，刻像作室以奉之，于以追其不足之养而继其未尽之孝也。及归葬于是岩之左，相距仅百步之余，凡率兄弟子侄春秋拜扫，祭毕而归，有徘徊不舍之意。顾乃袭前人之旧址，培削土壤，剪除蓬蒿，以便起坐，少藉盘桓，亦足以慰怅慕之怀耳。此先君托兹岩之本意，因有'碧山'之号云。"余闻之，遂为改颜。夫先君子生而贵者也，不惊宠辱，无与世故。其觅水寻山，吞花卧酒，若其故态耳。嘻！有是哉，伟然宗藩之望，圣贤之徒也。山水之乐，人徒知以乐为乐，而先君子乐生于哀也；徒知以己为乐，而先君子乐生于亲也；徒知纵一时之耳目以为乐，而先君子性分之乐，乐其有终身之丧也。刻木而祀，望云而思，终身而慕古之人有行之者，当为先君子许之。昆季再拜而谢，乃曰："窃闻《礼》云：'如见亲之所爱，如欲色然。'先君之遗泽幸存，吾辈忍忘于今日？台基筑矣，亭榭构矣，池塘凿矣，花木培矣。愚兄弟子侄祭扫既毕，亦少憩于此，以继先君之素志，以窃先君之余乐。愿诸公乞我雪堂公数言于石，志我先君，山林并有光矣。"昆季迭为劝酬，饮酒乐甚。已而，山云顿起，风雨暴至，见树木之摧摇，碧山有风之惨也；闻鸟声之上下，碧山有慈乌之泣也。觥筹交错，而主亦无算，见碧山而喜也。车马散尽，而主独忘归，别碧山而悲也。碧山可谓孝矣，诸君子可谓克肖矣。遂用命，以嘉诸石。

嘉靖癸卯夏四月望日，赐进士、中顺大夫、知桂林府、黄冈雪堂陶珪撰文，皇明八世孙、奉国中尉登溪约邻、云岫约郆勒石。

桂海碑林博物馆《桂林石刻碑文集》中册

奉陪岑蒲谷宪使、徐吾溪兵宪游雪窗宗室之玄风圃，明日，雪窗、蒲谷继有高倡，各次原押二首

岩亭攀历晚，秋色满高林。竹密睢阳苑，畦成汉水阴。每看题石处，弥触住山心。未遂辞缨冕，他方愧盍簪。（次雪窗韵）

名园才近郭，已觉远尘嚣。石露下松叶，溪云生药苗。亭台延夕眺，剑履迟春朝。时听村甿语，欣逢布六条。（次蒲谷韵）

宴蒲谷宅，叠前韵

我公清静理，庭馆昼无嚣。客至依嘉树，人欢咏黍苗。篇章裁正始，偃息荷熙朝。闲讯门前柳，春风到几条。

过雪窗新居论文，别后奉东用前韵

精舍枕城坳，居然绝市嚣。径垂朱凤实，场有白驹苗。暮齿谐栖隐，崇牙忝圣朝。还从词圃秀，探讨振余条。

（明）许应元《陡堂摘稿》卷三

为靖藩王孙题画

鹤驭翩然来下，王家雅类仙家。林际好邀青鸟，炉中应转丹砂。

应是好容难老，宛宜仙子相将。天上朱门何似，人间白日方长。

（明）方弘静《素园存稿》卷五

陟披最幽乐洞天，巍巍秀拔七峰连。奇观不羡蓬莱岛，何以丹丘访问仙。

六辅宗室龙江约□卿宦畏斋游此赋之，嘉靖丙寅五月二十日吉旦。

桂海碑林博物馆《桂林石刻碑文集》中册

李杜《来仙洞记》曰："隆庆四年长至，闽云台山人李杜至阳朔，出郭选胜，得兹山，倚天而中立。其南面一窍，可逾而入也。内有巨石当门，募工凿之，如掘泥折瓦，然其中有八音五采、千怪万奇，其外则屏风、蟠桃、石人、天马、陈抟、钟离诸峰，环列而拱向。敞朗宏深，夏凉冬燠，真足娱也。其明年大水，有巨蛟长数丈，乘水而去洞中，故有专车之骨，亦忽不见。邑之人异之，以余为仙人来也，名之曰来仙洞。夫余本遵伦谨业，恬泊为愉，非有缪巧仙理也，安足以驱蛟而化骨。然此山之幽奇，涵毓于开辟之初，而閟伏于亿万年之久。去邑不能一里，邑之人不知其有斯洞也，一旦而见表于余。夫不言而无为，莫过于山川，而含章以贞终，以时发，是以君子贵夫需也。于稽其义，有足以觉世者矣，故为之记。门人靖藩云岳朱经莣书。"

（明）徐宏祖《徐霞客游记》卷三上《粤西游日记一》

来仙洞，……岩内可燃火而入，有小孔可通后洞，颇光朗，别为一境，明靖藩朱经莣有记摩崖。

民国《阳朔县志》卷一《地理·诸山》

回龙洞功德碑记

开山功德主辅国中尉竹塘立。

广东广州府东莞县信客叶美夫、唐广文二人共施钟一口，作银一两，开洞银一六钱分。本省叶应龙施妆相金二佰一三二分。奚永清施二十五分。

大明万历三年十月初一日，募缘弟子惠空立石。

桂海碑林博物馆《桂林石刻碑文集》中册

游中隐山赋并序

余历览寓内岩洞，率多幽奥杳冥，入必需燎，其不需燎者，复促局亡奇。未有如中隐之洞，博敞寥朗，瑰谲幻化，复阁层楼，上下相直，云精蕊石，琼乳琅华，毕态矜奇，并陈在瞩者矣。夫桂称七星栖霞为冠，讵不邃深玮丽，艳目惊魂。顾其深阻既艰，涉历易困，一濡游足，罔胥后期。至若陟降威夷，广衢坦道；雕堂华馆，砥室旋房；坐匪张灯，行无秉烛；若逍遥天表，出入潭居；累祀经年，蔑有怠厌者，则余于兹，有不容毕赞焉。爰因汝成、退之二王孙之导游也，乃为赋以记之。其辞曰：

揽余辔以游遨兮，经桂林之西牧。越层冈以招余览兮，旷膴膴之平陆。睇孤岑之嵯岈兮，石嶒嵘以上矗。亿峰峦遥环卫兮，曾不坡连而坂属。王孙申申其谓余兮，兹实镂镆乎亭毒。眇一拳之耿介兮，函石室之二六。参欣欣其载驰兮，聿乃庋乎南麓。望岩扃上下以相沓兮，若增楼之穹窿。覆捷猎而重注兮，基复叠以卑崇。岂县居之承乎云埔兮，殆井干之起乎汉宫。相峻壁之直削兮，虑奚途之可通。循下成以东行兮，戴县崖之玲珑。转石关之显敞兮，恍苍龙之巍阙。路修夷其若砥兮，孰搀之以水臬。进百步而始折兮，欻北户之高豁。欣先后之通朗兮，悟来往之相达。信劲风之借道兮，何郁云之可泄。琅葩舒以骈垂兮，琼液凝而连缀。纷瑰怪之多端兮，毕旅陈而旷列。拾瑶而乘飙兮，出修门以上征。步云埒之高衢兮，吾将复乎西行。呀玄扉之阴翳兮，入徘徊以周经。度重壁之西偏兮，臻崷崒之南荣。怪须臾之廑力兮，胡骤及乎仙庭。眩雕宫之燦阆兮，俨帝所之高营。奥旋室之翼翼兮，焕阳榭之昌明。写虹蜃之环宇兮，拟阊阖之夐门。玉柱扶以隆崛兮，楹棁承而纵横。文兽负隅而欲屈兮，彩虹绕楣而若惊。云霞绘以駮错兮，翠涂宇而晶荧。绵广野以延睐兮，宛太渟之灵丘。亘回溪以下绕兮，缩青瑶之津流。峰戟攒而刀立兮，邀羽卫之四周。眷卉木之葱蒨兮，移瑶林琪苑于神州。始恍恍于目遇兮，复回惑于心谋。允神明之来凭兮，度轻举之所游。谛视察其乃悟兮，即始望之增楼。乱曰：帝之下都，畴或宅兮。羽轩风驷，乃可息兮。繄余何人，获登陟兮。肇作斯颂，播无斁兮。

（明）俞安期《翏翏集》卷二

栖霞篇并序

栖霞篇，为栖霞洞作。洞在七星山半，七峰参错离列，洞亦迂曲盘旋。盖穿亘七星而行其腹中，约七八里，辽远奥冥，玮怪万象。启堂皇，支栌柱，中有佛老二像。羽则鸿鹄，介则龟龙；毛属则麟，鳞属则鲤；屏帐斿幢，璆石鼓钟。花卉珍异，咸是膏乳所成，为桂诸岩洞之冠。张羽王志《桂胜》，尝首誉之，以乏班、张、左、陆盛藻发其灵秘，仅有宋季诸作为憾。余以退之、汝成二王孙导游，摭其实际，加饰鄙辞，组为斯篇，殆得十二。虽不类汉晋诸公弘制，颇拾唐初四子之遗，羽王其稍能释憾否耶？

桂海纪殊域，桂林启神坰。山水竭嘉赞，岩窦侈图经。中有群峰列斗象，上摹七曜成山形。神斤鬼斧构灵窟，绿涂碧缀开仙庭。灵窟仙庭非一所，阴深独有栖霞府。到如天表叩明堂，入似星躔穿广宇。麒麟吞吐黄金铺，龙鹄盘回苍玉柱。毹场舞榭各经途，旋室倾宫频改户。改户经途透紫烟，平原旷薮何延绵。朱泥炉冶炼药地，珠沙阡术分区田。紫盖挺芝芝九干，绛雪成丹丹九还。琼实青柯积乳液，瑶荑碧叶滋膏泉。乳液膏泉结奇傀，变态缤纷难具拟。谁谓雕屏百堵非，竞言黼帐千重是。回头毛宝左顾龟，振鬣琴高上翔鲤。东渡神僧跌宝莲，西行道士归仙李。别有璆琳列簴悬，帝庭乐器罗钧天。华幢九华导飙驾，采斿七采迎云軿。孤上金茎承露起，并垂玉笋排空连。南游万里耽奇客，秉燎窥临每惊魄。仙偶难逢日月华，王孙到共烟霞癖。顾影疑过绛气居，题名恍隶瑶台籍。讵信青山寂寞区，翻藏玄圃繁华宅。

（明）俞安期《蓼蓼集》卷十三

汝成王孙邀同退之游七星山（有引）

山有七峰，位置如斗，小峰旁出，亦若辅星，腹多空洞，则有栖霞、玄风，为之奇绝。

桂尊携帝胄，松磴引黄冠。空翠深同入，山形骇独看。洞疑霞变幻，峰学斗阑干。不耐披襟坐，玄风吐夏寒。

张随州拱卿、徐醴陵崇德各载酒过集琅华馆，适退之、汝成二宗侯携榼亦至

花间惊屡报，竹外起频迎。客屦参差至，壶醪次第倾。厨烟林径夕，江雨石堂清。羁旅宁无事，沈埋向酒城。

（明）俞安期《蓼蓼集》卷十七

酬退之王孙过访，兼约导余游山之作

逃禄曾闻作隐侯，忽惊仙驾转相求。越人丹穴搜难得，吴客青山导欲留。玉叶自尊同姓表，瑶华独慰异乡愁。愿将嵩少浮丘驭，长侍周王子晋游。

汝成王孙邀游叠彩山，晚眺遇雨（有引）

岩石横叠，彩错成文。洞穿山背，旷望北陆。僧舍其阳，楼峙其左。独秀孤峰，巍然当前。彤楼画观，灿烂其上。

鹤驾飘飘引客先，手携绿竹向苍烟。山南入洞过山北，寺后缘城绕寺前。岚气近飞青浪湿，石纹高叠彩霞鲜。孤峰隔雨看楼阁，何异仙居海上悬。

（明）俞安期《蓼蓼集》卷三二

俞安期，万历间来游，与靖藩宗人及张太仆质卿、京兆羽王宴赏唱酬，题咏极多。

（清）嘉庆《临桂县志》卷三一《流寓》

登风洞读藩使曲先生诗，末有"谁染万山青"之句，拨题其后。

试登风洞梵王台，万井周遭睥睨回。山色嶙峋吴外拥，川流如襟楚中来。群飞好鸟低人过，独爱幽花照酒开。一日宦游似千古，他年留取在崔嵬。

时万历辛丑秋吉，靖藩爱云道人朱邦芦谨书。

桂海碑林博物馆《桂林石刻碑文集》中册

中元日，克绍宗侯招集隐山

郊行当节候，野酌自林皋。勿惮秋多热，须邀月上高。果园垂晚实，松岭起寒涛。此地堪招隐，闲情寄楚骚。

同喻宣仲、何瑞之、克绍、湘伯二宗侯游白龙洞、刘仙岩诸胜

入洞穿岩总胜场，城南十里不知长。江连洲渚芦花白，路绕山园桂子香。漠漠烟光成细雨，凄凄风景似重阳。无端最是深秋热，薄得闲游蚕晚凉。

湘伯携酌白龙洞

潭水即江源，澄泓照洞门。港花衔去鸟，岩树堕来猿。且有泉宜茗，非无酒注樽。清言堪永日，不觉遂黄昏。

榕树楼，克绍宗侯携酌，同喻宣仲观徐大将军使剧

榕树为门可度车，楼将百尺荫扶疏。绕林未半石阶尽，对局方终更漏初。秋老花残悲顾曲，天寒波阔羡为渔。中原水旱闻多故，此地偏安略有余。

（明）曹学佺《石仓诗稿》卷二九《桂林集中》

漓江书院落成，同陈显卿、李玄钥、遐龄宗侯、李汝大小集（时显卿应武闱会举）

洲渚亭开竹院通，尊前还喜赏心同。星光带雨穿岩白，渔火烧云映岸红。避暑可如河朔地，论文犹是建安风。谩云关塞多戎马，谈笑平胡愧谢公。

雉山青萝阁，同吴仲声、周夷玉、周又新、李汝大、乡绅徐五管、宗侯遐龄落成，时仲声、夷玉、又新将行

尝闻高阁俯青萝，桂帅风流信足多。岩下几时曾化雉，云中一点似盘螺。穿虚尚露石垂乳，渚曲能令江有沱。正尔落成欢宴洽，尊前休为唱骊歌。

车中有掷诗数纸，乃靖藩王孙即席所作，因率尔酬之

翩翩诸玉牒，同气复连枝。酌罢盈樽酒，吟成即席诗。青山宁借客，黄鸟欲呼谁。总为春光至，欣从物外期。

元夕开社，邀诸王孙、词客集李参军汝大江楼观火树，分得"山"字

结社宾初集，休衙吏早闲。洲横高阁外，城出画桥湾。兹夕催灯上，轻寒召燠还。烟开千树火，雨映隔江山。俗接三湘畔，龙蟠一室间（时楚戎以龙灯来戏）。落梅分成曲，丛桂即仙班。缟带输情赠，诗签率意颁。骊珠谁已得，光彩动人寰。

春日同诸王孙、李参军、卢山人、陈叔度、长生弟、嘉儿集南薰亭共赋，分得"浮"字

倚石穿云到上头，酒樽棋局任淹留。亭前山色随妆点，岛面春光类拍浮。虞野薰风来玉轸，漓江新月上银钩。呼儿挈友虽云乐，只让前贤尽室游。

阳亭独坐，柬念室宗侯

隔水望君家，清波绕岸斜。庭垂书带草，架缀若榴花。白石明于镜，朱楼郁似霞。人生行乐

耳，奚必饵丹砂。

（明）曹学佺《石仓诗稿》卷二九《桂林集下》

赠可亭王孙

春满漓江烟雨溪，萋萋芳草紫骝嘶。平台鼓吹连天沸，竹苑壶觞隔水携。有客诗裁青玉案，无人曲和白铜鞮。从来邺下文章丽，不道于今在粤西。

（明）王演畴《古学斋文集》卷七

古壕世阶诗

宗侯可亭招饮七星岩，时承庵姚丈在焉，赋得"寒"之十三韵。

投荒无不适，倾盖便成欢。君仅霜蹄蹶，余逢圣法宽。贤侯共饮啜，傲客狎缨冠。径转临空窟，幽探度七盘。悬崖翻海沸，滴乳长琅玕。豪末神工到，飞潜画素看。伏狮雄石踞，跃鲤涌风湍。门启三天邃，潭归万壑寒。杳冥虽意尽，俯仰觉神安。返照疑生日，披襟欲挟翰。青山堪把臂，白日几骖鸾。取醉浮中圣，垂闲寄一官。归来同梦寐，秉烛倚栏杆。

（清）光绪《临桂县志》卷十《山川志二》

赠玄门，旧为靖江王孙

朱门何以又玄门，只为仙班有宿根。不恋剪桐封介弟，但教芳草忆王孙。白蘋江上曾闻笛，青鸟云中近卜村。洞口桃花如有约，相携共入武陵源。

其二

到处溪山任采真，探玄因得四朝人。看他江上骑黄鹤，许我天边下石麟。道德尽传函谷李，逍遥再见漆园春。相逢不浅攀辕意，胜会龙沙是此辰。

（明）王演畴《古学斋文集》卷七

日贯玲珑六洞通，晴岚高揭万山雄。一轮真火炉中炫，四壁明灯窟内笼。稍子寻舟胡海变，樵人探局石枰空。要知造化更农业，试问朝阳一老翁。

天启辛酉岁布隆迪春吉旦，绍桥任胐。

秋日登松仙岩，分韵得"今"字。

性僻耽幽逸，登岩喜弄吟。浮云频过目，触暑渐离心。石室闲来往，仁人自古今。松翁何所述，遗迹在山林。

天启乙丑仲秋吉旦，绍桥任胐。

（上缺）岚气半山（中缺）飘缓庙拟结（中缺）弄笛幽深（中缺）九对清流（中缺）招古添佳兴便欲（中缺）赋留。

天启乙丑岁仲秋吉旦，绍桥任胐。

栖霞真境

开辟层峦列七星，栖霞隐隐色螺形。扪萝把臂临绀殿，蹑屦褰衣上翠屏。洞里寻仙心更古，山头看鹤眼偏青。觉来恰似崆峒境，正好舒怀论道经。

天启乙丑岁季秋吉旦，绍桥任胐。

着屐登逞阁，新亭隽铁花。金鸦飞影倒，碧雉枕江斜。猿鹤随时乐，儿童强□□。归来余兴在，恋恋少茶瓜。靖藩绍桥任胐。

松仙岩分韵得"莱"字

山壑耸高台，登台万景开。木龙从古渡，云鹤任时来。岸树排青闼，江村出翠崖。雅持诗酒兴，醉咏小蓬莱。正斋任膘。

桂海碑林博物馆《桂林石刻碑文集》中册

桂林宗侯燕集

桂魄陶芳夜，琴心感丽人。玉龙无剩伎，金雁有余春。草圣飞裙练，花卿过袜尘。如何此时节，送客独留髡。

（明）邝露《峤雅》

为璙王孙数笔

王孙引我游独秀峰，盘桓颜鲁公洞。出坐花轩，临曲池，山百仞插水中，怡然乐之，因求我示笔法。二十年间，郑千里告我以"法"，郑超宗告我曰"熟"，杨龙友告我曰"松"，魏子一告我曰"埃干"。子视此数笔中，具否？子生长此乡，山水太奇险，石皆斧劈，不可下手，且以黄大痴写之。宓山愚者记。

（清）方以智《浮山文集前编》卷八《岭外稿中》

七　市石

桂胜序　（明）刘继文

余不佞，性耽幽癖，每见一泉一石，辄恋恋不能舍去，殆自幼已然。……及入粤，见风洞、华景诸岩佳胜，寰中罕俪。又靖藩诸王孙间以奇石相遗，恍若往日梦中景象。因公余周览桂林之胜，陟降峦岩，溯洄洲屿，靡非奇遘。

（明）张鸣凤《桂胜》卷首

桂林石

颜延之守始安，载石峰长三丈过洞庭，风雷覆舟，石沉风息。其石原出独秀山，延之诗云："未若独秀者，峨峨郛郭间。"今桂林石峰长二丈许，洁白有态者，价不过四十金，皆市于王孙家。

其长四、五丈者，有神守之，人不敢动，石工望之而走。

（明）邝露《赤雅》卷下

（丁丑五月初四日）出藩城，于是又西半里，过分巡。其西有宗藩，收罗诸巧石，环置户内外。余入观之，择其小者以定五枚，俟后日来取。

初八日，晨餐后，市石于按察司东初旸王孙家，令顾仆先携三小者返寓，以三大者留为包夹焉。

初十日，余憩寓中，上午令取前留初旸所裹石，内一黑峰，多斧接痕。下午，复亲携往换，而初旸观戏王城后门，姑以石留其家。

十二日，……过初旸宗室，换得一石，令顾仆肩之，欲寄于都府街东裱工胡姓家，适大雨如注。共里余，抵胡。胡亟来接，入手而石尖砉然中断，余无如之奈何，姑置其家。

徐宏祖《徐霞客游记》卷三上《粤西游记一》

八　会仙岩雅集

桂岭之山川奇秀，岩谷幽深可爱者甚繁。凡遇昔贤品题，遂播之声诗，载诸方册，名显于天下。而斯岩则未之闻，若有待也。正德辛未孟冬之初，靖江王府门副潘君文起，因作寿域于母塘岭，携酒肴，速朋俦，以游观焉。维时天气清爽，主宾情浃，剧饮酒酣。既而舍车徒行，来憩于此。仰睇苍峰，俯瞰幽谷，顿觉心旷神怡。于是，命仆张具，洗盏更酌，盘桓留恋，有弗能舍。文起举杯酌客而言曰："身际盛世，辅弼贤王，藩屏清穆，时和岁丰，故得以放浪于林泉之间。所谓'后天下之乐而乐'者，仰不愧而俯不怍，立无枙而行无牵，真地行之神仙也。请提斯岩为'会仙'，诸君宜有作以咏之。夫如是，岂不足以踵昔人之风流，彰今日之乐事乎？"时与列者凡二十有六人，曰筠庵、曰诚庵、曰定庵、曰玉庵、曰慎庵、曰恕庵，辅国将军也；曰东槐、曰逸庵、曰逸轩、曰松坡、曰毅庵、曰和庵、曰德庵、曰璧峰、曰晴山，镇国中尉也；曰潘君德誉，承奉也；曰陶君一之，内典宝也；曰马君用彬，内典膳也；曰杨君宗玉，希韩国舅也；曰许君秉忠、徐君世德、曹君克功，指挥也；曰魏君廷用，仪宾也，莫不以为然，乃各赋诗，以宣其意，勒之崖间。而又捐赀鸠工，平其坑坎，剪去荆棘，筑石掘井，以便斋厨，缭垣凿壕，以限樵牧，焕然一新，遂成遗烈。客有感而喟焉者，盖谓地辟于丑，即有是岩矣，且当轮蹄辐辏之所，曾不遇好事者一顾，而蓁莽荒芜。至于今日，始得显于诸君，不亦晚乎？予谓一物之微，无足异也。使伊尹不遇成汤，终作有莘之农夫；孔明不遇刘先主，卒为隆中之处士。天下之广大，古今之悠久，岂无怀才抱德之士如二君者哉？或晦于丘园，或隐于下位，娟疾者不能荐，天子不闻名声，有才弗试，有德弗彰，至于没世而名不称者，尤可喟也。客闻之怃然。予是以既述其事，又附其说，以幸兹岩之有遇焉。

大明正德六年十月十五日，承德郎、靖江王府审理、昆山周垚记，仪卫舍人陶汉书，石工蒋时昌镌。

周垚刻像并诗

云收天宇阔，□□漓江东。仰睇苍烽峻，俯临幽巃□。□载酣彭泽酒闲空咏舞雩风□□。此境有真乐，人情今古同。　昆山周垚承勋。

潘文起刻像并诗

桂林城下地行仙，今日相逢此洞天。后乐先忧成素志，心孚意契惬尘缘。纶巾氅服忘轩冕，渔鼓仙歌杂管弦。胜会不常时易过，不开怀抱也徒然。　文起像并题。（钤"贵中"篆书印）

包裕刻像并诗

一窍虚明斡自天，郁葱佳气满岩巅。洞中甲子须臾事，壶里光阴数百年。池井新开周雨露，衣冠毕集宋仁贤。圣神御极宗藩盛，天保咸歌第一篇。　七十四翁包裕。

筼庵刻像并诗

峰峦绝越景清幽，何必蓬莱海上求。洞里能消三伏暑，个中常贮一壶秋。金樽交错忘宾主，锦句铿锵喜倡酬。幸际圣明熙暤日，遥追高尚晋风流。　筼庵懒人。（钤"辅国将军"篆书印）

诚庵刻像并诗

桂岭山川秀，云和野色浮。路行三里许，岩面七星幽。得句频赓和，开樽互劝酬。太平无可报，嵩祝万年秋。　诚庵居士。（钤"王国之孙"篆书印）

定庵刻像并诗

喜际雍熙日，于斯集众贤。式游存道义，乐志在林泉。显晦皆成幻，清闲总是仙。乾坤大如许，胸次真悠然。　宗室定庵题。（钤"辅国将军"篆书印）

玉庵、逸庵、慎庵刻像并联句诗
清游联句

盛世甄陶礼乐中（逸），清闲人物即仲翁（玉）。有时三五谈玄妙（慎），无赖寻常醉石空（逸）。境界清虚思老氏（玉），风光幽雅忆壶公（慎）。兴来得句镌岩壁（逸），难尽形容造化工（慎）。

宗室玉庵约麕、宗室逸庵规□、宗室慎庵约□。

东槐刻像并诗

散诞襟怀到翠峦，遥观冬晨碧杉寒。烟笼洞口微阴合，酒快人情一醉拼。满座笑谈皆锦绣，片时瞻眺总衣冠。须臾归马还何急？惟有追游兴不阑。　宗室东槐题。

逸轩等五人刻像并联句诗

喜得清闲趣（逸），兹岩朋盍簪（毅）。尊卑因少长（德），礼乐无古今（璧）。兴逐陶樽酒（晴），情怡点瑟音（逸）。乐哉兹日会（璧），有众同一心（晴）。

宗室逸轩规志，毅庵规愿，德庵规性，璧峰规漉，晴山规霶。

槐庵、和庵刻像并诗

笑傲云林景物幽，衣冠不减晋风流。间关黄鸟调□□，远近青山□□头。无分功名缘国禁，自娱诗酒足乐谋。会仙岩集诸英俊，还拟当年数尔游。

宗室槐庵规□、和庵规□。

松坡刻像并诗

策仗苦幽寻，松筠入径深。清时闲傲吏，雅集笑云林。漫拟耆英乐，聊追修禊吟。风流千古事，视昔一如今。　宗室松坡约跨。

潘洋刻像并诗

神物留藏待后人，今朝光景焕然新。奇峰迭翠真如画，秀色絪缊常似春。不觉襟怀超物表，恍疑身世隔凡尘。这般佳胜人间罕，结社来游莫厌频。　承奉正七十翁潘洋题。

陶真刻像并诗

东陌多佳境，乘闲偶一临。气清天宇旷，云护石岩深。洛社群贤集，香山九老吟。古今闲俯仰，潇洒亦同心。　典宝陶真题。

杨用珉刻像并诗

载酒寻幽到此山，方岩虚敞费跻攀。神仙浪说沧江外，蓬岛移来紫翠间。涧草也知忘世虑，野花浑自伴人闲。诗题破扫烟霞壁，日暮真成跨鹤还。　合肥杨用珉。

魏鼎刻像并诗

□□□□□□，□□□□□天真。硬将一段人间寿，会作身边阅万春。剧饮高歌愧盛世，吟风弄月属幽人。兴逢绩续耆英列，诗酒徜徉仰帝仁。　仪宾魏鼎书。

曹勋、徐仁刻像并诗

东风联辔踏春山，山境仙岩迥市阛。美景喜偕文字饮，清时赢得宝刀闲。酒杯放浪烟霞里，诗社留连丘壑间。晋宋登临堪想见，风流酝藉许跻攀。　凤阳曹勋。

雅集仙岩总俊髦，春风花底兴偏豪。登山着屐远追谢，入社攒眉尚忆陶。笑傲云林遭盛世，徜徉诗酒谢尘劳。羡看海宇烽烟息，鹤氅从容易锦袍。　凤阳徐仁。

佚名刻像并诗

藩维公暇日，纵步到兹山。文会一岩内，芳遗千载间。情怀超物表，风景异尘寰。诗酒徜徉□，因消迷□□。□□□□。

会仙岩，按明周垚会仙岩记事，兹山本因靖江藩府门副潘文起会藩邸诸人于此，故名会仙。其记与诸人绘像、题诗并镌岩壁。

（清）嘉庆《临桂县志》卷十《山川九》

九　应举任官

明举人

崇祯三年庚午科，朱履臊，临桂人，白水知县。

崇祯九年丙子科，朱若迄，临桂人。

崇祯十二年己卯科，朱履踉，临桂人。

崇祯十五年壬午科，朱履踂，临桂人。

（清）雍正《广西通志》卷七四《选举》

剿瑶奏疏　　（明）朱若迄

臣粤宗弱息，苦志芸窗，素抱忠孝血诚，无从展效。荷我皇上，幸列贤书于崇祯十二年。又蒙国主荐举，缘会试不第，就本年（崇祯十五年）八月内，考授今职（连山县知县）。

民国《连山县志》卷五

邓子瑞哀辞

壬午榜发，吾州售者二十五人；灌邑统于州，售者三人，共二十八人。岭西俗重义气，又时天下方乱，念非同心友莫以济。于是又集同志十二人，誓于神，乞言于温陵黄夫子澹叟，如古所称死生交焉：马子伯龙、文子际盛、蒋子兆生、邓子而兰、黄子又勿、张子龙如、李子予一、张子仲振、戴子瞻五，灌邑独朱子怀德，家桂林，其先中都人也。

（清）谢良琦《醉白堂诗文集》卷四

十　奖罚

1. 奖赐

（永乐二十二年十一月甲午）靖江王府辅国将军赞侃、赞偕辞，各赐钞二十万贯，命户部岁给靖江府辅国将军六人米各八百石，四百石支本色，余折钞。

（明）《仁宗实录》卷四下

（洪熙元年七月）丁亥，靖江王佐敬遣奉国将军佐敏诣太宗皇帝几筵行小祥，祭礼毕，辞归，赐钞五千贯，命兵部给驿舟。

（明）《明宣宗实录》卷四

王国下程

凡王来朝。洪熙元年，靖江王府辅国将军来朝，钦赐羊十只、鹅十只、鸡二十只、酒一百瓶、米四石、果子五色、茶食五般、柴三百斤、蔬菜厨料。又靖江王府奉国将军来朝，钦赐羊五只、鹅五只、鸡十只、酒十五瓶、米二石、果子五色、茶食五般、柴一百五十斤、蔬菜厨料。

（明）申时行《大明会典》卷一一五《礼部七三·膳羞二》

2. 黜罚

（永乐十年）二月，敕戒靖江辅国将军赞亿，用钱债系人妻子，鬻居以偿，械左右小人送京师。

（明）徐学聚《国朝典汇》卷十三《宗藩上》

（永乐十年二月）壬戌，敕责靖江府辅国将军赞亿贷民钱取息。

（明）谈迁《国榷》卷十五

永乐十年二月，敕靖江王府辅国将军赞亿曰："监察御史言尔交通卫卒，以钱贷民，多取利息，至系人妻孥，逼胁鬻居以偿所负。古'畜马乘，不察于鸡豚；伐冰之家，不畜牛羊；百乘之家，不畜聚敛之臣'。国家旧制，四品以上官，不得与民争利。汝宗室之亲，乃恣肆如此。果尔所为，则赴京面陈。若左右小人假尔名为之，即械送京师。"

（明）俞汝楫《礼部志稿》卷二《圣谕·宗室之训》

（永乐十二年十一月）乙丑，靖江府辅国将军赞亿有罪，废为庶人，徙泗州。

（明）谈迁《国榷》卷十六

（永乐十二年十一月）靖江辅国将军赞亿有罪，免官。

（明）朱国桢《皇明史概·皇明大政记》卷九

（宣德四年三月庚午）靖江王佐敬奏："辅国将军赞亿，永乐中有罪，谪泗州为民。仁宗皇帝即位，宥之还国，令三年后来朝。今当朝，赞亿有疾，不能朝。"免之。

（明）《明宣宗实录》卷五二

（正统四年十月）乙未，书喻靖江王府辅国将军赞俨等曰："尔等以囚徒充仪从者，往往逋窜，欲取之民间，如皂隶事例。径移文礼部定夺，礼部言尔等故违祖宗法度。朕念亲亲，姑置不问。自今宜遵奉旧制，慎不可违。仪从逋者，仍发囚徒补之，宜善加抚恤，勿令失所。"

（明）《明英宗实录》卷六十

（正统六年四月）庚寅，书谕靖江王佐敬曰："得奏，言仪宾孟琳、詹镛、叶玘进表来京，沿途延缓及枉道而行；又在会同馆使酒，毁骂同来内使等情，具悉。此虽小过，其敬谨之心则无，皆琳等平日轻薄骄恣、不顾礼法所致。今且宽贷，书至，王可量情发落，使改过自新。仍谕奉国将军佐顺，令其严切戒饬琳等，自后必须奉法循礼，不可恃恩怠肆，庶几永保禄位，以称亲亲之恩。如仍不悛，祖宗之法具在。"

（明）《明英宗实录》卷七八

（正统六年十一月乙卯）书谕靖江王佐敬及各辅国、奉国将军曰："得王奏，言辅国将军赞俨告男佐忠不孝之罪。念系宗室之亲，今遣皇亲武定侯郭玹前去，同王及各将军拘执佐忠，推问明白，即送仪卫司收监，奏来处置。此系人伦极恶，王等须详审得实，使其甘心受罪，庶几生死皆无憾也。"仍敕玹，不可苟循众情，致有冤抑。并录王奏词，付玹知之。

（明）《明英宗实录》卷八五

（正统七年三月丁丑）书谕靖江王佐敬曰："比者，王奏辅国将军赞俨告男佐忠同妻杨氏不孝之罪，佐忠亦奏二弟及庶母导诱其父妄告，朝廷特遣皇亲武定侯郭玹会王并各将军审实。比玹奏云：'同王等会审佐忠兄弟，初因分争家财，赞俨年老，酒后风狂，听妾郭氏杏花并男佐孝、佐茂唆教妄告。其佐忠讦奏，亦有不实。揆之国典，皆不可宥。'朕以宗室之故，特屈法宽贷。然王为一国之主，坐视骨肉之间有父欲杀子、弟欲杀兄，不慈不悌不义之行，而不能一言匡之，安在其为主乎？藉曰：'彼皆尊属，言不见听。'则先具奏时，当以实闻，何不审是非，辄与陈奏？书至，可释佐忠，着令改过事父。自今王于亲属中，凡事须审察是非，严戒饬之。亦须委屈调护，使其父子兄弟皆改过迁善，各惇慈孝友爱之行，庶几保全，以副朝廷亲亲之恩。如复不悛，祖宗之法具在，朕不敢恕。于此之时，王亦不得无过矣。今封都察院所劾奏本，示王及赞俨父子，其同观之。"

复以书谕辅国将军赞俨曰："凡人至亲，莫如父子，为子须孝，为父须慈。尔偏爱宠妾，惑其邪言，诬子不孝，陷之死地，不慈之极也。虎狼尚有父子之恩，不慈何以为父。尔自今宜思前过而深戒之，毋再偏听邪言，待诸子须均一，庶几以全大伦之道。"

敕奉国将军佐忠曰："尔因与弟分财不和，不能顺父之志，今已有书谕王，令宥尔罪，俾归改过。盖汝溺于财利，不能曲承父志，致其怨恨，罪一也。尔又诬奏庶母外事，罪二也。古礼，父母怒不悦，挞之流血，不敢疾怨，起敬起孝。盖天下无不是底父母，五刑三千，罪莫大于不孝。尔自今宜深自克责，以回父心，用盖前愆，庶几保全身家。"

敕奉国将军佐孝、佐茂曰："比知尔兄佐忠初无不孝之心，第为其母死未葬。尔二人听母邪言，擅分父财，佐忠不得，致有不平之言。尔等与母逼令尔父自撞头破伤，诬赖尔兄，欲置于死。其不孝不悌，不仁不义，天地鬼神所不容宥。尔母之罪亦同。今姑皆曲宥，使尔等改过自新。如不悛改，俱罪不轻贷。"

（明）《明英宗实录》卷九十

（正统八年六月）辛丑，书谕靖江王佐敬曰："近得王奏，仪宾陈广、孟琳不才，饰词构陷等情。继总兵官安远侯柳溥送广等及所诘府中状至京，朕命皇亲同法司推问，具得其诬。众议广、琳罪均当死，朕念亲亲，且犯在赦前，特宥其死，落冠带，遣人颂系回府，送乡君处闲住，令洗心改行，用盖前愆，不许擅自出外，复作非为。如其不悛，必罪不宥。更宜晓谕各将军及诸仪宾，俱宜安分守法，相勉为善，毋或效尤，自罹国宪。王亦宜祗循德善，为之表率。庶几敦睦，用保长久。"

（明）《明英宗实录》卷一○五

（正统九年十二月辛酉）靖江王佐敬奏："护卫百户戴震与其男仪宾瑄共为非法，欺罔诽谤；瑄又欧辱乡君，请治其罪。"上命王府固禁瑄，以俟区处。震，令巡按御史鞫问，仍廉瑄不法事情以闻。

（明）《明英宗实录》卷一二四

（正统十年夏四月辛酉）靖江王府仪宾戴瑄坐訾洛清乡君，为王所奏，上命革去冠带，俟三年无过，以闻。

（明）《明英宗实录》卷一二八

（正统十四年五月丁未）礼部尚书胡濙等言："靖江王府奉国将军佐良不行奏请，擅选广西桂林府广储仓副使唐绍次男普为乡君仪宾；其长史司并广西布政司官吏不行谏止，宣治其罪。"上曰："且不究治，令具情以闻。"

（明）《明英宗实录》卷一七八

（成化八年十二月乙酉）敕靖江王规裕戒约各将军，以王奏辅国将军相绍等不遵礼法，赌博游荡故也。

（明）《明宪宗实录》卷一一一

（正德二年八月丁酉）革靖江王府五辅国中尉约雠爵，坐酗酒殴死其妻之母及妻家养子，又潜出城故也。

（明）《明武宗实录》卷二九

（正德四年四月癸酉）革靖江王府辅国中尉规驶、规璜、约昵、约邵为庶人，约郭、约赳、约雅、约荟、约居、约饬、规耕、规历、规傲、规彬、规柑、规陛、规骦、约晋、规倬、约㙤、约饷、规球、规鞠、规悵、约鲸、约选、约郴、规麒、规舰、规舸各禄米三之二。规驶等逞凶拥众出城，而约郭等从之，约邵至自刭以诬人。事闻，下广西镇巡官勘实，狱既具，都察院奏之。上念亲亲之故，且犯者众，故薄其责。仍令靖江王严加约束，镇巡官廉察不悛者，奏治之。

（明）《明武宗实录》卷四九

（嘉靖二年七月）丁亥，靖江王府庶人约邵乞其子经绹袭原职奉国中尉，不允。礼部议：经绹虽生在未革职之前，而约邵所犯罪重，故也。

（明）《明世宗实录》卷二九

（嘉靖六年七月辛巳）靖江王府奉国中尉约修及经浂违例出城，经浂至南京被获，守备以闻。礼部言："约修于四年尝潜至南京，诏送回府，乃怙终不悛，复诱经浂以出。今经浂已得而约修不知所在，宜严行访捕。"上从部议，命送经浂回府。已而约修诣阙告，言承奉鲁潮奸利事。上以约修违例越关，命送系凤阳高墙；所奏事情，遣刑部司官一人会抚按三司官讯鞫以闻。

（明）《明世宗实录》卷七八

嘉靖六年，靖江王奉国中尉约修及经浂违例出城。经浂至南京被获，守备以闻礼部，言："约修于四年尝潜出，诏送回府，乃怙终不悛，复诱经浂以出。今经浂已得，而约修不知所在，宜严行访捕。"上令送经浂回府。已而约修诣阙，告承奉鲁潮奸利事。上以约修送系高墙，所奏事情，遣刑部司官会抚按讯鞫。

（明）徐学聚《国朝典汇》卷十三《宗藩下》

（嘉靖二十一年四月丁丑）夺靖江王府辅国中尉规禩禄一年，奉国中尉经费、辅国中尉规形禄半年，坐伪造印信，冒支禄粮故也。

（明）《明世宗实录》卷二六〇

（嘉靖三十一年五月）癸未，革靖江王府镇国中尉约腊为庶人，夺奉国中尉约脍、经到禄一年，俱坐违例越奏也。

（明）《明世宗实录》卷三八五

（嘉靖三十二年十一月）乙卯，靖江王府宗室经茜越关至南京，守臣以闻。礼部议："顷来宗室放恣，数年之间，赴京者二十余人，又有至再至四者。欲验识送发高墙，广西八千里外，往复甚艰；凤阳守臣又数告高墙供给缺乏，以此止请革为庶人，使图省改。今茜复不悛，请先勒回，革为庶人。有司于省城中盖造闲宅一区，多其院落，缭以高垣，外设总门。令茜等移家安置其中，昼夜扃护，五日一启，例给口粮，毋使失所。若其悔罪自新，王府及有司会请释放。此外有悖违祖训如茜等所为者，并参送闲宅如例。"奏可。

（明）《明世宗实录》卷四〇四

嘉靖十五年，该靖江王府宗室经茜、经排等来京奏扰，礼部题准，凡王府地方于该省城内择空闲宽敞所在，盖造闲宅一区，其中多分院落，多造房屋，及一应合用井灶家火，四周缭以高垣，外设总门，严为扃钥，将罪宗移住其中。王府差委内官校尉、有司差委的当官员防禁，仍封闭宅门，五日一启，巡风人役昼夜守护，不许私自出入，交通外人，日用饭食查照本部题准庶人口粮事例支给，毋令失所。若能悔罪省愆，改过自新，补导官启王及呈抚按衙门，备行守巡府县官审问，果能去恶从善，事有证验，会本奏请释放。此外如有不服钤束，或劫掠财物、打抢平民、假借奏事越关私行等项，一应背违祖训罪犯颇重，听王及抚按官参题本部覆请照经茜等事例送住闲宅。

（明）朱勤美《王国典礼》卷七《罪宗》

（嘉靖）二十九年，先是周、沈二府及靖江王府诸宗室将军同铳等越关赴京十余辈，皆得重遣以去，而来者不止。礼科都给事中杨思忠等言："此实无藉小人怂恿其中，事成则自为利，触禁伏法则不与其忧，诖误宗室，为罪不细。自今宜穷治以警将来。"章下，礼部亦言："国家宗室名封婚禄给予如制，优厚之若此；有冤欲言，则令亲郡王转奏，辅导官不得阻抑，体念之若此；擅离封域，则有革爵发墙之例，所以禁制之又如此。今屡创不悛，恬不畏法，由左右不得人而群小漏网者众也。请申饬王府各抚按诸司，凡宗室奏诉事情启王转闻，或遏抑不行者，得告抚按为之代奏，有越关奏扰者皆参治如法。其拨置与俱来者，所司逮捕以重论，所过有司驿递严加稽查，不得容隐。"诏悉如议。

（明）朱勤美《王国典礼》卷七《越关》

（嘉靖三十二年十一月）乙卯，靖江王宗室经茜潜至南京，命广西立门锢罪宗。

（明）谈迁《国榷》卷六十

（嘉请三十二年十一月）命广西建闲宅，锢靖江王府宗人有罪者。

（明）朱国桢《皇明史概·皇明大政记》卷三二

（嘉靖三十二年十一月）命广西置闲宅，靖江王府有罪者锢之。

（清）查继佐《罪惟录·帝纪》卷十二

（嘉靖三十三年十月乙未）靖江王府辅国中尉经棍以睚眦杀其族弟中尉经榆，事闻，赐死。其长兄辅国中尉经楮以训导不严，夺禄一年。

（明）《明世宗实录》卷四一五

（嘉靖三十七年十一月丙申）发靖江王府革爵庶人邦苆、经撤高墙禁锢，以越奏犯禁不悛也。

（明）《明世宗实录》卷四六六

（嘉靖四十三年二月壬子）靖江王府奉国中尉约侪坐格杀从兄约晡，诏勒令自尽。

（明）《明世宗实录》卷五三〇

请释闲宅庶人疏

先准礼部咨，内开烦查该省闲宅内拘禁庶人邦苊，先前所犯情罪重轻，及何年月日入宅，是否久远，有无可矜，即令拘禁有年，曾否悔惧，逐一查明，如果例应释出，即同巡按会奏前来，以凭题请定夺，至于奏内乞要严加防范，已经本部题奉钦依通行外，合行查照，着实举行等因，备咨前来。

据广西按察司会同都布二司、守巡等道、左布政使等官陈庆等会查得，闲宅庶人经赍孟生俱犯该拒捕持刀伤人，及伙贼强盗财物，积恶深重；约诺四次越关，屡违明禁，素行横暴，民怨切骨；经排收禁在逃，持刀伤人；经弍诱引同行，凭藉规利，潜踪肆出，略无忌惮。以上四庶，恣行贪暴，蔑视宪章。至今粤西宗众倚势凌虐，朋比惱淫，纷纷效尤，日甚一日，皆此辈为之作俑。防微杜渐，仍当禁锢终身，为宗藩不法者之戒。又查得一名邦莺，原犯私出镇城，未过百里，寻即追回。较之屡次越关，过恶显著者，诚为有间。虽无改过之验，似有悔心之萌，近该本王题请释放，情委可矜。又邦葺越奏降庶，系家人刘享拨置，已经问遣；仲生依附同宗，连名渎扰，彼时年尚幼小，见惑于人；邦蓉代父越奏，欲盖前愆，自罹于罪；约哼附和为非，擅离封境。以上四庶，虽拘禁远近不同，而心迹似与邦莺，俱情可矜，应同奏请，钦奉赦典，一体释放。

至于关防一节，先年立法本严，近颇弛废不守，合行申饬，以销意外之虞等因，呈报前来。臣会同巡按、广西监察御史朱炳如，议照闲宅之设，专以惩抑干犯法典宗室；今当圣政维新之会，正众庶创艾之期。所据庶人经费孟生犯该盗情，约道、约蹋、经排、经忒事干屡犯，仲生拘禁未久，俱不敢轻议，照旧禁锢外。其庶人邦莺，出城未逾百里，既经靖江王邦苧具奏乞要释出，而邦葺等援例具告前来，俱经三司官会勘明白，邦葺、邦蓉、约哼俱系初犯，且为他人拨置及代奏附和，情犯似轻，孽非己作。今邦莺、邦葺俱禁一十二年，邦蓉、约哼俱禁三年以上，比与臣原任凤阳巡抚题释高墙庶人陆槛等事同一体，于情委属可矜，相应题请宽宥。及照原设闲宅初议，王府差委内官旗校，有司差委捕盗官员，内外防禁，仍封闭宅门，五日一启，巡风人役昼夜守护，不许私自出入，交通外人，防范颇周。迩因群宗构怨，以致众庶乘机蔑视，殴辱官校，法纪荡然，任其自便，肆无忌惮。若非申饬，将来踵袭如旧，难免地方之害。除行长史司启王仍旧严督，内官、旗校协同有司捕盗官兵，务令昼夜扃闭，内外巡守。锁钥仍行分巡桂林道掌管，每遇五日，委令按察司首领官员督同前项官校，如期开放水米等项，完即扃锁。如有疏怠，纵容出入，分巡该道即将经该员役径自查参呈究。其各庶人，凡有染疾及丧葬父母患难，是虽人子至情，悉皆启王，量事缓急，听其区处，有司亦不得擅自干预。各庶人如有仍前不听钤束，违法逾越者，听本王径自惩戒或参奏，罚住口粮，或送发高墙。如此则事权有属，防范无虞，地方幸甚。

（明）张瀚《台省疏稿》卷五

（隆庆三年六月）丙戌，靖江王府奉国中尉经栅、经栴越关奏扰，命发闲宅禁住。

（明）《明穆宗实录》卷三三

（隆庆三年）靖江王府奉国中尉经讯、经讥，以私忿执刃击杀其兄经设，暴其尸于市，绐言经设奸逼继母，奉母命扑杀之。宗长规征为经设讼冤，下法司勘议得实。有旨：经讯推刃亲兄，情罪深重，令抚按勒令自尽；降经讥为庶人。

（明）徐学聚《国朝典汇》卷十三《宗藩下》

（隆庆五年七月）辛未，靖江王府奉国中尉经讯、经讥以私忿持刃击杀其兄经设，暴其尸于市，诒言经设奸逼继母，奉母命扑杀之。于是，宗长规征为经设讼究，下法司议勘得实。有旨："经讯推刃亲兄，情罪深重，令抚按官勒令自尽；降经讥为庶人。"

（明）《明穆宗实录》卷五九

南太仆少卿仁山刘公（稳）墓表

　　隆庆辛未，省台大臣以下应诏咸交口推公，于是起补广西副使，分巡桂林道。公闻报愀然，曰："吾仍病骨，岂堪驱策。"拟疏乞罢，而当事者力止之。公不得已，戒行。会予亦起畎亩，从楚臬擢广西藩参，盖与公同年同门又同治一道，喜不自胜。……西粤靖江王府故贪残，自失势，不能制诸宗室。诸宗室中多鸷悍，好围夺齐民，挟持有司，甚则趣入县廨，锁吏莫敢诃。又尝手剑逐方面官走署邸，以是益得气，不可孰何。予至，会一宗室殡二尸当分司孔道，予入司辄纡径，非体，而以谋诸公。公乃创殡室郭外，遣兵卒移其殡殡焉。已而，公与予出，则宗室子妇咸攀号，且哗且詈。时予已追摄其姻戚拨置者施之桁杨，而攀号者睹之，始戢退，不敢复哗。自是凡宗室暴民者，各司辄罪姻戚，而西粤强宗扫迹矣。两台闻之，喜曰："二君治强宗，胜治僮矣。"

（明）胡直《衡庐精舍藏稿》卷二二

　　（隆庆六年闰二月）甲申，巡按广西御史李良臣劾奏靖江王府辅国中尉邦蕃、奉国中尉经奢不法事。礼部议复："邦蕃宜罚减禄米三之一，经奢宜罚住禄米半年。"上报可，第以宗室犯罪，处分当在朝廷，责礼部擅自定拟，寻置不问。

（明）《明穆宗实录》卷六七

　　（万历元年四月辛亥）靖江王府奉国中尉经谕杀小功侄邦抟，纵火烧其庐。广西巡抚以闻，诏赐死。

（明）《明神宗实录》卷十二

　　（万历元年五月癸卯）靖江王府宗室经谕有罪，勒令自尽。

（明）《明神宗实录》卷十三

　　（万历二年十月丁卯）以殴死人命，降靖江王府六辅宗幼举儿为庶人，闲宅羁住。

（明）《明神宗实录》卷三十

　　（万历四年十月癸丑）靖江王府奉国中尉约旸有罪，降为庶人，置闲宅，免其禁锢。

　　（万历四年十月癸丑）勒令靖江王府杀叔罪宗邦茉自杀。

（明）《明神宗实录》卷五五

　　（万历四年十月）癸亥，靖江王府奉国中尉约鸣有罪，废为庶人。又罪宗邦茉赐死。

（明）谈迁《国榷》卷六九

　　（万历五年六月）戊辰，嘉靖间，靖江王府辅国中尉经棳，侍母不孝，时出恶言，母含愤自经而死。至是，法司勘实以闻，命该抚按勒令自尽。

（明）《明神宗实录》卷六三

（万历五年六月）戊辰，靖江王府辅国中尉经捷，逆母致缢，赐自尽。

（明）谈迁《国榷》卷七十

（万历八年四月甲戌）黜靖江王府奉国中尉邦蔡为庶人，以冒禁鼓铸也。

（明）《明神宗实录》卷九八

（万历十四年十二月）戊寅，革靖江王府奉国中尉邦菀为庶人，送发闲宅，以其启衅杀人也。

（明）《明神宗实录》卷一八一

（万历十五年九月戊申）降靖江王府奉国中尉任眈为庶人，……坐越关奏扰也。

（明）《明神宗实录》卷一九〇

万历十五年，题准以后各处罪宗送发高墙，除将军以上照例请敕差内臣押发，其余中尉及庶人有犯者，俱照靖江王府老二事例，着本处抚按差官押送凤阳守备交收。

（明）朱勤美《王国典礼》卷七《罪宗》

（万历十八年十一月壬戌）巡抚广西都御史蔡汝贤奏称："自靖江王薨逝，中尉经和等结党横行，昼夜若狂；聚众殴按察使顾问几死，臣差官往解，乃突围救出；又逼勒程布政改换禄帖，言词悖慢；抢夺财物，殴打平民，一城震惊，人心汹汹。乞分别情罪重轻，将首恶经和并庶人经訛、同恶经谭、经谊等，奏请治罪。"部覆上请，诏："革经和为庶人，并经訛都照例发高墙；经谭等俱革为庶人，发闲宅禁住；邦菖姑着本府严加戒饬，墩锁一月。以后本府管理及抚按官务要同心钤束，不许流纵。"

（明）《明神宗实录》卷二二九

（万历十八年十一月）壬戌，靖江王府镇国中尉经扣，以殴按察使顾问，废为庶人，并经溎锢之高墙。

（明）谈迁《国榷》卷七五

（万历十九年四月丁巳）以广西桂林卫试百户王国威拨置宗室殴官虐民，降调边卫总旗，余犯遣戍。

（明）《明神宗实录》卷二三五

（万历二十二年五月癸卯）靖江王府宗幼邦菖殴祖母致死，勒令自尽。

（明）《明神宗实录》卷二七三

（万历二十二年五月）癸卯，靖江王府宗室邦菖，有罪，赐死。

（明）谈迁《国榷》卷七六

（万历三十三年三月乙酉）靖江王任晟奏宗幼经誀、经諴窝盗行窃，敕法司勘议具奏。

（明）《明神宗实录》卷四〇七

（万历三十四年六月甲寅）靖江王府宗室任㞔、任㙼等八人赵盗行劫。狱上，内三名降庶人，闲宅禁住；二名罚禄米一年；一名锢高墙；二名秋后处决。

（明）《明神宗实录》卷四二二

（万历三十五年九月丙申）靖江王府未封幼宗经证等以盗劫内官财物事，下刑部。

（明）《明神宗实录》卷四三八

（万历三十五年十月己巳）靖江府奉国中尉任胺等以强掠官物、立斃民命事下法司会议，从广西巡抚杨芳劾也。

（明）《明神宗实录》卷四三九

（万历三十六年十月丁丑）夺靖江王府幼宗邦荽禄米，闲宅拘禁，以伪为印帖也。

（明）《明神宗实录》卷四五一

（万历三十九年十一月甲子）广西靖江王府已名末封宗幼任簪殴人死，抚按以闻，命闲房禁住。

（明）《明神宗实录》卷四八九

（万历四十八年八月丙寅）法司奏：靖江王府幼宗小晚儿殴死卫军蔡大德，论绞。

（明）《明神宗实录》卷四九八

（天启元年二月壬子）靖江王府宗室履跨以殴死本宗邦苔，勒令自尽。

（明）《明熹宗实录》卷六

（崇祯四年九月丁丑）广西巡按毕佐周以粤西宗室嚣横，疏陈劝惩之法，请天语丁宁。一，陵轹职官；一，把持衙门；一，混冒宗禄；一，包揽钱粮；一，骗诈平民；一，侵僭行市；一，捏造词讼；一，私开鼓铸；一，聚党赌博；一，出城游戏。

（明）《明崇祯长编》卷五十

（丁丑五月）二十日，……舟泊五胜桥下，晚仍北移浮桥，以就众附也。……当午有王孙五人入舟，强丐焉，与之升米而去。

徐宏祖《徐霞客游记》卷三上《粤西游记一》

十一　丧葬

（永乐四年十一月丙寅）永福郡君薨，讣闻，命有司治丧葬。郡君，故靖江王守谦长女，嫁仪宾鲁瑄云。

（明）《明太宗实录》卷六一

（永乐六年十二月）壬辰，兴安郡君卒，讣闻，赐命有司治丧葬。郡君，故靖江王守谦第三女，嫁仪宾褚富云。

（明）《明太宗实录》卷八六

（永乐七年五月甲申）辅国将军赞杰卒，讣闻，上辍视朝一日，遣官赐祭，命有司葬之如礼。赞杰，故靖江王守谦第七子，在兄弟中独以孝弟称，至是来朝，以疾卒于衡州。

（明）《明太宗实录》卷九二

（永乐七年五月）甲申，辅国将军赞杰卒，故靖江王守谦第七子，独孝弟。

（明）谈迁《国榷》卷十四

（永乐七年十二月乙卯）礼部言："靖江王府辅国将军赞偕夫人鹿氏卒。"命遣人祭之，葬礼视武职二品夫人。

（明）《明太宗实录》卷九九

（永乐二十一年三月庚寅）永淳郡君薨，讣闻，遣官赐祭。郡君，故靖江王守谦第四女，配仪宾王铎云。

（明）《明太宗实录》卷二五七

（宣德元年八月丙寅）靖江王府辅国将军赞侃卒，遣官赐祭，命有司治葬事。

（明）《明宣宗实录》卷二十

（宣德六年八月）乙卯，靖江王府辅国将军赞储卒，遣官赐祭，命有司治葬事。

（明）《明宣宗实录》卷八二

大明靖江故八辅国将军神道碑
靖江王府右长史豫章□□□，内长史星□□浪蒙，□礼舍人卢□□□。
宣德辛亥六月庚子，靖江八辅国将军以疾薨于正寝。朝廷遣官祭葬，恩赉甚厚。既葬，将立碑于墓，请长史铭。将军赞储，系先靖江王之第八子，悼僖王之弟也。生□□而孤，太祖高帝育于□□府□而迁居□□□□师而教之。幼聪明，好学强记。既长，侍我悼僖王之国靖江府，尽恭顺之道，与诸兄友爱尤笃。□□□□夫人□氏□□□□□□□□□□□□□□□□□□□□□□□□□□伟，身长八尺余，美髭髯，端肃简重，寡言□□奴□□□其□□□□有□□□□□而不□□□□□□□□□□□□□□□□□□□□□仁宗昭皇帝即位，常□言□□□□□□□□之，虽田夫、野老、妇人、小子，□□莫不□□为贵人也。将军生洪武丁卯年一月□□日，享年四十有五。夫人□氏先卒。再娶夫人王氏，生子男三人，曰佐达、佐政、佐常，皆幼。女一，亦幼。呜呼！世之贵者多骄，富者多侈，而将军独□□□□□□□生质之美，而居养之异，其实本于学问之功也。宜铭□。铭曰：世之富贵，或骄而侈。既约而谦，由质之美。孝于其亲，顺于其变。惟曰学问，贵以涵养。备此衣善，□奚不□。镌石刻铭，永久不磨。

宣德九年岁次甲寅六月十五日庚申，孝子佐达等立石。

桂林市文物工作队《桂林墓志碑文》

（正统元年七月）庚子，靖江王府辅国将军赞俨母王夫人田氏卒，遣中官谕祭，命所司以二品礼葬之。

（明）《明英宗实录》卷二十

（戊申）靖江王府辅国将军赞偕母王夫人赵氏卒，遣中官谕祭，命所司以二品礼葬之。

（明）《明英宗实录》卷二十

（正统六年六月）丙子，靖江王府辅国将军赞亿卒，遣官赐祭，命有司营葬。

（明）《明英宗实录》卷八十

（正统十三年九月）丁亥，靖江王府奉国将军佐立卒，遣官赐祭。

（明）《明英宗实录》卷一七〇

（景泰元年正月壬辰）靖江王府奉国将军佐忠卒，遣官赐祭，命有司营葬。

（明）《明英宗实录》卷一八七

显考六府三奉国将军墓志铭

将军敕讳佐顺，故辅国将军赞伦季子也。初，龙飞淮甸，临御以来，推恩亲亲，大封宗室子孙，列国分土，共享太平。而将军受锡爵邑，春秋三十有九。钟性英睿，丰姿神秀，倜傥魁梧，温恭贤德，嘉重文士，遇下多恩，合誉昭著。其翊翼衮冕，深被宠眷，优礼特殊。内而宫庭雍睦，事母太夫人王氏至孝。夫人易氏，克相内助。嗣息蕃衍，五子赐封镇国中尉，长曰观，觏、觌、觉次，五尚幼未名。五女，长适指挥石瑜，次适千户沈清。于壬申春二月六日申薨逝。驰讣，上闻，遣官致祭。奉敕造葬，光贲灵丘。佳城既卜，于景泰四年癸酉冬十二月廿壬寅安厝。谨志墓云。孝男镇国中尉相观等泣血立石。

桂林市文物工作队《桂林墓志碑文》

（天顺二年七月丙午）靖江王府桂阳县君卒，遣中官赐祭，命有司营葬。

（明）《明英宗实录》卷二九三

靖江故候封辅国将军之墓

生于景泰癸酉十二月初九日戌时，殁于天顺戊寅六月十三日丑时。

靖江六府五奉国将军墓志铭

奉国将军佐弼，实太祖高皇帝之五世孙，六辅国将军赞伦之五子也。母夫人张氏，有贤德，生将军于府旧内，时永乐十三年十一月初三日丑时也。为人简重寡言，每嗜学，尚礼让，力于孝友，笃于信。娶前良医杨伯龄男杨宗贤次女杨氏为夫人，生子三人：长曰相逊，力学诗书，乐善不倦；次曰相遘，又次曰相迪，皆卓荦伟人，不失乎宗室之良胤，而俱授镇国中尉。女三人：长适护卫千户李森，次适桂林右卫百户张贵，次幼在室。孙男一人，孙女三人，皆幼稚而未封。将军以疾终于天顺辛巳八月二十日未时，享年四十有七。讣闻于朝，蒙遣行人李麟致祭，命工部移文有司营坟。卜以天顺壬午十一月三十日庚申安祔于尧山先墓之右。宜刻石志其行于丘窀，用告于幽明。其铭曰：

国之宗支，生际明时。鸾凤之仪，冰雪之姿。学既能思，行亦有为。家无不治，福履来绥。曰孙曰儿，玉叶金枝。生顺死宜，夫何憾兹。尧山之陲，先垄是依。莫坚匪碑，刻此铭词。

御祭文

维弘治十五年岁次壬戌六月朔祭日，皇帝遣本府右长史萧充赐祭于靖江王府镇国中尉约跻。曰：惟尔生于宗藩，早膺封命。胡为遘疾，翛焉云亡。爰推恤恩，赐葬与祭。尔灵不昧，尚克承之。

五辅故奉国中尉怡庵朱公、夫人黄氏墓

大明正德十年岁次乙亥正月十二日庚午，孝子：经揖、经捆、经推、经招、经□泣血立。

靖江王府封奉国将军夫人鲁氏墓志铭

赐进士第、奉训大夫、知直隶通州事、郡人徐淮撰文，赐进士第、文林郎、云南道监察御史、郡人萧淮书丹，赐进士第、观兵部尚书政、郡人张全篆盖。

正德乙亥岁九月二十有二日，靖江王府封奉国将军夫人鲁氏以疾终于正寝。其讣闻于朝，□□□致祭，赙葬□如礼。越三年，为正德戊寅，始获吉地于桂城金鸡岭之原，将归息焉。厥子镇国中尉号乐芳者，缞绖谒予，涕泣再拜而请曰："先母随王有日矣，吾父命不孝辈砻片石，藏玄壤，以图不朽，愿先生赐之铭以光之。"乃陈重币，又再拜授以萧柱史东之之状。予因念顷岁归休于家，获闻乐芳父子之贤，为□□□最□矣。近辱不弃，又纳诸交游，则于是请，乌可辞乎？乃却币按状。

夫人姓鲁氏，讳淑顺，为广西金都指挥鲁绍之长女。生而聪慧，和柔婉娩。少小即不嬉逸，克遵姆训，知《孝经》《内则》诸书大义。及长，益贞静，精于女红，足迹不及闺外。父毋宗族咸贤之，曰："是不可不慎所归也。"弘治戊申，适靖江庄简王第六子辅国将军号止庵者，为厥家嗣奉国

将军讳规聘、即爱椿者择配，获夫人之贤，遂纳采焉。越又明年庚戌，礼成，闻于上，诰封为夫人。冠服朱翟之荣，戚郧耸观，咸曰："是不负其贤也。"夫人自于归之后，愈自恭谨，举动有则。时祖姑庄简王曹太夫人迎养在府，夫人事之及事止庵公与姑王太夫人，皆克尽妇道，晨夕必问安视膳，久而无怠怨，咸得其欢心。王没，继事莫太夫人亦如之。相爱椿以和顺，躬尚俭约，未尝少有闲言。爱椿昆季凡七人，居同府第，夫人于妯娌中为长，而能以谦抑处之，咸雍睦无戾。诸子姓皆抚之有恩，虽下至藏获之微，亦不无沾此教育之泽也。其遭祖姑并一舅二姑之丧，夫人暨爱椿君皆哀毁骨立，竭力襄事而后已。训诸子女必以道，不使陷于邪辟非礼之地。故爱椿君得以优游诗酒，而乐芳诸昆季皆振振以贤称于时者，以有夫人助之教受也。方其婴疾濒危之际，爱椿每视之哽咽，夫人无他语，惟曰："弗克终事夫子矣。"又顾乐芳辈而谕之曰："汝辈皆宗牒之亲，富与贵其素有也，使能无骄无纵，尽孝敬，守礼义，以无忝尔□□□花美。"未几，遂瞑目以卒。距所生成化乙未三月，享寿四十有一。子三人，长约仁，即乐芳；次约佶，号云仙；次约值，号竹所，俱诰封镇国中尉，各食禄四百石。女亦三人，长善懿，配桂林中卫指挥使葛宗升；次善贞，配桂林府学生员刘廷叙；次善良，尚幼，在室。於戏！闺门之教，其衰久矣，逾礼紊常者踵相接，况处富贵之中者乎？夫人生有淑德，归于王家，而能曲尽孝敬，和顺夫子，处妯娌，教子女，率由于道，非贤而何？贤则宜享遐福，臻寿考矣，夫何未至中寿而遂殒没焉？此则理数之不可知者也。发潜昭隐，使休声传播于无穷，铭乌可已哉！故不辞而铭之。铭曰：

□美淑人，女中凤麟。宗贤是配，令德惟馨。德惟馨矣，宜享遐福。胡寿未臻，遽焉以没。可亡者身，不朽者名。遗范俨然，闺闱仪刑。桂城东冈，郁郁玄堂。我铭诸幽，百世其昌。

正德十三年戊寅冬十二月吉旦。

明故辅国中尉复齐居士墓
正德十六年岁次辛巳，辛巳夏四月十六日立。

明故镇国中尉朱公云渠墓志铭
赐进士、奉训大夫、通州知州、郡人徐淮篆额，赐进士、奉训大夫、归州知州、郡人方策书丹，赐进士、奉训大夫、滁州知州、郡人胡俸撰文。

公讳约赞，号云渠，实我太祖高皇帝八代孙，靖江庄简王之玄孙，辅国将军雪轩公之曾孙，奉国将军北山公次子也。生而颖悟，知识不群。七岁就学，寒暑匪懈。比长，授封前职，食禄四百。居家质实，不嗜华美，不妄交游。事父母以孝，处兄弟以和，待朋友以信，畜僮仆以恩。治家克勤，而干蛊用誉；生财有道，而丰裕饶足。修理桥梁道路，悯恤残疾鳏寡，凡利人之事类多。天性喜饮，至醉不乱，虽古之东平不是过也。每语人曰："吾叨享朝廷爵禄，涓涯莫报，岁时必致敬尽礼，庶可塞其责。"常教子曰："汝生长宗藩中，当承严训。凡经史必熟读讲解，庶不坠乎家声。"适北山公之花甲重逢也，称觞庆寿，戏彩于侧。公生禀既厚，复以家教渐染，其貌温然，其言呐呐焉。其于横逆，未尝报焉。娶桂林中卫指挥使王钺次女。距其生弘治辛酉年九月廿八日寅时，薨于嘉靖癸巳年十一月十八日亥时，享年三十有二。生子三：长封辅国中尉经槛，号东桥；次号松涧，尚未请名；三乳名称儿，尚幼，未有名号，皆授禄三百。女一，聘桂林中卫指挥使应袭张斌。葬于卫家渡，作壬山丙向。呜呼！公之始末，据龙洐之状；予辞不获，乃序而铭之。铭曰：

生平最善，凡事未展。天生尔才，寿胡不满。郁郁先茔，联冈接巘。水绕山环，风藏气暖。利其后人，以绳以衍。

大明嘉靖十四年岁次乙未正月初九日立。

明故封奉国将军梅江朱公墓志铭

前南京翰林院孔目、承德郎、通判浙江杭州府事、郡人傅（下缺），奉训大夫、广东盐课提举司正提□、郡□（下缺），文林郎、广东惠州府博罗县知（下缺）。

嘉靖十有三年甲午闰二月二十六日，奉国将军梅江薨于位，殡（中缺）有司具请于朝，今皇帝锡之祭葬。至是，以十有五年二月十二日，葬于城东金鸡（中缺）筼庵府君之墓。筼庵，御讳相瑢，食禄八百石，华冠戚里，名（中缺）谥庄简，庄简之先谥悼僖，世封靖江王。皇弘国体，显有令德，本南昌王之后。南昌，实我太祖高皇帝皇伯兄也，以皇侄讳文正破南昌之功，追封为王。洪武三年，始诏以皇侄孙讳守谦之国靖江，以南昌为始祖。故后世子孙得籍宗正，有宠光焉。

公讳规聘，别号梅江（中缺）封靖国将军，食禄六百石，承世德之清源，志行端悫。奉二亲极其孝诚，两遭丧，哀毁逾□□□□□□曰联，先公薨；次即公也；次曰声，孙太夫人所出；次曰耽、次曰眺、曰聊，林夫人所出。公待之克念□□□爱笃。至戚属中有婚丧未举者，假之资帛，以相赒恤。虽外姻亦德其惠，未尝责其报。每燕集，兄弟姻宾浩饮竟日，必情爱欢洽而后已。置负廓田于城西，躬自劝课，曰："吾坐食天禄，而农之勤劳如是，吾宁无惭斯食乎？吾非以利于农也。"修先人之明德，略无骄放之失。宗人诵其美，搢绅郁其望。乃寿不谋德，享年四十九而止，距生成化丙午十月初三日也。呜呼！善人不禄，哀何有穷？夫人徐氏，河南孟津知县桂林徐敦长女、福建右布政使乾之妹、靖江安肃王妃之姊，赋性严明，内政斩斩。子一人，曰约跭，镇国中尉，食禄四百石，娶广东韶州府学训导魏汉长女，克承于家。女一人，聘桂林右卫千户周冕荫子麟。徐夫人临葬，哭谓其子跭曰："营圹当斫为二室，俟他日同归焉，礼也。"跭泪其叔声诣铨，使为铭志于墓，以无忘公之德，以慰公于九泉。铭曰：

表表梅江，宗室之后。高皇侄孙，南昌苗胤。孝发幼龄，友出天性。临财思惠，御物孔信。富于周公，不骄不吝。贤于惠王，惟恭惟慎。胡不使寿，而夺之迅。呱呱茕茕，闻者伤愍。萧萧墓门，宿宿幽樉。刻此悲辞，万年永镇。

大明嘉靖十五年岁次丙申二月十一日戌时，孝子约跭泣血立石。

敕封靖江四府奉国中尉约耽草卤府君墓志

维大明国广西道桂林府敕封靖江四辅孝男奉国中尉经蓉，今为亡过父奉国中尉约耽草卤府君，生于成化丁酉年六月二十八日辰时，享春秋五十九岁，不禄于嘉靖乙未年十二月十八日寅时。当备衣棺，荣敛于堂，敬请白鹤仙人寻到三皇地主、盘古仙师阴地壹穴，坐落土名临桂县三图冷水塘、篡塘二社水源王内，扦作甲山庚向兼寅申三分，为千百载寿藏。当凭中人张坚固、李定度交讫冥钱九万九千九百九十九贯，买到东抵甲乙，西抵庚辛，南抵丙丁，北抵壬癸，四止界内明白。涓吉于嘉靖壬寅年正月二十一日壬寅寅时，荣归幽宅，永为亡主万年安乐之处。第恐有等山魈魍魉、古墓伏尸、妖魅冷坛前来争工，故立此契，付与亡主草卤府君执照。如有此等，辄凭契内事理，即赴土皇地祇祠下陈告明白，照依女青天律，依条决配施行。伏愿龙神呵护亡主安居。白虎踞而青龙蟠，金鸡鸣而玉犬吠。献奇朱雀，不远千里而来；落穴星辰，竟至三交而止。人缘斯遇，神穴当开。应知鬼福及人，实乃本骸得气。俾孝门子孙昌炽，宜后昆富贵绵延。日照月临，天长地久。时嘉靖二十一年岁次壬寅正月二十一日壬寅寅时谨立。（末钤"皇明八世孙"方印）

奉国将军规瓒墓志铭

（上缺）京翰林院孔目、郡人傅铨撰文，（上缺）卿前国子监司业、郡人张星书丹，（上缺）前吏部文选司郎中、郡人屠楷篆盖。

（上缺）庵，年五十有五。成化壬寅十月十九日生，嘉靖十五年二月二（中缺）葬于城东之王土门，乙山辛向，祔于皇考澹轩府君兆次。其子镇国（中缺）奉国将军规聃与公婿举人蔡芝，以公之寿年世德行与夫□封月（中缺）光公德，铨于公缔姻好有年，且相友善，曷敢辞？乃纪其世系，著其德（中缺）广西靖江王与秦、晋等府同日受封（中缺）洪武初，首破南昌之功，追封为王，登之（中缺）禄六百石，南昌王七世孙也。皇曾祖封靖江（中缺）皇考辅国将军，御讳相缙，岁禄八百石。皇妣夫人谢氏。其德行曰，公生而（中缺）时已巍然闻老成名。甫弱冠，奉二亲，色养未尝少违。有酒食，必侍立终宴。无（中缺）训，父母得其欢心。二亲继薨，遗弟妹四人，俱在童稚，公待之友爱弥笃，细而（中缺）婚之类皆由于公。次弟规瑝早薨无嗣，以一子后之，亦殇。弟妇婺而无养，如（中缺）焉。三弟规聃夫妇齐薨，凡棺衾封树，公皆力为之。遗幼子女二，抚养教爱，愈己（中缺）食之无所于吝。五弟湘洲，朝夕与处，内外无间言。尝曰：吾兄弟惟吾两人也，言（中缺）洲悲哀如丧父然。女弟仁化乡君，选配尤溪县尹程瑛子应春，封承务郎、宗人府（中缺）友者如此。其居二亲丧也，哀毁逾节。诸弟尚幼，几其附于身于棺者，内尽其志，外（中缺）辄声与泪俱。岁时伏腊，躬诣茔所供祀事。或有故不与，终心缺然若有所失。家庙中（中缺）欲置祭田，刻石墓侧，为子孙蒸尝之奉，志卒未就，公之厚于终远者如此。天性肮脏（中缺）严而有惠，子姓小有过差，每责而谕之。戚属中或为不直者，惟恐公之知也。有忿争（中缺）决其是非，遣之。盖其直素孚于人，人亦谅之无怨议也。与其所过逢则女和乐好施，与（中缺）亦不为，斩绝骄吝。人行园池亭榭，修洁爽朗，朋游饮酒，极其欢醉，穷日夜若不厌者。公（中缺）裕于己者又如此，岂东平、河间、安定等所谓近于道者耶？士林伤之，宗人思之，远近哀（中缺）尚也已。娶肇庆府同知翟观长女，有贤行，与公齐德，封淑人。子男三，长曰浩，次曰净，曰（中缺）百石；女三，长嫁庠生曹堂，次嫁千户龙霈，次嫁举人蔡芝；孙男一，经抑；孙女二，尚幼。铭曰：

（上缺）南昌世有显王派（中缺）年同宠光，传世七叶公惟良。公德不爽行不荒，我怀哲人心孔伤。勒铭玄室永其藏，桂山□□□□长。

靖江府辅国将军夫人林氏墓志铭

奉直大夫、广东海北盐课提举司提举、郡人白绣撰文，赐进士出身、中顺大夫、通政司右通政、郡人屠楷书丹，赐进士出身、朝列大夫、南京太常寺少卿、郡人张星篆盖。

靖江辅国将军筠庵公薨逝之十有四年，贰室夫人以疾终于正寝，嘉靖丁酉岁正月四日也。筠庵公，乃予先母罗阳县君之亲兄；而冢嗣㻋，又予之姊丈也。故诸子规耽等，咸以予有亲旧，知夫人之善工必详，得于见闻者必真而且稔，托予铭其墓。予不敢辞，勉为之执笔。谨按来状：

夫人姓林氏，都指挥同知泉之孙，节庵处士庭之长女。自幼颖敏聪慧，不苟言笑。少长，勤于女工，凡有所为，皆极精巧。节庵公甚异之，尝指而谓族人曰：“此女将来必享大福。”人来议婚者，辄不轻许，必慎择所宜归。筠庵遣媒氏往，即自谓曰：“筠庵，宗室中之翘楚者。吾女获侍巾帕，足矣。”遂允，许而于归焉，时弘治辛亥六月二十一日也。筠庵公见其柔顺乐易，安详淑慎，有古贤淑女之风，甚宾敬之。每谓孙夫人曰：“新妇德性温仁，他日必有受用，宜尔子孙，振振麟趾，昌大吾宗枝，未必非此妇也。”孙夫人亦樛屈敬重之。时孙夫人所出男曰㻋、曰聃、曰声，女曰遂溪乡君、曰广元乡君，俱幼，且有在襁褓者。夫人视如己子，提携抚育，惟恐有伤，诸子女成立，皆夫人调护力也。弘治乙卯，筠庵公奉例得迎母庄简王夫人毛氏就养府第，同孙夫人日侍慈闱，殚厥心力，勿逆勿怠，惟欲得其欢心，太夫人亦亟称为贤孝妇。孙夫人以正德甲戌正月、太夫人以正德戊辰十月俱以疾薨逝，夫人同筠庵公竭力后事，哀毁若不胜衣。尝训诲诸子，勿违礼度，谨守皇祖明训及先王国法。以故，诸子皆循循雅饬，无间远近上下，见则必称为贤宗室。嘉靖丙申，忽婴疾，诸子迎医吁天，百无灵效，甚至欲以身代其死，天亦不从，竟尔不起。讣闻，远近亲疏无不悲叹，以为夫人孝行贤声如此，宜永上寿，仅止于是。未疾之先，诸子欲援例上请，乞夫人之封，事方图始而夫人不留矣。距所生成化癸巳年正月二十一日辰时，享年六十有五。兹者，耽等将以是年十一月初九日，卜庚山甲向，启筠庵公之窆而合葬焉。男三人，曰耽、曰耼、曰聃，俱封奉国将军，食禄六百石，皆选名门以配。女一，封富顺乡君，下嫁驿丞董凤男世传，授承务郎、宗人府仪宾。孙男九，封镇国中尉。孙女九，择配名门。呜呼！夫人之懿德善行，非楮笔所能尽述，亦非后生小子所敢轻易摹绘。谨按来状，指摘一二，勒石藏幽，以贲泉壤。嗟乎！《语》有之曰：“九族和平，萎菲不生。”此淑女性之孝也，而夫人有之矣。书此以示后，奚云赘乎。铭曰：

匪女之无仪兮，而仪则有常。敬事尔姑兮，既寿永康。克相尔夫兮，既贤而良。唯古训之暹兮，唯夫人实昌。有此懿美兮，奚而弗扬。后者有劝兮，视此碣章。

大明嘉靖十六年十一月初九日立。

宗室诰封辅国将军邃庵公墓志铭

进士第、通奉大夫、广西等处承宣布政使司左布政使、长洲祝续撰文，进士第、通奉大夫、广西等处承宣布政使司右布政使、莆田洪珠篆盖，进士第、中宪大夫、广西等处提刑按察司副使、南海梁廷振书丹。

公讳相综，字伯纲，邃庵其别称也。高大父讳文政，实高皇帝兄子，以左都督节制中外诸军事，有大功，薨，上念之，追封其父为南昌王。曾大父讳守谦，当洪武初，与秦、晋诸府同日受封，分土靖江。大父悼僖王，讳赞仪。父庄简王，讳佐敬，有子二十一人，公行在十八。母曰夫人陈氏。公幼有知识，父兄爱之，就学读书不待强教。庄简薨，公尚童稚，执丧哀恸，以终三年。稍长，授辅国将军，食禄八百石，出就邸第，而母夫人尚留宫中。公以久缺温清，屡启迎养，辞旨恳切，竟获所请。至则敬养兼隆，油油翼翼，得其欢心。以迨于卒，哭踊丧葬，率礼无违。王府旧设十三房长，以要束诸族属。会有缺者，今王以公长且贤，手书谕为之。所辖近百人，公律以礼法，而戒其骄侈，拳拳以遵守祖训为教。有赴诉者，片言折之，即得其情，施及诸房。事有疑难，待公而决，不随不阿，人无后言。公既老，辞谕书，王勉留之。嘉靖丙申，子生，朝庭推恩宗藩，公以年应诏，格膺粟帛之赐。未几病卒，实戊戌十一月十九日也。讣闻，遣官祭葬如制。公生成化丙戌三月二十四日，得年七十有三。先娶陈，封夫人。继费，以子贵封亦夫人。陈出桂林右卫卫镇抚麟之女，费出桂林医官鲁女也。三子，规玩、规珩、规琅，皆费出，皆奉国将军。曰白，曰支，曰林，三子配也，皆封淑人。女五，皆乡君。陈之出曰恩德，费之出曰吉阳、武宣、湘阴、射洪。刘汗、周天庠、许金、阳浚、唐元德，壻也，皆宦族，皆宗人府仪宾，阶承务郎。孙男二，禀寿，禀粹。孙女五，皆幼。公平生孝友朴诚，动循礼法，尤谨祭祀，时食必荐。教诸子，以明礼义、隆师取友为首务。敦睦宗族，有吉凶当庆吊者，必躬必亲，不以风雨为解。交友以道，得长厚之誉。然周而不比，人皆服之。族会燕饮，和气蔼然。处邻邮，御仆妾，咸有恩谊。居常罕出门户，而兴寄高远，觞吟为乐，有自得之趣焉。以嘉靖庚子年三月初八日辰时，葬于桂城东冷家村申山寅向之原。合陈夫人兆，并预造费夫人寿藏云。先事诸子，持右长史吴君朝喜状来乞铭。辞不获，乃铭之。铭曰：朱出高阳，厥惟神明。迨我圣祖，奄有万方。追王元昺，实以子功。既建诸王，宗属并封。南昌之孙，靖江启疆。奕世载德，令闻令望。庄简丕承，受天之庆。祐锺多男，十八惟公。惟公宗英，孝友性成。秉礼畏义，俭恭自将。施于有政。君陈誉彰。载见于行，爰长其房。既老而传，高朗令终。恤典载颁，皇恩鸿庞。膴膴高原，惟公之藏。昭往耀来，视此铭章。

嘉靖十九年岁次庚子春三月初八日立。

皇明宗室诰封辅国中尉云峰公墓志铭

赐进士第、奉直大夫、知直隶通州事、郡人徐淮撰，赐进士第、奉直大夫、知湖广归州事、郡人方策书，赐进士第、承德郎、户部陕西清吏司主事、郡人董德明篆。

皇明宗室，分封靖江，枝荫蕃茂，子孙多贤。盖以先世功德隆盛，施于社稷，载在信史可稽也。若辅国中尉云峰公，殆其一耳。今其子奉国中尉约箴辈缞绖经过予，请曰：“先考于嘉靖辛丑七月十有四日以疾终于正寝，哀恸罔极。兹卜壬寅岁二月初十日，窆王于桂城东毛村之阳，备述生平善行，铭玄壤，垂不朽。谨以奉渎。”予方惊悼，义不容辞，乃按湖广永州府判、公姻李君宾状：公讳颎，字汝成，别号云峰。曾祖赞俊，号德庵，为国初功臣大都督第四子，实我太祖高皇帝世裔孙也。祖奉国将军，讳佐迲，号筠斋。考镇国中尉，讳相贲，号竹村。俱乐善种德，世济其美。母萧太夫人，出桂林名族。公生而刚敏，才质奇秀。童时寡嬉戏，有谨重风。稍长，即勤俭不妄费。处诸父昆季，谦逊守礼。既完受前爵，岁食禄三百石，配李夫人，有贤行。公治家丰俭适宜，事亲克孝。每隆冬盛暑，咸侍养不怠，进退惟命。虽不喜饮酒，然每燕集，必尽人欢。出不先长，交友诚信，不食言。事国主极敬慎，虽值雨雪，不苟安。训子姓尚诗礼，戒仆从勿暴悍。丁卯，竹村公逝，哀毁骨立，居丧三年，未尝废礼。时萧太夫人在堂，孝养备至，随宜慰安，得其欢心。后丧，亦如丧竹村公礼。公平生寡出，不谋非利，恪守常禄，日致丰饶。寻以齿德尊于族人，国主命以约束诸卑幼。公素喜恬静，厌纷扰，竟力辞，人尤高之。始祖府第近文庙，昆季繁盛，隘狭难居，欲弃之。公念旧业当珍守，遂捐金与诸弟，独更新恢弘焉。公之德行，多类此。众方期其寿考未艾，不意以前月日竟逝。距所生成化甲辰八月初二日，享年五十有八。子男三，长即请铭者；次约竿，号松溪；次约箕，号莲溪。俱封前爵，岁食禄二百石。箕娶指挥方震，竿娶仪宾龙质，箕娶护卫指挥曹勋各长次女。女二，长适进士罗大用，今任礼部主客主事；次适千户李春芳。孙男五，长经拂，次经抚，俱箕出；次经谣、次继成，俱箕出；次继麟，则竿出也。各娶于名族。孙女四，长受指挥徐勋、次受指挥刘希文各聘礼，余尚幼。公之德泽，及于后昆又如此。夫富易侈，贵易骄，人之常情也。况生于帝胄，有锦衣玉食之奉，承祖宗世禄之丰，而能不侈不骄、敦德由礼、恬静诚恪如公者乎！考于近代，如东平、河间，皆称大雅不群，以公方之，信其不多让矣。其为风化之裨，宗亲之范，岂浅浅哉！故敬为之铭。铭曰：

靖江宗枝多贤哲，源深流远推先烈。坚守南昌功最雄，翼龙翊运光宗牒。云峰挺生宸裔孙，绍美扬休锺世泽。秉心仁孝百行纯，正身齐家全令德。治生勤俭常禄丰，训迪子姓尤谆切。敦诚守信绝欺妄，重义轻利完旧业。巍巍府第美且宏，郁郁芝兰香愈洌。古称东平河间贤，公与重光垂典则。云胡遘疾寿弗延，风雨凄其栋梁折。毛村之阳山水奇，天地精英气融结。佳城奠此永吉康，矧有铭章遗短碣。日星百世丽苍穹，芳名不朽同掀揭。

诰封靖江奉国将军太夫人徐氏墓志铭

乡进士、承德郎、判江西袁州府事、郡人刘缙撰文，赐进士第、中宪大夫、知浙江处州府事、郡人董德明书丹，赐进士第、行人司行人、郡人宋廷表篆盖。

嘉靖戊申年八月十九日，奉国将军梅江公夫人卒于正寝，其子镇国中尉约踖走状泣曰："踖舅氏方伯公，辱与公为世讲，公必有以铭踖先夫人，无辞。"余辞弗获，谨按状：

夫人姓徐氏，世居新河里。父讳敩，河南孟津知县，母刘氏。夫人剪凶即怜慧，稍长，温淑幽静。桂城贵人咸愿委禽焉，父母未之应。及笄，适奉国将军规聘，号梅江。父曰筠庵，辅国将军，辅国兄曰怀顺王，怀顺父曰庄简王，庄简父曰悼僖王，悼僖曾祖曰南昌王。南昌寔太祖皇帝之兄，天族宏远矣。夫人始归奉国将军，暨太夫人在堂，兄弟六人，蝉联玉立。夫人事舅姑，□楜定省，婉娩愉顺，当舅姑意。兄弟宗姓下及妯娌壸阃之内，穆如也。时辅国贵盛，禄岁入几万儋石，夫人犹骁骁俭素，女红缝馈，必躬自为之。西郭有田数顷，夫人相将军视种刈，恒相谓曰："田蚕本我朝家法，且古道也。世禄家往往坐食，至不辨菽麦，岂爱国保家者耶？"以故，将军得夫人免相会计，蓄聚愈富。后寝曳绮縠十余人，每食饮辄撞钟鼓，鸣笙瑟，呜呜呕哑，二八代进，织絍侈丽甲于诸辅中。夫人内修祭祀，外腆宾客，凡三族姻邮，吊赗肴遗，皆有礼。靖藩称内馆之贤者，必曰徐夫人、徐夫人云。将军先夫人卒，夫人家政益斩斩然，其训课子女悉有内则。每岁时称觞献寿，夫人翟冠绯袍，玉佩玦委地，女乐繁音，陈列堂上，诸子姓跪起，莫敢仰视。性好赒施，善操赢，以息厚赀。往城中贵人放息，卒刑滥及出，又乾中而觊多利。夫人阔略不计锱铢，子姓窘于财用，卒诣夫人，夫人赒给之，使不乏。以故人人感德夫人，而利复倍。《语》云："福凝于宽，财萃于廉。"讵不信夫！余观夫人家世望族，兄举进士，弟游黉宫，仕宦有声。妹一进册封太妃，一妹将军夫人。贵富隆显勃勃矣，乃夫人相将军，俭慎而不盈，慈淑能散施，可谓贤矣。本年三月内夫人偶感微疾浸剧，中尉君徒跣祈营，炯不殚心，竟不起。据生丁未九月十一日，享寿六十有二。子一人，即踖也，娶魏氏；女一人，适百户周一麟。孙男二，曰祖荫，次祖福，幼未请封；孙女乙妹，适指挥田义。踣卜戊申十二月二十七日，祖茔辛山乙向同将军而合窆焉。呜呼！富贵寿考而有德以将之，若夫人，可谓贤矣。铭曰：玄宫朱门，而同将军。兰催璧沉，而德宁馨。宅魄妥魂，而繁子孙。吁嗟乎夫人！

大明嘉靖二十七年岁戊申十二月二十七日戊辰，孝子约踣泣血立石。

靖江府奉国将军碧岩朱公墓志铭

乡进士、署河南南阳府邓州学事、郡人张腾霄撰文，赐进士第、中宪大夫、知浙江处州府事、郡人董德明书丹，赐进士第、行人司行人、郡人宋廷表篆盖。

嘉靖二十七年戊申六月初二日，奉国将军碧岩薨于正寝，姻亲宾友咸哭吊于门。有司具请于朝，今皇帝赐之祭葬。至是以本年九月初十日葬于城东金鸡岭辛山乙向之原，祔于皇考辅国将军筠庵府君墓右。

筠庵御讳相璁，食禄八百石，华冠戚里，名德垂世。筠庵之先谥庄简，庄简之先谥悼僖，世封靖江王，皇弘国体，显有令德。本南昌王之后，南昌实我太祖高皇帝伯兄也，以皇侄讳文正破南昌之功，追封为王。洪武十二年始诏以皇侄孙讳守谦之国靖江，以南昌王为始祖，故后世子孙得藉宗正，有宠光焉。公御讳规声，别号碧岩，封奉国将军，食禄六百石。承世德之清源，志行端懿，奉二亲极其孝诚，两遭丧，哀毁踰过节。兄弟六人，曰联，曰聘，弟联先公薨，次即公也，曰耿，曰眺。公待之克念天显弥笃。至戚属中有婚丧未举者，多方馈给；或称贷不能偿，辄焚券以示弗取；或有大故势不能支者，辄为棺木收殓。如是者颇众，不可枚举。今夏五月，公旧疾复作，累药不治，召诸子曰："吾当还造化，汝葬吾必从紫阳家礼，务戒奢侈，从俭。汝等弗忘吾言，安用笔书？"言讫，乃呼童取水沐浴更衣，卒于正寝。公生于弘治庚戌年十一月十二日，卒于嘉靖戊申年六月初二日，享年五十有九。奉国将军讳规声，配夫人谭氏，莱州府教授谭鉴嫡女也，生男二，长约端，娶胡氏，次男约跽，娶高氏，俱封镇国中尉，食禄四百石。女一闰妹，在室。孙男三，长经谚，封辅国中尉，次承宗，次承荫，尚未请封。孙女四，长适桂林右卫指挥使韩彬，次申妹、住妹、已妹，俱幼。今卜本年九月初十日，安厝祖茔之右。呜呼悲哉！生寄也，死归也，古今圣愚，莫可得而逃者。公已矣，所以事宨窎而妥玄灵，为千百年不朽之计，在此一举耳。乌可以无铭？铭曰：

清修之质，金玉自砺。兢惕之思，六马是驭。敏而好学，富而好礼。贵德尊士，济人推己。曰孝曰弟，恪遵庭训。庶几夙夜，令望令闻。鸡岭之阳，草木馨香。君子宅之，盛德流芳。

大明嘉靖二十七年九月初十日立。

桂林市文物工作队《桂林墓志碑文》

奉国中尉约耷墓志铭　　（明）吕调阳

奉国中尉梅窗讳约耷，靖江宗室也。卒之年，史调阳以制归，公次子西川经援过予乞铭，自为状授予，拜且泣下，怆焉莫能辞。遂按状，序而铭之。靖江自悼僖王袭封，暨其弟八人就国，八人皆辅国将军也，人以行列称之为八辅云。其第四辅讳赞俊者，生奉国将军佐善，善生镇国中尉相辉，辉生辅国中尉规祂，号仁庵，配吴氏，公之考若妣也。仁庵公有三子，长约旬，号南窗；次即公；次约畴，号榆窗，皆雅尚朴俭，世其先。公寿八十四，楠窗、榆窗寿俱七十有二，纯嘏遐龄，媲休并美。故靖江称盛者，惟四辅；四辅称盛者，惟仁庵之后，其积累有自来矣。公在童年，即耻为世俗浮夸之习，尝从里塾游，垢衣自执伞，塾师称之曰："是儿他日当享厚福也。"仁庵公遘疾，久不愈，公处寝门外，调治汤药，朝夕劝上食，衣不解带者经月，形容顿改。仁庵公见而骇曰："儿何至是？灭性之戒，尔独不闻乎？"及卒，哀毁逾礼。楠窗公幼多疾，偶失朝，见怒王府，公惧其受责，疾且剧，乃往请以身代。乡里贫不能举丧者，买棺助之。邻人汪姓者遭回禄，以笥箧寄公，仓卒忘其缄锁，内有银物若干，汪亦不知也，事定，付之自验，汪感激顿首。暮年，掌王谕书，约束本房益加恭慎，族有遗腹子，孤贫，不能奏启附牒，遂落魄，公率诸房长恳启，乃得登牒。王甚重之，赐号哲皓，又赐对联一幅，命肩舆入府，皆殊礼也。方弱冠时，遇一丐，自负善奕，公与对局，颇异之，后不知所往。过数年，梦一老人，破衲敝履，若丐者状，揖公曰："不记昔日谈棋之乐乎？汝年二十六及六十四，俱有一否，然于汝无妨也。"至二十六，果丧妻；六十四，丧长子。夫神仙荒诞，不可知其有无，或者公悫诚所感，鬼神默启之也。先配尹，无出；继配孙，俱封安人。子二，长经橚，先卒；次即西川。孙男四，邦苗、邦葛、邦莉，俱奉国中尉。公生成化乙未七月日，卒嘉靖戊午十月日；安人生成化壬寅正月日，卒先公三月，葬尧山村，公葬后，安人两月启窆而合窆焉。初安人襄事，公尚为指画，一一中窾不乱，过二日，忽谓家曰："治我后事，当还造化矣。"子孙环跪榻前，泣请治命，但曰："吾曹食禄无补，能力行节俭，以其赢余，推之济物，即所以报国恩也。"遂溘然而逝。古称大雅乐善，庶几近之欤？铭曰：

俭于财货其乃来，积而能散庆绪以。恢俭于德不愆其则，子孙是绳允称皓哲。神仙邈矣或启其衷，福禄寿考孰能俪公。有美硕媛克正于内，偕老令终天作之配。郁郁双窆尧山之阳，勒铭贞石其永奠乎玄堂。

（清）汪森《粤西文载》卷七四

明故显妣奉国中尉太安人林氏之墓
孝子奉国中尉邦粦、邦茈立。隆庆三年十一月二十日置。

明故显考奉国中尉缓溪朱公讳骁之墓
隆庆六年十二月三十一日。孝子奉国中尉邦粦、茈泣血立。

皇明靖江王长子朱履祥圹志
钦赐圹志文
靖江王长子讳履祥，进十一代王妃出。于嘉靖三十五年六月二十四日嫡生，万历二年九月二十五日封奉国将军，万历二十二年二月初一日改封长子，万历二十三年十二月十九日逝世，享年四十岁。嫡配汤氏，万历九年正月初十日封淑人，同月改封夫人，于二十一年闰十一月二十一日逝世，享年三十六岁。生子一人，夭。生女三人，夭二，长女幼，尚未适配。闻讣，遣官谕祭，治丧如制。以万历二十七年十二月二十一日丙午，长子及夫人同葬于尧山之原。呜呼！文曰：惟尔系出宗藩，齿居长嗣，荣封可待。胡遽沦亡，□□亲情，特此遣祭。尔灵不昧，尚克歆承。爰述其概，纳诸幽圹，用垂不朽云。

福清县君墓志

县君乃靖江进十二代王女，宪定王之孙女也。生于万历壬辰年正月初六日。蒙恩授封为福清县君，下嫁选中仪宾刘养桂。卒于万历丁巳年七月初八日，卜十二月十一日造葬于五岭之阳。呜呼！育自金玉，性克仁慈。随娿还天，可仙期。既极荣哀，无论修阂陵谷，如更芳徽不堕。

万历四十五年十二月十一日。

明故显考奉国中尉仁桥朱公合墓

生于甲子年拾壹月初拾日寅时，葬于天启贰年拾贰月贰拾玖日。

孝男任朳、任苢、任□、任□，孝孙（下缺）

安人马氏，吾全庠秋宇公之季女也。生而敏慧婉淑，精女红，通大义。年及笄，靖藩北六辅莱轩礼聘为嫡。生子履蹑，英伟超迈，垂训一经，择配相阁吕氏之媳。安人居家治生，敦朴素，崇孝慈，处宗傥有礼，御臧获有恩，一一悉中妇窥。原命生万历庚子十月十五子时，不禄于崇祯辛巳腊月廿二巳时正寝。卜葬将军桥，扦作艮坤兼丑未，择壬午十二月朔四巳时安厝。令嗣追思，罔极莫报，请志于余，愧无能文，略述一班，以垂永远云，铭曰：女子之生，正位乎内。淑容壶范，维是攸遂。猗与朱母，金精玉粹。克配藩宗，闺阁无愧。笃生一子，卓然英畏。卜葬佳城，山川钟瑞。太史采风，昭哉此辈。

乡进士、奉政大夫、云南澄江府同知、□进□阶、服俸四品、眷生马鸣阳顿首拜撰。

皇明敕授辅国将军、颐寿老祖考朱公讳约麿字忠庵府君之墓

公系明靖江之裔，悼僖赞仪公、妣徐太君之元孙，谥庄简佐敬公、妣沈太君之曾孙，谥怀顺相承公、妣谷太君之孙，谥昭和规裕公、妣林太君生第三子约麿，敕授辅国将军。德配李氏夫人，生三子，俱授奉国将军。长子经沦，媳石氏，三子经巡，媳韩氏，俱生子嗣，移象州，族繁未列；次子经迢，媳潘、山氏，合葬斯土。孙邦苯，授镇国中尉，孙媳雷、黄、廖氏，生四曾孙，俱授辅国中尉：长琴岩，三琴洲，四琴潭，俱生子嗣，族繁未列；次鹤洲，名任篆，因国朝锦孙贵，貤赠文林郎，曾孙媳阳氏，貤赠孺人，俱葬七里店祖茔。生五元孙：长履踽，例赠修职郎，妣俸氏，俱葬父坟之左；次履踧，例赠登仕郎，妣粟、伍氏，合葬尧山；三履跃，众举孝义，入省志，葬七里店，妣王氏，葬斯土；四履踳，诰封中宪大夫，葬尧山茅庵左岭，妣刘氏，葬桐木塘；五履跌，诰封文林郎，葬湖塘天鹅岭，妣左氏，葬五岭，鲁氏，葬七里店。谷辅嗣孙于嘉庆乙亥孟冬立石。

长胞兄谥端懿约麒，二胞兄辅国将军约麟，长胞侄谥安肃经扶。

（后列立碑后裔一百四十人，略）

十二　人物

靖藩子姓，当永乐时有静庵规继者，与解学士缙以诗篇相赓和，其家犹留遗墨。子松坡约跨克绍前美。松坡时有玉田规眕，壮年而鳏，义不再娶，亦庶几乎好礼者。正、嘉间，则有礼轩规聘，以友于称；明所规䡃，以好学称。其他砥行而婍修者，难以枚举。

（明）黄佐《广西藩封志》，见于（清）汪森《粤西文载》卷十六

1. 朱相继、朱规聪、朱约跨

辅国将军一庵先生赞

湛乎其气之清，恢乎其量之闳。珪琮国胤，璠璧邦桢。其事亲博孝，其接物也诚。奉老睦族，□上□下。务读书好礼，尚内重外轻。风度实凤仪麟趾，辞翰间玉振金声。天故示㤰，爱奠两摅。晋瞻遗像，俨然如生者耶。

桂林包裕好问谨赞。

奉国将军静庵先生赞

风神洒落，有李长庚之雅致；玉骨清古，得赵松雪之孤标。遵德乐道，俨孤凤翔乎高冈；履仁由义，如一鹤鸣乎九皋。此诚皇明之文翁，瑞世之人豪也欤。

成化甲辰腊月廿九日，赐进士出身嘉禾伍方公矩赞。

镇国中尉松坡画像赞

风神磊落，器宇洒然。忘情轩冕，雅志云泉。书叶晋而弄翰，诗准唐以成篇。人知为儒林之彦，而不知为宗室之贤也耶。

弘治乙卯中秋吉旦，思玄居士东吴桑悦民怿赞。

右三像，乃今靖江辅国将军一庵讳相继，奉国将军静庵讳规聪，镇国中尉松坡名约跨，皆庄简王之子若孙也。一庵诚明雍雅，静庵颖敏刚毅，松坡聪明俊伟，俱孝友读书，亲贤乐士，卓乎其不可及矣。一庵生静庵，次朴庵讳规联，次恕庵名规闻。静庵生竹坡讳约跻，次松坡，次兰坡名约蹵。自祖而子，自子而孙，振振绳绳，世有积德。《诗》所谓"诒厥孙谋，以燕翼子"，《书》谓"有典有则，贻厥子孙"，《传》谓"周公拜前，鲁公拜后"者也。至于食禄千钟不足以言富，金紫辉煌不足以言贵者，皆皇明宗室，富贵其素有也。刻像止于三者，举一以例其余，所以识世系也。松坡是举，上以缅想祖父之仪容，而尽孝敬之思；下以启桂子兰孙之永慕，而尽继述之道。光前振后，其贤矣哉！大明正德三年戊辰冬十月吉，七十一翁包裕跋。

新采

洞口风清暑不停，笑题诗句问山灵。古今多少登临者，吹得醺醺几个醒。

皇明宗室静庵题。

桂林桂山草堂，在桂山之麓，弘治六年，宗室静庵规聪建。

（明）嘉靖《广西通志》卷三五《宫室志》

桂山草堂，在桂山之麓，明弘治六年，宗室朱静庵等建。

（清）康熙《广西通志》卷二一《宫室志》

桂山亭双鹤次韵

丹丘石室羽人居，况有仙禽下玉除。月回芝田留鹭鸶，风吹银汉落蟾蜍。霜毛露翮应怜女，合舞长鸣数向予。何日罗浮千仞外，翻飞共尔历清虚。

（明）潘恩《潘笠江先生集》卷二

桂山草堂，在（桂林）桂山麓，明宗室朱静庵建。

（清）雍正《广西通志》卷四四《古迹》

桂山草堂记

桂山，桂林主山，旧属武弁葛氏孙宗印，为都阃，有威名。其后莫守，靖庵殿下益价售之，宅连山以百亩。计弘治五年八月，盖草亭三间，扁曰"可山"；六年五月，创草堂三间，扁今名；九月，蒙靖江王殿下赐亭一座，枕于半山，扁曰"睿恩"；七年五月，于草堂之西覆盖屋数楹，扁曰"翠微山馆"；十二月，遂携家以居。草堂之中，四壁图书，一尘不入；后枕桂山，松桂呈阴；峰峦献秀，天开图画；荆、关、董、米，无所事巧。靖庵日焚香瀹茗，赋诗其中，人境俱清。履其地者，缙绅忘其贵，韦布忘其贱，抗尘走俗者若阴有所扪而不能至。予每至草堂，顾盼兹山，疑即化为蓬壶碣石；与靖庵酬酢于纸窗竹几之间，不啻挟安期、侣羡门，而下上清都者。灵均远游之怀可止，潘安仁乾没之念可消，柳子厚迁谪之襟抱亦可遣之矣。草堂之清人，有如是哉！虽然，古之高堂广厦，如齐云落星之类，何限成败于气机。梗楠固于樗栎，陶瓦坚于草茅，曾不能以一瞬。惟诸葛孔明之草庐，杜少陵之草堂，武攸绪之茅椒，或盖以忠义，或架以文章节操，千古常新。凡物之寿，不属之人耶？靖庵以天潢分派，赋性颖悟，日思游心千古，超出富贵之外。今离市廛而依山林，舍潭府而居草堂，其胸次非大有所见，不能也。堂之不朽，又何待言说哉。虽然，靖庵以有用之才，限于本朝法制，终老此堂。桂山之英，草堂之灵，幸免勒移之劳，有如淮南小山，歌桂树以招隐，亦可笑其为赘言也。

（明）桑悦《思玄集》卷六

（前剥蚀不清）六年五月，创草堂三间，扁曰"桂山草堂"；九月，蒙国主殿下赐亭一座，枕于半山，扁曰"睿恩"；七年五月，于堂之西造数楹，扁曰"翠微仙馆"；十二月，遂携家以居草堂之中。四壁图书，一尘不入；后枕桂山，八窗洞开。松柏呈荫，峰峦献秀，天开图画，荆、关、董、米，无所事巧。静庵日焚香弄翰、瀹茗赋诗其中，人境俱清。履其地者，缙绅忘其贵中，韦布忘其贱，抗尘走俗者，造化若靳之不使一至。予尽熟游之，瞻望尧山，顾盼漓水，疑即化为碣石江淮，挟安期、侣羡门而下上清都也。屈灵均远游之怀可止，潘安仁乾没之念可消，柳子厚迁谪之襟抱亦可遣之矣。草堂之清人，有如是哉。虽然古之高堂广厦，如齐云、落星之类何限，成败系于气机，梗楠固于樗栎，陶瓦坚于草茅，曾不能以一瞬。惟诸葛孔明之草庐，杜少陵之草堂，武修绪之茅椒，或苴以忠义，或架以文章节操，千古常新。凡物之寿，不属之人邪？静庵以天潢分派，赋性高明，日思游心经史，超出富贵之外。今离市廛而依山林，舍潭府而居草堂，其胸次非大有所见不能也。堂之不朽，又何待他求哉。虽然，静庵以有用之才，限于本朝法制，终老此堂。桂山之灵，草堂之英，庶免勒移之劳，有如淮南小山，歌桂树以招隐，亦可笑其为赘言也，作桂山草堂记。弘治乙卯夏五月望，思玄居士东吴桑悦民怿书，宗室静庵规聪达亥刻石。

（明）桑悦《桂山草堂记》，桂海碑林博物馆藏拓片

寿松坡母

碧殿传青鸟，瑶城奏玉箫。梅风天上度，桂雾月中飘。寿命如金石，桑田自海潮。年年今日宴，常拟醉松乔。

（明）孟洋《孟有涯集》卷五

寿松坡母太夫人

瞳瞳旭日照蓬莱，王母池边宴正开。宫雪影随歌曲转，洞梅香逐舞衣回。仙人霞佩供春馔，玉女霓裳荐寿杯。岂有窃桃方外术，幸从冠盖集云台。

（明）孟洋《孟有涯集》卷十

城市山林真罕得，有岩隐隐石巍巍。台流车马门前度，似梓人家水畔围。斑点苍苔濛细雨，玲珑翠竹透斜晖。主翁好事常延客，不至醺然不放归。　长州沈林。

岭西有洞乾坤设，景自繁华势更巍。一水澄清千尺护，群峰吐秀几重围。岩光闪烁惊飞鸟，树影葱茏挂落晖。公暇不妨登眺晚，应教明月伴人归。　莆田周进隆。

嘉靖庚申，孙男布政司经历大布谨修。

生来华景真仙洞，四壁支撑势亦巍。歌戟有声酣白战，酒兵无力解重围。几通蛙鼓喧天乐，万点鸦金背落晖。最喜圣明无一事，不妨对景乐忘归。　江阴薛金。

石径初从白水绕，洞门忽对紫山巍。且看崖上莓苔刻，为喜烟边城市围。竹有凤雏林自秀，酒无俗侣月方晖。话阑揖别浮溪主，满耳松风扑翠归。　孙微。

华景名岩桂岭西，蔚葱瑞霭势峨巍。一泓水若青罗绕，两壁山如翠帐围。雅兴共推陶靖节，高怀重忆谢元晖。斯文真率情倾倒，轩冕从容月下归。　七十四翁包裕。

小隐仙岩耽僻静，盘旋云磴自巍巍。从知蓬岛居尘世，天设峰峦拥翠围。人乐尧天歌击壤，诗

题石壁护灵晖。名山且共留踪迹，漫拟春鸿踏雪归。　宗室约跨。

两兽自啸示其撄，捐金设策为群生。共知冥玄资人力，谁识通天一念诚。
包裕稿，存松坡贤殿下吟右。

皇明贤宗室号松坡招游其别业，为赋一律

公子招游华景洞，国门之内郁崔巍。山连雉堞云千顷，水满鱼塘介四围。缓步花阴点古剧，醉依松影话斜晖。世人兴趣知何似，能关情处自咏诗。
时正德己巳季秋九月朔旦，赐进士出身、广西布政司右参政、致仕麟洲杨茂元书。

松坡诗为松坡主人题

松坡清趣许谁知，静里相看总自宜。苍霭扑檐秋雨后，翠涛落枕晚风时。霜皮凝冻龙鳞瘦，月影生寒鹤梦迟。况值宗枝蕃衍日，长沾优渥荷恩私。
正德四年龙集己巳嘉平月中浣前二日，赐进士第、广西布政司左少参、前监察御史、山阴王经书。

正德甲戌春正月十有二日，松厓居士方良永偕松坡殿下约跨、双竹周君进隆、直庵蔚君春、霅山刘君台、栗斋杨君玮，暨桂之士夫州守徐君淮、提兴王君政，同游于七星岩，达观栖霞洞。松坡曰："是胜游，不可无纪。顾缓斋不与，亦一欠事。"松厓曰："霅山职文事，必有纪也。"咸曰："然。"又曰："留纪题只纪岁月。"乃砻岩石，命松厓书之。松坡，字仲高，宗室中独贤；双竹，字绍立，肤使转右辖；直庵，字景元，大参督储；霅山，字衡仲，宪副提学；栗斋，字伯玉，少参，皆两司之特；松厓，字寿卿，承肤使乏，前三百年游此信孺公之后也；缓斋者，翁朝良宪富茂南也。

乙亥初夏，约饮风洞山楼，时平气爽，情景相融，杯酒笑谈，世虑顿遣，抉藓赋诗于壁，用纪欣畅之怀云。

乘爽来登此洞天，昔游都是剩风烟。绿屯万顷吟神荡，翠拥千峰笔画悬。幽鸟隔花聆语笑，痴龙施雨沃蕃藓。时清消尽炎荒瘴，樽俎从容得畅然。　长洲徐翔。
一上幽崖别有天，雨香风定散云烟。隔帘新燕语多幻，入镜重楼影半悬。山色豁眸供秀丽，麈谈移座嚼芳鲜。乾坤胜迹留西广，今古游人重慨然。　潼川黄伟。
盖□此日到壶天，冠盖纷纷破晓烟。笑语疑从清汉落，楼台恍若碧霄悬。曲歌金缕行云遏，脍切银丝入馔鲜。更喜雄谈霏玉屑，俗尘一洗乐陶然。　宗室约跨。
人世曾闻别有天，信知此地异风烟。江心浪与层霄接，峯顶云如半壁悬。日暖野花争妩媚，雨晴郊树斗苔藓。及时游赏宁辞数，诗兴逢春本浩然。　金台戴仪。
又：
阴洞层崖石径通，闲云深锁梵王宫。四围岚气浮晴霭，一曲波光湛远空。清景满楼吟不厌，高怀千古赏能同。来朝携酒还相约，幽兴逢春固未穷。

又：

数日登临不出城，寻幽随处散闲情。莺花未老春还健，山水留人景更清。觞咏递为贤主客，风流宁减晋公卿。幸逢藩阃今多暇，故许追游乐治平。

又：

一面晴岚四面山，望疑仙境在尘寰。林花作缀江□□，野鸟鸣春去复还。流水故随人意远，祥云常伴老僧闲。城中佳景应无限，高兴从公得尽攀。

又：

平生性癖爱游山，况复蓬莱在市寰。花鸟有情留客住，菊松无意待人还。暂从春借三朝假，又得僧从伴日闲。自媿乏才供世用，云林随处许追攀。　陪两省诸公赋。

桂海碑林博物馆《桂林石刻碑文集》中册

叠彩楼记　（明）欧阳旦

正德六年正月二十日，宪长莆田周公进隆、大参华容黎公民表、金台苏公英、湖广于公钦暨诸宗室松坡约琇、包公裕，以旦有广东按察之命，戒行，携酒肴蔬果会饯于予。时朝雨初霁，风清月朗，神怡心旷，尽欢而罢。夫游宦得奇山水，公退则遨游其中，以遣怀抱，世固难得，况此幽胜之地，不动驺从而得乎在城数百步之内，岂易有者哉。公其以方面重臣，松坡俱一时伟人，少假半日，以乐太平之盛。

（清）汪森《粤西文载》卷二三

松坡宅内海棠，赋得园字

春城下马入名园，满树仙花开正繁。行傍阑干应破睡，吟当风雨为招魂。伤心转见红妆丽，照眼翻惊火玉温。聊引金樽留远客，不妨银烛醉王孙。

（明）孟洋《孟有涯集》卷十

祭靖江宗室松坡　（明）刘节

神祖诸孙，靖藩贤胤。盛时挺生，出群才隽。忠侔道古，善比东平。有文有行，不骄不矜。巍巍之功，煌煌之业。屏翰藩垣，有光玉牒。节慎服食，方期永龄。龙蛇之岁，哲人以倾。成之惟艰，仁而不禄。彼苍何如，栽者乃覆。某等素重高谊，曷忍讣闻。吊哀礼祭，侑以斯文。朔风飕飕，寒云漠漠。招我巫阳，九原不作。

（清）汪森《粤西文载》卷七四

2. 朱规晥

靖江奉国将军思聪字说

奉国将军怡桂君，乃辅国将军止庵公仲子，靖江庄简王之孙，高皇帝四世孙也，赐讳曰规晥，宗英之间，字之曰思聪。尝介国宾杨仲佩以来，属璘说其义。璘唯晥，听也。耳之职也听，耳之德也聪。不聪则失德，失德则失职，失职则谓之聋，乌以耳为哉。夫听，抑何以为聪也，《书》曰

"听德为聪"，《传》曰"耳不职德义之言为聋"，凡人靡不然，而王公大人为甚。盖王公大人，位尊养备，隐居深宫之中，金石管弦之声，仆御嫔妾之言，日接于耳，易惑也。苟非悦诗书，亲方正，以自审于德义之经，则雅郑是非，杂进交夺，鲜有不乱于听者。乱则聋，弗乱则聪，其相去亦远矣，君其可以不思乎哉。抑闻怡桂君，家居孝友，谨于嗜好，而独乐花卉泉石之事，尤爱植桂，故引以为号。城东有雉山，作万卉庄其中，游衍啸傲，冀远尘俗。山有数岩，而莫胜于虚谷，故又号曰虚谷子。由是观之，则君之审于德义久矣，是其进于聪也，夫何远之有。故说之以为成德之端。

（明）顾璘《顾玉华集·息园存稿文》卷七

3. 朱约佶

观化集叙

甲寅上元日，吉水念庵罗洪先撰

惟自放逐以来，游寓江海，江海之人皆称桂林有名贤曰"云仙"者，籍通朱邸，心托绿云，早涉艺涯，长登仙苑。侧身西望，湘水深矣，张衡所思，予今同调。岂非以未见君子，忧心忡忡，固如是哉。友人刘节推龙山为余言：云仙乃清真君子也，处黻冕之贵，履素博服，不知其身之宠辱，有韦布积学者所不逮。出其绪余，扬性灵，序物则，烨然春华，粲然星烂，诸不能遍观。他日，宗人果斋太守寄余《观化集》一帙，乃云仙所自著。三复之余，飒飒乎古之遗音，材硕而瑰弘，思玄而缔密，建安陈思之俦非耶？因叹曰刘子之言，可谓信而有征矣。间命余为之言，余窃以诸子孔老之辨。及所闻于刘子者，推平乐府事，平乐与桂林接境，又与云仙雅相知识云。

观化集序

奉录按粤刑部郎华亭太冲袁福征撰

辛亥之岁，圣天子周恤庶民，爰钦明罚，命部使者分驰诸省，于是福征有粤西之役。比莅境，官署言暇，乃得晋缙绅先生、学士大夫于庭，相与畅言敷议，大都有雅致。中多称弄丸公、弄丸公者，逖耳盛名，未克言觐。越翌日，造第请谒，承谕升堂，得见公。为人潇然玉立，抱嵇康之神姿，发孙登之清啸，玄言妙解，灌饫芳膏，神泽仙标，照映元壁，岂特昔人之醉心，抑且非夫之憎貌。又明日，乃得公所著《观化集》，读之，始得公不言之意，出所闻之外者。间谓予为知言，下命以序。袁福征曰：大化之流行于穹壤间也，若一息之运然，自非至人，何去何来？蜉蝣于朝夕，蟪蛄于春秋，尔倏尔忽，曾何底止也耶？古昔神圣，翰飞赤霄之表，蝉蜕溘涘之外，吸日月之精华，结云霞之光兆，先无始以肇生，后太素以运命，夫唯犹龙叹于宣尼，大雅赞于迁史。固惠朗之天授，实元化之洞观。惟我公生具清真之才，系出神明之胄，屏钟鼎而即素，守关键而独超。申以古光大师之传，了然卓尔，遂入玄品。于是发为声诗，俾幽而显；哀乎至言，令人发省。福征何斯，而得与闻此哉。昔王充作《论衡》，蔡邕秘之不轻以示人。由今《观化》之作，视《论衡》又当何如耶？弄丸公，维靖名藩，海内皆称为云仙，弄丸则寓意云尔。所著别有诗集，及佳绘墨传于世。

（明）朱约佶《观化集》卷首

观化集叙

明嘉靖丁巳夏五，吴郡钩玄吏隐沈应魁撰

闻之太史公云："儒学亦绌老子，老子亦绌儒学，道不同不相为谋。"余谓太史公非知道者。儒若孔子然，且适周好问，犹龙之叹神遇之矣。性与天道，子所罕述，是以后代无传焉。世微真儒，宁不相绌哉。夫尽性至命，易之道也；性命，天下之一本也。生民同得之，非异物也；圣人同传之，非异术也。迷其所同得故异见，失其所同传故异说。古者叙六家，而谓之道家；后世顾诋之，曰异端。然道书云："道之精以治身；其绪余以为国家，土苴以治天下。"斯言质之儒，胡弗同也。世直以道家为养生耳，余诚所未喻也。今方士之言养生者，率支离于性命之外；世儒谩谈知性知天，而遗厥性命之实，至于羊质虎皮。儒言市行声利，炎于中，趋死而不厌，夏虫疑水，曷足訾哉，余无暇缕数。轩辕神圣，龙飞鼎湖，古今盛阐，亦异端邪？道书万卷，解者人殊，倘非真传，鱼目混珠。故以清净解者，未识磨砖作镜之讥也；以调息解者，未达空铛水火之失也；以心肾解者，未喻独修一物之讹也；以男女解者，未悟生人生物之本也；以砂汞解者，未察后天渣滓之缪也；以日月精华解者，未考玄远感通之譬也。老子云："吾言甚易知，天下莫能知。"盖数传数变，舍本趣末，简易真机、人天秘密，道之难闻也如此。余少多瘵，嗜玩长生之术，丹经子史，遍读靡遗，罔所适从。中岁蕲向圣人之道，覃思性命之微，梦感天人，跽受真诀。乃知昔之所嗜，第方士之小术，而非性命之学也。复知先圣遗经，惟导人尽性至命，而非异端之流也。此可与高明好古者道，未易与流俗言矣。丙辰冬，余承乏广臬，咨访名贤，获觏云仙。丰神玉立，盖忘藩至之贵，而崇道德之尊，神蕴群经，光撰斯集。其旨远，其词文，信慕淮南之冲举，思八公之俦匹，而超然自悟者。然逖矣，深居伟见，聆余謦咳，信公所宗古光先生，已参厥上乘。他时天假之缘，或能脱屣于昆禺洞天，相将寥廓否耶？必也，是所愿也。遂率尔叙之。

（明）朱约佸《观化集》卷末

自序

不榖闲居，以辐重无谓，象罔为心。上畏神皇于九龙，下戾先君之克志。惟吊影群鸥，荒其未央。若夫心志善渊，与志善仁，苟无自励，晞阳不我。是谓驱羊下阪，得无类乎？昔受吾师以内外一致，脱悟数言，名曰《观化集》，虽无干霄之状，博我同心者共历太冥，以嗣希音。戊午仲春吉旦。

吾观洞沧化，寂灭证无声。七十二轮虚，分介俱相征。万汇刻节候，椎敷以媒并。洁剥自生杀，太质无定名。流光率艮止，出入由所呈。古之大圣教，为金惟昭明。喝世群嗤嗤，死生无复停。

神哉古良器，掩蔽生尘埃。泰渊复且杳，那能造其媒。累土簉未及，妄拟崔嵬台。期当阅众甫，欲不欲相培。瑶台有玄凤，嫋嫋空徘徊。

含变而自极，鬼神其无几。诚者维统纪，率性宁安违。火一树德门，水二乃相希。仲尼道不远，人远沦匡几。古来诚以化，吾道恒尊持。

义叩丹砂理，先明神德居。金斤伏鹑火，媾浴慎其初。鼎设象天地，外白黄包犫。木以女蝠秀，水镇巋相苴。原元会有因，讫二兔间疏。八石听尊旨，一匕以轻躯。能驯虎龙悦，被褐岂狂夫。

上闭袭常教，介然无我求。推演忘所纪，玄黄建始由。神君佐金鼎，德化施群幽。攀犇云路举，白日天墀游。赤鸟感而征，万世其何俦。

易以夫何思，感而遂相须。众物寓以形，形数非殊途。天地既委蜕。竭化难辞无。大运纪西方，建德乃之枢。端合清泠宰，元极混相图。圣人贵无身，无身患何敷。

碧华盈翡翠，端望景云生。玄宫幽且默，仁思徒结盟。赤女采其英，拜月向新庚。调黄以间白，复以见黄钟。三十以辏毂，妙用在其空。

道罔以关键，不弊知常宾。仰之徒亹亹，大制尊无邻。世若贫采薪，钻燧以举焚。严冬障拟敌，斯力讵常温。探索无上极，穷尔太始旻。所以测形位，咄咄其谁陈。

纯以合大方，圣人笃修之。易行擅其中，神而弥所持。感发率未萌，变应以夸眦。吉凶互埏荡，十辉无定揆。万物以善觉，人道愧刍尼。执古之所有，以御今之疑。

脱悟觉诗十首

天地先私用至公，古来名教鲜难通。当时武帝楼西月，法象空悬汉寝宫。

圣人忧念在元元，五贼求心不可援。胡粉造来妍悦泽，迩来据按出多门。

昏黩冥冥据大荒，始知危障起颓纲。神君息住胎元府，金性如如见子阳。

土镇黄宫茁紫璃，送归白帝育玄英。黄中象白分胎母，万化都缘土釜生。

子午分章戊巳门，听三违五序难婚。若明黄屋为枢纽，八石缘何不体尊。

群动弥沦讵大殊，杳然元命启征符。昆池宝应缘非玉，西海还探明月珠。

真性原元语不繁，始于无作本来天。东风一息先生觉，大智何知污泥间。

赤水波流子未央，高悬台第列宫商。巽南风动归乾土，紫萼花开远寄将。

南北东西序有征，魄魂相胜据相呈。各缘位界潜符兆，金火安能一处生。

紫冥波近海西头，金屋台城壮且幽。宇内多方求泥质，三花开谢几经秋。

六言自鉴四首

含育玄黄较约，何能悟脱斯门。垂象著明天马，山中木食身尊。

太昊三五至微，万古悬于终极。周尼启诸大圣，演翼天运绳则。

教朴难于复古，其如五岳闲身。泰渊放歌浴涤，恒南赤凤传神。

九华龙御丈人，向昔苦心自责。扬身遂历诸辰，撒手抛离火宅。

感寓古诗十四首，用答古光师

吾皇御九龙，垂辉耀天阊。元声启大雅，万类睎朝暾。讵无怀忠念，临郊耻孤豚。习息苟如此，希圣其为尊。偷生羁万物，岂不别寒温。

卓荦弄柔翰，沉沦守一隅。砥湍期满腹，韬息在一枝。鸟笼终习习，锻翮羁斗储。贾生气益振，卞氏泣中途。天风吹被褐，长日下郊墟。

庖牺大圣人，亿万同斯世。会一含尔机，有无互相契。嘉此未始前，真渊不二计。日月驱化功，辐辏具微细。手持三株花，西池浴灵蒂。其如未已言，研几究斯弊。

南岳有高台，菁菁采其荄。阿阿托大陵，清霜亦何多。顾彼玄盛时，异夕委故科。晨风悲我襟，高荫息鸣珂。逝水东北流，无复见回波。从兹邈鸡犬，灵丘种玉禾。

大仪弥斡运，删述眇代谢。凉风振淳和，流火已陨夜。灵景殊迁耗，长物无腾驾。岌岌道如斯，骄丧宁委舍。吾志困潜渊，玄漠与俱化。

昆仑碧玉树，嫋嫋凌沧洲。侧侧置寰宇，清真逼素秋。鸾凰岂不俦，迢递趾潜修。饮湍振天柱，绝粒栖霞丘。饮宿当自持，不以征无求。

丘园有素业，清风常在关。镜湖多五云，照耀区寰间。鸶雏本清英，飘飒羁尘颜。丹霞破海月，湖光开远山。湖水且斟酌，投竿春风闲。惜哉渭川子，日夕坐潺湲。君今把瑶草，驾鹤未应还。

堰水掩灵蛰，水锢戾凡近。德盛处深渊，修文履含蕴。奋迅不可量，震机宁得禁。鳣鲔何鳞鳞，掉尾亦逾分。顾彼何遑遑，岂在一朝奋。（震卦）

幽泉俯昆隅，流波荡层沸。汲此斟酌之，太元溯斯味。沉潆寰杳溟，麤麤亦可既。苍旻伏动机，达人讵无讳。凤鸟来珣玕，斯道理泾渭。所以不敢言，薜衣良自贵。

庭中有古松，盘那千丈碧。岁华托灵根，柔科玩精魄。风雨结晦暝，神光护深僻。异苓晏春泉，流膏长苔碛。物顾宝厥真，斯才讵无策。所剧障玄圃，寥寥世相隔。

昆仑碧玉树，嫋嫋类群芳。清芬颐霞霭，秀雪明琳琅。始达观物化，于邑其谁将。朝浥华顶色，暮拟委严霜。念兹琼芳歇，惜哉孤庙堂。空青徒鸟道，江汉杳无梁。愿佩双锦羽，碧海穷扶桑。

秋风生沅湘，瑟瑟萦悲怆。女娥动中怀，念结青云上。龙御何辚辚，捐珮殊俯仰。澧兰冒孤英，徒芳竟草莽。万古俯兹心，迢遥诣灵爽。

以道寡期生，挂剑良险巇。世途侧风波，哲人安可基。东升若木枝，赤日光显熙。长啸孔丘明，玉笥超百罹。

末裔耻孤生，卓然启前哲。怀我三闾君，同门异幽辙。骚经貤圣流，图议自昭烈。勉赤非存心，名逾遭忌洁。周鼎爨鸥鹗，土鼍焚美玦。世故此扪心，江蓠徒自苗。

鸬鹚赋并序

余之竭来其朴，小纳若谷，是以薄世物之广，知聿一性也。每临粤阪，振湘流，盘溁巨浪，上引灵江，南下苍梧，潭洼高寄，岛屿环出，上有鸬鹚之立焉。观其资素幽默，含容自如。视无辙迹之内忧，纯尔太渊之孤宿。嗟呼！物尚以躁静多方，何不以诎伸任物，求身于屑屑哉。
赋曰：

鹏徙兮南溟，鹩征兮西纪；广役乎九万之劳，御神乎变应之举。虽凭虚而逞肆，羁嗣时而后已。能无处柔用晦，有碧潭之鸟焉。忘舛错，远烦嘤；栖江芷，避潮兴。饯宾阳宛，奋怀于忠慈；穷秋索底，抱月于西坤。动而浮玩于修趾，敛则纳静以刍灵。脱恩害于远道，耻受缧于无征。翼江汉于顺理，固成命以厥龄。吊文石之翠影，博雾露之相形。驯众禽之委下，抗凤鸟之高声。擅宁智之可卷，窃邃见以愚盲。已矣哉！或载或堕，若唯若阿。忘见则明，负静则和。持至笃之未兆，守去泰之以讹。操洁身于四广，伟孤志于云萝。觑觑嘻嘻，志趣其多。消乌生之以调咏，恒将采事于长歌。

（明）朱约佶《观化集》

古光尊师像

吾师古光，昔自己酉岁仲春漫游粤西。感师旨授天密至道，而内外潜机疾乎神解，殊歉罔报。兹一别寥寥，无方仰止乃尔。亲手貌写吾师入仙变像一图，悬于丹室，拟期日接手神，不忘晤对。是以良疚遐思，梦中有感，爰赋是诗。

晚霁开远山，南冈散闲策。憩兹惬素心，转愈幽念僻。萝径引林深，苔阶见鹤迹。傍岩闻妙香，晨钟下空碧。良晤期我师，欣逢开讲席。谈空净诸界，累劫天花积。寡澹谐所闻，旷然与世隔。轩窗映春泉，榻砌余水石。感觉梦中归，云山终日夕。

粤西八十六翁云仙□□薰沐拜手书，于甲申岁仲秋重勒。

允复，吴门晚学，夙念生死实一大事。是以涉两都，达诸省，遍历名山，访□至人。自顾德薄，罔有所遇。迨兹皓首，殊觉茫然。自庚□上元日，□于京邸，获瞻古光先师入仙变像，乃裹粮三入桂林，始扣领我云仙翁教旨。其言谆谆，世所珍之。揆今海宇，被褐怀玉，舍翁其谁哉？门弟姚允复拜跋。

桂海碑林博物馆《桂林石刻碑文集》中册

送姚山人匡叔游西粤

东林晏坐几经时，又赴罗浮采药期。老去耽玄持半偈，狂来飞白满新诗。浔阳九派江流稳，粤岭千重马度迟。最好清溪秋夜月，可能回首一相思。

桂林云仙宗侯炼得大丹，住世久而不衰，姚山人匡叔年八十矣，往乞此药，附诗讯之

神鼎丹成百岁楼（楼是宗侯炼丹所），真人常此驻丹丘。停腾姹女金膏就，呼纳玄关玉液流。鸿宝虚无徒秘诀，蓬莱清浅几浮沤。倘然乞与刀圭妙，蹑足应齐玩世游。

（明）赵用贤《松石斋集》卷四

致谢云门札　（明）朱约佶

侍教生云泉约佶顿首拜，大邦伯云门谢老先生大人门下。辱爱既深，恨不获朝夕侍教。前荷手书，多不及一一，缘非楮笔可罄，须面语耳。寄上《云门图》，适尊意否。佳绢四幅，容再效颦。逃奴亡去不义，而龙山先生诸画，亦与之俱亡，此为可恨。传闻尚潜住恭城、贺县，倘念爱，乞密捕之，而关津逻候，更望再加省饬，至感至感。委属事已扣之侩者，独俟公音来也。秋深可卜一晤，尤惬所怀。临书草草，不尽。孟秋十九日，佶生再顿首。

中国古代书画鉴定组《中国古代书画图目》

答云泉宗室

往岁，戚友刘龙山归自平乐，为言粤中有清贞君子，处黻冕之贵，素履博服，栩然不知其身之宠辱，有韦布积学者所不逮。出其绪余，扬性灵，序物则，则艺苑称宗，名流让实，盖殊产也。闻其言，已洒然，犹以为无征也。他日，族侄果斋书言之，戚友李相峰再言之，信矣。比承惠书，并诸染楮，飒飒乎古之遗音也。材硕而瑰弘，思玄而缔密，建安陈思之俦也。乃伏几吟诵，如听黄钟于清庙，茹紫芝于玄圃，不知今何世矣。生抱拙守陋，未能远轨前哲，穷窗散帙，大率濂闽之余训。而弱质早衰，研究多废，乌足以窥大方。而高谊旁咨，要其芜语，岂信耳之过耶？可愧也。被罪以来，惟土物相近，华篇幽尚，相视不远。窃动臭味，敢辞疏逖，先此为容。西望湘云，心旌遥逐。

（明）罗洪先《念庵文集》卷四

云泉为靖江宗室作

千峰万峰云若屯，东溪西壑流泉奔。弥漫蔽空霖雨作，沧茫到海波涛翻。杖藜谁子达幽眇，独当云起看泉源。

云泉

云冥冥，泉泠泠。涧曲茂林湿，山深幽卉灵。畸人习静不知老，终日对语黄庭经。

（明）刘节《梅国前集》卷十一

题云泉宗室画雪梅，兼有白龙寺咏梅诗题其上

梅花有神谁写真，阴何题破愁骚人。生憎好景堪带雪，江山一点无纤尘。幻丘帝子神仙骨，白龙宴酣吟七发。怜芳却与梅传神，画作雪梅浑似活。瘦毫点出枯株叉，吟章潇洒压横楂。水练星星撑铁干，墨枝片片落水花。我坐炎荒雪难值，梅花纵开失风格。双手擎披琼树图，梦断江南折春色。

（明）董传策《采薇集》利册

云泉宗室画池亭图和予诗韵见寄，因叠附酬，通旧为十四叠

丽藻悬□□□亭，琼枝疑拂半天青。仙人楼阁濛香雾，汉苑山川入画□。宝笈近闻离法相，琅函遥忆散辰星。王孙久已忘尘境，犹念幽居荐国馨。

（明）董传策《邕歔稿》卷四

答云仙宗侯

客冬奉来教，知君侯已悟无上秘，非止为长生往世计也。某婚嫁初毕，且将从事于斯，第恐不得其门耳。异时扶卢敖之杖，结向平之期，倘得从君侯于三山五岳门乎？未可知也。

（明）吴国伦《甔甀洞续稿·文部》卷十四

答樊山王

今寰宇丰洽，文轨大同，即朱邸诸贤王，不获辞远游，戴鹖弁以树干城之绩，而获以清闲之燕，寄惊毫翰，流誉竹素，抑何盛也。乃者豫章三子侯、大梁灌甫、南阳子厚、桂林云仙，皆与不佞雅相闻，固自琅琅一时。然皆爵仅公乘，禄等铜墨，未有拥南面之尊，佩绿螯之华，而修三不朽之业如大王者也。

答黎丘王

今大梁藻甫优游经术，豫章宗良用晦南阳，子厚纵横词藻，贞吉综艺于洪都，云仙玄举于桂林。然皆奋自疏裔，垂沦白屋，未有出深宫，游朱邸，冠远游，被赤舄，谢狗马琴色之好，而思操竹素之业，以流映千载如大王者也。

答云仙老人

昨朱师人便草，草数行为报，计已彻览矣。屈指翁今年政得八十又六，而姚匡叔来则亟称其黔鬓朱颜，健步履，美饮啖，神明之用，即四十许人所不如。坐定，出翁所授书读之，则拳拳见悯，以仆向衰之年，必不能于身中觅先天一点，且引正阳翁所指人身七事无不属阴为证。嗟乎！翁之欲拯我，可谓切矣。先师见示一偈，有“来一是天尊”语，来一之一，初亦类翁指。及叩之，则云不必外求，而黄白男女，又八戒所明示，且南宗白虎弦气注诰，多自矛盾，而近所传金丹四百字，亦似止以身中觅鹄，与北宗合，故于来美未尽荐耳。公果有意，辱收为弟子，拈指要诀，著为法语，附之邮筒，仆即不能遽奉行，必不敢慢，亦不敢泄也。一、二年后，师期果不蚀，小有所得，当毋吝于翁；如其杳然，则虽间关万里，负笈执贽，有所不辞。仆不妄语人也。匡叔复出翁大作数种，往往窥天心，透月胁，蒙未得尽倾略，但惊其古雅神丽，五言绝似《真诰》遗响，而七言则悟真之上乘也。朱舄拜赐，第不能化双凫以从栖八桂，如何。不腆之辞，聊见仰止，并刻佛经、山记，土帨侑械，唯为道自爱。

又

三岁间，两拜书及诗，何翁见为之切如此也。张给事书后发乃先至，姚匡叔书最先发最后至，然匡叔所传翁密信，则拜诲深矣。男女之术，先师所戒。第戒者，交接耳；若服饵之方，翁实证实，得不在列也。仆自甲申仲春，接先师飞偈二百言，责仆心境不净，且缓传道之期，欲使自悟，恐衰年未能，待语及此，神魂慯然。倘翁授以秘诀，苟固色身以俟师期，异日仆有微验，亦不敢自爱也。匡叔行便，附此不一。

（明）王世贞《弇州山人四部稿续稿》卷一七二

古光尊师像　（明）朱约佶

晓霁开远山，南冈散闲策。憩兹惬素心，转逾幽念僻。萝径引林深，苔阶见鹤迹。傍崖闻妙香，晨钟下空碧。良晤期我师，欣逢开讲席。谈空净诸界，累劫天花积。寡澹谐所闻，旷然与世隔。轩窗映春泉，榻砌余水石。感觉梦中归，云山终日夕。

（清）嘉庆《临桂县志》卷三《山川二》

《观化集》一卷，明朱约佸撰。约佸号云仙，又号弄丸山人，靖江王守谦之裔，居于广西。集中所载诗，皆论内丹之旨；篇首有三图，亦内养之法。原序称其得僧古光之传，盖专以修炼为事者。前有刑部郎中袁福征序，称其别有诗集行世，又精于绘素云。

（清）永瑢《四库全书总目》卷一四七《子部》

铁牛寺，宋建，在独秀山右，内有塔藏院，见孙觌读书岩题名，今俱废。惟寺存有石刻《周颠小像》，明靖江宗室约佸笔也，颇得吴生法。今尚完好。

周颠仙者，建昌人也，隐居庐山有年矣，质实无文，蒲□□定。一日下山告太平，翊我圣祖。时方四海波扬，万邦鼎沸，当王师列阵之间，颠仙即饮酒百杯，破袖跳舞，默运其中，仙机顿发，无不立应。此不神之神，以匡天祚，岂偶然哉？跂仰仙范，以绘其像，刻之以石，用传不朽。粤西九十翁云仙约佸写于百岁楼之仙馆处。

（清）嘉庆《临桂县志》卷二十《古迹》

4. 瞻鹤道人

瞻鹤洞歌（有序）　　（明）何乔远
宗大王孙所居洞，故名仙鹤，以其先侯之号，易为瞻鹤。觞我其中，命余歌之。
桂林诸山多幽奇，城内已足歌采芝。风洞华景饶云谷，清泉白石何离离。顾此夷显人共得，东家歌管西家嬉。宗大君侯居城北，平生文雅甘橐落。一吟一啸在清林，前山后山绕茅屋。忽从座客见我诗，齿颊若不忘我为。延我屋角一古洞，觞我恣我随所宜。此洞空心一石喉，玲珑窈窕通上头。梯空穿暝忽高出，悬栏虚牖如云浮。告我洞名故仙鹤，昔人画形于此琢。吾父好之以自况，我用今名易兹壑。层穹厚地一生悲，急树号风岂在目。呜呼！鹤乎鹤乎何处归，千古独有丁令威。君侯日夜想音徽，载魄通精总不违。虽无城郭看是非，梦里飞鸣或有玄裳与缟衣。

（清）汪森《粤西诗载》卷九

题瞻鹤洞
乘鹤仙人去不回，白云空自锁莓苔。鸟号当日留遗恨，华表何年此再来。石室阴森宜羽化，楼居爽垲隔尘埃。著书未就无从副，鸣和还推帝胄才。
春日访镇山宗室次韵
寻芳胜日访名山，喜对淮南一破颜。促膝清言酬丽景，凝眸紫气满函关。丹砂熟炼容堪悦，白鹤高翔心自闲。浴罢春沂歌载道，骊珠拾得夜方还。
广西左布政使、豫章熊惟学，万历丙申岁上元日。

宗望镇山年七十余，别号瞻鹤道人，因索瞻鹤诗，赋此以赠。
白鹤久已仙升去，此地空遗瞻鹤公。神王色苍形容古，手轻脚健性资聪。一囊绿绮悲无伴，万卷青编幸有翁。凝眸望断三天路，何时飞下五云中。

　　赐进士第、通奉大夫、正治卿、广西等处承宣布政使司左布政使、前奉敕兵巡淮扬浙江按察使、刑科都给事中、侍经筵官、于陵曲迁乔，万历丙午孟夏之吉。

　　鹤去遗岩古，千秋湿紫霞。凌空三洞岛，穿壁一梯斜。昼阒仙人宅，云开帝子家。恍疑生羽翰，城郭望中赊。　右咏瞻鹤洞。

　　崔岩吾偶赋，燕石尔偏珍。千里传书意，三千对酒人。梁园风未邈，函谷气如新。记得桃花路，何年再问津。　镇山宗侯移书东广，索前咏，左参议缙云旭山李志。

　　王孙归去白云乡，洞口依然玄缟裳。夜静九皋疑警唳，秋高万里更昂藏。令威城郭知谁在，子晋笙歌只自伤。侧耳鸣阴无处和，独留耿耿比天长。

　　鹤去峰长在，时闻警露秋。心悬华表上，目断猴山头。仙驭知难即，贞姿恍如流。为君歌陟岵，千古共悠悠。　温陵月航谢吉卿。

桂海碑林博物馆《桂林石刻碑文集》中册

　　瞻鹤洞，旧名碧霞洞，在叠彩北。居山半，缘石磴上，颇倾仄。洞分两层，下层稍宏扩，上层祀真武神，洞口刻二鹤，架板阁，约以栏楯。可登眺，下瞰李园，花时弥望如积雪。……前明宗室镇山者，据为别业，因号瞻鹤道人。朝士题赠，悉勒诸石。

　　题仙鹤洞诗　（明）谢吉卿

　　王孙归去白云乡，洞口依稀元缟裳。夜静九皇疑警唳，秋高万里更昂藏。令威城郭知谁在，子晋笙歌只自伤。侧耳鸣阴无处和，独留耿耿比天长。

（清）嘉庆《临桂县志》卷三《山川二》

5. 朱约瞻、朱约脖

宗贤行孝。

　　巡按广西监察御史朱炳如、广西布政司左布政使陈庆、左参政庄国祯、右布政使周俶、右参政余敬中、左参议张佳胤、右参议张冕、广西按察司按察使郭应聘、副使程大宾、曹天祐、吴文华、金事夏道南、卓尔、广西都司指挥金事王伦、桂林府知府张谐、通判叶钶、蒋奎、临桂县知县李蒙亨、主簿林子善、典史魏期，钦奉诏命，为靖江悼僖王孙奉国癸川约瞻、晴川约脖立。

　　时大明隆庆二年秋八月谷旦。

桂海碑林博物馆《桂林石刻碑文集》中册

6. 朱经援

靖宗西川诗集叙

　　靖藩多贤宗，缙绅大夫为余道之也。比入粤，获接西川公，貌质而中腴，志恝而守冲，鞠躬君子也，心向往焉。间尝访公，悉出所著诗集若干卷，属予订之，有乐府，有古风，有近体，有诗余，沨沨乎盛矣。予得而遍观焉，其才思清逸，襟抱恬旷，凡爱国忧时、览胜怀古、睹物怡情、感遇幽思、聚散悲喜，辄于诗焉发之；而气格体裁声调铿锵，悉合古人矩度，志慕苏黄，力拟诸家，用心可谓勤至矣。考自汉唐宋，并建亲，贤宗室得计偕充选举，与俊造并列有位。然经术如刘向，诗赋如李白，翰墨如赵孟頫，此其较著者，即其所著述，卒归于忧懑愤激、放逐流离，而子昂又值屋社末运，有足悲者；他如屈子憔悴江潭，《离骚》《渔父》等作，尤可哀矣。孰若西川公，遭明盛之朝，席丰豫之业，得以优游闲适，肆力于诗文。此其时与遇，视更生数子何如，于以见我明亲睦之厚，远过前代。公之诗曰："无补圣朝叨岁月，独惭空负寸心丹。"忠爱可想矣。尝读《昭鉴》一录，高皇帝为靖藩作也，圣谟洋洋，劝戒昭矣。西川公乐善循礼，虚怀好士，身处银潢之贵，与布衣韦带之士无异。公之子实庵君，工草书，得怀素体。父子修文好古，士大夫以此多之。《书·毕命》云："世禄之家，鲜克由礼。"西川公之贤，其有得于祖训者与。诗之词旨温存，情态清婉，类其为人。

（明）魏文焕《石室私抄》卷五

赋西川贤藩一律

我爱城西水一川，清深了了月娟娟。灵通金谷浑无物，派接银河别有天。动可濯缨寻孔乐，闲来洗砚草扬玄。汪汪况复波千顷，逝者如斯兴自偏。

万历癸未正阳日，古柱史、侍经筵官、川西前峰马呈图书。

北京图书馆《北京图书馆藏中国历代石刻拓本汇编》

万历癸未夏，陪马前峰道长、呼总戎游此。

首夏携樽酒，来寻古洞幽。褰裳登绝巘，倚石俯清流。七宿青霄上，三江淑气浮。太微临翼轸，光照万山头。

七星含瑞霭，一窍透清晖。丹灶踪犹在，盘云石若飞。近榆疑紫府，履斗悟玄机。暮雨山梯滑，忻乘竹杖归。

列炬寻真迹，东岩约友过。因知山即斗，不厌薜和萝。雾散看尧岭，江清起舜波。乾坤开窍妙，重眺复如何？

靖江奉国西川经援次。

皇泽湾前虞帝祠，春风瞻拜衮衣垂。山空林静来苗格，谷应箫韶忆凤仪。斑竹雨含三楚恨，苍梧云锁九峰疑。南熏亭上赓歌罢，千古都俞系远思。

靖藩西州经援。

桂海碑林博物馆《桂林石刻碑文集》中册

7. 朱若遒

明朱若遒，广西靖江府人，明宗室，举人，考授知县。崇祯十五年为连山知县，题请剿瑶，疏凡再上。疆吏憎其多事，将官受贿，罢兵事，在总志中。以愤懑卒于任，明社为墟矣。

（清）姚柬之《连山绥瑶厅志》六《名宦》

崇祯中，中原多故，瑶人又猖獗。十五年，连山知县朱若迄具疏请讨之。乃发五省兵集连山，将无斗志，有副总兵陈鹏者，骁勇善战，且发愤。值瑶贼大至，诸营败绩，鹏独率本部兵当军马，二排冲贼悉众攻，鹏孤军力战，自辰至午，无援者，鹏力尽，与守备黎树绩死于阵。瑶益横，有总兵郑芝龙者，愤鹏之死，议用本县宣威营土民向道，由别径引兵突入排，焚其巢。贼遁入深山，无所掠食，饥甚，将就擒矣，总兵宋纪得瑶赂，遗言师老，遂罢兵。若迄乃上表曰："军寮、马箭二排居中，六排居后，且八排一种分苗百年姻娅，接壤而居，势若常山之蛇，击其中，首尾必顾，容有羽翼而能取其头目者乎？况方议剿，旋议抚，未知痛创，何威可畏？苟且了事，何德可怀？今奉会剿之旨，动四省之兵，半壁安危所系，天朝荣辱所关，而任事诸臣，实心任事者不少，忸惕欺蒙者更多。见害则知爱生，见利愍不畏死，甚至担圭析爵者，受瑶贼而通线索；标牙建纛者，残民命而冒肤功。以致干城腹心之将如副总兵陈鹏等率敢死士数百人捐躯报国，群奸误陷忠魂，其能瞑目乎？此本年二月二十二日事也。嗣是畏缩筑室道旁，贼骄民困，师老饷穷，兵有脱甲之扰，民有去乡之思。皮之不存，毛将安傅。连之为连，尚可问哉？然今所望调漳潮署总兵郑芝龙，此一臣者，威名已寒贼胆，忠义可格天心，每谈及欺误之侪，不胜裂眦截发，定盟誓以图国士之报。伏乞大加乾断，鼓忠勇而剔奸邪，则荡平不日可奏矣。"表上，不报。若迄愤恚发病卒。明祚旋移。

（清）姚柬之《连山绥瑶厅志》一《总志》

剿瑶详两广文　（明）朱若迄

连山县知县朱若迄，为逆瑶万分强逼，孤邑万分难支，乞定旷世全谋，蚤奠东南半壁事。照得连阳之苦瑶也，如人之患痛，日无甘食，夕未安枕。以为躯命攸关，未敢轻用瞑眩之药，则患者愈苦而难禁。每用宽和之剂，能息一时之痛，便称为国手，不意日复一日，年复一年，腹心已受其病。内病既深，外患必烈，至于莫可救药，虽起扁鹊而用之，万无有济。则今日之瑶，实关连阳之躯命，实朝廷增一腹心之病也。兹蒙上台念切救民，除氛荡寇，旧年英德、浮源、同管水等处地方失事，又杀守备陈邦对等官，察系军寮、马箭二排，至兴问罪之师，外三排如油岑、横坑、行祥，内三排如火烧、大掌岭、里八洞，业已归命，诚良举也。但瑶性叵测，二排固为贼首，安知其不连结合从，大肆蛇豕之凶乎？六排固安戎索，能保其不阳离阴合，互兴狐兔之悲乎？唇亡齿寒之意，彼亦有之；狼贪兽行之侪，我辈难料。藉非天威赫怒，大震雷霆，则寻常祸福，何能戢其暴而慑其心也。卑职本年二月二十七日到任，适际雕剿，募兵措饷，修城设械。以筮仕之官，兼悬磬之邑，百务丛集，万苦备尝，共期灭此而后朝食。蒙调陈都司提兵驻县，于五月初一日进师，官兵择地筑垒，乡兵入山响道，遇贼血战，铳毙多瑶。讵意倾巢而出，童妇操戈，蜂拥难遏，孤军深入，犹幸存归。由是倍肆跳梁，遇人则杀之，见货则御之。告焚告劫者，怨声载道，号哭盈庭。危哉小邑孤峙，诸排揭竿而起，遍体受伤，所谓近火先焦者，非连山其谁耶？卑职莅任以来，奔走御侮，不殊荡子从军，援寡力孤，安能一木支厦，救此失彼，左堵右奔，应接不暇，智力俱竭，衲衣之戒，何日忘之。幸藉监军道之指纵，本州之运用，复调清连马守备、万都司镇县加防，智略超群，进止有度，丸邑获邀瓦全，是赖上有锁钥，下有长城也。第兵少粮稀，即使武侯复作，束草不能荷戈，量沙不能饱士。欲敛兵而议抚，是畏虎而啖之以肉也；将寡卒以敌众，是攻虎而驱之以羊也。两局皆知其无济矣。姑用羁縻之术以愚之，俾连民获一日之生，则连吏缓须臾之死，然渠魁斩戮，而余孽乃狂矣；用并寨之法以守之，官虑无民则何治，子忧无父则谁依，然子弟可保而田畴尽无矣。斯时也，民之望兵如望雨，呼救若呼天，则升将官兵，固目下宽和之散，而会师裕饷，定此时瞑眩之剂，趁此刈获未登，仓无储粟，急以云屯之虎贲，分吭其喉，加以风励之狼兵，合捣其穴，使蠢贼失有秋之望，我师有藉饱之粮，或者乘时殄灭之一机会也。过此以往，则狡逆猖獗，更不可测。乞颁宪敕，迅发神谋，务令毒尽而疮痍起，薪收而鼎沸清，剪此蟊贼，保连阳之境土，砥半壁之狂波，又去朝廷一腹心之病，救连民万死一生之日，佐圣鞭长莫及之时，岂非当道有回天之力哉。卑职非不知国家多事，敢孟浪狂谈，但事势如此，瑶之骄逞，民之伤残，莫有甚于今日者。恐省事实生事之阶，养病实加病之候，星火不减，燎原酷焰，不在他年即在眉睫间矣。卑职不敢不据实陈详，言之于早，致噬脐莫及矣，可乎？至若卑职以铅刀钝器，盘错无能，或蚤为贬逐，敕能吏而救群黎；或存作备员，甘死难以酬宗社耳。为此谨禀。崇祯十四年六月日禀。

剿瑶再详两广文 （明）朱若迄

连山县知县朱若迄，为再申瑶寇凶横事。看得瑶丑未宁，朝廷益腹心之患；牛羊不保，下吏重刍牧之衍。除恶而恶愈横，去害而害更炽。獯犹孔亟，不过于斯矣。卑职到任，适逢雕剿。非不虑鲸鲵难驯，自古已然；但上承宪令，下逼民情。修练储备，艰苦何辞于犬马；而战守攻击，万全实藉乎貔貅。自陈都司一战而后，每朝每夜，无日无天。前月初三日，飞报救援，塘报某被戮矣；初五日，递报通详，铺兵某被戮矣。官兵咽喉阻塞，上下难通。且倡说"攻擒官吏而肢解之，方快其心"。万一不虞，卑职身膏朝廷之斧钺乎？赴逆贼之汤火乎？始也抚之不能则议剿，继也剿之不得则复议抚。夫抚之于未剿之先，犹可为也；抚之于进剿之后，不可为也。抚之于痛创之际，犹可言也；抚之于决裂之余，不可言也。卑职奔走进思，呼天而天高不应；连民悚惶隅泣，望雨则雨后难苏。卑职不足惜矣，忝读六经书，得以弹丸藏拙，恨无五丁力，不能打铁收功，自甘贬逐，以谢群黎。伏乞速定睿谟，拯兹遗子。万民顶戴，自有生之日，皆上台再造之恩也。为此再禀。崇祯十四年五月日禀。

剿瑶奏疏 （明）朱若迄

奏为腹心多患，事势甚危，大兵扫荡无期，微臣精力已竭，谨沥血披肝，仰祈圣鉴事。臣粤宗弱息，苦志芸窗，素抱忠孝血诚，无从展效。荷我皇上，幸列贤书于崇祯十二年。又蒙国主荐举，缘会试不第，就本年八月内考授今职。是受命之日，即致身之日。但臣自揣卑陋，不敢越分渎陈。兹臣待罪连山，职当危难，势不得不叩阍呼吁也。况皇上励精图治，设铎悬鼗，地方利病，生民疾苦，大小臣工，不时具奏。臣敢不以连山瑶害，详悉为我皇上言之。连阳之地，瑶害实繁，而八排称最。如油岭、横坑、行祥三排属州，军寮、马箭、大掌岭、火烧坪、里八洞五排属县，此为祸最烈者。况县治处环山叠障之中，逼封豕长蛇之族，受害独惨。索民税，勒民赎，占民田，掳民妻孳，连民如几上之肉；遇事追求，呼群引类，鸱噪枭张，攻城掠地，连民如釜中之鱼。且杀劫商民，流毒四省，至于无可奈何，不责有司之宽纵，即罪百姓之疏防。前官幸同传舍，后官相踵养痈；月复一月，年复一年，酿成大病，臣恐皇上未尽闻也。臣崇祯十三年二月二十七日上任，即奉雕剿明文。以筮仕之官，任悬磬小邑，稽城垣二百八十四垛，核赋税二千二百有奇，按版籍仅一千八百三十余丁。臣兢兢于修练储备，力竭精枯，兵讧寇攘，寝食不遑。自去年五月进兵，诬意在事者，始藉剿为要功捷径，终假抚为收利墟场。伏莽之戎，视为儿戏，以致烽凶日炽，焚杀不休，断路截关，连山竟如笼中之鸟。攻围四阅月，黑子一邑之民，几成齑粉。彼时曾剿之请方进，诸路之兵未齐，臣严督乡兵，晓夜守御；又见南亩耕夫，疲于战守，西畴稼稻，恐借寇资，不得已设计羁縻，夏耘秋获，始得两全。目今大兵虽集，扫荡无期。臣历任至今，修城备械，办贼募兵，采木筑营，并寨安民，缉奸擒寇，终日牛奔马驰，竟成鹄面鸠形。最苦者无米难炊，卖家园之产，供军国之需。连邑绅衿，怜臣艰苦万状，倡义乐输，陆续捐钱一千三百六十两，犒官兵以鼓敌忾，前后助米一千三百六十石，养乡勇以资饱腾。但捐助银米，收支即任绅衿，臣无染指，好义急公之辈，事宁相应奖叙，以励忠勤。藉文武诸臣俱能如此，同心办贼，纵不能深入巢穴，亦可计斩伏擒，分屯隘口，以守为战，亦何难制其命哉。绘图呈览，若瑶之可剿不可剿，宜抚不宜抚，在皇上目中。至目前利弊，另疏具奏。缘封疆大事，紧急军机，字多逾额，伏乞圣明鉴宥。为此具本差赍，谨奏以闻。崇祯十五年三月日具奏。

剿瑶再奏疏　（明）朱若迄

奏为贼炽民疲，忠孤奸盛，前车当鉴，后患可虞，谨将目前利病，据实奏闻，仰祈圣明鼓忠剔奸，丕奠东南半壁事。窃惟皇上用人破格，并加意宗臣，实欲厚培国脉，共致太平，亦何难驾虞、周而超汉、宋哉。不谓内地多忧，奸邪日炽，求其所谓正谊明道者，无几也。臣敢以臣身所历之危，痛哭为我皇上言之。剿瑶之役，已举于臣未任之先，非臣之抚驭不臧，亦非臣之好为生事可知。及剿而独雕军寮、马箭，二排居中，六排居后，且八排一种分苗，百年姻娅，接壤而居，势若常山之蛇，击其中，首尾必顾，容有纵羽翼而能取头目乎？况方是议剿，旋是议抚，未知痛创，何威可畏？苟且了事，何德可怀？招不来而呼不应。一雕启衅，计左于先，此按臣柳寅东一疏有云："旋剿议抚，兵撤复叛"。此二句勘破人情贼势，真若列眉观火矣。今奉会剿之旨，动四省之兵，半壁安危所系，天朝荣辱攸关，是岂异人之任而漫为尝试哉？然任事诸臣，实心任事者不少，而玩愒欺蒙者更多。见害则知爱生，见利愍不畏死，人尽如此，廓清难待，如选将用人，不可不慎也。倘复以败兵之将，统无制之兵，总三军之命，非惟威信不行。抑且众情不协，济则居功，不济则卸罪，逍遥河上，颠倒局中，一片情由，毫无忠尽。或在督臣，仰体皇上，略过殊恩，委而用之，速图报效。其有担圭折爵者，受瑶赃而通线索；标牙建纛者，残民命而冒虏功。以致腹心干城之将如副总兵陈鹏等，率敢死士数百人，捐躯报国。群奸误陷，忠魂其能瞑目乎？此本年二月二十二日事也。嗣是逡巡畏缩，筑舍道旁，贼骄民困，师老饷穷；兵有脱巾之扰，民动去乡之思。皮之不存，毛将安附，连之为连，尚可言哉？然今所望起死回生一着，惟调潮漳署总兵郑芝龙，此一臣者，威名已寒贼胆，忠义可格天心，每谈及欺误之侪，不胜眦裂截发，定盟誓以图国士之报。伏乞皇上大张乾断，鼓忠勇而剔奸邪，则荡平不日可奏矣。臣非不知上有督、按两臣，志坚办贼，明足烛奸，事到彻头，功罪自见，臣奚敢越俎，若待事后哓哓，不几补漏之迟乎？盖缘痛切剥肤，难同谈色，纵言出而祸随之，不及暇顾。但得剿可犁庭，抚能解剿，务保金瓯无缺，少报高深，即将臣斥逐归田，尽菽水以奉孀慈，固不失为孝子。万一加之斧锧，剖赤心于丹墀，亦不失为忠臣。得一于此，无忝盛明之世矣。谨奏。崇祯十五年五月日具。

民国《连山县志》卷五

8. 僧典

僧典，字嵩籍，桂林人，本姓朱，鼎革后游江浙间，至正觉庵，从灵隐具德受戒为僧，谒灵岩继起，传授心印。邑绅士请主万寿寺，旋移锡小祇园，后主禅灯法席。闭户焚修，年八十一卒。

（清）宣统《太仓州志》卷二二《人物六》

宗 亲

（成化十年十二月甲午）靖江王规裕言："广西护卫百户谷真，乃母妃父也，今已致仕，乞量加散阶，以荣终身。"命进真阶为武略将军。

（明）《明宪宗实录》卷一三六

杨观，字国宾，合肥人，弘治间历官军门坐营千户。时诸蛮猖獗，观效力行间，劳绩最著，擢都指挥佥事，敕授昭毅将军。因女为靖江王妃，遂移家于桂。弘治庚申卒，孟御史洋为志其墓，子孙坟墓俱在桂林。

（清）汪森《粤西文载》卷六五

诰封昭勇将军都指挥佥事杨公墓志铭

赐进士出身、奉政大夫、广西按察司提督学校佥事、莆田彭甫撰文

赐进士出身、中宪大夫、广西按察司提督兵备副使、古余张吉篆盖

赐进士出身、中宪大夫、知柳州府事前北京户部郎中、内江李文安书丹

杨之始，庐州合淝人也。前代隐官，无谱谍可证。我太祖龙兴，有杨肆者，随驾渡江，克苏州死事，追封侍卫指挥佥事，实为公之曾祖。一传而兴，调燕山中护卫。洪武末，以败奸臣齐泰等有功，改羽林前卫，寻随文皇战死夹河。再传而昂，公之父也。正统戊辰，达贼犯边，昂侍英庙亲征，至狼山，土木失利，被执不屈，死之。公自幼魁奇，好读书，及承世职，淹贯韬略。天顺庚辰，公方十五，以总戎会昌侯孙公继宗荐，领右军坐营。次年，曹钦反，京师动摇，公奋勇杀贼，升指挥同知。甲申，以外舅锦衣卫都指挥门达诖误，降调广西南丹卫正千户。公携家而南，了无怼色，且荷皇上宽宥之仁，思有以效其死力者。成化乙酉，修仁、荔浦贼发，公首征之，寻至浔州大藤峡，皆身历村寨岩峒，前后斩获数多。又二年，升本卫指挥佥事。十三年，从都督白公玉征庆远天河叛寇，斩获尤多。明年，当道以象、武乃大藤峡后路，柳之襟喉，必谋勇素著者可以当之，守臣会议，举公行都指挥事，奏可。公受命惴惴，唯恐弗胜，在任四年，恩威并用，蛮寇不敢觊觎，而间阎按堵矣。成化庚子，复以总兵平乡伯陈公政委督官军征郁林抚康乡，斩获首从三百七十余徒，被掳者六十有奇皆夺回。次年归，守备兴安。兴安与武岗接壤，阳峒苗贼出没不常，况西延上下十八团，富江、陆峒多夷种，比之象、武尤为要害，佥谓非公不可，遂署职如故。弘治戊申，武岗阳峒猫贼二千余徒出劫永州，遂至全，势如鸟合，人心恟恟。公督军屯于咸水营，召士卒谕以"朝廷养兵，正为今日"！语甚激。由是人皆用命，鼓噪而前，无不一当十者，杀获首从几二百，而

夺回者几五十。先是兴安洎全州一带路塞不可行，自公下车，遂为坦途。辛亥，公以长女配靖江王，于例不可握兵藩省，乃引情自陈，奉旨调广东。次年，古田寇乱，主将被夷，公引兵剿之，获功二百三十有奇。既而旋师至梧，遂坐营领两广官军。是年终，褒书始下，赏缯帛数端。甲寅，兴安十八团猫贼二千余徒复攻全州，残破乡村，守备失利。镇巡等官以公曾守兴安，识地利，且熟夷情，乃白于当道，军门委公会同副使武公清，严督汉、达官军进剿。半月之间，生擒渠魁一十八名，而斩其胁从者一百三十余徒，民赖以安。旋军至梧，仍治营事。乙卯，府江贼起，公复与副使向公荣统领两广军兵直抵贼巢，杀获几三百，被掳男妇藉公归者十余人。由是江行始通，而沿岸之寇潜踪矣。次年，郁林、北流瑶、壮自相仇杀，因而剽掠乡村，攻城邑，民不聊生。总督诸公以公久任两广，累立边功，乃委与前梧守、今宪副张公吉安抚之。不两月，寇果悉平，回坐营如故。是年终，移镇于广东南韶、清远、连州等处，而江右、闽、楚数郡流贼不敢出没。弘治十年，荷蒙圣恩，以前征府江有功，升授指挥同知。次年，复值湖广流贼二百余徒出劫英德、浮源数邑、月坪山等处，公督兵四进，与贼遇于鹅公山。战胜，贼溃而南。公乘胜追击，斩获贼级八十余颗，生而擒者五十余人，父老相率持牛酒劳于途。又次年，诏升广东都指挥佥事。公既拜回韶，又遇江右信丰流贼三百余徒，越界行劫南雄关厢，人心震慑，公率兵征剿，贼众闻风而遁。公至雄，会议守巡督军追捕，斩首百余级，擒者如其数，地方始靖。公历任中外四十八年，输忠效勤，不避艰险，与士卒同甘苦，恤其饥寒，而极念其病且伤者。行己处事，卓然有古名将之风。是固祖宗忠义流传，而公之事业光前裕后，天畀爵位之荣，当与国家相为悠久也。公疾革，遗言曰："吾年六十不为夭，第恨未能以死报国，羞见祖宗于地下耳！"无一语及家事，遂卒。公讳观，字国宾。配即门氏，封夫人，先公卒于桂林。子男七，长用琚，郡庠生；次用珉，靖江王府仪宾；次用琦、用璋、用珝、用琳、用瑭，用琦治举子业，用璋应袭，皆彬彬秀异。女二，长即靖江王妃。次适清远应袭指挥王臣。公生正统辛酉五月初六日，而卒则弘治庚申二月初十日也。其孤用琚等以祖茔在京师，不获归葬，乃以公卒之年十二月初四日，扶柩至桂林之东乡秦村母塘岭，与配门氏之墓而合葬焉。

铭曰：有龙矫矫，奋飞淮甸。攀鳞附翼，杨祖斯显。汗马元功，食报维腆。忠义相承，庆源沃衍。公绍箕裘，弱冠握兵。文事既备，韬略亦精。奋身杀贼，宿著勋名。舅氏违误，削爵南行。矢死报国，百战百利。当道交章，既仆复起。门第峥嵘，连姻藩邸。改辙而东，丹心尤炽。南韶两郡，实为要害。自公专制，易否为泰。公生可仰，公死谁赖？首丘何许？蔚蔚秦村。山高水长，千古幽魂。合葬者诸？厥配维门。

故昭勇将军杨公夫人张氏墓志铭
赐进士出身、奉训大夫、桂林府同知、四明钱瓒撰文
承德郎、桂林府通判、连江陈玺书丹
靖江王府审理正崑山周垚篆盖
夫人姓张氏，桂林人。张于桂林为巨族，甫十八，归昭勇将军杨公。杨，庐州合肥人也。其曾祖肆，从我太祖渡江，克苏州阵亡，追封侍卫指挥佥事。祖兴继之，调燕山中护卫。洪武末，败奸臣齐泰，改羽林前卫。文皇时，战死于夹河之役。而昂继之，昂，实杨之父也。正统戊辰，复以达贼犯顺，随驾亲征，至狼山失利，不屈而死。夫以数世节义之家，固宜择其所配者。况以弱冠袭

爵，形貌魁伟，笃好儒术，又不可以寻常知戎律者比。先以锦衣卫都指挥门公达长女有贤德，为女流所重，既择之以相伉俪。天顺甲申，适达讹误，降调广右千户，携门氏南行，年三十无子，复为宗嗣计而再昏夫人焉。呜呼！夫人固择其所天者，而杨亦岂无择于夫人耶？夫人生而迥异，比长，孝敬，至为父母所钟爱。入杨氏门，端静恭庄，以女事自励。迨成化丁酉，门氏卒，则杨之内政悉以委之。承尊以敬，字下以爱，岁时奠祭与亲宾燕享，亦必尽其丰洁，罔不得其欢心。门氏遗女一，媵陆氏；遗男一，男名用琚，为杨之长子，夫人皆抚之如己出。弘治辛亥，门氏所遗女以上命选婚于今靖江王妃。杨遂援例自陈，得调广东都司。杨来时，以千户爵从征修仁、大藤峡诸夷，屡建奇功，以升至指挥使，兼署都指挥佥事矣。然杨既不在桂，则田产家业唯有夫人在，而夫人亦深以不得偕行为恨。因择其能事臧获与之俱，且再四谕以杨之为人，使事之无所怍，一如己之亲在其侧。自是，慨然以家道自任，无不处分当理。如用琚补郡庠弟子员者，则教之以勤学好问，期于有成；用珉等则教之以礼自持，毋坠先声。庚申，杨卒于韶之公署，讣至，夫人以公卒外方，不获躬敛，恸哭几绝，遂脱簪珥屏华饰，遣用珉等亲往扶枢回桂林城东之秦村母塘岭葬焉。戊辰，夫人以多病卒。夫人生景泰辛未之五月一日，卒于正德戊辰之九月二十四日，年五十八。夫人生男四，用珉、用琦、用璋、用瑭；孙男五，世忠、世春、世隆、世杰、辰生；孙女四，淑珍、淑秀、淑贤、淑清。珉等将以是年十一月十四日祔葬于杨之封旁。顾谓：予先君任广右藩伯日，与杨为同时，泣浼宾相王君寅亮以状来乞铭。予亦念先人之旧，乃为之铭曰：

於戏贞淑，张氏夫人。昭勇佳相，父母之邻。锜釜于中，诸子惟均。妇道母仪，女中之英。闺门毓秀，丹桂斯馨。兼采王侧，玉牒连名。在昔夫子，宜家之主。既服新宠，提兵远处。家务纷纭，谁其纲维？无巨无细，夫人实司。奚寿不永？海壑舟移。求卜宅兆，秦山是宜。幽方不泯，千载穹碑。

桂林市文物工作队《桂林墓志碑文》

官　属

一　任免

（洪武三年八月）丙子，以广西行省参政蔡仙为靖江王相，仍兼参政，提督广西卫。

（明）《明太祖实录》卷五五

（洪武三年八月）丙子，广西行省参政蔡仙为靖江王相，仍兼参政，提督广西卫。

（明）谈迁《国榷》卷四

蔡迁，不详其乡里，元末从芝麻李据徐州。李败，归太祖，为先锋。从渡江，下采石，克太平，取溧水，破蛮子海牙水寨及陈野先，皆有功。定集庆，授千户。从徐达取广德、宁国，迁万户。进攻常州，获黄元帅，遂为都先锋。从征马驮沙，克池州，攻枞阳，从征衢、婺二州，授帐前左翼元帅。败陈友谅于龙江，进复太平，取安庆水寨，收九江，败友谅八阵指挥于瑞昌，遂克南昌。从援安丰，攻合肥，战鄱阳，从征武昌，进指挥同知。从常遇春讨平邓克明余党，进攻赣州，取南安、南雄诸郡，还兵追饶鼎臣于茶陵，迁龙骧卫同知。从徐达克高邮，破马港，授武德卫指挥使，守淮安，移守黄州。从下湘潭、辰、全、道、永诸州，转荆州卫指挥。进克广西，迁广西行省参政，兼靖江王相，讨平诸叛蛮。洪武三年九月卒，诏归葬京师，赠安远侯，谥武襄。

（清）张廷玉《明史》卷一三四《列传二二》

（洪武六年六月）乙卯，以内官……刘寿、吴祥、刘旺、潘亨为晋、燕、楚、靖江府承奉副。

（明）《明太祖实录》卷八三

（洪武八年九月甲申）升……（翰林院编修）赵壎为靖江府长史。

（明）《明太祖实录》卷一〇一

（洪武八年九月甲申）赵壎为靖江王长史。

（明）谈迁《国榷》卷六

（洪武九年正月）甲戌，以……广西护卫指挥佥事董勋为靖江府左相，浙江参政李质为右相，飞熊卫指挥佥事徐礼为左傅，户部尚书李泰为右傅。

（明）《明太祖实录》卷一〇三

（洪武九年八月）丙午，以……王谦为靖江府伴读。

（明）《明太祖实录》卷一〇八

（洪武十五年正月）庚戌，以……靖江相府左傅徐礼为广西左布政使。

（明）《明太祖实录》卷一四一

（洪武三十一年十二月庚辰）上虚心求治，听谏访逸。于是，……吉安知府朱仲智荐萧用道，授靖江府直史。

（明）谈迁《国榷》卷十一

张洪，洪武间以明经荐，授靖江王府教授，永乐元年擢行人，奉使日本。

（明）焦竑《玉堂丛语》卷五《廉介》

（景泰四年四月庚子）书复靖江王佐敬曰："得奏，以府中承奉等官久缺，欲将署职内使贾良等实授管事。悉准所言。今除贾良为承奉正、张贵承奉副、王忠典宝正、吉庆典宝副、张福典膳正、陈义典膳副、马俊典服正、王栢典服副。专此以报。"

（明）《明英宗实录》卷二二八

（弘治二年六月）乙未，巡按广西监察御史唐相奉例考察，请黜靖江王府老疾等官长史康奎等四员。吏部覆奏，从之。

（明）《明孝宗实录》卷二七

明正奉大夫正治卿广西左布政使霭竹周公墓志铭

公讳正隆，字绍立，姓周氏，别号霭竹。……公生以景泰癸酉六月二十六日，卒以正德庚辰八月十六日，享年六十有八。吴恭人先公卒，侧室徐氏、张氏。子男六人，长懋官，靖江王府典膳。

（明）方良永《方简肃文集》卷六

上（永历帝）幸全州，瞿式耜坚留，不可；自请留守，许之，并留选司终春选事。授靖江府□官王之梅为监军御史，同防桂林。

之梅，山阴人，随父任永宁判官。父殁，之梅寻入靖江府幕。至是，拥骑从，鸣锣于道。道旁无不掩口，儿童皆以名呼之。

（清）鲁可藻《岭表纪年》卷一

二　去世

（洪武三年九月）丙午，靖江王相兼广西等处行中书省参政蔡仙卒。

（明）《明太祖实录》卷五六

（永乐十年七月）丁酉，前靖江王府右长史萧用道卒。用道，庐陵人，建文初，荐拜靖江直史，征入翰林修实录，上改直史为谘议所，亡何，改右长史。昨岁乞休忤旨，降宣府鹞儿岭巡检。

（明）谈迁《国榷》卷十五

靖江王府承奉正潘公寿藏碑

赐进士第、奉政大夫、广西按察司合法事、余姚蔡錬撰文，赐进士第、大中大夫、广西布政司左参政、长乐陈崇德篆额，赐进士第、中宪大夫、广西按察司副使、南昌丁隆书丹。

承奉司名达，字德夫，常之宜兴人也。其先世为良善之家，父讳清，字惟扬，隐德不仕；母郑氏，以贤淑称。德夫自幼因先承奉张入靖江王府，遂从章姓。其在庄简、怀顺二王时，已得近幸矣。至昭和王，始请于上，官之为门副。而德夫供职惟谨，今王又请于上，迁承奉正，以相王于内。既而王有疾，府中事无小大，悉委之德夫。而德夫亦竭忠尽瘁，以求不负付托之意，故事不隳，而王以宁属者。王又自述其久疾之状以闻，乞以王储摄行府事，上可之。至是，事皆总于王储矣。王储年甚妙，而德器夙成，动循礼法，诚《易》之所谓"不丧七邑"，"出而可以守宗庙社稷"者也。此固帝室之胄，神明之资与人殊，要之德夫左右卫翊之功，亦有不可诬者。以故王储亦嘉之，为之乞飞鱼服，以示宠异焉。德夫年逾耆，喟然有首丘之念，而羁于官，弗遂所圆。乃卜地于桂城东江门外，得长寿桥之原，突然高者为阜，廓然大者为麓，蔚然茂者为林；而山之环者奇以丽，水之萦者清以驶，地之胜者于是为最。而德夫得之，遂营为寿藏，以俟夫百岁之后，辞逆旅之馆而永归焉。而又筑室一区，买田数廛，以居其弟福，以为世业，且自为颐老计。德夫惧久而失其传也，求予文以镵诸石。予尝闻之，昔人有司空图者，豫为冢棺，遇胜日引客坐圹中，酌句赋诗，曰："生死一致，吾宁暂游此哉。"呜呼！是非有旷达之见，脱落之怀，逍遥于尘埃之表者，而能之乎？视彼戚戚焉怵迫之徒，以生为幸，以死为讳，而窘若囚拘以终其身者，其亦可悲也已。德夫之为寿藏，无乃斯人之俦欤。他日得谢，与其弟日夕游处其间，则伯仲埙篪，天伦乐事，当不在圹中属客者之下也。生而乐于斯，殁而归于斯，庶几其无遗憾矣。夫是宜书之以著厥美。若夫德夫之事宗藩，更历五世，始终一节，沐宠渥平波光第，此则邦人之所共知而乐道焉者也，予不复赘云。

大明正德四年岁次己巳春正月吉旦，承奉正潘达立，仪卫司舍人括苍陶汉摹勒。

谕祭及各辅馆员等祭祀

计开

国主谕祭四坛：初虞一坛，百昼一坛，发引一坛，下圹一坛；国母谕祭三坛：二虞一坛，四虞一坛，六虞一坛；世主谕祭三坛：三虞一坛，五虞一坛，七虞一坛。

宫人杨氏祭一坛，宫人孔氏等祭一坛；辅国将军相绍、奉国将军规职等二十五员共祭一坛，辅国将军约璁、约麈等二十七员共祭一坛，镇国中尉相简等二十二员共祭一坛；镇守太监陈彬祭一坛，左布政使夏暹、右布政使周进隆、都指挥彭铎等祭一坛；门副潘兴、典宝陶真共祭一坛，典服杨玉祭一坛，内使郑旺祭一坛，内使林忠、文质共祭一坛，内使于聪等十四员共祭一坛；都指挥麻林堂祭一坛，兵备副使张弘宜堂祭一坛，仪宾唐普等共祭一坛。

教授李周等十二员共祭一坛，千户吴镛、百户史政、舍人陶汉等十三员名共祭一坛，各衙门总小旗校任善等共祭一坛；弟潘福堂祭一坛，弟潘立堂祭一坛；侄男潘凤、侄婿胡仲珠共堂祭一坛，侄男潘鸿、潘鸾共堂祭一坛；家人潘纪等堂祭一坛，家人潘广等堂祭一坛。

桂海碑林博物馆《桂林石刻碑文集》中册

明故靖江王府左长史胡君墓志铭

嘉靖庚寅六月七日，靖江王府左长史胡君卒于位，其子坤等具事状奉书泣告于予，曰："吾父幸居先生姻娅之末，今不幸死矣，愿铭墓，以慰吾父于九原。"予曰："诺哉。"乃按状序而铭之。序曰：

君讳杰，字世杰，别号松轩，姓胡氏。其先累居庐陵，国初有讳彦珍者，隶戎籍于桂林，故今为桂林人。曾大父讳文斌，大父讳纲，父寿官讳良，母王氏，继沈氏，三世皆隐约田里，以善人称。至君始力学自奋。弘治乙卯，以明《易》举于乡；明年丙辰，会试礼部中一榜，授湖广安乡县学教谕。以寿官公暨沈孺人皆年高，未能迎养，分禄奉之。三考既满，丁寿官公忧，既而沈孺人没，先后竭力治棺敛，咸克尽礼。服阕，补浙之上虞县学，仅五载，以荐擢国子监学正。勤慎谦和，上下皆宜之。祭酒、司业力荐于铨部，遂有长史之擢。君以奔走宦途二十余年，先坟松楸，悬悬在望，一旦官乡郡，得遂素愿，喜不自胜，奉职尤谨。自正德己卯莅任，历十余年如一日，事先安肃王暨今嗣王，皆能导之以正，嬖倖用事者多潜毁之，君不恤也。嘉靖戊子，嗣王疏君在任久，克勤职业，诏加正四品俸级以旌之，绯衣金带，乡人老稚，莫不交口歆艳，君尤惴惴焉，谦慎有加于前日。君在太学时，已一考书最，例应给敕命，至是始颁之于家，其词有"持身克笃于操修，造士益勤于课授"之褒，盖君历官内外师儒，皆以善教闻，知君者谓为实录云。

君生于成化己丑三月十二日，得年六十有二。配刘氏，监察御史琚之孙。子男四人，长坤，次震，俱府学生；次巽，增广生，先君三月卒，俱刘出；次逢儿，尚幼，侧室某氏出。女三人，长适奉国中尉约遇，次适吾儿詹事府主簿履坦，又次适奉国将军规聃。孙男三人，甲科、登科、来科。女五人，皆幼。其葬以卒之明年九月辛未，墓在灵川县郑家村黄牛岭之原。铭曰：

仕祭清时，中外咸宜。埶丰其有，泽乃弗究。悠哉玄扃，体魄斯宁。厥报在嗣，将昌而炽。我铭匪私，百世其征之。

（明）蒋冕《湘皋集》卷二十九

靖江府左长史胡杰墓在郑家村黄牛岭。（明蒋冕撰墓志铭）

民国《灵川县志》卷三《胜迹》

券峆

维大明正统四年八月一日丙子朔，越一十八日癸巳大吉，动土开井。据靖江府内承奉司居住信官内使张法禧，伏为自身虑，恐他年命运不利，难卜茔坟，夙夜忧思，不遑所厝，遂令日者择此高源来去朝迎地，占袭吉地。属尧王祠下，天雷、天主、武当王、石井社、天井堙、土地分之源，堪为宅兆，作巽卦乾向。梯己出备钱彩万子银钱五万贯文，买到墓地一方，南北长一百余丈，东西阔一百余丈。东至青龙，西至白虎，南至朱雀，北至玄武。内方勾陈管分擘四域，丘丞墓伯封步界方畔，道路将军齐整阡陌，致使千年万载，永无侠咎。若有干犯，并令将军、亭长缚付河伯。今备生牢酒脯、百味香新，共为信契，财地交相，各已分付。令工匠修茔已完，后百年寿满，他年为照，永保休吉。

知见人岁月主，代保人今日直符。故气邪精，不得干竞；先有居者，永避万里。若违此约，地府主吏自当其祸本身，助葬主里外存亡悉皆安吉。急急如五帝使者女青律令。券立二本，奉付后土一本，乞付墓中，令信官张法禧收把，准备付身他年寿尽永远照用。今分券背上又书合同二字，令故气伏尸永不侵争。文券，太上女青律令。

故祖妣宫人魏氏之墓
生于正统丁卯岁二月十一日，殁于正德□□年二月廿七日。

明故靖国宫媵大姑黄氏圹志
嘉靖壬戌岁夏六月七日，宫媵黄氏疾笃下世，嬷姆辈为（中缺）命停枢于东园之庭，遣内职文武官校为之治丧。越三日，内典（中缺）于纪善烨曰："宫内大姑黄氏，侍上年久，效勤于国祖母妃刘娘娘并国母妃媵娘娘，每致欣悦，呼王而不名。中护爱长子世殿下，次子将军及诸县君，自幼至鬌，咸知有劳。稍长，俱优礼德，（中缺）惜无出。请以礼葬。"上允之。卜期本月□□□□□按仪安厝，愿题墓志以垂后。烨不敢辞，请（中缺）一致，伏自嘉靖辛卯，粤有兵事，克伐溪（中缺）颇愿□识姓纪，至今知所自姑宗姓（中缺）家（中缺）丹心□□虚受师保计益。既长而笄居（中缺）而进□□□工上用□□□□□□□□□□□□□桑茧丝俱各精缮，功巧无（中缺）年进三旬以来，凡宫内（中缺）愈见□□□□□□□□□□□□□于将来。逮国祖母妃□（中缺）至上始易娥□□□□□□□□有出，其荣贵岂止此（中缺）上之宠眷非□□□□□□□□来多事之扰亦以国祖母妃□□□□□□□□□□报舒忧未爽毫发（中缺）王□大孝之□□□□□□□□□□力焉自幼迄今（中缺）寿不称德□□□□□□□□□□乎扬言曰姑（中缺）古今凡王宫□□□□□□□□□龙而妒，姑乃（中缺）亦志以纪是诚□□□□□□□□□□久远（下缺）
□哉姑氏，赋德□□。□政允修，壸则惟□。□媛古婕，协类允臧。□□□度，乡邦是匡。
嘉靖壬戌夏六月望吉日（下缺）。

明故太褓姆上寿盘氏之墓
生于成化乙未年九月十七日，终于嘉靖四十二年十月二十二日。十二月立。

桂林市文物工作队《桂林墓志碑文》

三 交游

靖江春饯序

惟甲戌冬，一松周子来自莆，至于靖江，乃朝觐方伯公于左辖。拜手稽首，讼曰："钦不肖，弗克旦夕承颜，若志七年，心惕慄，弗遑坐处。兹乃奔走，图侍大人之侧，其勿迨不肖之辜。"公乃劳曰："钦，小子遐哉，其勤矣乎？"周子夙夜笃任子职，左右勿怠，或曰："孝矣，周子。"周子暇日泊宾友出游，历于名山胜川，喟然叹曰："美哉兹土，厥山惟岩，厥水惟湘。可以居，可以游，吾情乎有间。"言于方伯公曰："不肖弗克惠彝训，用休于前烈，祖玄尚幽作癖。钦闻靖江王贤，好善乐士，招来宾客，矧兹风土胜嘉，钦不肖，欲吏隐于王官。敢请其可。"公曰："汝固乐是乎？"对曰："昔人有言，位崇则怨集，名称则毁来。惟显惟名，惟身之刑。吾不惟吾身，惟从吾之所愿，又何不乐。"公曰："钦，可以免矣，吾若汝志。"越乙亥正月，周子乃辟靖江王官。周子夙夜恭勤于王，王乃怿。咸曰："贤矣，周子。"王从容谓群臣曰："古昔典籍，邦之宝也，兹弗辑，何贻我邦国之鉴？图惟咸新，畴若予使？"佥曰："钦乎，艺哉。"周子乃承王之命，求典籍于四方。惟暮春之月，周子戒装，维舟东江之上，众客咸集，祖于水滨。周子执爵而言曰："诸君其教我乎？予夙靳固弗仕，兹来省吾父，殉吾性也；王官清散，亦吾志也；顾西念吾母于莆，今将归故乡，可以缓吾思。兹游三获吾私愿，钦何幸焉。诸君其教我乎？"客曰："语不云乎，顺理而行，无往不获。夫仁智，理之会也。仁者不忘其亲，智者不忘其身。顺兹往矣，何不获之有。"终爵而别。无涯子曰：方伯公，仁人也，故昌厥后；一松，哲士也，故善其身。

（明）孟洋《孟有涯集》卷十五

严关逢靖江左史，立马有赠

莺啼关树几重春，马首看山赠故人。周室桐封姬姓早，汉家藩傅董生醇。岭梅度腾迎官骑，苑雪分题待使臣。君向丛台思赋客，茫茫江海有迷津。

（明）邝露《峤雅》

赠靖江长史吴君序 （明）湛若水

吴君子悦，潮之海阳彩塘产也。生五十年，口不敢妄言，心不敢妄设，泰常毅斋黄子曰贤士也，甘泉子亦曰贤士也。吾观之胄监旧矣，其言若讷讷尔，其心若恤恤尔。其言讷讷尔，则言必思行也；其心恤恤尔，则行必思言也，其斯以为贤乎？七年冬，子悦由助教擢靖江王府长史。黄子曰："盍赠诸？"甘泉子曰："笃尔初，扩尔知，斯赠而已矣。孟子曰：'古之贤王，好善而忘势；古之贤士，何独不然，乐其道而忘人之势。'何谓善，何谓道，天理而已矣。子悦察诸天理，有而乐焉，斯贤士矣。尔乐斯贤，贤斯圣，圣斯天，天斯神，则乃王慕而好其善，好之无已焉；好斯笃，笃斯有，有斯安，安斯乐，乐斯贤王矣。尔夫如是，则东平不得专美于前，而吴君之责毕矣。是不足以赠乎？"黄子善而书之，以光行李。

（明）汪森《粤西文载》卷四八

送吴君子悦之任靖江长史序

海阳吴君子悦，由南京国子助教迁靖江藩长史。将行，六馆同寅之士，为之请赠言于予。予乃言曰：近制，王官鲜民事，不与世俗相攻取。抱冲泊之性者，恒乐居之。然事虽简，王躬之修否攸系；是非毁誉虽邈不相涉，敦本睦亲之化，翰藩之寄咸资焉。自非博厚端雅之士，亦莫宜为之。抑吾观谊之于梁也，仲舒之于江都也，皆其上之推而远之也。虽贤不足为侯王重，吴君之任是也，圣天子之遴而陟之也。遴而陟之也者，天子方锐意陶唐之丕绩，万邦之和，自睦族以始。靖江宗室而远在南徼，宣昭峻德之光华，使夷獠承风，非夫居王所者之责与？吴君博厚而端雅，第乙榜，历乡校，而太学誉髦斯士，既焯有成绩，于以将德意相导左右，不足为宗藩重哉。汉章之笃亲也，东平之仁贤也，犹绐璧而获见。靖江严家法，安靖弗扰。今殿下妙龄淳质，而圣天子明见万里，无近幸之蔽，是惟笃慎所先以授吾子职也，吴君勉乎哉。风冲水激之无虞，姑以宜恬泊之性，君之志不啻是也。郁林、苍梧之野，不犹有佩犊而游者乎？因河间之礼乐也，革狼子之心而归麟趾之化者，将于是乎在，吴君勉乎哉。

（明）张翰《张文定公纡玉楼集》卷四

靖江府内奉佛喜舍信官鲁觉宝，发心命匠雕装天台罗汉一十八尊，入于本山供养，于上元吉日崇修善果，表忏功因，福有所归者。永乐九年辛卯正月十有五日立。

信官：鲁觉宝、周普、喜贤，雕匠：程思敬，装匠：李彦寅。住山包隐峰题，石匠：刘敬初。

桂海碑林博物馆《桂林石刻碑文集》下册

四 捐建

桥梁之设，先世济人利物之政。盖天地物为心，今以不忍为心。人皆有不忍之心，但残贼者坐视其患而不举，吝啬者固惜乏财而不为，有仁心仁念者或力寡势弱，欲为而不能为，卒能全是心者寡。夫予终制归，乡人李君能文揖予而请曰："吾乡有桥名龙回者，其水出南源三眼泉，其灌诸村田而至大湾，其路为吾乡数千村往来必由之大道，向无桥梁，人皆涉水。当夫天时寒冷，每病厉涉之苦；及夏春水泛滥，常怀滔溺之忧。后有建枝桥者，水涨波涌，旋建旋仆，又非径久之计。克过而患之，捐白银三十两、米三石，以为劝募化缘，鸠工鼎建石桥二洞，五丈其长，二丈其高。然役大用博，事重要紧，更得靖江王府门正秦君德倒捐金以赞成。其事经始于辛未之秋，告成于壬申之春，今功成事毕，虽赖众缘，实广偈兴始也。愿假一言，勒诸石壁，以垂不朽。"予闻而窃叹曰：此即不忍之心，仁之端也。不坐视而残贼，不固惜而吝啬，不自诿于不能而不广等，而贤于人亦多矣。况济人功德，异日子孙作享大报，亦可预知也。予因请而嘉其用心之善，是记而铭之。曰：

维南有水出自三眼，会流于此荡漾潺湲。冬来结冻夏日滔天，往渡来涉举足衷煎。彼何人斯架木而受，波翻浪鼓其制匪坚。受有仁人乃切忧怜，劝兹众力成此良缘。往者来者欣然畅然，丰功茂德归于庶贤，我铭龙回传万年。

大明正德七年壬申岁夏四月望日甲子，乡进双山秦仪象之撰。

龙回桥

龙回桥在临桂县南乡，东至湘山渡三塘河，来往于阳朔；西至梨获等村，通永福。而各乡民人之有事于县，必由之以达。而水发源之南源山，出合众流至此桥之下，流于大湾，入诸村落以济田亩，而入大江，民人赖之。其桥因先年江水泛滥所坏，而村民之力莫能兴之。正德辛未科十月吉旦，靖江王府门正秦君德，捐银两米舍硕，命匠复建此桥，以通市途，东□担□，便诸往者，乃建之，达之功接通府之道。责曰：树至德于生前，流遗爱于身后。秦君之德，其至矣。来夫上古之政，田里学校大端也，桥梁路道无不为之尽心，故民之从之也。今秦君产于斯乡大合头村，居中官显贵之职，乃知上古之政而为之，吉心焉。于此桥之复创，见一端也。因而记之。

正德壬申二月吉旦，督工人李能广、梁本□、崔□丰，靖江王府门正秦德重建，石匠人等李田祥、□富观。

新采

五　奖　罚

（洪武九年十月）壬子，上御午门楼，秦府右相文原吉等奏事，由左门入，监察御史吉昌等劾之，曰："臣伏睹阙廷之门，君臣各有所由之路，所以别上下，正名分也。今月二日，上御丹阙，秦府右相文原吉、燕府长史朱复、楚府长史朱廉、靖江府长史赵壎、翰林承旨宋濂、编修傅藻诣阙奏事，偕行左门，于礼非人臣所宜。宜下法司。"诏皆宥之。

（明）《明太祖实录》卷一一〇

（崇祯三年四月壬申）靖江王府长史王熙明输助军需，命查收，所请遵永自劾，吏部看议以闻。

（明）《明崇祯长编》卷三三

六　传　记

1. 李质

故资政大夫靖江相府右相李公墓志铭

公讳质，字文彬，号樵云，姓李氏。其先开封祥符人，在宋季有仕于德庆者，因家焉。公生颖悟，有大志，蚤知嗜学，经史子集无不读，读辄记忆。既长，遭元季多故，与时落落不合，遂家居不出，日与弟文昭放情山水，以诗酒自娱。居无何，中原扰攘，岭海多事，公起构义兵，捍乡里。及德庆路陷，士民遑遑无所依戴，推公入守之。日夜浚城隍，缮甲兵，握险要，以遏他寇，由是一路赖之以宁。时据乡邑者，多刻剥残忍，公尝戒麾下，非遇敌毋妄杀，或执敌人来献，率给衣粮纵之家。虽富饶，急于赈施，三族与乡里流寓之贫者，咸有所仰。以故，一时名士如建安张智、茶陵刘三吾、江右伯颜子中、羊城孙仲衍、王彦举，皆闻风来归。及大明皇帝定鼎金陵，遣师南讨，洪武戊申四月，平章廖公永忠、参政朱公亮祖总师至，公遂散麾下，全城归附。总兵遣使入奏，上嘉公忠诚，召至，慰劳再三，赉予优渥，就擢中书断事。越明年己酉，转都督府断事，阶奉训大夫。皆能执法，丞相、都督咸敬惮之。五年壬子，授刑部侍郎，阶中顺大夫。寻升本部尚书，阶嘉议大夫。尤慎于刑狱，尽哀矜之情，致淑问之颂，宽猛适中，为上所知，日益亲幸。时开行省于浙江，上念厥地素重，号称难治，宜简廷臣有德望才器者往绥之，即拜公浙江行省参知政事，阶中奉大夫。是年秋九月也，下车，首以承流宣化为己任，振纪纲，正风俗，劝农桑，兴学校，举遗贤，恤民隐，知无不为，为无不力。居三年，惠流两浙，厥绩以懋，声闻于上。天子念公老，召还，致政于京师。尝入见，赐坐便殿，访以时政得失，直言无隐，上益重之。八年乙卯冬十月，复起为靖江王府右相，阶资政大夫，有敕，奖谕甚至，公益思竭诚以尽辅导之职。尝入觐，因奏乞归省先陇，上可其请。王亲挥翰赋诗以赐，复命藩宪元僚与府中官属宴饯漓江之浒，人莫不以为荣。后王坐事去国，公随终焉。公美风仪，性孝友，治家有法，接人以诚，虽极显融，情素冲淡。暮年尤工于诗，有《樵云集》若干卷。生于元延祐丙辰三月十一日，卒于洪武庚申闰五月某日，初权厝金陵聚宝山，后某年某月某日归葬乡之清秀里布山之原。祖广孙，累赠嘉议大夫，礼部尚书；父熙春，累赠中奉大夫，浙江行中书省参知政事。祖妣孔氏，赠淑人；妣林氏，赠夫人。公凡三娶，先梁氏，次石氏，俱赠夫人；汪氏，封夫人。弟文超，学识优长，隐德弗耀。子四人，曰恒，曰震，曰复，曰颐，皆知学好礼，惟震有诗名。孙男四人，公瑾、公瑜、公璩、公玖。女三人，梁仕贞、梁明理、严公敏，其婿也。孙女二人。次第公之行实，来速铭者，即震也。於戏！自元纲解纽，海寓兵争，乘时奋者，莫不剥下自封，树威肆毒，少知推一毫为利人事。公能仁其族属，以及于众，视彼之暴，岂直相万哉！又一时与公全城来归者，鲜克有终。惟公践历中外，官至卿相，忠义著朝廷，声名满天下，勋垂竹帛，德在人心，五福备膺，子孙蕃衍。非先世积善之深，公存心之厚，何以臻于是耶？铭曰：

　　巍巍李公，世为粤人。积善既久，郁而未伸。族大而蕃，实自公始。值元鼎沸，保障乡里。公之庇民，如室斯宇。公之好贤，诚出肺腑。圣明御历，威詟四夷。公散其徒，全城来归。帝嘉厥诚，锡以禄秩。寻升秋官，克殚忠赤。后参大政，于浙之中。威德交孚，声闻上聪。致仕于朝，出于宠渥。时有敷陈，多所裨益。逮居相国，有谔其言。直虽不容，此志则完。之身云亡，之德弗替。庆流绵绵，式延后裔。清秀之里，布山之阡。勒铭贞石，垂美万年。

（明）陈琏《琴轩集》卷九

李质

　　按《明外史》本传，质字文彬，德庆人，有才略，博涉文史。至正末，行省何真辟置麾下。……洪武元年，大军下广州，质以城归，随真入见。帝慰劳之，授中书断事。明年，改都督府断事，强力执法，丞相、都督咸敬惮之。五年，擢刑部侍郎，进尚书。……寻出为浙江行省参政，居三年，惠绩著闻。帝念质老，召还京师。尝入见便殿，访以时政得失，直言无隐。复起为靖江王府右相。王罪废，质亦坐死。

（清）陈梦雷《古今图书集成·明伦汇编·官常典》卷三二七《刑部部总论》

　　李质，字文彬，德庆人。有材略。元末居何真麾下，尝募兵平德庆乱民，旁郡多赖其保障。……洪武元年从真降，授中书断事。明年改都督府断事，强力执法。五年擢刑部侍郎，进尚书，治狱平恕。遣振饥山东，御制诗饯之。寻出为浙江行省参政。居三年，惠绩著闻。帝念质老，召还。尝入见便殿，访时政，质直言无隐。拜靖江王右相，王罪废，质竟坐死。

（清）张廷玉《明史》卷一三八《列传二六》

2. 赵壎

赵壎，字伯友，新喻人，好学，工属文。元至正中举于乡，为上犹教谕。

洪武二年，太祖诏修《元史》，命左丞相李善长为监修官，前起居注宋濂、漳州府通判王祎为总裁官，征山林遗逸之士……为纂修官，而壎与焉。……至八月成，诸儒并赐赍遣归。而顺帝一朝史犹未备，乃命儒士欧阳佑等往北平采遗事。明年二月还经费，重开史局，仍以宋濂、王祎为总裁，征四方文学士……及壎为纂修官。先后纂修三十人，两局并与者，壎一人而已。……寻召修日历，授翰林编修。……命与宋濂同职史馆，濂兄事之。尝奉诏撰《甘露颂》，太祖称善。出为靖江王府长史，卒。

（清）张廷玉《明史》卷二八五《文苑传一》

3. 方仲文

宇定斋铭

靖江府伴读方生仲文，崇安人，以"宇定"名斋，盖取庄周"宇泰定者，发乎天光"之言。释者谓："气宇开泰，则静定也。既静定矣，天光自发。人见其人，物见其物，初无彼此胶葛之异。"懿哉斯言乎？其卫生之说乎？或者不察，类以周多寓言，辄泛引而非之。周言固伤乎过高，若此者，其有不可取乎？苟不取，"不以人废言"之说，果何指乎？为著铭曰：

君子养生，能儿子乎？专气致柔，而肯伤于躁急乎？虽终日嗥，而嗌不嗄乎？此谓太和块圠，而不由喜怒乎？外物其能撄乎？四体其有不顺乎？所以神之凝然，气之融然，泰而安乎？天光照耀，物各付物，而不淆乱乎？夫若是，天其天，而不参于人乎？芒乎忽乎，熙熙乎其有出入乎？无出入乎，寿可至于广成子乎？予有疑乎无疑乎，人读予文有能察予之中情否乎。

（明）宋濂《宋学士全集》卷十五

4. 戈戴斌

戈戴斌，字公楚，明洪武初授指挥使，护靖江王来粤。永乐廿年，奉拨下屯护民耕种，委镇恭城十九屯屯总，遂居朱家寨。

（清）光绪《恭城县志》卷三《流寓》

5. 萧遵

坦行先生自志　（明）萧用道

靖江王府右长史萧用道，……以明经行修荐之，擢官王府。尝讲《昭鉴录》，因进启曰："臣闻修学好古，处家为善，此河间、东平之所以流芳百世也；淫戏无度，弃德慢贤，此刘贺、楚戊之所以遗臭万年也。孔子曰：'见贤思齐焉，见不贤而内自省。'愿王以间、平为法，以贺、戊为惩，则家国幸甚。"（洪武）三十五年七月，改授谘议。九月，升右长史、奉议大夫。寻蒙朝命，召入内馆，校《国史》《实录》，获沾赐赉。永乐元年冬十二月二日，从王之国。二年春二月十七日，至桂林。二十六日，遣奉表谢恩于京。既归，尤毅然自守，不校群憾，遇事有当白，侃侃无讳。左右忌其刚峭，欲以危机中之。是年冬十月十九日，遣入奏国用不敷，下有司岁办祭祀。用道进启曰："祭祀者，尊祖敬神之道，难于使人代备之。在古礼，必躬亲之。之国之初，权宜付之有司，事出一时不得已者。今朝廷有禁，不许领价科买，所合遵守。臣请散派军校，耕布黍稷，牧养牺牲，定为祀事岁计。一以尽殿下诚敬之心，二以遵朝廷禁约之法。庶几神贶昭格，国祚长久。"启进，事阁未行。复改遣用道进贺正旦。未几，礼部果以祭祀违制，下责长史司，而用道不与焉。……见府中用事者，多开利路为容悦，心甚忧之。三年十一月初五日，进启曰："臣闻古之贤王，以为善而乐，以纳言而明。不以小善而不为，不以浅言而不听。且至富可得，而至贵不可得。王者宫殿之高，仪仗之甚，贵比天子仅一等耳。此外复何求哉？设以国用不足，亦当清俭自守，以俟恩命。若急求小利，则干政典，而亏令德矣。臣职居辅导，渎进直言。果言不忠，罪当万死。所深愿者，贤王守朝廷之法，顺军民之心，以长保富贵至千万年，而臣下亦获善终耳。"且条陈切务，其一曰："睿体实宗庙社稷之主，尤宜慎起居，节嗜欲，以保长寿，享洪福。今年病证四发，盖因起居失慎，嗜欲失节所致。伏愿贤王加意保重，释忧疑，息忿怒，罢耳目玩好之劳，以去病源。"其二曰："读书学问非但所以养成德性，亦可以怡悦心情。魏武帝读陈琳一檄，头风顿愈。况经史所载，皆古先圣哲名言至道，及忠臣烈士嘉谟善行，玩味有得，当心开目明，长益精思，非若骑射博奕，徒劳力损神也。伏愿贤王日坐书堂三二时，臣等得侍讲诵，亦可节性少病。"其三曰："鞭背之法，朝廷的决死罪，方量用之。盖以人之脏腑皆系于背，性命所关。唐太宗观明堂针灸图，即禁鞭背，盖谓此也。今王保惜臣子，凡有重罪，多行释免，尤当慎简鞭挞，以广仁恩。"其四曰："岁用草薪，宜于荒僻，逐时采办。不宜附近掌禁，使军民失利，未免怨谤道路。且掌禁之人，又未免承风生事，巡守严切。或包占至界，私为己利。乞行裁省。"其五曰："建安屯种，虽系事故，军人荒闲田土而校尉暂耕，尤为未便。乞以敕书内事理为戒，仍行护卫勾补军人下屯，给还耕种。"其六曰："祭祀之礼，所当至敬。今以典膳所买羊，斋郎买小猪，无知小人，往往假此为名，在外生事造谤，有失恭祀神明之意。且军校牧养牺牲，定为岁计，良法岂不足用。"其七曰："钦奉旧制，常川不离；长史纪善，讲论古今。近日内使传云：'无启本者，不许入来。'臣等心不自安。今既免早朝，合令各官有启事者，俱于辰、巳时赴书堂前，许臣等亦得与闻，庶尽公论。"其八曰："凡差遣出外之人，宜详选谨厚者。今官员中尚有性不纯直如百户陈忠是也，况军校厨役，又皆市井小人，虚张声势，诈骗计取，事所必有。尤宜设法关防。"启进，事稍中沮。四年三月初五日，又进王门四箴，曰："臣谨按《国史》《实录》，洪武七年正月，礼部尚书朱谅等，定亲王四城门名，南曰端礼，北曰广智，东曰体仁，西曰遵义。太祖高皇帝曰：'昔舜辟四门，以广天下之视听，纳天下之善言善士。今诸王惟睹名思义，以藩屏王室，斯为善矣。'臣得侍讲学，辄推广名门之意，作四箴以献，亦犹唐张蕴古之箴大宝也。"《端礼门箴》曰："府之南门，名为端礼，南离垂光，向明而启。贤王凤兴，言行必端，尊其瞻视，正其衣冠。祖训有条，铭于心骨，国典有章，慎于毫发。明乃服命，固乃藩维，以严朝会，以谨禬祠。孔圣有言，礼让为国，礼以治身，敬以成德。内先亲亲，外重尊贤，治道益明，王化益宣。"《体仁门箴》曰："府之东门，名为体仁，东震布气，与物为春。贤王驭众，惟仁是体，薰然慈爱，发乎岂弟。军给于民，民守于军，在境内外，一视同恩。恤其饥寒，念其勤苦，以宣王章，以谨藩辅。孔圣有言，仁以长人，上博而施，下字而亲。威毋伤猛，势毋伤迫，永植邦基，措于安宅。"《遵义门箴》曰："府之西门，名为遵义，西正金行，断以处事。贤王发政，惟义是遵，截然裁制，百度惟贞。上尊朝廷，下临臣庶，必审诸心，必研诸虑。一念之发，在察其几，一役之兴，在适其时。孔圣有言，义以为质，欲胜则凶，惠迪则吉。行无或庚，动必得宜，平平正路，万福是基。"《广智门箴》曰："府之北门，名为广智，北正水行，流通以治。贤王应物，智必广周，洞然四达，无有隐幽。邦事之繁，何利何病，邦人之众，孰邪孰正。事烛其端，人鉴其情，浸润肤受，无得而行。孔圣有言，智者不惑，内见既明，何有差忒。勿任小慧，惟图永终，百千万年，国祚益隆。"王读毕，因问曰："四门用仁义礼智，于五常何不用信？"用道对曰："实有仁义礼智，则信在其中矣。"又问曰："古今人，何多好名与利？"对曰："亦自有清浊。君子疾没世而名不称焉。东平、河间，不留意声色货利，而孜孜于为善修学，名留至今，岂非佳事。"每进讲书堂，遇有疑难，必恳恳引证大义，王亦喜听，多质问之。……用道生前元至正戊戌十二月甲申，自志在大明永乐丁亥三月乙卯。在官一无所积，有《仕学斋诗文》五百余篇而已。……铭曰：才不及于经邦，政不及于善俗。然在职八年，王国安而道无辱。虽乏臧武仲之智，而得孟公绰之不欲。是保全归以从先大夫于枫山之麓也。永乐丁亥三月庚申日余自书，惜眼昏擘弱，不成字也。

（清）萧伯升《萧氏世集》

萧坦行甫墓表

靖江府右长史萧用道坦行甫，既得痹疾，奏乞归乡里，便医药，忤旨，降宣府鹞儿岭巡检。至宣府，疾日益，明年七月十四日卒于官，永乐壬辰岁也。先在靖江时，自度疾不可起，预为墓志；追易箦之前二日，取酒肴同官诀别；又预作祭文，自道其平生，而寓夫全归无遗憾之意，其可为达也矣。既归葬于乡，后廿有三年，其子晅来求表墓。萧、杨世婚姻家，士奇与坦行甫兄弟，在乡里相交好，在京师同馆舍，今之知坦行甫者，独士奇深。比五、六年，士奇两扈从巡边，至宣府，经鹞儿岭，下马入巡检司，顾视其山川，景物黯然，萧条莽苍，而追思坦行甫平昔志意，未尝不低回感恻，而继之以涕泪也。则表墓，士奇何辞。萧氏出南齐西昌侯叔谋之裔，世家西昌邑西柳溪之上。其七世祖森，宋衡山县丞；高祖古山，曾祖静安，祖方平，皆通儒，隐居终身。父尚仁，学者称正固先生，尊为经师，尝征至京，太祖高皇帝与语，重之，特授潭府长史，固辞，除平凉府学训导，徙居邑北之栗园里。原配杨氏，士奇从姑也；继罗氏，生坦行甫。初讳遵，字用道，后以字行，遂别字坦行云。自少英特不凡，负奇气，读书日数千言，治《尚书》，而诸经子史皆博通。下笔为文滔滔，咸有根据，一时同辈，莫或过之。正固先生没，其学者皆就坦行甫卒业，后多举进士去。建文初，诏郡县举怀才抱德者，吉安知府朱仲智举坦行，送诣京师，试文章翰林，擢靖江府直史，授承直郎。时靖江悼僖王好学，得坦行，雅敬重之，所言多见听。用召入翰林，修《类要》。太宗文皇帝靖内难之师已渡淮，在廷公卿仓惶失措，坦行甫与衡府纪善周是修上书论大计，指斥用事者误国。书下廷臣及两人议，用事者怒，盛气以诟两人，两人屹不为动。左副都御史练安言：

"国事至此，尚不容言者乎？顾所论吾过，有即改，无则加勉。"诟者愧而止。文皇帝既嗣天位，命翰林及王府儒臣考阅《洪武实录》，坦行甫与焉，事竟赐钞。时诏百司复旧制，罢直史司为咨议所，改坦行咨议。无几，升咨议所为长史司，遂升右长史，授奉议大夫。永乐元年，从王之国桂林。初至，凡国中祭祀所需下有司备，其后凡祭祀之需，府寮属皆劝王下有司备。坦行曰："初至仓猝，不能自备，可一行之，不可以再。且祀神在致吾诚，使人代备物，非诚。况未请于朝而擅使民，非制。"乃止。后坦行进表诣京师，王府竟下有司备祭物，事闻，长史以下皆得罪，王始悔不用坦行言。坦行数言于王，宜务善纳言，以厚德、奉法、爱人以保福。又启陈八事，曰慎起居、寡嗜欲、勤学问、善德性、简鞭朴之刑、无侵下人之利、常接府僚以通群情、简择谨厚之人以备差遣。又作端礼、体仁、遵义、广智四门箴以进。王问："四门之名，遗信何也？"对曰："五常之信，犹五行之土，实有仁、义、礼、智之德，即信在其中。"王又问："古今人多好名，何也？"其意以讥坦行之屡有言。对曰："君子必不好名。名与实，譬诸影与形，有形斯有影，有实斯名随之矣。河间、东平皆有实德，故其令名在世，与日月同一悠久。惟殿下勉夫，在己之实耳。"凡于进讲之际，必反覆敷畅其旨。坦行负直气，侃侃能面折人过失，未尝稍屈己求合，一语不合，掉臂去不顾，而嫉脂韦软媚人，耻与同列。事亲孝，以禄不逮养，在公遇盛宴，馔未尝醉饱。于族姻有恩，于朋友有信义。性澹素，一绣衣入朝则服，公退布袍蔬食，不改处士时。为政达于大体，所著诗文数十卷藏于家。春秋五十有五，娶康氏，继彭氏。子男六，望、胐、旰、眶、晦、昊；眶，宣德二年进士，吏部文选主事。女四，其婿严顾、龙粲、杨鹓、罗溶；粲，礼部祠祭主事。孙男若干。世之仕者，巽懦不振久矣。盖士以气为主，而以理充之，则无往不直。考坦行甫躬之所蹈，位之所施，其正直刚毅之气，可为仁且勇哉，可为仁且勇哉。

（明）杨士奇《东里文集》卷十五

萧先生哀辞

萧先生名用道，字坦行，以名著当世。居泰和之栗园里，盖齐西昌侯叔谋之后，世以儒名家。先生父尚仁，邃于经术，为乡邑之望。先生得其传，尤刚毅自守，不苟合，笃于事亲，无用世之意。亲没，郡守朱仲智、婺源令邹以信，皆以经明行修荐之。征拜靖江王府直史，又改咨议，未几升长史。以选入馆阁，校理高庙实录，既毕，蒙厚赐。从王之国，先生以辅导为职，每因言纳忠，欲王惇德谨度，以保国裕后。又上章言八事，而倦倦于敬身、勤学、严祀事、恤下人，凡诸细务，知无不言。又因王府门作体仁、遵义、端礼、广智四箴以献王，皆纳焉。久之，得风疾，手皆颤掉，诣阙乞归治，吏部以擅去职为言，左迁鹧儿岭巡检，卒于官。先生之学博而明，其文雅而赡，其心明白正大，以古人为师，故其所立如此，视汉之江都相，可以无愧矣。泰和，文献之地也，数十年前，儒先君子凋谢已尽，独先生父子岿然为学者师，死生契阔，于是遂无所受业。及先生以病告归，予时滥官翰林，私窃自喜，以为先生虽不终辅相之业，而乡人子弟得有所依归进学，以为世用，其幸亦大矣。而终不遂，则又有两失之叹，孰知先生之一往不复哉。呜呼！可哀也已！今三十年，先生之子吏部主事眶，以先生所自作墓志示予，予不能已于言也，作哀辞：

緊先生兮超等夷，伟学行兮卓然奇。怀仁义兮敦书诗，锵琳琅兮放厥辞。笃事亲兮爱敬施，上山巅兮下水涯。摘芳杜兮采华芝，蹇徘徊兮憺遨嬉。随荐剡兮上京坻，服王官兮慎自持。校史册兮抉隐微，辟肜邸兮广之西。曳长裾兮俨逶迤。相古人兮以为期，谨献替兮纳箴规。言之发兮罔不宜，磋何为兮疾以瞿。恳欲归兮乃去之，瞳风埃兮气惨悽。怅独往兮归何时，国之悼兮失倚毗。乡之叹兮无所师，遣巫阳兮屑琼糜。号日月兮攀虹蜺，招不来兮我心悲。岁年逝兮不可羁，功业在兮名不隳，矢予词兮当永垂。

（明）王直《抑庵文后集》卷三四

送萧用道长史之桂林

长风吹征衣，白日照穹颢。朝辞金陵城，暮向桂林道。之子富才华，天葩绚文藻。选职王府官，辅佐拟师保。鹤驾日侍随，嘉猷事论讨。磐石固藩封，德化服夷獠。人生百年间，相知不在早，既推学术尊，亦慕丰姿好。岂期识颜面，遽别感怀抱。每念眼惟青，自嗟首空皓。丈夫志磊落，养气充浩浩。愿言秉忠贞，荣名亦为宝。

挽萧正固先生诗五十韵

恸哭宇宙间，典刑日沦落。来者已可期，往者不堪作。若匪资前修，何由启后觉。滔滔东逝波，砥柱莫回薄。忽忽西飞乌，长绳难萦缚。不有大化功，埏尸混沌朴。欲俾斯道传，庶许伊人托。平生萧正固，硕学号该博。诸史钩玄微，六经剔穿凿。道统望洙泗，理源溯濂洛。韩柳咀英华，朱张遵矩矱。晶荧日星明，润洁江汉濯。下帷工著述，执笔事删削。所以大江西，儒林仰乔岳。譬彼剚犀兕，光拭青萍锷。譬彼制咸韶，音动黄钟龠。闻望愈尊隆，才猷更昭灼。朝廷诏征贤，三聘起岩壑。治本具敷陈，高谈帝王略。便民十篇书，直言何謇谔。枯槁苏甘霖，疲癃瘥良药。帝曰汝布衣，丹衷亦诚悫。锡汝以嘉宴，旌汝以好爵。乃职王府佐，陛辞甘退却。飘飘紫塞鸿，戛戛青田鹤。岂料震天威，左谪无愧怍。赐环召归旋，舟舣龙河泊。纶音日宣明，坚志弗惊愕。仍许陪班行，顾问须宠渥。俄然拜恩除，关陕司教铎。委分居芹宫，无心慕芸阁。诸生服讲说，课试严条约。诱掖祛愚蒙，鼓舞振孱弱。若求杞梓材，工师斧攸斫。若治瑚琏器，玉人石为错。化雨时沾濡，文风日磅礴。得请喜遂初，壁房老苏药。早赋二宜休，晚节全至乐。庞眉白于霜，体健犹矍铄。遣兴哦佳诗，怡情动清酌。支筇步东阡，蹑屩访南郭。径松偃旧枝，篱菊绽疏萼。优游饱看山，岚光逗帘箔。吁嗟疾缠绵，二竖潜构恶。痛失少微星，寒芒殒天末。有子克承家，敦厚谨然诺。仕途车发轫，艺圃弓满彉。作宾观国光，辅导任谋度。遗泽犹生存，千古宛如昨。载歌蒿里辞，悲思满寥廓。

（明）唐文凤《梧冈集》卷一

萧正固先生家传

子遵，字用道，号坦行，……以明经荐官靖江王府长史，寻召入校国史。永乐元年，从王归国。遇事当白，侃侃无忌讳。王遣入奏国用不敷，遵力进以节俭，且谏王曰："至富可得，至贵不可得。王贵比天子仅降一等，复何求哉？惟节嗜欲，慎起居。读书学问非但养成德性，亦可怡悦性情；非若骑射博奕，徒劳力损神也。"因条陈切务凡八条，语皆恳至。又作《四门箴》，王为之改容。尝以禄不逮养，凡遇内宴珍馔，不忍醉饱；金绣之衣，惟朝贺一用，退则布衣。手书翰不释，有《仕学斋诗文》五百余篇。自为墓铭曰："才不及于经邦，政不及于善俗。然在职八年，王国安而无辱。虽乏臧武仲之智，而得孟公绰之不欲。是保全归，以从先大夫于枫山之麓。"人谓之实录云。俄得痹疾，乞骸，忤旨，谪宣府鹞儿岭巡检。卒于官，年五十有五。

（清）施闰章《学余堂文集》卷十六

（萧）用道，泰和人，建文中举，怀才抱德，诣阙试文章，擢靖江王府直史，召入翰林修类要。燕师渡淮，与周是修同上书指斥用事者。永乐初，预修《太祖实录》，改右长史，从王之国桂林。尝为王陈八事，曰慎起居、寡智欲、勤学问、养德性、简鞭朴之刑、无侵下人利、常接府僚以通群情、简择谨厚之人以备差遣。又作端礼、体仁、遵义、广智四门箴以献。人服其切直。久之，以疾乞归，成祖怒，贬宣府鹞儿岭巡检，卒。

（清）万斯同《明史》卷二〇一《列传五二》

萧遵，字用道，别字坦行。建文初，以怀才抱德，荐擢靖江府直史，授承直郎。时靖江悼僖王好学，雅敬重之。召入翰林，修《类要》。太宗嗣位，升右长史，授奉议大夫。永乐元年，从王之国桂林。初至，凡国中祭祀所需，下有司备。其后，凡祭祀之需，府寮属皆劝王下有司备，坦行曰："初至仓猝，不能自备，可一行之，不可以再。且祀神在致吾诚，使人代备物，非诚。况未请于朝而擅使民，非制。"乃止。后坦行进表诣京师，王府竟下有司备祭物，事闻，长史以下皆得罪，王始悔不用坦行言。坦行数言于王，宜务善纳言，以厚德奉法，爱人以保福。又启陈八事，曰慎起居、寡嗜欲、勤学问、养德性、简鞭扑之刑、无侵下人之利、常接府僚以通群情、简择谨厚之人以备差遣。又作端礼、体仁、遵义、广智四门箴以进。王问："四门之名遗信，何也？"对曰："五常之信，犹五行之土，实有仁义礼智之德，即信在其中。"王又问："古今人多好名，何也？"其意以讥坦行之屡有言，对曰："君子必不好名，名与实，譬诸影与形，有形斯有影，有实斯名随之矣。河间、东平皆有实德，故其令名在世，与日月同一悠久。惟殿下勉夫，在己之实耳。"凡于进讲之际，必反覆敷畅其旨。

（清）汪森《粤西文载》卷六四

萧用道，字坦行，泰和人。建文初，擢靖江府直史。时靖江悼僖王好学，得用道，雅敬重之，所言多见听用。永乐元年，升右长史，从王之国桂林。初至，凡国中祭祀所需，下有司备。后凡祭祀，府寮属皆劝王下有司备之。用道曰："初至，仓猝不能自备，可一行之，不可以再。祀神在诚，况未请于朝而擅使民，非制。"乃止。

（清）雍正《广西通志》卷六六《名宦》

萧用道，泰和人。建文中，举怀才抱德，诣阙试文章。擢靖江王府长史，召入翰林，修《类要》。燕师渡淮，与周是修同上书，指斥用事者。永乐时，预修《太祖实录》，改右长史，从王之藩桂林。尝为王陈八事，曰慎起居、寡嗜欲、勤学问、养德性、简鞭扑之刑、无侵下人利、常接府僚以能群情、简择谨厚人以备差遣。又作端礼、体仁、遵义、广智四门箴献王。久之，以疾乞归，成祖怒，贬宣府鹞儿岭巡检，卒。

（清）张廷玉《明史》卷一三七《列传二五》

6. 游子源

游子源，婺源济溪人，洪武壬戌年举明经，授苏州府吴江县学教谕。壬申秩满，迁纪善，训靖江王世子。时太祖高皇帝宠爱诸王，师傅皆遴选耆儒为之，特命礼部侍郎一、内史二，舆马仪旆以送，王府僚属从，王世子出迎，始行君臣礼，终行师生礼，荣遇殊厚。既而以老疾辞。

（明）弘治《徽州府志》卷八《人物志二·宦业》

参考文献

（明）夏原吉等纂修：《明实录》，台北："中央研究院"历史语言研究所校印，1962 年。

（明）朱元璋撰：《明太祖文集》，《文渊阁四库全书》，台北：商务印书馆，1986 年。

（明）朱元璋撰：《皇明祖训》，《四库全书存目丛书》，济南：齐鲁书社，1997 年。

（明）朱元璋撰：《太祖皇帝钦录》，引自《明清论丛》第六辑载张德信《太祖皇帝钦录及其发现与研究辑录》，北京：紫禁城出版社，2005 年。

（明）朱元璋撰：《御制纪非录》，抄本。

（明）刘基撰：《国初礼贤录》，《丛书集成初编》，北京：中华书局，1991 年。

（明）宋濂撰：《洪武圣政记》，《丛书集成初编》，北京：中华书局，1991 年。

（明）宋濂撰：《宋学士全集》，《丛书集成初编》，北京：中华书局，1991 年。

（明）林弼撰：《林登州集》，《文渊阁四库全书》，台北：商务印书馆，1986 年。

（明）张紞撰：《云南机务钞黄》，《丛书集成初编》，北京：中华书局，1991 年。

（明）刘辰撰：《国初事迹》，《四库全书存目丛书》，济南：齐鲁书社，1997 年。

（明）俞本撰，陈学霖校点：《明兴野记》，《史林漫识》，北京：中国友谊出版社公司，2000 年。

（明）唐文凤撰：《梧冈集》，《文渊阁四库全书》，台北：商务印书馆，1986 年。

（明）佚名撰：《天潢玉牒》，《丛书集成初编》，北京：中华书局，1991 年。

（明）吕震撰：《宣德彝器图谱》，杭州：浙江人民美术出版社，2013 年。

（明）夏原吉撰：《一统肇基录》，《丛书集成初编》，北京：中华书局，1991 年。

（明）杨士奇撰：《东里文集》，《文渊阁四库全书》，台北：商务印书馆，1986 年。

（明）王直撰：《抑庵文后集》，《文渊阁四库全书》，台北：商务印书馆，1986 年。

（明）陈琏撰：《琴轩集》，《丛书集成续编》，台北：新文丰出版社，1989 年。

（明）陈琏纂修：宣德《桂林郡志》，明景泰元年（1450 年）重刻增补本。

（明）李贤等撰：《大明一统志》，西安：三秦出版社，1990 年。

（明）韩雍撰：《韩襄毅文集》，《文渊阁四库全书》，台北：商务印书馆，1986 年。

（明）黄仲昭纂修，福建省地方志编纂委员会整理：《八闽通志》，福州：福建人民出版社，1990 年。

（明）黄瑜撰，魏连科校点：《双槐岁钞》，北京：中华书局，1999 年。

（明）方良永撰：《方简肃文集》，《文渊阁四库全书》，台北：商务印书馆，1986 年。

（明）黄金撰：《皇明开国功臣录》，《元明史料丛编》，台北：文海出版社，1988 年。

（明）皇甫录撰：《皇明纪略》，《丛书集成初编》，北京：中华书局，1985 年。

（明）徐桢卿撰：《剪胜野闻》，《丛书集成初编》，北京：中华书局，1991 年。

（明）桑悦撰：《思玄集》，《四库全书存目丛书》，济南：齐鲁书社，1997 年。

（明）顾璘撰：《顾华玉集》，《文渊阁四库全书》，台北：商务印书馆，1986 年。

（明）刘大夏撰：《刘忠宣公遗集》，《四库未收书辑刊》，北京：北京出版社，1998 年。

（明）李东阳撰：《怀麓堂集》，《文渊阁四库全书》，台北：商务印书馆，1986 年。

（明）孟洋撰：《孟有涯集》，《四库全书存目丛书》，济南：齐鲁书社，1997 年。

（明）朱邦苎重刻，（唐）杜甫撰，（宋）黄鹤补注、刘辰翁评点：《集千家注批点杜工部诗集》，明嘉靖八年（1529 年）懋德堂刻本。

（明）童承叙撰：《平汉录》，《续修四库全书》，上海：上海古籍出版社，2002 年。

（明）徐一夔等纂修：《明集礼》，《文渊阁四库全书》，台北：商务印书馆，1986 年。

（明）林富等纂修：嘉靖《广西通志》，《北京图书馆古籍珍本丛刊》，北京：书目文献出版社，1986 年。

（明）蒋冕撰：《湘皋集》，《四库全书存目丛书》，济南：齐鲁书社，1997 年。

（明）刘节撰：《梅国前集》，《四库全书存目丛书》，济南：齐鲁书社，1997 年。

（明）姜清撰：《姜氏秘史》，《续修四库全书》，上海：上海古籍出版社，2002 年。

（明）何孟春撰：《余冬序录》，《丛书集成初编》，北京：中华书局，1991 年。

（明）郎瑛撰：《七修类稿》，北京：中华书局，1959 年。

（明）不著编人辑：《皇明诏令》，台北：文海出版社，1984 年。

（明）黄训编：《名臣经济录》，《文渊阁四库全书》，台北：商务印书馆，1986 年。

（明）陈全之撰：《蓬窗日录》，《续修四库全书》，上海：上海古籍出版社，2002 年。

（明）许应元撰：《陭堂摘稿》，《续修四库全书》，上海：上海古籍出版社，2002 年。

（明）潘恩撰：《潘笠江先生集》，《四库全书存目丛书》，济南：齐鲁书社，1997 年。

（明）钱薇撰：《承启堂稿》，《四库全书存目丛书》，济南：齐鲁书社，1997 年。

（明）陈建撰，钱茂伟点校：《皇明通纪》，北京：中华书局，2008 年。

（明）陈建辑，沈国元订补：《皇明从信录》，《续修四库全书》，上海：上海古籍出版社，2002 年。

（明）高岱撰，孙正容等校点：《鸿猷录》，上海：上海古籍出版社，1992 年。

（明）田汝成撰：《炎徼纪闻》，《丛书集成初编》，上海：商务印书馆，1939 年。

（明）田汝成撰：《田叔禾小集》，《四库全书存目丛书》，济南：齐鲁书社，1997 年。

（明）王慎中撰：《遵岩集》，《文渊阁四库全书》，台北：商务印书馆，1986 年。

（葡）费尔南·门德斯·平托等著，王锁英译：《葡萄牙人在华见闻录：十六世纪手稿》，海口：海南出版社、三环出版社，1998 年。

（明）罗洪先撰：《念庵文集》，《文渊阁四库全书》，台北：商务印书馆，1986 年。

（明）严嵩撰：《钤山堂集》，《四库全书存目丛书》，济南：齐鲁书社，1997 年。

（明）郑晓撰，李致忠校点：《今言》，北京：中华书局，1984 年。

（明）郑晓撰：《吾学编》，《四库禁毁书丛刊》，北京：北京出版社，1997 年。

（明）吴文华撰：《粤西疏稿》，《四库全书存目丛书》，济南：齐鲁书社，1997 年。

（明）高拱撰：《高文襄公集》，《四库全书存目丛书》，济南：齐鲁书社，1997 年。

（明）俞大猷撰：《正气堂集》，《四库未收书辑刊》，北京：北京出版社，1998 年。

（明）董传策撰：《采薇集》，《四库全书存目丛书》，济南：齐鲁书社，1997 年。

（明）董传策撰：《邕歈稿》，《四库全书存目丛书》，济南：齐鲁书社，1997 年。

（明）魏文焲撰：《石室私抄》，《四库全书存目丛书》，济南：齐鲁书社，1997 年。

（明）应槚辑：《苍梧总督军门志》，北京：全国图书馆文献缩微复制中心，1991 年。

（明）申时行等纂修：《大明会典》，《续修四库全书》，上海：上海古籍出版社，2002 年。

（明）申时行：《赐闲堂集》，《四库全书存目丛书》，济南：齐鲁书社，1997 年。

（明）黄光升撰：《昭代典则》，《续修四库全书》，上海：上海古籍出版社，2002 年。

（明）胡直撰：《衡庐精舍藏稿》，《文渊阁四库全书》，台北：商务印书馆，1986 年。

（明）郭应聘撰：《郭襄靖公遗集》，《续修四库全书》，上海：上海古籍出版社，2002 年。

（明）郭应聘撰：《西南纪事》，《四库全书存目丛书》，济南：齐鲁书社，1997 年。

（明）朱睦㮮辑：《圣典》，《续修四库全书》，上海：上海古籍出版社，2002 年。

（明）朱睦㮮撰：《革除逸史》，《文渊阁四库全书》，台北：商务印书馆，1986 年。

（明）范涞修，章潢纂：万历《南昌府志》，《日本藏中国罕见地方志丛刊》，北京：书目文献出版社，1990 年。

（明）王锡爵辑：《增定国朝馆课经世宏辞》，《四库禁毁书丛刊》，北京：北京出版社，1997 年。

（明）朱约佶撰：《观化集》，《四库全书存目丛书》，济南：齐鲁书社，1997 年。

（明）王士性撰：《五岳游草》，《续修四库全书》，上海：上海古籍出版社，2002 年。

（明）王士性撰，吕景琳校点：《广志绎》，北京：中华书局，1981 年。

（明）王世贞撰，魏连科校点：《弇山堂别集》，北京：中华书局，1985 年。

（明）王世贞撰：《弇州山人四部稿续稿》，《文渊阁四库全书》，台北：商务印书馆，1986 年。

（明）王世贞撰：《凤洲杂编》，《纪录汇编》，上海：商务印书馆，1938 年。

（明）张鸣凤撰，齐治平等校点：《桂胜》，南宁：广西人民出版社，1988 年。

（明）吴国伦撰：《甔甀洞续稿》，《续修四库全书》，上海：上海古籍出版社，2002 年。

（明）王宗沐撰：《敬所王先生文集》，《四库全书存目丛书》，济南：齐鲁书社，1997 年。

（明）汪道昆撰：《太函集》，《续修四库全书》，上海：上海古籍出版社，2002 年。

（明）张瀚撰：《张文定公纡玉楼集》，《续修四库全书》，上海：上海古籍出版社，2002 年。

（明）张瀚撰：《台省疏稿》，《四库全书存目丛书》，济南：齐鲁书社，1997 年。

（明）张瀚撰，盛冬铃校点：《松窗梦语》，北京：中华书局，1985 年。

（明）张卤辑：《大明制书》，《续修四库全书》，上海：上海古籍出版社，2002 年。

（明）俞安期撰：《翏翏集》，《四库全书存目丛书》，济南：齐鲁书社，1997 年。

（明）苏浚纂修：万历《广西通志》，明万历二十七年（1599 年）刻本。

（明）余继登撰，顾思校点：《典故纪闻》，北京：中华书局，1981 年。

（明）王圻撰：《续文献通考》，《续修四库全书》，上海：上海古籍出版社，2002 年。

（明）王圻撰：《谥法通考》，《续修四库全书》，上海：上海古籍出版社，2002 年。

（明）葛昕撰：《集玉山房稿》，《文渊阁四库全书》，台北：商务印书馆，1986 年。

（明）屠隆撰：《白榆集》，《续修四库全书》，上海：上海古籍出版社，2002 年。

（明）邓元锡撰：《皇明书》，《续修四库全书》，上海：上海古籍出版社，2002 年。

（明）于慎行撰：《穀城山馆集》，《文渊阁四库全书》，台北：商务印书馆，1986 年。

（明）沈德符撰：《万历野获编》，北京：中华书局，1959 年。

（明）李维桢撰：《大泌山房集》，《四库全书存目》，济南：齐鲁书社，1997 年。

（明）方弘静撰：《素园存稿》，《四库全书存目丛书》，济南：齐鲁书社，1997 年。

（明）郭正域辑：《皇明典礼志》，《续修四库全书》，上海：上海古籍出版社，2002 年。

（明）魏濬撰：《峤南琐记》，《丛书集成初编》，北京：中华书局，1985 年。

（明）魏濬撰：《西事珥》，《四库全书存目丛书》，济南：齐鲁书社，1997 年。

（明）朱勤美撰：《王国典礼》，《续修四库全书》，上海：上海古籍出版社，2002 年。

（明）涂山辑：《新刻明政统宗》，明万历四十三年（1615 年）刻本。

（意）利玛窦、（比）金尼阁著，何高济、王遵仲、李申译：《利玛窦中国札记》，北京：中华书局，2010 年。

（明）焦竑编纂：《国朝献征录》，《续修四库全书》，上海：上海古籍出版社，2002 年。

（明）焦竑撰，顾思校点：《玉堂丛语》，北京：中华书局，1981 年。

（明）谭希思撰：《皇明大政纂要》，《四库全书存目丛书》，济南：齐鲁书社，1997 年。

（明）俞汝楫等纂修：《礼部志稿》，《文渊阁四库全书》，台北：商务印书馆，1986 年。

（明）曹学佺撰：《广西名胜志》，《续修四库全书》，上海：上海古籍出版社，2002 年。

（明）曹学佺撰：《石仓诗稿》，《四库禁毁书丛刊》，北京：北京出版社，1997 年。

（明）王演畤撰：《古学斋文集》，《四库未收书辑刊》，北京：北京出版社，1998 年。

（明）徐学聚撰：《国朝典汇》，《四库全书存目丛书》，济南：齐鲁书社，1997 年。

（明）张萱撰：《西园闻见录》，哈佛燕京学社，1940 年排印本。

（明）徐复祚撰：《花当阁丛谈》，《续修四库全书》，上海：上海古籍出版社，2002 年。

（明）朱国桢撰：《皇明史概》，《续修四库全书》，上海：上海古籍出版社，2002 年。

（明）朱国桢撰：《涌幢小品》，《续修四库全书》，上海：上海古籍出版社，2002 年。

（明）尹守衡撰：《皇明史窃》，《续修四库全书》，上海：上海古籍出版社，2002 年。

（明）来斯行撰：《槎庵小乘》，《四库禁毁书丛刊》，北京：北京出版社，1997 年。

（明）李腾芳撰，朱树人等校点：《李湘洲集》，长沙：岳麓书社，2012 年。

（明）邝露撰：《峤雅》，《四库禁毁书丛刊》，北京：北京出版社，1997 年。

（明）邝露撰：《赤雅》，知不足斋抄本。

（明）鹿善继撰：《鹿忠节公集》，《文渊阁四库全书》，台北：商务印书馆，1986 年。

（明）徐宏祖撰，褚绍唐等整理：《徐霞客游记》，上海：上海古籍出版社，1980 年。

（明）陆人龙撰：《型世言》，《古本小说集成》，上海：上海古籍出版社，1994 年。

（明）何乔远撰：《名山藏》，《四库禁毁书丛刊》，北京：北京出版社，1997 年。

（明）马光撰：《两粤梦游记》，《台湾文献史料丛刊》，台北：大通书局，1984年。

（明）孔贞运辑：《皇明诏制》，《续修四库全书》，上海：上海古籍出版社，2002年。

（明）范景文撰：《昭代武功编》，《续修四库全书》，上海：上海古籍出版社，2002年。

（明）吕毖撰：《明朝小史》，民国抄本。

（明）王心一撰：《兰雪堂集》，《四库禁毁书丛刊》，北京：北京出版社，1997年。

（明）黄道周撰：《黄漳浦文选》，《台湾文献史料丛刊》，台北：大通书局，1987年。

（明）陈燕翼撰：《思文大记》，《续修四库全书》，上海：上海古籍出版社，2002年。

（明）瞿式耜撰：《瞿忠宣公集》，《续修四库全书》，上海：上海古籍出版社，2002年。

（明）徐世溥撰：《榆墩集》，《四库全书存目丛书》，济南：齐鲁书社，1997年。

（明）鲁可藻撰：《岭表纪年》，杭州：浙江古籍出版社，1985年。

（明）谈迁撰，张宗祥校点：《国榷》，北京：中华书局，1958年。

（明）黄景昉撰：《国史唯疑》，《续修四库全书》，上海：上海古籍出版社，2002年。

（明）张岱撰：《石匮书后集》，北京：中华书局，1959年。

（清）清实录馆纂修：《清实录》，北京：中华书局，1986年。

（清）罗谦录：《残明纪事》，《丛书集成续编》，台北：新文丰出版公司，1988年。

（清）蒙正发撰：《三湘从事录》，上海：上海书店，1982年。

（清）瞿共美撰：《天南逸史》，杭州：浙江古籍出版社，1985年。

（清）瞿共美撰：《粤游见闻》，《明季稗史初编》，上海：上海书店，1988年。

（清）瞿共美撰：《东明闻见录》，《台湾文献史料丛刊》，台北：大通书局，1987年。

（清）瞿元锡撰：《庚寅始安事略》，《明季稗史初编》，上海：上海书店，1988年。

（清）瞿昌文撰：《粤行纪事》，《丛书集成初编》，北京：中华书局，1985年。

（清）华复蠡撰：《两广纪略》，《明季稗史初编》，上海：上海书店，1988年。

（清）何是非撰：《风倒梧桐记》，《台湾文献史料丛刊》，台北：大通书局，1987年。

（清）李逊之撰：《三朝野记》，《续修四库全书》，上海：上海古籍出版社，2002年。

（清）黄宗羲撰：《永历纪年》，《台湾文献史料丛刊》，台北：大通书局，1987年。

（清）黄宗羲撰：《弘光实录钞》，《续修四库全书》，上海：上海古籍出版社，2002年。

（清）王夫之撰，余行迈等点校：《永历实录》，上海：上海古籍出版社，1987年。

（清）顾炎武撰：《圣安本纪》，《台湾文献史料丛刊》，台北：大通书局，1987年。

（清）戴笠撰：《行在阳秋》，《明季稗史初编》，上海：上海书店，1988年。

（清）钱澄之撰：《所知录》，杭州：浙江古籍出版社，1985年。

（清）邹漪撰：《明季遗闻》，《续修四库全书》，上海：上海古籍出版社，2002年。

（清）邵廷采撰：《西南纪事》，《续修四库全书》，上海：上海古籍出版社，2002年。

（清）雷亮功撰：《桂林田海记》，知不足斋抄本。

（清）佚名撰：《吴耿尚孔四王合传》，《明清史料丛书八种》，北京：北京图书馆出版社，2005年。

（清）谷应泰撰：《明史纪事本末》，北京：中华书局，1977年。

（清）孙承泽撰：《春明梦余录》，《文渊阁四库全书》，台北：商务印书馆，1986年。

（清）彭而述撰：《明史断略》，清康熙元年（1662 年）刻本。

（清）潘柽章撰：《国史考异》，《丛书集成初编》，北京：中华书局，1985 年。

（清）蒋棻撰：《明史纪事》，《清代稿本百种丛刊》，台北：文海出版社，1986 年。

（清）萧伯升辑：《萧氏世集》，《四库全书存目丛书》，济南：齐鲁书社，1997 年。

（清）计六奇撰：《明季南略》，《续修四库全书》，上海：上海古籍出版社，2002 年。

（清）方以智撰：《浮山文集前编》，《续修四库全书》，上海：上海古籍出版社，2002 年。

（清）谢良琦撰，熊柱等校注：《醉白堂诗文集》，南宁：广西人民出版社，2001 年。

（清）查继佐撰：《罪惟录》，杭州：浙江古籍出版社，1986 年。

（清）查继佐撰：《东山国语》，《台湾文献史料丛刊》，台北：大通书局，1987 年。

（清）施闰章撰：《学余堂文集》，《文渊阁四库全书》，台北：商务印书馆，1986 年。

（清）徐泌撰：《湘山志》，清康熙二十一年（1682 年）刻本。

（清）郝浴修，王如辰等纂：康熙《广西通志》，清康熙二十三年（1684 年）刻本。

（清）万斯同撰：《明史》，《续修四库全书》，上海：上海古籍出版社，2002 年。

（清）顾祖禹撰，贺次君等点校：《读史方舆纪要》，北京：中华书局，2005 年。

（清）傅维鳞撰：《明书》，清康熙三十四年（1695 年）刻本。

（清）汪森辑：《粤西诗载》，《文渊阁四库全书》，台北：商务印书馆，1986 年。

（清）汪森辑：《粤西文载》，《文渊阁四库全书》，台北：商务印书馆，1986 年。

（清）汪森辑：《粤西丛载》，《文渊阁四库全书》，台北：商务印书馆，1986 年。

（清）林时对撰：《荷锸丛谈》，《台湾文献丛刊》，台北：大通书局，1987 年。

（清）郑交泰等修，曹京等纂：乾隆《望江县志》，清乾隆三十三年（1768 年）刻本。

（清）李骐撰：《虹峰文集》，《四库禁毁书丛刊》，北京：北京出版社，1997 年。

（清）陈鼎撰：《留溪外传》，《丛书集成续编》，台北：新文丰出版公司，1989 年。

（清）韩菼撰：《江阴城守纪》，《台湾文献史料丛刊》，台北：大通书局，1987 年。

（清）温睿临撰：《南疆逸史》，《续修四库全书》，上海：上海古籍出版社，2002 年。

（清）王鸿绪撰：《明史稿》，清康熙三十四年（1695 年）敬慎堂刻本。

（清）陈梦雷辑：《古今图书集成》，北京：中华书局、成都：巴蜀书社，1988 年。

（清）郝玉麟修，鲁曾煜等纂：雍正《广东通志》，《文渊阁四库全书》，台北：商务印书馆，1986 年。

（清）金鉷修，钱元昌等纂：雍正《广西通志》，《文渊阁四库全书》，台北：商务印书馆，1986 年。

（清）张庚撰：《国朝画征续录》，《画史丛书》，上海：上海人民美术出版社，1963 年。

（清）张廷玉等撰：《明史》，北京：中华书局，1974 年。

（清）三余氏撰：《南明野史》，《台湾文献史料丛刊》，台北：大通书局，1987 年。

（清）嵇璜等撰：《钦定续文献通考》，《文渊阁四库全书》，台北：商务印书馆，1986 年。

（清）嵇璜等纂：《钦定续通典》，《文渊阁四库全书》，台北：商务印书馆，1986 年。

（清）李天根撰，仓修良等校点：《爝火录》，杭州：浙江古籍出版社，1986 年。

（清）罗天尺撰：《五山志林》，《丛书集成初编》，北京：中华书局，1991 年。

（清）蒋良骐撰：《东华录》，《续修四库全书》，上海：上海古籍出版社，2002 年。

（清）永瑢等撰：《四库全书总目》，北京：中华书局，1965年。

（清）赵翼撰：《廿二史札记》，北京：中国书店，1987年。

（清）谢启昆修，胡虔等纂：嘉庆《广西通志》，清嘉庆七年（1802年）刻本。

（清）蔡呈韶等修，朱依真等纂：嘉庆《临桂县志》，清嘉庆七年（1802年）刻本。

（清）阿克当阿修，姚文田等纂：嘉庆《扬州府志》，清嘉庆十五年（1810年）刻本。

（清）吴篯修，李兆洛等纂：嘉庆《东流县志》，清嘉庆二十三年（1818年）刻本。

（清）昭梿撰，何应芳点校：《啸亭杂录》，北京：中华书局，1980年。

（清）姚柬之纂：《连山绥瑶厅志》，清道光二十八年（1848年）《且看山人文集》本。

（清）徐鼒撰：《小腆纪年附考》，《续修四库全书》，上海：上海古籍出版社，2002年。

（清）徐鼒撰：《小腆纪传》，《续修四库全书》，上海：上海古籍出版社，2002年。

（清）夏燮撰，沈仲九标点：《明通鉴》，北京：中华书局，1959年。

（清）李福泰修，史澄等纂：同治《番禺县志》，清同治十年（1871年）刻本。

（清）汪鋆撰：《十二砚斋随录》，《笔记小说大观》第四编，台北：新兴书局，1984年。

（清）刘坤一等修，赵之谦等纂：光绪《江西通志》，清光绪七年（1881年）刻本。

（清）龙文彬撰：《明会要》，北京：中华书局，1956年。

（清）陶墫修，陆履中等纂：光绪《恭城县志》，清光绪十五年（1889年）刻本。

（清）吴征鳌修，黄泌等纂：光绪《临桂县志》，桂林市档案馆石印，1963年。

（清）江召棠修，魏元旷等纂：光绪《南昌县志》，1935年铅印本。

（清）王祖畬纂修：宣统《太仓州志》，1919年刻本。

（清）孙锵撰：《宋文宪公年谱》，《北京图书馆藏珍本年谱丛刊》，北京：北京图书馆出版社，1998年。

徐珂编：《清稗类钞》，北京：中华书局，1984年。

柴萼撰，栾保群点校：《梵天庐丛录》，北京：故宫出版社，2013年。

钱祥保修，桂邦杰等纂：民国《江都县续志》，1926年刻本。

赵尔巽等撰：《清史稿》，北京：中华书局，1977年。

凌锡华增修：民国《连山县志》，1928年铅印本。

陈美文修，李繁滋纂：民国《灵川县志》，1929年石印本。

李树枏修，吴寿崧等纂：民国《昭平县志》，1934年铅印本。

张岳灵修，黎启勋纂：民国《阳朔县志》，1936年石印本。

傅增湘撰：《藏园群书经眼录》，北京：中华书局，1983年。

桂海碑林博物馆编：《桂林石刻碑文集》，桂林：漓江出版社，2019年。

桂林市文物管理委员会编：《芦笛岩、大岩壁书》，桂林：桂林市文物管理委员会油印，1974年。

昌彼得撰：《版本目录学论丛（一）》，台北：学海出版社，1977年。

北京图书馆编：《北京图书馆藏中国历代石刻拓本汇编》，郑州：中州古籍出版社，1989年。

中国古籍善本书目编辑委员会编：《中国古籍善本书目·史部》，上海：上海古籍出版社，1993年。

中国古代书画鉴定组编：《中国古代书画图目》，北京：文物出版社，1997年。

广西壮族自治区博物馆编：《中国西南地区历代石刻汇编·广西博物馆卷》，天津：天津古籍出版社，1998 年。

赵前编：《明代版刻图典》，北京：文物出版社，2008 年。

桂林市文物工作队编：《桂林墓志碑文》，南宁：广西人民出版社，2012 年。

（美）夏伯嘉著，向红艳、李春园译：《利玛窦：紫禁城里的耶稣会士》，上海：上海古籍出版社，2012 年。

李国庆编：《明代刊工姓名全录》，上海：上海古籍出版社，2014 年。